suhrkamp taschenbuch
wissenschaft 725

D1918041

Die in diesem Band enthaltenen Beiträge zeigen Spielraum und Anspruch der historischen Frauenforschung in internationaler Perspektive auf. Sie dokumentieren und reflektieren die inzwischen erreichten Standards der Forschung in verschiedenen Disziplinen. Chronologisch erschließen sie neue historische Erfahrungsbereiche von Weiblichkeit von der Antike bis zur Gegenwart, und theoretisch-methodologisch machen sie plausibel, daß sich die Thematik »Weiblichkeit« nicht in den Grenzen von Subdisziplinen hinreichend erfassen läßt, sondern integraler Bestandteil der umgreifenden, die einzelnen Disziplinen insgesamt und ihren Zusammenhang betreffenden Fragestellungen und empirischen Zugriffe ist. Empirische Untersuchungen und theoretische Reflexionen sind so aufeinander bezogen, daß die dynamische Entwicklung der historischen Frauenforschung, ihr grundsätzlicher Zusammenhang mit aktuellen vor- und außerwissenschaftlichen Orientierungsproblemen und ihr Beitrag zur disziplinären Entwicklung der Kulturwissenschaften in der Form einer forschungsbezogenen offenen Diskussion über alle Fronten hinweg sichtbar wird.

Weiblichkeit in geschichtlicher Perspektive

Fallstudien und Reflexionen zu Grundproblemen der historischen Frauenforschung

Herausgegeben von
Ursula A. J. Becher und Jörn Rüsen

Suhrkamp

CIP-Titelaufnahme der Deutschen Bibliothek
Weiblichkeit in geschichtlicher Perspektive :
Fallstudien u. Reflexionen zu Grundproblemen
d. histor. Frauenforschung /
hrsg. von Ursula A. J. Becher u. Jörn Rüsen. –
1. Aufl. – Frankfurt am Main :
Suhrkamp, 1988
(Suhrkamp-Taschenbuch Wissenschaft ; 725)
ISBN 3-518-28325-1
NE: Becher, Ursula A. J. [Hrsg.]; GT

suhrkamp taschenbuch wissenschaft 725
Erste Auflage 1988
© Suhrkamp Verlag Frankfurt am Main 1988
Suhrkamp Taschenbuch Verlag
Alle Rechte vorbehalten, insbesondere das
des öffentlichen Vortrags, der Übertragung
durch Rundfunk und Fernsehen
sowie der Übersetzung, auch einzelner Teile
Satz und Druck: Wagner GmbH, Nördlingen
Printed in Germany
Umschlag nach Entwürfen von
Willy Fleckhaus und Rolf Staudt

1 2 3 4 5 6 – 93 92 91 90 89 88

Inhalt

Vorwort

In den letzten zehn Jahren hat das Interesse an der historischen Frauenforschung zugenommen. Veranstaltungen zur Frauengeschichte erfreuen sich großer Beliebtheit, Bücher zu diesem Thema erreichen ein großes Publikum. Verfolgt man die Veröffentlichungen zur historischen Frauenforschung über diesen Zeitraum hinweg, so ist der Fortschritt im Erkenntnisprozeß nicht zu übersehen. Das betrifft einmal die Breite der angesprochenen Themen wie auch die Präzision der historischen Arbeit. Die Lebensweisen und die Lebenserfahrungen der Frauen in der Vergangenheit sind uns deutlicher erkennbar geworden. Eine Fülle von Einzelaspekten wurde behandelt, Verschüttetes freigelegt, und neue Fragestellungen gerieten in den Blick. Es scheint an der Zeit, diesen Prozeß der historischen Frauenforschung, der ja auch ein Lernprozeß aller Beteiligten ist, neu zu bedenken, ihn gleichsam anzuhalten, um die zugrundeliegenden Probleme zu reflektieren.

Denn bei aller Genugtuung über die Erfolge der historischen Frauenforschung sind doch auch ihre Defizite nicht zu verkennen. Sie betreffen ihre theoretisch-konzeptionellen Grundlagen. Zwar scheint die Zeit vorbei zu sein, in der die erklärliche spürbare Betroffenheit der Autorinnen die notwendige Präzision der historischen Arbeit überwucherte und dadurch die intersubjektiv überprüfbaren historischen Aussagen in Frage stellte. Dennoch bleiben grundlegende Prämissen der Frauengeschichte ungeklärt: Muß eine historische Frauenforschung notwendig einer spezifisch weiblichen Perspektive folgen, um die Geschichte von Frauen allererst zu rekonstruieren, die in der traditionellen Geschichte bisher nicht wahrgenommen wurde? Kann es eine feministische Wissenschaft geben, die nach anderen (nach welchen?) Regeln verfährt als neuzeitliche Wissenschaft seit jeher – eine Wissenschaft freilich, an der Frauen nicht beteiligt waren und in die sie ihre eigenen Fragestellungen und Sichtweisen nicht einbringen konnten? Wird für diese feministische Wissenschaft Subjektivität als das Denken steuerndes Moment in einer Weise wichtig, die der gebotenen wissenschaftlichen Objektivität widerstreitet?

Die Unzufriedenheit mit den bislang vorliegenden Antworten auf diese nach wie vor ungelösten theoretischen Grundsatzfragen hat die Konzeption dieses Bandes veranlaßt und inhaltlich bestimmt. Die Beiträge versuchen, die Probleme der historischen Frauenforschung von verschiedenen Ansätzen her zu bedenken. Die Herausgeber wollten die Theoriefragen nicht isoliert, sondern in einem größeren und vielfältigeren Kontext behandeln. Daher sind nur wenige Beiträge der ausschließlichen Erörterung von Theoriefragen gewidmet. Die meisten Aufsätze stellen Fallstudien in den Mittelpunkt der Analyse und explizieren die in ihnen liegenden konzeptionellen und methodologischen Probleme sozusagen am Gegenstand. Um unserem Denken ein möglichst breites und vielfältiges Spektrum zu eröffnen, stellen Wissenschaftler/innen verschiedener Disziplinen aus den Fragestellungen und Perspektiven ihrer Fächer konzeptionelle Überlegungen zu einer historischen Frauenforschung vor: So werden in den vorliegenden Beiträgen aus der Perspektive der Geschichtswissenschaft, der Kunstgeschichte, der Germanistik und Romanistik empirische Forschungen präsentiert und ihre methodologischen Probleme erörtert. Die nationale Beschränkung wird bewußt vermieden durch die Mitarbeit nordamerikanischer und brasilianischer Autorinnen.

Liest man die einzelnen Fallstudien in ihrer zeitlichen Anordnung, so fügen sich diese Geschichten mosaikartig zu einer Geschichte weiblichen Lebens und weiblichen Selbstverständnisses zusammen, und als Leser/in wird man gegenwärtige Fragen und Probleme der weiblichen Lebenssituation aus der historischen Erkenntnis heraus bedenken und möglicherweise neue Perspektiven entwickeln können. Ein Überblick über die historische Frauenforschung in Brasilien und England erweitert unsere Kenntnis der internationalen Diskussion und kann die deutsche Forschung neu beleben.

Die Beiträge zeigen, daß eine Korrektur ursprünglicher Ansätze stattgefunden hat, wird doch von mehreren Autorinnen »Weiblichkeit« nicht als exklusiver Sonderfall verstanden, sondern in einen umgreifenden Zusammenhang gestellt – den des Geschlechts als »grundlegender Kategorie sozialer und historischer Erfahrung« (Opitz). Zwar zeichnet sich keine als paradigmatisch identifizierbare Forschungsstrategie der historischen Frauenforschung ab, aber ein Entwicklungstrend ist unübersehbar: er führt

weg vom subdisziplinären Sonderstatus sogenannter Frauenfragen in den einzelnen Wissenschaften hin zur Integration des Erfahrungs-, Frage- und Interpretionsgesichtspunkts »Weiblichkeit« in den allgemeinen Diskurs der Kulturwissenschaften. Diese Integration verändert die Auffassung dessen, was als Objektbereich kulturwissenschaftlicher Forschung in den Blick kommen und wie dieser erschlossen und dargestellt werden soll. »Weiblichkeit« hört auf, ein historischer Sonderstatus, ein Spezialproblem historischer Forschung zu sein, und gewinnt eine kategoriale Dimension. Damit wird auch grundsätzlich die Eingrenzung des Aspektes »Weiblichkeit« auf einen neben der »allgemeinen« Geschichte angesiedelten Bereich der »Frauengeschichte« problematisch: mit der kategorialen Dimensionierung von Weiblichkeit als historischer Perspektive rückt sie in den umgreifenden Aspekt des Geschlechtes als fundamentaler Bestimmungsgröße zeitlicher Prozesse ein. Die Hälfte der Menschheit schließt sich gleichsam wieder an die andere Hälfte an, dergegenüber sie zunächst nur in einer kritischen Gegenwendung und also auch in »autonomer« disziplinärer Gestaltung sichtbar gemacht werden konnte.
Der vorliegende Band stellt eine Art Momentaufnahme in bilanzierender Absicht in diesem Transformationsprozeß der historischen Frauenforschung dar. Er macht Entwicklungslinien sichtbar, läßt unterschiedliche Forschungsstrategien exemplarisch deutlich werden und trägt damit zur Klarheit und Entschiedenheit der kontroversen Diskussionen bei, deren gemeinsames Ziel es ist, Menschheit als Erfahrungshorizont der Kulturwissenschaften in der Dimensionierung sichtbar zu machen, in der sie alltäglich im Geschlechterverhältnis immer schon erfahren wird.

Beate Wagner-Hasel

»Das Private wird politisch«

Die Perspektive »Geschlecht« in der Altertumswissenschaft

1. Die unvergessene Hälfte

»Artikel über Arbeiter, Armenwesen ..., die Frau in Familie und Gesellschaft und in der sozialen Theorie«, diese Forderung, gerichtet an die Herausgeber des renommiertesten lexikalischen Werkes der Altertumswissenschaft, der *Realencyclopädie der classischen Altertumswissenschaft*, kurz *RE* genannt, ist nicht etwa Teil einer jüngsten Kampagne zur Installierung von Frauenforschung, die nun auch die Alte Geschichte erreicht. Die Forderung ist im Gegenteil schon reichlich betagt. Aufgestellt hat sie Robert von Pöhlmann, einer der ersten Sozialhistoriker der Alten Geschichte, im Jahre 1911.[1] Ist die Altertumswissenschaft in Sachen Frauenforschung ihrer Zeit also voraus?
»Die Zeit der großen Synthesen ist noch nicht gekommen«, lautet die nüchterne Feststellung einer Althistorikerin, die in einem 1984 erschienenen Beitrag zur Frage: »Une histoire des femmes est-elle possible?« über Stand und Inhalte der Frauenforschung in der Alten Geschichte Bilanz zieht.[2] Frauengeschichte in der Altertumswissenschaft – ein Kapitel der Stagnation, des Rückschritts?
Es handelt sich zumindest um ein widersprüchliches Kapitel von Frauenforschung. Ein Thema waren sie schon immer, die Damen der Antike[3]; die oftmals vergessene Hälfte mußte nicht erst wiederbelebt, aus dem Schatten der Erinnerung hervorgeholt werden. Die zahlreichen griechischen Göttinnen, die den olympischen Götterhimmel bevölkern, die Frauengestalten der griechischen Tragödie und des frühgriechischen Epos, die einflußreichen Gefährtinnen berühmter Männer oder die Herrscherinnen hellenistischer Königreiche, sie alle führen schon lange ein recht lebendiges Dasein in den Werken von Historikern, vor allem aber in den Schriften von Dichtern und Literaten. Über den Einfluß einer Aspasia, Ehegefährtin des bekanntesten Vertreters der attischen

Demokratie, des Perikles, erhitzten sich die Gemüter der Gelehrten des 19. Jahrhunderts ebenso wie die der Forschenden des 20. Jahrhunderts[4]; das Räsonieren über die Intrigen hellenistischer Königinnen, deren berühmteste Gestalt, Kleopatra, auch in die am wenigsten traditionsbehafteten Medien, in Film und Fernsehen, Eingang gefunden hat, füllt ganze Bände.[5] Den Erfolg, den Heide Göttner-Abendroth mit ihrem Buch *Die Göttin und ihr Heros* oder Christa Wolf mit *Kassandra* für sich verbuchen können[6], hängt nicht zuletzt mit der steten und nie abgerissenen Rezeption dieser antiken Frauenfiguren zusammen, sei es in der Geschichtsschreibung, sei es in Kunst und Literatur. Der Iphigenie des Euripides aus dem 5. vorchristlichen Jahrhundert, die sich in dem antiken Drama den Erfordernissen einer übergeordneten, über die Belange des Hauses hinausreichenden Moral beugt und sich um des Kriegserfolges des Vaters Agamemnon und seiner Kriegsgefährten willen opfert, begegnen wir wieder in Goethes Drama *Iphigenie auf Tauris* aus dem Jahre 1787. Hier, am Vorabend der Entstehung des modernen Staates, verkörpert sie den Gegensatz von Individuum und Staat, erlebt als Konflikt zwischen Pflicht und Neigung. Antigone, die Heldin der gleichnamigen Tragödie des Sophokles, die in der Antike eine der Iphigeniens entgegengesetzte Moral vertritt und sich stärker den Banden des Hauses als denen der Solidargemeinschaft der Politen verpflichtet fühlt und dafür ebenfalls den Tod auf sich nimmt, wählte unter dem Eindruck des Zweiten Weltkrieges Jean Anouilh zum Medium seiner Sicht von Politik und Moral.[7]

Das Feld der Heroinnen und Göttinnen der Antike ist das der Ästhetik und der Imagination, häufig versehen mit dem Anschein von Macht, zumindest ihrer Versinnbildlichung. Vor dem österreichischen Parlament in Wien wacht Athena mit Helm und Lanze; auf der Brücke zur Altstadt Heidelbergs tut die antike Göttin ebenso Dienst wie vor dem humanistischen Gymnasium meiner Geburtsstadt Wuppertal. Kein barockes Schloß, das nicht zumindest in seinen Gärten die weiblichen Gestalten der antiken Mythologie, Artemis, die Jägerin, oder Aphrodite, die Liebesgöttin, plaziert – sinnfälliger Ausdruck barocker Lustbarkeit. Die Antike, über Zeitläufte hinweg das Verständigungsmittel über Herrschaft und deren moralische Legitimation[8], ist auf bemerkenswerte Weise als ein Terrain weiblicher Präsenz überliefert. Keine historische Epoche verfügt über ein so überschaubares, allgemein zugängliches Repertoire an dramatischen, identifikationsheischenden Figuren mit den unterschiedlichsten Verhaltensweisen, an die sich normative Ansprüche heften, Warnungen knüpfen oder anhand derer sich grundsätzliche Konflikte aufzeigen lassen, nicht nur politischer, sondern auch geschlechtsspezifischer Art. Berühmtes und allgegenwärtiges Beispiel: die Amazonen, jene Schar von Kriegerinnen, denen in der Antike männerfeindliches Verhalten nachgesagt wurde und die in der Rezeption eine auffallende Zwitterrolle spielen: an ihnen orientiert sich sowohl politische als auch speziell weibliche Identität. Kämpfe zwischen Amazonen und Griechen bilden einen festen Bestandteil antiker Ikonographie. Amazonomachien, Amazonenkämpfe, schmückten im Athen des 5. Jahrhunderts v. Chr. Tempelwände, Statuen und vor allem Gefäße, die die Männer Athens bei ihren Symposien zum Munde führten[9]; die Römer griffen das Motiv auf und gestalteten eigene Amazonenbildnisse und im späten Mittelalter finden wir die Abbildungen kriegerischer Damen wieder in den Erzeugnissen der neu entstandenen Buchkunst: eine Augsburger Chronik zeigt Amazonen im Kampf mit Alexander dem Großen und einer bewaffneten Schar Augsburger Bürger.[10] Der Hinweis auf die heldenhaften Abwehrkämpfe südamerikanischer Amazonen gegen die Spanier – Elisabeth I. von Sir Walter Raleigh bei der Morgentoilette angeblich ins Ohr geflüstert – soll die englische Königin zum eigenen Kampf gegen die Spanier beflügelt haben.[11] Wenn Marcel Reich-Ranicki, die zeitgenössische Stimmung wiedergebend, Erika Mann »herrisch wie eine Amazonenkönigin« nennt, als diese nach dem Ende des Zweiten Weltkrieges in amerikanischer Uniform im besetzten Deutschland auftrat, mag er die negative Variante der identitätsstiftenden Kraft im Sinn gehabt haben, die von den Amazonen ausgeht: die Warnung vor dem Verlust der Weiblichkeit.[12] Wann immer Frauen die Grenzen ihres Geschlechts überschreiten, wird in der europäischen Tradition auf das Bild der Amazone Bezug genommen, dient die Amazone als Feindbild, aber auch, wie das Beispiel der englischen Königin zeigt, als Vorbild. ›Wie Penthesileia wolle sie sein‹, schrieb 1916 Rosa Luxemburg aus dem Gefängnis an ihre Freundin Mathilde Wurm, sich des antiken Vorbildes erinnernd, das in Achilleus einen ebenbürtigen Gegner fand, den sie vermißte.[13] Zur gleichen Zeit schmückte sich eine Streitschrift gegen die organisierte Frauenbewegung mit dem Titel *Die Amazonen-*

schlacht, um über die Beschwörung der antiken Feindbilder die Männerfeindlichkeit der Frauenrechtlerinnen und die Unangemessenheit ihrer Ansprüche zu suggerieren.[14]

Das Urteil über das Verhältnis von Männern und Frauen, über die rechte Weiblichkeit, es schärft sich an antiken Vorbildern. »Die Griechen gaben dem Frauentum die Grenze, die die Natur ihm vorgegeben hat«, formulierte nur wenige Jahre nach Pöhlmann der Kulturhistoriker Hans Licht in seiner Geschichte der *Lebenskultur im Alten Griechenland*, wobei er sich auf frauenfeindliche Äußerungen griechischer Dichter und Philosophen bezieht.[15] »Deutlich zu machen, daß so manches von dem, was wir an den Frauen lieben und verehren, schon in der Antike erkannt und in beispielhafter Form von den Dichtern vergegenwärtigt worden ist«, ist dagegen das erklärte Ziel einer im Jahre 1969 erschienen Schrift über *Die Frau in der griechisch-römischen Antike*.[16] Das Werturteil, wie es auch ausfällt, ist zentraler Bestandteil der Reflexionen über das Frauenleben in der Antike und ebenso schwankend wie der Zeitgeist. Das Opfer der Alkestis, das Euripides dramatisch gestaltete – die antike Heldin geht für ihren Mann in den Tod –, ist für den Dichter der Romantik, für Friedrich Schlegel, nicht Ausdruck von Charakter, sondern »Einfalt«.[17] Dem sowjetischen Professor der Alten Geschichte, Victor Jarcho, beweist die Treue der Alkestis im Jahre 1984, »daß auch auf diesem Gebiet die alten Griechen imstande waren, gewisse ethische Postulate zu antizipieren, die sogar für unsere Zeit oft noch Ideal bleiben«[18], eine Position, in der er sich deutlich von Schlegel, nicht aber von seinem westdeutschen Kollegen, dem Mainzer Althistoriker Joseph Vogt, unterscheidet, der in Euripides den Vorreiter eines neuen Verständnisses von Liebesehe erblickt.[19] Zu den Ungereimtheiten, die in diesem Fall ihren Hintergrund in den in Ost und West gleichermaßen emporschnellenden Scheidungsraten haben mögen, denen eine positive antike Tradition entgegengehalten wird, gehört auch die jüngste Deutung der Amazonenmythen: die Vorstellung der Griechen, daß Frauen nicht nur Waffen tragen, sondern auch ohne Männer leben konnten, eine männerlose Kriegerinnengemeinschaft bildeten, wird gerade in der gegenwärtigen Zeit, in der Frauen tatsächlich in großer Zahl, wenn auch nicht gemeinschaftlich, ohne Männer leben, als fiktiv und unwirklich zurückgewiesen.[20] Der preußische Naturforscher Alexander von Humboldt dagegen,

Zeitgenosse Friedrich Schlegels, fand es sehr plausibel, daß Frauen ihre Männer verlassen und sich zu eigenen Gemeinschaften zusammengetan haben sollen.[21]
Die Tatsache der kontinuierlichen Rezeption (ver)führt leicht dazu, von einer tatsächlichen Kontinuität der Situation von Frauen von der Antike bis heute auszugehen. Eine Untersuchung der Frauengeschichtsforschung, die anderes erweisen könnte, steht bis heute noch aus, so daß die Suggestion von Kontinuität, die von der Präsenz antiker Frauenfiguren in unserem Bildungsschatz ausgeht, sich ungehindert entfalten kann und offensichtlich auch soll. »Den zertrümmerten Bau der westeuropäischen Kultur« auf den Grundlagen der aus der Antike überlieferten »moralischen und intellektuellen Werte« wiederaufzurichten, dieses nach 1945 aus der Sicht eines angelsächsischen Altphilologen formulierte Anliegen[22], ist charakteristisch für ein weit verbreitetes Erkenntnisinteresse an der Antike, nämlich Traditionslinien aufzubauen, die identitätsstiftende Wirkungen garantieren. Dieser Funktionalisierung der Antike als »Urquell« unseres Wertesystems entspringt nicht zuletzt auch die Suche nach den Ursprüngen von Frauenunterdrückung in der Antike, nach dem »Sündenfall« Patriarchat, dem zahlreiche gegenwärtige Matriarchatsbücher ihr Entstehen verdanken, nachdem Johann Jakob Bachofen im letzten Jahrhundert den welthistorischen Übergang vom Matriarchat zum Patriarchat in der Antike verortet hatte.[23]
An diese Vorstellung einer Kontinuität knüpft auch Sarah B. Pomeroy an, eine der ersten Althistorikerinnen, die Frauenforschung betrieben, wenn sie in ihrer 1975 erstmals erschienen Studie *Goddesses, Whores, Wives and Slaves* einleitend bemerkt, daß »die Vergangenheit uns dabei helfen kann, die heutigen Probleme in den Beziehungen zwischen Mann und Frau besser zu begreifen«, da »so manche Einstellung der Frau gegenüber die Jahrhunderte überdauert hat«[24], eine Behauptung, die schon ein flüchtiger Blick auf die Rezeptionsgeschichte relativiert. Sie ist zudem insofern unhistorisch, als sie unterstellt, daß Beziehungen zwischen Männern und Frauen unberührt von gesellschaftlichem Wandel sich entwickeln sowie die Erforschung von Frauenleben selbst sich jenseits von zeitlicher und sozialer Eingebundenheit der forschenden Person und des sich daraus ergebenden Zugriffes auf den Gegenstand abspielt.
Die auf Identitätsstiftung ausgerichtete Forschung hat Konse-

quenzen für den Umgang mit dem Gegenstand. Frauengeschichte ist in weiten Teilen Personen- oder Kulturgeschichte. Sie bildet das Komplement zur Geschichte großer Männer und zur Politikgeschichte, indem sie das »Private«, den Mikrokosmos »Familie«, das Alltägliche in den Blickwinkel nimmt. Ihren Ausgangspunkt nimmt sie mit den Handbüchern zu den Privataltertümern, die im 19. Jahrhundert entstanden und in denen aus den Quellen verfügbares Wissen über die Realien des Lebens, über Kleidung und Haartracht, über Ernährung und Wohnen, über Festlichkeiten, Tod, Hochzeit und Geburt gewissenhaft zusammengetragen wurde.[25] Gefolgt sind diesen realienkundlichen Studien zu Beginn dieses Jahrhunderts Detailuntersuchungen zu Einzelaspekten von Frauenleben, zur Geschäftsfähigkeit von Frauen, zur Frauenarbeit und zum Eherecht[26], häufig aus rechtshistorischer Perspektive geschrieben. Mit ihrer philologisch genauen und argumentativ gehaltenen Vorgehens- und Darstellungsweise sowie mit ihrem Interesse an vorwiegend institutionellen Aspekten, wie z. B. der Entwicklung des Ehevertrages, der *engyēsis*, heben sie sich deutlich vom Stil allgemeiner, kultur- und personengeschichtlicher Studien über Frauenleben ab, für die ein deskriptiver, häufig nicht von Forschungsfragen gelenkter Darstellungsstil kennzeichnend ist. Das gilt in erster Linie für personengeschichtliche Darstellungen aus den 30er und 40er Jahren, in denen nicht abstrakte Institutionen und Prozesse, sondern die Empfindungen und der Charakter des Individuums thematisiert wurden. Aus Ernst Kornemanns *Große Frauen des Altertums* erfahren wir über Aspasia, Lebensgefährtin des Perikles, daß sie »hübsch« war und »durch ihre Ehe mit dem Olympier (gemeint ist Perikles – B. W.) das große Los gezogen hatte«.[27] Olympias, Mutter Alexanders des Großen, schildert uns der Autor als »ein irdisches Weib voll wildester Leidenschaftlichkeit, maßlos im Stolz und nimmer befriedigter Herrschsucht, zugleich Vertreterin innigster Mütterlichkeit«.[28] Im deutschsprachigen Raum blieb Kornemanns Werk, das erstmals 1942 erschien, lange Jahre das Standardwerk über Frauen in der Antike, dem sogar Alfred Heuß in seinem kritisch abgefaßten Nachruf von 1951, in dem er Kornemann einen wenig nachdenklichen Kopf nannte, dessen geschichtliche Bildung nicht tief gewesen sei, eine positive Resonanz bescheinigte.[29] Jüngere Überblicksstudien, die nach 1945 erschienen, knüpfen an diese personen- und kulturgeschichtliche

Tradition an.[30] Auch wenn die Facetten des Bildes von Frauenleben reichhaltiger geworden sind, nicht nur die glanzvolle Hetäre, die gebildete Gefährtin großer Männer wie Aspasia oder die intriganten hellenistischen Königinnen im Mittelpunkt der Darstellung stehen, sondern schichtenspezifische Kriterien Platz greifen, die Marktfrau ebenso wie die Königin, die arme Sklavin und die reiche Bürgerin gleichermaßen ins Blickfeld der Forschung geraten, bleibt der Eindruck, daß kritische Reflexion nicht unbedingt zur Frauenforschung gehört, aber Aussagen von Historikern über antike Frauen ein guter Seismograph für zeitspezifische Konflikpotentiale bilden. Für Olympias, deren Charakter uns Kornemann so wortgewaltig schilderte, bekunden Eleonore und Friedrich Karl Dörner in ihrer Darstellung von Frauenbildnissen im griechischen Altertum Verständnis, wenn sie in ihr ein Aufbegehren gegen weibliche Tätigkeiten zu verspüren meinen: »Auf keinen Fall wollte sie sich damit begnügen, sich nur um Spindel und Webstuhl zu kümmern... Die Zeiten hatten sich geändert, und es war nur *natürlich* (Hervorhebung von mir – B. W.), daß eine Frau wie Olympias teilhaben wollte an der Macht, mit der ihr königlicher Gemahl den makedonischen Bereich zusehends vergrößerte.«[31] Daß diese Teilhabe wie überhaupt Machtpositionen in hellenistischer Zeit häufig mit Hilfe politischer Morde erlangt wurden, veranlaßte Wolfgang Schuller zu der Frage: »Sollte da ein Zusammenhang der Art bestehen, daß herausragende politische Betätigung von Frauen mit herausragender Kriminalität erkauft worden ist?«[32] Politisches Handeln, Machtstreben von Frauen – eine natürliche oder dem weiblichen Geschlechtscharakter nicht entsprechende Verhaltensweise? Hier zeigen sich zwei Möglichkeiten, den gegenwärtigen Anspruch von Frauen auf Teilhabe an Macht am historischen Beispiel zu verhandeln.

Die Hinwendung zum »Kleinen«, zum »Alltäglichen«, zu den Einzelschicksalen macht Frauenleben nachvollziehbar, ermöglicht das Hineinversetzen in das Individuum und kommt dem Zeitgeist, der Nachempfindbares fordert, entgegen. Auf Identitätsbildung angelegte Studien, häufig im Erzählstil gehalten, zwischen Feuilleton und Fachbuch angesiedelt, haben Konjunktur. Auch wenn sie in der Regel Frauen im »Privaten«, Männer an den Schalthebeln der Macht darstellen, widersprechen sie im Ergebnis nicht einer auf Emanzipation bedachten Rezeption, insofern sie es unter Umkehrung der Wertungen, die zahlreiche Historiker vornehmen, ermöglichen, einem positiven Bild von der Klassik eine Negativfolie vorzuhalten und auf die Jahrhunderte währende, in der Antike angelegte Frauenunterdrückung zu verweisen. Der Sturz der Väter vom Sockel der Klassik ist jedoch ein Griff nach dem Phantom. Folgenschwerer als die positiven Wertungen von Ehefrauen und Müttern oder die Verurteilung von machtgierigen Königinnen ist die von der Tradition der Handbücher ausgehende Setzung einer privaten Sphäre als weiblich und einer politischen Sphäre als männlich. Sie läßt gegenwärtige Rollenzuschreibungen und Formen geschlechtsspezifischer Arbeitsteilung als »traditionell« erscheinen, belastet die Bemühungen um Überwindung geschlechtsspezifischer Schranken mit dem Mühlstein einer Jahrhunderte andauernden abendländischen Tradition. Von daher sind Versuche, von welcher Perspektive sie auch gestartet werden, die Distanzen zwischen Antike und Moderne verwischen, Analogien zwischen damals und heute suggerieren, auch immer Bemühungen um Enthistorisierung, Versuche der Enteignung von Geschichte.

II. Ein neuer Blick

In der eingangs zitierten Forderung Robert von Pöhlmanns wird eine Perspektive angedeutet, die über diese privatistische Sicht hinausweist. Sie impliziert einen Theorieanspruch, der für die althistorische Erforschung des »Privatlebens« zu seiner Zeit neu und für die oben skizzierte Art der Untersuchung von Frauenleben ganz und gar untypisch ist. Seine Aufforderung, die soziale Theorie in die Untersuchung mit einzubeziehen, steht im Kontext einer beginnenden Konzeptionierung von Sozialgeschichte, ein Ansatz, der in der deutschen Altertumswissenschaft zunächst an wirtschaftshistorischen Fragestellungen, an der Frage der Modernität der antiken Wirtschaft, orientiert war. Erst in jüngster Zeit ist die um die Jahrhundertwende geführte Kontroverse, die im wesentlichen von Fachfremden, von den Nationalökonomen Karl Bücher und dem Begründer der deutschen Sozialwissenschaften, Max Weber, initiiert worden war, durch die Arbeiten von Moses I. Finley und Pierre Vidal-Naquet wiederbelebt und in eine Debatte um die Konzeption von Sozialgeschichte überführt worden.[33] Entscheidende Impulse sind auf diesem Weg neben der Nationalökonomie vor allem von der Anthropologie ausgegangen. Die Einbeziehung anthropologischer Forschungsergebnisse für die Erklärung antiker Phänomene enthält ein deutliches Moment der Distanz gegenüber Vereinnahmungen der Antike als Vorbild oder Ursprung der Gegenwart. Sie setzt die Bereitschaft voraus, die antiken Kulturen in Beziehung zu außereuropäischen Ethnien zu setzen und damit eine Andersartigkeit und Fremdheit der Antike zu akzeptieren, wie sie für außereuropäische Völker als selbstverständlich vorausgesetzt wird.[34]

Der besondere Beitrag zu einer nicht auf Identifikation ausgerichteten Frauenforschung liegt jedoch nicht nur in der Entwicklung neuer methodischer Instrumentarien, des ethnologischen Vergleichs – seine Anwendung hat in Teildisziplinen der Altertumswissenschaft eine weiterreichende Tradition –, sondern vor allem in der Bereitstellung einer Konzeption von Gesellschaft, die nicht nach Kategorien von Recht, Wirtschaft, Politik, Kultischem und Sozialem oder Privat-Öffentlichem organisiert ist – Kategorien, mit denen institutionelle Grenzziehungen vorausgesetzt werden, wie sie für unsere im hohen Maße verrechtliche Gesellschaft typisch sind. Mit der Entwicklung eines anderen kategorialen Rasters, in dem matrimoniale, verwandtschaftliche, nachbarschaftliche und gefolgschaftsähnliche Strukturen eine wesentliche Rolle spielen und die zum Teil quer zu obigen Strukturprinzipien stehen, insofern sie jeweils sowohl Aspekte von Politik als auch Wirtschaft, von Kult ebenso wie von Recht enthalten[35], zeichnet sich ein Weg ab, auch die Dichotomie von weiblich-privater und männlich-politischer Sphäre zu überwinden oder zumindest zu überprüfen. Mehr noch als die sozialgeschichtlichen Ansätze von Moses I. Finley haben die in Frankreich entwickelten, von der Kulturanthropologie geprägten Konzeptionen, wie sie Louis Gernet oder Jean-Pierre Vernant vorgelegt haben, zu einem solchen Perspektivenwechsel beigetragen.[36] Indem sie – zum Teil unter Rückgriff auf struktural-funktionale Methoden der Mythenanalyse, wie sie etwa von Emile Durkheim und Claude Lévi-Strauss ausgingen – ihr Augenmerk auf symbolische Ordnungen, auf das System kultureller Praktiken und Rituale richteten, geriet die Gesellschaft in ihrer Totalität ins Blickfeld: männliche wie weibliche Ordnungen, alltägliche wie politische Praktiken, normative wie affektive Zeichensysteme. Während mit Finley die

Transformation von Kulturgeschichte in Sozialgeschichte gelang, Strukturen und Prozesse anstelle von Personen und Ereignissen in den Vordergrund traten, vollzieht sich in der französischen Altertumswissenschaft eine Wiederbelebung von Kulturgeschichte auf einem anderen methodischen und theoretischen Niveau. Das Kleine, das scheinbar Alltägliche, erfährt hier seine Einbindung ins Große: im Ritual des gemeinsamen Essens wird nach den Vergemeinschaftungsformen antiken politischen Lebens gesucht, in den Heiratspraktiken der Wandel allgemeiner gesellschaftlicher Strukturen aufgespürt.[37]
Im Umkreis der von Moses I. Finley und Jean-Pierre Vernant geschaffenen Schulen sind – neben den von Sarah B. Pomeroy ausgehenden Ansätzen in den USA – die jüngsten Bemühungen auszumachen, Frauengeschichte als eigenen Zweig von Sozial- bzw. Kulturgeschichte in der Altertumswissenschaft zu etablieren, der im Gegensatz zur sozialgeschichtlichen Forschung und zu traditionellen Frauenstudien zunehmend auch von Frauen betrieben wird.[38] Diese wissenschaftshistorische Genese und personelle Verankerung hat ihre konzeptionellen Konsequenzen. Sozialgeschichte ist weitgehend Strukturgeschichte: Frauen sind zwar tendenziell integrierter, aber auch marginalisierter Teil von Geschichte.[39] Aus dieser Einbindung heraus ist der Anspruch zu verstehen, Frauen als »integral part« von Geschichte zu betrachten, wie ihn Sally Humphreys in einem Überblick über neuere Forschungsergebnisse formuliert hat.[40] Gefragt wird nicht nach einer der allgemeinen Geschichte assoziativ zugeordneten Geschichte der Frauen im Sinne der Aufarbeitung von Defiziten, sondern nach einer neuen Perspektive, die beide Geschlechter im Blickwinkel hat und aus der heraus neue Erkenntnisse für die allgemeine Geschichte gewonnen werden können.[41]
Erste Ergebnisse hat dieser Ansatz, Geschlecht als eine die Gesellschaft strukturierende Kategorie mitzudenken, vor allem für die Analyse von Mythen gezeigt. So hat Nicole Loraux in ihrer Auseinandersetzung mit dem imaginären Denken der Athener, insbesondere mit dem Entstehungsmythos der Athener, die nach Geschlechtern differenzierte symbolische Besetzung der Räume der Stadt aufgedeckt: Während die Frauen im kultischen Zentrum, auf der Akropolis, präsent sind, ist die Agora, der politische Versammlungsort der Athener, im Denken der Athener ein männlicher Ort.[42] In der Alltagsrealität bewegen sich an beiden

Orten sowohl Männer wie Frauen; auf der Agora treiben Frauen Handel, auf der Akropolis führen Männer kultische Handlungen aus. Die Überschneidung von männlichen und weiblichen Sphären, die sich hier im Vergleich von symbolischer Ordnung und alltäglicher Praxis zeigt, geht in ihrer Analyse des Herakles-Mythos in einer Personalunion auf. Herakles, dieser männlichste Held der Antike, so zeigt Loraux, weist eine bemerkenswerte Mischung weiblicher und männlicher Attribute auf.[43]

Frauengeschichte ist weitgehend in einen Diskurs über das Verhältnis von männlich-weiblich übergegangen, das keineswegs in einem Verhältnis zwischen Männern und Frauen aufgeht.[44] Ausgangspunkt dieses neuen Zugriffs bildet das in der Linguistik und Ethnologie entwickelte strukturalistische Analyseverfahren, in literarischen Texten und Mythen nach dualen Bezügen zu suchen, eine Vorgehensweise, die jedoch nicht immer zu neuen Erkenntnissen führt. Während bei Nicole Loraux Ambivalenzen und Überschneidungen von männlich-weiblich sichtbar werden, Pauline Schmitt-Pantel Verschiebungen in der Beziehung von männlich-weiblich im Laufe der Entwicklung des griechischen Denkens beobachtet hat[45], gerinnt in zahlreichen Arbeiten vor allem zu Amazonenmythen der Zugriff zum festgefügten Modell, werden mit neuen Methoden alte Klischees von weiblicher Unterdrückung und männlicher Dominanz ermittelt. Das Männliche, verkörpert durch die Kultur der Griechen, die mit Monogamie, Ordnung, Vaterrecht assoziiert wird, steht in einem unaufhebbaren Gegensatz zum Weiblichen, repräsentiert durch die feindlichen Amazonen, die mit Chaos, Barbarei, Natur, Promiskuität und Mutterrecht charakterisiert werden. Die Welt der Amazonen erscheint als Negativfolie zur Kultur der Männer[46]; der Sieg der Griechen über feindliche Amazonen wird von den modernen Kommentatoren/innen als das imaginiert, was schon Johann Jakob Bachofen im vergangenen Jahrhundert mit seiner Deutung des Übergangs vom Mutter- zum Vaterrecht als Sieg des Geistes über das Stofflich-Weibliche vorgedacht hat: als Überwindung des Feindlichen in der Frau, als Zähmungsvorgang vor allem der als bedrohlich empfundenen weiblichen Sexualität.[47] An die Stelle einer mit agrarischen Prozessen assoziierten Natur der Frau, die bei Bachofen als anthropologische Konstante gedacht ist, tritt in neueren Untersuchungen zum mythischen Denken der Griechen die Körperlichkeit, die Sexualität der Frau als Antipode zur Kul-

tur der Männer auf, nunmehr als androzentrierte Denkweise der Griechen interpretiert. Während in der Ethnologie, aus der die Interpreten ihre Anregungen schöpfen, deutliche Kritik an der Gleichung *Frau – Natur, Mann – Kultur* geäußert worden ist[48], nimmt in der Alten Geschichte die Faszination an diesem Analysemodell eher zu. Zugrunde liegt den Erklärungen stets eine Definition der griechischen Gesellschaft als Patriarchat, welches z. B. William B. Tyrrell explizit durch den Ausschluß von Frauen von »public affairs« bestimmt sieht.[49] Zwar wird im Unterschied zu älteren historisierenden Deutungen davor gewarnt, von Mythen unmittelbar auf tatsächliche Lebensverhältnisse zu schließen, wird vielmehr der imaginäre Charakter von Mythen betont, seine Funktion, Gesellschaft nicht abzubilden, sondern zu interpretieren. Umgekehrt wird aber nicht weniger leichtfertig von den vermeintlichen Lebensverhältnissen auf den Inhalt des Mythos geschlossen. Indem der Gegensatz zwischen Privatheit und Öffentlichkeit vorausgesetzt wird, antizipiert man das Ergebnis, statt mit Hilfe der neuen Techniken diesen Gegensatz zu überprüfen. Gerade unter Anwendung strukturalistischer Analysemethoden gibt der Mythos den Blick frei auf andersartige Strukturen, belegen die oben genannten Gegenüberstellungen von unterschiedlichen Ehepraktiken und verwandtschaftlichen Zuordnungen die strukturierende Rolle von matrimonialen und verwandtschaftlichen Beziehungen bei den Griechen, läßt sich der Konflikt zwischen Griechen und Amazonen als Thematisierung einer Veränderung der politischen Funktion von Ehe verstehen, aus der heraus eine Neubestimmung der Räume der Geschlechter notwendig wird.[50] Diese gehen nicht in einem Gegensatz von privat und öffentlich auf, vielmehr erweist sich die Ehe, das Haus, das scheinbar Private, als äußerst bedeutsamer Ort des Politischen.
Dem Interesse an Denkstrukturen, aber auch an den Vorstellungen und literarischen Produkten der Frauen selbst[51] steht eine Anzahl von Studien realienkundlicher Art gegenüber, die trotz der eingangs zitierten Beteuerung Aufarbeitungen von Defiziten beinhalten: Konnten Frauen lesen und schreiben? Wie wohnten sie? Was wissen wir über sie aus den minoisch-mykenischen Schriftzeugnissen? Gelegentlich stimmen auch hier die Klischees nicht mehr von häuslichen Frauen und außerhäusigen Männern, erweist sich die Präsenz von Frauen an Orten, die als männliche Domäne tradiert sind: im Gymnasion, der sportlichen Bildungs-

stätte der Antike, auf der Agora, dem politischen Versammlungsplatz der Männer, wo in hellenistischer Zeit ihre Statuen aufgestellt wurden, beim musikalischen Wettbewerb.[52]

Der Fortschritt liegt im Detail, in der Erschließung neuer Quellen, z. B. der Vasenmalerei, der Entwicklung neuer Fragestellungen und Perspektiven, der Anwendung neuer Methoden. Theoretische Konzepte, die Einzelbefunde in einen größeren Zusammenhang einordnen, Befunde zur symbolischen Ordnung mit sozialgeschichtlichen Ergebnissen zusammenbinden, sind kaum anvisiert, geschweige denn entwickelt.[53] Die Möglichkeiten, die in den Gesellschaftskonzeptionen von Gernet, Vernant oder Finley liegen, sind längst nicht erschöpft. Das gilt beispielsweise für eine, um die Kategorie »Geschlecht« zu ergänzende, Erforschung archaischer Verkehrsformen, des Gabentausches, die in der Ethnologie mit Marcel Mauss' Studie »Le don« (1924) ihren Ausgangspunkt genommen hat und die das Bild von der frühen Gesellschaft der Griechen nachhaltig beeinflußt hat. Während in der Ethnologie die Frage nach den Austauschformen der Geschlechter gestellt wird, die Anthropologin Annette B. Weiner die Einbezogenheit von Frauen in Rituale des Geschenketausches entdeckt hat, harrt diese für die antiken Gesellschaften noch weitgehend der Wahrnehmung und Erklärung.[54] Anlaß, über geschlechtsspezifische Austauschformen, über die Organisation der Beziehungen zwischen den Geschlechtern auf ritueller Ebene nachzudenken, bieten neben Beobachtungen zum Brautgütertransfer, der Momente eines geschlechtsspezifischen Güteraustausches enthält, auch jüngste Studien zu Formen des gemeinsamen Essens. Die Tatsache, daß ein antiker Autor wie Plutarch (Moralia 461 D: Vom Kampf gegen den Zorn 13) seinem Publikum die Mäßigung des Zorns besonders eindrucksvoll anhand des Verhaltens von Männern deutlich machen kann, die sich auch dann nicht aus der Ruhe bringen lassen, wenn ihre aufgebrachten Frauen den (gedeckten?) Tisch für die Gäste umstoßen, beweist weniger die Streitsüchtigkeit des weiblichen Charakters als vielmehr die Bedeutsamkeit einer Tat, die sich offensichtlich gegen die Regeln eines noch näher zu charakterisierenden Austauschverhältnisses zwischen den Geschlechtern richtet, das seinen symbolischen Ausdruck in der Form des Essens findet. In ihrer Analyse des *kourbani*-Rituals, eines Tieropfers im neuzeitlichen Griechenland, ist Stella Georgoudi der Frage nach den Austauschbeziehungen zwischen den Geschlechtern nachgegangen und hat bemerkenswerte Beobachtungen gemacht, die für Fragen an die Antike richtungsweisend sein könnten: In der Art, wie das Tieropfer vollzogen, das Fleisch zubereitet und verteilt wird, manifestieren sich auch die Austauschbeziehungen zwischen den Geschlechtern, werden sowohl Kooperation als auch Abgrenzung zum Ausdruck gebracht.[55]

Das einzige theoretische Konzept, das in der Altertumswissenschaft entwickelt worden ist, das Matriarchatskonzept von Johann Jakob Bachofen, das von dem britischen Althistoriker George Thomson mit einem marxistischen Gesellschaftsmodell kombiniert und zu einem kohärenten, wenn auch umstrittenen Bild von der Entwicklung der griechischen Gesellschaft gefügt worden ist, kann diesen Anspruch einer Gesamtschau nicht erfüllen. Die starke Verankerung Thomsons in Denkmodellen des 19. Jahrhunderts, vor allem sein unilineares Evolutionsmodell, haben die Matriarchatstheorie in eine konzeptionelle Sackgasse geführt.[56] Das Matriarchat ist in der Altertumswissenschaft vor allem ein Thema der Historiographie[57], als Idee ist es in die Gegenwartsmythologie abgesackt, wo es sich zum Wunschtraum ebenso wie zum Angsttraum verflüchtigt, wirkungslos für eine historische Theoriebildung und analytischer Gedankenarbeit entzogen.

Erinnern sollte man sich, daß die Matriarchatstheorie ebenso wie die neuen Ansätze Kinder der Rechtsgeschichte sind: Bachofen war Jurist und hatte für einige Jahre in Basel den Lehrstuhl für Römisches Recht inne, ehe er sich dem – aus seiner Beschäftigung mit einem speziellen Rechtsgebiet, dem Privatrecht, erwachsenen – Studium des Mutterrechts zuwandte. Seine Anwendung des ethnologischen Vergleichs, sein Blick auf die Praxis der Matrilinearität, der verwandtschaftlichen Zuordnung des Kindes zur mütterlichen Linie bei außereuropäischen Völkern, und die damit einhergehende Konzentration auf Fragen des Ehe- und Familienrechts hat den Weg der Rechtsgeschichte trotz der Ablehnung seines Gesamtkonzeptes nachhaltig beeinflußt.[58] Ob eine forschungsgenealogische Verbindung zu den sozial- und kulturgeschichtlichen Ansätzen besteht, bliebe zu klären. Auf jeden Fall nehmen auch sie ihren Ausgangspunkt in der Rechtsgeschichte: Am Anfang der Forschungen von Moses I. Finley steht eine Studie über Hypothekensteine, und Louis Gernet studierte ur-

sprünglich das antike Vertragsrecht. Jüngere Forschungsergebnisse aus der Rechtsgeschichte lassen vermuten, daß hier zwar nicht unbedingt neue theoretische Entwürfe, aber dennoch interessante Einzelergebnisse zu erwarten sind: Während z. B. in Mandy Mercks Analyse des Amazonenmythos den Geschichten von kriegerischen Frauen die Funktion zugeschrieben wird, als »justification of that culture's radical subordination of women« zu wirken[59], legen die Befunde von Rechtshistorikern zur gleichen Zeit nahe, die Vorstellung von der radikalen Unterordnung zu relativieren: Besitz- und Verfügungsrechte von Frauen über ihre Mitgift, von Panayotis Dimakis unlängst neu diskutiert, lassen die Unterdrückung zumindest ökonomisch nicht so schwerwiegend erscheinen.[60]
Vor diesem Hintergrund der sehr disparaten und keineswegs in allen ihren Facetten ausgeleuchteten Forschungsgeschichte ist die Reserve von Pauline Schmitt-Pantel gegenüber voreiligen Synthesebildungen zu verstehen. Es gilt erst, die verschiedenen Fäden, die in den Einzeldisziplinen und Forschungstraditionen der Altertumswissenschaft geknüpft wurden, aufzunehmen und das reichhaltige Material, das traditionelle kultur- und rechtsgeschichtliche Arbeiten vorweisen, unter Einbeziehung innovativer konzeptioneller Ansätze und Methoden der jüngeren Sozial- und Kulturgeschichte neu zu sichten. Möglichkeiten, die in der Anwendung der Strukturkategorie »Geschlecht« liegen, möchte ich in der Folge anhand einer Konzeption diskutieren, die das Bild vom Leben der Frauen in der Antike wie keine andere bestimmt hat: die These von der orientalischen Abgeschlossenheit.

III. Haremswirtschaft im Okzident

Als Griechenland zum Reiseziel von Gelehrten wurde, die nicht mehr nur die überlieferten Texte aus der Antike studieren, sondern den »erhabenen griechischen Geist« vor Ort einfangen wollten, stand das Land noch unter türkischer Herrschaft, bildete es einen Teil jenes Orients, der seit der Türkenschlacht vor Wien als Gegenpol europäischer Kultur gedacht wurde. Die Rückeroberung Griechenlands für den Okzident stand an; seit der Aufklärung hatten sich europäische Ideen von republikanischer Freiheit an antiken Vorbildern orientiert; in den neuen Nationalstaaten des 19. und 20. Jahrhunderts wurde für diese Freiheit gekämpft, und die Traditionslinien zwischen Antike und Moderne wurden auf neue Weise bestimmt: die griechischen Freiheitskämpfer erhielten Schützenhilfe aus den mitteleuropäischen Zentren, während dort nach antikem Vorbild die Demokratie erstrebt wurde.[61] Die gleichen Forscher, die die theoretischen Begründungszusammenhänge für eine Ineinssetzung von moderner und antiker Demokratie schufen und in den attischen Strategen wie Perikles oder römischen Senatoren vom Stil eines Cicero ihre Vorbilder sahen, verwiesen oder beließen die weibliche Hälfte der bewunderten antiken Kultur im Orient. Der *terminus technicus* für diese Ortsbestimmung lautet: orientalische Abgeschlossenheit, häufig versehen mit einem »nahezu«. Verwundert über die Diskrepanz von attischer Größe und dem Leben der Frauen in »almont oriental recluseness« zeigte sich 1907 beispielsweise Charles A. Savage; »ganz oder fast wie im Harem« lebte nach Ansicht von Johannes Leipoldt die Frau im klassischen Griechenland; abgeschwächt heißt es bei Gustave Glotz: »Sans être cloîtrée selon l'usage oriental, elle mêne une vie retirée«.[62] Auf der Suche nach dem Ursprung der Idee stieß ich auf Christoph Meiners vierbändige *Geschichte des weiblichen Geschlechts*, deren erster Band 1788 in Hannover erschien. Der »ordentliche Lehrer der Weltweisheit«, wie er sich nennt, behauptet hier, daß die Griechen schon zur Zeit Homers »ihre Frauen und Jungfrauen nach Art der Morgenländer einschlossen«, und auch die später entstandenen Gesetze Solons »verkündigen« laut Meiners »entweder den Morgenländischen Geist des Gesetzgebers, oder die Morgenländischen Laster und Neigungen der Atheniensischen Weiber«.[63] Für das frühe Griechenland hat schon kurz darauf, 1790, Carl Gotthold Lenz diese Position revidiert, und seitdem hat sich die Vorstellung durchgesetzt, daß zwar die Frau zur Zeit Homers ein freies Leben führen konnte, »les Athéniennes, au contraire«, so die Formulierung eines französischen Gelehrten in der zweiten Hälfte des 19. Jahrhunderts, »ont une vie obscure, cachée dans la retraite du gynécée (Frauenwohnung – B. W.)«.[63a]

Das Schicksal vor allem der Frauen Athens ist nach Gelehrtenansicht bis heute die soziale Bewegungslosigkeit: »Ans Haus gebunden und gebannt, sollte sie es nur selten verlassen, in der Regel nur mit Erlaubnis des Eheherrn und in Begleitung von Sklavinnen ...«, so die Aussage in einem 1893 in 2. Auflage erschienenen

Handbuch zu den Privataltertümern in der Antike[64]; Sarah B. Pomeroy, obwohl der These der orientalischen Abgeschlossenheit gegenüber reserviert, zeichnet ein nicht minder von Gefängnisatmosphäre geprägtes Bild: »Freie Frauen wurden gewöhnlich so abgesondert gehalten, daß kein Mann, außer einem sehr nahen Verwandten, sie zu Gesicht bekommen konnte.«[65] Auf diese Weise der »Asiatic jealousy« ihrer Männer ausgesetzt, wie P. Mahaffy schreibt[66], »obedient to their husbands«, so James Donaldson[67], trugen die Frauen nach Ansicht von Gustave Glotz eine »mission lourde, toute de travail et d'abnégation«[68], führten ein Leben, das sich für Joseph Vogt in Anlehnung an Friedrich Nietzsche, als ein »pflanzliche(s) Vegetieren« darstellt.[69] Die meisten Gelehrten bedauern diesen ihre Ansicht nach offensichtlichen Tatbestand; vereinzelt wird sogar der Niedergang der griechischen Kultur auf die Diskriminierung der Frauen zurückgeführt.[70]

Die Ortsbestimmung erweckte auch Widerspruch. Nur wenige Jahre, nachdem in Europa die Frauen das Wahlrecht erlangt hatten, forderte der britische Althistoriker A. W. Gomme eine Neubewertung der Situation der Frauen in Athen und verwies dabei insbesondere auf den Befund der Tragödie. Den Aussagen der Tragödiendichter des 5. Jahrhunderts v. Chr. meinte er deutliche Indizien für eine erhebliche Bewegungsfreiheit der Athenerin entnehmen zu können. Hier ein Beispiel seiner Argumentation: »The *Antigone* appeared in 442 or 441, at a time that we may take, I suppose, to be the very acme of Athenian greatness, when the Parthenon war nearing completion ... and Pericles supreme; and Antigone is worthy of her age. Ismene, most timid of women, tries her best, to dissuade her sister; but she never uses the one argument which, according to the rules we have laid down for the conduct of Greek maidens, should have been the first to occur to her and immediately conclusive – she does not censure Antigone (and herself) for appearing outside the *gynaiconitis* and still more for proposing the walk through the streets of Thebes. Neither does Medea hurry indoors when the stranger Aegeus appears ...«[71] Insgesamt kommt er zu dem Schluß, daß »in Attic tragedy women come and go from their houses at will and play an important and public part«[72], und meint, daß sich die Praxis der Griechen nicht wesentlich von der im mittelalterlichen und modernen Europa unterschieden habe. Denn: »When Theognis said,

›I hate a woman who gads about and neglects her home‹, I think he expressed a sentiment common to most people of all ages...«[73]

Seit dem Erscheinen von Gommes Aufsatz entstanden weitere Studien, in denen in ähnlicher Weise argumentiert wurde.[74] Keiner der Historiker, der diese Meinung aufgriff, hat die soziale oder politische Rolle der Frauen im Auge gehabt. Die Debatte kreist allein um den Freiheitsspielraum der Athenerin und um das Ansehen, das die Frauen Athens in den Augen ihrer Männer genossen. Maßstab dessen, was Frauen beengt, ist das, was Männer dürfen: der Ausschluß oder die Nichtteilnahme an den Geselligkeitsformen der Männer, an ihren Symposien (Trinkgelage), von den einen als »empfindlicher Mangel« verstanden, da damit die Frauen vom geistigen Leben der Zeit ausgeschlossen gewesen seien[75], wird von Gegnern der Abgeschlossenheitsthese als Schutzvorschrift beurteilt, die notwendig war aufgrund der »unsafe Athenian street«, »the almost total lack of civil police or street lightening«, des zotigen Verhaltens der Männer während ihrer Trinkgelage oder infolge des »wild and disorderly behaviour« der Frauen selbst.[76] Die Argumente pro und contra bewegen sich im Rahmen von Plausibilitätserwägungen und widersprechen sich von daher leicht. Der Schwatz mit der Nachbarin, wie ihn in vielen Komödien des Aristophanes athenische Frauen halten, gilt als Indiz für Bewegungsfreiheit, keineswegs aber als Beleg für die Bildung weiblicher Geselligkeitsformen, die derbe Sprache von Marktverkäuferinnen als Beweis für das Selbstbewußtsein der Frauen: »Ein Finale furioso unserer Marktfrauenparade sind schließlich die beiden Imbißstubeninhaberinnen aus den ›Fröschen‹, vor denen selbst dem Gott Dionysos angst werden kann. Beide sind sie Athenerinnen, denn sie wenden sich zur Durchsetzung ihrer Ansprüche an die athenischen Politiker Kleon und Hyperbolos...«, schreibt Wolfgang Schuller[77] und zitiert aus der Komödie des Aristophanes:

> »Erste Wirtin: Ich schneide mit dem Küchenmesser dir
> Die Gurgel auf, die meine Würste fraß!
> Zweite Wirtin: Zum Kleon geh ich jetzt, der haspelt dir
> Vor Amt das alles wieder aus dem Bauch!«
>
> (576-9; Übersetzung L. Seeger)

Daraus folgert er: »Es ist ganz klar: Diese Prachtweiber waren keine in einem Serail eifersüchtig bewachten und von den Männern eingeschüchterten Seelchen. Sie standen breitbeinig und höchst wortgewaltig mitten auf der athenischen Agora und widerlegten mit ihrer schieren Existenz die Meinung, ›die Atheneinnen‹ hätten ein hinter Fenstergittern zugebrachtes verschüchtertes Leben führen müssen.«[78]

Gestritten wird, wie mir scheint, um einen imaginären Ort: Das Klischee des Harems muß herhalten, um westeuropäische Wertmaßstäbe von »Freiheit« abzusichern, die sich hier für die Frauen zwar nicht als Wahlfreiheit, aber als Bewegungsfreiheit manifestieren. Die tatsächlichen Verhältnisse im Orient sind kein Thema; ein fundierter Vergleich zwischen »Orient« und »Okzident« findet und fand nicht statt.

Das nicht Vorstellbare ist eine genusgegliederte Gesellschaft, eine Kategorie, die unlängst Ivan Illich zum Titel eines Buches zur historischen Kritik der Gleichheit wählte und die eine Gliederung sozialer Räume nach geschlechtsspezifischen Kriterien meint, ohne daß damit a priori Hierarchien und Unterordnungen festgesetzt sind.[79] Es ist vermutlich kein Zufall, daß die Vorstellung von der »orientalischen Abgeschlossenheit« gerade zu dem Zeitpunkt sich zum Topos entwickelte, als in den mittel- und westeuropäischen Ländern die Überwindung der Genus-Schranken anstand, sich eine vor allem geschlechtsspezifische Orientierungen betreffende Umstrukturierung von Gesellschaft vollzog. Die Idee der orientalischen Abgeschlossenheit kann hier vielfältige Funktionen übernommen haben und ich möchte nur zwei Überlegungen zu bedenken geben. Einerseits bildet sie ein Mittel, das der sich neu strukturierenden Gesellschaft nicht Angemessene aus der eigenen Kulturtradition in den Orient auszugrenzen, zumal auf die politische Dichotomie von Orient und Okzident zurückgegriffen werden konnte.[80] Andererseits setzt sie in einer Zeit der beginnenden Emanzipationsbewegungen, die vor allem Kämpfe um ein Frauenwahlrecht waren, den eigenen Frauen Grenzen: die Frauen müssen im Gegensatz zu den Männern gegen eine scheinbar jahrtausendealte Tradition von Ausschluß ankämpfen, erhalten keinen Rückenwind aus der Geschichte.

Die Infragestellung der Abgeschlossenheits-These hebt den Ausschluß nicht auf, sie definiert ihn vielmehr neu: die Frauen werden befreit aus der Enge des Hauses, sind in den Straßen Thebens und auf der Agora Athens präsent, aber die Machtfrage wird vorab eindeutig geklärt: Gesellschaftlich, politisch nehmen Frauen nur den zweiten Rang ein, werden aber respektiert. Diese Sicht in der Wissenschaft entspricht auf bemerkenswerte Weise realen Entwicklungen, wie sie sich in Europa und den USA seit Ende des Ersten Weltkrieges vollzogen: Frauen dringen in Männersphären ein, spielen dort aber nur untergeordnete Rollen.

Was sich hinter der Abgeschlossenheits-These als realer Bodensatz verbirgt, ist eine strukturell anders gegliederte Gesellschaft, als wir sie heute kennen. Das Vorhandensein eines nur den Frauen zugeschriebenen Raumes, hier: des Hauses, spricht nicht a priori für dessen Negativbewertung und heißt nicht unbedingt »Ausschluß«. Als Ausschluß definiert werden kann erst ein Zustand, der aus heutiger Sicht überwunden werden soll. Die Fixierung auf Männersphären, das Resultat einer auf Helden, Machtfragen und Institutionalisierungen von Herrschaftsformen ausgerichtete Geschichtsschreibung, verstellt den Blick für die Wahrnehmung von Frauenräumen oder weist diese in die Marginalisierung.

Um einen Einblick in Interpretationsmöglichkeiten aus der Perspektive von Genus zu geben, möchte ich kurz einige der wichtigsten Quellen vorstellen, auf denen die Abgeschlossenheitsthese basiert. Sie stammen alle aus einem relativ eng begrenzten Zeitraum, dem späten 5. und frühen 4. Jahrhundert, und beziehen sich ausnahmslos auf Athen. Bis auf einen Fall werden nicht reale, sondern fiktive bzw. gewünschte Zustände geschildert.

In den *Thesmophoriazusai*, etwa mit: *Frauen am Thesmophorienfest* zu übertragen, läßt der Komödiendichter Aristophanes eine Frau Klage über die Wirkung der Dichtung des Euripides führen. Dieser hatte nicht nur die eheliche Treue einer Alkestis als vorbildhaft dargestellt, sondern auch in der Tragödie *Phaidra* die fatalen Konsequenzen fehlgeleiteter Begierden dramatisch gestaltet. Seine Heldin Phaidra, wegen ihres inzestuösen Begehrens, das sich auf den Stiefsohn richtet, in verzweifelter Situation, klagt selbst das Frauengeschlecht an, das die Untugend der Untreue eingeführt habe. Die Konsequenzen, die die Männer aus dieser moralischen Verfehlung ziehen, sieht die Athenerin in Aristophanes' Komödie folgendermaßen:

»Er [Eurípides – B. W.] macht, daß sie das Fraungemach versiegeln,
Verriegeln, ja, und noch Molosser Doggen
Sich halten – Vogelscheuchen für die Buhler! –
Das wär das Schlimmste nicht! Allein zu schalten
In Küch und Keller, nebenher zu nehmen
Mehl, Öl und Wein – auch dieses geht nicht mehr:
Die Männer tragen selbst jetzt kleine Schlüssel,
Geheimnisvolle, ganz bösart'ge Dinger,
Spartanische, mit drei Zähnen an dem Bart.
Sonst konnten wir noch leicht die Türen öffnen
Mit drei Ringen, die nur drei Obolen kosten;
Nun lehrt' Euripides, der Naseweis
Sie wurmzerfreßne Siegelringe tragen,
Am Gürtel!« (415-428, Übersetzung L. Seeger)

Angesprochen wird hier jene räumliche Manifestation des Haremsdaseins der athenischen Frauen, von der auch Gomme sprach, die *Gynaikōnitis*, ein speziell den Frauen zugeordneter Raum (von gr. *gynḗ* = Frau). Die Existenz eines Frauenraumes bestätigen auch die Aussagen der Gerichtsredner des 4. Jahrhunderts. Da die Rechtsprechung in der attischen Polis zentralisiert war, Streitigkeiten seit dem 5. Jahrhundert nicht mehr vor dem dörflichen, mit den Hintergründen des Konfliktes vertrauten Publikum verhandelt wurden, übernahmen die Redner die Aufgabe, den aus allen möglichen Regionen Attikas zusammengekommenen »Laienrichtern« ein besonders anschauliches Bild von den Lebensumständen des Klagenden oder des Angeklagten zu entwerfen und die moralische Berechtigung einer Tat sinnfällig zu machen. Hier ein Auszug aus der Verteidigungsrede des Euphiletos, der sich für die Ermordung des Liebhabers seiner Frau zu verantworten hatte. Die Rede schrieb Lysias:
»Nachdem ich nämlich, ihr Herren, mich entschlossen hatte zu heiraten und eine Frau in mein Haus (*oîkos*) geführt, benahm ich mich gegen sie zuerst so, daß ich ihr weder etwas zu Leide tat noch auch ihr zu sehr freie Hand ließ zu tun, was sie wollte, sondern sie so viel als möglich bewachte und, wie es sich gebührte, mein Auge auf sie gerichtet hielt. Hierauf aber, seitdem ich ein Kind von ihr hatte, da schenkte ich ihr auch alsbald mein Vertrauen und überließ ihr alles, was ich hatte, in der Überzeu-

gung, dieses sei das festeste Band der häuslichen Gemeinschaft. In der ersten Zeit nun, ihr Herren Athener, war sie die beste Frau von der Welt; war sie doch eine geschickte, sparsame und alles pünktlich verwaltende Haushälterin (*oikonómos*). Als aber meine Mutter starb, wurde deren Tod die Ursache all meines Unglücks. Denn bei der Beerdigung wurde meine Frau, die in dem Leichenzug ging, von dem Menschen hier gesehen und bald darauf von ihm verführt. Er paßte nämlich unsere Magd, welche die Gänge auf den Markt machte, ab, redete sie an und bestach sie. Fürs erste nun, ihr Herren – denn auch dies muß ich euch auseinandersetzen –, habe ich ein kleines zweistöckiges Haus, dessen oberer Stock gleiche Einrichtung hat mit dem unteren, nach Frauen- und Männerwohnung (*gynaikōnitis/andrōnitis*) abgeteilt. Als wir nun das Kind bekommen hatten, säugte es seine Mutter. Damit sie aber nicht, so oft sie baden sollte, mit Gefahr für die Gesundheit die Treppen hinabsteigen müßte, nahm ich meine Wohnung oben, die Weiber unten. So war es denn schon zur Gewohnheit geworden, daß meine Frau öfter von mir wegging, um unten zu schlafen bei dem Kind und ihm die Brust zu geben, damit es nicht schreie. Dies geschah lange Zeit so, und ich faßte nie einen Argwohn, sondern war so einfältig zu glauben, meine Frau sei die sittsamste Frau in der ganzen Stadt. Im Laufe der Zeit aber, ihr Herren, war ich einmal unerwartet vom Felde gekommen, und nach dem Abendessen schrie das Kind und war übel aufgelegt, da es die Magd absichtlich zu diesem Zwecke geärgert hatte. Denn jener Mensch war im Hause; später nämlich erfuhr ich alles. Da hieß ich die Frau hinabgehen und dem Kinde die Brust geben, damit es aufhöre zu weinen. Sie aber wollte zuerst nicht, vorgeblich weil sie sich freue mich nach langer Zeit zurückgekommen zu sehen. Als ich nun aber unwillig wurde und sie weggehen hieß, sagte sie: ›Nicht wahr, damit du hier das Mädchen verführest? Auch früher schon hast du in der Trunkenheit sie herumgerissen.‹ Darüber lachte ich, sie aber stand auf und schloß bei Hinausgehen die Thüre zu, wie im Scherze, und zog den Schlüssel ab. Ohne an etwas dabei zu denken oder Argwohn zu fassen, gab ich mich süßem Schlafe hin, da ich vom Felde gekommen war. Gegen Tagesanbruch kam sie wieder und öffnete die Thüre. Auf meine Frage warum die Hausthüre in der Nacht geknarrt habe, sagte sie, das Licht bei dem Kinde sei ausgegangen; da habe sie es bei den Nachbarn anzünden lassen. Ich schwieg und glaubte, es verhalte sich damit so. Jedoch, ihr Herren, kam es mir vor als ob ihr Gesicht geschminkt wäre, obwohl noch nicht dreißig Tage seit dem Tode ihres Bruders verflossen waren. Trotzdem aber sagte ich nichts über die Sache, sondern ging stillschweigend hinaus.« (I 6-14; Übersetzung F. Baur)

Zwar erfahren wir aus der Rede, daß die Gynaikōnitis auch abgeschlossen werden konnte, aber aus der Rede geht keineswegs hervor, daß die Frauen sich nur in einem separierten Teil des Hauses aufhielten. In der Gynaikōnitis wohnen und schlafen hier die Mägde und die Kinder. Die Ehefrau nächtigt beim Ehemann; ihr nächtlicher Aufenthalt im Frauenraum wird als außergewöhnlich geschildert. Signe Isager, eine dänische Althistorikerin, hat weitere Belege über die Frauenwohnung zusammengestellt und ist zu dem Ergebnis gekommen, daß es sich bei der Gynaikōnitis um einen speziellen Schlafraum für unverheiratete Frauen handelte.[81] Die Rede des Euphiletos macht zudem deutlich, daß die Sphäre der Frauen im Haus sehr viel weiter gefaßt werden muß: die Frau ist *oikonómos*, Hausverwalterin. Ihr obliegt die Organisation des Hauses und darin liegt auch ein wesentlicher Zweck der Eheschließung, wie es indirekt bei Euphiletos anklingt und von einem anderen Redner, Demosthenes, eindeutig ausgesprochen wird: »Ehefrauen haben wir, um treue Verwalterinnen der häuslichen Schätze zu haben« (Rede gegen Neaira 122). Dazu gehört vor allem die Schlüsselgewalt, wie aus den Aussagen des Theophrast und des Xenophon hervorgeht.[82] Die von Frauen benutzten Räumlichkeiten erstrecken sich, das hat Susan Walker in einer Analyse des archäologischen Befundes zu erhellen versucht, über weite Teile des Hauses. Mit sehr viel größerer Sicherheit als die sogenannte Gynaikōnitis läßt sich in den ausgegrabenen Wohnhäusern der Athener ein spezieller Raum der Männer ausmachen, der *andrōn*. Es handelt sich um einen Raum, in dem die Männer ihre Trinkgelage abhielten und der häufig mit Steinpodesten ausgestattet war, auf denen die Klinen, Sitzbänke bzw. Liegen, aufgestellt waren.[83] Szenen solcher Trinkgelage sind auf Vasenbildern häufig zu sehen, so daß die Ausgräber zumindest ein Vorbild haben, nach dem sie suchen können. Die Vasenbilder belegen allerdings nicht nur männliche Geselligkeitsformen, sondern auch Zusammenkünfte von Frauen, bei der Arbeit, beim Musizieren.[84] Wo sich diese abspielten, ist nicht ersichtlich. Sicher erscheint mir nur die Fragwürdigkeit des Vorgehens, die umstrittene Existenz von Frauenräumen als Beleg für ein Haremsdasein der Frauen und den unumstrittenen Befund des *andrōn*, des Männerraumes, als Ausdruck männlicher Weltläufigkeit zu deuten. Notwendig ist ein auf Frauen- *und* Männerräume gleichermaßen gerichteter Blick, ohne diese mit den Kategorien von »privat« und »öffentlich« zu fassen.

Der Skandal in Aristophanes' *Thesmophoriazusai* liegt in der Umkehrung einer offensichtlichen Kompetenzverteilung zwischen Frauen und Männern: Die Männer haben den Schlüssel, nicht mehr die Frauen. In der Verkehrung der Rollen liegt ein entscheidendes Moment der Komik, dessen sich Aristophanes auch in anderen Komödien bedient. In den *Thesmophoriazusai* wird den Männern unterstellt, daß sie das Haus beherrschen, während die Frauen, das hat Marcel Détienne dargelegt[85], ihre eigene Versammlung am Thesmophorienfest nach Art der Männer durchführen, also den Raum der Männer, die Polis, beherrschen. Sie spielen »Volksversammlung«, führen sich wie Redner auf der Volksversammlung auf, wählen Vorsitzende, bestimmen Ordnungshüter(innen). Noch deutlicher wird diese Verkehrung in der *Lysistrata* des Aristophanes, in der der Krieg als Sache der Frauen definiert und den Männern die Arbeit der Frauen, ihre Wollarbeit, zugewiesen wird. Die Frauen verlassen das Haus, verweigern ihre Sexualität und besetzen die Akropolis, wo sie Zugriff auf die Finanzen der Polis nehmen und den Männern das Geschäft des Krieges verunmöglichen.[86]

Wenn Aristophanes die Sphären verkehrt und die Frauen nach Art der Männer handeln und die Männer im Haus herrschen läßt, so geschieht dies vor dem Hintergrund einer genusgegliederten Gesellschaft, die in der Gestalt, wie sie sich im Athen des 5. und 4. Jahrhunderts herausgebildet hat, ein Konfliktpotential in sich birgt. Einander gegenüber stehen der Oikos, das Haus, und die Polis. Das Haus konstituiert sich über die Verbindung beider Geschlechter; die Polis ist allein ein Bindungsverhältnis von Männern, die gemeinsam in den Krieg ziehen, Versammlungen abhalten, Institutionen bilden, um ihre Konflikte untereinander zu regeln. Das Haus ist in gewisser Weise ein politisches Konkurrenzunternehmen zur Polis: Über Heiratsbeziehungen mit auswärtigen Familien und Gastfreundschaften haben vor allem reiche Athener bis ins 5. Jahrhundert hinein eigene, nicht mit den Mit-Politen abgestimmte Politik betrieben. So gelangte der attische

Tyrann Peisistratos in der Mitte des 6. Jahrhunderts in seine Position als »Alleinherrscher« mit Hilfe einer Truppe, die ihm die Verwandten seiner Frau aus Argos stellten.[87] In der Mitte des 5. Jahrhunderts wurde diese Möglichkeit der Installierung der Herrschaft eines Hauses mit Hilfe einer klugen Heiratspolitik ausgeschaltet: Ein Gesetz sah vor, daß nur derjenige das Bürgerrecht erhielt, der sich als Kind attischer Eltern ausweisen konnte. Die Heirat mit einer Athenerin wurde somit Pflicht.[88] Die Folge waren unzählige Legitimitätsprozesse, von denen die Gerichtsreden Zeugnis ablegen; notwendig wurde aber auch die Bildung eines auf die Polis hin zentrierten Gemeinschaftsgefühls der Politen untereinander. Von diesem Bemühen bzw. von diesem Prozeß zeugen die Tragödien- und Komödiendichtungen des 5. Jahrhunderts. Wenn z. B. der Muttermörder Orest in Aischylos' berühmter Trilogie *Oresteia* von einem attischen Gericht von der Schuld freigesprochen wird – für Bachofen der Beleg für einen Übergang vom Mutter- zum Vaterrecht –, so sagt dies auch, daß die Polis Familiensolidaritäten außer Kraft setzen kann. Der Polis gelingt dies nicht durch die Setzung eines abstrakten Verhältnisses über das persönliche. Vielmehr werden auch die Beziehungen in der Polis, die nur zwischen Männern bestehen, in verwandtschaftlichen Kategorien gedacht und beschrieben. Die Männer Athens verstanden sich als Kinder Athenas und bezeichneten sich untereinander als Brüder und Milchgenossen einer Mutter.[89] Diese sehr personale Beziehungsstruktur, nach denen die Räume von Männern und Frauen gegliedert sind, macht es möglich, das Verhältnis von Oikos und Polis auch immer wieder in geschlechtsspezifischen Kategorien zu fassen. Frauen und Männer stehen in der Literatur nicht nur für sich, sondern für die Räume, mit denen sie in eins gesetzt werden.

Geht die Politik vom Haus aus, sind Frauen in stärkerem Maße involviert, als wenn sie nur von den Organen der Polis vollzogen würde. Aristoteles benutzt für eine solche Struktur den Begriff *gynaikokrateísthai*, etwa mit: »von Frauen beherrscht werden« zu übertragen. Sie ist für ihn vor allem in Sparta gegeben.[90] Die Art der Teilhabe wird etwas deutlicher, wenn man sich die gut belegten hellenistischen Verhältnisse anschaut. Nach der makedonischen Expansion gegen Ende des 4. Jahrhunderts verliert in Athen die vor allem auf dem Band des Krieges beruhende Solidargemeinschaft der Politen an Bedeutung. Die politische Macht einzelner Häuser beginnt sich wieder stärker durchzusetzen, was sich vor allem auch im Hervortreten von Reichtum niederschlägt. Die Frauen sind hier, das haben die Untersuchungen von Riet Van Bremen erwiesen, auf besondere Weise in der Politik sichtbar. Auf der Agora, dem eigentlichen Versammlungsplatz der Männer, befinden sich nunmehr zahlreiche Ehrenstatuen von Frauen, die als Wohltäterinnen der Stadt ausgewiesen werden. Sie hatten sich am Bau von Rathäusern, an öffentlichen Speisungen etc. beteiligt, zum Teil sogar Ämter übernommen, die in klassischer Zeit nur Männern offenstanden. In der Art, wie die Beziehungen zwischen Polis und Haus dargestellt werden, zeigt sich deutlich die Dominanz der Häuser und die Integration der Frauen: Wohltäter und Wohltäterinnen werden als Väter und Mütter der Polis bezeichnet, die Polis wird unter die familiären Beziehungen subsumiert, Oikos und Polis bilden nunmehr eine Familie, sind sowohl männlicher als auch weiblicher Raum.[91]

Vor diesem Hintergrund eines Genusstrukturen verschiebenden Prozesses lassen sich auch die Aussagen des Aristoteles besser verstehen, der über das Verhältnis des Weiblichen (*thēly*) und des Männlichen (*árrēn*) reflektiert. Seine Definition des Männlichen als das von Natur (*phýsis*) Herrschende (*árchon*) und des Weiblichen als das Beherrschte (*archómenon*)[92], ist von Generationen von Historikern als Beleg für eine griechische Männerherrschaft gedeutet worden.[93] Die Verhältnisse liegen, so meine ich, komplizierter. Das Anliegen des Aristoteles ist nicht die Bestimmung des Verhältnisses der Geschlechter als ein persönliches, sondern als ein strukturelles: Seine Bemerkung über den Gegensatz des Männlichen und des Weiblichen steht im Kontext einer Reflexion über den Unterschied zwischen Herrschaft im Haus bzw. der Herrschaft eines Hauses über andere Häuser und der Leitung der Polis. Die Herrschaft des Männlichen über das Weibliche ist bei Aristoteles eine rein politische (*politikōs*), d.h. eine auf die Belange der Polis bezogene. Strukturell ausgedrückt besagt dies, daß er das Haus in Unterordnung zur Polis sehen will, d.h. es geht ihm darum, die Sphäre des Hauses zugunsten des Bindungsverhältnisses der Politen zu »entpolitisieren«.[94] Um dieses Ziel auszudrücken, das zu seiner Zeit, im 4. Jahrhundert, durch die wachsende Macht der Häuser unterlaufen wird, greift er auf Metaphern zurück, die traditioneller Bestandteil überlieferter Kosmogonien sind – Vorstellungen über die Ordnung der Welt, die

nach Kategorien von Männlich-Weiblich strukturiert sind. »Sur le problème de la division de sexes la pensée grecque a évolué«, faßt Pauline Schmitt-Pantel die jüngsten Forschungsergebnisse zum symbolischen Denken der Griechen zusammen, und kaum eine Beobachtung erweist deutlicher die strukturbildende Rolle der Kategorie »Geschlecht« für die antiken Gesellschaften.[95] Auffallend ist, daß Aristoteles in seinen Ausführungen über die Leitung im Haus keine Aussagen über das Verhältnis Männlich-Weiblich macht. Es geht ihm nur um die Führung der Kinder, die mit dem Begriff »*basilikōs*« umschrieben wird.[96] Es handelt sich um einen Terminus, der von dem griechischen Begriff *basileús* abgeleitet ist, der zumeist mit »König« übersetzt wird, aber nichts anderes meint als das Oberhaupt eines besonders bedeutenden Hauses. Für ihn besitzt das Griechische ein weibliches Pendant: *basíleia*. Eine *basíleia* finden wir an der Spitze eines homerischen Hauses. Die Gesellschaft, die die Epen Homers, Ilias und Odyssee, schildern, besteht aus einem Nebeneinander verschiedener Häuser, die über das Band von Heirats- und Gastfreundschaftsbeziehungen miteinander verbunden sind. Die Zeit, die die Epen reflektieren, ist vermutlich das 8., vielleicht auch 7. Jahrhundert. Hier finden wir Männer- und Frauensphären nicht nur unter einem Dach, dem Dach des Oikos, sondern auch in einem Raum vereint: im Megaron, der zentralen Halle des Hauses, hält sich sowohl die *basíleia* im Kreis ihrer »dienenden Frauen« – sie gehen gemeinsam der Arbeit am Webstuhl nach – als auch der *basileús* mit seinen Tischgenossen auf.[97] Die Produkte der weiblichen Arbeitskollektive sind es, die den Männern das Knüpfen ihrer Gastfreundschaftsbeziehungen erst ermöglichen: kein Mann, der nicht über Textilien verfügt, kann einen Gast beherbergen, ihn mit Gewändern beschenken, die von seiner Ehre künden.[98]
Die Arbeit von Frauen, ihre Wertigkeit und strukturelle Bedeutung ist in der gegenwärtigen Frauenforschung kaum ein Thema. Ihr jedoch kommt gerade für die Konstituierung von Herrschaft eine zentrale Rolle zu. Die Rekrutierung weiblicher Textilarbeit ist ein wesentliches Moment des bronzezeitlichen Herrschaftssystems, das mit den Namen Mykene und Knossos, beides Zentren der minoisch-mykenischen Kultur, verbunden ist, an die sich ihrerseits Assoziationen von einem vorgriechischen Matriarchat ranken. Forscher wie Thomson hatten Frauenkooperative im Akkerbau als Grundlage einer matriarchalen Ordnung vermutet[99],

gefunden wurden nach der Entzifferung der minoisch-mykenischen Schrift, dem sogenannten Linear B, unzählige Listen von Frauen, die als Weberinnen, Spinnerinnen, Wollekämmerinnen bezeichnet werden und die für ihre Leistung, von der wir nicht wissen, ob sie temporär oder dauerhaft erbracht wurde, Getreiderationen erhielten.[100] Welcher Stellenwert dieser Frauenarbeit für die Konstituierung von Gesellschaft allgemein auch im klassischen Athen zukam, mag man daran ersehen, daß die zentrale Göttin der Athener sowohl Kriegerin als auch Weberin ist, die Gewandweihe für die Göttin *das* Fest in Athen bildete. Der Peplos wurde von jungen Mädchen gewebt, die für eine gewisse Zeit im Dienst der Göttin standen, und einflußreiche Familien stritten für ihre Töchter um diese ehrenvolle Aufgabe.[101]

Die Tatsache, daß die meisten Überlieferungen aus der Antike Wirklichkeit nur vermittelt wiedergeben, da es sich in der Mehrzahl um literarische oder philosophische Texte handelt, die Realität interpretieren, symbolische Ordnungen reflektieren, macht Umwege notwendig, um reale Lebenspraxis aus den Quellen herauszufiltern. Die Überlieferungssituation bildet zugleich die Chance, beides zusammenzufügen: das Denken über Gesellschaft und die gesellschaftliche Organisation selbst. Die Beobachtungen zur Rolle des Weiblichen im symbolischen Denken geben Anlaß, die Marginalisierung, die die Frauenrolle in der neuzeitlichen Rezeption erfahren hat, zu überdenken. Die Präsenz des Weiblichen im »Imaginären« aus einer faktischen Unterdrückung von Frauen zu erklären, ist nur möglich, wenn Tätigkeiten von Frauen in der Antike mit Wertkategorien von heute betrachtet bzw. übersehen werden. Frauenarbeit, insbesondere Hausarbeit, in modernen Gesellschaften in die Marginalisierung abgedrängt, fällt nur zu leicht aus der Wahrnehmung neuzeitlicher Betrachter, so daß in einem jüngsten Werk zum griechischen Denken folgende Bemerkung zu finden ist: »The complete lack of recognition of woman's labour, both with respect to the children and within the production unit, the oikos, is typical to a patriarchal culture, just as it is a feature of (contemporary) machismo.«[102] Die implizierte Gemeinsamkeit von griechischem und gegenwärtigem Denken sowie die Tatsache, daß in Peter Masons Analyse *City of Men. Ideology, Sexual Politics and Social Formation* aus dem Jahre 1985, aus der obiges Zitat stammt, die »sexuellen« Beziehungen und nicht »genus« im Mittelpunkt der Untersuchung stehen, verweisen nur allzu eindeutig auf den Ursprung der Idee: auf die Form des derzeitigen Geschlechterverhältnisses, das sich nicht über die Attraktivität von Arbeitsvermögen, sondern über die des Körpers herstellt. Diese mangelnde Distanz von der eigenen Erfahrungswelt ist es immer wieder, die in die eigentliche Abgeschlossenheit führt: in das von Eurozentrismus und Androzentriertheit bestimmte Getto des Denkens. Über den ethnologischen Vergleich wird die Eurozentriertheit langsam durchbrochen. Das androzentrierte Denken aber, das von Generationen von Historikern wie selbstverständlich praktiziert wurde, nunmehr als Erfindung der Griechen darzustellen, erscheint mir als eines der jüngsten Trugbilder, das die althistorische Forschung aus dem Fundus antiker Überlieferungen zur Verarbeitung gegenwärtiger Konflikte des Geschlechterverhältnisses anzubieten hat.[103]

Anmerkungen

1 Robert von Pöhlmann, *Aus Altertum und Gegenwart*, München 1911, S. 76. Ein solcher Artikel steht bis heute noch aus. 1970 erschien im *Reallexikon für Antike und Christentum* (*RAC*) unter dem Stichwort »Frau« ein Beitrag von Klaus Thraede (Sp. 198-270).

2 Pauline Schmitt-Pantel, »La différence des sexes, histoire, anthropologie et la cité grecque«, in: Michele Perrot (Hg.), *Une histoire des femmes est-elle possible?*, Paris 1984, S. 112.

3 Vgl. Marilyn B. Arthur, die 1976 in einem Beitrag »Classics« für die amerikanische Frauenzeitschrift *Signs* (2,2) feststellte: »Woman's has not been an ignored category although its study frequently has been clouded by the mists of Romanticism ... or biased by the polemical attempt to vindicate ancient social practices.« Aber, so schränkt sie ein: »As in other fields women have been the dream but not the dreamers, the scholarship but not the scholars.«

4 Edith Spechts »Blütenlese zu Aspasia« (in: *Die ungeschriebene Geschichte. Historische Frauenforschung. Dokumentation 5. Historikerinnentreffen 1984*, herausgegeben von Wiener Historikerinnen, S. 358 ff.) gibt nicht nur einen Einblick in die kontroverse Diskussion, sondern auch in die individualpsychologische Dimension eines Historikerstreits, der außerordentlich komische Züge trägt.

5 Vgl. auswahlweise Grace H. Macurdy, *Hellenistic Queens: A Study in Woman-Power in Macedonia, Seleucid Syria and Ptolemaic Egypt*,

Baltimore 1932; Ulrich Wilcken, »Arsinoë«, in: *RE* II, 1896, Sp. 1282 ff.; Hermann Strasburger, »Olympias«, in: *RE* XVIII, 1939, Sp. 177; Ernst Kornemann, *Große Frauen des Altertums*, Leipzig 1942 (mit weiteren Literaturverweisen vor allem zu älteren Forschungen) sowie neuerdings: Sarah B. Pomeroy, *Women in Hellenistic Egypt. From Alexander the Great to Cleopatra*, New York 1984.

6 Heide Göttner-Abendroth, *Die Göttin und ihr Heros. Die matriarchalen Religionen in Mythos, Märchen, Dichtung*, München 1980, [2]1982, präsentiert die griechischen Göttinnen Artemis, Aphrodite, Athena, Demeter und Hera als Zeuginnen einer »verdrängten, verdeckten und vergessenen matriarchalen Religion in ihrer höchsten entwickelten Form« (Klappentext). Bemerkenswert an dieser Arbeit ist nicht ihr fiktionaler Gehalt, der im Vergleich zur literarischen Erzählung von Christa Wolf (*Kassandra*, Darmstadt/Neuwied 1983) zwar weniger eindeutig, aber dennoch in Diktion und Verzicht auf Quellenbelege erkennbar ist, sondern die Tatsache, daß dieser nur selten bemerkt wird (vgl. die Besprechungen in *FR* vom 5. 1. 1982 sowie im *Tagesspiegel* vom 5. 9. 1982). Zur Funktionalität von Matriarchatsmythen vgl. Ilse Bindseil, »Strukturalismus und Ideologie«, in: *Feministische Studien* 2/2 (1983), S. 158 ff., sowie Verena Schuster, »Vorsicht Mythos – Zum Beispiel der Mythos vom Matriarchat«, in: ebd., S. 166 ff.

7 Gegenüber einer stärker auf individualpsychologische Faktoren abhebenden Sicht der griechischen Heldinnen der Tragödie, wie sie vor allem die ältere Forschung prägt, wird neuerdings die Tragödie im Kontext eines strukturellen Konfliktes zwischen Haus (oîkos) und Polis interpretiert. Vgl. insb. Helene P. Foley, »The Conception of Women in Athenian Drama«, in: dies. (Hg.), *Reflections on Women in Antiquity*, New York, u. a. [3]1983, S. 127 ff. Zur Rezeptionsgeschichte der »Antigone« vgl. George Steiner, *Die Antigonen. Geschichte und Gegenwart eines Mythos*, München/Wien 1988. Einige interessante Überlegungen zur Verkörperung allgemeiner Konflikte durch historisch tradierte Frauenfiguren in der jüngeren Geschichte fand ich bei: Andrea Pollig, »›Germania ist es, – bleich und kalt ...‹. Allegorische Frauendarstellungen in der politischen Karikatur des ›Eulenspiegel‹ 1848-1850«, in: *Schimpfende Weiber und patriotische Jungfrauen*, hg. v. Carola Lipp, Moos/Baden-Baden 1986, S. 385 ff.

8 Pointiert: Walter Jens, »Antiquierte Antike? Perspektiven eines neuen Humanismus«, in: ders., *Republikanische Reden*, München [3]1976, S. 41 ff.

9 Zum Bildmaterial vgl. Dietrich Bothmer, *Amazons in Greek Art*, Oxford 1957. Zur Amazonenliteratur vgl. auch die Anmerkungen 20, 46, 50.

10 Dieter Weber, *Geschichtsschreibung in Augsburg. Hektor Mülich*

und die reichsstädtische Chronistik des Spätmittelalters, Augsburg 1984, Abb. 77 u. 106. Den Hinweis erhielt ich von K. Colberg, der ich an dieser Stelle dafür danke. Zu römischen Amazonen vgl. Giampiera Arrigoni, »Le Amazzoni a Roma«, in: Mario Vegetti/Sally C. Humphreys (Hg.), *La donna antica*, Mailand (im Druck).

11 So zu lesen bei: Alexander von Humboldt, *Südamerikanische Reise. Ideen über Ansichten der Natur*, Berlin 1967 (ND), S. 372 ff.

12 *FAZ* vom 18. 1. 1986. (Freundl. Hinweis von H. G. v. Olenhusen und V. Eisenblätter)

13 Rosa Luxemburg, *Brief an Freunde*, herausgegeben von Benedikt Kautsky, Frankfurt a. M. [2]1986, S. 39.

14 Maria Janitschek, *Die Amazonenschlacht*, Leipzig 1887, erzählt in ihrem Roman die Geschichte einer – durch Zeitschriftenlektüre irregeleiteten – jungen Frau, die ihren Mann verläßt, um sich in Berlin der großen Bewegung ihrer Zeit anzuschließen, aber nach einer Phase der Desillusionierung, der Einsicht in den Egoismus und die Unmoralität ihrer frauenbewegten Vorbilder, reumütig in die Arme des großmütigen Gatten zurückkehrt.

15 Wien/Berlin 1925, S. 36.

16 Erich Burck, München 1969, S. 88.

17 Über die Darstellung der weiblichen Charaktere in den griechischen Dichtern (1794), in: ders., *Sämtliche Werke*, Bd. IV, Wien 1822, S. 81.

18 »Über die ehelichen Beziehungen der alten Athener im Spiegel der Euripideischen Tragödie«, in: *Das Altertum* 30/32 (1984), S. 117. Vgl. auch S. 122.

19 »Von der Gleichwertigkeit der Geschlechter in der bürgerlichen Gesellschaft der Griechen«, in: Akademie der Wissenschaften und der Literatur in Mainz, *Abhandlungen der Geistes- und Sozialwissenschaften* Nr. 2, Wiesbaden 1960, S. 227. Zu einer mehr strukturgeschichtlichen Analyse des Dramas von Euripides vgl. Dominique Gérin, *L'Oikos dans la tragédie: Alceste et Médée: Analyse comparée du fonctionnement de deux oikoi*, Paris 1974.

20 Vgl. insb. William B. Tyrrell, *Amazons. A Study in Athenian Mythmaking*, Baltimore/London 1984 (mit weiteren Literaturverweisen).

21 *Südamerikanische Reise*, a.a.O. (Anm. 11), S. 274.

22 Eric R. Dodds, »Der gefesselte Prometheus und der Fortschritt der Wissenschaft«, in: ders., *Der Fortschrittsgedanke in der Antike und andere Aufsätze zu Literatur und Glauben der Griechen*, München/Zürich 1977, S. 37.

23 Das gilt vor allem für solche von einer eschatologischen Heilserwartung getragenen Werke wie das *Patriarchat* von Ernest Borneman, das seit seinem ersten Erscheinen im Jahre 1975 mehrer Auflagen erlebt hat. Zur Kritik vgl. Klaus Ottomeyer, »Zur Diskussion um das Patriarchat«, in: *Das Argument* 97 (1976), S. 466 ff.; Beate Wagner,

»Am Anfang war die Gebärmutter... Zum Bild der Frau in der Matriarchatsforschung«, in: *spw* 14 (1982), S. 82 ff; Gisela Bleibtreu-Ehrenberg, »Matriarchat und Patriarchat bei Ernest Borneman«, in: *Anthropos* 75 (1980), S. 250 ff. Letztere wertet Bornemans Arbeit als Beitrag zum Schrifttum des Utopischen Sozialismus.

24 Zitiert nach der deutschen Ausgabe: *Frauenleben im klassischen Altertum*, Stuttgart 1985, S. XIII. Vgl. auch Marylin B. Arthur, »Origins of the Western Attitude toward Women«, in: *Arethusa* 6 (1973), S. 7 ff.

25 Vgl. beispielsweise W. A. Becker, *Charikles. Bilder altgriechischer Sitte zur genaueren Kenntnis des griechischen Privatlebens*, Leipzig [2]1854, S. 150 ff.; Iwan v. Mueller/Adolf Bauer, *Die griechischen Privataltertümer*, München [2]1893, S. 141 ff.; E. Pernice, *Griechisches und römisches Privatleben*, B. II, Teil 1, Leipzig/Berlin [4]1932, S. 1 ff.

26 Es handelt sich hier vielfach um Dissertationen. Vgl. u. a. Alexander Balabanoff, *Untersuchungen zur Geschäftsfähigkeit der griechischen Frau*. Diss. Leipzig 1905; Charles A. Savage, *The Athenian Family*, Diss. Baltimore 1907; Peter Herfst, *Le travail de la femme dans la Grèce ancienne*, Diss. Utrecht 1922 (ND 1979); Walter Erdmann, *Die Ehe im alten Griechenland* (Münchener Beiträge zur Papyrusforschung und antiken Rechtsgeschichte H. 20), München 1934. – Auch neuere Studien zu diesem Themenbereich sind häufig von Rechtshistorikern verfaßt. Vgl. beispielsweise David M. Schaps, *Economic Rights of Women in Ancient Greece*, Edinburgh 1979, [2]1985, der seinen Schwerpunkt auf die Untersuchung des ehelichen Güterrechts legt.

27 Zitiert nach der im Verlag Schibli-Doppler erschienenen Ausgabe, Birsfelden-Basel o. J., S. 71, 75.

28 Ebd. S. 109.

29 In: *Gnomon* 23 (1951), S. 292.

30 Explizit Bezug auf die Tradition der Handbücher nimmt Erich Burck, *Die Frau in der griechisch-römischen Antike*, a.a.O. (Anm. 16), S. 7 f. An vergleichbaren überblicksartigen Studien sind zu nennen: U. Enrico Paoli, *Die Geschichte der Neaira*, Bern 1953 (= Florenz 1952); Julius Leipoldt, *Die Frau in Antike und Christentum*, Gütersloh 1962 (= Berlin 1953); Verena Zinserling, *Die Frau in Hellas und Rom*, Leipzig/Stuttgart 1972. Reichhaltig in den Literaturangaben: Wolfgang Schuller, *Frauen in der griechischen Geschichte*, Konstanz 1985. Zur Forschungssituation vgl. auch Beate Wagner, *Zwischen Mythos und Realität: Die Frau in der frühgriechischen Gesellschaft*, Frankfurt a. M. 1982, S. 1 ff., 284 ff., S. 10 f.

31 »Kultbild und Portrait, Frauenbildnisse im griechischen Altertum«, in: *Antike Welt*, Sondernummer 1977, S. 75.

32 *Frauen in der griechischen Geschichte*, a.a.O. (Anm. 30), S. 96.

33 Eine Darstellung der Genese sozialhistorischer Fragestellungen in der Alten Geschichte fehlt, soweit ich sehe, bis heute. Speziell zur wirtschaftshistorischen Debatte vgl. den knappen Überblick bei Michel Austin/Pierre Vidal-Naquet, *Gesellschaft und Wirtschaft im alten Griechenland*, München 1984 (= Paris 1972), S. VII ff., 1 ff. Zur Würdigung von Moses I. Finley vgl. den Nachruf, »In memoriam Sir Moses Finley 20. 5. 1912-23. 6. 1986«, in: *Münstersche Beiträge zur antiken Handelsgeschichte* IV/2 (1985) (mit weiteren Literaturverweisen).

34 Eben darin liegt eine der Hürden für die allgemeine Akzeptanz der Methode des ethnologischen Vergleichs. Zur Geschichte seiner Anwendung und zur Funktion des ethnologischen Vergleichs vgl. Sally C. Humphreys, *Anthropology and the Greeks*, London u. a. [2]1983, insb. S. 29.

35 Vgl. etwa die Arbeiten Moses I. Finleys, in denen er die gesellschaftskonstituierende Funktion von Heirats- und Gastfreundschaftsbeziehungen für die homerische Zeit aufzeigt: *Die Welt des Odysseus*, München 1979 (= London 1954); »Marriage, Sale and Gift in the Homeric World«, in: *Revue Internationale des Droits de l'Antiquité* 2 (1955), S. 167 ff. Ein neues Bild von der klassischen Gesellschaft, in dem nicht abstrakte staatliche Strukturen, sondern persönliche und lokale Bindungsverhältnisse, Ehe, Verwandtschaft und Nachbarschaft im Vordergrund stehen, hat vor kurzem Robin Osborne mit seiner Studie *Demos: The Discovery of Classical Athens*, Cambridge 1985, gezeichnet.

36 Speziell zum Werk von Louis Gernet und seinen Beziehungen zur anthropologischen Forschung vgl. Sally C. Humphreys, »The work of Louis Gernet«, in: dies., *Anthropology and the Greeks*, a.a.O. (Anm. 36), S. 76 ff.

37 Vgl. z. B. Marcel Détienne/Jean-Pierre Vernant (Hg.), *La cuisine du sacrifice en pays grec*, Paris 1979; Jean-Pierre Vernant, *Mythe et société en Grèce ancienne*, Paris 1974, S. 57 ff. Deutsch: Frankfurt a. M. 1987.
Vgl. dazu die Hinweise bei Pauline Schmitt-Pantel, *La différence des sexes*, a.a.O. (Anm. 2), S. 105 ff.

38 Einen Einblick in die Ergebnisse der französischen wie amerikanischen Forschung bietet die 1973 gegründete amerikanische Zeitschrift *Arethusa*, in der 1973 erstmals auch eine kommentierte Bibliographie zur Frau in der Antike erschien. Vgl. hier insbesondere die Jahrgänge 1973, 1978 und 1982 sowie *Women in the Ancient World. The Arethusa Papers*, hg. v. J. Peradotto/J. P. Sullivan, New York 1984. – In den letzten Jahren sind eine Reihe von Aufsatzsammlungen entstanden, die sehr breit in bezug auf Themenstellung und Fragestellung angelegt sind: Helene P. Foley (Hg.), *Reflections on Wo-*

men in Antiquity, New York u. a. 1981, [3]1986; Edmund Lévy (Hg.), *La femme dans les sociétés antiques. Actes des colloques de Strasbourg (mai 1980/mars 1981)*, Straßburg 1983; Averil Cameron/Amélie Kuhrt (Hg.), *Images of Women in Antiquity*, London 1983. Zusammenfassend: Sally C. Humphreys, »Women in Antiquity«, in: dies., *The family, women and death. Comparative Studies*, London u. a. 1983, S. 33 ff.; Schmitt-Pantel, »La différence des sexes«, a.a.O. (Anm. 2), S. 98 ff. Über die alte Geschichte hinausgehend, aber informativ in bezug auf die Wurzeln der Frauengeschichte in Frankreich ist der von einem Autorinnenkollektiv verfaßte Forschungsbericht »Culture et pouvoir des femmes: essai d'historiographie«, in: *Annales E. S. C.* 41/2 (1986), S. 271 ff.

39 Das betrifft vor allem die Wahrnehmung der politischen Rolle der Frau in den Epen Homers. Vgl. Finley, *Die Welt des Odysseus*, a.a.O. (Anm. 35), S. 90 ff.

40 »Women in Antiquity«, a.a.O. (Anm. 38), S. 35.

41 Ebd. S. 35. Ähnlich: Schmitt-Pantel, »La différence des sexes«, a.a.O. (Anm. 2), S. 101. Vgl. auch Schuller, *Frauen in der griechischen Geschichte*, a.a.O. (Anm. 30), der zwar ebenfalls den Anspruch auf eine integrative Sicht postuliert, aber den Akzent umgekehrt setzt, indem er betont, Frauen »auch mit der allgemeinen politischen und sozialen Geschichte in Zusammenhang zu bringen, ja sie womöglich – teilweise – daraus zu erklären« (S. 9), und damit Frauen als etwas begreift, was neben der allgemeinen Geschichte steht.

42 *Les enfants d'Athèna. Idées athéniennes sur la citoyenneté et la division des sexes*, Paris 1981.

43 »Herakles: Der Über-Mann und das Weibliche«, in: Renate Schlesier (Hg.), *Faszination des Mythos*, Basel/Frankfurt 1985, S. 167 ff.

44 Vgl. Schmitt-Pantel, »La différence des sexes«, a.a.O. (Anm. 2), S. 105 ff.

45 Ebd., S. 108 ff.

46 Vgl. z. B. Tyrrell, *Amazons*, a.a.O. (Anm. 20), S. 63, der schreibt: »Er (der Mythos – B. W.) ist das Produkt der griechischen Ansicht über die menschliche Verfassung als zivilisiert, sterblich, griechisch, und vor allem männlich. Wenn Männer aufhören, Männer zu sein, hört die Welt auf, geordnet zu sein, und die auf den Kopf gestellte Welt der Amazonen ist das Resultat« (Übers. B. W.). Eine ähnliche Verbindung zwischen Frauen und Chaos bzw. Kulturlosigkeit sieht John Gould, »Law Custom and Myth«, in: *Journal of Hellenic Studies* 100 (1980), S. 38 ff. als grundsätzliches Strukturmerkmal griechischen Denkens gegeben. Zur Kritik vgl. Schmitt-Pantel, »La différence des sexes«, a.a.O. (Anm. 2), S. 105, Anm. 25 und S. 107.

47 Vgl. Gould, »Law, Custom and Myth«, a.a.O. (Anm. 46), S. 57, der resümiert: »It emerges then from an examination of Greek myth that

male attitudes to women, and to themselves in relation to women, are marked by tension, anxiety and fear. Women are not part of, do not belong easily in, the male ordered world of the ›civilized‹ community... Like the earth and once-wild animals, they must be tamed and cultivated by men, but their ›wildness‹ will out«. Von einem Widerspruch zwischen der »dominant position of men and their vulnerability to sexual desire« spricht Humphreys, »Women in Antiquity«, a.a.O (Anm. 38), S. 34. – Parallel zu diesen Deutungen ist ein Anwachsen der Literatur zum Körper der Frau zu beobachten. Vgl. u. a. G. E. R. Lloyd, »The Female Sex ...«, in: ders., *Science, Folklore and Ideology*, Cambridge 1983; S. 58 ff. Giulia Sissa, »Une viriginité sans hymen: le corps féminin en Grèce ancienne«, in: *Annales E. S. C.* 39/6 (1984), S. 1119 ff.

48 Zur Kritik an der Zuordnung der Frauen zur Natur vgl. Nicole-C. Mathieu, »Femme nature – homme culture?«, in: *L'Homme* XII/3 (1973), S. 101 ff. (englisch: »Man – Culture and Woman – Nature?«, in: *Women's Studies* 1 (1978), S. 55 ff.); Carol P. MacCormack, »Nature, Culture and Gender: A Critique«, in: dies./Marilyn Strathern (Hg.), *Nature, Culture and Gender*, Cambridge u. a. 1980, ²1986, S. 1 ff. – Die Debatte in der Ethnologie geht auf einen Beitrag von Edwin Ardener, »Belief and the Problem of Women« zurück, der erstmals 1968 erschien und mit anderen Beiträgen wiederabgedruckt ist in: Shirley Ardener (Hg.), *Perceiving Women*, London u. a. ²1981, S. 1 ff. Die althistorische Deutung des Amazonenmythos basiert auf einer Arbeit von Joan Bamberger, »The Myth of Matriarchy: Why Men Rule in Primitive Societies«, in: Michelle Z. Rosaldo/Louise Lamphere (Hg.), *Women, Culture and Society*, Stanford 1974, S. 263 ff., in der sie einen indianischen Matriarchatsmythos als männliche Erfindung deutet, die den Männern dazu dienen solle, den Ausschluß der Frauen aus ihren Kulten zu legitimieren.

49 *Amazons*, a.a.O. (Anm. 20), S. 29/30. Ähnlich: Gould, »Law Custom and Myth«, a.a.O. (Anm. 46), S. 49. Vgl. auch Anm. 59.

50 So mein Versuch »Männerfeindliche Jungfrauen. Ein kritischer Blick auf Amazonen in Mythos und Geschichte«, in: *Femistische Studien* 5/1 (1986), S. 86 ff.

51 Vgl. Mary Lefkowitz, *Women in Greek Myth*, London 1986, die speziell die Frage nach der Rezeption von Mythen durch Frauen stellt. Zu den Bemühungen um Ermittlung einer weiblichen Sicht gehört vor allem die Beschäftigung mit griechischen Dichterinnen, wobei auch hier Versuche unverkennbar sind, in weiblichen Äußerungen aus der Antike neuzeitliche Konzeptionen wie z. B. die romantische Liebe wiederzuentdecken. Vgl. Eva Stehle Stigers, »Sappho's Private World«, in: Foley (Hg.), *Reflections on Women in Antiquity*, a.a.O. (Anm. 38), S. 45 ff.

52 Vgl. die Beiträge von Susan G. Cole/John-Christian Billigmeier/Judy A. Turner, in: Foley (Hg.), *Reflections on Women in Antiquity*, a.a.O. (Anm. 38), S. 219 ff., 1 ff., sowie von Susan Walker und Riet Van Bremen in: Cameron/Kuhrt (Hg.), *Images of Women in Antiquity*, a.a.O. (Anm. 38) S. 81 ff., 223 ff. Zu außerhäuslichen Mädchengemeinschaften vgl. Gisela Wickert-Micknat, »Die Tochter in der frühgriechischen Gesellschaft«, in: *Saeculum* 36 (1985), S. 113 ff. – Die Präsenz von Frauen in tradierten Männerdomänen geht vor allem aus archäologischen Zeugnissen hervor. Vgl. neben der Arbeit von Riet Van Bremen insbesondere Claude Bérard, »Das Reich der Frauen«, in: ders./Jean-Pierre Vernant (Hg.), *Bilderwelt der Griechen. Schlüssel zu einer fremden Kultur*, Mainz 1985, S. 127 ff. Die Einbeziehung von Frauen in das griechische Erziehungswesen betont auch Hilde Rühfel, *Kinderleben im klassischen Athen*, Mainz 1984, S. 41 ff. Weitere Literatur: V. Liventhal, »What goes on among the women? The setting of some Attic vase paintings of the fifth century B. C.«, in: *Analecta Romana Instituti Danici* 14 (1985), S. 37 ff.

53 Als Versuch einer sozialhistorischen Analyse der griechischen Gesellschaft ist meine Arbeit »Zwischen Mythos und Realität«, a.a.O. (Anm. 30), angelegt. An die Ergebnisse der Forschungen zum symbolischen Denken von Louis Gernet, Jean-Pierre Vernant und Nicole Loraux knüpft an: Peter Mason, *The City of Men. Ideology, Sexual Politics and the Social Formation*, Göttingen 1984. Vgl. auch ders./J. Blok (Hg.), *Sexual Asymmetry. Studies in Ancient Society*, 1987. Angekündigt: Jochen Martin/Renate Zoepffel (Hg.), *Aufgaben, Rollen und Räume von Frau und Mann*, Freiburg 1988.

54 »Plus précieux l'or: relations d'échanges entre hommes et femmes dans les sociétes d'Océanie«, in: *Annales E. S. C.* März/April 1982, S. 222 ff. Zu einem geschlechtsspezifischen Güteraustausch im Rahmen des homerischen Brautgütersystems vgl. Beate Wagner-Hasel, »Geschlecht und Gabe: Zum Brautgütersystem bei Homer«, in: *Zeitschrift der Savignystiftung für Rechtsgeschichte, Rom. Abt.* 105 (1988). Im Druck.

55 »Viande sacrificielle et structures sociales dans la pratique de Kourbani neo-grec«, in: *L'Uomo* IX 1/2 (1985), S. 201 ff.

56 George Thomson, *Prehistoric and the Aegean*, London 1949; deutsch: Berlin 1967, 1974. Zur Bedeutung der Evolutionstheorie für die Entwicklung der Matriarchatstheorie vgl. Hans-Jürgen Hildebrandt, *Der Evolutionismus in der Familienforschung des 19. Jahrhunderts*, Berlin 1983.

57 Vgl. Eva Cantarella, »J. J. Bachofen tra storia del diritto romano e scienze sociali«, in: *Sociologia del diritto* 3 (1982), S. 111 ff., die insb. Bachofens ethnologisch-vergleichende Methode würdigt. Vgl. auch dies., *L'ambigua malanno. Condizione e immagine della donna*

nell'antichità greca e romana, Mailand 1979. Eine deutsche Übersetzung ihres Beitrages zur Matriarchatsforschung wird erscheinen in: Beate Wagner-Hasel (Hg.), *Matriarchatstheorien der Antike*, Wege der Forschung, Wiss. Buchgesellschaft Darmstadt (in Vorbereitung). Zur derzeitigen Bachofenrezeption vgl. auch *Johann Jakob Bachofen (1815-1887)*. Eine Begleitpublikation zur Ausstellung im Historischen Museum Basel 1987.

58 Vgl. ebd., S. 134 ff. sowie S.-A. Fusco (Vortrag Bielefeld 1987).

59 »The City's Achievements. The Patriotic Amazonomachy and Ancient Athens«, in: Susan Lipschitz (Hg.), *Tearing the Veil*, London 1978, S. 96.

60 »À propos du droit de propriété de la femme mariée sur les biens dotaux d'après le droit grec ancien«, in: Arnaldo Biscardi u. a. (Hg.), *Symposion 1974. Vorträge zur griechischen und hellenistischen Rechtsgeschichte*, Köln/Wien 1979, S. 227 ff.

61 Zum Philhellenismus vgl. Irmgard Wilharm, *Die Anfänge des griechischen Nationalstaates 1833-1843*, München/Wien 1973, S. 19 ff.

62 Charles A. Savage, *The Athenian Family*, a.a.O. (Anm. 26), S. 23; Leipoldt, *Die Frau in Antike und Christentum*, a.a.O. (Anm. 30), S. 24 f.; Gustave Glotz, *Histore grecque* II, Paris 1938, S. 576. Vgl. ähnlich: Erdmann, *Die Ehe im alten Griechenland*, a.a.O. (Anm. 26), S. 11 ff.; Robert Flacelière, *La vie quotidienne au siècle de Péricles*, Paris 1959, dt.: Stuttgart 1977, S. 55. Von »Schutzhaft« spricht Peter Spahn, »Oikos und Polis. Beobachtungen zum Prozeß der Polisbildung bei Hesiod, Solon, und Aischylos«, in: *Historische Zeitschrift* 231 (1980), S. 562.

63 Bd. I, S. 317, 331. Meiners schreibt dies, nicht ohne den Mangel an Bildung zu beklagen, den er mit der Abgeschlossenheit verbunden sieht. Für die Gemeinsamkeiten zwischen Orient und Okzident führt er rassische Gesichtspunkte, die vermeintlich slawische Herkunft der Griechen, an. Bewundernswerte Elemente der griechischen Kultur, die von ihm hervorgehobene »Liebe für's Vaterland« und das »Streben nach Freiheit« erklärt er aus keltischen Volkselementen im Griechentum. Vgl. insbesondere S. 314 u. 330 ff.

63a Carl Gotthold Lenz, *Geschichte der Weiber im heroischen Zeitalter*, Hannover 1790, ND 1976, S. 13 ff.; R. Lallier, *De la condition de la femme dans la famille athénienne au* V^e^ *et au* IVe *siècle*, Paris 1875, S. 12. Nach Hermann Koechly, »Über Sappho mit Rücksicht auf die gesellschaftliche Stellung der Frau bei den Griechen«, in: ders., *Akademische Vorträge und Reden*, Bd. I, Zürich 1859-1882, ist die »Hemmung des Verkehrs der Geschlechter in orientalischer Weise« (S. 158) erst »nach der Knechtung durch die Perser eingetreten« (S. 170).

64 Mueller/Bauer, a.a.O. (Anm. 25), S. 150.

65 *Frauenleben im klassischen Altertum*, a.a.O., S. 121.
66 *Social Life in Greece*, London [2]1902, S. 142. Vgl. auch S. 147.
67 *Women. Her Position and Influence in Ancient Greece and Rome and Among the Early Christians*, New York 1973 (= 1907), S. 52.
68 *Histoire grecque*, a.a.O. (Anm. 62), S. 576.
69 »Von der Gleichwertigkeit der Geschlechter in der bürgerlichen Gesellschaft der Griechen«, a.a.O. (Anm. 19), S. 217.
70 F. A. Wright, *Feminism in Greek Literature*, London 1969 (1. Aufl. 1923), S. 57.
71 A. W. Gomme, »The Position of Women in Athens in the Fifth and Fourth Century«, in: *Classical Philology* xx/1 (1925), S. 1 ff., 7 f.
72 Ebd., S. 10.
73 Ebd., S. 25.
74 Vgl. insbesondere H. D. F. Kitto, *The Greeks*, Harmondsworth 1951, S. 219 ff. (Deutsch: Stuttgart 1957, S. 175 ff.); Donald C. Richter, »The Position of Women in Classical Athens«, in: *The Classical Journal* 67 (1971), S. 1 ff., sowie neuerdings Wolfgang Schuller, *Frauen in der griechischen Geschichte*, a.a.O. (Anm. 30), S. 44 ff., mit weiteren Literaturverweisen. Gegenwärtige Marginalisierungstendenzen kritisiert: L. Gallo, »La donna greca e la marginalita«, in: *Quaderni Urbaniti di cultura classicca* N. S. 18 (1984), S. 7 ff.
75 Nach Erdmann, *Die Ehe im alten Griechenland*, a.a.O. (Anm. 26), S. 11, erleidet die »Anschauung über den Wert des weiblichen Geschlechts eine erhebliche Einbuße« aufgrund der »grundverschiedenen Erziehung«. Speziell den Ausschluß von Symposien wertet Gudrun Boden, *Beiträge zur politischen Rolle der Frau im klassischen Athen*, Diss. Tübingen 1949, S. 116, als »empfindlichen Mangel«, da diese »das Zentrum des gesellschaftlichen Lebens, der geistigen Anregung, Aussprache und Förderung, auch der fröhlichen Geselligkeit« gewesen seien. »Die Frauen entbehrten somit einen ganz wichtigen Bildungszweig, der ihnen Einblick in die geistigen Probleme und politischen Ereignisse der Zeit hätte verschaffen können«. Dagegen betrachtet W. K. Lacey, *The Family in Classical Greece*, Ithaka 1968, S. 159 (deutsch: Mainz 1983) den Ausschluß von Frauen von den Trinkgelagen der Männer als Schutzvorschrift, denn, so Lacey, »the orators narrate some parties at which no doubt women would not have wished to be present«.
76 Richter, »The Position of Women«, a.a.O. (Anm. 74), S. 5-7.
77 *Frauen in der griechischen Geschichte*, a.a.O. (Anm. 30), S. 46 f.
78 Ebd., S. 48.
79 *Genus. Zu einer historischen Kritik der Gleichheit*, Hamburg 1983.
80 Die Annahme, daß hier Gelehrte des viktorianischen oder wilhelminischen Zeitalters ihre eigenen Verhältnisse auf die Antike projizierten, wie dies u. a. Richter, »The Position of Women«, a.a.O.,

(Anm. 74), S. 1, behauptet, erscheint mir zu kurz gegriffen. Richter übersieht, daß die Darstellungen von Gelehrten wie Mueller und Bauer, die er zitiert (vgl. Anm. 2), von einem durchaus bedauernden Tenor getragen sind.

81 »Gynaikonitis – the Women's Quarters«, in: *Museum Tusculanum* 32/33 (1978), S. 39 ff.

82 Xenophon, *Oikonomikos* VII 35 ff.; III 15; Theophrast, *Charaktere* 4; vgl. auch: Aristoteles, *Politik* 1277 b 25; Platon, *Gesetze* VI 771 E; Aristophanes, *Lysistrata* 495/6; *Ekklesiazusai* 211/12.

83 Susan Walker, »Women and Housing in Classical Greece: the Archaeological Evidence«, in: *Images of Women in Antiquity*, a.a.O. (Anm. 39), S. 81 ff.

84 Vgl. Bérard, »Das Reich der Frauen«, a.a.O. (Anm. 52), S. 127 ff., sowie Rühfel, *Kinderleben im klassischen Athen*, a.a.O. (Anm. 52), Abb. 21, 22.

85 Marcel Détienne, »›Violentes‹ eugénies. En pleines Thesmophories: des femmes couvertes de sang«, in: ders./J.-P. Vernant, *La cuisine du sacrifice*, a.a.O. (Anm. 37), S. 183 ff.

86 Michèle Rosselini, »Lysistrata. Une mise en scène de la feminité«, in: Jacqueline Bonnamour/Helene Delavault (Hg.), *Aristophanes et les femmes et la cité*, Fontenay aux Roses 1979, S. 11 ff.

87 Vgl. Louis Gernet, »Mariage des tyrans«, in: ders., *Anthropologie et la Grèce antique*, hg. v. Jean-Pierre Vernant, Paris 1976, S. 344 ff.

88 Plutarch, *Perikles* 37, Demosthenes LIX 112-113; Aristoteles, *Athenaiōn politeia* 26, 4. Zur Diskussion der Bedeutung des Gesetzes vgl. Jean-Marie Hannick, »Droit de cité et mariages mixtes dans la Grèce classique. A Propos de quelques textes d'Aristote (Pol. 1275 b, 1278 a, 1319 b)«, in: *L'Antiquité classique* 45 (1976), S. 133 ff. (mit ausführlichen Literaturverweisen).

89 Vgl. dazu Loraux, *Les enfants d'Athena*, a.a.O. (Anm. 42), sowie Beate Wagner, »Der mythologische Diskurs über den Ort der Frauen oder wie Athen zu seinem Namen kam«, in: Claudia Opitz (Hg.), *Weiblichkeit oder Feminismus?*, Weingarten 1984, S. 159 ff.

90 Vgl. dazu James Redfield, »The Women of Sparta«, in: *Classical Journal* 73 (1978), S. 146 ff.

91 Vgl. Van Bremen, *Women and Wealth*, a.a.O. (Anm. 38), S. 234 ff.

92 Aristoteles, *Politik* 1254 b 13-14.

93 So z. B. Tuttu Tarkiainen, *Die athenische Demokratie*, München 1972, S. 40 f.; Uwe Wesel, *Der Mythos vom Matriarchat*, Frankfurt a. M. 1980, S. 61; John Gould, »Law, Custom and Myth«, a.a.O. (Anm. 46), S. 46, der in der Aussage des Aristoteles den Beleg darin sieht, daß »women stand ›outside‹ society ...«.

94 Aristoteles, *Politik* 1259 a 37 - b 1/2.

95 Schmitt-Pantel, »La différence des sexes«, a.a.O. (Anm. 2), S. 110.

96 Aristoteles, *Politik* 1259 a 37 b 2.
97 Vgl. z. B. Homer, *Odyssee* 7, 81 ff.
98 Vgl. Wagner-Hasel, »Geschlecht und Gabe«, a.a.O. (Anm. 54).
99 *Frühgeschichte Griechenlands und der Ägäis*, Berlin 1974, S. 113 ff. Meine eigenen Überlegungen gingen in eine ähnliche Richtung. Vgl. Anm. 30.
100 Vgl. John Chadwick, *Die mykenische Welt*, Stuttgart 1979 (= London 1976), S. 107 ff. Vgl. auch Wagner, *Zwischen Mythos und Realität*, a.a.O. (Anm. 30), S. 99 ff. (mit Literaturhinweisen).
101 Vgl. Walter Burkert, »Kekropidensage und Arrhephoria«, in: *Hermes* 94 (1966), S. 1 ff.; ders., *Griechische Religion der archaischen und klassischen Epoche*, Stuttgart u. a. 1977, S. 348 ff.
102 Peter Mason, *The City of Men*, a.a.O. (Anm. 53), S. 16.
103 Nach Arthur, »Classics«, a.a.O. (Anm. 3), S. 389, ist nicht die Sache selbst, die orientalische Abgeschlossenheit, sondern die Idee griechischen Ursprungs. Ihre Entstehung führt sie auf den Konflikt zwischen Haus und Polis zurück und folgert: »The Greeks were thus the first to give full articulation to a doctrine of woman as ›Other‹«, da der Bereich des Politischen exklusiv männlich besetzt, während die Welt des »household was thus at one and the same time both complementary to the antithetical to that of the hypostatized political realm. This oppositon became for the fifth-century Greeks the central core of their sense of conflict, both tragic and comic ... Inner and outer space, rational and irrational forces, religion and politics, chaos and order, bestial and human, human and devine, death and life – all were capable, in the imaginative life of the Greeks of being subsumed under and expressed by the relation between male and female« (S. 390). Die Betonung der Androzentriertheit des griechischen Denkens, der Verweis die Herkunft der literarischen Werke der Griechen als »product of a man's imagination and addressed to men« (S. 38), ermöglicht Gould (»Law Custom and Myth«, a.a.O., Anm. 46) schließlich unter Hinzuziehung ethnologischer Forschungsergebnisse die Feststellung einer grundsätzlichen »alienness of women's existence« (S. 58) »in many cultures«.

Werner Affeldt
Lebensformen für Frauen im Frühmittelalter
Probleme und Perspektiven ihrer Erforschung

Es ist für mich nicht leicht, einen Beitrag zu einem Sammelband wie diesem zu leisten, der nach Weiblichkeit, und das heißt doch wohl auch: nach weiblicher Identität, in geschichtlicher Perspektive fragt. Ich sehe hier für mich, für einen Mann, Probleme und Risiken. Besteht nicht die Gefahr, daß ich mich damit auf ein Forschungsgebiet begebe, das mir nicht angemessen ist? Sehr plötzlich und unvermeidlich gerät man so mit sich selbst und vor anderen in eine Grundsatzerörterung und Methodendiskussion, die für die heute – wohl mit gutem Grund – so genannte Historische Frauenforschung oder für Women's Studies charakteristisch ist. Mein Zögern, mein Bedenken ist nur zu berechtigt, wenn ich sehe, daß zu diesem Band nahezu ausschließlich Frauen ihre Beiträge liefern. Das kann damit zusammenhängen, daß sich jedenfalls im deutschen Sprachraum Männer mit Historischer Frauenforschung bisher nur sehr wenig beschäftigt haben. Das mag sich ändern und sollte sich auch ändern. Oder wird es vielleicht doch so sein, daß Männer den Frauen auf deren ureigenes Forschungsfeld nicht folgen werden, daß sie die Wege einer den Frauen eigenen Identitätsfindung nicht gehen können? Auf dem weiten Feld einer Historischen Frauenforschung gibt es mit Sicherheit Teilbereiche, Aspekte und Fragestellungen, die Männern ihrer »Natur«, ihrem Geschlecht gemäß schwerer zugänglich sind als Frauen. Hier werden sie vor allem zuhören und sich um Verständnis bemühen müssen. Ich denke dabei an elementare Bereiche wie Schwangerschaft und Geburt, jedoch ist vielleicht der Kreis der für Männer »schwierigen Themen« noch weiter zu ziehen. Darüber muß man nachdenken.
Grundsätzlich jedoch habe ich mich entschieden: Wenn Historische Frauenforschung notwendig ist – und sie ist notwendig –, dann kann es ja – wie inzwischen weithin anerkannt – nicht nur darum gehen, eine Geschichte der Frauen der Geschichte der

Männer hinzuzufügen, Frauen und ihren Anteil am gesellschaftlichen Prozeß endlich in vollem Umfang sichtbar zu machen, vielmehr muß das Verhältnis der Geschlechter zueinander als eine der wesentlichen sozialgeschichtlichen Kategorien begriffen und eine Gesellschaftsgeschichte neu konzipiert werden, die Frauen und Männer in allen ihren familiären und gesellschaftlichen Bezügen in gleicher Weise wahrnimmt und zur Anschauung bringt. Man muß dies immer wieder sagen, weil es noch keineswegs selbstverständlich ist.[1]

Diese Arbeit und Anstrengung müssen folgerichtig Frauen und Männer im historischen Erkenntnisprozeß per definitionem auch gemeinsam machen. Männer sollten sich dazu bereitfinden, Frauen sollten das zugestehen. Ich hielte es für völlig verkehrt, dem Erkenntnisinteresse widersprechend, bestimmte historische Bereiche als frauenspezifisch von vornherein Frauen als Forschungsaufgabe zuzuweisen, andere historische Bereiche als männerspezifisch Männern als Forschungsfeld zu belassen oder zu überlassen. Eine solche Dichotomie in der Geschichtswissenschaft will hoffentlich niemand, sie wäre im Ansatz verfehlt und völlig widersinnig. Die Konsequenz aus alldem ist für mich jedenfalls hier und jetzt: Ich versuche, mich auf das Grundthema dieses Buches einzulassen, meine Erkenntnis- und Aussagemöglichkeiten für das Frühmittelalter zu prüfen und zur Diskussion zu stellen. Ich betone: Dieser Versuch hat seine Erkenntnis- und Formulierungsrisiken, inhaltliche Beschränkungen werden nötig, Grenzen meiner gegenwärtigen Erkenntnismöglichkeiten werden sichtbar werden, eine Quellenanalyse im Detail ist hier nicht angestrebt und auch nicht möglich, der Anmerkungsapparat soll den Text nicht überwuchern.

Frühmittelalter und Historische Frauenforschung

Unter »Frühmittelalter« verstehe ich den Zeitraum vom 6./7. Jahrhundert bis zum 10. Jahrhundert. Derartige Zeitansätze sind bekanntlich nicht unbestritten und bestreitbar, hier ist jedoch nicht der Ort, diesen Zeitansatz im einzelnen zu begründen. Ich habe mich an anderer Stelle dazu geäußert.[2] Es gibt eine schon lange andauernde und bekannte Diskussion darüber, wann die Antike endet und das Mittelalter beginnt, oder – wenn man genauer sein will – über das Problem des geschichtlichen Wandels von der Spätantike zum Frühmittelalter.[3] Die Frage einer Abgrenzung des Hochmittelalters vom Frühmittelalter ist weniger intensiv und eher beiläufig erörtert worden, obwohl der Periodisierungsbegriff »Mittelalter« eigentlich stets in Früh-, Hoch- und Spätmittelalter differenziert worden ist. Offenbar sah und sieht man für eine solche Differenzierung sowohl eine Möglichkeit als auch eine Notwendigkeit.[4] Da das »Frühmittelalter« in dem historisch-geographischen Raum, den wir heute als »europäisch« bezeichnen, nicht überall zur gleichen Zeit und in gleicher Weise einsetzt, also unter Umständen später beginnt als im 6./7. Jahrhundert und dann auch später endet, muß ich eine geographische Beschränkung nennen, die ich im Folgenden beachte: der südosteuropäisch-byzantinische, der ostmitteleuropäische und der skandinavische Raum bleiben weitgehend unberücksichtigt, als frühmittelalterliche Kernräume ergeben sich für diesen Aufsatz das zentrale Mitteleuropa und Westeuropa.

Man kann aber nun fragen, ob es bei einer Historischen Frauenforschung, die sich im deutschen Sprachraum bisher vor allem auf die neuzeitlichen Jahrhunderte konzentriert hat, überhaupt notwendig sei, sich mit dem Frühmittelalter zu beschäftigen. Dies wäre dann ein Teilaspekt der skeptischen Frage einer historisch-politisch interessierten Öffentlichkeit, was denn die Beschäftigung mit dem Mittelalter oder gar mit dem Frühmittelalter heute noch nützen könne. Aber vielleicht hat sich diese beliebte »Relevanz-Debatte« angesichts eines unbestreitbaren »Mittelalter-Booms« inzwischen erübrigt. Selbst wenn dem so ist, bleibt die Frage berechtigt: Müssen wir Ermittlungen über die Lebensformen von Frauen in den Jahrhunderten des Frühmittelalters anstellen, müssen wir danach forschen, welche Möglichkeiten der Lebensgestaltung und Lebensbewältigung Frauen damals geboten oder von ihnen gesucht wurden? Meine Antwort lautet: Wir müssen es gerade heute tun, wenn wir etwas über uns selbst erfahren wollen, über das heutige Verhältnis der Geschlechter zueinander und darüber, wie es geschichtlich geworden ist. Dies geht Frauen und Männer in gleicher Weise an, auch wenn das Erkenntnisinteresse von Frauen aus naheliegenden Gründen zunächst größer zu sein scheint. Frauen und Männer sollten daher gemeinsam die Spuren suchen, die Wege zurückverfolgen, die über die mittelalterlichen Jahrhunderte hinweg in unsere Welt

geführt haben, in eine Welt, die sich in einem tiefgreifenden Umbruch und Umbau befindet, der – wie jedermann weiß – die Lebenssituation der Frauen entscheidend verändern wird und damit auch das Verhältnis der Geschlechter zueinander. Will man jene Wege zurückverfolgen, die zugleich Wege nach vorn sein müssen, dann wird man nicht ein halbes Jahrtausend europäischer Gesellschaftsgeschichte als scheinbar weg- und spurenlose Strecke forschungsstrategisch überspringen können und dürfen. Die Wege aus den älteren mittelmeerischen Kulturkreisen, zu denen auch die nahöstlichen und der islamische gehören, die Wege aus den mittel- und nordeuropäischen Stammesgesellschaften führen durch das frühmittelalterliche halbe Jahrtausend zu uns. Im Frühmittelalter fließen die verschiedenen Entwicklungsströme antik-mittelmeerischer, nahöstlicher, christlicher und stammesgesellschaftlicher Provenienz zusammen, reagieren aufeinander, es konstituiert sich eine europäische Gesellschaft, freilich in starker zeitlicher und regionaler Differenzierung, die wir dann in Abgrenzung von Antike und Neuzeit als »mittelalterlich« zu bezeichnen pflegen. Gerade im Frühmittelalter werden Denkformen, Leitbilder, Verhaltensnormen und Handlungsmuster aufgenommen, amalgamiert oder neu gefunden, die bis in unsere Gegenwart fortwirken. Sie müssen erkannt, auf ihre Ursprünge und Ursachen zurückgeführt werden. Nur so kann man sie wirksam ändern, wenn man sie ändern will. So ist es für mich nicht zweifelhaft: Historische Frauenforschung muß gerade auf das Frühmittelalter verstärkt achten.
Aber: Ist es überhaupt möglich, für die Jahrhunderte des Frühmittelalters Formen der Lebensgestaltung und Lebensbewältigung für Frauen zu erkennen, Spuren zu sichern, deutliche Bilder zu gewinnen? Hat die Historische Frauenforschung hier eine Chance? Die internationale Forschung der letzten Jahre hat diese Frage auch für das Frühmittelalter im Grunde schon positiv beantwortet. Wir sind auf gutem Wege, ältere und ungenügende Forschungsansätze zu überwinden.[5] Es bleibt jedoch unbestreitbar: Suchen und Erkennen sind auf diesem Forschungsfeld mühselig und schwierig. Man muß sich vorsichtig in wenig vertrautem historischen Gelände bewegen und bringt für dieses Orientierungsabenteuer nicht von vornherein und ohne weiteres die nötige Ausrüstung mit. Sie muß in einem ständigen Lernprozeß erworben werden, denn die bewährten historischen Methoden

allein helfen hier nicht immer weiter, auch wenn sie selbstverständliche Grundlage und Voraussetzung in der Historischen Frauenforschung bleiben. Ansonsten sind wir mit einem Kategoriensystem und einem Begriffsapparat ausgestattet, der in den letzten Jahrhunderten gebildet und erworben ist. Dies kann dazu führen, daß wir bei der frühmittelalterlichen Spurensuche in selbst gestellte Verständnisfallen tappen. So muß man mit Begriffen wie Familie, Haushalt, Arbeit und den Schablonen neuzeitlich definierter Geschlechtscharaktere sorgsam umgehen.

Die Quellen
und ihre Problematik

Verfügen wir über das notwendige Quellenmaterial für Geschichte und Lebenssituation von Frauen im Frühmittelalter? Können wir bei unserem Fragen und Suchen auf ausreichende Funde und einigermaßen verläßliche Antworten hoffen? Ich glaube ja. Jedoch gilt dies bloß dann, wenn wir es uns nicht leicht machen, Geduld aufbringen, mühselige Kleinarbeit leisten, Sammelarbeit nicht scheuen. Dies kann nur die gemeinsame Anstrengung vieler sein, die interdisziplinär zusammenarbeiten.
Man muß allerdings zugestehen: Das Quellenmaterial aus den frühmittelalterlichen Jahrhunderten ist nicht so reichhaltig und nicht immer so ergiebig, wie wir uns das wünschen.[6] Für Fragen einer modern konzipierten Gesellschaftsgeschichte, für Fragen nach Kindern, Frauen, Geschlechterbeziehungen, familiären Zusammenhängen, nach Formen des Arbeitens, für Fragen nach dem, was wir heute vielfach (zu Unrecht!) als privaten Bereich ansehen, sind die verfügbaren Quellen häufig spröde, schwer erschließbar, oder sie bleiben völlig stumm. Darüber hinaus sind in den Informationen, die wir erhalten können, Frauen der Oberschicht gegenüber den Frauen der Mittel- und Unterschichten weit überrepräsentiert. So ist denn die Historische Frauenforschung für das Frühmittelalter im Blick auf die gesellschaftliche Pyramide gewissermaßen kopflastig und kann eine einseitige Schwerpunktbildung kaum vermeiden. Die Quellenlage bessert sich immerhin von Jahrhundert zu Jahrhundert, Autorinnen und Autoren – soweit man sie identifizieren kann – geben von sich selbst auch mehr preis.[7]

Ist die Quellenlage hinsichtlich des Frühmittelalters auch schwierig, so darf man sich doch nicht entmutigen lassen. Man muß sich daranmachen, die in immerhin großer Zahl vorhandenen und typologisch sehr unterschiedlichen Quellen mit Hilfe neuer, bisher überhaupt nicht oder selten gestellter Fragen, mit verfeinerten Methoden zu durchforsten. Man muß sie aufmerksam gegen den Strich und zwischen den Zeilen lesen, Begriffen und Satzzusammenhängen hinterherdenken, alle einschlägigen Tatbestände oder Aussagen systematisch erheben und ordnen. Das ist im Grunde das übliche Geschäft des Historikers und also nichts Neues, dies ist immer so, wenn neue Problembereiche für die Geschichtswissenschaft erschlossen werden. Ich denke dabei an Mentalitätsgeschichte, Alltagsgeschichte und Historische Familienforschung. Sicher bleiben viele Quellen trotz aller Bemühungen verhältnismäßig unergiebig, aber das liegt dann an ihren Entstehungsgründen und an den Absichten, die ihre Verfasser mit ihnen verfolgen. Insgesamt lohnt sich die Mühe oft in überraschender Weise, wenn man nach Lebenssituation und Geschichte der Frauen fragt. Dies will ich anhand wichtiger Quellengruppen und mit Beispielen vor allem aus erzählenden Quellen erläutern.[8]

Die Gruppe der erzählenden Quellen ist vielgestaltig und bietet auch neuen Forschungsansätzen und Fragestellungen mancherlei Möglichkeiten. Die erzählenden Quellen müssen für die Historische Frauenforschung systematisch erschlossen werden, ihr Aussagewert hängt auch vom Einzeltypus ab, davon also, ob es sich um knappe oder ausführliche Annalen (Jahrbücher) handelt oder um Chroniken unterschiedlicher Zielsetzung, um Geschichten von Klöstern und Bistümern – oft als »Gesta« (Tatenberichte) bezeichnet –, um Herrscher- oder Papstviten, um sogenannte Historiae oder schließlich um die Masse der hagiographischen Literatur, die ihrerseits verschiedene Typen (Viten, Translationsberichte, Miracula) kennt. Aus diesen Quellen kann man je nach ihrer Provenienz, ihrem Berichtshorizont und den Absichten ihrer Verfasser über Frauen und ihr Leben vieles erfahren, was Historiker bisher häufig nicht wahrgenommen haben: Informationen über Mutter-Kind-Beziehungen, Beziehungen zwischen Frauen, Geschlechterbeziehungen. Ergiebige Quellen sind in dieser Hinsicht z. B. die Historiae des Bischofs Gregor von Tours, die Viten weiblicher Heiliger der Merowingerzeit, die Historia ecclesiastica gentis Anglorum Bedas (8. Jahrhundert), die Antapodosis (Buch der Vergeltung) des Bischofs Liudprand von Cremona (10. Jahrhundert), die Chronik des Bischofs Thietmar von Merseburg (Anfang des 11. Jahrhunderts), um nur einige erzählende Quellen zu nennen.[9] In die Nähe der erzählenden Quellen lassen sich Briefe und Briefcorpora rücken, wie z. B. die Sammlung der Bonifatius-Briefe.[10]

Aber es läßt sich nicht leugnen: Viele erzählende Quellen bleiben verhältnismäßig unergiebig, wenn man nach Frauen fragt, die doch hier vorkommen müßten, wenn über »Geschichte«, »Geschehenes« berichtet wird. Aber das ist es ja gerade: Am »Weltgeschehen« scheinen Frauen nicht teilzunehmen, es sei denn einige »Ausnahmefrauen« privilegierter Schichten oder Frauen als Objekte im Ringen um Familienprestige und um Durchsetzung politischer Ziele oder schließlich Frauen gewissermaßen im Kollektiv, wie Kinder, aber auch Männer der Mittel- und Unterschichten, die »Geschichte« zu ertragen haben und unter ihr leiden. Man kann dies z. B. den mancherlei Nachrichten entnehmen, die uns die Fränkischen Reichsannalen und andere Annalen über die Eroberung des sächsischen Stammesstaates durch die Franken geben.[11] Die Nachrichten über das Handeln von Männern sind jedoch unverhältnismäßig häufiger, und man erkennt darin die gewissermaßen »patriarchalische Allianz« der mittelalterlichen Autoren und der Historiker heute, die das Schweigen mittelalterlicher Quellen über Frauen lange Zeit als eine Selbstverständlichkeit hingenommen haben. Für die meisten Historiker aller Zeiten waren und sind Frauen im Grunde eine »quantité négligeable«. Man muß es sich daher immer wieder klarmachen: In den erzählenden Quellen des Mittelalters geben Männer die Antwort auf die Frage, was denn »geschichtlich« sei. Und dazu kommt noch die bekannte Tatsache, daß diese Männer im Frühmittelalter fast ausnahmslos Kleriker sind und wohl überwiegend zumindest den Mittelschichten, häufig jedoch der Oberschicht angehören. Sie schreiben auf, was ihnen wichtig erscheint, aus ihrer durch Geschlecht, Herkunft und Ausbildung erworbenen Perspektive, in den Denkformen und nach den Beurteilungs- und Verhaltensmustern, in die sie hineingewachsen sind. Daß Männer gestern »Geschichte« definiert haben und es weitgehend noch heute tun, ist gewiß keine neue Erkenntnis. Diese Definition von Geschichte dürfen wir uns jedoch nicht mehr aufzwingen lassen, denn sie war und ist einseitig, verkürzt und läßt die Lebenswirklichkeit, an der

schließlich Frauen und Kinder ihren entsprechenden Anteil hatten, vor den Augen des Betrachters verkümmern.
Die erzählenden Quellen überliefern, was aus der Sicht ihrer Verfasser geschehen ist und der Nachwelt bekannt werden sollte. Eine andere, ebenfalls überaus mannigfaltige Quellengruppe zeichnet auf, was in den frühmittelalterlichen Jahrhunderten als rechtlicher Brauch in Übung war und gegolten hat, oder will festlegen, was gelten sollte und beachtet werden mußte. Und für derartige schriftliche Fixierungen von Recht sorgten nicht nur diejenigen, die weltliches Recht wiesen oder setzten und aufschrieben, sondern auch jene, die kirchliches Recht setzen und verkünden konnten. Für Fragen des weltlichen Rechtslebens im Frühmittelalter können wir uns an den Leges barbarorum (Stammesrechten), den Kapitularien (Rechtssetzungen fränkischer Könige), den Formulae (Formelbücher für Urkunden), den Urkunden und Testamenten orientieren, für den kirchlichen Rechtsbereich haben wir Synodalstatuten, Konzilsbeschlüsse, päpstliche Briefe mit rechtsweisendem Charakter, Sammlungen kanonischen Rechts, Bußbücher (Zusammenstellungen von Bußtarifen für Sünden und Verfehlungen aller Art) und schließlich Regeln für Nonnen und Mönche, Kanonissen und Kanoniker.[12] Weltlicher und kirchlicher Rechtsbereich lassen sich im übrigen nicht immer scharf trennen, kirchliches und weltliches Recht wirken aufeinander und arbeiten an der gesellschaftlichen Formung. Dies spüren Frauen und Männer im Ablauf der Jahrhunderte in gleicher Weise. Wer zeichnet weltliches und kirchliches Recht auf, wer kann Recht setzen? Soweit wir wissen, waren dies wiederum ausschließlich Männer. Frauen, jedoch auch Männer, mußten sich mit diesem häufig nicht selbst gewollten, »gesetzten« Recht zu arrangieren versuchen, sich in einen oft »ungewohnten« rechtlichen Rahmen einpassen.[13] Daß im übrigen Rechtsnorm und Rechtswirklichkeit verschiedene Dinge sein konnten, ist eine Sache für sich. Es ist verstärkte Forschung nötig, um die hier erkennbaren Diskrepanzen aufzudecken und zu beschreiben. In der Lebenswirklichkeit hat es für Frauen häufig anders und günstiger ausgesehen, als wir von den Rechtstexten ablesen können.[14]
Die Kirche greift im Frühmittelalter nicht nur hinsichtlich der rechtlichen Sphäre in das Leben der Menschen ein, sie tut es natürlich auch auf ihrem ureigenen Feld, der religiösen und moralischen Unterweisung. Und hier haben wir die dritte große

Gruppe von Quellen, die zu untersuchen und zu befragen ist, wenn Lebenssituation und Lebensgestaltung von Frauen beschrieben und beurteilt werden sollen. Kirchliche Schriftsteller – Weltgeistliche und Mönche – entwickeln in theologischem Schrifttum vielfältiger Art, in Bibelkommentaren, Predigten, Mahnschreiben, dogmatischen und moraltheologischen Schriften, ferner in »Laienspiegeln«[15] ein Normensystem christlicher Ethik, das Leben, Verhalten und Vorstellungswelt der Menschen, an die man sich jeweils wendet, zu ändern oder zu regeln sucht. In der beliebten und weitverbreiteten Gattung der Bibelkommentare, wie in denen zur Genesis und den paulinischen Briefen, ließen sich durch die Kommentierung biblischer Grundaussagen geschlechtsspezifische Einstellungen, Leitbilder für Frauen und Männer, Vorstellungen und Leitlinien für das Geschlechterverhältnis entwickeln und verbreiten. Dies kann hier jetzt nur angedeutet, nicht im einzelnen belegt werden. Das moraltheologische Schrifttum arbeitet in Verbindung mit kirchenrechtlicher Weisung (z. B. durch Konzilsbeschlüsse und durch die Handhabung von Bußbüchern) an der Normierung von Sexualität und Ehe. Theologen verfolgen in den oben erwähnten Laienspiegeln eine ähnliche Absicht, wenn die Laienspiegel natürlich auch ein darüber hinausgehendes »Tugendsystem« aufzubauen versuchen. Die Verfasser dieser Laienspiegel wenden sich sowohl an Männer als auch an Frauen, die Dinge liegen auf der theologisch-geistlichen Ebene also anders als auf der »weltlichen« der erzählenden Quellen. Allerdings ist es wiederum bezeichnend, daß in den Laienspiegeln Männer die Hauptadressaten sind, so vor allem in den Kapiteln, die sich mit dem rechten Verhalten in den Geschlechterbeziehungen allgemein und in der Ehe im besonderen befassen. Es geht mehr darum, wie Männer mit ihren Frauen umzugehen haben, als umgekehrt.[16] Dies ist jedoch keineswegs überraschend, da fast immer die Männer als die Tonangebenden und Richtungweisenden erscheinen. Selbstverständlich darf man die Ausnahmen nicht vergessen: das Prestige weiblicher Heiliger, die einflußreiche Position der Äbtissinnen von Doppelklöstern, die bedeutende Rolle und Ausstrahlung von Frauen in den Bereichen von Erziehung und Bildung, die Machtpositionen von Herrscherinnen. Ich glaube allerdings nicht, daß diese Faktoren das frühmittelalterliche theologisch-kirchliche Grundmuster der männlichen Dominanz entscheidend verändert haben.

Die Umsetzung der theoretischen Konzepte für das Leben von Frauen und Männern erfolgt durch Predigt und praktische Seelsorge. Wir wüßten gern mehr darüber. Inwiefern dies Leben und Selbstbewußtsein bzw. Selbstwertgefühl (Identität?) von Frauen stärker berührt und geformt hat, als das bei Männern der Fall war, bleibt zu untersuchen. Die Normen, Ideale und Leitbilder, die Theologie und Kirche für Frauen und Männer bereithielten, schränkten Handlungsspielräume und Lebensalternativen für Frauen zweifellos stärker ein als für Männer. Die Kontrolle über Frauen und ihr Handeln war stärker ausgeprägt. Inwiefern Frauen widerständiges Handeln im Einzelfall möglich war, welche für sie befriedigenden Kompromisse zwischen Rollenerwartungen einerseits, persönlichen Neigungen und Wünschen andererseits für sie erreichbar waren, müssen wir einem spröden Quellenmaterial abringen, das aber gelegentlich durchaus den Blick auf Konfliktsituationen freigibt.[17] Hinter dem lauten Echo, das Männer mit ihrem recht weitgehenden Monopol der Öffentlichkeit und Veröffentlichung erzeugt haben, müssen wir die Stimmen der Frauen zu hören suchen.

Geschichtswissenschaft heute befragt die Quellen nicht nur über psychische Struktur, Verhaltensmuster[18] und Formen der Lebensgestaltung von Frauen und Männern, sie will auch von ihrer Körperlichkeit wissen. Die Möglichkeiten, hierüber etwas zu erfahren, sind nicht so gering, wie man annehmen möchte, auch wenn uns Körperlichkeit in ihrer Realität in den Schriften der Männer/Geistlichen gebrochen, beargwöhnt und überformt erscheint. Aber auch aus diesen Schriften wird sie sichtbar, oftmals indirekt und ex negativo. Wir haben einen direkteren Zugang durch das noch ungenügend erforschte medizinische Schrifttum etwa zu Frauenheilkunde und Geburtshilfe. Hier muß in interdisziplinärer Zusammenarbeit der Medizinhistoriker dem Mediävisten Auskunft geben.[19] Einen anderen, unmittelbareren Zugang zur »vergangenen« Körperlichkeit von Frauen und Männern verschafft uns das archäologische Quellenmaterial aus den ergrabenen und methodisch untersuchten Friedhöfen. Archäologen und Biowissenschaftler können uns dies Material mit Hilfe komplizierter und sehr spezieller Untersuchungsmethoden aufschließen. Wir erreichen durch die Skelettfunde und ihre Auswertung möglichst in Serien einen elementaren Lebensbereich von Frauen: Schwangerschaft, Geburt, Lebenserwartung, Krankheit und

Tod.[20] Die Grabausstattungen lassen ferner die Analyse rechtlicher, gesellschaftlicher und mentaler (Amulette!) Strukturen zu.[21] Und so ist vom interdisziplinären Gespräch zwischen Archäologen, Biowissenschaftlern und Mediävisten noch viel zu erwarten, wenn das archäologische Quellenmaterial zu den Aussagen der schriftlichen Quellen stärker in Beziehung gesetzt wird.

Wir müssen nun einen Schritt weiter gehen. Zählt man die Quellengruppen auf, sieht man sie sich im einzelnen an, stellt man immer wieder fest, daß überwiegend Männer Verfasser der schriftlichen Quellen sind, so ergibt sich zwangsläufig die Frage: Wo bleiben die Frauen in jenem Frühmittelalter mit ihrer eigenen Äußerung? Hören wir von ihnen selbst gar nichts? Wie reagieren sie auf ihre Umwelt, und wie sehen sie sich selbst in ihr? Fragt man so, dann wird man sich kaum an das halten können, was Frauen gewissermaßen durch den Mund von Männern reden, in den angeblich authentischen Äußerungen und Gesprächen, die Männer in ihre Berichte einbauen.[22] Man kann auch nicht die kanzleimäßigen Formeln und Arengen der Urkunden berücksichtigen, die Frauen ausstellen lassen. Hier können jetzt nur die schriftlichen Quellen in Betracht kommen, die zweifelsfrei von Frauen verfaßt sind. Niemanden wird es noch wundern: Viel ist es nicht, worauf man verweisen kann, die von Frauen stammenden Dokumente sind rar. Die Stimmen der Frauen scheinen im Chor der Männer nahezu unterzugehen, die eine Hälfte der Menschen frühmittelalterlicher Jahrhunderte schweigt für uns. Woran liegt das? Sind die Frauen zum Schweigen verurteilt, passen sie sich geltenden Verhaltensnormen an? Der historische Spiegel, den also fast ausschließlich Männer halten, reflektiert die Wirklichkeit auf seine Weise, auf der Männer Weise, und dies bedeutet mit Sicherheit keine der Lebenswelt von Frauen adäquate Spiegelung. Das doch recht weitgehende Schweigen der Frauen ist um so auffälliger und signifikanter, als Frauen der Oberschicht am Erziehungs- und Bildungsprozeß, am geistigen Leben an weltlichen Höfen und in Klöstern nachweislich einen nicht geringen Anteil hatten. Dies mag als Aussage hier genügen, eine eingehendere Behandlung des Themas ist im Rahmen dieses Beitrages nicht möglich.[23] Doch halt: Eine einseitige Betonung der Schriftlichkeit im kulturellen Prozeß des Frühmittelalters – das sieht man jetzt immer klarer – wäre eine Verzeichnung und Verkennung jener Welt im Übergang zu einer noch intensiveren Phase geistigen

Lebens seit dem 11. Jahrhundert und würde sicher den Anteil der Frauen an jenem Prozeß völlig falsch einschätzen und unterschätzen.[24] Die Formen, in denen sich Frauen im Rahmen einer oralen Kultur geäußert haben, sind noch zu wenig erforscht.[25]

Was ist von Frauen aus dem Frühmittelalter an schriftlichen Zeugnissen geblieben? Wir haben einige Gedichte und einige Briefe – über die Jahrhunderte gestreut und nicht immer so aussagekräftig, wie wir uns das wünschen.[26] Es gibt Viten, die Frauen zu Verfasserinnen haben.[27] Die Nonne Hrotsvith von Gandersheim (10. Jahrhundert) mit ihren Legenden und Spielen ist bekannt genug.[28] Und schließlich ist das ungewöhnliche Handbuch zu nennen, das die adlige Dhuoda in den Jahren 841 bis 843 in Uzès für ihren sechzehnjährigen Sohn Wilhelm verfaßt hat, um ihm eine Handreichung dafür zu geben, wie er sich gegenüber seinem Vater (Bernhard von Septimanien), dem König (Karl dem Kahlen), gegenüber Gott, seinen männlichen Genossen am Königshof und den Frauen verhalten solle.[29] Dies ist – soweit ich sehe – für das 6.-10. Jahrhundert schon fast alles, was wir kennen; die Liste ist kurz. Die Bilanz entspricht keineswegs der bedeutenden Rolle, die Frauen der Oberschicht – wie bereits erwähnt – im geistig-kulturellen Leben jener Jahrhunderte gespielt haben. Angesichts der Anonymität vieler Werke im Frühmittelalter ist es im übrigen sehr fraglich, ob wir die gesamte literarische Produktion von Frauen kennen. Das Gegenteil ist wahrscheinlicher.

Wo aber kann man nun angesichts des oben knapp beschriebenen Quellenbestandes ansetzen, wenn man nach der persönlichen und gesellschaftlichen Identität von Frauen im Frühmittelalter fragen will? Da es so wenig »Selbstzeugnisse« von Frauen gibt, ist das ein schwieriges, wenn nicht halsbrecherisches Unterfangen. Dabei ist über den Aussagewert jener von Frauen stammenden Quellenzeugnisse für die Identitätsfrage noch gar nichts gesagt. Und im übrigen ist zu überlegen, ob man da nicht an frühmittelalterliche Verhältnisse und Quellen eine Problemstellung heranträgt, die sicher modern, aber möglicherweise nicht frühmittelalterlich ist. Ich werde auf diesen kritischen Punkt noch einmal zurückkommen.

Lebensformen für Frauen

Ich wähle zunächst einen anderen Weg, der uns einen Zugang zur Identitätsproblematik eröffnen könnte, und spreche von den Handlungsspielräumen und Lebensformen für Frauen im Frühmittelalter, von den schichtenspezifischen Rollen und Handlungsmustern, die vielleicht Möglichkeiten der Identifikation boten oder als Alternativen zur Verfügung standen.

Der Begriff »Lebensformen« mag schon etwas abgenutzt erscheinen, ich weiß jedoch für das, was gesagt werden soll, keinen besseren. Der Begriff ist im Kern alt und schon der Antike geläufig. Arno Borst hat in seinem bekannten Buch »Lebensformen im Mittelalter« Genesis und Variabilität dieses Begriffs in eindrucksvoller Weise dargestellt.[30] In seiner breiten Anwendungsmöglichkeit kann er einem Begriff »Lebensnormen« an die Seite gesetzt werden, Norm und Form hängen aufs engste zusammen. Über Normen ist hier nicht zu handeln. Für Arno Borst sind Lebensformen in erster Linie geschichtlich eingeübte soziale Verhaltensweisen.[31] Ich enge im Folgenden den von Borst in seiner ganzen Spannweite erörterten Begriff »Lebensformen« etwas ein und konkretisiere ihn. Es sind Formen der Lebensgestaltung und Handlungsalternativen gemeint, also: Formen des Lebens in der »Welt«, wenn man will, in bestimmten, zugewiesenen Rollen[32], und Formen des Lebens mehr oder minder stark abgeschieden von der »Welt«, in einem klösterlichen Bezirk.[33]

Existenz- oder Lebensformen für Frauen waren im Frühmittelalter stärker als heute bedingt: erstens durch den Lebenszyklus als noch nicht gebärfähiges junges Mädchen, als gebärfähige junge unverheiratete Frau, als Mutter, als nicht mehr gebärfähige ältere Frau; zweitens durch die jeweilige Stellung im Verwandtenkreis, und das heißt auch durch die jeweilige Rechtsstellung als unverheiratete Frau in der Vatersippe, als Ehefrau, als Witwe, um nur einige Varianten zu nennen; drittens durch die Stellung im gesamtgesellschaftlichen Gefüge als Unfreie, Minderfreie, freie oder adlige Frau. Die lebenszyklischen, verwandtschaftlich-rechtlichen und gesamtgesellschaftlichen Merkmale sind vielfältig miteinander kombiniert oder kombinierbar und bilden die Variablen einer Reihe von Lebensformen. Diese Variablen oder Koordinaten bestimmen Möglichkeiten und Chancen der Lebensgestaltung, eröffnen Handlungsspielräume oder engen sie ein, viel stärker, als das in der westeuropäischen Gesellschaft heute denkbar ist. Es ist daher von vornherein auch nicht möglich, *die* Situation *der* Frau im Frühmittelalter zu beschreiben und etwa im Verlaufe der Jahrhunderte eine Entwicklung zu einem »Besser« oder »Schlechter« eindeutig zu konstatieren. Ebensowenig ist es möglich, im Rahmen dieses Beitrages die Zahl der Varianten zu erörtern oder gar quellenmäßig zu dokumentieren. Man muß jedenfalls bei der Beschreibung der Lebensformen sorgfältig differenzieren, mehrere Merkmale kombinieren, regionale und zeitliche Varianten beachten. So unterscheidet sich z. B. die rechtliche Stellung einer freien Fränkin des 6. Jahrhunderts von der einer freien Westgotin des 6./7. Jahrhunderts. So wird das Bild des Frühmittelalters auch im Hinblick auf die Lebenssituation von Frauen facetten- und kontrastreich; nur der Blick aus weiter historischer Entfernung könnte das Bild fälschlicherweise zu einem von der Gegenwart des Betrachters her gesehenen Einerlei verschwimmen lassen. Soviel ist sicher: Angesichts der Forschungs- und Erkenntnisprobleme, und das heißt auch angesichts der Quellenprobleme, wird es den großen Wurf einer »Geschichte der Frauen im Frühmittelalter« vorläufig nicht geben können.

Gibt es nicht etwas Gemeinsames, das das Leben der Frauen in den frühmittelalterlichen Gesellschaften kennzeichnet? Zwei Dinge scheinen mir gewiß. Erstens: Handlungsspielräume für Frauen werden letzten Endes von Männern abgesteckt und in irgendeiner Weise immer durch diese normiert, auch wenn es in der praktischen Lebensgestaltung durch Frauen dann die Möglichkeit der Variation, des Abweichens von der Norm gegeben haben mag. Und zweitens: Die Fähigkeit der Frauen zu gebären, für Nachkommen als Erben des Familiengutes, als »Manövriermasse« im gesellschaftlichen Beziehungsgefüge und als Arbeitskräfte zu sorgen, war doch ein sehr bestimmender Faktor in ihrem Leben, und zwar auch und gerade dann, wenn Frauen im Frühmittelalter ihre Bemühungen möglicherweise darauf richteten, dem durch ihre Physiologie gesetzten Zwang und den entsprechenden verwandtschaftlichen oder gesellschaftlichen Erwartungen zu entgehen. Dies war gewiß nicht leicht, eine der Möglichkeiten war vielleicht die Wahl einer religiösen Lebensform, sei es schon als junge Frau oder dann – mit größerem Handlungsspielraum – als Witwe.

Damit sind wir bei der heiklen Frage: Fanden Frauen im allgemeinen sich selbst, ihr Selbst, ihre persönliche Identität oder Ich-Identität in den Rollen, die Verwandtschaft und Gesellschaft der frühmittelalterlichen Jahrhunderte für sie bereithielten? Konnten Frauen eine Ich-Identität – um mit Erik H. Erikson zu reden – aufbauen, in der sie sich mit sich selbst und mit ihrer Gesellschaft in Einklang befanden, in der sie also soziale und persönliche Identität ausbalancieren konnten (Jürgen Habermas)? Es ist ausgeschlossen und liegt auch nicht in meiner Kompetenz, daß ich mich hier auf das ebensowohl philosophisch wie psychologisch wie soziologisch zu bearbeitende und sehr komplexe Verhältnis von Sozialisation, sozialer Rolle und Identitätsproblematik einlasse.[34] Für das Frühmittelalter und die Lebenssituation der Frauen weiß ich vorläufig keine Antwort auf die Fragen, die im Folgenden in immer neuen Varianten zu stellen sind.

In welchem Ausmaß hatten z. B. junge Mädchen oder Frauen Schwierigkeiten damit, für Heiraten im Interesse ihrer Verwandtschaft disponibel zu sein? Wann, in welcher Zeit und in welchem Rechtskreis hatte die Zustimmung der Frau zu der von der Familie geplanten Eheschließung eine gewisse Bedeutung? Sahen es Ehefrauen als ihre selbstverständliche, zentrale und innerlich bejahte Aufgabe an, Kinder als Erben und Garanten für die Fortdauer einer bäuerlichen Familie oder eines angesehenen und wohlhabenden Geschlechts zu gebären, früh verstorbene Kinder durch immer erneute Schwangerschaften zu ersetzen? Inwieweit künftig verläßlichere Aussagen über Schwangerschaftsverhütung, Schwangerschaftsabbruch, Kindesaussetzung und die immer wieder behauptete, jedoch mehr als fragliche Kindestötung Rückschlüsse und Antworten auf die gestellten Fragen zulassen, muß man abwarten. Aus welchem Grunde konkurrieren Frauen um Männer oder wie sehen sie sich in einer Konkurrenzsituation?[35] Geht es den Frauen dabei vor allem um Versorgung und Sicherheit in einer zu Übergriff und Gewalttat neigenden Gesellschaft, welcher Art sind die Emotionen, die hierbei vielleicht eine Rolle spielen? Über den Gefühlshaushalt in den Beziehungen von Frauen und Männern im Frühmittelalter Aussagen zu machen, ist ja überhaupt ein riskantes Unternehmen. Und andererseits: Genießt die Witwe ihre größere materielle und rechtliche Unabhängigkeit im Vergleich zu ihrem Status als Ehefrau, oder strebt sie nach Wiederheirat? Sicherheits- und Versorgungsdenken konnte die Wiederheirat empfehlen[36], die Verwandtschaft konnte sie sogar wünschen und darauf drängen. Die Kirche riet aus moraltheologischen Erwägungen und mancherlei anderen, auch eigennützigen Gründen von der Wiederheirat eher ab und machte das Angebot einer religiösen Lebensweise. Welche Faktoren bestimmen den Einzelfall oder wirken regelhaft? Alles dies sind im Grunde Fragen nach weiblicher Identität.

Als eine der wichtigen Koordinaten der möglichen Lebensformen für Frauen war oben schon die jeweilige Stellung im sozialen Gefüge genannt worden. Dies bedeutet z. B., daß sich Frauen der Oberschicht und besonders Frauen aus den Königsfamilien mehr und andere Handlungsspielräume und Lebensalternativen boten als Frauen in weniger angesehener sozialer Position. Das mag wie eine Binsenweisheit klingen, es muß jedoch angesichts der stärker als heute auch rechtlich ausgeprägten sozialen Stellung hervorgehoben werden. Wenn der Lebenszyklus für alle Frauen von grundlegender Bedeutung war, wenn hier ein für sie Gemeinsames lag, so schuf die gesellschaftliche Stellung die Distanzen zwischen den Frauen und die Gemeinsamkeiten nun wiederum mit den Männern der jeweiligen gesellschaftlichen Gruppen, ein bis zu einem gewissen Grade gemeinsames soziales Schicksal von Männern und Frauen, die sich auf derselben Sprosse der sozialen Stufenleiter befanden. Für die auf verschiedene Weise religiös (ob auch wirklich außerhalb der »Welt«?) lebenden Frauen liegen die Dinge etwas anders und besonders, jedoch habe ich darüber hier nicht zu handeln. Will man die Palette möglicher Lebensformen für Frauen kennenlernen, dann muß auch der Begriff »Arbeit« ins Spiel gebracht werden, vielleicht als weitere wichtige Koordinate, auf jeden Fall spezifisch gekoppelt mit der jeweiligen Stellung im Lebenszyklus, im Verwandtenkreis und im sozialen Gefüge.

Frauen der Oberschicht sind im allgemeinen schwerer körperlicher Arbeit enthoben[37], ihre »Arbeit« ist anderer Art und entspricht ihrer jeweiligen Stellung im oberen Drittel der sozialen Pyramide. Sie können Leitungsfunktionen in adligen und königlichen Haushalten wahrnehmen, grundherrschaftliche Betriebe führen, politischen Einfluß ausüben und politisch handeln, als Königinnen Regentschaften für unmündige Söhne ausüben. Königinnen aus eigenem Recht können Frauen – soweit ich sehe – nicht sein; wachsen anspruchsberechtigte männliche Erben der Königsherrschaft heran, so müssen die Königinnenmütter häufig in den Hintergrund treten. Jedoch ist das nicht die Regel, der

Einfluß und die Machtstellung von Königinnen können – in welcher ihrer lebenszyklischen Phase auch immer – dominierend sein und variieren auch im Frühmittelalter nach Zeit und Region. Herrscherinnen oder Regentinnen sind häufig umstritten und unterliegen der Kritik. Der gesamte Komplex der Stellung von Königinnen müßte noch einmal – Länder und Zeiten übergreifend – untersucht werden, so wichtige Arbeiten es zu diesem Thema auch schon gibt.[38] Ich verzichte hier auf den fragwürdigen Versuch, eine Beispielsammlung zu diesem Thema zu geben; jeder »Fall« liegt rechtlich, gesellschaftlich und politisch anders.
Frauen der besser gestellten sozialen Schichten hatten möglicherweise nicht unattraktive Alternativen zum Leben in der »Welt«, zum Leben als Ehefrau oder Witwe. Sie hatten die Lebensalternative der klösterlichen Gemeinschaft, sofern man ihnen eine Wahl ließ, sofern nicht Eltern oder sonstige Verwandte ihr Kind – auf Grund welcher Motive auch immer – einer religiösen Gemeinschaft auf Zeit oder auf Dauer übergaben. Ich deute im Folgenden die Probleme nur an, die auch Probleme einer weiblichen Identität sind, und kann im übrigen wiederum auf den Beitrag von Petra Heidebrecht und Cordula Nolte verweisen. Was bedeutet für den Klostereintritt der Wille der Kinder, der Mädchen und Jungen? Ist hier Widerstand möglich? Auch dies ist ein heikles, psychologisch schwieriges Untersuchungsfeld, das frühmittelalterliche Quellenmaterial erlaubt jedoch eine Prüfung dieser Frage. Oder ist vielleicht das Leben im Kloster, die Übernahme der geforderten Verzichte, die gewünschte oder gewollte Alternative für viele Frauen oder junge Mädchen gegenüber Forderungen der Verwandtschaft? Darüber wird heute in der Forschung diskutiert.[39] Und andererseits: War das grundsätzlich von Männern normierte und geregelte Leben im Kloster, war die oft geforderte strenge Klausur wirklich erstrebenswert? Immerhin: Karrieren waren im Kloster möglich, es gab Entfaltungsmöglichkeiten vor allem dann, wenn Frauen dem Verwandtschaftskreis der Klostergründerin oder des Klostergründers angehörten. Frauen konnten Äbtissinnen werden oder sonst ein Amt im Kloster erhalten, innerhalb und außerhalb des Klosters einflußreich werden. Die anderen wichtigen Positionen allerdings, die die Kirche zu vergeben hatte, waren Frauen im Frühmittelalter kaum noch zugänglich oder wurden ihnen bestritten, sofern Detailuntersuchungen uns nicht doch noch eines Besseren belehren. Den Ausschluß der

Frauen von kirchlichen Ämtern hatten Männer schon in den ersten Jahrhunderten der christlichen Kirche im Grundsatz entschieden und durchgesetzt.
Für Frauen mittlerer und unterer Schichten waren die Lebensalternativen noch weniger zahlreich. Da die monastische Gemeinschaft die sozialen Unterschiede keineswegs einebnete, blieben Frauen unterer Schichten dort in der Regel wohl nur die Handarbeit und niedere Dienste. Inwieweit das Bildungsangebot der Klöster auch ihnen oder nur Frauen der Oberschicht zugute kam, ist schwer zu beurteilen. Wahrscheinlich bot sich also in den Klöstern nur für Frauen bestimmter, angesehener Familien die Chance zu lernen. Hier stellt sich die Verbindung zu dem her, was ich bereits über das Quellenmaterial und über die literarische Hinterlassenschaft von Frauen gesagt habe. Sie stammt überwiegend, wenn auch nicht ausschließlich, aus Klöstern. Und man kann sich fragen, ob die Existenz als Lehrerin oder Autorin – Variante klösterlichen Lebens – eine Möglichkeit war, eine eigene Identität besonderer Prägung aufzubauen.
Anders sieht es für Frauen der freibäuerlichen »Mittelschicht« und der bäuerlichen oder nichtbäuerlichen Unterschichten aus, über die wir den Quellen allerdings nur sehr mühsam Informationen abringen können. Diesen Frauen blieben wohl nur die körperlich anstrengenden, existenzsichernden Arbeiten in Landwirtschaft und Handwerk, in Kooperation und Arbeitsteilung mit den Männern, oft auch hier freilich – wenn allein eine bäuerliche Stelle bewirtschaftend – in eigener Verantwortung, häufig in Grundherrschaften eingefügt und dann als Leistungspflichtige genauso wie Männer bewertet. Dies lassen die Quellen aus klösterlichen Grundherrschaften erkennen.[40] Die Frage danach, ob sich die Frauen im bäuerlichen Milieu mit ihrer Rolle oder ihren Rollen identifizieren konnten, die Frage also nach ihrer Identität, stelle ich angesichts der Dürftigkeit des Quellenmaterials gar nicht. Hier kommt man noch mehr als anderswo über Spekulationen nicht hinaus.
Gibt es für Frauen im Frühmittelalter eine soziale Schichten übergreifende und dominierende Rollenzuweisung oder Lebensform? Ich habe versucht, verschiedene solcher Lebensformen, die auch auf verschiedenen Ebenen liegen, zu nennen. Niemals schienen diese Lebensformen von Männern isoliert und Frauen ganz eigen. Daher kann man für das Frühmittelalter über die Lebenssituation

der Frauen nichts sagen, ohne daß man zugleich von den Beziehungen der Geschlechter spricht. Daher müßte jetzt die sehr differenzierte und diffizile »Partnerschaft« von Frau und Mann, die Lebensgemeinschaft des frühmittelalterlichen »Paares« Untersuchungsthema sein. Ich sehe in dieser »Ausrichtung« auf einen Mann, auf eine wie immer rechtlich ausgestaltete Bindung an einen Mann, die Dominante im Lebenszyklus von Frauen in den frühmittelalterlichen Jahrhunderten. Inwieweit man religiös lebende Frauen von dieser Regel ausnehmen kann, bleibt zu diskutieren. Damit ist verbunden die – wie ich meine – letzten Endes doch dominierende gesellschaftliche und familiäre Rolle als Gebärerin und Fortsetzerin des Geschlechts. Die überaus variablen Mann-Frau-Beziehungen bzw. Eheformen hier quellenmäßig abzuhandeln, ist nicht möglich, die Literatur darüber ist bereits Legion, bleibt aber immer noch dem Rechtlich-Äußerlich-Formalen der Beziehungen zu stark verhaftet.[41]

Weibliche Identität im Frühmittelalter

Wer bis hierher meinen Bemühungen gefolgt ist, die Probleme und Perspektiven zu zeigen, die sich aus meiner Sicht und Kenntnis ergeben, wenn man die Lebensformen für Frauen im Frühmittelalter erkunden will und auch die Quellen, die wir dazu heranziehen können, der wird mir zustimmen: Prüfen wir die Quellen, suchen wir nach den Formen weiblichen Lebens, so kommen wir bei intensivem Nachdenken immer wieder an den kritischen Punkt, daß wir uns fragen, wie Frauen ihre Lage empfunden haben mögen, wie sie sich selbst innerhalb ihrer familialen und gesellschaftlichen Bezugssysteme – vielleicht auch diesen Bezugssystemen gegenüber – gesehen haben mögen. Und das heißt für uns noch einmal: Was ist mit der weiblichen Identität im Frühmittelalter? Ich meine, daß man eine solche Frage stellen darf, und zweifle daran, daß Bellebaum recht hat, wenn er behauptet, daß einfache, wenig differenzierte Gesellschaften das Identitätsproblem nicht kannten.[42] Und die frühmittelalterlichen Gesellschaften sind doch einfach und undifferenziert in der Sicht einer modernen Soziologie? Jedenfalls muß man dies glauben, wenn Mediävisten heute zur Deutung der Wertsysteme und Verhaltensformen im Mittelalter überhaupt immer wieder Erkenntnisse und Vergleichsmaterial der ethnologischen Forschung heranzuziehen versuchen.[43] Über eine solche Forschungsstrategie habe ich hier nicht zu urteilen, ich bezweifle nur, daß die Aussage Bellebaums die Sache trifft, so wie ich allerdings auch bezweifle, daß die frühmittelalterliche Gesellschaft eine einfache und undifferenzierte ist. Ich kann mir daher nicht vorstellen, daß Frauen – soweit die einfachen Erfordernisse der Bewältigung ihres Lebens dies zuließen – nicht über sich selbst und ihre persönliche und gesellschaftliche Identität nachgedacht haben. Daß sie uns den Zugang zu dieser ihrer inneren Welt öffnen, können wir nicht erwarten, auch nicht, daß wir unser Begriffssystem im Frühmittelalter ohne weiteres wiederfinden. Diese Aussage ist wohl für einen Historiker banal, jedoch meint man oft, es gäbe eine Sache nicht, wenn die Begriffe fehlen. Und so ist denn auch die Aussage von Arno Borst für mich kein Verbotsschild, daß er keinen mittelalterlichen Text vor dem 11. Jahrhundert kenne, der vom Verhalten des Einzelmenschen zu sich selbst spräche.[44] Ob dies richtig ist, müßte erneut geprüft werden, und wenn ich an das Handbuch der Dhuoda denke[45], so sehe ich hier eine Möglichkeit, eine Frau bei dem Versuch zu beobachten, über sich selbst und ihre Situation in Familie und Gesellschaft nachzudenken und sich auch darüber mitzuteilen.

Ich sehe also zwei Wege, auf denen wir uns dem schwierigen Problem der weiblichen Identität nähern können: einmal auf dem Wege über Beschreibung und Analyse von Formen der Lebensbewältigung und Lebensgestaltung und zum anderen auf dem Wege einer noch sorgfältigeren Analyse der wenigen Texte, die wir von Frauen selbst besitzen. Ob wir so Antworten auf unsere Identitätsfrage erhalten werden, ist freilich nicht sicher; diese Frage von vornherein abzuwehren, hielte ich nicht für berechtigt. Es gibt – wie ich finde – schon zu viele angeblich völlig abgesicherte Lehrmeinungen als »opiniones communes«, die uns in der Forschung einengen und behindern.

Den ersten der beiden Wege habe ich zu beschreiten versucht. Es hat sich dabei ergeben, daß die Zahl der Lebensalternativen, der möglichen Lebens- und Arbeitsformen für Frauen im Frühmittelalter nicht eben groß war, geringer an Zahl als für Männer, mit weniger Bewegungsspielraum, als Männer ihn wohl hatten. Frauen unterlagen auch – wie ich meine – schärferer sozialer Kontrolle und strengeren Sanktionen als Männer, wenn ihr Rollenverhalten den Erwartungen nicht entsprach. Dazu trugen die von der Kirche entwickelten Leitbilder für Frauen bei und das changierende Bild, das Geistliche/Theologen von *der* Frau bzw. in der Doppelkonzeption virgo – matrona (Klaus Thraede)[46] entworfen hatten und verbreiteten – mit welchem Erfolg, wissen wir allerdings noch nicht genau. An die Beschreibung der Lebensformen habe ich Fragen danach geknüpft, ob sich Frauen mit ihnen identifizieren konnten und identifiziert haben. Die Antworten blieben zwangsläufig offen.

Der zweite der oben genannten Wege in das Labyrinth der Identitätsproblematik, der Weg über die Analyse der Texte, die von Frauen stammen, ist schon von Peter Dronke beschritten worden.[47] Dieser Weg ist noch nicht zu Ende gegangen; Prologe zum Beispiel, die Frauen ihren Werken vorausschickten, müßten unter dem Gesichtspunkt verborgener Identität und Individualität erneut untersucht werden.[48] Vielleicht führt auch ein Vergleich des Briefstils von Frauen und Männern noch weiter. Im Zusammenhang damit ist das Verhältnis von Gruppenidentität und Personenidentität erneut zu prüfen, auch wenn in der Literatur weitgehend entschieden ist, daß es Individualität im Frühmittelalter nicht gibt, Karl Schmid sich in seinem ausgewogenen Aufsatz immerhin dazu versteht, von einer »gebundenen Individualität« zu sprechen.[49] Ob das auch für die adlige Dhuoda zutrifft? Denn wie heißt es doch in ihrem Epigrama operis subsequentis, in einem Gebet zu Gott für ihren Sohn Wilhelm:

Mis michi similem non habebit unquam,
Quanquam indigna genitrixque sua,
Omnibus semper momentis et oris,
Rogans te obnixe: miserere illi.[50]

Anmerkungen

1 Zur Forschungsstrategie und zur »kategorialen« Frage nenne ich hier: Karin Hausen, »Women's History in den Vereinigten Staaten«, in: *Geschichte und Gesellschaft* 7 (1981), S. 347-363; Gisela Bock, »Historische Frauenforschung: Fragestellungen und Perspektiven«, in: Karin Hausen (Hg.), *Frauen suchen ihre Geschichte. Historische Studien zum 19. und 20. Jahrhundert*, München 1983, S. 22-60; Annette Kuhn, »Das Geschlecht – eine historische Kategorie? Gedanken zu einem aus

der neueren Geschichtswissenschaft verdrängten Begriff«, in: I. Brehmer/J. Jacobi-Dittrich/E. Kleinau/A. Kuhn (Hg.), *Frauen in der Geschichte IV: »Wissen heißt leben...« Beiträge zur Bildungsgeschichte von Frauen im 18. und 19. Jahrhundert*, Düsseldorf 1983, S. 29-50.

2 Werner Affeldt, »Frühmittelalter und Historische Frauenforschung«, in: W. Affeldt/A. Kuhn (Hg.), *Frauen in der Geschichte VII: Interdisziplinäre Studien zur Geschichte der Frauen im Frühmittelalter. Methoden – Probleme – Ergebnisse*, Düsseldorf 1986, S. 10-30, bes. S. 12-20.

3 Man kann sich darüber gut informieren bei Theodor Schieffer, »Europa im Wandel von der Antike zum Mittelalter«, in: Th. Schieder (Hg.), *Handbuch der europäischen Geschichte*, Bd. 1: *Europa im Wandel von der Antike zum Mittelalter*, hrsg. von Th. Schieffer, Stuttgart 1976, S. 22-50, und bei Alexander Demandt, *Der Fall Roms. Die Auflösung des römischen Reiches im Urteil der Nachwelt*, München 1984, zum Periodisierungs- und Kontinuitätsproblem bes. S. 216-241.

4 Zur Abgrenzung von Früh- und Hochmittelalter vgl. wieder Theodor Schieffer, a.a.O., S. 46 ff., und auch Oskar Halecki, *Europa. Grenzen und Gliederung seiner Geschichte*, Darmstadt 1957 (zuerst engl.: London-New York 1950).

5 Vgl. dazu meinen knappen Bericht: »Bemerkungen zum Forschungsstand«, in: W. Affeldt/ A. Kuhn (Hg.), *Frauen in der Geschichte VII* (wie Anm. 2), S. 32-42; zu ergänzen (ohne Anspruch auf Vollständigkeit): Dagmar Beate Schneider, *Anglo-Saxon Women in the Religious Life. A study of the status and position of women in an early mediaeval society*, Ph.D. Cambridge 1985 (masch., erscheint demnächst im Druck); J. Kirshner/S. F. Wemple (Hg.), *Women of the Medieval World. Essays in Honour of John H. Mundy*, Oxford-New York 1985; David Herlihy, *Medieval Households*, London 1985.

6 Zur Quellenfrage vgl. die Übersicht bei Jean Verdon, »Les sources de l'histoire de la femme en Occident aux XE-XIIIE siècles«, in: *Cahiers de civilisation médiévale* 20 (1977), S. 219-251.

7 Als solche Autorinnen und Autoren nenne ich hier: Rather von Verona (ca. 887-974), *Excerptum ex dialogo confessionali*, ed. P. Reid, *Corpus Christianorum. Continuatio Medievalis*, Bd. XLVI A, Turnholti 1984, S. 221-265. Zu Rather von Verona: vgl. Georg Misch, *Geschichte der Autobiographie*, Bd. II,2, Frankfurt am Main 1955, S. 519 ff.; Othloh von St. Emmeram (ca. 1010-1070), *Libellus de suis tentationibus, varia fortuna et scriptis. Patrologia latina*, t. 146, col. 29-58, und hierzu wiederum G. Misch, a.a.O., Bd. III,1, 1959, S. 57 ff.; Guibert von Nogent (ca. 1055-1125), *De vita sua: Guibert de Nogent, Autobiographie*. Eingeleitet, herausgegeben und übersetzt von E.-R. Labande, Paris 1981, und dazu G. Misch, a.a.O., Bd. III,1, S. 108 ff.; zu Heloise (12. Jh.) und anderen Autorinnen vgl. Peter Dronke, *Women*

Writers of the Middle Ages. A critical study of texts from Perpetua (†203) to Marguerite Porete († 1310), Cambridge 1984.

8 Übersicht über die Quellengruppen und zur Typologie der mittelalterlichen Quellen R. C. Van Caenegem, unter Mitarbeit von F. L. Ganshof, *Kurze Quellenkunde des westeuropäischen Mittelalters*, Göttingen 1964, S. 11 ff.; vgl. auch das umfassende Unternehmen: *Typologie des sources du moyen âge occidental*, Dir. L. Genicot, bis jetzt 48 Hefte, Turnhout 1972-1986.

9 Soweit vorhanden, nenne ich gute zweisprachige Ausgaben: Gregor von Tours, *Zehn Bücher Geschichten*, hrsg. von R. Buchner (Ausgewählte Quellen zur deutschen Geschichte des Mittelalters = Frhr. vom Stein-Gedächtnisausgabe, Bde. II/III), Darmstadt 1977/1974 (künftig abgekürzt: Gregor von Tours, Hist.); *De vita sanctae Radegundis libri duo*, ed. B. Krusch, *MGH SS rer. Merov.* 2, 1888, S. 364-395 (6./7. Jh.); *Vita sanctae Balthildis*, ed. B. Krusch, a.a.O., S. 482-508 (7. Jh.); *Venerabilis Bedae historia ecclesiastica gentis Anglorum – Beda der Ehrwürdige, Kirchengeschichte des englischen Volkes*, hrsg. und übers. von G. Spitzbart (Texte zur Forschung, Bd. 34), 2 Bde., Darmstadt 1982; Liudprand von Cremona, *Antapodosis*, neu bearb. von A. Bauer und R. Rau, in: *Quellen zur Geschichte der sächsischen Kaiserzeit* (Ausgewählte Quellen zur deutschen Geschichte = Frhr. vom Stein-Gedächtnisausgabe, Bd. VIII), Darmstadt 1971, S. 244 ff.; Thietmar von Merseburg, *Chronicon*, hrsg. von W. Trillmich (Ausgewählte Quellen zur deutschen Geschichte des Mittelalters = Frhr. vom Stein-Gedächtnisausgabe, Bd. IX), Darmstadt 1962.

10 Die Briefe des heiligen Bonifatius und Lullus, hrsg. von M. Tangl, *MGH Epp. sel.*, Bd. 1, Berlin 1916; zu Briefen und Briefcorpora vgl. Giles Constable, »Letters and Letter-Collections«, in: *Typologie des sources du moyen âge occidental*, fasc. 17, Turnhout 1976.

11 Z. B. *Annales regni Francorum* zum Jahre 804, hrsg. von R. Rau, in: *Quellen zur karolingischen Reichsgeschichte* I (Ausgewählte Quellen zur deutschen Geschichte = Frhr. vom Stein-Gedächtnisausgabe, Bd. V), Darmstadt 1968, S. 78 f.: Alle Sachsen mit Frau und Kind werden von jenseits der Elbe in die »Francia« deportiert.

12 Vgl. zu den Regeln den Beitrag von Petra Heidebrecht und Cordula Nolte in diesem Band.

13 Zum Recht im Mittelalter als »Gewohnheit« jetzt Hanna Vollrath, »Herrschaft und Genossenschaft im Kontext frühmittelalterlicher Rechtsbeziehungen«, in: *Historisches Jahrbuch* 102 (1982), S. 33-71.

14 Zur ersten Orientierung über Literatur zur Rechtsstellung der Frauen verweise ich auf meine Bemerkungen zum Forschungsstand (wie Anm. 5), bes. Anm. 5 und 13.

15 Jonas von Orléans, *De institutione laicali libri tres, Patrologia latina*, t. 106, col. 121-278 (9. Jh.); Rather von Verona, *Praeloquiorum libri*

sex, ed. P. Reid, *Corpus Christianorum, Continuatio Medievalis*, Bd. XLVIA, Turnholti 1984, S. 3-196 (10. Jh.); Bonizo (von Sutri), *Liber de vita christiana*, hrsg. von E. Perels (Texte zur Geschichte des römischen und kanonischen Rechts im Mittelalter, Bd. 1), Berlin 1930 (um 1090).

16 Vgl. Jonas von Orléans, a.a.O., lib. II, cap. 1-16, col. 167ff. zu Ehe, Geschlechtsleben und Eltern-Kinder-Verhältnis; Jonas von Orléans wendet sich vorwiegend an Männer; Rather von Verona in seinen *Praeloquia*, lib. II, a.a.O., S. 46ff. wendet sich gesondert an Männer und Frauen.

17 So berichtet Gregor von Tours von einem »Nonnenaufstand« im Kloster Sainte-Croix in Poitiers im Jahre 589, angeführt von Frauen aus dem merowingischen Königshaus, eine Episode, die mir immer noch ungenügend analysiert erscheint: Gregor von Tours, *Hist.*, lib. IX, c. 39-43, Bd. 2, S. 296ff.; lib. X, c. 15-17, Bd. 2, S. 358ff., c. 20, Bd. 2, S. 378f.; dazu Georg Scheibelreiter, »Königstöchter im Kloster. Radegund († 587) und der Nonnenaufstand von Poitiers (589)«, in: *Mitteilungen des Instituts für österreichische Geschichtsforschung* 87 (1979), S. 1-37.

18 Wenig überzeugend August Nitschke, »Brunhilde und Hiltgund. Beobachtungen zum Verhaltenswandel der Frauen im frühen Mittelalter«, in: *Sprache und Recht. Beiträge zur Kulturgeschichte des Mittelalters. Festschrift für R. Schmidt-Wiegand zum 60. Geburtstag*, hrsg. von K. Hauck u. a., Bd. 2, Berlin-New York 1986, S. 532-553.

19 Vgl. Gerhard Baader, »Frauenheilkunde und Geburtshilfe im Frühmittelalter«, in: *Frauen in der Geschichte VII* (wie Anm. 2), S. 126-135 mit weiterer Literatur; Heinrich Schipperges, *Der Garten der Gesundheit. Medizin im Mittelalter*, München-Zürich 1985, bes. S. 29ff. mit Literatur.

20 Vgl. Bernd Herrmann/Gisela Grupe, »Empirische Grundlagen zur Rekonstruktion von Lebensbedingungen der Frauen im Mittelalter«, in: *Frauen in der Geschichte VII* (wie Anm. 2), S. 44-52, und Barbara Sasse, »Demographisch-soziale Untersuchungen an frühmittelalterlichen Gräbern im Bereich der Reihengräberzivilisation«, a.a.O., S. 56-87.

21 Vgl. Birgit Dübner-Manthey, »Kleingeräte am Gürtelgehänge als Bestandteil eines charakteristischen Elementes der weiblichen Tracht – Archäologische Untersuchungen zu einigen Lebensbereichen und Mentalitäten der Frauen in Spätantike und Frühmittelalter«, in: *Frauen in der Geschichte VII* (wie Anm. 2), S. 88-124; Birgit Dübner-Manthey bereitet eine Veröffentlichung zum Amulettbrauchtum vor.

22 Z. B. Gregor von Tours, *Hist.*, lib II, c. 29, Bd. 1, S. 114ff.: Chrodichilde versucht König Chlodwig zur Taufe ihres Sohnes zu überreden; *Hist.*, lib. VIII, c. 29, Bd. 2, S. 196f.: Mordauftrag der Königin Frede-

gunde an zwei Geistliche (!); Liudprand von Cremona, *Antapodosis* (wie Anm. 9), lib. IV, c. 10, S. 410 ff.: Rede einer Frau, um ihren gefangenen Mann vor der Entmannung zu schützen.

23 Für den angelsächsischen Raum vgl. jetzt D. B. Schneider, *Anglo-Saxon-Women* (wie Anm. 5), S. 130 ff.

24 Vgl. Herbert Grundmann, »Die Frauen und die Literatur im Mittelalter. Ein Beitrag zur Frage nach der Entstehung des Schrifttums in der Volkssprache«, in: *Archiv für Kulturgeschichte* 26 (1936), S. 129-161; ders., »Litteratus – illiteratus. Der Wandel einer Bildungsnorm vom Altertum zum Mittelalter«, in: *Archiv für Kulturgeschichte* 40 (1958), S. 1-65; Hanna Vollrath, »Das Mittelalter in der Typik oraler Gesellschaften«, in: *Historische Zeitschrift* 233 (1981), S. 571-594.

25 Vgl. hier auch den Bereich der Magie als mögliche Äußerungsform in einer oralen Kultur: Monica Blöcker, »Frauenzauber – Zauberfrauen«, in: *Zeitschrift für schweizerische Kirchengeschichte* 76 (1982), S. 1-39.

26 Z. B. die Briefe der Königin Brunichilde (6. Jh.), *MGH Epp.* III: *Epistolae Austrasiacae*, ed. W. Gundlach, Nr. 26, 27, 29, 30, 44, S. 139 ff.: die Briefe sind z. T. konventionelle, hochstilisierte Staatsbriefe (Nr. 26, 29, 30), z. T. jedoch haben sie eine persönliche Note (Nr. 27, 44); ferner die Briefe der Herchenefreda an ihren Sohn Desiderius, Bischof von Cahors (7. Jh.), erhalten in der *Vita sancti Desiderii episcopi Cadurcensis* (8. Jh.), ed. B. Krusch, *Corpus Christianorum, Series latina*, Bd. 117, 1957, S. 353 ff.; zu den Briefen der Brunichilde und der Herchenefreda vgl. P. Dronke, *Women Writers* (wie Anm. 7), S. 26 ff.; eine Reihe von Briefen angelsächsischer Frauen ist im Briefcorpus des Bonifatius erhalten (wie Anm. 10); zu diesen Briefen von Frauen D. B. Schneider, *Anglo-Saxon Women* (wie Anm. 5), S. 159 ff.

27 Z. B. die *Vita Radegundis* II der Nonne Baudonivia (bald nach 600), ed. B. Krusch, *MGH SS rer. Merov.* 2, S. 377-395, und die *Vitae Willibaldi et Wynnebaldi* der Nonne Hugeburc von Heidenheim, ed. O. Holder-Egger, *MGH SS* 15,1, S. 86-117 (8. Jh.); zur letzteren wiederum D. B. Schneider, a.a.O., S. 169 ff.

28 *Hrothsvithae opera*, ed. P. von Winterfeld, *MGH SS rer. Germ.*, Berlin 1902; zu Hrotsvith vgl. in unserem Zusammenhang besonders A. Daniel Frankforter, »Hroswitha of Gandersheim and the Destiny of Women«, in: *The Historian* 41 (1978/79), S. 295-314, und P. Dronke, *Women Writers* (wie Anm. 7), S. 55 ff.

29 Dhuoda, *Manuel pour mon fils*. Eingeleitet, kommentiert und mit Anmerkungen versehen von P. Riché. Übersetzt von B. de Vregille und Cl. Mondésert, Paris 1975 (*Sources chrétiennes* 225); zu Dhuodas Handbuch vor allem: G. Misch, *Geschichte der Autobiographie*, Bd. II,2 (wie Anm. 7), S. 471 ff.; Ph. Aug. Becker, »Duodas Handbuch«, in: *Zeitschrift für romanische Philologie* 21 (1897), S. 73-101;

Max Manitius, *Geschichte der lateinischen Literatur des Mittelalters*, Bd. 1, München 1911, Nachdruck 1974, S. 442 ff.; Henri Leclercq, Artikel: »Manuel de Dhuoda«, in: *Dictionnaire d'archéologie chrétienne et de liturgie*, Bd. 10, 1932, Sp. 1586-1603; Joachim Wollasch, »Eine adlige Familie des frühen Mittelalters. Ihr Selbstverständnis und ihre Wirklichkeit«, in: *Archiv für Kulturgeschichte* 39 (1957), S. 150-188; P. Dronke, *Women Writers* (wie Anm. 7), S. 36-54.

30 Arno Borst, *Lebensformen im Mittelalter*, Frankfurt/Main–Berlin 1973, S. 9 ff.

31 A.a.O., S. 14.

32 Ich habe keine Bedenken, diesen Begriff der Soziologie auf das Frühmittelalter anzuwenden; vgl. René König, »Rolle: Zur Rehabilitierung eines umstrittenen Begriffs«, in: *Meyers Enzyklopädisches Lexikon*, Bd. 20, 1977, S. 263-266; Artikel: »Role« (Theodore R. Sarbin und Ralph H. Turner), in: *International Encyclopedia of the Social Sciences*, Bd. 13, 1968, S. 546-557; Alfred Bellebaum, *Soziologische Grundbegriffe. Eine Einführung für soziale Berufe*, Darmstadt [3]1972, S. 65 f., unterscheidet zwischen sozialen Rollen und tatsächlichem Rollenhandeln; diese Unterscheidung wird man stets beachten müssen.

33 Die religiösen Lebensformen klammere ich in meinem Beitrag im wesentlichen aus, sie werden von Petra Heidebrecht und Cordula Nolte behandelt. Ich gehe darauf nur ein, soweit es der Zusammenhang erfordert.

34 Ich beschränke mich für den Begriff »Identität« auf folgende Literaturhinweise: Artikel: »Identität, Ichidentität« (H. Dubiel), in: *Historisches Wörterbuch der Philosophie*, hrsg. von J. Ritter und K. Gründer, Bd. 4, Darmstadt 1976, Sp. 148-151; Artikel: »Identity, Psychosocial« (Erik H. Erikson), in: *International Encyclopedia of the Social Sciences*, vol. 7, 1968, S. 61-65; Klaus Bergmann, »Identität«, in: *Handbuch der Geschichtsdidaktik*, hrsg. von Kl. Bergmann, A. Kuhn, J. Rüsen, G. Schneider, Bd. 1, Düsseldorf 1979, S. 46-53.

35 Vgl. den Konflikt zwischen Deoteria und ihrer Tochter mit tödlichem Ausgang bei Gregor von Tours, *Hist.*, lib. III, c. 26, Bd. 1, S. 178 f., und die Rivalität der Königin Ingoberga mit Konkubinen des Merovingerkönigs Charibert wiederum bei Gregor von Tours, *Hist.*, lib. IV, c. 26, Bd. 1, S. 226 ff., und die Demütigung (oder Selbstdemütigung?) der Königin Ingunde durch König Chlothachar, *Hist.*, lib. IV, c. 3, Bd. 1, S. 14 ff.; diese letzte Stelle fordert besonders zu Nachdenken und Analyse heraus.

36 Vgl. das Angebot der Deoteria an König Theuderich, nach Beziers zu kommen, Gregor von Tours, *Hist.*, lib. III, c. 22, Bd. 1, S. 176 f.; als nach dem Tode des Königs Charibert (567) eine seiner Frauen, Theudichilde, sich König Gunthramn zur Ehe anbot, bekam ihr das schlecht, *Hist.*, lib. IV, c. 26, Bd. 1, S. 230 f.

37 Über den Begriff »Arbeit« im Mittelalter kann hier nicht gehandelt werden; vgl. dazu Jacques Le Goff, *Für ein anderes Mittelalter. Zeit, Arbeit und Kultur im Europa des 5.-15. Jahrhunderts*, Frankfurt/Main–Berlin 1984 (Ullstein Buch Nr. 35180), S. 56 ff., und Helmuth Schneider (Hg.), *Geschichte der Arbeit. Vom Alten Ägypten bis zur Gegenwart*, Frankfurt/Main–Berlin 1983 (Ullstein Buch Nr. 34140), bes. S. 155 ff. über Arbeit im Feudalismus (Achatz von Müller); in der Entwicklung der mittelalterlichen Lehre von der funktionalen Dreiteilung der Gesellschaft (oratores, bellatores und laboratores) spielen Frauen in der Erörterung durch mittelalterliche Autoren offenbar kaum eine Rolle, weder in der Gruppe der laboratores noch in der der oratores; vgl. dazu Otto Gerhard Oexle, »Tria genera hominum. Zur Geschichte eines Deutungsschemas der sozialen Wirklichkeit in Antike und Mittelalter«, in: *Institutionen, Kultur und Gesellschaft im Mittelalter. Festschrift für J. Fleckenstein*, Sigmaringen 1984, S. 483-500, weitere Literatur bes. in Anm. 94, und ders., »Die funktionale Dreiteilung der ›Gesellschaft‹ bei Adalbero von Laon. Deutungsschemata der sozialen Wirklichkeit im früheren Mittelalter«, in: *Frühmittelalterliche Studien* 12 (1978), S. 1-54; Frauen kommen als viduae im Rahmen der pauperes vor; daß Frauen gewissermaßen einen eigenen Stand gebildet hätten, kann ich nicht erkennen, so aber Shulamith Shahar, *Die Frau im Mittelalter*, Königstein/Ts. 1981, S. 14, jedenfalls für das 12. Jahrhundert; zurückhaltend hinsichtlich der Vorstellung vom eigenen Ordo der Frauen auch Heide Dienst, »Rollenaspekte von Männern und Frauen im Mittelalter in zeitgenössischer Theorie und Praxis«, in: Claudia Opitz (Hg.), *Weiblichkeit oder Feminismus. Beiträge zur interdisziplinären Frauentagung Konstanz 1983*, Weingarten 1984, S. 137-157.

38 Ich nenne an neueren Arbeiten vor allem Janet L. Nelson, Queens as Jezebels: »The Careers of Brunhild and Balthild in Merovingian History«, in: D. Baker (Hg.), *Medieval Women*, Festschrift für R. M. T. Hill, Oxford 1978, S. 31-77, und Pauline Stafford, *Queens, Concubines and Dowagers. The King's Wife in the Early Middle Ages*, London 1983.

39 Vgl. z. B. Suzanne F. Wemple, *Women in Frankish Society. Marriage and the Cloister 500 to 900*, Philadelphia 1981; kritisch zu den Thesen von S. F. Wemple: D. B. Schneider, *Anglo-Saxon Women* (wie Anm. 5), bes. S. 12 f.

40 Vgl. Ludolf Kuchenbuch, »Trennung und Verbindung im bäuerlichen Werken des 9. Jahrhunderts. Eine Auseinandersetzung mit Ivan Illichs ›Genus‹-Konzept«, in: *Frauen in der Geschichte* VII (wie Anm. 2), S. 227-242.

41 Vgl. dagegen die Arbeiten von P. Stafford (wie Anm. 38) und S. F. Wemple (wie Anm. 39).

42 A. Bellebaum, *Soziologische Grundbegriffe* (wie Anm. 32), S. 74 ff.
43 Vgl. etwa den in Anm. 18 genannten Aufsatz von A. Nitschke.
44 A. Borst, *Lebensformen* (wie Anm. 30), S. 252.
45 Vgl. Anm. 29.
46 Zu dieser Doppelkonzeption Klaus Thraede in seinem Vortrag: »Zwischen Eva und Maria – Theologie der Frau von Ambrosius bis Augustin auf dem Hintergrund ihrer Zeit«, gehalten auf der internationalen Tagung »Lebensbedingungen, Lebensnormen und Lebensformen für Frauen in Spätantike und Frühmittelalter«, Februar 1987 in Berlin.
47 Vgl. P. Dronke, *Women Writers* (wie Anm. 7).
48 Z. B. Hugeburc von Heidenheim, *Vitae Willibaldi et Wynnebaldi*, Prologus, ed. O. Holder-Egger, *MGH SS* 15,1, S. 86 ff., und dazu P. Dronke, *Women Writers*, S. 33 ff.; *Hrotsvithae opera*, Praefatio, ed. P. von Winterfeld, *MGH SS rer. Germ.*, Berlin 1902, S. 2 f. und die Literatur (wie Anm. 28).
49 Karl Schmid, »Über das Verhältnis von Person und Gemeinschaft im früheren Mittelalter«, in: *Frühmittelalterliche Studien* 1 (1967), S. 225-249, hier S. 240 f.; zum Problem Person/Individualität im Mittelalter vgl. ferner: Hans Rheinfelder, *Das Wort »Persona«. Geschichte seiner Bedeutungen mit besonderer Berücksichtigung des französischen und italienischen Mittelalters* (Beihefte zur Zeitschrift für romanische Philologie, H. 77), Halle (Saale) 1928; G. Misch, *Autobiographie* (wie Anm. 7), Bd. II,1, 1955, S. 7 ff.; Paul Lehmann, »Autobiographies of the Middle Ages«, in: *Transactions of the Royal Historical Society*, 5. Folge, Bd. 3, London 1953, S. 41-52; Wolfram von den Steinen, »Menschendasein und Menschendeutung im früheren Mittelalter«, in: *Historisches Jahrbuch* 77 (1958), S. 188-213; Aaron J. Gurjewitsch, *Das Weltbild des mittelalterlichen Menschen*, München 1980, S. 327 ff.; Christian Beutler, *Statua. Die Entstehung der nachantiken Statue und der europäische Feudalismus*, München 1982.
50 Dhuoda, *Manuel pour mon fils* (wie Anm. 29), S. 76; Übersetzung dieser Stelle bei Helene Homeyer, *Dichterinnen des Altertums und des frühen Mittelalters. Zweisprachige Textausgabe*, Paderborn 1979, S. 195; die französische Übersetzung von Riché finde ich zutreffender, a.a.O., S. 77:

»Jamais personne ne sera pour lui semblable à moi.
Quoique indigne, je suis aussi sa mère,
Et toujours, à tout moment et à toute heure,
Je t'en prie de toutes mes forces, prends pitié de lui.«

Petra Heidebrecht
Cordula Nolte

Leben im Kloster: Nonnen und Kanonissen

Geistliche Lebensformen im frühen Mittelalter

Der Begriff »geistliche Lebensformen« bezeichnet im frühen Mittelalter (6./7.-10. Jahrhundert) eine Vielfalt von Möglichkeiten des asketischen und religiösen Lebens in der Vereinzelung (Eremiten, Reklusen), im Familienkreis (gottgeweihte Jungfrauen und Witwen) und in klösterlicher Gemeinschaft.
Uns interessiert hier nur die letztgenannte Lebensform, deren Festlegung durch eine Regel schon in einigen Zügen dem heutigen Klosterleben entspricht, wenn sie auch noch manches an der Systematik von modernen Ordensregeln vermissen läßt.
Den Terminus »Lebensform« verwenden wir im Anschluß an A. Borst, der darunter »geschichtlich eingeübte soziale Verhaltensweisen« versteht.[1] Im Mittelpunkt unserer Untersuchung stehen die Regula virginum des Caesarius von Arles von 512 und die Institutio sanctimonialium Aquisgranensis von 816.[2] Einige Aspekte, die für das Leben in der Gemeinschaft von Nonnen und Kanonissen konstitutiv waren, sollen aus der Fülle der Vorschriften ausgewählt und hier exemplarisch dargestellt werden.
Dabei ist zunächst darauf hinzuweisen, daß eine Unterscheidung der einzelnen geistlichen Lebensformen sehr schwierig ist. Die vielfältigen Bezeichnungen für asketisch lebende Frauen – virgines sanctae, ancillae Dei, sponsae Christi, virgines sacrae, famulae Dei, monachae, sanctimoniales, religiosae[3] – werden in den Quellen gewöhnlich ohne genaue Abgrenzung für sämtliche Lebensformen benutzt.
Die monastischen Zusammenschlüsse des frühen Mittelalters hat man sich keineswegs uniform vorzustellen. Von einer Regularisierung kann nur im Sinne einer Orientierung an bestimmten Texten gesprochen werden. Die nur zum Teil schriftlich überlieferten Regeln wurden weniger als strikt verbindliche Vorschriften

denn als Vorbilder und Orientierungshilfen angesehen, aus denen sich die Äbte und Äbtissinnen das für ihre Klöster Passende zusammenstellten. Diese in der Forschung als regula mixta bezeichnete Praxis hatte große Unterschiede zwischen den einzelnen Gemeinschaften zur Folge und verhindert heute eine genaue Differenzierung zwischen im strengen Verständnis klösterlichen und nichtklösterlichen Lebensformen. Besonders schwierig ist eine eindeutige Unterscheidung von Klöstern, denen eine Regel, und Klöstern, denen die canones vorgegeben waren. Als besondere Kennzeichen des kanonischen Lebens im Gegensatz zum Leben auf der Basis einer Klosterregel werden das Fehlen der Profession, das Wohnen in eigenen Häusern, der Besitz von persönlichem Eigentum und die Möglichkeit, das Kloster zu verlassen, um zu heiraten, angegeben[4], doch handelt es sich hier um eine idealtypische Beschreibung, die mit den in den Quellen dargestellten Verhältnissen nicht immer unbedingt übereinstimmt.

Die von uns ausgewählten Quellen dokumentieren jeweils einen Pol des Lebens in einer religiösen Gemeinschaft. Unterschiede und Gemeinsamkeiten beider Ausprägungen des Klosterlebens sollen im Laufe der Untersuchung zur Sprache kommen, wobei allerdings auch die unterschiedliche Entstehungszeit der Texte zu berücksichtigen ist.

Das Klosterleben von Frauen im Frühmittelalter ist ein von der Forschung – auch von der Historischen Frauenforschung – noch weitgehend vernachlässigtes Gebiet. Dies zeigt sowohl der Vergleich mit dem gründlich erforschten männlichen Monastizismus als auch der Vergleich mit dem Interesse am weiblichen Klosterleben im Hoch- und Spätmittelalter. Die Lebensformen von Nonnen, Kanonissen, gottgeweihten Jungfrauen und Witwen in früherer Zeit blieben bislang den Blicken weitgehend entzogen.

Zwar erschienen bereits seit dem Ende des letzten Jahrhunderts Gesamtdarstellungen des weiblichen Kloster- und Stiftlebens, doch erwiesen sich im Laufe von Spezialuntersuchungen diese Versuche einer Synthese als verfrüht. Mangelnde Differenzierung im Umgang mit der komplizierten Materie, unbefriedigendes methodisches Vorgehen und die Prägung der Autorinnen und Autoren durch bestimmte, dem 19. Jahrhundert verhaftete Frauenbilder führten oft zu Ergebnissen, die als revisionsbedürftig erkannt wurden.

Verantwortlich für die nur zögernd einsetzende historische Erschließung des frühmittelalterlichen Zeitraums ist in erster Linie die vergleichsweise dürftige Quellenlage. Die schriftlichen Quellen fließen im Frühmittelalter nicht nur recht spärlich, sondern darüber hinaus sind fast gar keine von Frauen verfaßte oder auf Frauen bezogene Texte überliefert, denen wir unmittelbare Informationen über ihr Selbstverständnis und vielleicht ihre Lebenswirklichkeit entnehmen könnten. Um zu den Frauen vorzudringen, ist es also notwendig, die von Männern verfaßten Quellen aller Art neu zu befragen.

Die Autoren waren durch ihre Herkunft, ihren geistlichen Stand und ihr Geschlecht beeinflußt und zudem von ihrem Informationsgrad. In einer Zeit verhältnismäßig geringer Mobilität und niedrigen Bildungsstandes spielten eigene Erfahrung und Anschauung und Berichte anderer eine entscheidende Rolle.

Dennoch lassen besonders die Beschreibungen weiblichen Verhaltens in den erzählenden Quellen viele Rückschlüsse auf das Selbstverständnis von Frauen einer bestimmten Schicht – nämlich der Oberschicht – zu, natürlich nicht im Sinne einer individuellen psychischen Befindlichkeit, sondern im Sinne des Standesbewußtseins.

Schwieriger ist es dagegen, aus normativen Texten Informationen über Frauen zu erhalten, die über das dort entwickelte Ideal hinausgehen. So sagt uns eine Klosterregel zwar eine Menge darüber, wie das kollektive Selbstverständnis der Gemeinschaft sein sollte, doch wird erst durch gezielte Befragung und durch eine Gegenüberstellung mit anderen Texten – z. B. Viten, Briefen, Chroniken – sowie mit nichtschriftlichen Quellen – z. B. archäologischen Befunden – die Lebenswirklichkeit im günstigsten Fall annäherungsweise und in kleinen Ausschnitten erkennbar.

Zudem stellt jedes Ideal in gewisser Weise auch eine Realität dar, indem es Einfluß auf die gesellschaftliche Entwicklung nimmt. Ideale »fügen sich in diese als einer der Faktoren ein, die auf das menschliche Verhalten einwirken.«[5]

Bevor wir die beiden Regeln in ihren einzelnen Bestimmungen vorstellen, seien hier kurz ihr Umfeld und die Entwicklung des weiblichen Monastizismus skizziert und die Frage nach der Attraktivität des Klosterlebens für Frauen erörtert.[6]

Obwohl schon seit dem 4. Jahrhundert Frauenklöster in Gallien gegründet wurden, blieb ihre Zahl bis zum letzten Jahrzehnt des 6. Jahrhunderts relativ niedrig. Eine mögliche Erklärung dafür ist, daß der weibliche Monastizismus in der gegebenen Form nicht den Bedürfnissen der Aristokratie, in der das Christentum zuerst Wurzeln schlug, entsprach. Das Recht zu Neugründungen lag bei den Bischöfen, sie beaufsichtigten die Klosterdisziplin und waren für den Schutz der Klöster verantwortlich. Es existierten noch kaum Eigenklöster; wirtschaftliche und familienerbliche Motive, die den Adel zu Gründungsaktivitäten hätten bewegen können, spielten noch keine Rolle.

Im 7. Jahrhundert nahm der weibliche Monastizismus unter dem Einfluß des iro-fränkischen Mönchtums (590 Ankunft Columbans in Gallien) einen Aufschwung. Die Frauenklöster waren nicht mehr auf die Städte beschränkt wie noch im 6. Jahrhundert, das Eigenklosterwesen und die Institution des Doppelklosters kamen den Interessen des Adels entgegen. Die Leitung eines Doppelklosters oblag meistens einer Äbtissin, d. h. den Frauen des Adels bot sich hier eine macht- und einflußreiche Position.

Die Anfänge der karolingischen Kirchenreform liegen bereits im 8. Jahrhundert. Sie findet ihr Ende in den rasch aufeinanderfolgenden Synoden zu Beginn des 9. Jahrhunderts (816, 817, 818/19 in Aachen und 829 in Paris). Ziel war die Vereinheitlichung der vielfältigen geistlichen Lebensformen, die sich bis dahin der Kontrolle seitens der Kirche leicht entzogen. Die Reformer strebten eine klare Trennung der kirchlichen ordines an. Von den überlieferten Klosterregeln sollte allein die Benediktregel noch gelten. Als Alternative wurde nur das Leben gemäß den canones erlaubt, eine Form des geistlichen Lebens für Frauen und Männer, die »hauptsächlich in der rechten Feier des Gottesdienstes« bestand[7] und ursprünglich nicht in einer Gemeinschaft ausgeübt worden war. Ohne daß Konvente namentlich bekannt sind, geht aus den Konzilsbeschlüssen hervor, daß die ersten Gemeinschaften von Kanonissen seit Mitte des 8. Jahrhunderts existierten.[8]

Wenngleich sich die Bedingungen der geistlichen Lebensformen von Fall zu Fall stark unterschieden – z. B. ähnelte das Leben in einem kleinen Eigenkloster sicher eher dem vertrauten Leben im Familienkreis als dem in einer streng organisierten und regularisierten Gemeinschaft unter bischöflicher Aufsicht – und sich im Lauf der Zeit veränderten, so gibt es doch eine durchgängige Reihe von Motiven, die Frauen einen Klostereintritt attraktiv erscheinen lassen konnten. So bot das Kloster die Chance zu Bildung, versprach für asketische Anstrengungen himmlische Belohnung – ein Motiv, dessen Bedeutung für die frühmittelalterlichen Menschen nicht unterschätzt werden sollte –, gewährte einen gewissen Schutz vor Gewalttätigkeit, die besonders im 6. Jahrhundert an der Tagesordnung war, und diente als Alternative zu einer ungewollten Heirat bzw. zu den negativen Aspekten einer Ehe (Kindersterblichkeit, Witwenschaft, Gefahren von Schwangerschaft und Geburt). Zumindest einigen Frauen ermöglichte das Leben im Kloster zudem führende und administrative Positionen innerhalb der Gemeinschaft, während im weltlichen Bereich weibliche Herrschaft, Macht und Einfluß von fehlender Stabilität geprägt waren. Innerhalb der kirchlichen Hierarchie stand den Frauen nur noch das Amt der Äbtissin offen, seitdem im 6. Jahrhundert die Abschaffung des weiblichen Diakonats und des Witwentums mit klerikalem Rang verschärft betrieben worden war.

Im Zusammenhang mit dem Klostereintritt ist allerdings auch darauf hinzuweisen, daß in vielen Fällen von einer freien und persönlichen Entscheidung für das Leben in der klösterlichen Gemeinschaft nicht die Rede sein konnte. Stets diente das Kloster auch als Gefängnis und als ein Ort der Verwahrung, dem Familien ihre Töchter mit geringen Heiratschancen zuführten. Zudem fand der Klostereintritt oft schon im Kindesalter statt. Im Frühmittelalter wurde die elterliche Bestimmung mit der persönlichen Entscheidung des Kindes gleichgesetzt.[9] Dementsprechend gab es im Grunde keine Unterscheidung von »erzwungenen« und »freiwilligen« Entscheidungen im Kindesalter.

Den beiden im Mittelpunkt unserer Untersuchung stehenden Texten ist gemeinsam, daß sie die Vorschriften für von Frauen und Männern praktizierte geistliche Lebensformen erstmals eigens für Frauen aufstellen. Gewöhnlich richteten sich die Frauengemeinschaften nach den für Männer verfaßten Regeln.

Zwar befaßten sich schon vor Caesarius von Arles (469/70-542) christliche Autoren mit der Ordnung des klösterlichen Lebens von Frauen. Der an ein Frauenkloster gerichtete Brief Nr. 211 des Augustinus enthält schon weitgehend die Elemente, die zu einer Regel gehören, hat aber eher exhortativen als gesetzgebenden Charakter.[10]

In den Konzilsbeschlüssen des 8. und 9. Jahrhunderts finden sich immer wieder einzelne canones, die sich mit den canonicae beschäftigen. Grundlegend waren nach Waesberghe die Ergebnisse des Konzils von Châlons von 813[11] bei der Entstehung der IS.

Im folgenden soll anhand unserer Quellen versucht werden, einen Einblick zu geben 1. in die Zusammensetzung einer Klosterkongregation im 6. und im 9. Jahrhundert und 2. in verschiedene Lebensbereiche des klösterlichen Alltags von Nonnen und Kanonissen. Wir haben uns dabei bemüht, sowohl vergleichbare Aspekte darzustellen als auch Besonderheiten jedes Textes herauszuarbeiten. Um den Zusammenhang und den individuellen Charakter der Regeln zu bewahren, haben wir uns für die Aufteilung der Untersuchung in zwei eigenständige Teile entschieden.

Die *Regula sanctarum virginum*

Über Person, Leben und Werk des Bischofs Caesarius und die Umstände der Entstehung seiner Regel sind wir dank günstiger Quellenlage recht gut unterrichtet. Er verfaßte die 73 Kapitel der RV unter ständigen Veränderungen und Verbesserungen zwischen 512 und 534. Zugeschnitten ist die Regel auf das von ihm 512 in Arles gegründete Frauenkloster Saint-Jean, als dessen erste Äbtissin er seine Schwester Caesaria einsetzte, die in Cassians Frauenkloster in Marseille für ihr Amt ausgebildet worden war. Über die Anwendung der RV über Saint-Jean hinaus lassen sich nur wenige gesicherte Aussagen machen. Fest steht, daß sie ab ca. 570 in Radegundes Kloster Sainte-Croix in Poitiers befolgt wurde. Möglicherweise galt sie auch in Frauenklöstern in Autun (Sainte-Marie) und Laon. Im 10. Jahrhundert, nach Jahrhunderten der Vergessenheit, taucht die RV in stark abgewandelter Form im Kloster Niedermünster in Regensburg auf, überliefert in einer Handschrift zusammen mit der für Frauen umgeschriebenen Benediktregel. Weitere Verbreitung erfuhr die RV als Quelle für eine Reihe von Männer- und Frauenregeln des 6. und 7. Jahrhunderts, u. a. für eine Mönchsregel des Autors selbst.[12] Die zeitlich und geographisch recht begrenzte Geltung der RV läßt sich mit verschiedenen Gründen erklären, u. a. mit dem stark lokalgebundenen Charakter der Regel, der Konkurrenz mit der Benediktregel und mit bestimmten inhaltlichen Eigenheiten, die zeitgenössischen Bedürfnissen nicht entsprachen oder mit den Interessen bestimmter Gruppen kollidierten.

Inhaltlich bietet die RV in mehrfacher Hinsicht Neues, das sie deutlich von älteren Entwürfen der monastischen Lebensform unterscheidet. Als herausragendes Detail ist hier an erster Stelle die Klausur zu nennen.[13] Im Gegensatz zur zeitgenössischen Praxis steht auch die Exemtion, die Befreiung des Klosters von der bischöflichen potestas durch den Papst. Mit dieser Maßnahme wollte der Klostergründer Caesarius verhindern, daß seine Nachfolger das Kloster ihrer Kontrolle unterwarfen und dadurch womöglich die strikte Befolgung seiner Regel, die dem Bischof den Zutritt zum Kloster nur um der Seelsorge willen erlaubte, behinderten.

Das Kloster Saint-Jean in Arles stand grundsätzlich allen Frauen offen. An den Eintritt sind nur zwei Bedingungen geknüpft:
1. Das Mindestalter für die Aufnahme wird in der RV auf 6 oder 7 Jahre festgesetzt mit der Begründung, daß man in diesem Alter das Lesen und Schreiben sowie den Gehorsam erlernen kann (7,7). In diesem Zusammenhang verbietet die Regel ausdrücklich, das Kloster als Ort der Bildung und des Unterrichts für Töchter ohne die Absicht der Konversion zu benutzen.
2. Der Klostereintritt ist an den Verzicht auf persönliches Eigentum gebunden; sämtlicher Besitz muß verkauft oder verschenkt oder überschrieben werden (5,6). Selbst für den Fall, daß eine Frau oder ein Mädchen zur Zeit ihres Eintritts noch nicht über ihren Besitz bzw. ihr zukünftiges Erbe verfügen kann, gibt die Regel genaue Anweisungen (6,6/7). Wenngleich es den Eintretenden prinzipiell freisteht, wem sie ihr Eigentum überlassen wollen, erscheint die Klostergemeinschaft doch als der bevorzugte Empfänger (21,9). Einer Ermahnung des Bischofs in dem an die Nonnen gerichteten Brief »Vereor« ist allerdings zu entnehmen, daß einige Frauen sich ihres Besitzes nicht im Sinn des Caesarius entäußerten. Sie kamen mit ihrem Klostereintritt familiären Interessen entgegen, indem sie zugunsten der Familie auf ihren Besitz verzichteten.[14] Die Begründung für das Gebot der Besitzaufgabe liefert die Regel gleich mit:

> »Die, die nichts besessen haben, sollen im Kloster nicht das verlangen, was sie draußen nicht haben konnten. Jene aber, die in der Welt etwas besessen haben, sollen nicht auf ihre Schwestern hinabblicken, die aus der Armut in diese heilige Gemeinschaft kamen.« (21,9)

Einerseits soll also verhindert werden, daß Frauen aus ungünstigen materiellen Verhältnissen mit dem Eintritt ihren wirtschaftlichen Status zu verbessern suchen, d. h. das Kloster in erster Linie als Versorgungsanstalt ansehen. Andererseits sollen sowohl Hochmut als auch Besitzgier, die aus sozialer Ungleichheit herrühren, ferngehalten werden. Mittels des Verzichts auf persönliches Eigentum werden die Unterschiede der Herkunft eingeebnet und die Integration in die Gemeinschaft erleichtert. Wie wichtig dieser Aspekt der RV ist, soll weiter unten noch ausführlicher zur Sprache kommen. Natürlich wissen wir nicht, aus welchen Schichten die Nonnen in Saint-Jean tatsächlich stammten. Da der christliche Glaube, wie bereits erwähnt, sich zunächst im Adel ausbreitete, setzte sich die Gemeinschaft sicher zum großen Teil aus Frauen und Mädchen dieser Schicht zusammen. Daß aber auch Frauen niedrigerer Herkunft im 6. Jahrhundert die Möglichkeit des Klostereintritts wahrnahmen, kann man aus der ganz von der RV abhängigen Nonnenregel des Arler Bischofs Aurelian von 548 schließen, die die Eintrittserlaubnis dahingehend einschränkt, daß ancillae, d. h. Unfreie oder Sklavinnen, gar nicht und Freigelassene nur aufgenommen werden dürfen, wenn sie ein Genehmigungsschreiben ihres Herrn vorweisen können.[15]

Der Aufnahme in die Gemeinschaft ging eine einjährige Probezeit voraus, in der die Novizin sich unter der Anleitung einer älteren Schwester »in multis experimentis« zu bewähren hatte (4,6). Während des Noviziats oder vielleicht auch schon bei vorherigen Besuchen im Kloster, die Regel ist hier nicht ganz eindeutig, wurde der Anwärterin im salutatorium die Regel »frequentius« vorgelesen, so daß sie sich bewußt und freiwillig (libera voluntate) für das Klosterleben entscheiden konnte. Daß von einer persönlichen, freien Entscheidung im modernen Verständnis nicht immer die Rede sein konnte, wurde bereits oben erwähnt. Im Fall der 6 oder 7 Jahre alten oder nur wenig älteren Mädchen fand vermutlich kein Noviziat statt. Selbst wenn man annimmt, daß auch ihnen die Regel vorgelesen wurde, ist dies wohl nur als ein formaler Akt anzusehen.

Mit der Aufgabe allen ehemaligen Besitzes beim Klostereintritt verzichten die Nonnen darauf, jemals wieder irgend etwas Eigenes zu besitzen, »seien es Kleider oder irgend etwas anderes« (17,8). Besonders im Hinblick auf die Kleidung legt die Regel das Gebot der Besitzlosigkeit bis in Einzelheiten fest: Verboten ist, was über das Notwendigste hinausgeht, wobei Caesarius angesichts der weiblichen »Schwäche« damit zu rechnen scheint, daß dieses Verbot nicht ohne weiteres durchzusetzen ist.

»Wenn jedoch eure Schwäche dahingehend geduldet wird, daß ihr mehr besitzt, als es der tägliche Gebrauch erfordert, so bewahrt alles, was ihr habt, an einem Ort unter gemeinsamer Aufsicht auf, und die Schlüssel eurer Truhen und Schränke soll die Schatzmeisterin (regestoraria) behalten.« (28,11)

Geschenkte Kleidung darf nur entgegengenommen werden, wenn dafür die alten Kleider zwecks Neuverteilung an die Äbtissin zurückgehen (43,16). Überhaupt bedarf die Annahme von Geschenken immer der Erlaubnis der Äbtissin (25,10; 43,15/16). Im Gegensatz zur RM bestimmt die RV auch ausführlich alles, was mit dem Aussehen und der Beschaffenheit der Kleider zu tun hat. Eleganz und auffällige Pracht lassen sich mit Schicklichkeit, Anstand und Keuschheit nach Ansicht des Caesarius nicht vereinbaren (44,16, 55,19; 28,11; 22,9).
Verboten ist auch der Besitz anderer »Luxusgegenstände«, wobei die Regel nicht zwischen dem Besitz der Gemeinschaft und dem einzelner Mitglieder unterscheidet: Verzierte Bettdecken, gemalte Tapeten, silberne (Tafel)Geräte (außer im Gottesdienst), Vorhänge und Bildschmuck gehören nicht ins Kloster (44,16; 45, 16/17).
Das Gebot der persönlichen Besitzlosigkeit dient sowohl der individuellen Askese als auch den Interessen der klösterlichen Gemeinschaft. Der konsequente Verzicht auf materiellen Besitz, die Loslösung von der irdischen substantia ermöglicht erst die uneingeschränkte Konzentration auf die spirituelle Vervollkommnung. Zugleich manifestiert sich in der Besitzlosigkeit aller Mitglieder das im Kloster geltende Prinzip der Egalität. Im Zusammenhang mit dem Klostereintritt wurde bereits deutlich, daß die Regel die im Kloster lebenden Frauen zur Aufgabe ihres früheren sozialen Status bewegen will. Diesem Ziel dient auch das Verbot, Mägde oder Sklavinnen zu halten. Nicht einmal die Äbtissin darf sich von einer Magd bedienen lassen, sondern soll wie alle anderen im Notfall eine jüngere Schwester zur Hilfe heranziehen (7,7). Als weitere Maßnahme zur Gleichstellung aller Mitglieder schreibt die RV die reihum erfolgende Verpflichtung aller Frauen zu den »niedrigen« Arbeiten der Küche und des Haushalts vor, von der nur die Äbtissin und ihre Stellvertreterin ausgenommen sind (14,8). Gerade die Arbeit in der Küche und im Speisesaal trägt den Charakter des demütigen »servitium« gegenüber den Mitschwestern. Was für eine hohe asketische Leistung diese Rege-

lung den aristokratischen Frauen abverlangte, ist leicht vorstellbar.

Überhaupt ist es recht unwahrscheinlich, daß in den Klöstern, in denen Frauen unterschiedlicher Herkunft zusammenlebten, die Aristokratinnen ihre Führungsansprüche auf Grund des von Caesarius und anderen Bischöfen propagierten Prinzips der Egalität aufgaben.[16] Wie schwer dieses Ideal durchzusetzen war und welch langwieriger Einübung die christliche Haltung der Demut gerade durch die Adligen bedurfte, zeigt der Ausbruch des Nonnenaufstands von Poitiers, den Gregor von Tours als eine Folge mangelnder Demut beschreibt. Die Königstochter Chrodechilde läßt er sich bitter darüber beklagen, daß sie im Kloster nicht ihrem Rang entsprechend, sondern wie eine niedrig geborene Magd behandelt worden sei.[17]

Damit das Gemeinschaftsleben auf der Basis christlicher und asketischer Ideale funktioniert, hält Caesarius vor allem zwei Dinge für notwendig: Die Geltung der Regel in all ihren Bestimmungen muß gesichert und die Gemeinschaft muß so strukturiert sein, daß die Reibungen und Schwierigkeiten des Klosteralltags ohne Einmischung von außen aufgefangen werden können.

Zu diesem Zweck gibt er der Gemeinschaft eine hierarchische Ordnung, die er dem Prinzip der Gleichheit gegenüberstellt. Soziale Gleichheit und hierarchische Struktur stehen dabei nicht etwa im Widerspruch; die Zuweisung von über- bzw. untergeordneter Position ist von der Frage des Besitzes und der Herkunft abgelöst, d.h. weltliche Einflüsse können die hierarchische Ordnung nicht untergraben. Daß es sich hier um ein Ideal handelt, dessen Umsetzung in die Realität sicher auf große Schwierigkeiten stieß, ist im vorangehenden Abschnitt schon deutlich geworden.

Die Einführung einer hierarchischen Ordnung stellt eine Innovation im Vergleich mit früheren asketischen Zusammenschlüssen von Frauen dar. Daß auch in ihnen einige Frauen kraft ihres Alters, ihres Ansehens und vielleicht einer bestimmten Position innerhalb der Gemeinschaft Autorität über andere Frauen ausübten, ist anzunehmen. Über eine strikte Einteilung in Befehlende und Gehorchende wie in der RV ist jedoch nichts bekannt, diese hierarchische Struktur ist vielmehr dem männlichen Monastizismus analog gestaltet.

Im folgenden sollen Gehorsam und Autorität unter verschiedenen Aspekten untersucht werden; was bedeutet Gehorsam für die Einzelne und die Gemeinschaft, in welchem Verhältnis stehen menschliche und Regelautorität, wie ist die im Kloster ausgeübte Autorität beschaffen?

Die Forderung des Gehorsams stellt von Beginn an ein grundlegendes Element aller coenobitischen Askese dar. Im Gehorsam manifestiert sich die dem Mönch abverlangte Haltung der Demut am deutlichsten, die seine bereitwillige Eingliederung in die Gemeinschaft erst ermöglicht. Die große Bedeutung, die dem Gehorsam als asketische Leistung zukommt, liegt in der Freiwilligkeit und der Unbedingtheit, dem Verzicht auf einen eigenen Willen. Auffällig in der RV ist, daß diese bereitwillige Unterwerfung in erster Linie im Bereich der Arbeit wirksam wird.[18]

»Niemand soll sich nach eigenem Belieben eine Arbeit oder Handlung aussuchen; es liegt vielmehr im Ermessen einer älteren Schwester anzuordnen, was sie für nützlich hält.« (8,7)

»In den Wollstuben sollen sie ihr tägliches Maß an Arbeit demütig entgegennehmen und es mit großem Eifer zu erfüllen suchen.« (16,8)

Hier tritt deutlich der soziale Zweck des Gehorsams hervor. Die individuelle asketische Leistung wird für den profanen Alltag nutzbar gemacht, funktionale und Tugendbedeutung des Gehorsams verknüpfen sich.

Als höchsten Gehorsam verlangende Autorität im Kloster Saint-Jean gilt die Regel selbst. Sie ist von allen Mitgliedern, auch der Äbtissin, in sämtlichen Bestimmungen anzuerkennen und zu befolgen. Unermüdlich wiederholt Caesarius diese Mahnung und das Verbot, irgendein Detail der Regel zu verändern, abzuschwächen, wegzulassen.[19] Seine Besorgnis erscheint begründet angesichts der bereits beschriebenen Praxis vieler Klöster, monastische Texte den eigenen Verhältnissen entsprechend frei abzuwandeln.

Bei hartnäckiger Mißachtung der Regel tritt die schärfste vorgesehene Strafe – die RV kennt den Tadel, die körperliche Züchtigung, wohl in Form von Rutenschlägen auf die Hände, und die vorübergehende excommunicatio, den Ausschluß von der Tischgemeinschaft und dem Chor – in Kraft: die Entfernung der Schuldigen aus dem Inneren des Klosters, bis sie genügend Buße und Abbitte geleistet und Besserung versprochen hat (65,22). Von einer möglichen Einkerkerung ist in der RV nicht die Rede; daß ein Kerker in Saint-Jean existierte, geht nur aus Gregors von Tours Bericht hervor, demzufolge die Schwägerin König Gunthrams, die auf seinen Befehl hin unter der Äbtissin Liliola in Saint-Jean festgehalten wurde, einen Fluchtversuch bis zu ihrem Tod im Klosterkerker büßen mußte.[20]

Die Strenge, mit der Caesarius Gehorsam gegenüber der RV fordert, erklärt sich mit dem exemten Status des Klosters. Die Autorität seiner Regel soll die bischöfliche Autorität ersetzen.[21] Die Sorge um die Bewahrung der Exemtion steht auch hinter einer Vorschrift der RV, die ganz deutlich die Priorität der Regel gegenüber jeglicher menschlichen Autorität bezeichnet: Sollte die Äbtissin die Regel mißachten, so sind die Nonnen ausdrücklich zur Gehorsamsverweigerung und zum offenen Widerstand aufgerufen (64,22).

Die Ausübung von Macht und Autorität im Kloster ist an den Besitz eines Amtes geknüpft. Unter der Leitung der Äbtissin sorgt die Gruppe der Amtsträgerinnen für den reibungslosen Ablauf des Klosteralltags und die Durchsetzung der in der Regel enthaltenen Gebote. Für die übrigen Mitglieder der Gemeinschaft sieht die RV keinerlei Mitspracherecht vor.[22] Die im 35. Kapitel der Regel, einem regelrechten Traktat über Autorität und Gehorsam, verwendete Terminologie – Caesarius spricht von »subiectae«, Untergebenen, und der »regendi auctoritas«, Herrschaftsvollmacht – weist darauf hin, daß alle ihren festen Platz in der klösterlichen Hierarchie haben.

Über die einzelnen Ämter enthält die Regel Informationen unterschiedlicher Qualität; einige werden nur beiläufig erwähnt, während anderen bestimmte Aufgaben zugeschrieben werden. Immerhin ist dieser erste Entwurf eines Ämtersystems in einem Frauenkloster bereits recht detailliert; perfekte Ausarbeitung darf man hier sicher noch nicht erwarten. Am deutlichsten geht der Aufgabenbereich der Äbtissin aus der Regel hervor, der daher im folgenden etwas näher beschrieben werden soll. Neben der Äbtissin gibt es in Saint-Jean als Inhaberinnen höherer Ämter die praeposita (Stellvertreterin der Äbtissin), die formaria (Betreuerin der Novizinnen), die primiceria (Chormeisterin) und die infirmaria (Krankenpflegerin). Weniger angesehen, doch von zentraler Bedeutung für die Organisation und den Ablauf des Klosteralltags sind die Ämter der Verwaltung und Kontrolle. Ihre Inhaberinnen sind die posticiaria (Pförtnerin), die lanipendia (zuständig für die

Wollverarbeitung), die cellararia und die canavaria (Keller- und Küchenmeisterin) und die regestoraria (Schatzmeisterin). Die Amtsdauer geht aus der Regel nicht hervor, und auch der Ernennungsmodus ist nur im Fall der Äbtissin eindeutig festgelegt. Es ist anzunehmen, daß sich die übrigen Amtsträgerinnen aus dem Kreis der seniores rekrutieren.

Die Äbtissin in Saint-Jean ist der Regel zufolge für sämtliche temporalia und spiritualia verantwortlich, d. h. für das geistige und körperliche Wohlergehen der Gemeinschaft. Genannt werden: die Versorgung des Klosters mit allem Notwendigen, das Almosenwesen, die Überwachung der Krankenpflege, die Zuteilung der Kleidung, die Verwahrung der Schlüssel zu den Klosterpforten, die Regelung von Arbeitsfragen, die Verwaltung des Besitzes, die Aufsicht über Handwerker, die Bewirtung von zu Gast weilenden Nonnen, die Annahme von Arbeitsaufträgen (Waschen, Flicken, Färben von Kleidern), die Aufnahme von Novizinnen, die Anordnung von Strafen, die Erlaubnis zum Austausch von Briefen und Geschenken zwischen den Nonnen und ihren Angehörigen.

Bei der Wahl der Äbtissin durch die Gemeinschaft darf einzig das Kriterium der Fähigkeit, der Effektivität, ausschlaggebend sein; die Frauen sollen sich keinesfalls von Zuneigung, vornehmer Abstammung, Reichtum oder Verwandtschaft beeinflussen lassen. Die Wahl der Äbtissin steht an sich nicht im Gegensatz zu den Gepflogenheiten der Zeit, denn im 6. Jahrhundert bestand eine Vielfalt von Modi der Abtwahl.[23] Im Fall von Saint-Jean allerdings ist die freie Wahl durch die Gemeinschaft ein wichtiges Mittel zur Gewährleistung der Unabhängigkeit des Klosters von der bischöflichen Autorität. In diesem Zusammenhang ist auch zu fragen, ob die Freiheit des Klosters von bischöflicher Kontrolle eine Ausweitung der Kompetenzen der Äbtissin und einen Machtzuwachs mit sich bringt. Während die Regel nachdrücklich auf den Gehorsam der Äbtissin gegenüber all ihren Vorschriften pocht und ihr so gut wie keine Sonderrechte einräumt, bleibt z. B. unklar, wie sie angesichts der Klausur Verwaltungs- und Versorgungsangelegenheiten abwickelt, die ein Verlassen des Klosters erfordern könnten. Eindeutige Aussagen finden sich nur in Bezug auf die innerklösterliche Disziplin. Mißachtet sie die Autorität der Regel, so droht ihr, wie bereits beschrieben, der Verlust ihrer eigenen Autorität. Theoretisch hat sie sich wegen der Exemtion nicht vor dem Bischof, sondern vor der Gemeinschaft zu verantworten. Daß die klosterinterne Austragung von Konflikten in der Praxis nicht funktionierte, zeigen die Ereignisse des Nonnenaufstands von Poitiers, bei denen es u. a. um angebliche Verstöße der Äbtissin gegen die RV ging.[24]

Zusammenfassend kann man die Aufgabe der Äbtissin in Saint-Jean als die »Verkörperung« der Regel beschreiben.[25] Für das frühe Mittelalter, das Zeitalter der regula mixta, ist diese Abhängigkeit einer Äbtissin von der Regelautorität ganz ungewöhnlich. Üblicherweise galten die Äbte als »innerklösterliche Norm«, indem sie aus vorhandenem monastischen Material ihre eigene »regula abbatis« zusammenstellten.[26]

Es bleibt zu fragen, warum Caesarius die Autorität der Äbtissin so nachdrücklich von ihrem Gehorsam gegenüber der Regel abhängig machte, während sich etwa zur gleichen Zeit die normgebende Rolle des Abts, seine überragende Autorität in seiner eigenen Mönchsregel und in der Benediktregel noch spiegeln.[27] Als ein Grund ist sicher der exemte Status des Klosters anzuführen, der einen Ersatz für die bischöfliche Autorität notwendig machte. Ohne die übergeordnete Autorität der Regel wäre praktisch die Äbtissin an die Stelle des Bischofs und damit an einen ihr nicht zustehenden Platz getreten.

Daneben mag das weibliche Geschlecht der Äbtissin für die ihr vorgeschriebene Gehorsamsbindung eine Rolle gespielt haben; während in der Benediktregel der Abt als Stellvertreter Christi in sein Amt eingesetzt ist, bleibt der Frau dem traditionellen Amtsverständnis zufolge das Amt in der Bedeutung der Stellvertretung Christi verschlossen.[28]

Wie sollte sich nun nach dem Willen der RV das tägliche Leben in der Gemeinschaft gestalten? Der Tagesablauf wird geprägt durch die kanonischen Stunden, auf deren Einhaltung die den Nonnen vorgeschriebenen Tätigkeiten abgestimmt werden. Das Aufgabenfeld teilt sich in einen spirituellen Bereich, das »opus Dei«, d. h. den »Gottesdienst« im umfassenden Sinn, und in den Bereich der körperlichen und manuellen Arbeit, wobei den spirituellen Pflichten eindeutig der Vorrang zukommt.

Die religiösen Übungen der Nonnen erschöpfen sich nicht im gemeinsam gefeierten »officium divinum«, den kanonischen Stunden. Gebet, Meditation und Kontemplation sollen vielmehr während des ganzen Tages die physische Arbeit begleiten. Er-

gänzt werden diese stillen Formen der Andacht durch die »lectio«, deren Bedeutung abgesehen von der Lesung im officium divinum auch die private Lektüre und den gelesenen Vortrag umfaßt, d.h. sowohl das geistliche Studium der Einzelnen als auch der Gemeinschaft. Nicht erwähnt wird eine aktive Teilnahme der Nonnen an der Eucharistiefeier; es findet sich auch kein Verbot irgendwelcher Handreichungen, wie wir es als eine Folge der im Frühmittelalter aufkommenden Vorstellung der kulturellen Unreinheit von Frauen aus der Konzilsgesetzgebung kennen.[29]
Im Zusammenhang mit der lectio als einer geistigen Tätigkeit stellt sich die Frage nach der Bildung und Ausbildung der Nonnen. Die RV verlangt ausdrücklich ein gewisses Maß an Bildung: »Alle sollen lesen lernen« (18,8). Daß das Eintrittsalter für Kinder im Hinblick auf die Fähigkeit, lesen zu lernen, festgesetzt ist, wurde schon erwähnt. Nicht aus der Regel, aber aus der Vita ihres Autors geht hervor, daß die Nonnen in Saint-Jean auch als scriptores tätig werden[30]; vermutlich gehörte auch die Miniaturmalerei zu ihren Beschäftigungen. Mit ihrer Schreibtätigkeit zeigen sich die Nonnen im Einklang mit der Tradition. Schon seit den Anfängen der monastischen Bewegung wurden in den Frauenklöstern religiöse Texte abgeschrieben.[31] Es ist anzunehmen, daß ausschließlich religiöse Texte Gegenstand der lectio und der Schreibarbeit waren. Neben der Heiligen Schrift befaßten sich die Nonnen vermutlich hauptsächlich mit den Schriften der Kirchenväter, dem Text der Regel sowie mit den anderen Schriften des Caesarius, vielleicht auch mit den Viten berühmter Mönche und Asketen. Das Interesse an einer auf rein geistliche Inhalte ausgerichteten Bildung ist sowohl im Wesen der weltabgewandten monastischen Askese als auch in der kirchlichen Bildungsfeindlichkeit der Zeit begründet, die mit der klassischen Bildungstradition brechen wollte. Lese- und Schreibfähigkeiten sollten nicht der profanen scientia, sondern ausschließlich der spirituellen Entwicklung dienen. Unter dem Aspekt der Bildung bzw. der Vermittlung von Bildung ist noch einmal auf das Verbot der Regel, Mädchen ohne die Absicht des Klostereintritts zu unterrichten, zurückzukommen. Angesichts des Fehlens einer entsprechenden Bestimmung in der Mönchsregel des Caesarius darf gefragt werden, ob es sich hier um ein frauenspezifisches Gebot handelt, das – im Zusammenhang mit der ausschließlich auf die Kontemplation beschränkenden religiösen Tätigkeit der Nonnen – bereits

die Verdrängung der Frauenklöster aus der Kulturarbeit einleitete.

Die körperliche Arbeit der Nonnen in Saint-Jean besteht im wesentlichen aus der Herstellung ihrer Kleidung und aus Küchen- und Haushaltspflichten. Die in frühmittelalterlichen Frauenklöstern übliche Übernahme von Arbeiten für außerklösterliche Personen (Waschen, Färben, Flicken) ist an die Erlaubnis der Äbtissin gebunden; ob und in welchem Maß solche Auftragsarbeiten als Erwerbsquelle dienten, geht aus der Regel nicht hervor. Als Ziel der wichtigsten Arbeit, der Kleiderherstellung, nennt die RV ausdrücklich die Deckung des eigenen Bedarfs (28,11). Darüber hinaus wird kein Zusammenhang zwischen Arbeit und Versorgung hergestellt. Von der Ausstattung des Klosters bei der Gründung abgesehen, ist nichts über Unterhalt, Einkünfte und Versorgung des Klosters bekannt.

Der Charakter der von den Nonnen zu verrichtenden Arbeiten ist insgesamt recht »grob«. Ebensowenig wie bei dem Küchendienst handelt es sich bei den Arbeiten in der Spinn- und Webstube um feinere Handarbeiten, wie sie für vornehme Damen gewöhnlich als angemessen betrachtet wurden. Das täglich neu zugeteilte Arbeitspensum umfaßt Spinnen, Weben, Färben und Nähen, während die Herstellung von kunstvollen Handarbeiten aus edlen Materialien ausdrücklich untersagt wird (45,16), da sich das Vergnügen an ihnen nicht mit dem asketischen Ziel der Arbeit vereinbaren läßt und zur Vernachlässigung der spirituellen Aufgabe führt. Daß körperliche Arbeit eine asketische Anstrengung darstellte, wird zumal vor dem Hintergrund der antiken Einstellung, der Abwertung der körperlichen Arbeit als »labor improbus«, erkennbar. Davon ist in der RV nichts mehr zu bemerken. Andererseits stellt die Arbeit aber auch keinen eigenständigen, etwa mit der spirituellen Aufgabe vergleichbaren Wert dar. Sie fungiert als ein Mittel der individuellen Askese und dient zugleich der klösterlichen Disziplin, indem sie die Gleichheit aller, Gehorsam und Demut sowie den Gemeinschaftsgeist fördert. Die Gemeinschaftlichkeit allen Tuns, ob Arbeit, Gottesdienst oder Mahlzeiten, prägt das von der RV vorgeschriebene Leben im Klausurkloster Saint-Jean.

Die *Institutio sanctimonialium Aquisgranensis*

Als Teil des kirchlichen Reformprogramms unter Ludwig dem Frommen (814-840 n. Chr.) wurde 816 im Spätsommer in Aachen die Institutio sanctimonialium, eine Vorschrift für die Lebensführung von gottgeweihten Frauen, die gemäß den canones lebten, zusammengestellt. Gleichzeitig wurde die Institutio canonicorum[32] geschaffen, in der entsprechende Regelungen für Männer getroffen wurden.

Wer war an der Entstehung dieser beiden Regeln beteiligt? In Aachen trafen Vertreter aus den Kreisen des Adels und des Klerus aufeinander, wobei man sich immer vergegenwärtigen muß, daß die Kleriker auch der Nobilität entstammten. Auffällig ist jedoch die Tatsache, daß der Kaiser selbst an ihrem Zustandekommen mitgewirkt hat. Die Entstehung dieser geistlichen Lebensvorschriften mutet daher fast wie ein Akt der Gesetzgebung an. Man muß dies im Zusammenhang mit dem herrscherlichen Interesse betrachten, das die äußere und innere Einheit des Reiches anstrebte und dabei – ebenso wie Teile des Klerus – die innere Einheit in einer straff organisierten Kirche begründen wollte. Auch die intensiven Bemühungen Ludwigs des Frommen um die reichsweite Anwendung der beiden Regeln sind in diesem Kontext zu sehen.[33]

In welchem Maße die IS tatsächlich angewandt wurde und verbreitet war, ist schwer festzustellen, da bisher keine Gemeinschaft namentlich bekannt ist, in der nach diesen Vorschriften gelebt wurde. Besonders erwähnenswert erscheint uns, daß von den wenigen überlieferten Handschriften immerhin fünf noch aus dem 9. Jahrhundert stammen.[34] Vor allem die Tatsache, daß die IS in die Remissionierung Angelsachsens ein Jahrhundert später Eingang fand[35], spricht dafür, daß sie nicht ohne jede Wirkung und Bedeutung für die geistlichen Frauenkonvente der Karolingerzeit und möglicherweise auch für spätere Zeiten gewesen sein kann.

Welche Gründe werden nun für die Notwendigkeit der Einführung der Institutiones im gemeinsamen Prolog angegeben? Auf die Abschaffung von Mißständen und die Bildung einer allen Konventsmitgliedern bekannten und verbindlichen Grundlage des Zusammenlebens wird gedrängt. Außerdem werden die oft mangelhafte Fürsorge der Prälaten und Prälatinnen für ihre Untergebenen, die Vernachlässigung der Gastfreundschaft und die

geringen Kenntnisse der Heiligen Schriften bei einigen Konventsmitgliedern beklagt (Prolog, 312 f.).
Mit der schriftlichen Fixierung dieser Vorschriften über die geistliche Lebensführung sollten diese verschiedenartigen Probleme bewältigt werden. Daraus konnten sich folgende Konsequenzen ergeben:

- Erstens wurden den Äbtissinnen und Äbten klare Richtlinien für ihr Verhalten bei der Leitung des Klosters gegeben. Diese Festschreibung hatte mit Sicherheit Folgen für ihre Handlungsspielräume.
- Zweitens waren die Konventsmitglieder nun auf ein ›regelgemäßes‹ Leben unter kirchlicher Observanz verpflichtet, deren Bestimmungen nachgelesen werden konnten und sollten.
- Drittens boten gerade diese Vorschriften den Frauen und Männern die Rechtssicherheit, daß bestimmte Grundbedürfnisse des Lebens, wie Wohnung und Ernährung, von Seiten der Klosterleitung zu befriedigen waren.

Die IS besteht aus 28 Kapiteln. Die ersten 6 Kapitel sind Exzerpte aus den Schriften der Kirchenväter und beschäftigen sich mit der Bewahrung der Jungfräulichkeit, dem Leben in Demut und Bescheidenheit, warnen vor der gottlosen Lebensführung und berichten von den Verheißungen des ewigen Lebens. Die darauf folgenden 22 Kapitel beschäftigen sich mit den irdischen Belangen und geben teilweise sehr konkrete Vorstellungen für die Bewältigung des Alltags in einer Gemeinschaft, ohne dabei den höheren Zweck des Zusammenlebens, das Streben nach Vollkommenheit, aus den Augen zu verlieren; praktische Anweisungen stehen neben Ermahnungen, den Kampf gegen die ›Versuchungen des Bösen‹ nicht aufzugeben. Insgesamt enthält die IS u. a. Informationen über die Aufgaben und Pflichten der Äbtissin und der übrigen Amtsinhaberinnen, über die Räumlichkeiten des Klosters, über die Verteilung der Lebensmittel und der weiteren benötigten Güter sowie über die Erfüllung der geistlichen Pflichten und Aufgaben.
Die IS gibt einen Einblick in die normativen Vorstellungen über religiöses Leben von Frauen und informiert darüber hinaus bedingt über einige Aspekte des Alltagslebens geistlicher Gemeinschaften im Frühmittelalter.
Die Angaben der IS über die soziale Zusammensetzung einer Gemeinschaft von Sanktimonialen sind gering. Nur an einer

Stelle findet sich eine Erwähnung über den sozialen Status der Kongregationsmitglieder, wenn nämlich die Frauen ermahnt werden, daß sich »die von Geburt Adligen niemals gegenüber den Nichtadligen rühmen sollen« (x, 446). Hieraus läßt sich schließen, daß Nichtaristokratinnen der Zugang zu einem Kanonissenstift nicht grundsätzlich untersagt war. Aber mehrere Faktoren sprechen dafür, daß vornehmlich adlige Frauen einem Konvent beigetreten sind. Zunächst einmal lassen sich viele Klöster auf Gründungen durch den Adel zurückführen, der damit machtpolitische und christliche Interessen durchsetzen und auch für die Versorgung seiner weiblichen Familienangehörigen eine Grundlage schaffen wollte. Außerdem kam es seit Ende des 8. Jahrhunderts vor, daß z. T. eine Art Eintrittsgeld verlangt wurde, eine Forderung, der Frauen mit niederem sozialen Status schwer oder gar nicht Folge leisten konnten. Für ein Überwiegen der Frauen aus der Nobilität spricht weiterhin, daß einige Eltern für ihre Töchter einen Konvent aussuchten, der sich durch den hohen sozialen Rang seiner Insassinnen auszeichnete. In diesem Zusammenhang sollte nicht vergessen werden, daß es im Adel ebenfalls soziale Unterschiede gab.[36]

Nach kirchlichen Vorstellungen war das Kloster ein Ort des Gotteslobs und der Askese, und die Entscheidung für ein geistliches Leben sollte ein Akt sein, der nicht mehr rückgängig gemacht werden konnte. Dementsprechend werden in der IS für die Äbtissin, zu deren Pflichtenkanon alle Maßnahmen gehören, die die Aufnahme betreffen, Auswahlkriterien festgesetzt, wen sie aufnehmen darf bzw. wen nicht. Sie soll einschätzen, ob die Kandidatin sich in die Gemeinschaft eingliedern könne. Frauen, die noch in ›fleischlichen Freuden‹ gefangen seien, soll sie ablehnen, solche Frauen sollen eher heiraten, wie dies schon der Apostel Paulus bemerkt hat (VIII, 444). Ebenso wird untersagt, sehr junge Mädchen[37] und streitsüchtige Frauen zuzulassen (VIII, 445). Erwünscht waren nur Frauen, die sich durch ihre ›rechtschaffenen Sitten‹ (VIII, 444) auszeichneten und die vita communis nicht stören würden. Die Zahl der Mitglieder einer Kongregation war abhängig vom Reichtum des jeweiligen Klosters, denn es war intendiert, daß nur so viele Sanktimonialen zusammenleben sollten, wie durch die kirchlichen Stipendien unterhalten werden konnten (VIII, 444; XII, 447).

Das Aufnahmeverfahren untergliedert sich in drei Phasen (VIIII,

444). Zuerst wurde der Kandidatin die Institutio vorgelesen, damit sie sich mit den an sie gestellten Anforderungen vertraut machen konnte. Höchstwahrscheinlich wurden ihr alle 28 Kapitel aus der IS vorgelesen und nicht nur die Exzerpte aus den Kirchenvätern.[38] Im Aufnahmekapitel wird in globalen Sätzen nochmals auf die hohen moralischen und sittlichen Postulate des religiösen Lebens, wie die Bewahrung der Keuschheit und Jungfräulichkeit, die Aufgabe des eigenen Willens und die Abkehr von der Welt, hingewiesen. In einem zweiten Schritt soll sie sich selbst prüfen, anschließend nochmals die Texte der heiligen Kirchenväter lesen, um alles reiflich zu überlegen und zu bedenken. Nach ihrem Eintritt sollen sich die Sanktimonialen dann erinnern, »daß sie sich durch das Gelübde der Keuschheit verpflichtet haben, sich für immer im Kloster niederzulassen« (x, 445). Ein Austritt aus der Gemeinschaft ist in der IS auf keinen Fall vorgesehen (xviii, 450). Wenn man jedoch die wiederholte Behandlung dieses Themas, das unerlaubte Verlassen des Klosters, z.B. auf Grund von Heirat, auf den Konzilien betrachtet, erscheint es fraglich, ob diese Forderung strikt durchgehalten wurde.[39]

Das eben geschilderte Aufnahmeverfahren, das die bewußte Entscheidung der betreffenden Frau voraussetzte, hatte nur Geltung für erwachsene, unverheiratete Frauen und Witwen, keinesfalls für Kinder. Aber auch bei den ersten beiden Personengruppen bleibt ungeklärt, wie groß das Eigeninteresse oder z.B. das Familieninteresse war, das die Frauen zum Eintritt ins Kloster veranlaßte.

Insgesamt sollte man sich die Gemeinschaft der Sanktimonialen als eine heterogene Gruppe von Frauen unterschiedlichen Alters und geringer sozialer Differenzierungen vorstellen. Die Anzahl ihrer Mitglieder differierte, und die Zusammensetzung eines Konventes durch die weiblichen Angehörigen einer Familie (Tante, Nichte, Kusine etc.) war sicherlich von lokalen und familienpolitischen Faktoren abhängig.

Die Vorstellungen über die ideale klösterliche Gemeinschaft basieren hauptsächlich auf zwei Faktoren. Zum einen auf der Ausformung des gemeinschaftlichen Lebens: Der einzelne kann sich nur innerhalb der Gemeinschaft vervollkommnen, er soll völlig in ihr aufgehen. Die Betrachtungsweise vom Individuum und einer ›individuellen‹ spirituellen Perfektion hat im monastischen Denken keinen Platz. Zum anderen lag dem Gedanken von der idealen Gemeinschaft die Idee von einem geregelten Leben zugrunde. Dieser Begriff wird sowohl durch die Vorstellung von einem gottgeweihten Leben nach den Vorschriften einer schriftlich fixierten Regel als auch durch den Gedanken an ein geordnetes, ruhiges, harmonisches Gemeinschaftsleben bestimmt.[40] Auf diese Weise ist in der IS beabsichtigt, die Entstehung von Mißgunst und Streitereien zu vermeiden. Das Ideal der Gleichheit und eine gewisse gegenseitige Kontrolle spielen demgemäß für ein friedvolles Zusammenleben eine große Rolle. So muß auch jede Tätigkeit einer gottgeweihten Frau ›rein, unverfänglich und gut‹ sein, so daß sie vor den Augen der Mitschwestern ausgeführt werden kann, wie überhaupt jede Form von Heimlichkeit als negativ gilt.

Wie wird nun in der IS versucht, dem Ideal der Gleichheit Gültigkeit zu verschaffen? Zwei Kapitel handeln von einer ganz wichtigen Lebensfrage: der Zuteilung der täglichen Lebensmittelrationen und den anderen benötigten Unterhaltsgütern. Dabei wird zunächst in einem eigenen kurzen Kapitel der Gedanke der gleichmäßigen und gerechten Verteilung aller kirchlichen Gaben an die Sanktimonialen durch die Äbtissin ausgebreitet. Den Konzilsteilnehmern waren Fälle bekannt geworden, in denen Habgier und Bestechung zu einer ungerechten Versorgung der Konventsmitglieder geführt hatten (XII, 446; Prolog 312 f.). Mit den ausführlichen und detaillierten Vorschriften des folgenden Kapitels sollte zukünftiger Mißbrauch verhindert werden. Jede Sanktimoniale erhält täglich 3 Pfund Brot. Die Ausgabe der Weinmenge ist abhängig von der Lage des Klosters. In einer guten Weingegend müssen pro Tag 3 Pfund (libra = Hohlmaß) Wein ausgeschenkt werden. Je ärmer die Region an Weinbergen ist, desto mehr wird der Wein durch Bier ersetzt. Auch die Mangelsituation nach einer Mißernte wird in den Verfügungen berücksichtigt. Wenn ein Kloster viel Geld besitzt, kann es anderswo Wein dazukaufen.

Für die kleineren Klöster ist angeordnet, nicht mehr Frauen aufzunehmen, als mit dem vorgeschriebenen Maß an Getränken versorgt werden können. Neben Brot und Wein werden, ohne genaue Mengenangabe, noch Fleisch, Fisch, Hülsenfrüchte und Kohl erwähnt. Die Äbtissinnen dürfen den Kanonissen ruhig mehr zuteilen, wenn sie dazu in der Lage sind, keineswegs jedoch weniger. Vor allem an Festtagen sollen sie reichlich ausgeben, ebenso wie bei den Gastmählern. Als eines der attraktivsten Lebensmittel galt im Mittelalter Fleisch, und bei seiner Verteilung sollte die Äbtissin ganz besonders um Gerechtigkeit bemüht sein (XIII, 447f.).

Einheitliche Maße waren in der Karolingerzeit nicht bekannt. Karl der Große hatte sich um die Vereinheitlichung im Münz- und Gewichtswesen bemüht, und ihm wird auch die Einführung des sog. karolingischen Pfundes zugeschrieben. Die Ansichten über den Gehalt dieses Gewichtes differieren und schwanken zwischen 367 bis 491 Gramm. Ein 1949 entdeckter Münzfund hat zu der Annahme geführt, daß das karolingische Pfund 409,248 Gramm hatte.[41]

Die Tatsache, daß Ludwig der Fromme bei der reichsweiten Verbreitung der beiden Institutiones den Königsboten auch das künftige Normalmaß mitgegeben hatte – darüber informieren die bereits erwähnten Briefe an die Erzbischöfe –, läßt es wahrscheinlich erscheinen, daß das neue Maß in Gebrauch genommen wurde. Demnach erhielten die Kanonissen pro Tag 1,2 Kilo Brot. Brot war die Grundeinheit der täglichen Mahlzeiten. Die Qualität des Brotes mag von Gegend zu Gegend verschieden gewesen sein. Der Alkoholgehalt der Getränke, des Weines wie des Bieres, war sicherlich geringer als heutzutage. Die hohen Mengenangaben (bis zu 1,2 Liter Wein/Bier) lassen sich vielleicht ansatzweise dadurch erklären, daß bei der Konservierung der Nahrungsmittel Gewürze und garum (Fischextrakt) verwendet wurden.[42] Erscheint der Speisenzettel der Kanonissen auf den ersten Blick recht üppig, so wird doch die Verpflegung gerade im Winterhalbjahr sehr einseitig und oft ungenügend gewesen sein. Die Lagerung von Nahrungsmitteln verursachte große Schwierigkeiten. Frisches Obst und Gemüse gab es nicht. Die Bewertung der Ernährungsbestimmungen ist sehr schwierig, zumal kein Vergleich mit weltlichen Essensgewohnheiten möglich ist. Auf jeden Fall boten diese genauen Vorschriften jeder Kanonisse eine Rechtssicherheit.

Dies sind jedoch die einzigen Punkte in der IS, die konkrete Bestimmungen zum Gleichheitsgebot enthalten. Für andere Bereiche des Alltagslebens werden Regelungen getroffen, die sich weit davon entfernen.

1. Anders als für Nonnen war es für die Kanonissen nicht zwingend, daß sie das Gelübde der Armut ablegten. Bei der Aufnahme ins Kloster mußte die ›Neue‹ Entscheidungen über ihr

Vermögen treffen. Drei Möglichkeiten zur Regelung und Ordnung ihrer eigenen Besitzverhältnisse sind vorgesehen:

- Sie konnte sich für die freiwillige Armut entscheiden, indem sie der Kirche ihr gesamtes Vermögen übertrug und ihr Unterhalt aus den Einkünften des Klosters bestritten wurde.
- Der Kirche wurde das Vermögen übergeben, aber die zukünftige Sanktimoniale behielt das Nutzungsrecht für sich. Die Vermögensverwaltung übernahm der Quästor der Kirche.
- Das Vermögen verblieb im Besitz der Frau, die mit einem öffentlich bekräftigten Schreiben aus dem Kreise ihrer Verwandten oder Freunde einen Rechtsvertreter bestimmte.

Die erste Entscheidungsvariante wurde von seiten der Kirche favorisiert, doch es wird ausdrücklich vermerkt, daß weder die Äbtissin noch andere Sanktimonialen auf die ›Neue‹ Druck ausüben sollen, damit sie sich auf diese Möglichkeit festlegt (VIIII, 444 f.).

2. Den Kanonissen war es erlaubt, innerhalb der Klosterumzäunung über eigene Gemächer zu verfügen. Ob es sich hierbei um kleinere Häuschen oder Räume innerhalb von größeren Gebäudekomplexen handelte, bleibt ungeklärt, ebenso, wie sie ausgestattet waren. Die Gemächer müssen beheizbar gewesen sein – an die Sanktimonialen wird jährlich Holz ausgeteilt (XIII, 447) – und wurden vermutlich von der Bewohnerin selbst eingerichtet, sicher auch mit den von den Kirchenvätern geschmähten Plumeaus (I, 426).

   Wann und wieviel Zeit die Frauen in ihren eigenen Räumen verbrachten, wird nicht angesprochen. Die Erfüllung der geistlichen Pflichten, die über den ganzen Tag verteilt die Aufmerksamkeit beanspruchten, ließ im Prinzip kaum Platz für ein ›Privatleben‹ zu. Zudem sollten alle Handlungen gemeinschaftlich geschehen; selbst die eingeplante Erholungszeit muß zusammen verbracht werden (X, 445 f.). Im Refektorium werden die Mahlzeiten gemeinsam eingenommen. Nachts schlafen alle – mit Ausnahme der Kranken und Alten – im Dormitorium, jede in ihrem eigenen Bett, beim Schein einer Lampe (X, 445; XVII, 449).

3. Die Äbtissin ebenso wie die anderen Frauen dürfen Dienerinnen bei sich im Kloster haben (XXI, 452). Ob diese Mägde nur zur persönlichen Bedienung bestimmt waren oder – was wahrscheinlicher erscheint – auch die täglich anfallenden Haushalts-

arbeiten, wie Essenszubereitung, Aufräumen, Waschen etc., auszuüben hatten, wird nicht erklärt. Möglicherweise wurden diese Arbeiten von Hörigen des Klosters erledigt.

Die Aufnahme dieser drei Punkte in die IS steht im Widerspruch zu einigen monastischen Idealen, z. B. dem der Gleichheit und der Abkehr von der Welt. Letzteres Postulat schreibt vor, keine Kontakte zu außerklösterlichen Personen zu unterhalten. Nicht einmal in Gedanken soll man sich mit weltlichen Belangen (negotia saecularia) beschäftigen. Da aber das Vermögen in den Händen der gottgeweihten Frau verbleiben konnte, bekam sie vielleicht sogar mehrmals im Jahr Besuch von ihrem Rechtsvertreter. Auch durch servi, die zu den unterschiedlichen Erntezeiten die jeweiligen Erträge ins Kloster brachten (XX, 451), ergaben sich Ablenkungen von den geistlichen Pflichten und Berührungspunkte mit dem außerklösterlichen Leben. Die Dienerinnen, die das Klostergelände verlassen konnten, waren in der Lage, ihre Herrinnen durch »unzüchtige« Geschichten wie auch durch die Vermittlung von Außenkontakten vom ›Pfad der Tugend‹ abzubringen (XXI, 451). Immer wieder wird vor dem häufigen Zusammentreffen mit Männern bzw. vor jeglichem Kontakt mit ihnen gewarnt (VIII, 444; X, 445; XI, 446; XIX, 451; XX, 451; XXVII, 455). Aber nicht nur die Sanktimoniale, die ihren Besitz behielt, wurde durch außerklösterliche Kontakte von ihrem Dienst an Gott abgelenkt. Auch innerhalb der Kongregation waren durch diese unterschiedliche Situation Konflikte angelegt, die sich störend auf das Gemeinschaftsleben auswirken konnten. Wiederholt wird in der IS vor Hochmut, Habgier und Neid gewarnt (II, 430; XIII, 448; XVIII, 450), Verhaltensweisen, die doch von den Mitschwestern fast direkt herausgefordert werden, wenn die Statussymbole von weltlichem Reichtum und Macht im Kloster beibehalten werden durften. Vermutlich sind die wortreichen Ermahnungen, die Frauen sollen nicht doppelzüngig, streitsüchtig und zänkisch sein (XIII, 448; XVIII, 450), doch nicht nur Topoi über weibliche Eigenschaften, sondern geben auch einen Eindruck über die von den Aachener Synodalen befürchteten mannigfachen Querelen, die in einer Gemeinschaft mit so großen Unterschieden in der persönlichen Lebenssituation auftreten konnten.

Als ein weiteres das Zusammenleben konstituierendes Element ist neben der Zusammensetzung der klösterlichen Gemeinschaft die hierarchische Struktur derselben zu nennen. Den Verfügungen der

IS liegen dieselben Anschauungen über Hierarchie, Autorität und notwendige Ein- und Unterordnung der Mitglieder einer Kongregation zugrunde, die schon in der Caesariusregel gültig waren. Die hierarchisch strukturierte Gemeinschaft entspricht den mittelalterlichen Vorstellungen einer gottgewollten Ordnung.

Alles Existierende geht auf ein zentrales regulatives Prinzip zurück, fügt sich in eine geordnete Hierarchie ein und befindet sich in einem harmonischen Verhältnis zu den anderen Elementen des Kosmos. Da das regulative Prinzip der mittelalterlichen Welt Gott ist, der als das höchste Gut und die höchste Vollkommenheit betrachtet wurde, erhalten die Welt und alle ihre Bereiche eine religiös-sittliche Färbung.[43]

So wie die gesamte Welt, die Gesellschaft, die Familie etc. nach den Prinzipien der Hierarchie strukturiert war, so mußte eine religiöse Gemeinschaft als Teilstück der Welt genauso geordnet sein.

Die Mitglieder eines Kanonissenstiftes waren demgemäß nicht gleichberechtigt, sollten sich nichtsdestotrotz einander unabhängig vom ehemaligen sozialen Status mit gleicher respektvoller Achtung behandeln.

Die Äbtissin hat innerhalb der Gemeinschaft eine herausragende, führende Position inne. Die Bezeichnung der Sanktimonialen als Untergebene (subditae, VII, 442) drückt die Distanz, die zwischen ihnen bestand bzw. bestehen sollte, zur Genüge aus. Ihrer besonderen Funktion wird in der IS durch Umfang und Stellung der Kapitel, die sich mit ihrem Amt beschäftigen, Rechnung getragen (VII-XIV, 442-448; XVIII, 449-451; XX, 451-452). Von ihren Leistungsfähigkeiten, ihrem Organisationstalent und Verhandlungsgeschick hingen das Wohlergehen und das harmonische Leben in der Kongregation in hohem Maße ab.

Zum Thema ihrer Amtbesetzung herrscht in der IS Schweigen. Dies ist letztendlich nicht verwunderlich, wenn man bedenkt, wieviele Klöster adlige Familiengründungen waren. In der Regel behielt sich die Gründerfamilie das Recht der Amtseinsetzung, vornehmlich mit Frauen aus der eigenen Familie, vor. Inwieweit die Kongregation ein Vorschlagsrecht besaß bzw. an einer möglichen Wahl beteiligt war oder der Bischof über Einfluß verfügte, wird von Region zu Region unterschiedlich gewesen sein. Für die sächsischen Stifte des 9.-11. Jahrhunderts kann man nach Parisse von einem regelrechten Erbrecht sprechen[44], bei dem die Einsetzung der Äbtissin ins Amt ohne jede Wahl vonstatten ging.

Wenn auch die ›religiöse Qualifikation‹ der zukünftigen Äbtissin fast keine ausschlaggebende Wirkung auf ihre Wahl hatte, so wurden doch hohe Anforderungen an ihr persönliches Verhalten gestellt. Zwei Verhaltensweisen sollten sie vor allem auszeichnen. Zum einen wurde gefordert, daß sie ihre eigenen Wünsche zurückstellen sollte (VII, 442), zum anderen hatte sie den Sanktimonialen gegenüber ein Vorbild in ihrem Lebenswandel, ihren Handlungen und ihrer Kleidung zu sein (XIII, 448; VII, 442).
Die Vorbildfunktion der Äbtissin zeigt deutlich pädagogische Züge. Das Einüben und Erlernen der geforderten Verhaltensweisen sollte den Sanktimonialen durch exemplarisches Erleben in der Person der Äbtissin ermöglicht werden. Illmer nennt dies »Erziehung durch direkte Imitation der Vorbilder«.[45] Dementsprechend hoch waren die Anforderungen an den Lebenswandel der Äbtissin. Auch die Beschlüsse des Konzils von Paris 829 unterstreichen diesen Gedankengang. Sie drücken die Befürchtung aus, daß Jungfrauen, die der Würde ihres Standes entsprechend mustergültig leben, durch das schlechte Beispiel der Äbtissin ins Unglück gestürzt werden könnten.[46]
Konkret wird ihr untersagt, die ›weltlichen Liebhabereien‹ fortzuführen[47], denen sie sich auf Grund ihrer Herkunft außerhalb des Klosters widmen konnte. Das Tragen von seidener Kleidung und eitler Pomp wird ihr verboten (III, 432; VII, 442), ebensowenig soll sie in den villae ›umherschweifen‹ oder gar dort wohnen. Dagegen wird der Äbtissin unter Betonung ihrer fürsorglichen und kontrollierenden Funktion wortreich nahegelegt, aus dem Kloster überhaupt nicht hinauszugehen (VII, 442).
Die Frage, ob die Äbtissin das Kloster verlassen durfte oder nicht – sie mußte dem Herrscher gegenüber ihre Hoffahrtpflicht erfüllen, und die Verwaltung des Klosters erforderte die Erledigung weltlicher Geschäfte –, hatte die Konzilien seit Mitte des 8. Jahrhunderts immer wieder beschäftigt. Aber es war noch keine Lösung gefunden worden, die alle – Herrscher, Adel, Kirchenvertreter – befriedigte. Anscheinend erforderten die divergierenden Interessensansprüche einen verschieden weiten Handlungsspielraum für eine Klostervorsteherin. So blieben auch die Formulierungen der IS vage und offen für alle Richtungen.[48]
Die Äbtissin hat ihr Amt nicht zum eigenen Nutzen, sondern zum Besten der Kanonissen erhalten, d. h. sie muß für die Bedürfnisse des Körpers (Wohnen, Essen, Trinken, Kleidung) und der

Seele sorgen (VII, 442). Nichts soll sie tun, was sie den anderen Frauen verbietet, vielmehr wird von ihr gefordert, die Untergebenen in allen Handlungen und Gedanken auf eine ›wahrhaft christliche‹ Lebensführung zu lenken. Zur Erreichung dieses Ziels wird ihr ein detaillierter Strafkatalog an die Hand gegeben.

In diesem Kapitel – einem der längsten im zweiten Teil der IS – werden ausführlich die verschiedenen Vergehen aufgeschrieben. Die Liste umfaßt ›Delikte‹ wie z.B. die Vernachlässigung von geistlichen Pflichten, Warnungen vor ›unschicklichen und ehrlosen Worten und Taten‹, die im Dormitorium ausgeübt werden, Ermahnungen, sich gegen die Verfügungen der Institutio »nicht trotzig, hochmütig oder murrend zu verhalten« (XVIII, 450). Das Verzeichnis schließt mit allgemeinen Worten, die alle bisher noch nicht aufgezählten Verfehlungen erfassen sollen (XVIII, 449-451). Diesen Vergehen stehen neun Stufen der Bestrafung gegenüber, die von einer Ermahnung durch die Äbtissin bis hin zur excommunicatio – »der Annullierung aller sozialen Kommunikationen«[49] – durch den Bischof reichen. Wenn die »Delinquentin« auf die mildere ›Besserungsmethode‹ nicht reagiert hat, so wird die nächsthärtere angewandt. Die Strafen werden von der Äbtissin verhängt, im Beisein und mit der Unterstützung der anderen Frauen vollzogen (X, 446; XVII, 451).

Mit diesem Strafkatalog verfügt die Klostervorsteherin über ein Maßnahme- und Regelsystem, um die geforderte Ordnung und Disziplin in der Gemeinschaft aufrechterhalten zu können.

An erster Stelle besitzt die Äbtissin Autorität und Macht in der Kongregation, aber auf einer zweiten Ebene der Hierarchie, zwischen ihr und den Sanktimonialen, stehen einige Frauen, an die bestimmte, umgrenzte Aufgaben delegiert werden. Ihre Berufung ins Amt erfolgt entweder durch Wahl seitens der Konventsmitglieder (XXV, 454) oder durch Anordnung der Äbtissin (XXIIII, 454; XXVI, 455). Die Kustodin muß zur richtigen Zeit die Glocken läuten (XV, 448 f.), sich um den Kirchenschatz (Kleinodien, Paramente, Reliquien etc.) und um die Beleuchtung, vermutlich nicht nur der Kirche, sondern aller gemeinschaftlich genutzten Räume, kümmern.[50] Der Küchenmeisterin (cellararia) obliegt die Verwaltung der Lebensmittel (XXV, 454), und die Pförtnerin (portaria) sitzt am einzigen Tor und achtet darauf, daß keine unerlaubten Personen das Kloster betreten oder daß Kanonissen es nicht verlassen (XXVI, 455). Die Lehrerin (magistra) ist für die Erziehung und Ausbildung der jungen Mädchen verantwortlich (XXII, 452). Außer bei der magistra sind die Bestimmungen zu den Aufgabenbereichen sehr knapp gehalten; das Hauptgewicht bei der Beschreibung eines Amtes wird auf den rechtschaffenen Charakter und die moralische Integrität der Amtsinhaberin gelegt, denn auch diese soll durch ihr Verhalten vorbildhaft auf die anderen Frauen einwirken. Ein Kapitel geht eigens auf die geforderten Qualitäten der Vorgesetzten (praepositae) ein (XXIIII, 454). Nur für die portaria und die cellararia wird angeführt, sie aus dem Amt zu entlassen, wenn sie die ihnen zugewiesenen Aufgaben ungenügend oder schlecht erfüllen.

Die hierarchische Struktur in der IS ist im Vergleich mit der Männerregel weniger ausgeprägt; dennoch werden klare Positionen geschaffen. Auf der einen Seite leitete und verwaltete die Äbtissin mit Unterstützung der praepositae das Kloster, auf der anderen Seite standen die Sanktimonialen, von denen die Aufgabe des eigenen Willens, Gehorsam und Unterordnung erwartet wurde (VIII, 444). Es herrschte im Frühmittelalter die Ansicht vor, daß durch Ein- und Unterordnung der Kongregationsmitglieder in das hierarchische Gefüge jede Störung der vita communis vermieden werden könne.

Der Tagesablauf der Gemeinschaft wurde durch die Erfüllung der spirituellen Aufgaben bestimmt. Die materielle Versorgung der Kanonissen hatte dazu gedient, ihre ›Arbeitskraft‹ für Gott freizusetzen, und daher sollten sie nun keinesfalls müßig und träge sein (X, 445; XIIII, 448; XXII, 452). Abgesehen davon, daß sich ihr Dienst an Gott unablässig in ihrer äußeren Erscheinung, ihren Handlungen und Gedanken offenbaren sollte, war der Tag der Sanktimonialen außerdem durch die kanonischen Stunden (horae canonicae) aufgeteilt. Die äußere Form der religiösen Übungen – die Feier des divinum officium, die lectio, die meditatio und die Kontemplation – unterscheidet sich nicht von der in der RV angeführten, wohingegen möglicherweise in der Liturgie der Wechsel vom gallikanischen zum romanischen Ritus zum Entstehungszeitpunkt der IS schon vollzogen war.[51]

Die Vorschriften über die geistlichen Pflichten, die über den ganzen Text verteilt sind, finden in drei kürzeren Kapiteln eine gewisse Konzentrierung. Wie auch bei der Beschreibung der Ämter wird das Hauptgewicht nicht auf die inhaltliche Darstellung der Aufgaben gelegt. Wiederum steht die Anleitung zum richtigen

äußeren Verhalten, wie dem pünktlichen Erscheinen zu den horae canonicae, dem Tragen des Schleiers in der Kirche (x, 445; xv, 448), und die angemessene innere geistig-seelische Haltung im Vordergrund (xv, 448; xvi, 449; xvii, 449). Darin kann man auch immer wieder Hinweise sehen, daß es für adlige Frauen nicht leicht gewesen sein mag, die von der Kirche geforderten disziplinierten Verhaltensweisen zu erlernen.
Eine Ausübung von priesterlichen Funktionen durch die Äbtissin oder andere Sanktimonialen wird nicht erwähnt. Anders als Waesberghe sind wir der Meinung, daß es sich hierbei um ein gezieltes Verschweigen eines Tatbestandes handelt, der den Interessen einer von Männern beherrschten Kirche zuwiderlief. Denn deutlich zeigen andere Quellen, daß die ›Diskussion‹ über priesterliche Funktionen der Frauen noch längst nicht abgeschlossen war. Heftig wurde beklagt, daß Frauen Zutritt zum Altarraum hatten und sogar das Abendmahl spendeten.[52] Schweigen, *Verschweigen* wurde in der IS als Mittel gewählt, um diesen Aufgabenbereich der Frauen in Vergessenheit geraten zu lassen und um die Sanktimonialen erst gar nicht auf die Idee zu bringen, in dieser Richtung Forderungen zu stellen.
Neben dem Gebet, dem Gesang der Psalmen und dem Studium des Psalters und anderer kirchlicher Schriften sollen die Konventsmitglieder mit den Händen arbeiten, »manuum operationi insistant« (x, 445; xiiii, 448). Der Sachverhalt, der sich hinter dieser Formulierung verbirgt, wird nur in einem Punkt konkretisiert. Von den Frauen wird erwartet, daß sie sich ihre eigene Kleidung anfertigen. Jährlich erhalten sie hierfür von der Äbtissin Wolle und Flachs (xiii, 447).
Hierbei wird es sich um das von Hieronymus empfohlene Spinnen, Nähen und Weben gehandelt haben (ii, 430), alles Tätigkeiten, die bestimmte handwerkliche Fähigkeiten erforderten und im Mittelalter auch Handwerksberufe darstellten. Schon die Wahl eines Begriffes aus der Wortfamilie ›opus‹, ›operari‹, ›opifex‹ weist in eine handwerkliche Richtung. Mit solchen Begriffen wurden die kreative Tätigkeit des Handwerkers beschrieben und seine Produkte aufgewertet.[53] In der IS selbst finden sich keine Angaben über kunsthandwerkliche Tätigkeiten der Sanktimonialen, wie z. B. Buchmalerei, aber das Schweigen der Quellen muß nicht heißen, daß Frauen im Frühmittelalter nicht in solchen Bereichen tätig waren.[54]

Die täglichen Hausarbeiten erledigten sicher die Dienerinnen oder anderes Klosterpersonal. Neben den bisher erwähnten Aufgaben und Pflichten sollten die Sanktimonialen auf dem sozialen Sektor – Krankenpflege und Armenfürsorge, aber nur innerhalb der Klosterumzäunung (XXIII, 454; XXVII, 456) – tätig sein.
Die praktischen Arbeiten der Frauen waren für die Sicherung ihrer Lebensexistenz nicht notwendig, vielmehr dienten sie dazu, die Sanktimonialen auch außer ihrer geistlichen Pflichterfüllung – diese stand eindeutig an erster Stelle – zu beschäftigen.
Abschließend soll die IS als ein Kompromißwerk divergierender Interessen – Herrscher, Adel, Klerus – dargestellt werden. Verschiedene Punkte fallen bei ihrer Bearbeitung auf. Zwar war es üblich, daß in einer Klosterregel über die beabsichtigte materielle Versorgung der Gemeinschaft berichtet wurde, zielte doch die ›richtige‹ Ernährung bei den Kirchenvätern auf Askese und Enthaltsamkeit und sollte damit der Verwirklichung der Ideale dienen. Aber in der großzügigen Zuteilung von Wein sehen wir eine Diskrepanz zwischen moralischem Gebot und konkreter Bestimmung in den Aussagen der beiden Teile der IS. In den Exzerpten wird Hieronymus zitiert, der den Weingenuß für sehr gefährlich hält und nur im Krankheitsfalle dazu rät. Seine Warnung lautet: »Ich möchte nur die Jünglinge und jungen Mädchen vor dem Zündstoff der Wollust behüten. Des Ätna Feuer, die dem Vulkan geweihte Erde, selbst der Vesuv und der Olymp entwickeln keine solche Glut, wie sie der reichliche Weingenuß und die Unmäßigkeit im Essen im Marke der Jugend entfacht« (I, 425).[55]
Warum nun wurde den Kanonissen so viel Wein pro Tag erlaubt? Wir können darin nur ein Zugeständnis an die adlige Lebensweise der Insassinnen sehen. Dafür spricht auch die reiche Zumessung der anderen Nahrungsmittel, die nicht nur der Befriedigung eines der elementarsten menschlichen Grundbedürfnisse dienten. Reichhaltige Speisen, besonders Fleischprodukte, waren Bestandteil der adligen Identität. Die Nobilität wünschte ihren weiblichen Familienangehörigen den gewohnten Lebensstandard auch im Kloster zu erhalten. Für die Aufrechterhaltung von Harmonie und Frieden in der Gemeinschaft war die gesicherte materielle Versorgung ebenso von großer Bedeutung. Bedingt durch die unterschiedliche persönliche Situation der Kanonissen, ob sie ihr Vermögen behalten hatten, ob sie über Dienerinnen verfügten – beides halten wir wiederum für Zugeständnisse an adlige Interes-

sen – existierten schon ausreichende Reibungsflächen in der Gemeinschaft. Daher erschien es angebracht, einen potentiellen Konfliktherd von vornherein zu beseitigen.
Die Zugeständnisse an den Klerus treten nicht so deutlich in den Vordergrund wie die an den Adel. Die Abschaffung des freien Sanktimonialentums[56], die Beendigung der vielfältigen geistlichen Lebensformen lag im Interesse der Kirchenvertreter. Mit dem organisierten Zusammenschluß der kanonisch lebenden Frauen im Kloster waren die Frauen der kirchlichen Observanz viel stärker unterworfen als früher. Außerdem mußten sie nach einer Regel leben, die ihnen zwar einerseits Sicherheit bot, aber sie andererseits an einer eigenen freien Ausprägung ihrer geistlichen Lebensweise hinderte. In der IS bleibt die Frage nach den Möglichkeiten, den Konvent zeitweise oder ganz zu verlassen, offen. Für die Kirche mag dies Schweigen im Vergleich zu den Bestimmungen des Konzils von Châlons schon ein Erfolg gewesen sein. 813 hatte es noch zu den Machtvollkommenheiten der Äbtissin gehört, einer Sanktimonialen das zeitweise Verlassen des Klosters zu erlauben.[57]
Die Interessen des Herrschers werden z. B. in der Frage, ob die Äbtissin das Kloster verlassen darf, berührt. Als Grundherrin oft sehr großer Ländereien war sie ›Beamtin‹ des Königs und hatte ihre Dienstleistungen zu erfüllen. Zu diesen zählten Jahresgeschenke, die Bereitstellung von Heereskontingenten, Beherbergung und Bewirtung, Aufnahme von Gefangenen.[58] Dementsprechend mußte er sich in gewissem Umfang dafür einsetzen, daß ihre Handlungsspielräume nicht zu sehr eingeschränkt wurden.
Insgesamt ist festzuhalten, daß die Bestimmungen der IS zum einen ganz in der Tradition der kirchlichen Ideale und Normen stehen, zum anderen aber auch, daß die Kanonissen nicht in der strengen Abgeschiedenheit von der Welt zu leben brauchten, wie es für die Nonnen der Caesariusregel festgesetzt ist. Für die Sanktimonialen blieb die Möglichkeit bestehen, Kontakte zur Außenwelt zu halten, ebenso wie sie für die Interessen ihrer adligen Familien und des Herrschers weiterhin zur Verfügung standen.
Im Laufe der Untersuchung der RV und der IS sind eine Reihe von Forderungen, die seitens der Kirche an Nonnen und Kanonissen im Frühmittelalter gestellt wurden, zutage getreten. In beiden Quellen finden sich die Postulate der Abkehr von der Welt, der Enthaltsamkeit und des Verzichts, der Gleichheit, der Ein-

tracht und Nächstenliebe, der allzeitigen Gemeinsamkeit und des Gehorsams gegenüber den Vorgesetzten. Es handelt sich hier um die klassischen monastischen Tugenden, die von Anfang an in unterschiedlicher Ausprägung jeder Form des christlich-asketischen Zusammenlebens zu Grunde lagen.

Obwohl die RV und die IS von gleichen Idealen ausgehen, ziehen sie für das tägliche Leben im Kloster doch unterschiedliche Konsequenzen. Der Hauptgrund für diese Divergenzen liegt darin, daß die kanonische Lebensweise sich ursprünglich von dem monastischen Zusammenleben unterschied und nun mit Hilfe der IS eine Angleichung an das Klosterleben der Nonnen erreicht werden sollte. Voneinander abweichend legen die Regeln in ihren konkreten Bestimmungen z. B. das Leben in Gemeinschaft fest: Während der RV zufolge kein Rückzug vom gemeinschaftlichen Leben erlaubt ist, dürfen die Sanktimonialen gemäß der IS eigene Gemächer besitzen. Im Widerspruch zu diesem Recht steht allerdings die Vorschrift, gemeinsam zu essen, zu trinken und zu schlafen. Ähnlich verhält es sich mit der Verpflichtung zur Besitzlosigkeit in der RV einerseits und – trotz entsprechenden Aufrufs – dem Recht auf die Beibehaltung des persönlichen Eigentums in der IS andererseits. Hier wie auch in anderen Punkten – wie z. B. bei der Bedienung durch eigene Mägde – zeigen sich deutliche Zugeständnisse der IS an die Ansprüche des Adels.

Im Vergleich zur RV erweckt die IS fast den Eindruck, daß die Konzilsteilnehmer die asketischen Ideale zwar grundsätzlich bejahten, daß sie aber 816 keine Basis zu ihrer vollständigen Verwirklichung sahen. Als Adlige kannten sie die Notwendigkeit, den Wünschen der Nobilität entgegenzukommen. Im Gegensatz dazu läßt die Regel des Caesarius hinsichtlich der Durchsetzung ihrer monastischen Ideale innerhalb der Gemeinschaft keine offensichtlichen Einflüsse bestimmter Interessengruppen erkennen. Sein monastisches Konzept, das erst am Anfang der Entwicklung des geregelten Klosterlebens von Frauen steht, ist in gewisser Weise ein Katalog von Maximalforderungen, deren Realisierbarkeit im Klosteralltag noch nicht langfristig erprobt ist.

Während die RV mehr oder weniger strenge Forderungen stellt, verspricht die IS darüber hinaus die Befriedigung bestimmter Ansprüche. Ihre Bestimmungen zur Ernährung stellen weniger ein asketisches Postulat als eine Sicherheit zur Aufrechterhaltung des gewohnten adligen Lebensstandards dar.

Im Hinblick auf die Einübung christlich-asketischer Verhaltensweisen, wie sie für das klösterliche Zusammenleben gefordert werden, dürften sich die Zugeständnisse der IS an adlige Ansprüche eher als Hindernis bei der Integration erwiesen haben. Der Verzicht auf den ehemaligen sozialen Status, die radikale Abkehr von der Welt, die die strenge RV vorschreibt, förderten hingegen die Konzentration auf den in der Gemeinschaft gelebten geistlichen Auftrag. Hinter der starken Betonung der ständigen Gemeinsamkeit steht das Bestreben, die Nonnen eindeutig auf die monastische Gemeinschaft festzulegen.
Angesichts der politischen und wirtschaftlichen Bedeutung der Klöster für den Adel und die königliche Familie verwundert es nicht, daß die Verwirklichung eines solchen radikal-asketischen Entwurfs wie der RV auf Schwierigkeiten stieß.
Erst im Laufe der Jahrhunderte nach der Entstehung der IS kristallisierte sich eine deutliche Trennung zwischen dem Leben als Kanonisse in einem adligen Damenstift und als Nonne in einem Kloster heraus.

Anmerkungen

1 Arno Borst, *Lebensformen im Mittelalter*, Frankfurt – Berlin – Wien [2]1979, S. 14.

2 Caesarius von Arles, *Regula sanctarum virginum, Florilegium patristicum* 34, hrsg. v. Germain Morin, Bonn 1933, S. 5-27; in der älteren Migne-Edition, *PL* 67, col. 1103-1121, trägt die Regel den Titel »Regula ad virgines«. Die Regel erscheint im folgenden abgekürzt als *RV*. Im Text sind Kapitelnummer und Seitenzahl durch ein Komma voneinander getrennt.
Institutio sanctimonialium Aquisgranensis, hrsg. v. Albert Werminghoff, *MGH Concilia* 2,1, *Concilia aevi Karolini* 1, Hannover – Leipzig 1906, S. 421-456. Die Institutio wird im Text *IS* abgekürzt, hinzugefügt werden Kapitel- und Seitenangabe.

3 Vgl. Philibert Schmitz, *Histoire de l'Ordre de Saint Benoît*, Bd. 7: *Les Moniales*, Maredsous 1956, S. 3.

4 Michel Parisse, »Les chanoinesses dans l'Empire Germanique (IXe-XIe siècles)«, in: *Francia* 6 (1978), S. 107-126, hier S. 109.

5 Aaron J. Gurjewitsch, *Das Weltbild des mittelalterlichen Menschen*, München 1980, S. 320.

6 Grundlegend zur Stellung der Frauen in Welt und Kirche des Frühmittelalters: Suzanne Fonay Wemple: *Women in Frankish Society. Marriage and the Cloister, 500 to 900*, Philadelphia 1981.

7 Otto Hannemann, *Die Kanonikerregeln Chrodegangs von Metz und der Aachener Synode von 816 und das Verhältnis Gregors* VII. *dazu*, Diss. Greifswald 1914, S. 11; vgl. zur karolingischen Kirchenreform im 8. und 9. Jahrhundert grundlegend die Aufsätze von Josef Semmler, und zwar besonders: »Mönche und Kanoniker im Frankenreich Pippins III. und Karls des Großen«, in: *Untersuchungen zu Kloster und Stift*, hrsg. vom Max-Planck-Institut für Geschichte, Göttingen 1980, S. 78-111; ders., »Reichsidee und kirchliche Gesetzgebung bei Ludwig dem Frommen«, in: *Zeitschrift für Kirchengeschichte* 71 (1960), S. 37-65.

8 J. F. A. M. van Waesberghe, *De Akense regels voor Canonici en Canonicae uit 816*, Assen 1967, vgl. S. 366 ff.

9 Erst seit der Zeit Gratians (Decretum Gratiani 1140) entschied die persönliche Entscheidung. Vgl. René Metz, »La femme en droit canonique médiéval«, in: *La femme*, Bd. 2, *Recueils de la Société Jean Bodin* 12, Brüssel 1962, S. 59-113, hier S. 83 f.

10 Aurelius Augustinus, *Epistola* CCXI, *PL* 33, col. 958-965.

11 Vgl. Waesberghe, *Akense regels*, S. 306 und zu den anderen Quellen der *IS* S. 322 f.; vgl. Konzil von Châlons, *MGH Conc.* 2,1, S. 273-285.

12 Caesarius von Arles, *Regula monachorum*, *Caesarii sancti Opera omnia*, hrsg. v. G. Morin, 2 Bde., Maredsous 1937-1942, Bd. II, *Opera varia*, S. 149-155. Im folgenden abgekürzt als *RM*.

13 Zur Klausur in der *RV* vgl. Cordula Nolte, »Klosterleben von Frauen in der frühen Merowingerzeit. Überlegungen zur Regula ad virgines des Caesarius von Arles«, in: *Frauen in der Geschichte* VII. *Interdisziplinäre Studien zur Geschichte der Frauen im Frühmittelalter, Methoden – Probleme – Ergebnisse*, hrsg. v. Werner Affeldt u. Annette Kuhn, Düsseldorf 1986, S. 257-271.

14 Caesarius von Arles, *Epistola »Vereor«, Flor. Patr.* 34, S. 37-46, hier S. 43 f.

15 Aurelian, *Regula ad virgines* 13, *PL* 68, col. 401.

16 Vgl. Donald Dee Hochstetler, *A Conflict of Traditions: Consecration for Women in the Early Middle Ages*, Michigan State University 1981 (Diss.), S. 176.

17 Gregor von Tours, *Historia Francorum* IX, 39, *MGH Script. rer. mer.* I, S. 393.

18 Franz Felten wies in seinem Vortrag »Der Abt als Herrschaftsträger« beim Historikertag 1984 darauf hin, daß schon Basilius Gehorsam und Eigenmächtigkeit im Zusammenhang mit der Arbeit erörtert.

19 *RV* 48,18; 49,18; 62,21; 63,21; 64,22.

20 Gregor v. Tours, *Hist. Franc.* IV, 26, *MGH Script. rer. mer.* I, S. 162 f.

21 Maria Caritas McCarthy, *The Rule for Nuns of St. Caesarius of Arles: A Translation with a Critical Introduction* (Studies in Medieval History, New Series, Vol. 16), Washington D. C. 1960 (Diss.), S. 67.

22 Vgl. dagegen *Regula Benedicti*, Kap. 3, CSEL 75, S. 29 ff.

23 Vgl. A. Malnory, *Saint Césaire, Evêque d'Arles (503-543)*, (Bibliothèque de l'Ecole des Hautes Etudes, Bd. 103), Paris 1894, S. 271.

24 Gregor von Tours, *Hist. Franc.* x, 16, *Script. rer. mer.* I, S. 427 f.

25 Carl Franklin Arnold, *Caesarius von Arelate und die gallische Kirche seiner Zeit*, Leipzig 1894, S. 413.

26 Vgl. K. Hallinger, »Papst Gregor der Große und der heilige Benedikt«, in: *Commentationes* (231-319), 259 A. 87, zitiert nach Angelus Albert Häussling, *Mönchskonvent und Eucharistiefeier. Eine Studie über die Messe in der abendländischen Klosterliturgie des frühen Mittelalters und zur Geschichte der Meßhäufigkeit*, Münster 1973, S. 162 f.

27 *RM*, S. 149; Regula Benedicti, Kap. 2, CSEL 75, S. 21 ff.

28 *Regula Benedicti*, ebd. S. 21; zur »Geschlechtsbetontheit des traditionellen Amtsverständnisses« vgl. Ida Raming, *Der Ausschluß der Frau vom priesterlichen Amt. Gottgewollte Tradition oder Diskriminierung?*, Köln – Wien 1973, S. 206 ff.

29 Vgl. Wemple, *Women in Frankish Society*, S. 141.

30 *Vita Caesarii episcopi Arelatensis libri duo, MGH Script. rer. mer.* III, S. 433-501, hier S. 481.

31 Vgl. Rosemary Radford Ruether, »Mothers of the Church: Ascetic Women in the Late Patristic Age«, in: R. R. Ruether u. Eleanor McLaughlin (Hg.), *Women of Spirit. Female Leadership in the Jewish and Christian Traditions*, New York 1979, S. 71-98, hier S. 84.

32 *Institutio canonicorum Aquisgranensis, MGH Conc.* 2,1, S. 307-421. Die Institutio wird im Text *IC* abgekürzt.

33 Vgl. ›Hludovici imperatoris epistolae ad Archiepiscopus Missae‹, *MGH Conc.* 2,1, S. 456-466.

34 Vgl. Albert Werminghoff, »Die Beschlüsse des Aachener Concils im Jahre 816«, in: *Neues Archiv der Gesellschaft für ältere deutsche Geschichtskunde*, Bd. 27, Hannover – Leipzig 1902, S. 605-675; vgl. ders., *MGH Conc.* 2,1, S. 422.

35 Dagmar Beate Schneider, *Anglo-Saxon Women in the Religious Life. A study of the status and position of women in an early mediaeval society*, Cambridge 1985 (Diss.), S. 85 f.

36 Vgl. Wemple, *Women in Frankish Society*, S. 164; Hochstetler, *Conflict of Traditions*, S. 233; Lina Eckenstein, *Woman under Monasticism. Chapters on Saint-Lore and Convent life between A. D. 500 and A. D. 1500*, Cambridge University Press 1896, S. 69.

37 Vgl. Michel Parisse, *Les nonnes au Moyen Age*, Le Puy 1983, S. 126.
38 Vgl. Schneider, *Anglo-Saxon Women*, S. 92.
39 Vgl. Hochstetler, *Conflict of Traditions*, S. 283-299.
40 Vgl. Parisse, *Les nonnes*, S. 147: »Une régularité garante de l'équilibre de l'esprit et du corps, qui délivre l'âme des toutes les contraintes temporelles et lui permet de s'élever librement vers Dieu«; Hochstetler, *Conflict of Traditions*, S. 26.
41 Vgl. Waesberghe, *Akense regels*, S. 198; beachte dort auch die weiterführenden Literaturhinweise.
42 Vgl. Michel Rouche, »La faim à l'époque carolingienne: essai sur quelques types des rations alimentaires«, in: *Revue Historique* 250 (1973), S. 308-312.
43 Gurjewitsch, *Weltbild*, S. 327.
44 Vgl. Michel Parisse, »Les femmes au monastère dans le Nord de l'Allemagne du IXe au XIe siècle: conditions sociales et religieuses«. Vortrag auf der internationalen Tagung des Forschungsprojektschwerpunktes »Interdisziplinäre Studien zur Geschichte der Frauen in Spätantike und Frühmittelalter«, die zum Thema »Lebensbedingungen, Lebensnormen und Lebensformen für Frauen in Spätantike und Frühmittelalter« vom 18.-21. 2. 1987 am Fachbereich Geschichtswissenschaften der Freien Universität Berlin stattfand.
45 Detlef Illmer, »Totum namque in sola experimenta usuque consistit. Eine Studie zur monastischen Erziehung und Sprache«, in: Friedrich Prinz (Hg.), *Mönchtum und Gesellschaft im Frühmittelalter*, Darmstadt 1976, S. 446.
46 *MGH Concilia* 2,2, *Concilia aevi Karolini* II, hrsg. v. Albert Werminghoff, Hannover – Leipzig 1908, Konzil von Paris von 829, c. 39, S. 637.
47 Hinter der Formulierung ›weltliche Liebhabereien‹ verbergen sich Tätigkeiten wie die Jagd, der Besuch von Herbergen, Spiele aller Art u. a. In der Kanonikerregel wird das Würfelspiel ausdrücklich untersagt, *MGH Conc.* 2,1, CXLV, S. 420; vgl. Waesberghe: *Akense regels*, S. 222 f. und 349.
48 Nach den Beschlüssen des Konzils von Châlons von 813, *MGH Conc.* 2,1, c. 57, S. 284, konnte die Äbtissin das Kloster verlassen, wenn sie Erlaubnis des Bischofs erhalten hatte. Wurde sie an den königlichen Hof gerufen, hatte sie gar keine Erlaubnis nötig. Dagegen wurden im *Capitulare Haristallense* von 779, *MGH Capitularia regum Francorum* I, hrsg. v. Alfred Boretius, Hannover 1883, c. 3, S. 47, und dem *Capitulare missorum generale* von 802, *MGH Capit.* I, c. 20, S. 95, der Äbtissin wie allen anderen Konventsmitgliedern verboten, das Kloster zu verlassen; vgl. auch die Konzilien von Reisbach, Freising und Salzburg um 800, *MGH Conc.* 2,1, c. 27, S. 210, und das Konzil von Tours von 813, *MGH Conc.* 2,1, c. 30, S. 290.

49 Gurjewitsch, *Weltbild*, S. 340.

50 Vgl. Karl Heinrich Schäfer, *Die Kanonissenstifter im deutschen Mittelalter. Ihre Entwicklung und innere Einrichtung im Zusammenhang mit dem altchristlichen Sanktimonialentum*, Stuttgart 1907, Amsterdam [2]1965, S. 165 ff. Schäfer erwähnt erheblich mehr Ämter für die Kanonissenstifte als die *IS*. Vgl. auch Waesberghe, *Akense regels*, S. 351.

51 Vgl. Häussling, *Mönchskonvent*, S. 174-178.

52 Vgl. einen Brief von 750, den der Papst an Pippin und die fränkischen Bischöfe über den Ausschluß von Frauen von bischöflichen Funktionen schrieb: *Briefe des Bonifatius. Willibalds Leben des Bonifatius nebst einigen zeitgenössischen Dokumenten*. Neubearb. v. R. Rau, Darmstadt 1968, zitiert nach Peter Ketsch, *Frauen im Mittelalter*, Bd. 2: *Frauenbild und Frauenrechte in Kirche und Gesellschaft. Quellen und Materialien*, Düsseldorf 1984, S. 277; vgl. auch die ›Episcoporum ad Hludovicum imperatorem relatio‹ von 829, *MGH Capitularia regum Francorum* II, hrsg. v. Alfred Boretius u. Victor Krause, Hannover 1897, c. 52, S. 42.

53 Vgl. Jacques Le Goff, Artikel: »Arbeit V«, in: *Theologische Realenzyklopädie*, Bd. 3, S. 626-635, hier S. 627.

54 Vgl. Raymund Kottje, »Claustra sine armario? Zum Unterschied von Kloster und Stift im Mittelalter«, in: *Consuetudines monasticae. Eine Festgabe für Kassius Hallinger aus Anlaß seines 70. Geburtstages*, hrsg. v. J. F. Angerer u. Josef Lenzenweger, Rom 1982, S. 125-144.

55 Die Übersetzung dieser Textstelle ist aus: *Bibliothek der Kirchenväter*, hrsg. v. J. Zellinger u. J. Martin, Zweite Reihe, Bd. XVI: *Des Heiligen Kirchenvaters Eusebius Hieronymus ausgewählte Schriften* II, 1. Briefband, München 1936, S. 157.

56 Vgl. Iniga Feusi, *Das Institut der Gottgeweihten Jungfrauen. Sein Fortleben im Mittelalter*, Diss. Freiburg (Schweiz) 1917, S. 177-203.

57 *MGH Conc.* 2,1, Konzil von Châlons von 813, c. 57, S. 284.

58 Vgl. Hochstetler, *Conflict of Traditions*, S. 220-246.

Claudia Opitz
Vom Familienzwist zum sozialen Konflikt
Über adlige Eheschließungspraktiken im Hoch- und Spätmittelalter

Wie die »Spurensicherung«, die »Rekonstruktion« der Geschichte der Frauen auf mittlerweile gut 10 Jahre bewegten Interesses und engagierter Neugier zurückblicken kann[1], so hat sich auch im akademischen Bereich, wenngleich zögernd, das etablieren können, was wir heute salopp als »Frauengeschichte« bezeichnen.[2] Der Nachhang der traditionell »frauenblinden« Geschichtswissenschaft ist jedoch so überwältigend, daß die jeweils erzielten Forschungsergebnisse bislang kaum mehr als mager zu nennen sind, zumal in der bundesdeutschen Historik.
Immerhin liegen mittlerweile auch in deutscher Sprache eine Reihe von Untersuchungen bzw. Gesamtdarstellungen vor, die Situation von Frauen im Mittelalter betreffend, wie die der israelischen Historikerin Shulamith Shahar über »Die Frau im Mittelalter«[3], die Rekonstruktion der »verlorenen Geschichte der Frauenarbeit ...«, die Anke Wolf-Graaf vorgenommen hat[4], oder schließlich die umfassende Monographie der »Altmeisterin« Edith Ennen, ebenfalls über »Frauen im Mittelalter«[5], nicht zu vergessen die vorzügliche kommentierte Quellensammlung von Peter Ketsch.[6]
So erfreulich es ist, daß hier erfahrene und quellenkundige Historiker/innen ihre Kenntnisse und Erkenntnisse über Frauenschicksale und Lebensbedingungen von Frauen zwischen 500 und 1500 einem breiteren Publikum zur Kenntnis brachten, um damit einige Darstellungsdefizite in der sogenannten »allgemeinen« Geschichtsschreibung zu beheben, so haben diese Darstellungen doch auch vor Augen geführt, wie wenig ergiebig auf längere Sicht die allzu unspezifische, allzu allgemeine Frage nach *den* Lebensbedingungen *der* Frauen für eine Geschichtsvor- und -darstellung im emanzipativen Sinne ist.[7] Vor allem hat sich gezeigt, daß diese Art der Darstellung notwendig partiell bleibt, da hier kaum der Versuch unternommen wurde – und mangels Vor-

arbeiten auch noch nicht unternommen werden konnte –, Frauen und deren Lebenszusammenhänge in der Gesellschaft ihrer Zeit so zu verankern, daß sie nicht als Opfer oder als »Sonderfälle«, als Minderheit, in »allgemeinen« (aber eigentlich männlich gedachten) gesellschaftlichen Zusammenhängen erscheinen. Denn Frauen sind eben keine soziale Gruppe unter anderen, wie Bauern, Leibeigene, Vasallen usw., sie sind die Hälfte der Menschheit und gehören somit (fast) allen anderen gesellschaftlichen Gruppen an, ohne die jeweiligen Lebens- und Geschichtserfahrungen der anderen Hälfte dieser Gruppe, der Männer, immer zu teilen. Frauen sind vielmehr

> ein Geschlecht. Sie müssen als solches historisch konzipiert werden, und Geschlecht muß als grundlegende Kategorie sozialer und historischer Realität, Wahrnehmung und Forschung eingeführt werden. Die Bedeutung der Geschlechter muß integraler Bestandteil des historischen Erkenntnisinteresses sein.[8]

Wie diese Konzipierung zu bewerkstelligen ist, darüber herrscht bislang wenig Klarheit, und auch mein Beitrag stellt in dieser Hinsicht einen Versuch dar. Grundsätzlich ist jedoch davon auszugehen, daß nur eine Umwertung der herrschenden Wertmaßstäbe, ein Infragestellen heutiger wie historischer Normen und eine flexible Sicht dessen, was als dichotomischer Gegensatz »männlich« – »weiblich« festgeschrieben wurde, diesem Programm entgegenführt.[9]

Auf dem Hintergrund solcher Überlegungen möchte ich mich hier dem Bereich der mittelalterlichen Familiengeschichte zuwenden, weil Familie und Ehe traditionell Bereiche sind, in denen Frauen von den Zeitgenossen – wenigstens peripher – wahrgenommen wurden; und auch in der modernen Sozialgeschichte haben sie in diesem Rahmen Beachtung gefunden, wenn auch häufig in sehr unbefriedigender Weise, denn auch für die mittelalterliche Familiengeschichte trifft zu, was Gisela Bock allgemein beobachtete:

> Bis vor kurzem war Familie der einzige Bereich der Sozialgeschichte, wo Frauen ›institutionell‹ vorhanden waren. Trotzdem behandeln historische Analysen der Familie ... zuweilen nur Väter und Söhne. Unsichtbar bleiben Frauen aber auch in Modellen, die Familie und Haushalt als Konglomerat geschlechtsneutraler Individuen behandeln, Familie als einheitliches Subjekt gleichgerichteter Interessen verstehen oder Frauen auf eine ›familiale Reproduktionsfunktion‹ reduzieren, und schließlich in Modellen

vom Verhältnis zwischen Familie und Gesellschaft, die das Verhältnis der Geschlechter sowohl in der Familie, wie in der Gesellschaft nicht in die Analyse einbeziehen.[10]

Um solchen Verschleierungen weiblicher Existenz entgegenzuwirken, setze ich hier die *Frauen* bewußt in den Mittelpunkt meines analytischen Interesses, versuche jedoch gleichzeitig, sie nicht dem gesellschaftlichen Kontext zu entreißen, indem ich auch männliche Lebensbedingungen darstelle und mit denen der Frauen ins Verhältnis setze.[11]

Ich wende mich dem Bereich *Familie* vor allem aber deshalb zu, weil Familienstrukturen und die Bedingungen ihrer Konstitution und Aufrechterhaltung gerade für die Adelsgesellschaft des hohen und späten Mittelalters zentrale Bedeutung haben. Wie Georges Duby einleuchtend dargelegt hat, ist für die Epoche des Feudalismus die vorherrschende Familienform – im Adel – die Zweigenerationenfamilie mit Mutter, Vater und Kindern, erweitert durch unverheiratete Verwandte und die *familia*, die häusliche Dienerschaft. Alle zusammen bilden die *domus*, das Haus, und dieses wiederum bildet die *symbolische* Grundlage der feudalen Adelsgesellschaft.

So compelling was this structure, that every metaphor that thought to express power relationships – whether between feudal lord and vassal, within seigneury, the principality, or the kingdom – in some way made use of the image of the house.[12]

Eben diese Struktur bringt es mit sich, daß die Ehe, die Beziehung zwischen einer Frau und einem Mann, zur zentralen Institution dieser Gesellschaft avanciert. Durch sie entstehen Machtbeziehungen zwischen Familien, die eine Verbindung zweier »Häuser« schaffen und damit Koalitionen und Fraktionen bilden und unterstützen für weitergehende politische und/oder ökonomische Aktionen. Die Funktion dieser Verbindung schließlich liegt darin, Nachwuchs aufzuziehen, durch Schaffung und Wahrung von Erbe und dessen Weitergabe zur Stabilisierung und Aufrechterhaltung der Herrschaft der *domus* beizutragen und damit für die Stabilität des gesamten Herrschaftssystems zu sorgen.
Indem aber die Weitergabe von Erbe an die nächste Generation im Vordergrund der ehelichen Beziehungen steht – und die nächste Generation erst einmal gezeugt, ausgetragen, geboren und

aufgezogen sein will –, rücken innerhalb der ehelichen Beziehungen die Geschlechterbeziehungen in ihrer »eigentlichsten« Form, in der Regelung und Ausübung von Sexualität nämlich, in das Blickfeld von Forscherinnen und Forschern. In symbolischer Weise sind hier Stellung und *status* von Frauen und Männern »geregelt« – und dies letztlich begründet mein Forschungsinteresse.[13]

Hagiographische Fiktion und gesellschaftliche Realität

Aus Gründen einer sinnvollen Begrenzung dieses umfassenden Themenkomplexes habe ich als Schwerpunkt das gewählt, was auch die mittelalterlichen Hagiographen, mit deren Hilfe ich mich der Zeit quellenmäßig annähern will, als einen neuralgischen Punkt betrachten: die Eheschließungspraktiken der adligen Oberschichten des 12., 13. und 14. Jahrhunderts – und die im Rahmen dieser Praktiken möglichen Konflikte. Von 42 ausgewerteten Biographien weiblicher Heiliger (*Hagiographien*)[14] finden wir 17 Schicksale, in denen ausführlich oder knapp über Konflikte um Eheschließungen gehandelt wird. Das scheint auf den ersten Blick nicht übermäßig viel – die numerische Bedeutung der Konflikte wird aber erheblich größer, wenn wir bedenken, daß etwa zehn der geschilderten Frauen städtischen oder ländlichen Unterschichten angehören, die im allgemeinen anderen Regelungen von Eheschließung (und Geschlechterbeziehung) unterworfen sind[15], oder – was dann im Text ausdrücklich als Ehehindernis erwähnt wird – Opfer familiärer Finanzkrisen wurden, wie Christine von Stommeln[16] und Luitgard von Tongern[17], und also ohnehin für eine Eheschließung nicht mehr in Frage kommen. Drei weitere Frauen werden als zeitweilig oder ständig krank geschildert und scheiden damit ebenfalls aus dem Rennen um eheliches Glück aus. In all diesen Fällen sind Eheschließungen kein Thema, zumindest kein Konfliktstoff. Es bleiben somit 30 Frauen in Betracht, für die eine Eheschließung möglich wäre, die jedoch teilweise eine religiöse Karriere einschlagen, ohne sich darüber mit Eltern oder Vormündern auseinandersetzen zu müssen; elf der dreißig Frauen heiraten schließlich tatsächlich.

Noch eindrücklicher stellt sich die Bedeutung ehelicher Bindung

– oder besser: der vorangehenden Konflikte – dar, betrachten wir die Gruppe der 13 dem Adel bzw. Hochadel entstammenden Frauen für sich: vier dieser Frauen waren quasi »von Hause aus« für eine religiöse Karriere bestimmt, die sie alle bereits in kindlichem Alter einschlagen (Hildegard von Bingen[18], Elisabeth von Schönau[19], Mathilde von Diessen[20] und Margarethe von Ungarn[21]).[22] Hier bleiben also neun Frauen, die die Möglichkeit hatten – oder sich dem Zwang ausgesetzt sahen – zu heiraten. Und dennoch finden sich hier mindestens 11 Konfliktfälle um Eheschließungen, was sich daraus erklärt, daß einige Frauen als (junge) Witwen ein weiteres Mal verheiratet werden sollten, wie Elisabeth von Thüringen[23], oder von ihrer religiösen Lebensweise Abstand nehmen sollten wie Margarethe von Ungarn. In drei Fällen wird die Eheschließung dagegen ohne Konflikt angenommen – teilweise jedoch nicht vollzogen, was sich dann gleichsam als Eheschließungskonflikt »danach« darstellt. Insofern wäre hier die Bedeutung von Eheschließungskonflikten als »Schlüsselerlebnisse« in Frauenbiographien quantitativ nachgewiesen. Doch welchen sozialhistorischen Stellenwert dürfen wir diesem ersten, an hagiographisch-fiktionalem Quellenmaterial gewonnenen Befund, geben, wie verläßlich sind die Heiligenbiographien als Informationsquelle für historiographische Fragestellungen?

Bei den von mir gewählten Quellentexten, den *Heiligenviten*, handelt es sich um eine seit dem frühen Mittelalter sehr beliebte Gattung von Erbauungsliteratur und »Propagandamaterial«. In ihnen werden Begebenheiten aus dem Leben heiliger – oder für heilig gehaltener – Menschen berichtet, allerdings in höchst »tendenziöser« Weise, mit deutlich religionsdidaktischer Intention. Als schriftliche Kristallisation der Vorstellungen und Normen eines kollektiven Bewußtseins legen sie die Werte christlicher Spiritualität dar, um den Heiligenkult zu fördern und die Gläubigen zu christlichem Verhalten anzuregen. Die Viten sollen den Leser/innen und Hörer/innen das Ideal christlicher Perfektion nahebringen, indem sie Leben und Handeln einzelner exponierter Gestalten anschaulich und nachvollziehbar machen. Sie sollen erbauen, im Gegensatz etwa zu theologisch-spekulativen Texten, deren Funktion die Belehrung ist.[24] Halten wir an dieser Stelle fest, daß sich erbauliche Texte in besonderer Weise an Laien, »ungelehrte« Gläubige richten – und hier wiederum häufig an Frauen innerhalb, aber auch außerhalb religiöser Institutionen und Gemeinschaften.

Hinter den spirituellen Motiven verbergen sich deshalb auch deutlich materielle Interessen – ohne diesen grundsätzlich zu widersprechen: Bald soll der Kult einer Heiligen proklamiert werden, deren für wundertätig gehaltene Reliquien im Besitz des Klosters sind, bald sollen Klostergründer/innen verherrlicht werden. Denn je herrlicher der »Ursprung« der Gemeinschaft, desto wirksamer und gottgefälliger ihr Gebet. Nicht zuletzt verbinden Autorinnen[25] und Autoren chronikalische Absichten mit dem Schreiben, wollen ein Gedächtnis ihrer Gemeinschaft sein und deren »Verlängerung ins Jenseits« bewerkstelligen.[26]
Im übrigen sind die Texte meistens von Außenstehenden, nicht von den Autoren selbst initiiert, und in vielerlei Hinsicht auf Erwartungen der Zeitgenossen gegründet, häufig mehr noch als auf persönliche Überlegungen und eigenes Gutdünken der Verfasser.[27] Insofern sind die hagiographischen Inhalte, als streng formal und inhaltlich gebundene Aussagen von Mitgliedern einer oder mehrerer gesellschaftlicher Gruppen zu werten und als partielle Dokumente ihrer Zeit.
Wie die interessenbedingte Verfremdung und »Fiktionalisierung« dieser Texte zu »entzerren« ist, darüber haben sich Historiker schon seit geraumer Zeit den Kopf zerbrochen. Es herrscht mittlerweile Einigkeit darin, daß die Texte am ehesten in historiographischer Weise »gegen den Strich« gelesen werden können, indem man in Textvergleichen Gemeinsamkeiten und Variationen, hagiographische Norm und situativ-kontextbedingte Abweichung erkennbar macht. Es zeigt sich dann, daß die hagiographischen Texte um einen Kodex von Wertvorstellungen herum angesiedelt sind, dem jeweils geltenden *Heiligenideal*, das jedoch unter dem Druck sozialen Wandels, durch neue Textfunktion oder veränderte Intentionen von Autor und Publikum erheblich in Frage gestellt und sogar revidiert werden kann.
Was den Bereich der Eheschließungen – und der damit verbundenen Konflikte – angeht, so zeichnen sich die meisten Hagiographen, und besonders diejenigen, die den sogenannten »Neuen Orden«, den Prämonstratensern, Zisterziensern, Franziskanern und Dominikanern, angehören, durch ein vehementes Vertreten des asketischen Ideals der Jungfräulichkeit und der asketischen Lebensweise aus. Im Hinblick auf Eheschließungen ist demzufolge der einzig gangbare Weg für Mädchen und junge Frauen des Adels die Entscheidung *gegen* eine Eheschließung: Ähnlich radi-

kal wie ihre katharischen Zeitgenossen lehnen sie die Ehe, besonders wegen der *»copula carnalis«*, der fleischlichen Vereinigung der Ehepartner, als sündig ab, um so mehr, als durch den neuerdings anerkannten Sakramentencharakter der Ehe diese »Vermischung« gleichsam akzeptiert, wenn schon nicht gutgeheißen wird.[28]

Ihnen erscheinen Mädchen und Frauen vorbildlich und verehrungswürdig, die sich mit allen Mitteln gegen den mit der Eheschließung zwangsläufig verbundenen Verlust der Jungfräulichkeit wehren, wobei sie, anders als die offizielle Lehrmeinung der Kirche und die Erwägungen scholastischer Theologen, ein eher negatives Bild von der Ehe und dem ehelichen Alltag zeichnen. Während es etwa von Hedwig von Schlesien in ihrer von der Kurie abgesegneten Heiligsprechungbulle heißt:

> Schon in frühen Jahren ging sie mit dem Herzog Heinrich von Polen sel. Angedenkens eine gesetzliche Ehe ein, um dem bösen Feinde keine Gelegenheit zur Versuchung zu geben. Weil sie den Ehestand als ein Geschenk des Himmels betrachtete, hielt sie ihn überaus heilig ... Nie verletzte sie die eheliche Treue, die ihr von Gott geschenkten Kinder erzog sie in der Furcht des Herrn. Dem Herzog war sie bis zu seinem jähen Tode in Liebe zugetan, indes nicht mit der Flut sinnlicher Leidenschaft, sondern in besonnener, herzlicher Hingabe[29],

und diese Hymne auf die Tugenden der Ehefrau unschwer als Auslegung der neuen Lehre von den drei Ehegütern (*fides, proles, sacramentum*) gelesen werden kann[30], so vermitteln die Hagiographen einen anderen, negativen Eindruck von den »Gütern des Ehestandes«, vor allem aus weiblicher Sicht.

Wenn auch die Kritik an der Ehe von ihnen kaum je heftiger zum Ausdruck gebracht wird als in der Vita Idas von Nivelles, die die Eheschließungspläne ihrer Verwandten als »Fessel« oder »Fallstrick« empfand auf dem Weg zum gottgefälligen Leben[31], so verdichtet sich im Verlauf der in den Viten geschilderten Ereignisse der Eindruck, das Eheleben sei für Ehefrauen (mit religiösen Ambitionen zumindest), eine Strafe, ein Abstieg, ein Martyrium im Alltag. Die Betonung des Abscheus, des Widerwillens und des verzweifelten Kampfes gegen das Eheleben seitens der potentiellen Bräute führt eventuelle Leser/innen wohl auch dazu, das Eheleben insgesamt mit kritischen Augen zu betrachten.

Eine einzigartige Schilderung der Gründe für die Ablehnung von Eheleben und Mutterschaft finden wir in der Vita der späteren

Einsiedlerin Ivetta von Hoi, die kurz nach 1226 entstanden sein muß. Hier bringt nämlich die Erkenntnis, welch schweres Joch (*grave iugum*) die Ehe sei,

ein Leben unter den ermüdenden Lasten des (schwangeren) Bauches, den Gefahren der Geburt, dem Mühen mit der Kindererziehung und vor allem mit den zweifelhaften Machenschaften der Ehemänner, der Sorge um die Familie und darüber hinaus die Mühen des Alltags

die junge Ivetta zu dem Entschluß, auf jede Ehe zu verzichten. Sie wollte lieber frei und ungebunden im Hause ihrer Eltern bleiben.[32]

Inwieweit allerdings diese frappierend modern anmutende Darstellung weiblicher Kritik an den Institutionen frauenspezifischer Lebensweise den Vor- und Einstellungen der zeitgenössischen Adelsdamen entspricht, scheint um so dringender zu fragen, als nicht vergessen werden sollte, daß hier durch die Einführung der Diskussion um Wert und Unwert der Ehe im Schicksal der jungen Heiligen vorgeführt werden soll, wieviel mehr doch die »Freiheit, die das Mönchtum von Anfang an als seinen Weg betrachtet hat«, »die Freiheit, mit der die Jungfrau ihrem König dient«[33], einem ›normalen‹, weltlichen Leben als Ehefrau und Mutter vorzuziehen ist. Der »tendenziöse«, asketisch geprägte Blickwinkel der Hagiographen darf gerade hier nicht außer acht gelassen werden. In ihrem Bemühen, ihre Protagonistinnen der faktischen Erfahrungswelt des (lesenden und lauschenden) Publikums anzunähern, geben uns die Hagiographen andererseits wiederum zweifelsfreie Informationen über Strukturbedingungen und Grundlagen gesellschaftlichen Handelns und Wandels. Und namentlich dort, wo unterschiedliche Meinungen, Interessen und Machtpositionen aufeinandertreffen – und das ist bei den Eheschließungskonflikten in besonderem Maße der Fall –, entfaltet sich vor uns ein erstaunlich »detailrealistisches«, vielfältiges Bild von den Normen und dem gesellschaftlichen Rahmen, durch die sich weibliches Verhalten geregelt und begrenzt findet.[34] So auch in der Vita der Oda, einer flandrischen Adligen des 12. Jahrhunderts, die sich von den Eheplänen, die ihre Eltern für sie schmieden, überrumpelt und bedroht fühlt. Seit sie durch Gerüchte von den elterlichen Absichten erfahren hatte, überlegte sie verzweifelt, wie sie diesen »Angriff« auf ihre jungfräuliche Tugend ab-

wenden könnte. Sogar an Flucht hatte sie gedacht: Den elterlichen Hof heimlich verlassen und sich irgendwo verstecken – aber wo? Von dort, wo sie Hilfe noch am ehesten erwartet hatte, vom Abt Odo, ihrem Beichtvater, der dem nahegelegenen Prämonstratenserkloster vorstand, und dem sie sich vor Wochen schon anvertraut hatte, war keine Ermunterung gekommen. Ihr heimliches Gelübde hatte er nicht annehmen wollen, hatte vielmehr ihren Eltern hinter ihrem Rücken von ihren Fluchtplänen erzählt. Woraufhin die mit doppeltem Eifer einen passenden Schwiegersohn gesucht – und schließlich gefunden – hatten.
Und dann: Was hätte Oda tun können, ganz allein auf den Straßen und in den Wäldern, wenn sie belästigt, bedrängt, angegriffen oder gar vergewaltigt würde? Da hatte die Angst sie überfallen, und sie hatte lieber versucht, ihren Vater umzustimmen. Wieder und wieder hatte sie ihn bedrängt, von dieser Verheiratung abzusehen, sie ihren eigenen Plänen folgen zu lassen. Vergebens ...[35]

Andere Viten bestätigen den hier beobachtbaren »Befund«: Die jungen Mädchen müssen sich durch List und Flucht den Heiratsplänen ihrer Familien entziehen, wie etwa Clara und ihre Schwester Agnes, beide aus einem adligen Haus in Assisi[36], und sie finden sich einer starken personellen und strukturellen Übermacht, äußerstem sozialem Druck ausgesetzt, wollen sie ihrer eigenen Wege gehen. Und selbst in den Viten ist schließlich die »Erfolgsquote« gering: von den mindestens elf Konfliktfällen werden lediglich sechs zugunsten der heiratsunwilligen Frauen gelöst – und nur vier Frauen können sich ihre Jungfräulichkeit bewahren, indem sie eine erste Eheschließung bereits abwenden können. Die übrigen beiden Erfolge sind wohl auch darauf zurückzuführen, daß es sich um Wiederverheiratungen von Witwen handelt, die ohnehin eine etwas bessere Stellung innehaben und sich etwas leichter durchsetzen können, als ihre jugendlichen Leidensgenossinnen.[37]

Feudale Familienorganisation und adlige Eheschließungspraktiken

Diese geringen Erfolge bei äußerster Willensanspannung der jungen Frauen lassen sich leicht erklären, beachtet man die überragende Bedeutung, die ehelichen Verbindungen in dieser Adelsgesellschaft zukommt. Zu ihrer Sicherung trifft die jeweils herrschende Generation ihre Vorkehrungen. In formalen Konventionen und in informellen Absprachen wird genau geregelt, wer wen unter welchen Umständen heiraten darf – zumindest in den Reihen der eigenen Familienmitglieder der nächsten Generation. Im Laufe des 13. Jahrhunderts setzte sich hierbei eine rein patriarchalisch organisierte Verheiratungspraxis durch: es waren nun Väter, Mütter, Vormünder, Verwandte und Vasallen, die sich um die Verbindung zweier Häuser bemühten und festlegten, welche Ehen politisch opportun und sozio-ökonomisch vorteilhaft sein konnten.

In Böhmen wurde deshalb gegen Mitte des 13. Jahrhunderts ein ganzes »Heer von Brautwerbern und Unterhändlern« begrüßt, als es darum ging, die Fürstentochter Agnes unter die Haube zu bringen[38], während die Ehe der flandrischen Oda von einer »Menge Verwandter und Freunde« gestiftet wurde, der die Familie des Ehemanns in nichts nachstand.[39] Dabei ließen die Unterhändler genausowenig die weitreichenden politischen Intentionen aus dem Spiel wie die Hagiographen, die sich mehrfach über die politische Bedeutung einer intendierten oder vollzogenen Eheschließung äußern: So sollte die bereits 26jährige Margarethe von Ungarn, die seit ihrem vierten Lebensjahr im Kloster lebte, mit päpstlicher Dispens ihre religiöse Lebensweise aufgeben, um als Gattin des böhmischen Königs als Unterpfand für die Aufrechterhaltung eines eben geschlossenen Friedens zu dienen.[40] Auch Salomeas Verbindung mit dem ungarischen Königssohn Coloman diente zur Befriedung zweier verfeindeter Fürstenhäuser, nachdem der ungarische König, der Vater Colomans, nicht davor zurückgeschreckt war, die polnische Landgrafenfamilie mit der Zerstörung ihres Territoriums zu bedrohen.[41]

Weiter wurde auf die Maximierung ökonomischer Ressourcen und politischer Verbindungen spekuliert, und insbesondere die Territorialisierungspolitik der großen Fürstenhäuser wirkte als Zwangs- und Ordnungsprinzip auf die Eheschließungen der klei-

neren und größeren Vasallenhäuser.[42] Auch die südfranzösische Grafentochter Dalfina von Puymichel sollte wegen ihrer reichen Besitzungen unbedingt mit einem *»Mann aus den Kreisen der Adligen und Mächtigen«* der heimatlichen Provinz verehelicht werden, und dies auf allerhöchsten Wunsch des *seigneur*, Karl von Anjou (1296-1337)[43], wogegen es Elisabeth von Thüringen erheblich zum Nachteil gereichte, daß sie *»eine weniger reiche Mitgift erhalten (hatte), als dem hohen Rang des Schwiegervaters und dem des zukünftigen Schwiegersohnes entspräche«*.[44]
Um diesem System von Absprachen und Zukunftssicherung mehr Dauerhaftigkeit und Zuverlässigkeit zu verleihen, gingen die Angehörigen – des Hochadels vor allem – vermehrt dazu über, »Risikofaktoren« auszuschalten, zumal ihnen die kirchliche Lehre von der Unauflöslichkeit der ehelichen Verbindung einen politischen Weitblick aufzwang, weil nun die Auswahl der Familienverbindung über Jahrzehnte hinaus politische und soziale Beziehungen festschrieb.[45] Denn längst nicht alle Eheverträge wurden eingehalten, ja, die Eheverhandlungen selbst wurden häufig erfolglos abgebrochen. Zu wechselnd war die politische Szenerie, zu unberechenbar auch die hart regierende Hand der Natur. Weder für Isabella von Frankreich[46] noch für Agnes von Böhmen, beide Töchter aus den ersten Häusern Europas, führten die ersten Eheverhandlungen zu einer späteren Heirat. Agnes wurde um ihre erste Hochzeit gebracht, als ihr kindlicher Gatte, Sohn Hedwigs von Schlesien, ein Jahr nach der Verlobung unerwartet verstarb.[47] Ihre zweite »Partie« wurde wegen des Wandels im politischen Klima rückgängig gemacht:

Schon von früher her und durch Kaiser Friedrich selbst war dem jungen König (Heinrich) die Tochter Ottokars von Böhmen und seiner Gemahlin Constantia, der Schwester des Königs Andreas von Ungarn, mit reicher Aussteuer verlobt worden und wurde bis zur Zeit der künftigen Vermählung am Hofe Herzog Leopolds von Österreich erzogen.

Durch eine Änderung in der Heiratspolitik, verursacht durch die Absicht des Babenbergers, seine eigene Tochter an Heinrich zu verheiraten, geriet die unglückliche Agnes ins politische Abseits: *»Gleich nach seiner Rückkehr (aus Cremona) schickte Herzog Leopold die böhmische Königstochter dem Vater zurück.«*[48]
Eine der besten Möglichkeiten, dynastische Interessen in der Eheschließungspolitik zu wahren, scheinen die Angehörigen des Adels in der Herabsetzung des Heiratsalters gefunden zu ha-

ben[49]: In der Regel wurden die Mädchen im höheren Adel in der Zeitspanne zwischen der Geburt und dem 10. Lebensjahr »versprochen«, häufig wurden diese Verlobungen auch schon für Kinder unter fünf Jahren ausgehandelt.[50]
Doch nicht allein die Töchter fanden sich solch autoritären Entscheidungsprozessen unterworfen; auch die Söhne, besonders die Erbsöhne, hatten zunehmend weniger Mitspracherecht bei dieser Art patriarchaler Familienorganisation. Wenn auch ein gewisser Vorteil für die jungen Männer bestehen mochte, die dem niederen Adel entstammten – im wesentlichen wegen des höheren Heiratsalters und der solcherart geringeren väterlichen Autorität –, so erfahren wir aus den Viten hochadliger (potentieller) Ehegatten, daß auch die jungen Männer bereits im Kindesalter versprochen und verehelicht wurden – selbst gegen ihren Willen. Der Bräutigam der jungen Salomea erhielt mit dieser zusammen Unterricht im Lesen und Beten – und konnte also kaum älter sein als seine kindliche Braut.[51] Auch hatte er nicht selbst um die Landgrafentochter geworben, sondern sein Vater hatte diese Verbindung als politischen Schachzug erzwungen. Der älteste Sohn des Landgrafen von Thüringen kann ebenfalls kaum älter als sieben Jahre gewesen sein, als ihn die Familie mit der erst zweijährigen Königstochter Elisabeth aus Ungarn zusammenbrachte – auch er hatte zunächst kein Mitspracherecht bei dieser Entscheidung.[52]

Insofern ist die »Freiheit der Partnerwahl«, die sich in den hagiographischen Texten als Forderung anzudeuten scheint, wo sich junge Frauen mit allen Kräften gegen arrangierte Ehen sträuben, eine unzulässige – allzu moderne – Interpretation. Vor allem aber kann dies kein Kriterium für das Ausmaß spezifischer Unterdrückung und Einschränkungen von Frauen in der feudaladligen Gesellschaft sein. Es drückt sich hierin vielmehr ein Charakteristikum hoch- und spätmittelalterlicher Familienorganisation (im Adel) aus, das für alle »Unmündigen«, (junge) Männer wie Frauen, Kinder wie Dienstboten in ähnlichem Umfang Unfreiheit beinhaltete.
Die spezifische Unterdrückung weiblicher Adelsangehöriger setzt an anderen Punkten ein: Bei der Reduzierung auf die Existenz an der Seite eines Mannes, als dessen »Anhängsel«, bei der Kontrolle der weiblichen Sexualität und des weiblichen Körpers, und bei der psychischen Deformation der als »fremd« dargestell-

ten Ehefrau. Gerade die Sitte der sogenannten *Patrilokalität*, im Adel des Hoch- und Spätmittelalters die Regel[59], garantierte den Knaben und jungen Männern den gewohnten psycho-sozialen Hintergrund, den die Mädchen einbüßten durch die Sitte des »Verschickens« der jungen Bräute in den Einflußbereich der zukünftigen Schwiegerfamilie. So hatten Mißgeschicke und Schicksalsschläge, wie der Tod der Verlobten, weit weniger Einfluß auf die Lebensumstände junger Männer als auf die der Mädchen und jungen Frauen. Ihr soziales Prestige, ihr persönliches Umfeld, ihre Lebensgestaltung hingen allein an einer ehelichen Verbindung, während jene der Familie, der sie entstammten, bruchlos zugehörig blieben: die ideologische Ausgrenzung als »Fremde« war den Frauen vorbehalten.[53]

Eheschließungspraktiken aus weiblicher Sicht

Wo solcherart Familieninteressen und Gesellschaftsstruktur gesichert wurden, konnte ein je vorhandenes Bedürfnis nach individueller Entscheidungsfreiheit ebensowenig Akzeptanz finden, wie die neuerdings stärker propagierte kirchliche Forderung, daß erst der *consensus*, die beiderseitige Einwilligung der Eheleute, das Sakrament der Ehe konstituiert.
Die Chancen für ein »Entkommen« aus den Heiratsplänen der Familie scheinen deshalb, wie gesagt, nicht sehr gut; selbst innerhalb der hagiographischen Texte wird im allgemeinen der Wunsch der Eltern und Verwandten durchgesetzt. Nur Clara von Assisi und ihre Schwester Agnes, Oda, Isabella von Frankreich und Margarethe von Ungarn widersetzen sich erfolgreich allen Verkuppelungsversuchen. Alle anderen jungen Frauen finden sich »ins Joch der Ehe gedrängt«. Und dennoch lassen sich schon früh auch historische Belege finden dafür, daß – und mit welchen Mitteln – Frauen sich gegen die Verheiratungspraktiken zur Wehr setzen. So sind etliche Artikel und Glossen im kanonischen Eherecht Antworten auf die Probleme adliger Väter und Vormünder mit heiratsfähigen, aber unwilligen Töchtern. Um 1140 wird das 1. Kapitel der Dekretalen Gratians eingeleitet mit der Frage: »Darf eine Tochter verheiratet werden gegen ihren Willen?«[54] Anläßlich des Konflikts zwischen Jordan von Capua und seiner Tochter – deren Name bezeichnenderweise ungenannt bleibt –

sieht sich Gratian gezwungen, auf das Problem der »Konsensehe« ausführlich einzugehen.
Es geht Gratian dabei wohl kaum um die »Sache der Frauen«, sondern um rechtstheoretische Erwägungen, um das Übereinkommen von römischem Recht (*leges*) und kanonischem Recht (*canones*). Nach wohlabgemessenen Überlegungen kommt Gratian zu dem Schluß, daß *»keines Vaters Eid ein Mädchen dazu zwingen kann, jemanden zu heiraten, den sie nicht will.«* Dies steht in eklatantem Widerspruch zu dem, was die Grundlagen feudaladliger Familienorganisation und Eheschließungspraxis ausmacht, was in der neueren historischen Forschung häufig dazu führte, der Kirche einen für Frauen emanzipatorischen Impetus zuzusprechen, ihr besondere Verdienste um deren Besserstellung anzurechnen.[55] Das scheint mir allerdings verfrühtes Lob angesichts der Tatsache, daß die Eheschließungspraktiken im Adel davon weitestgehend unberührt blieben, es sich hier also um eine rein theoretische Auseinandersetzung handelte – und dies mit Billigung und Unterstützung durch Kirchenfürsten, bis hin zum *pontifex maximus*. Auch die kirchlichen Richter handelten, soweit dies in den Quellen faßbar wird, häufig gegen diese unmißverständliche Rechtssatzung; denn nicht nur Laiengerichte vertraten zu dieser Zeit unumwunden die Berechtigung der Dominanz der elterlichen Entscheidung gegenüber den Wünschen beider Ehekandidaten[56], sondern auch bischöfliche Gerichte vertraten denselben Grundsatz: der *consensus*, den sich die Familienangehörigen gegenseitig im Heiratsversprechen zugeschworen hatten, war dem der Kinder übergeordnet; deren Zustimmung konnte auch durch Gewalteinwirkung zustandekommen, denn die »Herrschaft« der Eltern war ja durch das Gebot des kindlichen Gehorsams gegenüber dem elterlichen Willen gleichsam gottgewollt.[57]
Dies betonen schließlich auch die Hagiographen, indem sie in den Texten immer wieder auf die ungleiche Machtverteilung zwischen Eltern und heiratsunwilligen Töchtern aufmerksam machen, die den Widerstand der Mädchen in die Nähe des Kampfes frühchristlicher Märtyrerinnen gegen heidnische Kaiser und unchristliche Verfolger rückt – und schließlich die Widerstrebende in den Stand der Ehe zwingt.[58]
Diese Konstellation drängt die geschilderten Frauenfiguren in eine Opferrolle, der sie, wenn überhaupt, dann nur durch »über-

irdische«, göttliche Hilfe entrinnen, was sich in den Rahmen hagiographisch-erbaulicher Argumentation nahtlos einfügt, diesen bisweilen sogar konstituiert: Auf diesem Weg werden in friedlichen Zeiten Märtyrerinnen, von göttlicher Gnade bestärkte Glaubenszeuginnen »geschaffen«.[59]

Uns aber muß es so scheinen, als seien mittelalterliche Eltern grausam[60], mittelalterliche Menschen, besonders die Vertreter der Kirche, allesamt unglaubwürdig, heuchlerisch und widersprüchlich. Eine derartige Einschätzung ist allerdings fragwürdig, muß auf dem Hintergrund der Überlegung, daß *»man die Kultur der Vergangenheit (...) nur durch streng historisches Herangehen verstehen (kann), nur dann, wenn man sie mit dem ihr entsprechenden Maßstab mißt ...«*[61], kritisch revidiert werden. Dies bedeutet in unserem Zusammenhang zum einen, die Idee von der Entscheidungsfreiheit, ja, der »Freiheit der einzelnen Person« für *alle* mittelalterlichen Gesellschaften nur mit größten Vorbehalten einzubringen: Das Verhältnis von Individuum und Gesellschaft wird wesentlich anders gedacht als heute, denn man betrachtet die oder den Einzelnen als Teil eines Ganzen, nicht als Einheit; als Mitglied einer ständischen, familialen, religiösen oder regionalen Gemeinschaft.[62] Und wenn diese Haltung im Laufe des späteren Mittelalters – eben auch durch die Frauen, die sich aus familiären Zwängen zu lösen versuchen – aufbricht (bis hin zum Personenkult der Renaissance), so gilt doch der Gemeinschafts- und Genossenschaftsgedanke gerade für sozial Schwache, und das waren Frauen, wie Kinder, Kranke und Leibeigene, allemal.

Es wäre allerdings falsch, diese Strukturierung menschlicher Beziehungen als grundsätzlich repressiv bis zerstörerisch, als grausam und heuchlerisch zu betrachten. Denn wenn auch die Sicherung dynastischer Interessen und Verbindungen bei der jüngeren Generation etliche »Kosten« verursachen mochte, so wurde doch gleichzeitig – bewußt oder unbewußt – darauf geachtet, daß sich diese nicht allzu schädlich auswirkten. Die Verlobung von Kindern vor der Pubertät hatte nicht zuletzt den Vorteil, daß diese sich gewissermaßen vorbereiten konnten auf ihre zukünftige Umwelt und Lebensweise, bedeutete also eine gewisse »Lernphase«.

War die Ehe nämlich versprochen, wurde die Übersiedelung der kindlichen Braut bewerkstelligt. Bald war es ein Kloster, das den kostbaren Schatz zu beherbergen hatte, bald der Hof des zukünftigen Ehemanns. Nach dieser Übergabe der Braut von der Gewalt des Vaters in die des Ehemanns, wie dies die Rechtsgeschichte etwas trocken formuliert, fand sich das Mädchen in einer neuen Familie, einer neuen Gemeinschaft wieder – und meist auch gut zurecht. Es wurden ihr Spielkameradinnen und -kameraden beigegeben, zu denen nicht selten ihr zukünftiger Ehemann gehörte; und sie wurde wie eines der Kinder dieser Gemeinschaft behandelt. *»Mit den Söhnen und Töchtern des österreichischen Herzogs«* feierte Agnes von Böhmen am Wiener Hof[63], während Elisabeth zusammen mit Agnes, der Schwester ihres zukünftigen Gatten Ludwig aufgezogen wurde und *»ganz gleichen Schmuck«* wie diese trug.[64]

Diese Erfahrung mochte für die kindlichen Bräute nicht unangenehm gewesen sein – und folgerichtig teilten viele Frauen die Vorstellungen ihres Standes von der Bedeutung und den angenehmen Seiten des Ehelebens. Huga Bailesia etwa, die um 1300 im provenzalischen Adel aufgewachsen war, war bereits mit 16 Jahren verwitwet und stand nun erneut vor der Entscheidung zu heiraten. Sie hatte gegen das Eheleben – und damit verbundenes Wohlleben – nichts einzuwenden gehabt, wie sie den Inquisitoren später gestand, und hatte mit dem Gedanken gespielt, wieder einem Mann ihr Ja-Wort zu geben.[65] Und später, als reiche, allseits geachtete Matrone hätte sie dann ihrerseits ihre Töchter, Nichten oder Enkelinnen, Söhne, Neffen oder Mündel zu verheiraten gesucht, wie dies auch andere Mütter, Tanten, Großmütter oder Cousinen, in der Provence und anderswo, mit kräftigem Engagement taten – und nicht immer unbedingt im Sinne der minderjährigen Kinder.[66] Selbst der heiligen Hedwig von Schlesien, die zwei Generationen vor Huga vor der Entscheidung stand, den zu heiraten, den ihre Eltern auserwählt hatten – und die dies nur aus kindlichem Gehorsam heraus tat, wie der Hagiograph sich beeilt zu bemerken –, selbst dieser der Askese und dem religiösen Leben verpflichteten Frau stand es ausgezeichnet an, als Lehnsherrin *»einige Edelfräulein und Mädchen aus einfachem Stand, die verwaist und arm waren«*, unter die Haube zu bringen.[67] Und mehr noch: in die Familienpolitik des schlesischen Herzogshauses griff sie gleich mehrfach ein, wie historische Quellen berichten, um ihm Frieden und Machtposition zu sichern:

Nachdem es ihr gelungen war, ihren Mann, Heinrich I. von Schlesien († 1238), aus der Gefangenschaft bei Herzog Konrad I. von Masowien auszulösen, bekräftigte sie den Frieden durch die Verlobung gleich zweier Enkeltöchter mit Söhnen Konrads 1229.[68]

Aber Huga Bailesia heiratete schließlich nicht noch einmal. Der Kontakt mit der radikalen Religiösen Dalfina, die einst Gräfin der Provence gewesen und am Hofe Karls von Anjou ein- und ausgegangen war und die nun, als alternde Witwe, bettelnd und predigend durch die Straßen ihrer Heimatstadt zog, hatte die junge Frau von ihren weltlichen Wünschen abgebracht. So hing auch sie schließlich dem »himmlischen Bräutigam« und dem gesellschaftskritischen Ideal unverheirateter, religiöser Existenz an und ließ Familie, Reichtum und potentiellen Ehegatten hinter sich.

Andere junge Frauen hatten keine solchen Vorbilder für ihre Entscheidung, der glamourösen Welt der Höfe und der arrangierten Hochzeiten den Rücken zu kehren. Doch hatten sie deren Kehrseite erlebt, wie Elisabeth von Thüringen um 1230, deren ehrenvoller Platz als zukünftige Gemahlin des Thronerben grundlegend in Frage stand, als sich die Machtverhältnisse im fernen Ungarn ungünstig gewandelt hatten und sie als ungarische Königstochter an diplomatischem und politischem Wert verloren hatte. Da sollte sie »nach Hause« zurückgeschickt, sollte die Verlobung rückgängig gemacht werden. Doch welches »zu Hause« konnte sie sich vorstellen? Mit knapp vier Jahren nach Thüringen gekommen, war die nun 12- oder 14jährige immer, so lange sie denken konnte, Mitglied der thüringischen Hofgesellschaft gewesen; hier war ihre Heimat, wenn überhaupt, und hier fand sie sich nun plötzlich unerwünscht, war hämischen Bemerkungen über ihre magere Mitgift und über ihren mangelnden Wert als dynastisches Unterpfand ausgesetzt.[69]

Und was der jungen Elisabeth nur angedroht worden war, das mußte ihre Zeitgenossin Agnes, mit der sie schließlich Lebens- und Glaubensgrundsätze teilte, mehrfach über sich ergehen lassen: Als Zehnjährige war sie bereits zweimal ver- und entlobt worden, hatte drei Jahre in Schlesien bei den Trebnitzer Nonnen und ein weiteres am Hof der Babenberger in Wien verbracht, nur um sich schließlich doch wieder nach Prag, von wo sie gekommen war, zurückgeschickt zu sehen.[70]

Die fröhliche Lebensweise der Adelshöfe hatte eine häßliche Kehrseite für die jungen Bräute, denen deutlich werden mußte, daß ihre bevorzugte Behandlung eng an das Wohl und Wehe ihres zukünftigen Gatten, aber auch an das der mittlerweile fernen Herkunftsfamilie geknüpft war. Auf beides aber hatten sie zunächst nur wenig Einfluß.

Maß man Kindern in dieser Gesellschaft ohnehin nur geringe Bedeutung bei, zumal bei solch schwerwiegenden Entscheidungsprozessen, so ist es auch aus soziobiologischen Gründen heraus einsichtig, daß Kinder im Alter zwischen einem und zehn Jahren tatsächlich nicht unbedingt imstande waren, Entscheidungen zu treffen oder die von Erwachsenen getroffenen Entscheidungen anzufechten.[71] Dies bedeutete einerseits, daß die Herabsetzung des Heiratsalters auf die ersten zehn Lebensjahre garantierte, den Widerstand der zu Verehelichten gering zu halten. Es bedeutete andererseits, daß Einfluß erst dann genommen, Widerstand erst dann geleistet werden konnte, wenn ein »mündiges Alter« – nicht im Sinne eines abstrakten Rechtssatzes, sondern wiederum in soziobiologischer Sicht – erreicht war.
In den Viten zumindest stellen sich die »Wartejahre«, die für manche Bräute bis zu 20 Jahren andauern konnten, als erhebliches Hindernis beim Versuch einer Verheiratung dar. Nicht allerdings so sehr deshalb, weil ältere Adelstöchter weniger »gefragt« gewesen wären, sondern vielmehr, weil die Bereitschaft der älter werdenden Mädchen und der jungen Frauen zu Widerstand und eigenwillig gewählter (religiöser) Lebensführung wuchs; die Schicksale einer Agnes von Böhmen, einer Isabella von Frankreich und auch einer Margarethe von Ungarn lassen sich in dieser Richtung interpretieren.
Doch war das Erreichen eines höheren Alters allein nicht ausreichend, wenn es um die Realisierung weiblichen Widerstands und eigenständiger Lebensführung ging. Kaum eine der in den Viten vertretenen jungen Witwen etwa konnte sich allein durch Willensäußerungen den Wiederverheiratungsabsichten entziehen, die die Familie äußerte.[72] Und auch historische Beispiele zeigen, daß Witwen bestenfalls ein relatives Mitspracherecht bei der Wahl des zukünftigen Ehegatten eingeräumt wurde; eine längere Ehelosigkeit konnten auch sie fast nie erreichen.[73]
Die Frauen bedurften folglich starker Verbündeter, wollten sie in politische Handlungsabläufe eingreifen – oder eine drohende Eheschließung abwehren. Clara von Assisi wählte Nacht und Ne-

bel – und die Solidarität des jungen Franziskus, der sich ebenfalls mit drastischen Mitteln der väterlichen Vormundschaft entledigt hatte, als Rückenstärkung gegen die massiven Anfeindungen und Zwänge der Familie. Sie verbarg sich in einer kleinen Kapelle außerhalb ihres Heimatortes, legte ein Keuschheitsgelübde ab, ließ sich ihr Haar schneiden zum Zeichen ihres Eintritts in den religiösen Stand – und stellte so ihre Verwandten vor vollendete Tatsachen. Ihre Schwester Agnes konnte gar nur mit göttlicher Hilfe den Beschimpfungen und der Gewalt der Familienangehörigen entkommen.[74]

Bei Dalphina schließlich zeigt sich, was geschehen konnte, wo solch überirdische Unterstützung ausblieb: Durch Schläge und Drohungen zunächst, durch Überredung und List später wurde ihr die Eheschließung »nahegebracht«, der sie sich endlich nicht mehr entziehen konnte[75], während Oda sich, im Moment ihrer Eheschließung, selbst die Nase mit einem Schwertstreich abschlug, um so für immer zur Ehe untauglich zu sein.[75a]

Andere Zeitgenossinnen machten sich die Feinheiten kanonistischer Kasuistik zu eigen, wie Agnes von Böhmen, die sich nach etlichen fehlgeschlagenen Eheschließungsprojekten ganz einer religiösen Lebensführung zugewandt hatte. Sie mochte sich im Spiel der europäischen Mächte nicht länger als Dame mißbrauchen lassen. Als sich die Gesandten des englischen Königs und des Kaiserhauses die Hand der 27jährigen streitig machten, wandte sich diese an die päpstliche Kurie schriftlich um Unterstützung. In einem Schreiben bestätigte Gregor IX. ihre Einwände gegen den Zwang zur Ehe, denn sie hatte ihm mitgeteilt, sie habe niemals mit eigenem Mund irgendwelche Zusagen gemacht. Ihre Verwandten könnten ihr, das wisse sie, durchaus Vorschläge machen und sie beraten bei einer Eheschließung; zu einem Ja-Wort könne sie nach christlichem Recht aber nicht gezwungen werden. Dies sei unmöglich und unrecht.[76]

Doch häufig erwies sich eine Koalition mit Vertretern der Kirche als eher unzuverlässig: Der französischen Königstochter Isabella empfahl der Papst selbst eine eheliche Verbindung aufs wärmste, *»wegen des guten Einflusses, den eine tugendreiche Dame auf ihren Ehemann haben könne«.*[77] Und selbst ein gültig abgelegtes Keuschheitsgelübde bot in Fällen oberster Familienraison wenig Schutz: Nach 20 Jahren Klosterleben sollte die ungarische Königstochter Margarethe, mit Einverständnis und Dispens des

Papstes, ihrer jungfräulichen Lebensweise den Rücken kehren, um den böhmischen König zu ehelichen.[78]

Frauen in der Männergeschichte?

Wie aber sind auf diesem Hintergrund nun die »Widerstandshandlungen« junger Frauen zu bewerten, aus denen der Mediävist Herbert Grundmann einst eine »religiöse Frauenbewegung« herauszulesen wußte?[78a]

Daß es sich hierbei nicht ausschließlich um erbauliche Fiktionen handelt, die in der literarischen Tradition der Gattung *Heiligenviten* begründet liegen[79], haben wir bereits an einigen Beispielen nicht-hagiographischer Provenienz sehen können. Zudem finden sich, etwa in Prozessen um Vermögensverluste durch eigenmächtige Eheschließungen, Versuche junger Leute dokumentiert, die darauf abzielen, sich vom Einfluß und der Bevormundung durch Familien oder gesetzliche Vormünder freizumachen.

Daß es sich hierbei in erster Linie um junge Männer handelt, die derart eigenmächtig ihre Zukunft in die Hand nehmen wollten, spricht für die oben aufgestellte These von der allgemeinen »Unterdrückung« der jüngeren Generation durch patriarchale Familienorganisation und die Entscheidungsvormacht der Älteren. Es zeigt aber auch, daß und in welchem Maß Frauen anderen Rechtsgrundsätzen und Rechtspraktiken unterworfen wurden als ihre männlichen Zeitgenossen. Ihre eigenmächtigen Entscheidungen finden wir vielleicht dort, wo sogenannte »Raubehen« verhandelt werden; in zeitgenössischer Sicht sind Frauen nicht »Manns genug«, ihre Entscheidung selbst zu treffen. Infolgedessen werden ihre Handlungen als »Entführungen« und »Brautraub« behandelt, als einseitig männliche Aktivitäten also – die jedoch häufig ohne Mitwirkung des weiblichen Partners nicht zustande kommen könnten.[80] Ein ähnliches Frauenbild vertreten auch die Hagiographen, wenn sie gerade Eheschließungskonflikten in den Viten *weiblicher* Heiliger einen solch breiten Raum zumessen und ihre Protagonistinnen als Opfer elterlicher Übermacht gestalten.[81] Daß es ihnen zugleich besonders erwähnenswert erscheint, wenn Frauen sich gegen fleischliche Freuden und weltliche Ehren wenden, wie dies die Kämpferinnen aus asketi-

scher Überzeugung tun, macht deutlich, wie sehr auch ihnen überkommene Frauenbilder geläufig sind – wenn auch als Negativ-Folie ihrer Darstellungen. Denn traditionell werden Frauen als verführbare Verführerinnen, als genuß- und ehrensüchtige Evatöchter betrachtet. Andererseits wird das »Risiko«, der »Verlust« an christlicher Tugend durch den Verlust der Jungfräulichkeit traditionell bei Frauen höher gewertet als bei Männern. Denn wenn auch – in asketischer Tradition von alters her und seit der Gregorianischen Reform verstärkt durch das Gebot des Zölibats für *alle* klerikalen Männer – Virginität von beiden Geschlechtern als Ideal anzustreben war als Teil der Übungen zur Überwindung des Fleisches, schien doch immer – und nun mit neuer Stoßrichtung – die eigentliche Inkarnation der Jungfrau die jungfräuliche *Frau*.[82]
Insofern legen die Hagiographen einen ungleichen Maßstab an weibliches und männliches Verhalten an, wie Richter und Rechtssatzer ihrer Zeit – und auch wie die modernen Historiker ... Sie verheißen den Frauen ewige Seligkeit, wenn sie sich aus den Zwängen der weltlichen Gesellschaft lösen, während ihre männlichen Zeitgenossen lediglich einen »anderen Berufsweg« wählen sollen, wollen sie wirklich gottgefällig leben.[83] Daß letzteres den Verzicht auf eheliche Beziehungen und damit ebenfalls den Schritt aus der Familienbindung erfordert, wird hier meist völlig – und bewußt – negiert.

Andererseits führen die Hagiographen mit ihrer Darstellungsweise weibliche Vorbildfiguren in die Mitte einer Adelsgesellschaft zurück, die Frauen zunehmend *symbolisch* ausgrenzt, sei es durch eine mehr und mehr agnatisch organisierte Familienstruktur[83a], sei es durch Lehren der scholastischen Theologie und Satzungen des kanonischen Rechts, die die weibliche Inferiorität und Marginalität (als Dienerin des Ehemannes und als mißratener Mann-Mensch) festzuschreiben suchen.[84]
Dies allerdings nicht aufgrund einsamer Erleuchtung im stillen Kämmerlein hagiographischer Seelenschau, sondern vielmehr als Reflex und Reaktion auf gesellschaftliche Veränderungen, denen Frauen, besonders in den mittel- und nordeuropäischen Regionen ihren Stempel aufdrückten. Denn seit Beginn des 12. Jahrhunderts und dann vor allem im 13. Jahrhundert trieb

eine tiefe religiöse Beunruhigung (...) viele Menschen dazu, die herkömmlichen Formen der Frömmigkeit aufzugeben und, meist in Gruppen oder Grüppchen von Gleichgesinnten, das Heil ihrer Seele auf Wegen zu suchen, die von der Kirche nicht vorgesehen waren oder gar aus ihr hinausführten.[85]

Nördlich der Alpen war dieser Aufbruch besonders von Frauen getragen[86], so daß der Dichter Ulrich von Lichtenstein klagte, wenn auch im Scherz, daß die Frauen plötzlich alle wie Nonnen herumliefen, verschleiert und mit dem Rosenkranz Tag und Nacht zur Kirche gingen und den Rittern kein gutes Wort und keine Freude gönnten.[87] Er hatte nicht ganz unrecht: Um 1300 schließlich gab es allein in Deutschland 74 Dominikanerinnenklöster, die in kaum 50 Jahren gegründet bzw. inkorporiert worden waren. Sie waren zu diesem Zeitpunkt vollständig überfüllt, ebenso wie die Häuser der übrigen »neuen Orden«. Noch größer war die Zahl der im semireligiösen Stand lebenden Frauengemeinschaften. Köln besaß in der Mitte des 14. Jahrhunderts 169 Beginenkonvente mit etwa 1170 Bewohnerinnen; in Straßburg gab es zur selben Zeit etwa 600 Beginen: Der Anteil der religiös lebenden Frauen betrug hier schätzungsweise 10% der weiblichen Bevölkerung.[88]
Sie alle aber waren, aufgrund des Ausschlusses der Frauen vom Priesteramt, auf »männliche«, nämlich priesterliche bzw. mönchische Für- und Seelsorge angewiesen; ihre teilweise als skandalös empfundene Lebensweise erregte andererseits Verdacht und Unruhe bei den Vertretern traditioneller Religions- und Ordensauffassung. So schlossen sich die Frauen und Frauengemeinschaften häufig den jungen Bettelmönchen an, wie Clara, die sich von Franziskus von Assisi hatte »inspirieren« lassen, als sie Familie und Heirat hinter sich ließ, um eine religiöse Frauengemeinschaft zu gründen[89], oder andererseits Marie von Oignies, die mit ihrer Klarsicht und ihren asketischen Grundsätzen zum Vorbild für den Regularkanoniker und späteren Bischof von Akkra, Jaques de Vitry, werden konnte.[90] Diesem mächtigen Strom werden sich auch andere hagiographische Autoren nicht entzogen haben können: Herbert Grundmann hat als erster darauf aufmerksam gemacht, wie eng die Entstehung (volkssprachlicher) religiöser Literatur und die religiöse Frauenbewegung zusammenhängen – so sehr, daß zu dieser Zeit erstmals Frauen selbst in größerer Zahl als Schreibende, als Literatinnen tätig wurden, und die Formen- und

Bildwelt wie die inhaltliche Debatte religiöser Fragen, namentlich um sogenannte »mystischen« Erfahrungen, umfassend mitgestalteten.[91]

Der Zusammenhang von religiöser (Frauen-)Bewegung, gesellschaftlichem Wandel, Geschlechteridentität und Textproduktion vom hohen Mittelalter an ist beim heutigen Stand der Forschung bei weitem nicht annähernd zu klären.[92] Fest steht jedoch, daß sich das Interesse von Frauen an spiritueller Spekulation und ihr Bedürfnis nach Seelsorge auch auf die Produktion religiös-erbaulicher Texte nachhaltig ausgewirkt hat:

In der ›Tochter Syon‹ kennzeichnet Lamprecht von Regensburg die Fähigkeit zur mystischen Erfahrung als eine *kunst*, die den Frauen eher gegeben sei als den Männern: Ihr ›weiches‹, d. h. empfängliches Gemüt (*senftez herze*), ihr leicht beweglicher Sinn (*ringer muot*), ihre Einfalt disponierten sie dazu (v. 2844 ff.). Über den Wert dieser psychologischen Erklärung mag man streiten, an dem Faktum ist nicht zu rütteln: Frauen haben in der Entfaltung der mystischen Frömmigkeit eine bedeutende Rolle gespielt, zu Zeiten, wie in der Tat im 13. Jahrhundert, die dominierende.[93]

In einer religiös geprägten Gesellschaft, wie der des Hoch- und Spätmittelalters – auch der adligen! – kann dieser Einfluß von Frauen nicht hoch genug eingeschätzt werden. Es wäre deshalb eigens zu prüfen, ob nicht gerade das weibliche Interesse an einer radikalen Gesellschaftskritik die Hagiographen dazu verleitet hat, das ältere Bild der kämpfenden Jungfrau in ihren Texten wiederzubeleben, wo es um Eheschließungskonflikte geht. Fest steht, daß auch die von mir gewählten Quellentexte nachweisbar auf engagierte Teilnahme von Frauen am Herstellungsprozeß zurückzuführen sind, zumindest in ihrem größeren Teil: So sind in mindestens 4 Fällen Nonnen oder Frauengemeinschaften Auftraggeberinnen und Initiatorinnen von Viten, die entweder anonym überliefert wurden oder nachweislich von männlichen Autoren niedergeschrieben wurden. In mindestens 3 Fällen beruhen die Viten auf »autobiographischen« Texten der beschriebenen Frauen, in drei weiteren lieferte das »Heimatkloster« der Heiligen, eine Frauengemeinschaft also, Textmaterial und schriftliche Informationen, oder die Vita wurde gar von Mitschwestern verfaßt. Überhaupt wurden für fast alle Viten Frauen als Informantinnen benötigt und tätig – und in mehr als einem Fall werden die Frauenschicksale – als Erbauungsliteratur für religiöse Laien –

auch zum Vorbild für die religiöse Armutsbewegung allgemein, für ein neuentstehendes Bedürfnis nach praktischen Beispielen einer *»vita apostolica«*.[94]

Daß in den Viten vor allem der flandrischen Frauen die nord- und mitteleuropäische frauenmystische Bewegung repräsentiert ist, die die spätmittelalterliche Laienreligiosität so entscheidend mitprägte, während in den italienischen Viten vor allem die franziskanisch geprägte Armutsbewegung anhand von Frauenschicksalen geschildert wird, da sich offenbar gerade Frauen als den unterprivilegierten und ärmsten Schichten Angehörige besonders in diesen Inhalten wiedergefunden zu haben scheinen, zeigt schlaglichtartig die ganze Bandbreite der Möglichkeiten impliziter und expliziter Teilhabe an Literaturproduktion wie an gesellschaftlichem Wandel der Zeit.

So kann dem französischen Mediävisten Duby nicht recht gegeben werden, wenn er Frauen zur »schweigenden Folie« einer patriarchalen Männergesellschaft reduziert, indem er sagt:

> Wir müssen (...) eingestehen, daß alles, was wir über die Stellung der Frauen im 12. Jahrhundert erfahren, von den Männern kommt. Natürlich, da gibt es Marie de France ... Aber ihr Flüsterton ist doch sehr verhalten. Ein übermächtiger, donnernder männlicher Chor erstickt ihr Murmeln beinahe: die Stimmen von Männern und zumeist Kirchenmännern, denen der Ehestand verweigert und von denen ein Leben in Keuschheit verlangt wird. Daß unsere ergiebigsten Informanten die Diener der Religion sind, deren Ideal noch immer in der Verachtung der erschaffenen Welt, und das heißt des Fleischlichen, liegt und deren Gott zugleich ein Vater und der von einer Jungfrau geborene einzige Sohn ist, trägt sicher dazu bei, das Bild zu verzerren. Zumal auf diese Mönche und Priester von außen Druck ausgeübt wird. Die heftigsten Pressionen kommen dabei von den häretischen Bewegungen, die der Sexualität gegenüber einen noch radikaleren Abscheu bekunden ...[95]

Nicht darin nämlich liegt das wesentliche Problem, daß die überlieferten Texte aus der Feder männlicher Autoren stammen. Schon allein die Tatsache müßte Duby bei seiner Schlußfolgerung stutzig machen, daß auch und vor allem Frauen den »Druck der häretischen Bewegungen« mitgetragen und also ausgeübt haben auf die Schriften der Kleriker und Mönche![96] Nicht der geringe Anteil von Frauentexten hat schließlich die Nicht-Präsenz von Frauen in historischen Forschungen verursacht, zumindest soweit es sich um Mittelalter-Studien handelt, sondern ein altüber-

kommenes Frauenbild von »flüsternden«, passiven, unwichtigen Personen – die moderne Verzerrung dessen, was uns mittelalterliche Gewährsmänner *so* nicht überliefert haben.
Nicht die Geschlechtszugehörigkeit der Schreibenden per se darf – gerade angesichts mittelalterlicher Schriftproduktion, die von einer Vielzahl von Personen mitgetragen wurde[97] – bei der Analyse und Interpretation herangezogen werden; vielmehr ist der gesamte Entstehungs- und Verwertungskontext zu beachten, allerdings mit einer revidierten »Grundeinstellung«, mit einem kritisch hinterfragten Frauen-, Männer- und damit Gesellschaftsbild. Denn selbst die Gesellschaft zölibatär lebender Mönche, die uns im allgemeinen Chronisten, Briefschreiber, Protokollanten und Dichter »liefert«, selbst diese Welt war bevölkert von Frauen, aktuell oder in Erinnerungen, von Müttern, Schwestern, Verwandten, von Dienerinnen und Herrinnen, von Gönnerinnen und Gläubigen, von Ketzerinnen und »Beichtkindern«. Sie haben in direkter oder indirekter Weise die »männliche« Produktion mitbestimmt – und es geht wohl auch nicht an, mit Christine de Pizan, der »frauenbewußten« Autorin des 15. Jahrhunderts einfach zu sagen:

Frauen schrieben keine Bücher
noch schrieben sie Dinge hinein,
die man dort gegen sie und ihre guten Sitten lesen kann
...
aber hätten Frauen selbst geschrieben –
das weiß ich ganz sicher – sie hätten es anders gemacht.[99]

Denn wo Frauen der hoch- und spätmittelalterlichen Epoche tatsächlich zur Feder griffen, taten sie dies nicht zwangsläufig sehr anders als ihre männlichen Zeitgenossen – schrieben doch auch sie meist als zölibatäre, religiös-asketisch orientierte Autorinnen, die sich selbstverständlich im Rahmen der Normen und Werte ihrer Gesellschaft bewegten.[100] Bezeichnend finde ich dabei, daß sie dies zu einer Zeit taten und tun konnten, als die europäische Gesellschaft des Mittelalters einen fundamentalen Umbruch erlebte. Nicht in erster Linie *was* sie schrieben, ist also in unserem Zusammenhang bemerkenswert, sondern *daß* sie sich zu einem bestimmten Zeitpunkt Zugang zum Medium der Schriftkultur verschaffen konnten, der unter veränderten Bedingungen, am Ende des Mittelalters, zunehmend wieder eingeschränkt wurde.

Die Beachtung und Würdigung der Geschlechtszugehörigkeit in *verkürzter* Weise würde schließlich nichts anderes bewirken als die völlige »Biologisierung« der Geschichte und der Geschlechterbeziehungen darin. Auf diese Weise müßten die (wenigen) schreibenden Frauen als weithin sichtbares Zeichen weiblicher Minderwertigkeit betrachtet werden – und als Verräterinnen an ihrem Geschlecht, da sie weitgehend dasselbe Wertsystem vertreten wie ihre männlichen Zeitgenossen. Und schlimmer noch: Die Schriftwerke aus Männerhand, die zugegebenermaßen einseitig und verzerrt »Realität« wiedergeben – jedoch nicht nur Realität von Frauen, sondern auch die von Männern, ganzer Gesellschaften also! –, wären damit für die Betrachtung mittelalterlicher Gesellschaften und deren Wandel gänzlich unbrauchbar.
Diese Sichtweise bringt damit bestenfalls eine doppelte Ausgrenzung von Frauen und keinesfalls eine emanzipatorische Geschichtsbetrachtung zustande: Denn nicht nur kommen Frauen in vielen Schriften vergangener Jahrhunderte nur als Minderheit – und als zu Passivität und Schweigen Verurteilte vor; in der Übernahme der linearen Kausalkette »männlicher Autor – männliche Sichtweise – männliche Textproduktion – männliches Publikum« würden Frauen noch einmal und ausschließlicher ausgegrenzt als in besagten Texten.
Nicht die Suche nach der Existenz von Frauen in »authentischen Aussagen« kann also unsere Zielvorgabe sein, denn daß es Frauen gegeben hat, steht außer Frage. Vielmehr ist zu überlegen, wie und auf welche Weise ihr Ausschluß aus bestimmten Bereichen der Gesellschaft und die Festschreibung auf andere, die ihnen mehrheitlich oder ausschließlich überlassen wurden, zustande kam – und welche Auswirkungen dies auf die Struktur und Gestaltung der Gesellschaft insgesamt hatte; die Einbindung von Frauen in unser Geschichtsbild wird dann nicht nur auf der Grundlage emanzipatorischer Vorgaben »glücken«, sondern unser Wissen um Gesellschaften und ihren Wandel wird tatsächlich umfassend und repräsentativ werden.

Anmerkungen

1 S. dazu diverse Beiträge zur 1. Berliner Sommeruniversität für Frauen 1976 in: *Frauen und Wissenschaft*, Berlin 1977.

2 Wenn auch nicht innerhalb der bundesdeutschen Hochschulen; für die Mediävistik kamen erste Ansätze aus den USA (s. z. B. Cathleen Casey, »The Cheshire-Cat: Reconstructing the Experience of Medieval Women«, in: *Liberating Women's History*, hg. v. B. A. Carroll, Urbana/Chicago/London 1976, S. 224-249, und auch diverse Beiträge in der feministischen Wissenschaftszeitschrift *Feminist Studies* (seit 1976); über »herstory« allgemein s. den Aufsatz von Karin Hausen, »Woman's history in den Vereinigten Staaten«, in: *Geschichte und Gesellschaft* 7 (1981).

3 Königstein/Ts. 1981.

4 Weinheim 1983.

5 München 1983.

6 *Frauen im Mittelalter*, 2 Bde. hg. v. A. Kuhn, Düsseldorf 1984.

7 Zur möglichen emanzipatorischen Funktion von Geschichte und historischem Denken s. Anette Kuhn, »Identitätsgewinnung durch Frauengeschichte ...«, in: *Geschichtsdidaktik* 2 (1985), S. 117-128.

8 Gisela Bock, »Der Platz der Frauen in der Geschichte«, in: *Methoden in der Frauenforschung* ..., hg. v. d. ZE 3 zur Förderung von Frauenstudien und Frauenforschung an der FU Berlin, Frankfurt 1984, S. 57.

9 Ebenda, S. 58: »Historisch und sozial wird neu gesehen und neu gewertet, was Frauen tun, tun wollen, tun sollen, getan haben ... (Es) rücken Fragen nach geschlechtlicher Identität, ihrer Entstehung und Bedeutung in den Vordergrund. Drittens liegt die Annahme zugrunde, daß sexuelle Differenzierung ebenso wie sexuelle Hierarchie soziale, politische, kulturelle Größen sind, daß sie weder auf außerhistorische (biologische, existenzielle, transzendente) Größen, noch auf eine einzige ›ursprüngliche‹ oder ›wesensmäßige‹ Ursache zu reduzieren sind.«

10 Dies., »Historische Frauenforschung: Fragestellungen und Perspektiven«, in: *Frauen suchen ihre Geschichte*, hg. v. K. Hausen, München 1983, S. 30.

11 Robert Fossier hat darauf aufmerksam gemacht, in welchem Ausmaß durch diese Gesellschaftsstruktur Frauen als »Hausherrinnen« im Mittelpunkt von Familien- und Gesellschaftsleben stehen (»La Femme dans les sociétés occidentales«, in: *La femme dans les civilisations des* XE-XIIIE *siècles* (Cahiers de civilisation médiévale, Poitiers 1977), S. 4 u. 12.

12 Georges Duby, *Medieval Marriage*, Baltimore/London 1978, S. 4.

13 Nicht nur, weil Frauen im 13. Jahrhundert weitgehend in ihrer gesell-

schaftlichen Stellung durch Ehemänner definiert sind als *Jungfrau* (noch ohne Mann), *Ehefrau* (mit Mann), *Witwe* (wieder ohne Mann) und sich die Stellung der Frau ohne Mann rechtlich und sozial wesentlich von der der Ehefrau unterscheidet (s. dazu Shahar, wie Anm. 3, S. 97), sondern auch, weil hier, in der Ehe, die üblichen gesellschaftlichen Statuskriterien außer Kraft sind zugunsten der Macht des Ehemannes: »Wenn es sich ... um eheherrliche Gewalt handelt, dann steht sie dem Ehemann als solchem zu, unabhängig von der Standesgenossenschaft«, Rudolf Köstler, »Ringwechsel und Trauung. Eine kirchen- und deutschrechtliche Untersuchung«, in: *Zs. d. Savigny-Stiftung für Rechtsgeschichte*, Kanon. Abtlg. 22 (1933), S. 1-35, hier S. 27 und ähnl. S. 25 f.

14 Genaue Quellen- und Editionsangaben sind meiner Dissertation zu entnehmen, die unter dem Titel *Frauenalltag im Mittelalter – Biographien des 13. und 14. Jahrhunderts* in Weinheim 1985 erschien.

15 S. dazu u. a. Emanuel Le Roy Ladurie, *Montaillou – Ein Dorf vor dem Inquisitor*, Frankfurt/Berlin/Wien 1979.

16 *De b. Christina Stumbelensi virgine devota, Ord. Praed. (vita)* ..., ed. in *AASS* Juni IV, S. 270-426.

17 *De s. Luitgarde virgine vita* ..., ed. in *AASS* Juni III, S. 231-263.

18 *Das Leben der heiligen Hildegard von Bingen*, hg. u. übers. v. A. Führkötter O. S. B., 2. verb. Aufl., Salzburg 1980.

19 *De s. Elisabethae virginis magistra sororum Ord. S. Benedicti Schongauiae in diocesi Trevirensi vita* ..., ed. in *AASS* Juni III, S. 607-43.

20 *De b. Mathilde virgine ex Dyezzensi praeposita abbatissa Oehtilstetensi vita* ..., ed. in *AASS* Mai VII, S. 444-457.

21 *De b. Margarita Hungarica virgine, Ord. Praed.* ..., ed. in *AASS* Jan. II, S. 897-909.

22 Daß hier keine Konflikte geschildert werden, liegt unter anderem an der religiös-propagandistischen Funktion der hagiograph. Texte, mag aber auch Ausdruck dafür sein, daß 5-7jährige im allgemeinen keine Meinung zu ihrer Lebensplanung äußerten oder durchsetzen konnten (s. unten im Text).

23 *Elisabeth von Thüringen*, hg. u. übers. v. Walter Nigg, Düsseldorf 1963; darin: Vita des Dietrich von Apolda, S. 113-166.

24 S. Marc Glasser, »Marriage in Medieval Hagiography«, in: *Studies in Medieval and Renaissance History* 4 (NF) 1981, S. 1-34, hier S. 5.

25 Diese sind in erheblicher Minderzahl gegenüber den Autoren, nämlich 1:ca. 30 (etliche Texte sind anonym, könnten aber bis auf eine oder zwei Ausnahmen ebenfalls aus männlicher Feder stammen). Dazu kommen noch vier Autorinnen, die ihr Leben und ihre Gotteserfahrungen teilweise oder ganz als Autobiographien aufzeichneten.

26 S. dazu Ludwig Zoepf, *Das Heiligen-Leben im 10. Jahrhundert* (Beiträge zur Kulturgeschichte des Mittelalters und der Renaissance,

Bd. 1), Leipzig und Berlin 1908 (repr. Hildesheim 1973), bes. S. 63.

27 S. dazu Baudouin de Gaiffier, »L'hagiographie et son public au XIe siècle«, in: ders., *Etudes critiques d'hagiographie et d'iconologie*, Brüssel 1967, S. 475-504.

28 »In dieser Epoche nämlich wird die Ehe am Abschluß einer langen Diskussion über die offizielle Lehrmeinung zu einem der sieben kirchlichen Sakramente – und gewisse Kirchenlehrer halten sie sogar für das bedeutendste, weil es von Gott selbst im Paradies vor dem Sündenfall gestiftet worden sei.« (Georges Duby, »Zur Stellung der Frau innerhalb der Familie im Frankreich des 12. Jahrhunderts«, in: *Geschichte der Familie oder Familiengeschichte?* hg. v. A. Mannzmann, Königstein 1981, S. 92-101; hier: S. 92.)

29 *Das Leben der hl. Hedwig*, hg. v. W. Nigg, übers. v. K. u. F. Metzger, Düsseldorf 1967, S. 207.

30 S. dazu u. a. Gabriel LeBras, »Le Mariage dans la théologie et le droit de l'église du XI au XIIIe siècle«, in: *Cahiers de civilisation médiévale* 11 (1968), S. 191-202.

31 *Vita beatae Idae de Nivella sanctimonialis in monasterio de Rameya*, ed. v. J. Henriquez in: *Quinque prudentes virgines*, Antwerpen 1630, S. 199-297, hier: S. 201.

32 *De b. Ivetta sive Jutta, vidua reclusa Hui in Belgio vita* ..., ed. in *AASS* Jan. I, S. 863-887, hier S. 865 (übers. von mir).

33 Matthäus Bernards, *Speculum Virginum – Geistigkeit und Seelenleben der Frau im Hochmittelalter*, Köln/Graz 1955, hier: S. 49.

34 Wo wir die Ebene des Normativen verlassen wollen und der Realisierung, der gesellschaftlichen Praxis näherkommen wollen, sind die Viten allerdings durch andere Quellen zu ergänzen; in Wunderberichten und Kanonisationsprozeßakten treten uns Frauen (als Zeuginnen) entgegen, die eigene Erfahrungen offenlegen und kommentieren; doch sind diese Quellen rar und ersetzen die erzählenden Quellen keineswegs. Ergänzend und korrigierend müssen wir daneben selbstverständlich auch andere Quellengattungen wie Rechtssätze, Briefe, aber auch literarische Texte, heranziehen, im wesentlichen mit Hilfe der Sekundärliteratur.

35 *De venerabili Oda, Ord. Praemonst. in Hannonia* ..., ed. in *AASS* April II, S. 772-780.

36 *Leben und Schriften der hl. Klara von Assisi*, hg. u. eingel. v. E. Grau, Werl 1960.

37 S. dazu Petra-Karina Kellermann-Haaf, *Frau und Politik im Mittelalter – Untersuchungen zur politischen Rolle der Frau in den höfischen Romanen des 12., 13. und 14. Jahrhunderts*, Göttingen 1986, und auch *Frauenalltag* ..., wie Anm. 14, bes. Kap. VIII.3 und 4.

38 *De b. Agnete de Bohemia virgine Ord. S. Clarae Pragae* ..., ed. in *AASS* März I, S. 502-532, hier: S. 510.

39 *Vita der Oda*, wie Anm. 35, S. 774.
40 Wie oben Anm. 21.
41 *Vita Salomeae reginae Halicensis ...*, ed. in *Monumenta Poloniae Historica*, Bd. 4 (ält. Reihe), Krakau, 1864-72, S. 776-796.
42 S. dazu Pierre Petot, »Le mariage des Vassales«, in: *Revue historique du droit français et etranger* 56 (1978), S. 29-47, und Christopher N. L. Brooke, »Marriage and Society in the Central Middle Ages«, in: *Marriage and Society – Studies in the Social History of Marriage*, London 1981, S. 17-34.
43 »Inquisitio canonisationis dominae Daliphinae de Podio Michaelis ...«, hg. v. Jacques Cambell O. F. M. als *Enquête pour le procès de canonisation de Dauphine de Puymichel, Comtesse d'Ariano*, Turin 1978, hier: S. 33.
44 Wie Anm. 23, S. 72.
45 S. dazu zusammenfassend Joachim Bumke, *Höfische Kultur*, Bd. II, München 1986, S. 534 ff.; ausführlicher auch Duby, wie Anm. 12, Kap. I.
46 *De b. Elisabethae seu Isabella virg. regia fundatrice monasterii Longi Campi vita ...*, ed. in *AASS* Aug. VI, S. 787-808.
47 Wie Anm. 38.
48 Theodor Knochenhauer, *Geschichte Thüringens zur Zeit des ersten Landgrafenhauses*, Gotha 1871 (Repr. Aalen 1969), S. 315 f.
49 S. dazu Brooke, wie Anm. 42, passim.
50 Mangels einschlägig aufbereiteten Zahlenmaterials habe ich mich auf eine Aufstellung der Verlobungs- und Heiratsdaten englischer Prinzessinnen des 13. und 14. Jahrhunderts gestützt, die Elise Boulding zusammengestellt hat (*The Underside of History*, Boulder 1974, S. 433 f.); einige weitere Daten finden sich bei Otto Roller, »Die Kinderehen im ausgehenden deutschen Mittelalter«, in: *Sozialhygienische Mitteilungen* 9 (1925), S. 3-29, sowie bei David Herlihy, »The Medieval Marriage Market«, in: *Medieval and Renaissance Studies* 6 (1976), S. 3-27.
51 S. Anm. 41, S. 776 f.
52 Wie Anm. 23.
53 Diskussion dieses Prinzips und Gegenbeispiele bei Jack Goody, »Inheritance, Property and Women«, in: J. Goody, J. Thirsk, E. P. Thompson (Hg.), *Family and Inheritance – Rural Society in Western Europe*, Cambridge 1976, S. 10-36.
53 S. dazu *Frauenalltag ...*, wie Anm. 14, S. 82 f.
54 Gratian, *Decretum in corpus iuris canonici*, hg. v. E. Friedberg, Leipzig 1879-1881, c. 31, q. 2, ante c. 1, zitiert nach John T. Noonan, »Power to choose«, in: *Viator* 4 (1973), S. 420.
55 Dies vertritt ansatzweise Régine Pernoud, *La femme au temps des cathédrales*, Paris 1980, S. 172 f.

56 Dies läßt sich aus rechtspraktischen Quellen schließen, die J. M. Turlan (»Recherches sur le mariage dans la pratique coutumière XIIe au XVIe siècles«, in: *Revue historique du droit français et etranger* 217 (1957), S. 477-528) und Sue S. Walker (»Widow and Ward: The Feudal Law of Child Custody in Medieval England«, in: *Women in Medieval Society*, hg. v. S. M. Stuard, Univ. of Pennsylvania Press, 1976, S. 159-172) analysierten.

57 S. dazu Noonan, wie Anm. 54.

58 Extrembeispiel dafür ist Oda, die ihre Weigerung zu heiraten bis zur Selbstverstümmelung treibt, als sie von der Übermacht des elterlichen Willens überrannt zu werden droht (wie Anm. 35).

59 Dies bringt der Hagiograph der Oda explizit zum Ausdruck: »Quae (= Oda) quia noverat parentibus obediendum, mandatis parere non cunctatur; et procedit non ut nuptura in atrio, sed velut in theatro pugnatura.« (Ebenda, S. 775.)

60 Tatsächlich hat es diese Sichtweise schon in wissenschaftlichen Untersuchungen gegeben; prominentestes Beispiel ist der amerikanische Psychohistoriker Lloyd de Mause, der in seinem Band *Hört ihr die Kinder weinen ...* (englisch: *The History of Childhood*, New York 1974), Frankfurt 1980, eine derart »unhistorische« These vertritt.

61 Aaron J. Gurjewitsch, *Das Weltbild des mittelalterlichen Menschen*, München 1980, S. 9.

62 Zum Verhältnis von Individuum und Gesellschaft s. Arno Borst, *Lebensformen im Mittelalter*, Frankfurt/Berlin/Wien, 1979, S. 252 ff.; sowie Walter Ulmann, *Individuum und Gesellschaft im Mittelalter*, Göttingen 1974.

63 Wie Anm. 38, S. 510.

64 Wie Anm. 23, S. 166.

65 Wie Anm. 43, S. 287: »esset iuvenis pomposa et haberet animum suum inclinatum ad ducendum maritum.«

66 Beispiele dafür bei Turlan, wie Anm. 56, S. 499; s. dazu auch Nikki Stiller, *Eve's Orphans – Mothers and Daughters in Medieval English Literature*, Westport/London 1980.

67 Wie Anm. 29, S. 52.

68 Kellermann-Haaf, wie Anm. 37, S. 294.

69 Wie Anm. 23, S. 72 bzw. 117.

70 Wie Anm. 38, S. 510.

71 Über Vorstellungen von Kindern und deren gesellschaftliche »Schwäche« s. *Frauenalltag ...*, wie Anm. 14, S. 46 ff.

72 Ebenda, S. 231 ff.

73 Kellermann-Haaf, wie Anm. 37, S. 290.

74 Wie Anm. 36, S. 41 f.

75 Wie Anm. 43, S. 34 f. 75a Wie Anm. 35.

76 Wie Anm. 38, S. 51: »Agnes ... secretos Romam tabellarios ad Gre-

gorium dirigens, ... matrimonium illud oraculo vocis suae ratum non pronunciet, quod consensu animi ipsius numquam coaluisset: consuli sibi coniugium ab affinibus posse, cogi se ad illum invitam ex lege Christiana non posse nec debere.«

77 Wie Anm. 46, S. 799.

78 S. Anm. 21.

78a Herbert Grundmann, *Religiöse Bewegungen im Mittelalter*, Darmstadt [2]1970, bes. Kap. VII.

79 Denn L. Zoepf findet den Typus der standhaften Jungfrau, die gegen den Willen der Eltern den Eintritt ins Kloster erzwingt, bereits in den Viten des 10. Jahrhunderts (wie Anm. 26, S. 41).

80 Dies diskutiert Turlan, wie Anm. 56, S. 502 ff.

81 »If the usual theater for crisis for adolescent boys was school, for girls it was marriage or the prospect of marriage.« D. Weinstein/J. Bell, *Saints and Society – the two Worlds of Western Christendom 1100-1700*, Chicago 1980, S. 52.

82 S. dazu John Bugge, *Virginitas – an Essay in the History of an Medieval Ideal*, Den Haag 1975, und Weinstein/Bell, wie Anm. 81, S. 87: »Hagiographic convention ... reflects the special connection between women and sexuality – or, more accurately, men's obsession with it. For female saints but not for males, the official classification turned on sexual condition: woman saints were recorded either as virgin or widow, while men were confessors, bishops or whatever. For women, virginity was everything – once given up her maidenhood a woman was irrevocably excluded from the select compagny of those who lived in Mary's image. A woman who had married might become a saint, especially if she was a widow (or a good queen), but her path to holyness was arduous and in her saintly title she would reveal the blemish of having known the flesh.«

83 Ebenda, S. 52 f.

83a S. dazu David Herlihy, The making of the medieval family, in: *Journal of Family History* 8/2 (1983), S. 116-130.

84 S. dazu Heide Dienst, »Dominus vir. Von der Herzogin-Markgräfin Agnes und anderen adeligen Frauen des hohen Mittelalters«, in: *Das ewige Klischee* ..., hg. v. der Autorinnengruppe Uni Wien, Wien/Köln/Graz 1981, S. 20-44, hier: S. 27.

85 Joachim Heinzle, »Wandlungen und Neuansätze im 13. Jahrhundert«, in: ders., (Hg.), *Geschichte der Deutschen Literatur von den Anfängen bis zum Beginn der Neuzeit*, Bd. 2,2, Königstein 1984, S. 85.

86 Ebenda, S. 81.

87 Zit. nach Helga Sciurie, Die Frauenfrage in Andachtsbild und Bauskulptur, in *Frauen Kunst Geschichte* ..., hg. v. C. Bischoff u. a., Gießen 1984, S. 53-62, hier S. 58.

88 S. dazu u.a. Kaspar Elm, »Die Stellung der Frau in Ordenswesen. Semireligiosentum und Häresie zur Zeit der hl. Elisabeth«, in: *Sankt Elisabeth. Fürstin – Dienerin – Heilige*, Sigmaringen 1981, S. 7-28.

89 Wie Anm. 36, S. 41.

90 *De b. Maria Oigniacensi in Namurcensi Belgii dioecesis vita* ..., ed. in *AASS* Juni IV, S. 630-684.

90a S. dazu die Aufstellung in: *Frauenalltag* ..., wie Anm. 14, S. 17-29.

91 Herbert Grundmann, »Die Frauen und die Literatur im Mittelalter. Ein Beitrag zur Frage nach der Entstehung des Schrifttums in der Volkssprache«, in: *Archiv für Kulturgeschichte* 26 (1936), S. 129-161; eine Zusammenfassung der neueren Diskussion habe ich in meinem Aufsatz »›... zu schriben von gutten und selgen schwestren uebung.‹ Frauenmystik und geistliche Literatur in südwestdeutschen Frauenklöstern des Spätmittelalters«, in: *Die Frauenfeder*, hg. v. E. Renz, Weingarten 1986, S. 75-104, versucht.

92 Ein Versuch in dieser Richtung stellt mein Aufsatz »Hunger nach Unberührbarkeit? Jungfräulichkeitsideal und weibliche Libido im späteren Mittelalter«, in: *Feministische Studien* 1 (1986), S. 59-75 dar.

93 Heinzle, wie Anm. 85, S. 103.

94 *Frauenalltag* ..., wie Anm. 14, S. 17ff.

95 Duby, wie Anm. 28, S. 93.

96 S. dazu Eleanor M. McLaughlin, »Die Frau und die mittelalterlichen Häresien«, in: *Concilium* 12/1 (1976), S. 34-44.

97 S. dazu Gurjewitsch, wie Anm. 61, S. 11: »Ist es etwa von unserem modernen Gesichtspunkt aus nicht verwunderlich, daß z. B. das Wort und die Idee im System des ma-lichen Bewußtseins das gleiche Maß an Realität besaßen wie die gegenständliche Welt, wie die Dinge, denen diese Begriffe entsprachen; und daß Konkretes und Abstraktes nicht voneinander getrennt wurden oder jedenfalls die Grenzen zwischen ihnen unkenntlich waren? Ist es nicht erstaunlich, daß die Wiederholung der Gedanken alter Autoritäten im Mittelalter als Tugend galt, während die Äußerung neuer Ideen verurteilt wurde? Daß das Plagiat nicht verfolgt wurde, während Originalität als Ketzerei aufgefaßt werden konnte?«

98 »To understand fully the values and attitudes conveyed in literature, it is helpful to know the context of the work's production. Who was the author? What was his or her background? For whom was the work written? Who was the audience?« Penny Schein Gold, *The Lady and the Virgin: Image Attitude and Experience in Twelfth-Century France*, Chicago/London 1985, S. 2.

99 Zitiert nach Leslie Altmann, »Christine de Pisan. First Professional Woman of Letters (French 1364-1438)«, in: *Female Scholars*, hg. v. J. R. Brink, Montreal 1980, S. 7-23, hier S. 16 (Übersetzung von mir).

100 Daß dabei dennoch bisweilen etwas anderes an Aussagen und Inhal-

ten »herüberkommt« durch die scheinbare Unvereinbarkeit von Intellekt und Weiblichkeit, der Sonderstellung weiblicher Autoren, zeigt z.B. Carolyne W. Bynum, »Women mystics and eucharistic devotion in the thirteenth century«, in: *Women's Studies* 11 (1984), S. 179-214.

Daniela Hammer-Tugendhat
Aspekte der subversiven Funktion von Kunst

Feministische Ansätze in der Kunstwissenschaft[1] wurden im deutschsprachigen Raum – verglichen mit anderen Disziplinen – relativ spät entwickelt.[2] Die Kunsthistorikerinnen konzentrierten sich dabei auf die Untersuchung des Anteils von Frauen an der künstlerischen Produktion, auf die Kritik des »männlichen Blicks« in der Kunst bei der Darstellung der Frau, des Sexismus in der Kunstgeschichtsschreibung. Die Kritik am »männlichen Blick«[3] geht von der Tatsache aus, daß es im allgemeinen Männer waren, die für männliche Betrachter Werke über Frauen schufen und damit ihre männlichen Projektionen und Mythen über Weiblichkeit. Feministische Kritik identifiziert oft implizit Kunst mit der herrschenden patriarchalen Ideologie.[4] Weil die herrschende Ideologie patriarchalisch ist, sei es die Kunst auch. Für viele Kunstwerke ist dies sicher zutreffend. Aber die Tatsache, daß die Kunst (überwiegend) von Männern gemacht worden ist, heißt nicht unbedingt, daß sie ausschließlich patriarchale Ideologie transportiert. Kunst ist nicht identisch mit herrschender Ideologie. In der Kunst können sich Alltagserfahrungen, Wünsche, Ängste, das Verdrängte und Unbewußte niederschlagen, durchaus auch Probleme und Widersprüche, an denen auch die Männer in der patriarchalen Gesellschaft zu leiden hatten und haben.
Im folgenden möchte ich an einem Beispiel aus dem Mittelalter[5] und einem aus der Neuzeit aufzeigen, daß sich die Kunst nicht einfach zum Träger patriarchaler Ideologie reduzieren läßt, sondern auch eine gleichsam subversive Funktion haben kann. Die beiden Beispiele liegen zeitlich sehr weit auseinander: Luxuria-Darstellungen aus dem Hochmittelalter und ein Bild von Segantini aus dem ausgehenden 19. Jahrhundert.
Beide Beispiele beziehen sich auf Fragen der Geschlechterbeziehung und Sexualität. Dies ist ein Bereich, wo patriarchale Unterdrückung beide Geschlechter getroffen hat, wenn auch in sehr unterschiedlichem Ausmaß und mit unterschiedlichen Folgen. Die Entwicklung der Geschlechterbeziehung, der Einstellung zum eigenen Körper und zur Sexualität ist ein essentieller Bestandteil unserer Geschichte. Dennoch wurden diese Probleme

bisher kaum untersucht. Es ist jedoch ein Postulat feministischer Wissenschaft, Fragen des Reproduktionsbereiches zu thematisieren und sie als konstitutiven Teil von Geschichte zu begreifen. Unsere abendländische Kultur ist geprägt durch das »antisexuelle Syndrom«. Die Ablehnung von Körperlichkeit und Sexualität ist durchaus vorchristlichen Ursprungs. Sie geht zurück bis zu den Stoikern. Die christlichen Theologen aber haben die Kriminalisierung von Sinnlichkeit neu begründet und entscheidend verschärft.[6] Nach Ansätzen bei Paulus legte Augustinus um 400 die Grundzüge der christlichen Morallehre fest. Seine Ausführungen über Ehe, Geschlechtsleben und Sexualität blieben das ganze Mittelalter hindurch bindend und sind heute noch gültiger Bestandteil kirchlicher Theologie. Augustinus stellte einen Zusammenhang her zwischen Erbsünde, Begehrlichkeit und Ehe. Die Begehrlichkeit sei die Folge des Sündenfalls. Wäre das erste Menschenpaar nicht gefallen, hätte es bei der Fortpflanzung keine Lust gegeben. Die Begehrlichkeit sei demnach Strafe und Sünde. Es ist somit nicht der Geschlechtsakt per se sündhaft, sondern die damit verbundene Lust. In der ganzen mittelalterlichen Theologie gilt der Geschlechtsakt, wenn er um der Lust willen angestrebt wird, als Todsünde. »Wer sein Weib liebt wie eine Geliebte, betreibt Ehebruch«, schrieb Hieronymus.[7] Der alttestamentarische Sündenfallmythos wurde von den christlichen Theologen sexualisiert; Eva – die Frau – wird zur Verführerin, der Mann ist letztlich nur das Opfer. Für die ausschließlich männlichen und im allgemeinen ehelosen Theologen ist die Frau somit Inkarnation von Sexualität. Sie projizieren ihre eigenen sexuellen Anfechtungen in die Gestalt der Frau, die sie dann als Phantasiegebilde in den furchtbarsten Versuchungen heimsucht. Diese Projektion eigener Sexualität bei gleichzeitiger Frauenverachtung und Sexualhaß hat für die Geschlechterbeziehung unabsehbare Folgen gezeitigt, die heute durchaus noch wirksam sind. Die theoretischen Spekulationen des Augustinus wurden in den folgenden Jahrhunderten von Mönchen in strenge moralische Regeln gebracht. Die Bußbücher, die den Beichtvätern zur Orientierung dienten, enthalten genaue Sündenregister und entsprechende Strafen. Für das Ausmaß des Sexualhasses mag es aufschlußreich sein, festzustellen, daß das Strafmaß bei oralem oder analem Verkehr sowie von der katholischen Norm abweichenden Stellungen beim Geschlechtsakt höher angesetzt war als bei vorsätzlichem Mord.[8]

Sexualität wurde im Christentum nicht einfach tabuisiert, totgeschwiegen; im Gegenteil, die Kirche führte einen permanenten Diskurs über Sexualität. Die Beichtväter waren angehalten, die Gläubigen mit detaillierten Fragenkatalogen betreffend Stellungen, Häufigkeit, Lustgefühlen, Empfängnisverhütung usw. zu konfrontieren. Ganz entgegen ihrer Intention hat die Kirche durch diese Fragenkataloge wohl auch einen Beitrag zur Wissensvermittlung in sexuellen Fragen geleistet.

Die Abscheu vor allem Geschlechtlichen konzentriert sich in der Figur der ›Luxuria‹, der Todsünde der Wollust. Selbstredend ist ›Luxuria‹ eine Frau, durchaus im Gegensatz zu anderen Todsündendarstellungen. Für unsere Fragestellung nach der subversiven Funktion der Kunst wird es demnach aufschlußreich sein, die bildliche Gestaltung der ›Luxuria‹ zu untersuchen. (Ich konzentriere mich im folgenden auf Frankreich, da hier – der allgemeinen Entwicklung entsprechend – die Luxuria-Ikonographie ausgearbeitet worden ist.)

Nachdem im Frühmittelalter die Darstellung der Tugenden und Laster der Psychomachie des Prudentius folgend als Kampfszenen abgebildet worden waren, wurde in der Kathedralkunst eine gänzlich neue Konzeption entworfen. Die Tugenden blieben weibliche Personifikationen, die Laster hingegen wurden szenisch gestaltet, die jeweilige Sünde durch die Täter illustriert.

›Luxuria‹ wird als Liebespaar interpretiert (Abb. 1).[9] Ein Mann umarmt eine Frau, ihre Gesichter berühren sich, sein Fuß verschwindet in den Falten ihres Gewandes. Die Frau hält in der Linken einen nicht mehr klar erkennbaren Gegenstand, sehr wahrscheinlich einen Spiegel, in der anderen möglicherweise ein Szepter. Die Liebenden sind von gleicher Größe, die Frau wird nicht als Verführerin des Mannes apostrophiert. Die positive Darstellung der Szene ist durch keinerlei moralisierende Attribute getrübt wie Teufel oder lästige Amphibien, die dem Betrachter die Verwerflichkeit dieses Treibens plausibel machen könnten. These: Die Darstellung wirkt nicht diffamierend, nicht tabuisierend, sondern stimulierend. Für den modernen, an Werbung und Pin-ups gewöhnten Betrachter mag die Szene durch die statische Komposition und die Bekleidung beider Partner eher sittsam und harmlos wirken. Für den mittelalterlichen Menschen bedeutete sie etwas Neues. Liebespaardarstellungen waren im 12. Jahrhundert höchst selten, wir finden sie ausnahmsweise in der Buchma-

Abb. 1 *Luxuria*, Amiens, Notre Dame, Sockelzone des mittleren West-Portals, um 1220/30.

Abb. 2 Luxuria, Auxerre, St. Etienne, Konsole im südlichen Querschiff, frühes 14. Jahrhundert.

lerei zur Illustration alttestamentarischer Begebenheiten oder im profanen Bereich. An einer Kirchenfassade erscheint hier das Liebespaar zum ersten Mal.

Neben der Ikonographie der ›Luxuria‹ als Liebespaar findet sich der Typus der Frau mit Spiegel und Kamm, so in der Westrose von Notre Dame in Paris und dem Chorfenster von Auxerre. Als Frau, die sich vor dem Spiegel ihr Haar kämmt, tritt im Rosenroman[10] die ›Venus Oiseuse‹ auf, die hier durchaus positiv besetzt ist. Diese Ikonographie geht auf die Antike zurück und wurde durch die Illustrationen des Planeten Venus in den astrologischen Handschriften weitertradiert. Die ihr Haar kämmende Frau scheint ein Inbegriff weiblicher Erotik gewesen zu sein. So sind Kamm und Spiegel auch oft Attribute der Sirenen, den Inkarnationen sinnlicher Verführung. Halten wir fest: ›Venus‹ und ›Luxuria‹ treten in gleicher Gestalt auf.

In der gotischen Kunst wurde noch ein dritter Luxuria-Typus entwickelt. An der südlichen Querhauswand der burgundischen Kathedrale Saint-Etienne in Auxerre sind in gut sichtbarer Höhe vier Konsolen angebracht, die in ihrem ikonographischen Zusammenhang nie genauer untersucht worden sind. Die Statuen, falls sie je konzipiert und aufgestellt waren, fehlen. Die vier Konsolen zeigen von Osten nach Westen: eine schreiende männliche Figur mit Pelzkappe, einen Mann, der einer verheirateten Frau an die Brust greift, sie also offensichtlich bedrängt, einen Hockenden in nachdenklicher oder Schlafgeste und eine Luxuria (Abb. 2). Richard Hamann, der einzige, der sich mit der Figurengruppe näher beschäftigt hat, stellte die Frage, wie es möglich war, so ein reizvolles nacktes Mädchen im Kirchenraum zu präsentieren.[11] Die Gegenwart des Bockes, Symboltier des Bösen, meint Hamann, bezeuge die Verwerflichkeit der Frauengestalt. Tatsächlich symbolisiert der Bock nicht nur allgemein »das Böse«, sondern ganz spezifisch das Laster der Luxuria. Im späteren 14. und im 15. Jahrhundert wird ›Luxuria‹ mit Vorliebe als Frau auf dem Bock illustriert. Bereits vor der Entstehung unserer ›Luxuria‹ in Auxerre war die Konnotation von ›Luxuria‹ und »Bock« bekannt wie eine Darstellung an einem Kapitell der Ernst-Kappelle im Dom zu Magdeburg aus dem 13. Jahrhundert oder die »Luxuria« mit umgehängtem Bocksfell am Freiburger Münster um 1300 belegen. Die Vorstellung des Bockes als Symbol der ›Luxuria‹ geht auf zwei ganz unterschiedliche Quellen zurück. Im Judentum wurde in alttestamentarischer Zeit am Versöhnungstag ein Bock, beladen mit allen Sünden des Volkes, in die Wüste gejagt. Bei Matthäus scheidet dann Christus die Menschen in gute und böse, in Schafe und Böcke (Matth. 25,32). Aber in diesem Zusammenhang taucht niemals eine Frau auf dem Bock auf. Für diese Vorstellung aber lag durchaus eine bildliche Tradition vor. Sie führt in die Antike, wo der Bock oder die Ziege Aphrodite und Dionysos als Reittier diente (Abb. 3). Im Christentum wurden diese ursprünglich unabhängigen Vorstellungen miteinander verschmolzen. Im Judentum wurde mit den Sünden des Volkes Israel keineswegs die Wollust assoziiert, in der Antike wiederum war Aphrodite/Venus keine Todsünde, sondern eine Liebesgöttin. Diese Verschmelzung und die damit verbundene Sexualisierung bzw. Moralisierung des Mythos ist ein Wesenszug christlicher Ideologie. Der Bock galt in der Antike als Inbegriff der Triebhaftigkeit. Pan hat Bocksbeine und -hörner. Ursprünglich wurde Pan in Arkadien als Ziegenbock verehrt. In hellenistischer Zeit traten auch die Satyrn und Silene, ebenfalls aus dem Gefolge des Dionysos, in Bocksgestalt auf. In der Antike wurden diese Personifikationen von Zeugungskraft und entfesselter Sinnlich-

Abb. 3 Venus auf dem Bock, Deckel eines Klappspiegels, Paris, Louvre Nr. 1707, aus Korinth, um 350 v. Chr.

keit als Gottheiten gefeiert. Im Christentum wurde aus Pan und Satyr der bocksbeinige Teufel, aus der Liebesgöttin ›Venus‹ die Todsünde ›Luxuria‹. In der spätmittelalterlichen Kunst wird diese Ikonographie dann auf die Hexendarstellung übertragen. Die Inkarnationen der Sinnlichkeit wurden zum Bösen schlechthin. Diese Umdeutungen lassen den Bruch in unserer abendländischen Kultur sichtbar werden.
Bei genauerer Betrachtung des Originals der ›Luxuria‹ in Auxerre stellte sich heraus, daß das Geschlecht des Tieres bisher falsch bestimmt worden ist: es ist kein Bock, sondern eine Ziege. Es scheint mir allerdings denkbar, daß die mittelalterlichen Betrachter, ebenso wie die modernen Kunsthistoriker, durch die ikonographische Tradition so geprägt waren, daß sie das Tier erstmal als Bock apperzipierten. M. E. legt das weibliche Geschlecht, ungewöhnlich beim Symboltier der ›Luxuria‹, die Vermutung nahe,

daß ein antikes Vorbild verwendet worden ist. In der Antike reitet Aphrodite Pandemos häufig auf einer Ziege, oft umgeben von Zicklein als Zeichen der Fruchtbarkeit.[11a] Nicht nur die Tatsache, daß es sich um eine Ziege handelt, bildet einen Widerspruch zum thematischen Vorwurf, sondern auch die gesamte künstlerische Gestaltung. Die ›Luxuria‹ ist auf der Konsole in Auxerre – im Gegensatz zu allen antiken Beispielen[12] der ›Venus‹ auf dem Bock oder der Ziege – nackt. Sie sitzt rittlings und hält sich am Schwanz und den Hörnern des Tieres fest. Im Gegensatz zur Antike wird kein organisches Reiten illusioniert, die Figur scheint mehr vor der Ziege zu schweben als auf ihr zu sitzen. Der dadurch erzielte Eindruck ist nicht nur der des fehlenden räumlich-plastischen Bildvermögens; durch diese Haltung, verstärkt durch das Motiv der gespreizten Beine, werden ihre sinnlichen Reize stärker exponiert. Auch ihr Verhältnis zum Tier wird so intensiviert und erotisiert. Sein weiches Fell schmeichelt der glatten Oberfläche ihrer Haut. Unsere mittelalterliche ›Luxuria‹ steht also der antiken ›Venus‹ in der erotischen Ausstrahlung keineswegs nach. Auch hier fehlen eindeutig moralisierende Attribute. Die Wirkung der konkreten bildlich-plastischen Erscheinung ist somit sinnlich und erotisierend. Die Bilder gleichen sich – obwohl im Bereich der Ideologie die christlich-theologische Konzeption von Sinnlichkeit derjenigen der Antike diametral entgegensteht.

Alle drei in der gotischen Kunst gebräuchlichen Typen der ›Luxuria‹ widersprechen somit in ihrer Ikonographie und formalen Gestaltung der kirchlichen Dogmatik. Um die Ursachen dieses Widerspruchs besser einschätzen zu können, scheint es ratsam, sich den historischen Stellenwert der gotischen Erfindungen klarzumachen. In der Romanik finden wir eine ganz andere Luxuria-Konzeption. In Frankreich wurde im frühen 12. Jahrhundert ein Typus entwickelt, dem praktisch alle Luxuria-Darstellungen der romanischen Bauplastik folgten: Es ist die »femme aux serpents«, die nackte Frau mit Schlangen oder Kröten an den Brüsten und manchmal an den Geschlechtsteilen (Abb. 4). Die ›Luxuria‹ in Moissac vermittelt durch ihren ausgezehrten Körper, den Kröten auf ihrem Geschlecht und dem Beisein des aufgedunsenen Teufels in der Tat Abscheu, Ekel und Qual[13].

Wie war diese Entwicklung möglich? Welche Faktoren trugen dazu bei, daß aus der angst- und ekelerregenden ›Luxuria‹ ein

Abb. 4 Luxuria, Moissac, St. Pierre, Seitenwand der Portalvorhalle, Zweites Viertel des 12. Jahrhunderts.

Liebespaar wurde, eine ›Venus‹ mit Kamm und Spiegel, die erotische nackte Frau auf der Ziege?
Es hilft nicht weiter, die allgemeine Sinnlichkeit des Zeitalters zu beschwören, wie es die kunsthistorische Literatur zu tun beliebt, um die gotische von der romanischen Kunst abzugrenzen. Wir müssen die reale Geschichte befragen, wollen wir diese Entwicklung verstehen. Hier stoßen wir auf große Schwierigkeiten, geht es uns doch um die Entwicklung der Geschlechterbeziehung, die Veränderung in der Einschätzung der Frau und der geschlechtlichen Liebe bzw. um deren Praxis. In diesen Fragen könnte m. E. nur eine interdisziplinär organisierte Wissenschaft zu konkreteren Schlüssen kommen. Die feministisch orientierte Forschung hat sich bisher vorwiegend mit der Stellung der Frau beschäftigt, wenig aber mit Fragen des Geschlechtslebens.
Die rechtliche Stellung der Frau unterlag, soweit ich das beurteilen kann, in diesem Zeitraum keinen grundlegenden Veränderungen. Ich meine, es hat sich weniger die reale Situation der Frau verändert, als das Bild, das die Männer sich von ihr machten. Allerdings hat sich das Bild der Frau in der kirchlich-theologischen Konzeption nicht weiterentwickelt. Dieses läßt sich auf Grund des bestens erhaltenen Quellenmaterials eindeutig feststellen. Die Auffassung, daß jede Geschlechtslust böse sei, erreichte mit Huguccio und Papst Innozenz III. im ausgehenden 12. Jahrhundert ihren Höhepunkt. Die scholastischen Schriften des 13. Jahrhunderts sind nicht mehr ganz so radikal. Aber dennoch wertet Thomas von Aquin in seiner Schrift »De Malo« jede Art der Unkeuschheit als Todsünde. Der Zweck des Geschlechtsaktes sei die Zeugung. Wenn jemand den Beischlaf ausübe, um die Lust zu suchen, handle er wider die Natur. Die Sünde wider die Natur (darunter fällt auch jede Art der Empfängnisverhütung) sei deshalb auch schlimmer als Ehebruch, Verführung oder Entführung, also Sünden, die unserem Nächsten Schaden zufügen können. Die alternativen Ansätze bei Abaelard, aus der ersten Hälfte des 12. Jahrhunderts, oder des englischen Franziskaners Richard von Mediavilla, um 1270, die der maßvollen ehelichen Lust einen positiven Wert beimaßen, wurden von der offiziellen Kirche abgelehnt.[14] Auch in der Praxis der Kirchenpolitik läßt sich im 13. Jahrhundert keineswegs eine mildere Stimmung in Fragen des Geschlechtlichen bzw. der Haltung Frauen gegenüber entdecken. Im Gegenteil, in dieser Zeit wurde die Durchsetzung des Zöliba-

tes forciert. Seit dem 12. Jahrhundert führte die Kirche einen Kampf gegen die Klostergründungen von Frauen. Bernhard von Clairvaux, der Gründer des Zisterzienserordens, verbot alle Frauenklöster.[15] (Daß die Frauen sich nicht daran hielten, steht auf einem anderen Blatt.)

Folglich kann für die Veränderung der Luxuria-Ikonographie nicht die Entwicklung innerhalb der Theologie, also der herrschenden Ideologie verantwortlich gemacht werden, obwohl diese Darstellungen allesamt innerhalb des kirchlichen Rahmens auftreten.

Die immer noch weit verbreitete Ansicht, mittelalterliche Kunst sei ein Reflex der Theologie, sind m. E. unrichtig. Aber auch Forschungsansätze, die in den anmutigen Frauengestalten gotischer Kathedralen und der Marienverehrung die Widerspiegelung einer allgemeinen Hochschätzung der Frau entdecken wollen, gehen an der historischen Wirklichkeit vorbei.[16] Die entgegengesetzte Konzeption, daß nämlich die Kunst gerade das Verdrängte, real Nicht-Vorhandene wiedergebe, ist, wie ich meine, ebenfalls vereinfachend. Strukturalistische Konzeptionen, die in allen Bereichen des gesellschaftlichen Lebens, der Ideologie und der Kunst gewisse parallel laufende Strukturen festmachen wollen, können die Problematik nicht erfassen.[17] Diese Theoreme gehen letztlich von der Vorstellung einer einheitlichen Gesellschaftsform aus. Und genau das ist nicht der Fall. Die mittelalterliche Gesellschaft ist gekennzeichnet durch extreme Gegensätze und Spannungen.

In Fragen der geschlechtlichen Liebe gab es ein Konzept, das tatsächlich demjenigen der Kirche diametral entgegengesetzt war: das höfische. Im höfischen Liebeskonzept wurde, wie bereits Engels in »Ursprung der Familie, des Privateigentums und des Staates«[18] erläuterte, zum ersten Mal in der abendländischen Geschichte die geschlechtliche Liebe als Leidenschaft gefeiert. Erstmals wurde die Liebe, und zwar durchaus die erotisch-sinnliche Liebe, als ethische Macht, als Medium der Welterfahrung und Persönlichkeitsentwicklung begriffen. Sexuelle Lust wurde frei und ohne moralische Vorbehalte besungen. In der höfischen Konzeption ist Liebe nur außerehelich denkbar. Dies ist kaum zu verwundern in einer Gesellschaft, wo Ehen fast ausschließlich im Kindesalter von den Eltern zwecks politisch und ökonomisch günstiger Liaisonen geschlossen wurden.

Neben der höfischen Kultur trug wohl auch die Entwicklung der

Städte zu einer Umwertung der geschlechtlichen Liebe bei. Die Stadtentwicklung, die in Frankreich seit dem 12. Jahrhundert massiv eingesetzt hatte, brachte ja generell eine Verweltlichung aller Bereiche mit sich, in deren Zusammenhang auch die Entstehung der gotischen Kunst zu sehen ist. Die Frau verfügte in der mittelalterlichen Stadt offensichtlich über einen gewissen Freiraum: Sie konnte in vielen Zünften Mitglied sein, konnte sich als Kauffrau betätigen und erhielt als solche durchaus auch bürgerliche Rechte. Es müßte untersucht werden, wie sich die städtische Entwicklung mit dem Aufblühen von Handwerk und Handel, der Gründung der Universität und der damit zusammenhängenden Profanisierung der Kultur auf die Beziehungen zwischen den Geschlechtern ausgewirkt hat, wie die städtischen Verkehrsformen Ehe, Liebe, Familie und das Verhältnis zur Sinnlichkeit verändert haben.

Für unsere Fragestellung nach der subversiven Funktion der Kunst wäre es wichtig, die konkrete gesellschaftliche Praxis des Geschlechtslebens einschätzen zu können. Ich kann hier lediglich einige Aspekte und Vermutungen zur Diskussion stellen. Es mangelt in diesem Bereich an einschlägigen Untersuchungen. (Es bleibt auch zu fragen, inwieweit dieser Fragenkomplex überhaupt wissenschaftlich erfaßbar ist.)

Der theologische Diskurs und sein Niederschlag in den Bußbüchern lassen darauf schließen, daß ein Wissen um sexuelle Praktiken in hohem Umfang gegeben war. Noonan belegt dies eindrücklich in seinem fundamentalen Werk zur Geschichte der Empfängnisverhütung. Darin weist er auch nach, daß die Contraception weit verbreitet war. Trotz Empfängnisverhütung gab es viele uneheliche Geburten; die Bastarde aber wurden durchaus in die Gesellschaft aufgenommen. Bordelle waren integraler Bestandteil jeder mittelalterlichen Stadt, für Junggesellen war deren Besuch selbstverständlich. Auch Jean Louis Flandrin, Jos van Ussel und andere zeigten in ihren Untersuchungen auf, daß verstärkte Repressionen von seiten der öffentlichen Gewalt erst ab dem 16. Jahrhundert einsetzten.[19] Mit der damals anlaufenden bürgerlich-kapitalistischen Entwicklung verschärfte sich die sexuelle Unterdrückung massiv, vor allem scheinen sexuelle Tabus in ganz anderem Umfang internalisiert worden zu sein wie dies je im Mittelalter der Fall gewesen war.

Es gab im Mittelalter in Fragen der geschlechtlichen Liebe somit durchaus der Theologie völlig entgegengesetzte Auffassungen: Es gab sie in der gesellschaftlichen Praxis und da wohl in allen Schichten. Aber nur die städtischen und höfischen Kreise hatten erstmals die Möglichkeit, Einfluß auf die künstlerische Entwicklung zu nehmen und ihre diesbezüglichen Vorstellungen zu artikulieren.[20]

Die Neuerfindungen in der Luxuria-Ikonographie an den Kathedralen widerspiegeln m.E. diese Gegenkonzeptionen. Profane Vorstellungen konnten sich im kirchlichen Bereich verbildlichen. Daß dies möglich war, ist wesentlich bedingt durch den Umstand, daß die Kathedralen nicht mehr von Mönchen gebaut wurden, sondern von der Bauhütte, also von Laien. (Auch wurden die Kathedralen ja auch vom König und dem städtischen Bürgertum finanziell mitgetragen.)

Die höfische Literatur setzte fast ein Jahrhundert früher ein als entsprechende Werke in der bildenden Kunst. Diese Ungleichzeitigkeit der Medien könnte durch die Tatsache bedingt sein, daß die Ausführenden der bildenden Kunst im 12. Jahrhundert noch im mönchischen Bereich angesiedelt blieben. Die Spielleute und fahrenden Sänger hatten eine lange, nicht-religiöse Tradition.

Fassen wir kurz zusammen und kehren wir zu unserer Ausgangsfrage nach der subversiven Funktion der Kunst im Bereich der geschlechtlichen Liebe zurück: Die Kunst macht aus der Todsünde ›Luxuria‹, die ursprünglich eine Venus war, wieder eine »Venus«. Damit stellt sie sich gegen die damals herrschende Ideologie der Kirche, also ihren eigenen Auftraggeber. Dies war möglich durch ein verändertes Kräfteverhältnis.

In der Literatur sind die höfischen und geistlichen Bereiche klar getrennt. In der bildenden Kunst kommt es zu einer Synthese von kirchlichen, höfischen und städtisch-bürgerlichen Vorstellungswelten. In der Kathedral-Plastik des 13. Jahrhunderts sind diese widersprüchlichen Anschauungen in eine spannungsgeladene künstlerische Einheit gebracht.

In den bildlichen Darstellungen der Luxuria der romanischen Kunst hingegen findet sich dieser Widerspruch zur kirchlichen Dogmatik nicht so explizit. Die bildende Kunst religiöser Thematik lag noch fest in Händen der Klöster. Die Bauskulptur war das Werk der auf das Zölibat verpflichteten Mönche. Zur gleichen Zeit, an gleichem Ort, nämlich im Südfrankreich des zweiten Viertels des 12. Jahrhunderts, entstanden die abschreckenden Luxuria-Gestalten und die Liebeslieder der Troubadoure. Und dies sicher nicht unabhängig voneinander, sondern unter anderem als wechselseitige Reaktion. Und doch sind die Luxuria-Darstellungen nicht identisch mit der kirchlichen Dogmatik. In den romanischen Bildwerken der Luxuria offenbaren sich die Widersprüche, die die sinnlichkeitsfeindliche Ideologie hervorgebracht hat, die Wünsche, Ängste, Qualen, die mit der Forderung nach Askese verbunden waren. Daß diese so offen dargelegt und das Dämonische nicht verdrängt oder sublimiert wurde, ist wohl auch der Grund, warum uns die romanische Plastik so berührt.

Im Gegensatz zur höfischen Literatur verfügt die bildende Kunst der Kathedralen über einen ganz anderen Öffentlichkeitscharakter, sie ist für alle Mitglieder der Gesellschaft zugänglich. Durch die Sinnlichkeit des Bildhaften, das uns emotional und im Unbewußten trifft, ist die bildende Kunst wirksam. Der Einwand, daß der mittelalterliche Mensch sich des negativen Zusammenhangs, in dem die ›Luxuria‹ jeweils auftrat, immer bewußt gewesen sei, geht am Wesentlichen vorbei, nämlich an der Ausstrahlung des Bildwerkes selbst. Wir wissen heute, wie groß die Macht der Bilder ist, die unser Bewußtsein transzendiert und unseren emotionalen und unbewußten Bereich trifft. Die sinnliche Ausstrahlung des Bildwerks mag so oft stärker gewesen sein als der Verinnerlichungsdruck theologischer und gesellschaftlicher Normen. Hierin kann, meine ich, eine subversive Funktion der Kunst gesehen werden.

Für eine feministisch orientierte Kunstwissenschaft ist es, meine ich, eminent wichtig, neben der notwendigen Kritik an patriarchalen Weiblichkeitsmustern die Kunst nach ihrem »dekonstruktiven« Potential zu befragen und zu untersuchen, wo die Widersprüche patriarchaler Herrschaft sichtbar werden – Widersprüche, unter denen durchaus beide Geschlechter zu leiden hatten. Dieses Phänomen des Widerspruchs von herrschender Ideologie und Kunstausdruck kann in der ganzen Kunstentwicklung beobachtet werden.[21] Der Widerstand gegen die jeweilige Form der Geschlechterbeziehung, gegen die Unterdrückung von Sinnlichkeit, der sich in der Kunst mitteilen kann, muß nicht bewußt gewesen sein.

In der mittelalterlichen Kunst richtet sich diese Opposition insbesondere gegen die Sexualunterdrückung der Kirche. Im Laufe der bürgerlichen Entwicklung aber wurde die Tabuisierung von Sinn-

Abb. 5 Giovanni Segantini, *Die bösen Mütter*, Wien, Neue Galerie in der Stallburg, 1894, Öl auf Leinwand.

Abb. 6 Giovanni Segantini, *Die bösen Mütter*, Detail (Frauen im Hintergrund).

lichkeit in ganz neuem Maße internalisiert. Der Widerspruch von Ideologie und eigener Lebenserfahrung, von herrschender und beherrschender Moral und eigenen Wünschen und Ängsten konnte nun im Künstler selbst auftreten. Dies soll ein Werk aus dem ausgehenden 19. Jahrhundert illustrieren: »Die bösen Mütter« von Giovanni Segantini von 1894 (Abb. 5).[22]
Segantini wurde bei diesem Bild von einem pseudobuddhistischen Gedicht inspiriert. Der Text besagt, daß die »böse Mutter«, die es zu ihren Lebzeiten versäumte, sich liebevoll um ihr Kind zu kümmern, nach ihrem Tod nicht ins Nirwana entschweben kann, sondern unter Qualen in eisiger Berglandschaft umherirren muß. Dann aber ertönt ein Ruf aus den plötzlich auftauchenden Bäumen: »Komm! Komm zu mir, oh Mutter! Gib mir die Brust, das Leben, ich habe vergeben!« Die Mutter eilt zum Baum, daraus erscheint das Gesicht eines Kindes. Sie gibt ihm die Brust und ist somit erlöst.[23]
Der Bildtitel und die Aussage des Gedichtes sind moralisierend. Sie entsprechen dem Weiblichkeitsmuster des 19. Jahrhunderts, der Spaltung in die »femme fatale« und die idealisierte, aber entsexualisierte, sich aufopfernde Mutter. Ebenso sind Segantinis eigene Aussagen über das Bild unmißverständlich moralisierend

Abb. 7 Giovanni Segantini, *Die bösen Mütter*, Detail (Frau im Baum).

gemeint: »Als ich die schlechten Mütter strafen wollte und die eitlen und unfruchtbaren Wollüstigen, malte ich die ›Strafe im Fegefeuer‹.«[24] Segantinis Selbstzeugnisse lassen keinen Zweifel an seiner ungebrochenen patriarchalen Ideologie. In diesem Sinne sind auch seine unzähligen Mutterbildnisse zu verstehen. Die konkrete Gestaltung des Bildes »Die bösen Mütter« steht jedoch in Widerspruch zur moralisierenden Thematik und somit zur bewußten Ideologie des Künstlers. Dies zeigt sich in der Analyse der ästhetischen Struktur des Bildes.

Dargestellt ist ein weites Schneefeld, das von einer Bergkette abgeschlossen wird. Links aus dem Hintergrund lösen sich schemenhaft, nur undeutlich vom schneebedeckten Fels zu unterscheiden, menschliche Wesen (Abb. 6). Es sind Frauen mit Kindern im Arm. Mit wallendem Gewand und aufgelöstem Haar schweben sie dem Betrachter entgegen. Die vorderste wirft sich mit dem Oberkörper zurück wie eine Mänade in wildem Tanz.

Ihr aufgelöstes Haar verbindet sich mit dem Geäst eines dürren Baumes hinter ihr. Aus ihrem Gewand kriecht, wie mit eigenem Leben versehen, ein nabelschnurartiges Gebilde, vorne mit spinnenartigen Füßchen und in einem Kinderkopf endend. Aus dem Baum über ihr erscheint ein zweiter Kinderkopf. Rechts im Vordergrund, ganz nah an das Auge der Betrachter/innen gerückt, wächst unerwartet aus dem Eis eine Birke empor (Abb. 7). Eine Frau ist darin. Ein schleierartiges, golddurchwirktes Gewand umflattert den Körper, die Brüste sind entblößt. Ihr Bauch ist aufgetrieben wie von einer Schwangerschaft. Ihre Körpersprache ist schwer zu charakterisieren. Der Körper ist in Gegenschwingung zum Baum gegeben – wendet sie sich von ihm ab oder neigt sie sich ihm zu? In ihrer Haltung sind Momente des Schwebens (so der Fuß, der den Stamm nicht berührt, das wie von leichtem Wind flatternde Gewand), sie schwebt aber nicht; es gibt Momente des Gefesseltseins (so die Verschlingung der Haare und des Schleiers im Geäst und die Verschränkung von Hand und Arm mit den Zweigen), sie ist aber nicht gefesselt. Schweben – Inbegriff der Freiheit – und Gefangensein … ein unauflöslicher Widerspruch. Aus einem der Äste wächst der Kopf eines Kindes, das an der Mutterbrust saugt. Die Verbindung von Kopf und Ast ist rund gebogen und gedreht, nicht wie ein Zweig aus Holz, sondern wie eine Nabelschnur. Das Kind hat die Augen geschlossen; das derbe, blau unterlaufene Gesicht ist eher häßlich als liebreizend. Wie ein kleiner Vampir saugt es an der Brust. Vollends unangenehm berührt das Kinderköpfchen der mänadischen Frau. Da nur der Kopf des Kindes dargestellt ist, wird die Nabelschnur zum wurmartigen Leib, was durch die insektenhaften Wurzelbeinchen verstärkt wird. Segantini hat Kinder sonst nie so dargestellt, sondern sie immer mit allem erdenklichen Liebreiz ausgestattet, auch wenn es sich um Neugeborene handelt. Die Kinder werden also nicht einfach als positive Identifikationsfiguren, als arme Opfer, denen alle Sympathie des Malers gilt, gezeigt. Ebensowenig aber werden die Mütter als böse diffamiert.

Die Mutter wendet sich vom Kind ab, ihre Hände berühren es nicht, ihr Gesicht ist nicht ihm zugewendet, sondern den Betrachtern, ebenso wie sich ihre zweite Brust den Betrachtern darbietet. Die Frau scheint in ihrer Haltung (Schweben-Gefangensein), in ihrer Beziehung zum Kind (sie gibt ihm die Brust, wendet sich gleichzeitig ab) und ihrem Verhältnis zum Baum

geradezu als Inkarnation eines Widerspruchs aufgefaßt zu sein.[25]
Welcher Widerspruch ist hier gemeint? Schauen wir uns die Frau nochmals an: halb schwebend, halb gefangen, mit zurückgebeugtem Oberkörper, entblößten Brüsten, halbgeöffneten Lippen, geschlossenen Augen, wehendem Haar – es ist der Typus der erotischen, orgastischen Frau.[26] Wir verstehen nun die auf Widersprüchen aufgebaute ästhetische Struktur des Bildes: thematisiert wird dadurch der Konflikt zwischen Muttersein und Sexualität im Leben der Frau. Dieser Widerspruch spiegelt sich auch in der Anführerin des Mutterzuges. In ihrer ekstatischen Bewegung ruft sie Assoziationen an die Mänaden, Symbole ungebundener Sinnlichkeit hervor; gleichzeitig aber ist sie durch die Nabelschnur an den Kinderkopf gefesselt. In dem Bild sind zwei ikonographische Stränge miteinander verknüpft: die Frau als Mutter, die der Madonnenikonographie folgt (die Frauen im Hintergrund mit den Kindern im Arm) und die erotische Frau.
In der Kunst des 19. Jahrhunderts tauchen die beiden polarisierten Frauenbilder »femme fatale« und »Mutter« immer getrennt auf. Mit Segantinis Darstellung wird die Tabuisierung des Zusammenhangs von weiblicher Sexualität und Mutterschaft durchbrochen. Die Bedeutung des Bildes liegt in der Thematisierung dieses dualistischen Weiblichkeitsmusters. Die Tragödie der Frau in dem ihr aufgedrängten Konflikt zwischen eigenem erotischen Leben und Mutterdasein wird sichtbar.[27] Die Zeigefingermoral, die uns durch den Titel suggeriert wird, ist im Bild durch die dialektische ästhetische Struktur aufgehoben. In seinem Bewußtsein wollte Segantini die »bösen Mütter«, die sich ihrer eigenen Lust hingaben, statt ihren Kindern eine gute Mutter zu sein, bestrafen. Die dialektische Struktur des Bildes hingegen läßt die tatsächlichen Widersprüche und Konflikte der Frau im 19. Jahrhundert spürbar werden. Das gemalte Bild transzendiert somit die moralisierende Ebene von Segantinis bewußter Ideologie, die sich im thematischen Vorwurf manifestiert. Im Bild konkretisiert sich offensichtlich Unbewußtes und reale Lebenserfahrung, die nicht mit dem Bewußtsein des Malers übereinstimmen, sich vielmehr gegen dieses durchsetzen.
Welche realen Lebenserfahrungen bzw. Manifestationen des Unbewußten sich hier Geltung verschafft haben, läßt sich nur mutmaßen. Der Arzt und Freund von Sigmund Freud, Karl Abra-

ham, verfaßte 1911 eine Studie über Segantini; er versuchte, Segantinis Mutterkomplex psychoanalytisch zu erklären.[28] Auf Grund der Briefe und Selbstzeugnisse Segantinis, in denen sich dieser schwärmerisch seiner schönen Mutter erinnert, kommt Abraham zur Überzeugung, daß Segantini eine extrem libidinöse Beziehung zu seiner Mutter erlebt habe. Auf Grund des Inzestverbotes habe er seine Liebe und seinen Haß verdrängen und sublimieren müssen. Die Sublimierung drücke sich in den vielen Mutterbildern aus. In seinem Nirwana-Zyklus habe sich Segantini an seiner Mutter gerächt, die statt seiner dem Vater in sinnlicher Liebe angehangen habe. Die Mutter starb, als Segantini sieben Jahre alt war. Segantini berichtet, daß sie seit seiner Geburt an einer Schwäche litt, von der sie sich nie mehr erholte. Das Gefühl der Verlassenheit bei ihrem Tod vermischte sich somit mit Schuldgefühlen. Es scheint denkbar, daß dieses einschneidende Erlebnis tatsächlich die Ambivalenz im Mutter-Kind-Verhältnis unseres Bildes mit bedingt hat.

Eine weitere Erfahrung im Leben Segantinis könnte seine bewußten Moralvorstellungen unterlaufen haben. In allen bisherigen Schriften wird die Ehe Segantinis mit seiner Frau Bice als ungetrübt und ideal beschrieben. Seine Briefe an sie bzw. Äußerungen über sie scheinen dies zu bestätigen. In Savognin lernte Segantini das Mädchen Baba Uffer kennen, die seither mit der Familie lebte und Segantinis einziges Modell wurde. Baba soll Segantinis Geliebte gewesen sein.[29] Sie soll sogar ein Kind von ihm geboren haben, Mea, die auch in der Literatur erwähnt wird. Dieses Liebesverhältnis – und nicht, wie behauptet wird, Schwierigkeiten mit der Steuerbehörde – soll der eigentliche Grund für den Ortswechsel von Savognin nach Maloja gewesen sein. 1894, kurz vor dieser Übersiedlung, malte Segantini die »Bösen Mütter«. Es ließe sich denken, daß das Erlebnis dieser Liebe mit ihren Folgen die prüden Moralvorstellungen Segantinis durchbrochen hat und sich in seinen Bildern dokumentiert. Leider läßt sich diese Geschichte vorläufig nicht belegen. Wie dem auch sei, das Wesentliche an dieser privaten Biographie ist gerade das Typische, das Allgemeine, das die persönlichen Probleme Segantinis als diejenigen seiner Epoche erkennen läßt.

Sowenig sich mittelalterliche Kunst als Illustration theologischer Traktate erklären läßt, kann die Kunst Segantinis mit seinen eigenen programmatischen Vorstellungen interpretiert werden. Die

Spanne zwischen herrschender Moral und realem Leben war im Mittelalter wohl ungleich größer als in der Neuzeit, wo im Laufe der bürgerlichen Entwicklung die antisexuelle Ideologie verstärkt internalisiert wurde. Die Widersprüche können nun, wie bei Segantini, im Künstler selbst auftreten. Das Bild Segantinis hat mit den mittelalterlichen Luxuria-Darstellungen scheinbar nichts gemein. Gemeinsam ist ihnen aber, wie ich zu zeigen versucht habe, ihre jeweilige Divergenz zur herrschenden patriarchalen Moral. Darin sehe ich ihr subversives Potential. Dieses Phänomen kann, wie gesagt, in der ganzen Kunstentwicklung immer wieder beobachtet werden. Damit sei nicht behauptet, die Kunst sei ideologiefrei. Ebensowenig soll bestritten werden, daß es sowohl bei den mittelalterlichen Luxuria-Darstellungen wie bei Segantinis »bösen Müttern« der »männliche Blick« war, der die aufreizenden, erotisierenden Frauengestalten schuf. Das subversive Moment liegt in der Ambivalenz, welche die tatsächlich vorhandenen Widersprüche sichtbar werden läßt.

Die Kunst ermöglicht somit ein vertieftes Verständnis für die Dialektik von patriarchaler Herrschaftsstruktur und deren individueller Wirkung und Verarbeitung. Die Analyse der bildenden Kunst kann wesentliche Aspekte zur Beziehung der Geschlechter, zum Verhältnis von Ideologie und gesellschaftlicher Realität bzw. von Bewußtsein und emotionalen Strukturen und Befindlichkeiten in das Verständnis von Geschichte einbringen.

Anmerkungen

1 Siehe die Zusammenfassung bei Ellen Spickernagel, »Geschichte und Geschlecht: Der feministische Ansatz«, in: Hans Belting/Heinrich Dilly/Wolfgang Kemp/Willibald Sauerländer/Martin Warnke (Hg.), *Kunstgeschichte. Eine Einführung*, Berlin 1986, S. 264-282.

2 Die erste Kunsthistorikerinnen-Tagung im deutschsprachigen Raum fand 1982 in Marburg/Lahn statt, die zweite 1984 in Zürich und die dritte 1986 in Wien. Die Ergebnisse der Marburger Tagung sind veröffentlicht: *FrauenKunstGeschichte*, Gießen 1984; Teile der Zürcher Tagung in: *Kritische Berichte*, Gießen 1985/3 bzw. 1986/3. Die Wiener Tagungsbeiträge sind unter dem Titel *Frauen · Bilder · Männer · Mythen* 1987 in Berlin erschienen.

3 Siehe u. a. den Artikel von Renate Berger, »Pars pro toto. Zum Verhältnis von künstlerischer Freiheit und sexueller Integrität«, in: Re-

nate Berger/Daniela Hammer-Tugendhat, *Der Garten der Lüste*, Köln 1985, S. 150-199.

4 Im Zuge der 68er-Bewegung hat ein ähnlicher ideologiekritischer Ansatz zum Teil zu einer generellen Ablehnung künstlerischer Produktion geführt.

5 Zu den folgenden Ausführungen siehe die ausführlichere Version: Daniela Hammer-Tugendhat, »Venus und Luxuria – zum Verhältnis von Kunst und Ideologie im Hochmittelalter«. Diese Arbeit wurde im Rahmen der Wiener Kunsthistorikerinnen-Tagung 1986 vorgetragen und ist in diesem Zusammenhang veröffentlicht, siehe Anm. 2.

6 Zum Verhältnis der Kirche zur Sexualität bzw. dessen Wurzeln siehe das grundlegende Werk von John T. Noonan, *Empfängnisverhütung. Geschichte ihrer Beurteilung in der katholischen Theologie und im kanonischen Recht*, Mainz 1969. Siehe auch Peter Ketsch in: Annette Kuhn (Hg.), *Frauen im Mittelalter*, Band 2: *Frauenbild und Frauenrechte in Kirche und Gesellschaft*, Düsseldorf 1984.

7 *Adversus Jovinianum*, I, 49.

8 Die Bußbücher entstanden in der Zeit vom 6. bis zum 11. Jahrhundert. Eine vergleichende Tafel mit den verschiedenen Verfehlungen und dem entsprechenden Strafmaß findet sich bei Noonan 1969, a.a.O., S. 198 f.

9 Diese neue Konzeption wurde erstmals an der West-Fassade von Notre-Dame in Paris entworfen. Die Darstellung ist heute leider zerstört. Dieselbe Ikonographie am West-Portal in Amiens von 1220-1230 und an der Chartreser Süd-Vorhalle von 1230-1240.

10 Der *Roman de la Rose* wurde von Guillaume de Lorris 1230/40 begonnen und von Jean de Meung um 1280 vollendet. Er war der beliebteste Roman seiner Zeit. ›Oiseuse‹ bedeutet Müßiggang. Zum Rosenroman siehe John V. Fleming, *The Roman de la Rose. A Study in Allegory and Iconography*, Princeton 1969.

11 Richard Hamann, »The Girl and the Ram«, *Burl. Mag.* 60, 1932, S. 91 ff.

11a Darstellungen der Aphrodite Pandemos auf der Ziege waren weit verbreitet, als Terrakotten, auf Gemmen, Spiegeln, Münzen usw. Die Kathedrale von Auxerre besaß selbst einen antiken Silberschatz. Im Umfeld der Stadt wurden mehrere gallo-römische Werke gefunden. Der im ditten Viertel des 13. Jahrhunderts entstandene Skulpturenschmuck der West-Fassade belegt mit seinen ungewöhnlich antikisierenden Reliefs die intensive Auseinandersetzung mit Werken der Antike. Siehe Ursula Quednau, Die Westportale der Kathedrale von Auxerre, Wiesbaden 1979. Bei dem Reittier der ›Luxuria‹ in Auxerre läßt sich bei Lokalaugenschein zweifelsfrei ein Euter diagnostizieren.

12 In der Antike ist die Aphrodite auf dem Bock oder der Ziege immer bekleidet, meist mit einem Chiton und einem Himation. Andere Bei-

spiele siehe: Elpis Mitropoulou, *Aphrodite auf der Ziege*, Athen 1975; *Lexicon Iconographicum Mythologiae Classicae* (*LIMC*) II/1, Zürich, München 1984, S. 98-100.

13 Die Ahnfrau dieser ›Luxuria‹ ist die antike ›Terra‹, die als Ernährerin allen Getiers an ihren Brüsten Kinder und Schlangen nährte. Diese Ikonographie wurde dem Mittelalter über karolingische Elfenbeine und Handschriften überliefert. Erst allmählich scheint sich in der französischen Plastik die Entwicklung von ›Terra‹ zu ›Luxuria‹ vollzogen zu haben. Siehe dazu: Daniela Hammer-Tugendhat, 1987, a.a.O., Anm. 5. Zur Ikonographie der ›femme aux serpents‹ ebenda.

14 Siehe Noonan 1969, a.a.O., S. 212, 235 f., 363 f.

15 Siehe R. W. Southern, *Kirche und Gesellschaft im Abendland des Mittelalters*, Berlin/New York 1976.

16 So neuerdings Régine Pernoud, *La femme au temps des Cathédrales*, Paris 1980, und Robert Fossier, »La femme dans les sociétées occidentales«, in: *Cahiers de la Civilisation médievale* X^{e}-XIIe *Siècles*, Poitiers, 20. Jg., No. 2-3, 1977. Siehe auch die scharfe Kritik an dieser Einschätzung bei Ria Lemaire, »En marge du colloque«, ebenda, S. 261-263.

17 An der strukturalistischen Konzeption scheitert letztlich auch die differenzierte Analyse von Penny S. Gold, *Image and Reality: Women in Twelfth-Century France*, (Diss.) Stanford University 1977. Gold sucht nach gleichen Strukturen in bildender Kunst, Literatur, religiöser Bewegung und der Stellung der Frau in den Eigentumsverhältnissen.

18 Friedrich Engels, in: Karl Marx/Friedrich Engels, *Werke*, Bd. 21, Berlin 1975, S. 72.

19 J. L. Flandrin, *Le sexe et l'Occident. Evolution des attitudes et des compartements*, Paris 1981; ders., »Mariage tardif et vie sexuelle«, in: *Annales E. S. C.*, 27 (1972); ders., »Repression and Change in the Sexual Life of Young People in Medieval and Early Modern Times«, in: *Journal of Family History* 2 (1977), S. 196-210; ders., »Contraception, mariage et relations amoureuses dans l'Occident chrétien«, in: *Annales E. S. C.*, 24 (1969), S. 1370-1390; Jos van Ussel, *Sexualunterdrückung. Geschichte der Sexualfeindschaft*, Gießen 1977; Norbert Elias, *Über den Prozeß der Zivilisation*, Basel 1939.

20 Die Masse der Landbevölkerung hatte keinen Einfluß auf die Entwicklung der »Hochkunst«. Eine in geschlechtlichen Fragen von der Theologie abweichende Meinung findet sich auch im medizinischen Diskurs des Mittelalters. Siehe dazu Daniela Hammer-Tugendhat 1987, a.a.O., Anm. 5 und Danielle Jacquart/Claude Thomasset, *Sexualité et savoir médicale au Moyen-âge*, Paris 1985.

21 Siehe dazu z. B. Daniela Hammer-Tugendhat, »Erotik und Inquisition, Zum ›Garten der Lüste‹ von Hieronymus Bosch«, in: Renate Berger/Daniela Hammer-Tugendhat, a.a.O., S. 10-47.

22 Daniela Hammer-Tugendhat, »Zur Ambivalenz von Thematik und Darstellungsweise am Beispiel von Segantinis ›Die bösen Mütter‹«, in: *Kritische Berichte*, 13. Jg., 1985/3, S. 16-28.

23 Der Wortlaut des Gedichtes findet sich bei Annie-Paule Quinsac, *Segantini. Catalogo Generale*, Mailand 1982, 2 Bde., S. 476. Hier befindet sich auch die gesamte Segantini-Bibliographie.

24 Bianca Zehder-Segantini (Hg.), *Segantinis Briefe und Schriften*, Leipzig 1912, S. 42.

25 Die auf Widersprüchen aufgebaute ästhetische Struktur des Bildes hat wohl auch die unterschiedlichen Interpretationen des Bildes mitbedingt. Siehe dazu Daniela Hammer-Tugendhat, 1985, a.a.O., S. 16f.

26 Einen ähnlichen Frauentypus, ebenfalls schwebend mit entblößten Brüsten, aufgelöstem Haar und flatterndem Gewand, verwendete Segantini für seine ›Venus‹ aus dem gleichen Jahr. Daß tatsächlich der Typus der erotisch-orgastischen Frau gemeint ist, bezeugt auch ein Vergleich mit Werken von Edvard Munch, beispielsweise der ›Madonna‹ (›Empfängnis‹), die wie unser Bild 1884 entstanden ist, und die gleichnamige Lithographie von 1895. Siehe dazu Daniela Hammer-Tugendhat, 1985, a.a.O., S. 20f., Abb. 2 und 3.

27 Zu den gesellschaftlichen Hintergründen und der Relevanz des Bildes für das Weiblichkeitsmuster des 19. Jahrhunderts siehe Daniela Hammer-Tugendhat, 1985, a.a.O., S. 22f.

28 Karl Abraham, *Giovanni Segantini. Ein psychoanalytischer Versuch*, Leipzig/Wien 1911.

29 Nach freundlicher Mitteilung von Oswald Oberhuber, der sich im Rahmen der Segantini-Ausstellung im Sommer 1981 in Wien intensiv mit dem Künstler beschäftigt hat.

Abbildungsnachweis
Foto 1, 2, 4: Bildarchiv Foto Marburg.
Foto 5, 6, 7: Österreichische Galerie, Wien.

Heide Wunder

Von der *frumkeit* zur *Frömmigkeit*

Ein Beitrag zur Genese bürgerlicher Weiblichkeit (15.-17. Jahrhundert)

»Das allgemeine Gefühl und Urtheil aller sittlich und geistig gesunden Männer und Frauen aber preiset den Inbegriff der nur bezeichneten eigenthümlichen weiblichen Eigenschaften, Gefühle, Richtungen und Tugenden, als die *wesentlichste*, als die *naturgemäße Vollkommenheit der Frauen*, als die Grundbedingung ihrer *Liebenswürdigkeit* und der glücklichen Verwirklichung ihrer Lebensbestimmung – mit dem Namen: *Weiblichkeit*. Es bezeichnet so die eigenthümlich männlichen Eigenschaften, als die *wesentliche Vollkommenheit des Mannes*, als die Grundbedingung seiner *Achtungswürdigkeit* und seiner Lebensbestimmung – mit dem Namen: *Männlichkeit*.« ... »Behauptung des Gemeinschaftlichen wie der Eigenthümlichkeiten der beiden Geschlechter, gegenseitige Ergänzung und Verbindung in Liebe, in Liebe in sittlicher Gestalt und zur Verwirklichung der höchsten menschlichen Bestimmung, dieses also war das große Gesetz der göttlichen Weltordnung, als sie die menschliche Gattung in zwei Geschlechter spaltete ...« C. Welcker führte dieses Konzept der »Geschlechterverhältnisse« im Staatslexikon (2. Aufl. 1845) noch weiter: In der »christlichen und deutschen Ehe« werden Mann und Frau zu einer »untrennbaren Gesammtpersönlichkeit« als Grundlage für die Familie, »diese heiligste, festeste Grundlage menschlicher und bürgerlicher Tugend und Glückseligkeit«. »Nur erst, wenn in der Familie, dieser Grundlage und Pflanzschule, diesem Urbilde der staatsgesellschaftlichen Verbindung, die stärksten aller sinnlichen Triebe der Herrschaft der sittlichen Vernunft untergeordnet werden, ist auch im Staate der dauernde Sieg der letzteren zu hoffen, nur dann erstarkt die sittliche Freiheit.« Carl Welcker hat die »Geschlechtsverhältnisse« aus der Perspektive des Staatsrechtlers behandelt: ein gesellschaftliches Ordnungsproblem wird so gelöst, daß die Frauen – die Hälfte der Staatsbewohner – wegen ihres Geschlechts von der politischen

Öffentlichkeit ausgeschlossen werden mit dem Argument, wer nicht in den Krieg ziehe, dürfe auch nicht über Krieg und Frieden in den politischen Institutionen entscheiden. Der Beitrag der Frauen für das Vaterland bestehe in der Fortpflanzung, die Welkker aber – entgegen dem so stark betonten Ergänzungsgedanken – tatsächlich nicht so hoch wie männliches Indenkriegziehen bewertet. Insbesondere berechtigt dieser Beitrag Frauen nicht, über die sittlichen und rechtlichen Rahmenbedingungen des ihnen zugestandenen Lebensraumes *Familie* selbst zu bestimmen. Auch dies ist Privileg der Männer, deren Beitrag zur Fortpflanzung mit der Zeugung beendet ist, wie Welcker betont. Die ins Auge springende Widersprüchlichkeit der Argumentation scheint Welcker nicht zu bemerken. Er begründet Weiblichkeit und Männlichkeit physisch, psychisch und moralisch mit Natur und göttlicher Schöpfung. Zudem unterstreicht er den Charakter der Ehe als »christlich«, »deutsch« und vom Staat durch seine Gesetze zu verteidigen, weil seit der amerikanischen und Französischen Revolution die Rechtsgleichheit von Mann und Frau nicht nur von Frauen, sondern auch von Männern propagiert wurde.

Die gesellschaftspolitische Konstruktion von *Weiblichkeit/Männlichkeit* um die Mitte des 19. Jahrhunderts[1], von *Haus* als weiblichem und *Welt* als männlichem Lebensraum, von *passiven Tugenden* für die Frau und *aktiven Fähigkeiten* für den Mann bezieht Welcker ausdrücklich auf bürgerliche Ordnungsvorstellungen und Lebensverhältnisse. Die Mehrheit der Männer und Frauen lebte aber ganz anders. Trotz dieser Widersprüche haben die von Welcker vorgetragenen Positionen bis heute nicht an Attraktivität verloren und bestimmen eine konservative Sozial- und Familienpolitik, nicht zuletzt die Gemüter von Wählerinnen und Wählern. Die »natürliche Bestimmung des Weibes« und »so war es schon immer«, also »Natur« und »Geschichte«, sind geläufige Argumente, die sich gegenseitig zu stützen scheinen. In dieser Sicht ist »Weiblichkeit in historischer Perspektive« kein Thema, es sei denn als kulturgeschichtliche Variation oder als Begründung – jeweils auf dem neuesten Wissens- und Wissenschaftsstand – für die Wiederkehr des immer Gleichen, nämlich der Unterordnung der Frauen wegen ihrer ›natürlichen‹ und gottgewollten ›Schwäche‹. Zwar werden die großen Epochen der europäischen Geschichte (Mittelalter – Neuzeit; feudale Gesellschaft – bürgerliche Gesellschaft) auch auf Frauen bezogen: die hohe Frau der höfischen Literatur des Mittelalters, die bürgerliche Frau, die Proletarierin, doch ändert dies nichts an der grundsätzlichen Geschichtslosigkeit der Frauen.

Wie könnte eine Historisierung von *Weiblichkeit* und damit eine Einbeziehung von Frauen in den historischen Prozeß aussehen? Zunächst ist zu klären, wodurch der Eindruck der Konstanz von weiblicher Geschichtslosigkeit zustande kommt. Anschließend – ausgehend von der Annahme, daß die verschiedenen Aspekte von Weiblichkeit nicht durch Natur und göttliche Schöpfung determiniert, sondern Ergebnis historischer Prozesse sind – untersuche ich den dritten Aspekt des hier zur Diskussion stehenden Syndroms »Weiblichkeit« (»Kinder, Küche, Kirche«) als Problem der Feminisierung von Religion und Religiosität. Den Wurzeln von Hausfrau und Mutter als Beruf bin ich bereits an anderer Stelle nachgegangen.[2]

1. Der Eindruck von geschichtsloser Weiblichkeit entsteht durch die Kontinuität des *Diskurses* über die Geschlechterbeziehungen. Die entsprechenden Positionen der biblischen Schriften, der antiken Philosophen wurden von den Kirchenvätern und den Theologen weitergeführt und bis in die wissenschaftliche Argumentation des 19. Jahrhunderts tradiert.[3] So wundert es nicht, wenn die aristotelisch-thomistische Argumentation zur Rolle von Mann und Frau bei der Zeugung und Fortpflanzung noch von Welcker vorgetragen wird, wenn der Frau passive, dem Mann aktive – politische – Tugenden zugeschrieben werden, wenn die Frau physisch und psychisch das »schwächere Geschlechte« ist. Während Historiker sonst über die Mechanismen der Tradierung und Traditionsbildung kritisch nachdenken, wurde der Diskurscharakter dieser Traditionsbildung bisher kaum thematisiert oder gar problematisiert, wie dies auf Grund kirchengeschichtlicher und literaturgeschichtlicher Forschungen sehr wohl möglich wäre.[4] Wäre der Platz der Frauen in der jeweiligen Gesellschaft so ›natürlich‹ vorgegeben, bedürfte es nicht aufwendiger Diskurse, ihn immer wieder zu bestimmen. Die Festlegung der Geschlechterbeziehungen im Rahmen welterklärender und welterhaltender Denk- und Glaubenssysteme versteht sich von selbst. Dennoch darf der diskursive Zusammenhang als Auseinandersetzung mit bestehenden Verhältnissen, konkurrierenden Systemen und überlieferten Autoritäten nicht unterschätzt werden, denn er bewirkt die Selektion des Tradierten und die Richtung der neuen Projektionen.

Die Diskurse über Geschlechterbeziehungen sind zwar eine gesellschaftliche Tatsache, aber keine Beschreibung gelebter Geschlechterbeziehungen. Sie reflektieren wahrgenommene Wirklichkeit unter den Prämissen von kirchlichen, theologischen, politischen und staatlichen Interessen. Über die Beherrschung der jeweiligen Öffentlichkeiten und Kommunikationssysteme gewinnen die dabei entwickelten Argumentationsmuster Einfluß auf die Denk- und Lebensweise der Menschen. Sie werden Teil gesamtgesellschaftlicher Vorstellungswelten und können instrumentalisiert werden.

Systemtheoretisch ließe sich formulieren: Die Kontinuität des Diskurses über Geschlechterbeziehungen und über die Verschiedenheit der Geschlechter entsteht dadurch, daß zur Reduktion gesellschaftlicher Komplexität an erster Stelle eine Neuordnung der Geschlechterbeziehungen, und zwar als Unterordnung der Frauen, gehört – jedenfalls in der europäischen Geschichte. Dies hat Welcker programmatisch formuliert: »Das allgemeinste und wichtigste Verhältnis der menschlichen Gesellschaft, das schwierigste für eine juristische und politische Theorie ist unstreitig das Verhältnis der beiden Geschlechter.« Anhand der überlieferten Diskurse ließe sich die These aufstellen, daß der Diskurs über Mann – Frau dann relevant wird, wenn eine neue gesellschaftliche Komplexität erreicht wird: z. B. die Auseinandersetzungen mit konkurrierenden Religionen beim Übergang vom Urchristentum zu den frühen christlichen Gemeinden und später beim Schritt zur Staatsreligion; der scholastische Diskurs im hohen Mittelalter provoziert durch die Entstehung von Städten und Dörfern; die Einklage der Menschen- und Bürgerrechte auch für Frauen im Gefolge von amerikanischer und Französischer Revolution.

Diese These bietet sich ebenfalls für den spezifischen Diskurs der Geschlechterbeziehungen im 15. und 16. Jahrhundert an, der für die Überlegungen zur Genese bürgerlicher Weiblichkeit im Zusammenhang mit dem sozio-ökonomischen und dem sozio-kulturellen Wandel zu sehen ist. Im Gefolge der »Krise des 14. Jahrhunderts« und ihrer Überwindung im 15. Jahrhundert entstanden neue komplexe gesellschaftliche Verhältnisse: Sie schufen neue persönliche, wirtschaftliche, soziale und politische Spielräume für Männer und Frauen, auf die der humanistische und reformatorische Diskurs über die *Ehe* einging. Das Ergebnis waren einerseits neue Modi für die freiwillige Unterordnung der Ehefrauen. Andererseits – und das ist kennzeichnend zumindestens für die Diskurse seit dem hohen Mittelalter – werden in den Disputen der »Feministen« und »Antifeministen« gelehrte Argumentationsmuster mit Argument und Gegenargument unter Berufung auf die Autoritäten entfaltet und tradiert. Der Diskurs selbst stellt somit neben die dominante Tendenz der Unterordnung der Frauen das Plädoyer für die Gleichwertigkeit der Frauen, und zwar keineswegs nur als rhetorische Figur. Denn die Ambivalenz der Diskurse ist in der Ambivalenz der Autoritäten angelegt: in den beiden Fassungen der Genesis und in den Beziehungen zwischen Jesus und den Frauen. Schließlich, Frauen waren nicht nur Objekte dieser Diskurse, sondern haben sich an ihnen beteiligt (z. B. Hildegard von Bingen und die Leporinin), wenngleich ihre Teilhabe an Bildung insgesamt eingeschränkt war.[5]

2. Zu Natur und Wesen des Weibes gehört nach Welcker auch eine spezifische Beziehung zur Religion. In den Worten des Mediziners K. F. Burdach formulierte er: »Auch die Religion ist ihm [dem Weib, H. W.] mehr Gegenstand des Gefühls als der Forschung«, und »mit einem vorherrschenden allgemeinen Wohlwollen verbindet sich auch ein höherer Grad religiöser Gesinnung.« Der christlichen Religion verdanke die Frau die sittliche Gleichstellung mit dem Mann in der Ehe, aber »die Natur und durch sie der vernünftige göttliche Wille haben die verschiedenen Geschlechter gegründet« und damit auch die Unterordnung der Ehefrau unter den Ehemann. Welcker beschreibt eine merkwürdige Heteronomie der christlichen Religion für Frauen: einerseits ihre unmittelbare Beziehung zur Religion, die er aber sogleich als »Gefühl« abwertet, andererseits die »Wohltat« von christlicher Aufwertung der Frau – gebunden an ihre lebensweltliche Unterordnung. Mit beiden Argumenten klassifiziert er Frauen auch in ihren Beziehungen zur Religion als passiv. Damit stand er nicht allein in seiner Zeit. Weibliche Frömmigkeit als Unterordnung, Demut, Geduld im Ertragen von Ungerechtigkeit und Leiden im Vertrauen auf Gottes Gerechtigkeit im Jenseits wurde gepredigt, in Lesebüchern für Volksschulen wie in der Volksliteratur verbreitet und in der Trivialliteratur viel gelesen.[6]

Im Hinblick auf Religion und ihre Bedeutung für die Lebensbewältigung macht Welcker mit Berufung auf Burdach einen bemerkenswerten Unterschied zwischen Männern und Frauen. *Einige* Männer machen Religion zum Beruf: als Theologen, Pfarrer und Lehrer, religiöse Gesinnung dagegen ist *allen* Frauen natürlich. Zwar formulierte Burdach diese Differenz nur als eine graduelle, gleichwohl läuft die Zuordnung von Religiosität zu Gefühl doch auf eine säkularisierte Neufassung alter theologischer Positionen unter den Bedingungen des 19. Jahrhunderts hinaus: die mindere Befähigung der Frauen zur Heiligkeit, ihr Ausschluß vom Priesteramt, weil sie weder schöpfungs- noch heilsgeschichtlich in der direkten Nachfolge Gottes und Christi stehen, so daß dem »schwächeren Geschlecht« eben nur ständiges Bemühen – Frömmigkeit – bleibe, aber auch seine Neigung zu Aberglauben und überhaupt zur Verführbarkeit auf Grund seiner Leichtgläubigkeit.

Entgegen den normativen Festlegungen des Verhältnisses von Männern und Frauen zur Religion haben Welckers Zeitgenossen vor allem den Wandel der Beziehungen von Religion und Gesellschaft konstatiert, der zu einer Feminisierung von Religiosität führte. Während allgemein bei männlichen Christen im 19. Jahrhundert eine zunehmende Distanzierung von der Kirche beobachtet wurde, wurde bei Frauen ihre Frömmigkeit betont. Für Männer als Bürger war die politische Öffentlichkeit zur »civic religion« geworden, während Frauen im äußersten Fall den Verhandlungen in den Ständeversammlungen zuhören durften, so daß die Kirche zur einzigen Öffentlichkeit wurde, die ihnen gestattet war, und Frömmigkeit der einzige Bereich des legitimen Rückzugs von ehefraulichen und mütterlichen Pflichten. Diese Frömmigkeit diente nicht nur der eigenen ›Erbauung‹ im Gebet, sondern ebenso der eigenen Kontrolle über das Verhalten gegenüber Gott und den Mitmenschen. Denn, »wahrhaft fromm zu werden« besteht darin, »daß man Gott von ganzem Herzen über alles liebt, und aus Liebe zu ihm das Böse meidet, und das Gute thut«, d. h. seine »Pflichten« erfüllt.[7]

Bei außerkirchlichen Erneuerungsbewegungen hielt sich Frömmigkeit als allgemeine christliche Lebenspraxis, während die männlichen »Stützen der Gesellschaft« formale Kirchlichkeit demonstrierten. Im folgenden versuche ich, dem Phänomen der Feminisierung von Religiosität auf die Spur zu kommen. Gemeinhin werden die Anfänge des Syndroms bürgerlicher Weiblichkeit[8] »Kinder – Küche – Kirche« der Reformation, insbesondere dem Einfluß Martin Luthers, angelastet[9], was eine unzulässige Vereinfachung darstellt. Dennoch bietet es sich an, vom allgemeinen religiös-kirchlichen Wandel im Zeitalter von Reformation und Gegenreformation (16./17. Jahrhundert) auszugehen, allerdings im Zusammenhang mit den großen sozialen, wirtschaftlichen und politischen Veränderungen seit dem ausgehenden Mittelalter. Dieser Kontext läßt sich daraufhin befragen, ob und in welcher Weise »bürgerliche Weiblichkeit« hier wurzelt. Am Beispiel des Bedeutungswandels von mittelhochdeutscher *frumkeit* zu neuhochdeutscher *Frömmigkeit* soll diese Frage verfolgt werden.

3. »Frümkeit ist ghorsam und demütig,
Diensthafft, holdtselig, trew und gütig,
Friedtlich, auffrichtig und mitsam.
Stil, warhafft, verschwiegen, genügsam,
Bescheiden, senfftmütig, gerugsam
Messig und züchtig alle zeyt.«[10]

So definierte Hans Sachs *frumkeit*, die mittel- und frühneuhochdeutsche Form von *Frömmigkeit*. Die aufgezählten Qualitäten passen allerdings nicht zum modernen Verständnis von Frömmigkeit, weil von Religion oder Religiosität keine Rede ist. Auf den ersten Blick scheint es eher eine Kontinuität im Hinblick auf den Personenkreis zu geben, von dem solche Tugenden erwartet werden: die Frauen. Aber dieser Eindruck täuscht und warnt, Kontinuitäten herzustellen, die auf dem Rückprojizieren moderner Vorstellungen beruhen. Sachs verwandte *frum/from* und *frumkeit* für Männer wie Frauen, ebenso wie dies für den Wortgebrauch in anderen Quellengruppen (z. B. Rechtsdokumente, Eheliteratur, Chroniken) gilt. *Frum* bedeutete »tüchtig, brav, ehrbar, gut, trefflich, angesehen, vornehm, wacker, tapfer«.[11] Beim Vergleich dieser Qualitäten fällt auf, daß zwischen dem mittelhochdeutschen und dem bei Sachs angeführten Bedeutungskatalog erhebliche Unterschiede bestehen, daß in den mittelhochdeutschen Bedeutungen eher das aktive Handlungselement überwiegt, während Sachs, der »Poet der Moralität« (M. E. Müller)[12], anknüpfend an ältere sittliche Bedeutungskomponenten[12a], die ›passiven‹ Züge akzentuiert.
Frumkeit war ein zentraler Begriff im mittelalterlichen und frühneuzeitlichen Rechtsleben, wie die häufige Verbindung von »frumkeit und ere«[13] belegt. Wenn die persönliche Integrität einer Frau oder eines Mannes zur Diskussion stand, etwa vor Gericht,

bedurfte es des Zeugnisses von Nachbarn und Nachbarinnen über *frumkeit und ere. Frumkeit* wurde durch sichtbares Verhalten unter den Augen und mit den Augen der Nachbarschaft, der Gemeinde hergestellt, sie war also ein *öffentlich* festgestellter Sachverhalt und rechtsrelevant in der Öffentlichkeit des Gerichts. Doch auch das Hörensagen, »der ›ruf‹, in welchem man in der leute Mund steht«[14] spielte für die rechtsrelevante *frumkeit* eine große Rolle.

Obwohl *frum/fromm* als rechtsrelevanter Begriff Frauen und Männern bis weit ins 17. Jahrhundert gemeinsam blieb, gab es sehr wohl geschlechtsspezifische Unterschiede. Denn »weibliche Ehre« unterschied sich von »männlicher Ehre« dadurch, daß z. B. Jungfräulichkeit und eheliche Treue konstitutiv waren. Wichtiger für die gewählte Problemstellung ist allerdings die Frage, warum die Gemeinsamkeit verloren ging, so daß ein »frommer Mann« bis zum Beginn des 19. Jahrhunderts ein »aufrechter, ehrlicher Mann« blieb, während seit dem 18. Jahrhundert »fromme Frau« eindeutig einen besonderen Bezug zu Religion und Kirche mit der Implikation der gottgewollten weiblichen Unterordnung und Aufopferung hat.

4. Der Wandel von weltlicher *frumkeit* zum religionsbezogenen Begriff *Frömmigkeit* geschah in der Reformation, bewirkt vor allem durch Luthers Wortgebrauch, der sich langfristig durchsetzte.[15] Entscheidend wurde, daß Luther in der für ihn zentralen Rechtfertigungslehre *iustus/iustitia* nicht nur mit *gerecht/Gerechtigkeit* übersetzte, sondern die Übersetzung mit *frum/frumkeit* bevorzugte: »Ich wollt auch, das das Wörtlin justus, justitia in der Schrift noch nie wäre ins Deutsch auf den Brauch gebracht, daß es Gerechtigkeit heiße, denn es heißt eigentlich ›frumm und frumkeyt‹«.[16] Damit machte er den Inbegriff weltlicher, insbesondere stadtbürgerlicher Ehre und Tugend, der tagtäglich das Leben regulierte, zu einem zentralen Begriff seiner Theologie und Anthropologie: »das wir auf deutsch sagen: das ist ein frumm Mann, das saget die Schrift: der ist justus, rechtfertig oder gerecht.«[17] Luther verband die weltlichen Werte und Normen für Integrität und Sittlichkeit mit der neuen protestantischen »Frömmigkeit als christlicher Lebenspraxis«[18] und hob für die Gläubigen die Spannungen zwischen Leben und Werkgerechtigkeit der alten Kirche auf. Er versöhnte die Dualität von Glauben und Leben, indem *frumkeit* Teil der neuen *christlichen* Lebenspraxis wurde und die

in ihr gefaßten sittlich-moralischen Werte der Laiengesellschaft einen direkten Bezug zu Gott erhielten. Die protestantische Vorstellung vom allgemeinen Priestertum erlangte damit eine weitere Prediger und Gemeinde verbindende Dimension, wenn die konkreten Folgen für die christliche Lebenspraxis bedacht werden. Exemplarisch läßt sich dies an den Darstellungen vom »christlichen Leben und Sterben« in den Leichenpredigten ablesen. In der Leichenpredigt der 1625 mit 32 Jahren gestorbenen Ilse Raven aus Hildesheim heißt es:

»In jhrem Ehestande hat sie mit jhrem Sel. Herrn 4 Kinderlein erzeuget / deren noch ein Knab und Mägdelein im Leben, hat in jhrem Christenthumb Gottes Wort fleissig gehöret / und gelesen / zum Tisch des Herrn sich mit sonderlicher reverentz zum oftern funden / in der gemein und daheimb jhr gebet mit andacht verrichtet / aller Gottesfurcht sich höchst befliessen / im Creutz hat sie sich gedüldig / in jhrer Haußhaltung fleissig und sorgfeltig / gegen jhren Seligen Herrn auch jedermenniglich freundlich / auch gegen jhrem Nothleidenden Nechsten sich Barmhertzig erzeiget ...«[19] Die Lebenskreise sind Ehestand, Christentum »in der gemein und daheimb«, Haushaltung, Mittelpunkt bildet aber das Christentum, es verbindet Gottesdienst und Dienst am Nächsten (Ehemann, Kinder, Arme), die Hausgebetsgemeinschaft umfaßt alle zum Haushalt gehörigen Personen.

Diese christliche Lebenspraxis, die im Rückblick eher einen duldenden (s. »Creutz«), passiven Charakter zu haben scheint, ist jedoch durchaus als öffentliches Bekenntnis zu interpretieren. Das persönliche Christentum mußte sich *öffentlich* bewähren: in der öffentlichen Institution Ehe, im »ganzen Haus«, der Haushaltung mit Herrschafts- und damit öffentlichen Funktionen, in der Gemeinde, für Frauen vor allem in der Kirche und in der Nachbarschaft. Im Zeitalter der Glaubenskämpfe war diese neue Lebenspraxis Ausdruck von aktivem Einsatz für den neuen Glauben, ein Bekenntnis mit allen Risiken für Leib und Leben.

Die Handlungsorientierung der lutherischen christlichen Lebenspraxis für Männer und Frauen scheint mir bis zur endgültigen Stabilisierung der Konfessionsverhältnisse, d.h. bis in die zweite Hälfte des 17. Jahrhunderts, gegeben. Danach erlangte Religion als Glaube und damit auch Frömmigkeit als christliche Lebenspraxis einen anderen gesellschaftlichen Status, der die Voraussetzung für ihre Privatisierung und Feminisierung schuf.

5. Daß und warum Luthers Neufassung der christlichen Lebenspraxis als *frumkeit* bei verschiedenen sozialen Gruppen Widerhall fand, wird nach diesen knappen Erläuterungen klarer. Er knüpfte an die Werte und Normen traditioneller sozialer Gruppen – Handwerker und Kaufleute – an. Zugleich festigte die Generalisierung stadtbürgerlicher Normen so grundlegende Institutionen wie Ehe und Gemeinde, die für den entstehenden frühmodernen Staat zu unersetzlichen lokalen und personalen Ordnungsmustern wurden, was das Interesse der Obrigkeiten an Luthers Lehre erklärt.

Der Rückhalt bei traditionellen sozialen Gruppen und ihren Eliten allein reichte jedoch nicht für die allgemeine Durchsetzung protestantischer ›Weltfrömmigkeit‹ aus. Vielmehr bot das neue christliche Lebenskonzept einer neuen sozialen Gruppe Identität und Legitimation, und zwar den Gehilfen weltlicher Obrigkeiten in Regierung und Verwaltung, an Fürstenhöfen, in den ländlichen Verwaltungszentren und den Städten. Sie erwarben ihre Kompetenz durch gelehrte Bildung, nicht durch Herkunft und Arbeit, und hatten im ausgehenden Mittelalter eine Statuserhöhung durch den Eintritt in den geistlichen Stand erlangt. Seit dem 15. Jahrhundert sind für diese Gelehrten – aber auch viele Gemeindepriester – vielfach eheähnliche Lebensformen belegt; um 1500 wird von regelrechten Eheschließungen, z. T. mit Frauen aus angesehenen Bürgerfamilien, berichtet.[20] Die reformatorische Aufwertung der Ehe als eigentliche Keuschheit legitimierte diese älteren Verbindungen und eröffnete die Ehe als christliche Lebensform »in der Welt«. Eine ganze gesellschaftliche Gruppe änderte damit ihren Lebensstil und ihre Lebensperspektiven, vor allem mußte sie ihre Haltung gegenüber Frauen neu durchdenken. Dieser Vorgang läßt sich anschaulich am Beispiel der Eheschließungen der Reformatoren selbst verfolgen[21], in ihren theologischen Aussagen über Ehe[22] sowie in der reichen Eheliteratur, die die humanistische Diskussion über die Vor- und Nachteile der Eheschließung (für den Mann) weiterführten.[23] Nun schlug die Auseinandersetzung zu Gunsten der Ehe aus, für die jedoch die der Ehe Ungeübten einer Anleitung bedurften, die sie vor allem von antiken Autoritäten bezogen. Daraus ergab sich eine Schwierigkeit, weil in der griechischen Literatur und Philosophie die Abwertung der Frau vorherrschte, die unter den neuen evangelischen Bedingungen so nicht gelten durfte. Eine originelle Lösung dieses Problems fand J. Fischart in seinem »Philosophischen Ehzuchtbüchlein« (1578). Er riet dem Ehemann, Liebhaber seiner Frau zu sein, die ihm Fischart als Venus vorführt, freilich als ›Venus im Schneckenhaus‹[24], also unter der Voraussetzung, daß die Ehefrau domestiziert ist.

Der ›ideologischen‹ Aufwertung der Frauen entsprach ihre reale Bedeutung für die Karrieren der gelehrten Ehemänner. Selbstverständlich heirateten gelehrte Juristen und Theologen, wenn sie selbst aus bürgerlichen oder adeligen Familien stammten, Patriziertöchter oder Töchter des Amtsadels. Aber auch Gelehrte einfacher Herkunft, die früher über den geistlichen (ehelosen) Status eine Standeserhöhung erlangten, konnten in Bürger-, Patrizier- und Beamtenfamilien einheiraten, wenn sie diesen wegen ihrer hervorragenden Fähigkeiten geeignet für ihre Herrschaftssicherung schienen.[25]

Anders stand es mit der großen Zahl protestantischer Pfarrer. Sie waren vielfach einfacher Herkunft, ihre Pfründen waren überwiegend schlecht ausgestattet, und die reformatorische Neuordnung der Kirchenkassen verschaffte ihnen meist nur ein bescheidenes Auskommen, das eigentlich noch nicht für ihre neue christliche Lebenspraxis – Ehefrau und Kinder – berechnet war. Viele Pfarrer heirateten ihre Köchinnen und Mägde, was die gesellschaftliche Akzeptanz dieser Priesterehen nicht erleichterte. Bis in die zweite Hälfte des 16. Jahrhunderts mußten es sich Pfarrersfrauen gefallen lassen, daß sie von Nachbarinnen als Pfaffenhure verschrieen wurden. Für die Pfarrersfrauen war evangelische Frömmigkeit als christliche Lebenspraxis von besonderer Bedeutung: sie etablierte ihre bürgerliche Existenz in der Gemeinde, zugleich bot sie Gelegenheit, die neue Form von Gottesdienst – Gottes Wort hören und lesen, zum Abendmahl gehen, gegen jedermann Nächstenliebe zeigen – vorzuleben und sich dadurch der eigenen Identität gegenüber der traditionell-bürgerlichen zu vergewissern. Ihre »Eheherren« verkündeten von den Kanzeln nicht nur Gottes Wort und die Anordnungen der Obrigkeit. In ihrer *Seelsorge*, der professionellen christlichen Lebenspraxis, spielten »fromme Wünsche« bei den zentralen Anlässen christlichen Lebens, Taufe, Hochzeit, vor allem beim Begräbnis der Trost der Hinterbliebenen in den Leichenpredigten eine zentrale Rolle. Bei diesen Gelegenheiten wurde den Zuhörern »Frömmigkeit als christliche Lebenspraxis« immer wieder beispielhaft vorgeführt.

Bei allen Unterschieden zwischen den Ehen der gelehrten Juristen und Theologen einerseits und denen der Pfarrer andererseits, eines war ihnen gemeinsam: ihre Ehefrauen waren die ersten Frauen, die ausschließlich Hausfrau und Mutter waren. Ihr Arbeitsbereich beschränkte sich im wesentlichen auf Haus und Garten. Die »Beziehungsarbeit« für den Ehemann und die »Erziehungsarbeit« für die Kinder begann mehr und mehr Zeit zu beanspruchen, weil nicht nur deren christliche Erziehung in ihren Händen lag, sondern vielfach auch die Vermittlung von Anfangsgründen weltlicher Bildung.[26]

Die *christliche Ehe* bildete das Zentrum des christlichen Lebens, und zwar für alte wie neue soziale Schichten, sie war Ziel aller Männer und Frauen, die sich aus hausherrlichen Abhängigkeiten emanzipieren wollten. Ehe war nicht ›Privatsache‹, sondern von eminenter Bedeutung für den *öffentlichen* Status der Eheleute, vor allem der Ehefrauen. Doch bedeutete Ehe Verschiedenes für die Frauen der verschiedenen sozialen Gruppen: kaum lebbar waren die Idealvorstellungen der christlichen Ehe- und Hausfrau für die verheirateten Frauen der unteren Schichten, weil das Ehepaar allein oder überwiegend von der Lohnarbeit der Eheleute lebte. Daneben blieb wenig Zeit für Haushalten, Kindererziehen und Hausandacht. Aber, die protestantische Stereotypisierung der Ehefraurolle hieß, daß die Maßstäbe auf alle Frauen angewandt wurden, z. B. wenn es um den guten Ruf einer Frau bei Zaubereianklagen ging: war sie eine gute Haushälterin und fromme Ehefrau, erfüllte sie ihre Pflichten gegenüber Gott und der Welt. Daher waren Frauen, die von ihrer wirtschaftlichen Situation her »einhäusig« und kirchlich sein konnten, weniger in Gefahr, in schlechten Ruf zu kommen, als Frauen, die ihren Lebensunterhalt durch Lohnarbeit verdienten und dabei in viele Konfliktsituationen gerieten, bei denen ihnen ihr »Schneckenhäuschen« nicht immer Schutz gewährte.

6. Der Weg von der mittelalterlichen *frumkeit* zur Feminisierung von Frömmigkeit hat sich länger und verschlungener als vermutet erwiesen. Ich bleibe auf halbem Weg stehen, obwohl ich erst die Hälfte der Strecke bewältigt und nur eine Hälfte des Problems Frömmigkeit bearbeitet habe. Im Hinblick auf den Ausgangspunkt meiner Überlegungen, Frömmigkeit als Teil bürgerlicher Weiblichkeit im Sinne einer verinnerlichten Kontrollinstanz, schien es mir legitim, die ausgedehnte Frömmigkeitsforschung[27]

und die Frage von ›weiblicher Spiritualität‹ hier nicht zu behandeln, weil sie den Wandel von *frumkeit* zu *Frömmigkeit* eher erläutern als ihn erklären, ihr Erklärungsgehalt eher in der *systematischen* Rekonstruktion von Kontexten für die beobachteten Phänomene liegt. Mir kam es darauf an, den *öffentlichen* Charakter von Frömmigkeit zu betonen, wie er sich im Wechselspiel von Gesellschaft und Religion in der reformatorischen »Frömmigkeit als christlicher Lebenspraxis« für Männer und Frauen, vor allem für das Ehepaar, darstellt. Zwar besaß diese Frömmigkeit auch persönliche Züge, aber im Prinzip war Religion keine ›Privatsache‹, Frömmigkeit keine ›private‹ Andacht »im stillen Kämmerlein« als individuelles Versenken in Leben und Sterben Christi oder spirituelle Nachfolge Christi, die nur einer bestimmten Gruppe von geistlichen Personen zugänglich war wie in der alten Kirche. Entsprechend den verschieden gearteten Tätigkeitsfeldern von Männern und Frauen gab es wohl verschiedene Formen, in denen sich reformatorische Frömmigkeit bewähren mußte, aber Religiosität war nicht abgespalten als Zug, den Natur und göttliche Schöpfung im Wesen der Frau verankert hatten.
Es blieb dem neuen Diskurs über »Natur und Kultur« im Zeitalter der Aufklärung vorbehalten, die »Natur des Weibes« und die Geschlechterbeziehungen neu zu bestimmen. Während im 16. Jahrhundert das *Ehepaar* als zentrale soziale Institution die Diskurse beherrschte, wurde im 18. Jahrhundert die *Familie* zum Angelpunkt aller Überlegungen. Hatte die öffentliche Institution Ehe vor allem Ordnungsaufgaben, so wird die Familie im 18. Jahrhundert zur Ressource für den Nachwuchs an ordentlichen Bürgern, fleißigen Steuerzahlern und treuen Soldaten. Der persönliche Sinn und Zweck von Eheschließungen wird dem allgemeinen Staatsinteresse untergeordnet, »Fortpflanzung« – die große, gemeinschaftliche Aufgabe der Geschlechter (Welcker) – wird für Frauen eine ›natürliche Pflicht‹, die ihr Verschwinden hinter Mann und Kindern erfordert, während die Rolle des Mannes bei der Fortpflanzung – so Welcker – mit dem Akt der Zeugung beendet ist und ihm keine Beschränkung für ein öffentliches Wirken in Beruf und Politik auferlegt. In diesem Zusammenhang ist die besondere Zuschreibung von Religiosität an Frauen eindeutig eine gesellschaftliche und innereheliche Pazifizierungsstrategie, die tatsächlich einigen Erfolg zeitigte. Es hat den Anschein, daß im 19. Jahrhundert Frömmigkeit Frauen domestizierte und

daß die »revolutionäre Kraft des Christentums« (G. Heinemann) von den Christinnen erst in der zweiten Hälfte des 20. Jahrhunderts wiederentdeckt wurde.

Anmerkungen

1 K. Hausen, »Die Polarisierung der ›Geschlechtscharaktere‹ – Eine Spiegelung der Dissoziation von Erwerbs- und Familienleben«, in: W. Conze (Hg.), *Sozialgeschichte der Familie in der Neuzeit Europas*, Stuttgart 1977, S. 363-393.

2 H. Wunder, »Frauen in der Gesellschaft Mitteleuropas im späten Mittelalter und in der Frühen Neuzeit (15. bis 18. Jahrhundert)«, in: H. Valentinitsch (Hg.), *Hexen und Zauberer. Die große Verfolgung – ein europäisches Phänomen in der Steiermark*, Graz/Wien 1987, S. 123-154.

3 Gut nachlesbar in der *Theologischen Realenzyklopädie:* Art. »Adam« von O. Betz, P. Schäfer, A. Hultgard, F. Mildenberger (Bd. 1, 1977, S. 414-437) und Art. »Frau« von H.-J. Greschat, J. Ebach, F. Dexinger, H. Ringeling, I. Ludolphy, G. Scharffenorth/E. Reichle, Chr. Meyers-Herwartz (Bd. 11, 1983, S. 417-469).

4 E. Gössmann, »Anthropologie und soziale Stellung der Frau nach einigen Summen und Sentenzenkommentaren des 13. Jahrhunderts«, in: *Miscellanea Mediaevalia* 12/1, »Soziale Ordnungen im Selbstverständnis des Mittelalters«, Berlin/New York 1979, S. 281-297.

5 Dies. (Hg.), *Archiv für philosophie- und theologiegeschichtliche Frauenforschung*, Bd. 1 und 2, München 1984, 1985.

6 Einen anschaulichen Eindruck davon vermittelt H. Möller, *Die kleinbürgerliche Familie im 18. Jahrhundert. Verhalten und Gruppenkultur*, Berlin 1969.

7 *Der Mädchenfreund. Ein Lehr- und Lesebuch für Mädchenschulen*, bearb. v. B. Bacher, München 1807, S. 78.

8 P. Münch (Hg.), *Ordnung, Fleiß und Sparsamkeit*, München 1984.

9 Neuerdings B. Becker-Cantarino, *Der lange Weg zur Mündigkeit*, Stuttgart 1987.

10 Zitiert nach B. Könneker, »Die Ehemoral in den Fastnachtspielen von Hans Sachs«, in: H. Brunner u. a. (Hg.), *Hans Sachs und Nürnberg*, Nürnberg 1976, S. 235.

11 M. Lexer, *Mittelhochdeutsches Handwörterbuch*, Bd. 3, Leipzig 1878, Sp. 549.

12 M. E. Müller, *Der Poet der Moralität. Untersuchungen zu Hans Sachs*, Bern, Frankfurt/M., New York 1985.

12a V. Günther, *›Fromm‹ in der Zürcher Reformation*, Aarau 1955, S. 28-46.

13 *Deutsches Rechtswörterbuch*, Bd. 2, Weimar 1932-1935, Sp. 1263-1276.

14 *Deutsches Wörterbuch* von Jacob und Wilhelm Grimm, Bd. 5, Leipzig 1897. Artikel »Gerücht«, Sp. 3754.

15 Ausgezeichneter Überblick zu »Frömmigkeit« von H.-J. Greschat, M. Seitz, F. Wintzer, in: *Theologische Realenzyklopädie*, Bd. 11, 1983, S. 671-686.

16 Zitiert nach: C. Burger, Art. »Frömmigkeit«, in: *Realencyklopädie für protestantische Theologie und Kirche*, 3. Aufl., Bd. 6, Leipzig 1899, S. 294.

17 Ebenda.

18 Siehe Anm. 15.

19 Zitiert nach: H. Mitgau, *Ein patrizischer Sippenkreis Braunschweigs um 1600*, Braunschweig 1976, S. 87.

20 R. Postel, »Horenjegers und Kökschen. Zölibat und Priesterehe in der hamburgischen Reformation«, in: *Städtische Gesellschaft und Reformation. Kleine Schriften*, hg. v. I. Bátori, Stuttgart 1980, S. 221-233.

21 B. Moeller, »Die Brautwerbung Martin Bucers für Wolfgang Capito. Zur Sozialgeschichte des evangelischen Pfarrerstandes«, in: *Philologie als Kulturwissenschaft. Festschr. f. K. Stackmann zum 65. Geburtstag*, Göttingen 1987, S. 306-325.

22 Art. »Ehe/Eherecht/Ehescheidung« von C. H. Ratschow, J. Scharbert, Z. W. Falk, B. Reicke, H. Crouzel, L. Brink, M. E. Schild, H. Ringeling, A. Stein, in: *Theologische Realenzyklopädie*, Bd. 9, 1982, S. 308-362.

23 M. Dallapiazza, *minne, husere und das ęhlich leben. Zur Konstitution bürgerlicher Lebensmuster in spätmittelalterlichen und frühhumanistischen Didaktiken*, Frankfurt/M., Bern 1981; ders., *Wie ein Mann ein fromm Weib soll machen. Mittelalterliche Lehren über Ehe und Haushalt*, Frankfurt/M. 1984.

24 Der Aufsatz von M. E. Müller, »Schneckengeist im Venusleib. Zur Zoologie des Ehelebens bei Johann Fischart«, ist im Druck.

25 K. E. Demandt, »Amt und Familie«, in: *Hess. Jb. f. Landesgeschichte* 2 (1952), S. 79-133.

26 Zur Mädchenbildung siehe C. Niekus Moore, »Mädchenlektüre im 17. Jahrhundert«, in: W. Brückner/P. Blickle/D. Breuer (Hg.), *Literatur und Volk im 17. Jahrhundert*, Bd. 2, Wiesbaden 1985, S. 489-497.

27 Das gegenwärtige Spektrum volkskundlicher Frömmigkeitsforschung dokumentieren W. Brückner/G. Korff/M. Scharfe, *Volksfrömmigkeitsforschung*, Würzburg, München 1986 (Ethnologie Bavarica, H. 13). – Den ›Frauenbezug‹ thematisiert H. Inhetveen, »Dezenz und Spektakel. Traditionelle Frauenfrömmigkeit in der dörflichen Lebenswelt«, in: *Zs. f. Volkskunde* 82 (1986), S. 72-94.

Elisabeth Zeidler-Johnson

Die Aufteilung der Menschheitsgeschichte

Christoph Meiners und die Geschichte des anderen Geschlechts als Gegenstand der Geschichtsschreibung in der Spätaufklärung

Die Geschichte der Frauen ist bis in die 70er Jahre dieses Jahrhunderts eine Leerstelle im Themenkanon der professionalisierten Historie gewesen.[1] Erst die historische Frauenforschung der letzten zwei Jahrzehnte hat auf diesen eklatanten Mangel aufmerksam gemacht.[2] Darüber hinaus hat sie sich häufig gegen den Widerstand der historischen Zunft bemüht, der Kategorie des Geschlechts zu ihrer integralen Bedeutung für die moderne Sozialgeschichtsschreibung zu verhelfen.[3] Dabei siedelt man die Gründe für die bisherige Ausgrenzung der Frauengeschichte auf zweierlei Ebenen an. Zum einen wird auf die traditionelle Auffassung der Historie als Geschichte von Staaten, Regierungen und Kriegen verwiesen, innerhalb derer die Vergangenheit traditional weiblicher Wirkungsbereiche keinen Platz finden konnte. Zum anderen präformiert der auf allen gesellschaftlichen Ebenen anzutreffende Androzentrismus des Geschlechterverhältnisses, demzufolge Frauen lediglich als ›Sonderfall‹ der männlichen Species ›Menschheit‹ gelten, auch die Perspektivierung der Geschichte der Frauen. Insofern diese überhaupt thematisiert wird, kommt sie allenfalls als ›Sonderproblem‹ einer – wie auch immer verstandenen – ›Allgemeingeschichte‹ in den Blick.[4] Beide Ebenen sind historisch auf vielfältige Weise miteinander verknüpft.

Doch ist es m. E. ratsam, sie in der gegenwärtigen Debatte um den Stellenwert der Kategorie des Geschlechts für die Historische Sozialforschung auseinanderzuhalten, um Polemik an falschen Fronten zu vermeiden.[5]

Allerdings fehlt bisher eine genauere Untersuchung zur Geschichte des Ausschlusses weiblicher Vergangenheit aus der Historie. Dieser wäre zum einen anhand der Entwicklung der Geschichtsschreibung zur und als Fachwissenschaft zu verfolgen. Darüber hinaus stellt sich auf der ideologiegeschichtlichen Ebene

die Frage, wie sich der Androzentrismus in der geschichtlichen Betrachtung über die unterschiedlichen Entwicklungsphasen der Geschichtswissenschaft hinweg durchhielt.
Im Mittelpunkt des folgenden Beitrags stehen die wissenschaftshistorischen Bedingungen für die geschlechtsspezifische Halbheit der Geschichtswissenschaft. Damit ist nicht allein der Stellenwert des Themas ›Frau‹ innerhalb der Geschichtsschreibung angesprochen. Meine Ausführungen sind gleichermaßen als Beitrag zur Wissenschaftsgeschichte der Historie selbst zu verstehen. An den Möglichkeiten und Modi der Thematisierung weiblicher Vergangenheit wird deutlich, ob die Geschichtswissenschaft in den einzelnen Phasen ihrer Entwicklung ihren eigenen Ansprüchen gerecht wurde.
Allerdings ist die Geschichte der anderen Hälfte der Menschheit nicht ganz dem Vergessen anheimgefallen. Doch blieben die wenigen Monographien zur Geschichte der Frauen, die während des ausgehenden 18. und des 19. Jahrhunderts im deutschen Sprachraum entstanden, Ausnahmen auf historiographischem Gebiet. Neben einzelnen Arbeiten, die sich mit speziellen Aspekten der Frauengeschichte beschäftigen[6], ragen insbesondere drei Werke von zwei Kulturhistorikern und einem Literaturhistoriker heraus. Zwischen 1788 und 1800 veröffentlichte der Göttinger Philosophieprofessor Christoph Meiners sein völkerkundlich und sittengeschichtlich angelegtes Werk »Geschichte des weiblichen Geschlechts« in vier Bänden.[7] Erst ein halbes Jahrhundert später erschien das nächste umfassende Werk zur Geschichte der Frauen. Die zuerst 1860 in Leipzig veröffentlichte »Geschichte der deutschen Frauen« des in der Schweiz lehrenden Kulturhistorikers Johannes Scherr stand im Zeichen der Nationalgeschichtsschreibung ihrer Zeit.[8] Dagegen ist das 1899 und 1900 unter dem Titel »Die Frauen in der Geschichte des deutschen Geisteslebens des 18. und 19. Jahrhunderts« in zwei Bänden erschienene Werk des Hannoveraner Literaturhistorikers Adalbert von Hanstein vorwiegend geistesgeschichtlich konzipiert.[9] Schon dieser kurze Überblick macht deutlich, daß sich die Entwicklung der Historie als Fachwissenschaft in den Interpretationsmodellen der drei genannten Monographien niedergeschlagen hat. Zwischen dem letzten Drittel des 18. bis zum Ende des 19. Jahrhunderts hatte sich die Geschichtsschreibung in ihren Hauptströmungen von der kosmopolitisch orientierten Historie der Spätaufklärung über die

Nationalgeschichtsschreibung in der Blütezeit des Historismus zur Geistesgeschichte, welche als eine Antwort auf die Krise des Historismus und gleichzeitig als dessen erweiterte Fortsetzung zu betrachten ist[10], gewandelt.
Bis in die 60er Jahre unseres Jahrhunderts ist die Geschichtswissenschaft in (West-)Deutschland, was ihre systematischen Grundlagen anbetrifft, über den Entwicklungsstand des späten Historismus nicht hinausgegangen.[11] Insofern beansprucht der Zeitraum, in welchem die Arbeiten von Meiners, Scherr und Hanstein entstanden sind, für die hier aufgeworfene Fragestellung besondere Aufmerksamkeit. Dies bedeutet keineswegs, daß diese Arbeiten völlig in den oben erwähnten Phasen, bzw. Hauptströmungen der Historiographiegeschichte aufgingen. Vielmehr manifestiert sich in ihnen das äußerst komplexe Beziehungsgeflecht zwischen den Themenbereichen der historischen Forschung und den ihr implizit oder explizit zugrundeliegenden Theoriemodellen.
Die Analyse erfolgt auf der Grundlage eines Modells der disziplinären Matrix der Geschichtswissenschaft, welches Jörn Rüsen im Anschluß an Kuhns Begriff des wissenschaftlichen Paradigmas für die Wissenschaftsgeschichte der Geschichtswissenschaft entwickelt hat.[12] Die formalen Strukturelemente dieser Matrix bestehen in den fünf grundlegenden Faktoren des historischen Denkens, den Interessen, Ideen, Methoden, Formen der historiographischen Darstellung und Funktionen des historischen Wissens. Im Prozeß der Formierung zu einer wissenschaftlichen Matrix treten diese Faktoren in ihrer Unterschiedlichkeit auseinander und bilden gleichzeitig systematische Zusammenhänge.
Anhand dieses Matrixmodells ist es möglich, den Konnex zwischen den Themenbereichen und den Interpretationsmodellen der historischen Forschung zu bestimmen. Dieser konstituiert sich über die Orientierungsinteressen, welche die Wahl der Thematik beeinflussen und damit einhergehend über die Funktionen, welche die Perspektivierung eines bestimmten Ausschnittes der Vergangenheit letztendlich erfüllt.
Das Thema ›Frau‹ stellte bereits gegen Ende des 18. Jahrhunderts einen mit starken ideologischen Vorgaben besetzten Topos dar. Dieser war bestimmt von der Ideologie des weiblichen Geschlechtscharakters, welche sich nach 1770 begriffsgeschichtlich erstmalig feststellen läßt[13] und in den Konstrukten der Aufklä-

rungsphilosophie ihre Fundierung erhalten hatte.[14] An der Schwelle dieser begrifflichen und philosophischen Fixierung der Geschlechterstereotypen entstand das erste umfassende Werk zur Geschichte der Frauen, Christoph Meiners »Geschichte des weiblichen Geschlechts«. Zum anderen ist dieses Werk aber auch in den Zusammenhang der Konstituierung wissenschaftsspezifischer Momente des historischen Denkens in der aufklärerischen Geschichtsschreibung einzuordnen. Jörn Rüsen hat diese Entwicklung prozeßhaft als Verwissenschaftlichung der Historie in der Spätaufklärung gekennzeichnet.[15] Der folgende Beitrag wird sich auf eine Analyse der »Geschichte des weiblichen Geschlechts« von Meiners beschränken. Dieses Werk stellt den erstmaligen Versuch dar, die ideologischen Bestimmungen der Geschlechterideologie mit den Funktionsbestimmungen der sich verwissenschaftlichenden Geschichtsschreibung in einer historischen Erzählung zu synthetisieren. Die Struktur dieses Syntheseversuchs soll auf der Grundlage einer Typologie von historischen Erzählweisen rekonstruiert werden, welche Jörn Rüsen im Hinblick auf die Funktionen des historischen Erzählens entwickelt hat.[16] Demnach läßt sich ein historischer Text als Konstellation unterschiedlicher Erzählweisen begreifen, über deren systematischen Zusammenhang sich die eigentümliche sinnbildende Leistung der jeweiligen Erzählung konstituiert. Die »Geschichte des weiblichen Geschlechts« von Christoph Meiners wird vor diesem Hintergrund zum Vexierbild.

An ihm lassen sich die verpaßten Chancen und konzeptionellen Schwierigkeiten nachzeichnen, die sich aus der Konfrontation zwischen der historischen Perspektivierung des weiblichen Geschlechtscharakters und den Theoriemodellen der zeitgenössischen Geschichtsschreibung ergaben.

1. Meiners' menschheitsgeschichtliches Konzept im Spannungsfeld universalistischer und partikularistischer Geltungsansprüche

Wer über die Weiber schreiben will, dem muß das Resultat aus Beobachtungen des weiblichen Geschlechts in allen bekannten Nationen, in allen Ständen, und aus allen Zeitaltern, wovon diese Kenntnis möglich ist, zu Gebote stehen ...[17]

Die Universalgeschichte des weiblichen Geschlechts als Voraussetzung jedweder Bestimmungen von Weiblichkeit – dieses Programm, welches sich als kurze Bemerkung in einer Rezension aus der Allgemeinen-Litteratur-Zeitung von 1788 findet, spiegelt das neue Selbstverständnis der Historie als anthropologischer Grundwissenschaft in der Spätaufklärung wieder.[18] Der anthropologische Ausgangspunkt des geschichtlichen Denkens in der Aufklärung fand im letzten Drittel des 18. Jahrhunderts eine prononcierte Umsetzung an der neugegründeten Universität Göttingen. Dort entstand ein Zentrum der Sichtung und wissenschaftlichen Auswertung europäischer Reiseliteratur, deren Ergebnisse in die universalgeschichtlichen Studien von Gelehrten wie August Ludwig Schlözer, Johann Christoph Gatterer und Christoph Meiners einflossen. Das Interesse an fremden Völkern und fremden Kulturkreisen rührte aus den politischen Zielvorstellungen der Aufklärung her, welche die Emanzipation von ständischen Bindungen mit dem Argument, alle Menschen seien gleich, begründete. In der Aufklärungshistorie verdichtete sich dieses Argument zur Universalisierung historischer Identität, in der sich die Einheit partikularer Identitäten auflöste.[19] Dieser Prozeß fand seine programmatische Verwirklichung in der spätaufklärerischen Universalgeschichtsschreibung, welche die Vorstellung von der universalgeschichtlichen Einheit ›Mensch‹ mit dem Versuch verband, das enorm angeschwollene Wissen über außereuropäische Kulturen sowie über die Vergangenheit der eigenen Kultur in einer zusammenhängenden Darstellung zu synthetisieren. Selten ließ sich dieser hohe Anspruch über programmatische Entwürfe hinaus verwirklichen, doch ergaben sich aus diesen theoretische und methodische Neuansätze, welche konstitutiv für den Prozeß der Verwissenschaftlichung der Historie in der Spätaufklärung wurden.[20]

Es ist bezeichnend für die Offenheit des anthropologischen Interesses in der Spätaufklärung, daß die universalgeschichtliche Programmatik nun auch auf die Geschichte der Frauen bezogen wurde. Der Göttinger Gelehrte Christoph Meiners machte mit dieser Forderung ernst und ging der Frage nach den Möglichkeiten und Begrenzungen der Frauen zunächst in einzelnen völkerkundlichen Studien[21], später in einer Gesamtdarstellung der Geschichte des weiblichen Geschlechts nach. 1788 erschien der erste Band seines Werkes. Darin schildert Meiners die Lage der Frauen in den überseeischen Kulturen und in Europa bis zum Hochmittelalter. Ein zweiter und letzter Band sollte folgen, der den »Zustand der Weiber unter den heutigen aufgeklärten Europäischen Nationen, und deren Colonien von der Mitte des sechzehnten Jahrhunderts an bis auf unsere gegenwärtigen Zeiten« behandeln sollte.[22] Es vergingen noch elf Jahre, bis 1799 der zweite umfangreiche Band erschien, dem 1800 weitere zwei Bände folgten. Meiners selbst gibt in der Vorrede zum zweiten Band entschuldigend die Notwendigkeit einer ausführlichen Darstellung als Grund für die lange Verzögerung an.[23] Doch erscheint diese Erklärung angesichts eines zeitlichen Zwischenraums von nicht weniger als zehn Jahren unbefriedigend. Manches deutet darauf hin, daß der Gestaltung des zweiten Teils, in dem der Entwicklungsgang der eigenen Kultur erörtert wird, eher Probleme konzeptioneller Art im Wege standen.

Es fällt auf, daß sich Meiners' Fragestellungen verschoben haben. Die im ersten Band noch wiederholt hervorgehobene Frage nach der Berechtigung von Eigentum in weiblicher Hand, die Meiners endgültig im zweiten Teil zu beantworten hoffte, wird in den drei Folgebänden kaum noch erwähnt.[24] Dafür konzentriert sich die Darstellung des Zustandes der Frauen in den europäischen Ländern im zweiten und dritten Band auf die Entwicklung an den französischen Höfen, die Meiners nun als maßgebend für die Lage der Frauen in ganz Europa ansieht.[25] Diese Perspektive war in der Vorrede zum ersten Band keineswegs vorgesehen. Hier liegt die Vermutung nahe, daß der Ausbruch der Französischen Revolution, die von der deutschen Intelligenz als ein Ereignis von weltgeschichtlicher Bedeutung aufgenommen und mit Spannung beobachtet wurde, auch für den Göttinger Philosophieprofessor Meiners eine historische Erfahrung darstellte, die ihn bei der Konzeption der Folgebände seines Werkes vor veränderte Voraussetzungen gestellt hat.

Im folgenden wird es zunächst um eine Standortbestimmung von Christoph Meiners innerhalb der Aufklärungshistorie gehen. Davon ausgehend kann der Aussagewert seiner Monographie zur Geschichte der Frauen für die Chancen der Integration des Themas ›Frau‹ in den historischen Diskurs der Spätaufklärung bestimmt werden.

Meiners zentrales Erkenntnisinteresse auf historischem Gebiet hatte sich in einer recht eigenwilligen Konzeption von Menschheitsgeschichte niedergeschlagen. Die philosophischen Entwürfe zur Menschheitsgeschichte bildeten einen eigenständigen Typus von Universalgeschichtsschreibung, in dem ethnologische und anthropologische Fragestellungen besonders berücksichtigt wurden.[26] Menschheitsgeschichte erscheint bei Meiners im Horizont einer komparativ angelegten Kulturgeschichte. Diese Perspektivierung leitet Meiners aus der formalen Bestimmung einer Grundstruktur des menschlichen Wesens ab, welche aus den drei Elementen des Körpers, des Geistes und des Herzens bestehe. Von diesen drei »Hauptseiten« des Menschen ausgehend gliedert Meiners die Menschheitsgeschichte zum einen in die Geschichte des menschlichen Körpers, unter welche er den menschlichen Körper betreffende äußere Einflüsse und Bedingungen, wie Klima, Boden, Nahrung, Kleidung und Behausung faßt. Zum anderen sollte die Menschheitsgeschichte auch die Geschichte des menschlichen Geistes, unter der Meiners die Entwicklung der Künste, des Handwerks, der Wissenschaften und der Sprachen aller Völker verstand, umfassen. Der Vergleich der Sitten, der Moral, der Vergnügungen, der Religionen, Verfassungen und Gesetze aller Völker hingegen bilde die Geschichte des menschlichen Herzens, »eins der wichtigsten Geschäffte der Geschichte der Menschheit«.[27] Damit entwickelte Meiners ein überzeitlich geltendes Raster menschlicher Kulturleistungen, das in Anbetracht seines formalen Zusammenhangs Parallelen zu modernen strukturgeschichtlichen Ansätzen aufweist. Letztendlich diente dieses – wenn man so will – »Strukturmodell« menschlicher Geschichte einem anthropologischen Erkenntnisinteresse, das sich auch auf die Geschichte des anderen Geschlechts bezog.

Ich untersuche in dieser Schrift nicht sowohl die Geschichte der Sitten, als die Geschichte des ursprünglichen Werthes, der daraus entstehenden Rechte und Pflichten, und der darauf gegründeten Achtung, oder Verachtung, und der glücklichen oder unglücklichen Lage des andern Geschlechts in allen Zeiten und Ländern.[28]

»Absicht« und »Methode« der Menschheitsgeschichte grenzt Meiners streng gegenüber einer »räsonnierenden« Universalgeschichte ab[29], welche die Reihe der für die Entwicklung der Menschheit insgesamt bedeutsamen Taten in chronologischer Reihenfolge aufstelle und zugleich deren Ursache angebe. Demgegenüber frage die Menschheitsgeschichte unabhängig von der zeitlichen Ordnung nach Zustand und Eigenarten aller Völker, auch derjenigen, die in der Entwicklung des menschlichen Geschlechts nie eine tragende Rolle gespielt hätten, wie der Barbaren und Wilden.

Die Geschichte der Menschheit hingegen lehrt uns nicht sowohl was der Mensch in verschiedenen Zeitaltern that oder litt, sondern was er war oder noch jetzo ist.[30]

Die Kategorie des Ereignisses im historischen Prozeß wird hier zugunsten eines rein typologisierenden Ansatzes ausgeblendet. Meiners Typologie des Zustandes und der Eigenarten aller Völker speiste sich inhaltlich aus seiner Rassentheorie, die von einer Zweiteilung der Menschheit in einen tartarischen oder kaukasischen Hauptstamm, worunter praktisch die Völker weißer Hautfarbe fielen, und einen mongolischen Hauptstamm, der die farbigen Völker umfaßte, ausging. Letzterer sollte dem ersteren nicht nur körperlich und geistig, sondern auch moralisch weit unterlegen sein. Der kaukasische Stamm wiederum zerfalle in zwei Rassen, die an Geistesgaben und Tugenden reichste keltische und die minderwertige slawische Rasse.[31] Die Kriterien, nach denen Meiners die körperliche Schönheit der verschiedenen Rassen einschätzte, waren unverkennbar am nordeuropäischen Erscheinungstypus orientiert. Seine Maßstäbe moralischer Beurteilung entsprangen dem Moralkodex des deutschen gebildeten Bürgertums seiner Zeit.[32] Diese eurozentrische Betrachtungsweise war innerhalb der zeitgenössischen Debatte um die Frage des gemeinsamen Ursprungs und der Gleichwertigkeit der menschlichen Rassen eine durchaus repräsentative Position. Selbst den besonnensten Anthropologen fiel es schwer, die ästhetisch-moralischen Kriterien ihres Kulturkreises nicht auf die Menschen anderer Rassen zu übertragen. Gleichwohl waren sich die meisten Biologen des 18. Jahrhunderts über die Einheit der menschlichen Gattung einig, wenn auch die gesellschaftliche Auseinandersetzung um die Monogenese erst gegen Ende des Jahrhunderts ein Ende fand.[33] Meiners hielt den Ursprung des Menschen für eine noch ungeklärte Frage, neigte in späteren Jahren jedoch eher zu einer monogenetischen Auffassung.[34]
In formaler Hinsicht waren Meiners Kriterien auf sein Strukturmodell der Menschheitsgeschichte bezogen, wodurch seine Rassentheorie grundsätzlich den Charakter einer universalen Kulturtheorie mit anthropologischem Erkenntnisanspruch gewann.

Doch verselbständigte sich die Eurozentrik seiner Perspektive in der historischen Beurteilung derart, daß seine Rassentheorie letztendlich einem Determinismus unterlag, welcher kulturelle Verschiedenheiten regelhaft auf die angebliche Zweiteilung des Menschengeschlechts zurückführte.[35] Damit entfernte sich Meiners von den Egalitäts- und Toleranzvorstellungen, die der Aufklärungshistorie zugrundelagen. Die Universalisierung historischer Identität, welche die grundsätzliche Offenheit menschlicher Entwicklungsmöglichkeiten implizierte[36], wird bei Meiners zugunsten einer rassistischen Partikularisierung der Geschichte zurückgenommen.

Gleichwohl ging Meiners' Konzept der Menschheitsgeschichte ein anthropologischer Erkenntnisanspruch nicht ab. Sein Strukturmodell basierte auf einer anthropologischen Grundbestimmung, deren Besonderheit in der Betonung des sittlichen Faktors lag. Dies bedeutete keine Abgrenzung von aufklärerischen Postulaten. Vielmehr korrespondierte diese Schwerpunktsetzung mit der aufklärerischen Funktionsbestimmung der Geschichte als Sittenlehrerin der Menschheit.[37] Den moralischen Impetus aufklärerischer Kritik, über welche sich das bürgerliche Emanzipationsstreben im 18. Jahrhundert artikulierte, theoretisierte Meiners zu einer expliziten Hinsicht auf die Vergangenheit. Darin liegt das emanzipatorische Potential seiner Menschheitsgeschichtsschreibung, das sich auch in der Wahl seiner Themen manifestiert.[38] Auch methodisch ist Meiners hinsichtlich seines typologisierenden Verfahrens der Aufklärungshistorie zuzuordnen. Freilich geht ihm, wie den Aufklärungshistorikern überhaupt, eine Reflexion auf die methodischen Implikationen seines typologischen Erklärungsmodells ab. Meiners steht für eine naive Handhabung des typologischen Ansatzes in der Spätaufklärung.[39] Da ihm eine differenzierte Betrachtungsweise disparater Phänomene methodisch nicht zwingend erschien, waren der Verselbständigung seiner Rassentheorie auch von dieser Seite keine Grenzen gesetzt. Bezüglich der Darstellungsformen ist bei Meiners eine ebenfalls für die Spätaufklärung typische Mischung von exemplarischer und genetischer Erzählweise zu beobachten.[40] Allerdings spiegelt der Übergang von der exemplarischen zur genetischen Erzählweise – dies sei hier bereits vorweggenommen – die Bruchstellen zwischen Meiners' rassistischem Konservativismus und dem emanzipatorischen Potential seines Strukturmodells der Menschheitsgeschichte. An diesen Bruchstellen zeigt sich symptomatisch, welche Implikationen der auf Fortschritt angelegte emanzipatorische Anspruch aufklärerischer Geschichtsschreibung für die historische Behandlung des Themas ›Frau‹ gegenüber einer statischen Konzeption von Geschichte barg.

2. Die Geschichte des weiblichen Geschlechts als Variable der Sittengeschichte der Menschheit

Wie war das Thema ›Frau‹ nun auf der formal-theoretischen Ebene des Meinerschen Strukturmodells und auf der inhaltlich-theoretischen Ebene der Kulturtheorie in sein menschheitsgeschichtliches Konzept integriert?

In der Verortung der Geschichte der Frauen in Meiners' menschheitsgeschichtlichem Strukturmodell wird der Stellenwert des Weiblichen im bürgerlichen Selbstverständnis spürbar. Die moralische Stoßrichtung aufklärerischer Kritik bezog ihre Legitimation aus dem für die Selbstvergewisserung des Bürgertums konstitutiven Bereich der Privatheit. Letzterer war durch die Familie repräsentiert, innerhalb derer die Frau in ihren reproduktiven Funktionen einen besonderen Raum einnahm. Je mehr im Zuge der Dissoziation von Erwerbs- und Familienleben im gebildeten Bürgertum die Familie im Bewußtsein dieser gesellschaftlichen Gruppe zum Ort eines von allen gesellschaftlichen Bezügen losgelösten Bereichs der reinen Menschlichkeit wurde, gewannen die sittlichen Aspekte eines auf diesen Intimbereich beschränkten Weiblichkeitsideals an Bedeutung.[41] ›Wahre‹ Weiblichkeit realisierte sich nach dieser Vorstellung lediglich auf der sittlichen Ebene. Meiners faßte diese Überzeugung zu der überzeitlich geltenden Regel zusammen:

> Das wahre Glück der Weiber hängt aber nicht bloß von der Cultur ihres Geistes, sondern noch vielmehr von der Bildung des Herzens, oder von ihren Sitten, und der Erfüllung ihrer Pflichten ab ...[42]

Eine Geschichte der Frauen, wollte sie dem ideologischen Postulat der Begrenzung des Weiblichen auf das Feld der Tugend gerecht werden, konnte demgemäß nur als weibliche Sittengeschichte perspektiviert werden. Die »Geschichte des weiblichen

Geschlechts« war also kein Zufallsprodukt in dem breit gefächerten Themenkanon der völkerkundlichen Studien Meiners', sondern sie stand thematisch im Zentrum seines zentralen Erkenntnisinteresses auf menschheitsgeschichtlichem Gebiet, welches sich auf die Geschichte des »menschlichen Herzens«[43] richtete. Damit war die Geschichte des weiblichen Geschlechts auf Meiners' Strukturmodell der Menschheitsgeschichte bezogen und erwies sich in formal-theoretischer Hinsicht als integrierbar.
Doch Sittlichkeit als Pfeiler eines solchermaßen auf die familiale Reproduktion zugeschnittenen weiblichen Geschlechtscharakters ist – darin stimmen die verschiedenen literarischen und philosophischen Begründungen einer auf Polarität angelegten Geschlechtscharakterologie überein – keineswegs als ein in der Natur der Frau liegendes Potential zu sittlicher Vervollkommnung aufzufassen. Die Frage der Perfektibilität der so dringlich eingeforderten weiblichen Tugend blieb wie bei Rousseau entweder von der geschichtsphilosophischen Reflexion ausgespart oder wurde wie bei Kant, Schiller und Herder unter Verweis auf die reine Naturhaftigkeit weiblicher Tugend schlichtweg verneint. Der Ausschluß der Frauen aus dem Fortschrittskonzept der Aufklärung bedeutete auch, daß die weibliche Tugend nur noch statisch begriffen werden konnte. Da ihr die Fähigkeit zur zeitlichen Veränderung abgesprochen wurde, konnte sie auch nicht als geschichtsprägende Kraft begriffen werden.[44] Insofern der weibliche Geschlechtscharakter vornehmlich über die Kategorie der Tugend definiert wurde, war das Geschlecht der Frauen insgesamt zur Rolle des Statisten auf der historischen Bühne verurteilt. Träger historischer Veränderung konnte in dieser Sicht der Dinge nur der Mann sein. Die Geschichte der weiblichen Tugend erscheint als Variable männlicher Geschichte. Diese Vorstellung bestimmt auch Meiners' Blick auf die weibliche Sittengeschichte:

> Die Wichtigkeit oder Unwichtigkeit der Weiber hängt außer ihrer Erziehung und Bildung sehr von den gesellschaftlichen Verbindungen beider Geschlechter ab.[45]

Weiterhin betont er,

> ... daß nämlich Weiber um desto weniger geachtet, und desto mehr gemißhandelt werden, je träger, unempfindlicher, und geistloser die Männer sind.[46]

Doch im Grunde konnte Meiners die Frage der historischen Relevanz von Frauen nicht mehr unter Verweis auf regelhafte Vorgänge in der Vergangenheit beiseite schieben. Sie ergab sich aus der Funktionsbestimmung seines Werkes selbst. Die Aufklärungshistorie hatte, indem sie sich nicht nur an ein fachlich qualifiziertes Gelehrtentum, sondern an ein breites bürgerliches Publikum richtete, teil an der Konstituierung bürgerlicher Öffentlichkeit. Meiners machte die Frauen zu ausgesprochenen Adressaten seiner Untersuchung.[47] Sein Werk stellte kein kompendienartiges Belehrungsbüchlein für das weibliche Geschlecht dar, welches wie die damals ansteigende Menge ähnlicher Erzeugnisse, den Frauen ein kleines Reservat am Rande des Forums bürgerlicher Öffentlichkeit einräumte.[48] Vielmehr war seine Arbeit en gros an den Standards der sich verwissenschaftlichenden Aufklärungshistorie orientiert und verstand sich als Beitrag zur gelehrten Geschichtsschreibung seiner Zeit, dessen Ergebnisse Meiners diskursiv zur Disposition stellte.[49] Damit bezog er die Frauen implizit in die bürgerliche Öffentlichkeit ein. Konsequent weitergeführt befürwortete er damit, daß den Frauen ein historisch neuer Handlungsspielraum eröffnet werde, in dem sie sich selbst über ihre Identität vergewissern konnten. Meiners machte die Geschichte der Frauen zu einem Thema dieser Öffentlichkeit und problematisierte somit selbst die Geltung des überkommenen Geschlechterverhältnisses. Dementsprechend unterwirft Meiners im ersten Band die Frage, in welcher Weise Frauen den ihnen durch männlich bestimmte Handlungsbedingungen gegebenen Handlungsspielraum genutzt haben, einer historischen Reflexion.

> So wie aber die Sclaverey ganzer Nationen niemals allein die Wirkung der Eigenmacht und Grausamkeit von Despoten, sondern auch der Schwäche, oder Verdorbenheit der unterdrückten Sclaven ist, so entsteht die Erniedrigung und Unterdrückung des weiblichen Geschlechts nicht bloß aus den Gebrechen und Lastern der Männer, sondern auch aus den Untugenden der Weiber.[50]

Hier spricht Meiners den Frauen durchaus zu, ihren Zustand selbst zu beeinflussen, d. h. er konzediert ihnen ein Potential zu historischer Veränderung. Indes hat er diese Überlegungen nicht auf ihre theoretischen Konsequenzen für die Perspektivierung weiblicher Vergangenheit reflektiert. Grundsätzlich bleibt die Geschichte der Frauen auf die der Männer bezogen. Die Widersprüchlichkeit seiner Überlegungen ist Meiners offenbar nicht bewußt gewesen. So blieb die Brisanz, welche die Universalisierung historischer Identität für die Thematisierung weiblicher Vergangenheit besaß, seinem Werk implizit. Die Analogie zum Schicksal seiner Kulturtheorie, deren offener strukturgeschichtlicher Ansatz zugunsten eines deterministischen Rassismus zurückgenommen wird, ist unübersehbar. Im Vollzug des Erzählens setzt sich auch sein – in diesem Falle – geschlechtsspezifischer Konservativismus gegenüber seinen zaghaften Überlegungen in Richtung einer selbstbestimmten Geschichte der Frauen zunächst durch.

Einen inhaltlichen Eigenwert konnte die Geschichte der Frauen Meiners zufolge keineswegs beanspruchen. Vielmehr erhielt die Sittengeschichte des weiblichen Geschlechts den Status eines sensiblen Indikators für die Zustände der jeweiligen Völker und Kulturkreise und deren Veränderungen in der Zeit. An der Geschichte der Frauen konnte Meiners die Sittengeschichte der Menschheit vorführen. So nahm Meiners in einem Artikel, in dem er die »Geschichte des weiblichen Geschlechts« ankündigte, bereits vorweg:

> Ich werde zu einer andern Zeit ausführlicher beweisen, daß die gute oder schlechte Behandlung der Weiber unter allen Nationen von jeher (unbedeutende Ausnahmen abgerechnet) in dem genauen Verhältnisse mit der Stärke oder Schwäche ihres Geistes und Körpers, und mit der Vortrefflichkeit oder Verworfenheit ihres Gemüthes stand.[51]

Auf der inhaltlich-theoretischen Ebene kann die Geschichte der Frauen nur noch über ihre exemplarische Funktion für Meiners Kulturtheorie in sein menschheitsgeschichtliches Konzept integriert werden.

Meiners erzählt die Geschichte des weiblichen Geschlechts auf zwei Ebenen. Zum einen stellt er sie als Variable männlicher Geschichte im Bereich der Sittengeschichte dar, die der überzeitlichen Regel über die Abhängigkeit weiblicher Sitten von männlichen Tugenden unterliegt. Zum anderen erzählt er sie als Geschichte der menschlichen Rassen, in der sich die überzeitliche Regel von der grundsätzlichen Überlegenheit der keltischen Rasse verwirklicht. Beiden Ebenen korrespondiert die exemplarische Erzählweise. Im ersten Band der »Geschichte des weiblichen Geschlechts«, der im wesentlichen als völkerkundliche Vergleichstudie zur Lage der Frauen in den überseeischen Kulturen und in Europa bis zum Hochmittelalter konzipiert ist, wird die

Unterdrückung der Frauen in allen Formen der Ehe- und Sexualgebräuche fremder Kulturen beschrieben. Meiners beurteilt die Lage der Frauen bei den mongolischen Völkern, vor allem bei den »brünstigen Negern« und den »kalten Amerikanern«, aber auch bei den Arabern und den Völkern Asiens am schlechtesten, während die slawischen Völker eher eine Mittelstellung einnehmen.[52] Dabei stülpt Meiners seine rassistische Beurteilung auch jenen Phänomenen über, welche seiner Typologie offensichtlich zuwiderlaufen, wodurch er immer wieder auf eine exemplarische Erzählweise rekurriert. So werden all jene Sitten, welche bei anderen Völkern als Zeichen der Verachtung der Frauen interpretiert werden, in einem späteren Kapitel, insofern sie bei den keltischen Völkern vorkamen, ins Positive gewendet.[53] Allerdings bricht an dem Punkt, an dem sich Meiners der Geschichte der keltischen, bzw. nordwesteuropäischen Völker zuwendet, die Geschlossenheit der exemplarischen Erzählweise auf. Während der Handlungsspielraum der Frauen weiterhin im Medium exemplarischer Darstellung auf den Mann bezogen bleibt, wird die Geschichte der keltischen Völker nun als Verfallsgeschichte erzählt. Dabei gewinnen Elemente genetischer Erzählweise an Raum. Die Zeit der germanischen Völkerwanderung schildert Meiners als quasi paradiesischen Urzustand[54], dem nach der Überwindung der Römer und der Übernahme ihrer Sitten im Mittelalter eine allgemeine Sittenverderbnis gefolgt sei. Die Galanterie der Ritterzeit und die Verbreitung des Konkubinats in der mittelalterlichen Gesellschaft wertet Meiners als Tiefpunkt des Zustandes des weiblichen Geschlechts unter den keltischen Völkern.[55] Die Lage der Frauen in der griechischen und römischen Antike beschreibt Meiners in den beiden Schlußkapiteln des ersten Bandes und begründet dies damit, daß Griechen und Römer aus einer Mischung von Slawen und Kelten, bzw. Slawen und Morgenländern hervorgegangen seien. Hier fügt sich im Rückgriff auf die überzeitliche Regelhaftigkeit der Rassenunterschiede die exemplarische Erzählweise auf beiden Ebenen wieder zusammen.[56] Ein solcher Bruch der Erzählweisen indiziert eine Zweiteilung der Geschichte, welche der Zweiteilung der menschlichen Gattung bei Meiners entspricht. So wird die Geschichte der Menschheit geschieden in die Geschichte der »edelsten« Völker und die der übrigen. Meiners begründet diese Aufspaltung folgendermaßen:

Unter den edelsten Völkern hatte die höhere, oder geringere Ausbildung des Geistes auf die Achtung gegen das andere Geschlecht nur einen geringen Einfluß; denn die Weiber besaßen unter den geistvollsten und tapfersten Europäischen Nationen in den Zeiten der Barbarey eben so große und fast noch größere Vorzüge, als nach der Ausbreitung von Künsten und Wissenschaften; allein schnell und mächtig wirkten Reinigkeit, oder Verdorbenheit der Sitten auf den Zustand der Weiber.[57]

Meiners kommt hier erneut auf sein Strukturmodell der Menschheitsgeschichte zurück, in welchem der Geschichte der Sittlichkeit eine besondere Aussagekraft für die anthropologische Bestimmung des Menschen zugesprochen wird. Darin kommt eine Auffassung der Geschiche als Legitimationsinstanz moralischer Geltungsansprüche zum Vorschein. Letztere entsprangen dem anti-aristokratischen Emanzipationsstreben des deutschen Bürgertums, das auf die Veränderung der politischen Verhältnisse zielte, sich jedoch in Form moralischer Kritik an aristokratischen Lebensformen artikulierte.[58] Dort, wo die Geschichte der – wenn man so will – eigenen Kultur zur Debatte stand, schlugen sich diese Geltungsansprüche in Form einer Bestandsaufnahme aristokratischer Sittengeschichte nieder. Diese implizierte, sollte sie kritisch auf die Gegenwart bezogen werden, ein verfallsgeschichtliches Verlaufsmodell. Der Einbruch der Französischen Revolution, welcher sich zwischen den Erscheinungsjahren des ersten und des zweiten Bandes der »Geschichte des weiblichen Geschlechts« vollzog, verlieh diesem Zusammenhang noch eine erhöhte Virulenz.

3. Von der Statistin zur Protagonistin auf der historischen Bühne. Zum gebrochenen Verhältnis von historischer Sinnbildung über den weiblichen Geschlechtscharakter und genetischer Erzählweise

Als Angehöriger des deutschen gebildeten Bürgertums deutete Meiners die Französische Revolution als Kulmination einer verfallsgeschichtlichen Entwicklung an den französischen Höfen, deren Stadien er vom 16. Jahrhundert an bis zur Jacobinischen Herrschaft in Form eines Sittengemäldes des französischen

Hoflebens entwirft. In dieser Perspektive wird der Wandel der bürgerlichen Einstellung zum höfischen Lebensstil von einem sozialen zu einem nationalen Ressentiment deutlich. Das Selbstbewußtsein der politisch und wirtschaftlich machtlosen mittelständischen deutschen Intelligenzschicht des 18. Jahrhunderts fand seinen Ausdruck in einem spezifisch gegen bestimmte Merkmale der höfischen Oberschicht gerichteten Begriffsarsenal, in dem Parolen wie »Kultur« und »Bildung« als Inbegriff eines rein geistigen, von Politik, Wirtschaft und Gesellschaft abgehobenen Bereichs als Gegensatz zur höfischen »Zivilisiertheit« stipuliert wurden. Die soziale Spannung zwischen höfischer Aristokratie und mittelständischer Intelligenzschicht wurde von letzterer dementsprechend als Gegensatz menschlicher Charaktere erfahren und in antithetischen Begriffspaaren wie »Tiefe« und »Oberflächlichkeit«, »Aufrichtigkeit« und »Falschheit«, »äußere Höflichkeit« und »wahre Tugend« ausgedrückt. Die Assoziation mit dem französischen Hof lag in dieser kritischen Stellung immer schon nahe, doch der Wandel vom sozialen zum nationalen Gegensatz vollzog sich erst nach der Französischen Revolution und in dem Maße, in dem das deutsche Bürgertum zum Träger des deutschen Nationalbewußtseins und zur herrschenden Schicht in Deutschland aufstieg.[59]

So entstand das erste und einzige umfassende deutsche Werk zur Geschichte der Frauen in der Phase der Verwissenschaftlichung der Geschichtsschreibung nicht zuletzt an der Nahtstelle dieser Verlagerung antithetischer Begrifflichkeiten von ihrem Ursprung im Sozialen auf das Feld nationaler Abgrenzung. Für Meiners als Vertreter der deutschen Spätaufklärung mit ausgeprägt sittengeschichtlichem Interesse lag es vor diesem Hintergrund doppelt nahe, die Gründe für den Ausbruch der Französischen Revolution in der sittlichen Verderbtheit der französischen Aristokratie aufzusuchen und diese Vorstellung an dem für den bürgerlichen Sittlichkeitskodex eklatantesten Fallbeispiel, dem Verhältnis der Geschlechter, geschichtlich aufzurollen.

Wie bereits angedeutet[60], bildet die Entwicklung an den französischen Höfen den hauptsächlichen Kompositionsstrang der Darstellung in den Bänden zwei bis drei. Auf der Ebene einer Sittengeschichte der französischen Aristokratie wird sie eindeutig als Verfallsgeschichte konzipiert, in der die genetische Erzählweise neben Elementen exemplarischen Erzählens überwiegt. Die einzelnen Phasen dieses verfallsgeschichtlichen Verlaufs sind im wesentlichen unterschieden durch das Kriterium der Potenzierung des Vergangenen innerhalb einer Entwicklung, die auf den moralischen und den damit in Verbindung gebrachten politischen Niedergang gerichtet ist. Implizit ist Meiners nach der traditionellen Dreistadieneinteilung mit der für verfallsgeschichtliche Entwürfe typischen Entwicklungskurve verfahren.[61] Von einer ersten Phase, welche sich von der Regierung Franz I. bis zum Regiment Mazarins erstreckt, in welcher der Grundstein der weiteren Entwicklung mit den ersten Anzeichen der Dekadenz gelegt wird, über eine zweite Phase von der Herrschaft Ludwigs XIV. bis zur Regierung Ludwigs XVI., in der sich die Ereignisse zur Kulmination des Zusammenbruchs steigern, bis zum vorläufigen Endstadium der Französischen Revolution, in der die Entwicklungskurve zu ihrem tiefsten Punkt, der Jakobinerherrschaft absteigt, aus dem nur noch der Keim einer besseren Zukunft hervorgehen kann. Immerhin setzt sich ein Grundelement der exemplarischen Erzählweise, der anekdotenhafte Stil, in der gesamten Darstellung durch, doch gruppieren sich jene Andekdoten über die verschiedenen Persönlichkeiten männlichen und weiblichen Geschlechts am französischen Hofe um spezifische Lebensbereiche, als da wären die Bereiche der Mode, der höfischen Veranstaltungen, der Ehegebräuche und der Sexualmoral sowie der literarischen Bildung. Diese werden historisch durchgehend in den Blick gebracht. Ihre Auswahl macht deutlich: Die Standortbestimmung des Weiblichen im Aussagesystem der Polarisierung der Geschlechtscharaktere wird auf die Vergangenheit projiziert. Gleichzeitig ist in einem solchermaßen betriebenen Rekurs auf die weibliche Vergangenheit auch das spezifisch historische Orientierungsbedürfnis über den ›wahren‹ Status und Wirkungsbereich der Frau zu erkennen. Der Beurteilungsmaßstab entspringt dem Kanon aufklärerischer Postulate[62], doch ist es Meiners aufgrund seines ›strukturgeschichtlichen‹ Ansatzes gelungen, das – aus der Perspektive des aufklärerischen Moralisten – Janusgesicht des französischen Hoflebens differenzierter zu betrachten. Die steigende Raffinesse der Moden und »erotischen Verführungen«[63] am französischen Hof ging einher mit einem höheren Grad an Bildung unter den französischen Hofdamen, wenn auch der Verlauf der Geschichte in den Augen Meiners' dieses Verhältnis als unnatürlich entlarvt, indem mit dem Zusammenbruch des Ancien

Régime die französischen Frauen der niedrigsten Primitivität verfallen, während die Leitfunktion Frankreichs als Modezentrum überlebt. In Verbindung mit verschiedenen Bemerkungen im Fazit, in denen die deutschen Länder appellartig als Keimzelle wahrer Bildung vorgestellt werden, kündigt sich hier die Gegenüberstellung von französischer »Zivilisation« und deutscher »Kultur« an.[64]

Die Darstellung der Geschichte der Frauen in den übrigen europäischen Ländern gruppiert sich um die Phaseneinteilung der französischen Entwicklung. Unter Verweis auf das Diktat der französischen Moden[65] lehnt sich dieser zweite Kompositionsstrang damit formal an das Moment geschichtlicher Veränderung an, welches im französischen Verlaufsmodell enthalten ist. Inhaltlich handelt es sich um durchaus differenzierte Untersuchungen zum Sittenleben in den westeuropäischen Ländern seit dem 15. Jahrhundert. Allerdings stülpt Meiners dem vielfältigen Material immer wieder die vorgefertigten Schablonen seiner Rassentheorie über.[66] Einerseits ist damit eine genetische Konzeption seiner Darstellung, welche der formalen Anlehnung an das französische Verlaufsmodell entsprechen würde, ausgeschlossen. Andererseits hat Meiners das Vetorecht, welches den Quellen in der Spätaufklärung zugesprochen wurde, offensichtlich in dem Maße respektiert, in dem er das überwältigende Quellenmaterial nicht zugunsten der Darstellung regelhafter Verläufe unterschlagen hat. Im Ergebnis steht einem recht dünnen und starren Fazit über die Minderwertigkeit der Südeuropäerinnen gegenüber den Nordeuropäerinnen[67] eine zwar quantitativ eindrucksvolle, konzeptionell jedoch hilflose Kompilation der Sitten und Gebräuche der verschiedenen europäischen Länder entgegen. Die Geschichte der Frauen in den westeuropäischen Ländern konnte vor diesem Hintergrund nur noch exemplarisch als Variable männlich bestimmten Sittenlebens dargestellt werden.

Wo jedoch die überzeitliche Regel der Hierarchie der Rassen als Fixpunkt der Orientierung zugunsten des verfallsgeschichtlichen Konzepts zurücktritt, bricht die genetische Erzählweise auch in die Ebene der historischen Sinnbildung über die Rolle des Weiblichen als von jedem Fortschritt ausgeschlossene Variable männlicher Geschichte ein. In der Darstellung der Geschichte der Frauen an den französischen Höfen stehen Elemente exemplarischer und genetischer Erzählweise unverbunden nebeneinander.

Hier manifestiert sich, daß die in der Aufklärung einsetzende Universalisierung historischer Identität sich gegenläufig zur statischen Konzeption des weiblichen Geschlechtscharakters verhielt. Ja, der Versuch einer erzählerischen Synthetisierung beider Bezugssysteme mußte notwendigerweise eine Brisanz enthalten, welche potentiell die einheitliche Funktionsbestimmung spätaufklärerischer Geschichtsschreibung sprengte. Die vielschichtige historische Sinnbildungsleistung, zu der sich diese verschiedenen Orientierungsfunktionen und die daraus erwachsenen Perspektivierungen weiblicher Vergangenheit verdichtet haben, erweist sich – systematisch gesehen – insofern als inkohärent, als sie auf einer Kombination historischer Erzählweisen beruht, welche sich im Hinblick auf die Sinnbildung über die Rolle des weiblichen Geschlechts dysfunktional zueinander verhalten.
Den verfallsgeschichtlichen Verlauf der französischen Entwicklung bringt Meiners in einen kausalen Zusammenhang mit der Präsenz von Frauen am französischen Hof. Letztere werden geradezu als Initiatorinnen von historischen Entwicklungen präsentiert, die den französischen Hof zum Leitbild des europäischen Adels werden ließen. So erscheint Anna von Bretagne als Schöpferin des französischen Hofes, Katharina von Medicis als Urheberin der Pracht und »Ausgelassenheit« desselben.[68] Auch politische Ereignisse von weitreichender Bedeutung wie die Gefangennahme Franz I. nach der Schlacht bei Pavia oder der Aufstand der Fronde werden im wesentlichen auf die Arkanpolitik von Hofdamen zurückgeführt.[69] Die »Zügellosigkeit der Sitten«, welche mit Franz I. ihren Anfang genommen, unter Henri IV. eine Steigerung erfahren und während der Regierung Ludwigs XIV. mit der Mätressengunst eine neue Qualität gewonnen habe, habe zur Herrschaft der Frauen am französischen Hof geführt. Diese habe als Zeichen des allgemeinen Verfalls sogar in die revolutionären Ereignisse hineingereicht. Robespierre, die Schreckensgestalt der Französischen Revolution, hatte seinen Aufstieg, Meiners zufolge, im wesentlichen der Unterstützung durch das weibliche Geschlecht zu verdanken.[70] Daß der Ursprung der weiblichen Macht recht eigentlich im ungezügelten Trieb der Männer läge, die sich um seinetwillen einem in historischer Konsequenz Destruktivität verbreitenden Regiment der Frauen unterwürfen, entspricht nur allzugut der von Rousseau übernommenen Vorstellung über die heimliche, aus der erotischen Anziehungskraft ge-

speiste, historisch jedoch keineswegs legitimierte Macht der Frauen.[71] Dieser überzeitlichen Regel über das Verhältnis der Geschlechter ist die Geschichte des weiblichen Geschlechts untergeordnet; ihr entspringt die historische Vergewisserung über den den Frauen angemessenen Spielraum, welcher die Darstellung über die französische Geschichte durchzieht. So läßt die übergeordnete Stellung dieser Regel die exemplarische Erzählweise dominieren.

Dort jedoch, wo es um die geschichtliche Beweisführung jener Regel geht, wo der Einfluß von Frauen über verschiedene Phasen hinweg an spezifischen Bereichen des höfischen Lebens konkretisiert wird, schleichen sich Elemente genetischer Erzählweise ein, vermittelst derer das weibliche Geschlecht dann doch als Faktor historischer Veränderung erscheint. Sicherlich ging der genetische Ansatz bei Meiners nicht so weit, daß er darüber das Prinzip der natürlichen Vorgegebenheit der Geschlechtscharaktere in Frage stellte. Doch ist es bestimmt kein Zufall, daß Meiners ausgerechnet dem zweiten Band der »Geschichte des weiblichen Geschlechts« Überlegungen über die Historizität der menschlichen Existenz und der Moral voranstellt:

> Die meisten Menschen sind so sehr gewohnt, den Zustand der Dinge, welchen sie von ihrer ersten Kindheit an gesehen haben, für den besten, oder für den einzig natürlichen zu halten, daß es sie immer befremdet, wenn sie vernehmen, daß vor nicht gar langer Zeit in denselbigen Ländern, oder unter denselbigen Völkern ein ganz anderer Zustand der Dinge Statt gefunden habe.[72]

Am deutlichsten läßt sich diese ›Emanzipation‹ des Weiblichen aus der Rolle der Variable männlicher Entwicklung bei Meiners vielleicht an dem von ihm im allgemeinen positiv besetzten Bereich weiblicher Bildung verdeutlichen. Aus der Rolle der Hofdame als Trägerin wissenschaftlicher Überlieferung entwickelt Meiners ihre Rolle als Schöpferin literarischer Stile im späten 16. und 17. Jahrhundert.[73] Die positive Beurteilung des hohen Bildungsstands der französischen Hofdamen steht in keinerlei Gegensatz zu der vorgestellten antithetischen Gegenüberstellung von französischer Zivilisation und ›wahrer‹ Bildung, insofern ein genetischer Zusammenhang von letzterer und der dem Verfall entgegentreibenden Entwicklung des französischen Hoflebens von Meiners ausdrücklich hergestellt wird.

Die Weiber herrschten an dem Hofe keines andern Französischen Königs so gewaltig, als am Hofe Ludewigs XIV. Sie herrschten weniger durch die Reitze des Cörpers, als durch die Vorzüge ihres Geistes: weniger durch ihre Tugenden, als durch die Schwäche, oder Verdorbenheit der Männer.[74]

Auf diese Weise verdichten sich die Elemente genetischer Erzählweise innerhalb des Versuchs einer historischen Legitimation der Behauptungen Rousseaus über das Verhältnis der Geschlechter zu einer jenen entgegengesetzten Sinnbildung über die Rolle des weiblichen Geschlechts in der Geschichte.

4. Von der Geschichte des weiblichen Geschlechts zur Naturgeschichte des Weibes

Unter dem Vorzeichen der Polarisierung der Geschlechtscharaktere mußte eine Geschichte des weiblichen Geschlechts notwendigerweise als Variable männlicher Geschichte erzählt werden; insofern die Sinnbildung über die Rolle der Frau im Vordergrund stand, war damit die exemplarische Erzählweise vorgegeben. Letztere aber wurde seit dem Historismus in der genetischen Erzählweise als dem dominierenden Sinnbildungskriterium der historischen Darstellung aufgehoben. Die sich im genetischen Erzählen artikulierende Deutung von Zeitverläufen als Fortschritt, als Bildungsprozeß des Menschen war mit dem im Überzeitlichen verankerten Korsett des weiblichen Geschlechtscharakters nicht zur Deckung zu bringen.

Es versteht sich von selbst, daß eine kritische Rekonstruktion dieser immanenten Problemkonstellation im Prozeß der Verwissenschaftlichung der Historie nur unter der Voraussetzung erfolgen kann, daß die Rolle der Frau in der Geschichte seinerzeit noch zur Verhandlung stand. Je mehr jedoch die Polarisierung der Geschlechtscharaktere im 19. Jahrhundert zum gesellschaftlich dominierenden und konstitutiven Merkmal zunächst der bürgerlichen Familie wurde, desto weniger dürfte eine Geschichte des weiblichen Geschlechts für die mehrheitlich konservativen Träger des Historismus noch eine ›fachliche‹ Herausforderung dargestellt haben. Im Zeitalter der Aufklärung, als die verschiedenen Denkströmungen in Richtung der Erhaltung patriarchalischer Herrschaft innerhalb einer Familienform, die im

Hinblick auf ihre gesellschaftliche Funktion im Wandel begriffen war, sich noch nicht zu einem festen Aussagensystem verdichtet hatten, war die Geschichte des weiblichen Geschlechts noch Desiderat der Geschichtsschreibung. Für den Historismus wurde es bezeichnend, daß sich nur noch kulturgeschichtlich interessierte Außenseiter der Zunft wie Johannes Scherr und Adalbert von Hanstein mit der Geschichte der Frauen näher befaßten.
Dies hängt freilich auch mit der Verdrängung einer weiteren historiographischen Tradition aus der Spätaufklärung durch den Historismus zusammen. Kulturgeschichtliche und völkerkundliche Studien verschwanden aus dem Blickfeld der Historiker des 19. Jahrhunderts, sie wurden fortan zum genuinen Forschungsfeld der Evolutionisten.[75] Die Völkerkunde verselbständigte sich zur eigenständigen Wissenschaft. In ihr fand die Geschichte der Frauen weitgehende Berücksichtigung, allerdings um den Preis einer Transformation zur Naturgeschichte durch den Evolutionismus. In welchem Maße letzterer im 19. Jahrhundert zur Verfestigung der Vorstellung von einem von Natur aus vorgegebenen weiblichen Geschlechtscharakter beigetragen hat, ist inzwischen bekannt.[76] An dieser Stelle bleibt festzuhalten, daß der Weg zur weiblichen Naturgeschichte über die Historie führte. Der wachsende Konservativismus auch hinsichtlich der Frauenfrage der Historiker des 19. Jahrhunderts verstellte die Chance, das Thema ›Frau‹ gemäß den damaligen Standards historischer Forschung zu historisieren und in einer daraus notwendig erwachsenden genetischen Darstellung der Geschichte der Frauen die apriorische Festschreibung des weiblichen Geschlechtscharakters in Frage zu stellen. Die Verengung der in der Spätaufklärung so vielseitigen Themenpalette der Geschichtsschreibung auf die Verfassungs- und Nationalgeschichte beraubte den Historismus einer weiteren Chance, das Thema ›Frau‹ überhaupt aufzugreifen. Der Facettenreichtum menschlichen Lebens und mit ihm die Geschichte der anderen Hälfte der Menschheit verschwanden damit für das nächste Centennium als wissenschaftlich relevante Themen in den Bereich der Anthropologie und Soziologie.

Anmerkungen

1 Für die Geschichtswissenschaft in der Bundesrepublik kann man diesen Zeitraum sogar bis in die späten 70er Jahre ausdehnen. Dies zeichnet sich besonders ab im Vergleich zur Situation der Frauengeschichte in den Vereinigten Staaten. Siehe dazu: Karin Hausen, »Women's History in den Vereinigten Staaten«, in: *Geschichte und Gesellschaft* (1981), H. 3/4, S. 347-363.

2 Für die frühe Diskussion in den Vereinigten Staaten: Gerda Lerner, »New Approaches to the Study of Women in American History«, in: *Journal of Social History* 4 (1969), Nr. 4, S. 333-356. Für die ersten Ansätze in der bundesrepublikanischen Geschichtswissenschaft: Bodo von Borries/Annette Kuhn, »Ansätze zu einem frauengeschichtlichen Curriculum. Ein vorläufiger und lückenhafter Versuch«, in: *Geschichtsdidaktik* 3 (1978), S. 312-339.

3 Gisela Bock, »Historische Frauenforschung: Fragestellungen und Perspektiven«, in: Karin Hausen (Hg.), *Frauen suchen ihre Geschichte. Historische Studien zum 19. und 20. Jahrhundert,* München 1983, S. 22-60; Annette Kuhn, »Das Geschlecht – eine historische Kategorie? Gedanken zu einem aus der neueren Geschichtswissenschaft verdrängten Begriff«, in: Ilse Brehmer/Juliane Jacobi-Dittrich/Elke Kleinau/Annette Kuhn (Hg.), *Frauen in der Geschichte IV (Wissen heißt leben ...«, Beiträge zur Bildungsgeschichte von Frauen im 18. und 19. Jahrhundert),* Düsseldorf 1983.

4 Gisela Bock, »Historische Frauenforschung«, S. 24 f.

5 Ich beziehe mich hier auf die Kontroverse um das 3. Historikerinnentreffen in Bielefeld 1981, in der die notwendige Polemik von Vertreterinnen der Historischen Frauenforschung gegen die Einwände Jürgen Kockas zu einer unnötigen Polarisierung gegenüber der Minderheit sozialwissenschaftlich arbeitender Historiker führte. Vgl.: *Geschichtsdidaktik* 6 (1981), S. 312-315; *Geschichtsdidaktik* 7 (1982), S. 99-109, 325-337.

6 So z. B.: Julius Duboc, *Fünfzig Jahre Frauenfrage in Deutschland. Geschichte und Kritik*, Leipzig 1896; Christian Friedrich Harleß, *Verdienste der Frauen um Naturwissenschaft, Gesundheits- und Heilkunde, so wie auch um Länder-, Völker- und Menschenkunde, von den ältesten Zeiten bis auf die neuesten. Ein Beitrag zur Geschichte geistiger Cultur, und der Natur- und Heilkunde insbesondere,* Göttingen, Bonn 1850; Elise Oelsner, *Die Leistungen der deutschen Frau in den letzten vierhundert Jahren. 1. Auf wissenschaftlichem Gebiete,* Guhrau 1894; Carl Strack, *Geschichte der weiblichen Bildung in Deutschland,* Gütersloh 1879.

7 Christoph Meiners, *Geschichte des weiblichen Geschlechts,* 4 Bde., Hannover 1788-1800.

8 Johannes Scherr, *Geschichte der deutschen Frauen*, Leipzig 1860. Zu erwähnen sind in diesem Zusammenhang ebenfalls: Alexander Jung, *Frauen und Männer, oder über Vergangenheit, Gegenwart und Zukunft der beiden Geschlechter, ein Seitenstück zu den Vorlesungen über sociales Leben und höhere Geselligkeit*, Königsberg 1847; Gustav Friedrich Klemm, *Die Frauen. Culturgeschichtliche Schilderungen des Zustandes und Einflusses der Frauen in den verschiedenen Zonen und Zeitaltern*, 6 Bde., Dresden 1854-59; Carl Weinhold, *Die deutschen Frauen in dem Mittelalter. Ein Beitrag zu den Hausalterthümern der Germanen*, Wien 1851. Im Unterschied zu Scherr, der zwar auch nicht zum engeren Kreis der historischen Zunft zu rechnen ist, jedoch als Fachhistoriker gelten kann, sind die Autoren der letztgenannten drei Werke aus unterschiedlichen Gründen nicht als Repräsentanten der akademischen Historie einzuordnen.

9 Adalbert von Hanstein, *Die Frauen in der Geschichte des deutschen Geisteslebens des 18. und 19. Jahrhunderts*, 2 Bde., Leipzig 1899/1900.

10 Zur Beharrlichkeit der historischen Ideenlehre und ihrer Fortsetzung im geistesgeschichtlichen Konzept Friedrich Meineckes siehe die Monographie: Horst Walter Blanke, *Historiographiegeschichte als Historik* (wird derzeit zur Publikation vorbereitet; erscheint voraussichtlich Stuttgart 1989).

11 So die These H. W. Blankes, der die Kontinuität des historistischen Paradigmas bis zu dessen Sprengung durch die Historische Sozialwissenschaft in seiner oben genannten Arbeit verfolgt. H. W. Blanke, *Historiographiegeschichte*.

12 Jörn Rüsen, »Von der Aufklärung zum Historismus. Idealtypische Perspektiven eines Strukturwandels«, in: H. W. Blanke/J. Rüsen (Hg.), *Von der Aufklärung zum Historismus. Zum Strukturwandel des historischen Denkens*, Paderborn 1984, S. 15–57.

13 Barbara Duden, »Das schöne Eigentum. Zur Herausbildung des bürgerlichen Frauenbildes an der Wende vom 18. zum 19. Jahrhundert«, in: *Kursbuch* 47 (1977), S. 125-140; Karin Hausen, »Die Polarisierung der ›Geschlechtscharaktere‹ – eine Spiegelung der Dissoziation von Erwerbs- und Familienleben«, in: W. Conze (Hg.), *Sozialgeschichte der Familie in der Neuzeit Europas, Neue Forschungen*, Stuttgart 1976, S. 367-393.

14 Die naturrechtliche Bestimmung der Geschlechtscharaktere implizierte zwar theoretisch eine Befreiung auch des weiblichen Geschlechts von historisch gewachsenen Abhängigkeiten. Doch indem Weiblichkeit als von Natur aus abhängig und vernunftlos definiert wurde, bezog sich das emanzipatorische Potential dieser Bestimmung nur auf die Befreiung des Mannes. Siehe dazu u. a.: Sylvia Bovenschen, *Die imaginierte Weiblichkeit. Exemplarische Untersuchungen zu kulturgeschichtlichen und literarischen Präsentationsformen des Weibli-*

chen, Frankfurt a. M. 1979; Friederike J. Hassauer-Roos, »Das Weib und die Idee der Menschheit. Zur neueren Geschichte der Diskurse über die Frau«, in: B. Cerquiglini/H. U. Gumbrecht (Hg.), *Der Diskurs der Literatur- und Sprachhistorie. Wissenschaftsgeschichte als Vorgabe einer Neuorientierung*, Frankfurt a. M. 1982, S. 421-445.

15 J. Rüsen, *Von der Aufklärung zum Historismus*, S. 19 ff.

16 J. Rüsen, »Die vier Typen des historischen Erzählens«, in: R. Koselleck/H. Lutz/J. Rüsen (Hg.), *Formen der Geschichtsschreibung* (*Theorie der Geschichte. Beiträge zur Historik*, Bd. 4), München 1982, S. 514-605. Bei der Analyse des Werkes von Christoph Meiners habe ich mich vor allem auf das systematische Modell der Formen des historischen Erzählens gestützt. Die historischen Ausführungen dieser Typologie habe ich unberücksichtigt gelassen.

17 Rezension zu dem Werk »Über die Weiber« (anonym), Leipzig 1787, in: *Allgemeine-Litteratur-Zeitung*, Bd. 1, 1788, S. 64.

18 Zum Selbstverständnis der Historie als anthropologischer Grundwissenschaft siehe: Horst Möller, *Vernunft und Kritik. Deutsche Aufklärung im 17. und 18. Jahrhundert*, Frankfurt a. M. 1986, S. 177.

19 J. Rüsen, *Von der Aufklärung zum Historismus*, S. 44 f.

20 H. W. Blanke, *Historiographiegeschichte*, Kap. 2.1. 3. Abschnitt (3) (e).

21 In den Jahren von 1787-1794 veröffentlichte Meiners in dem von ihm zusammen mit Ludwig Timotheus Spittler herausgegebenen *Göttingischen Historischen Magazin*, bzw. in der Nachfolgezeitschrift *Neues Göttingisches Historisches Magazin* zahlreiche Artikel zu den Ehe- und Sexualgebräuchen fremder Kulturen.

22 C. Meiners, *Weibliches Geschlecht*, Bd. 1, IV.

23 Ders., *Weibliches Geschlecht*, Bd. 2, IV.

24 Meiners äußert sich zu dieser Frage erst wieder kurz im Fazit des 4. Bandes der *Geschichte des weiblichen Geschlechts* auf Seite 299 ff.

25 C. Meiners, *Weibliches Geschlecht*, Bd. 2, S. 437.

26 H. W. Blanke, *Historiographiegeschichte*, Kap. 2.1. 3. Abschnitt (1) (a).

27 C. Meiners, *Grundriß der Geschichte der Menschheit*, Lemgo, 1785, Vorrede.

28 C. Meiners, *Weibliches Geschlecht*, Bd. 1, III.

29 C. Meiners, *Grundriß*, Vorrede.

30 A.a.O.

31 A.a.O. In seinem nachgelassenen dreibändigen Werk *Untersuchungen über die Verschiedenheiten der Menschennaturen*, Tübingen 1811-1815, nimmt Meiners teilweise eine völlige Umgestaltung seiner diesbezüglichen Ansichten vor. Siehe dazu auch: Alexander Ihle, *Christoph Meiners und die Völkerkunde*, Göttingen 1931, S. 13.

32 Über die weiblichen Tugenden der keltischen Frauen heißt es bei Meiners: »Weiber, die so treu, so keusch und zärtlich, Hausfrauen, die so gewissenhaft, fleißig und verständig, Mütter, die so liebevoll und

sorgfältig, und Gefährtinnen, die so mutig und freyheitsliebend waren, als die Weiber der alten Germanier, und übrigen Celtischen Völker, solche Weiber verdienten allerdings eine andere Behandlung als die kindischen Weiber der Morgenländer ...«, C. Meiners, *Weibliches Geschlecht*, Bd. 1, S. 210.

33 Urs Bitterli, *Die ›Wilden‹ und die ›Zivilisierten‹. Grundzüge einer Geistes- und Kulturgeschichte der europäisch-überseeischen Begegnung*, München 1976, S. 327ff.

34 So in seinem Spätwerk: *Allgemeine kritische Geschichte der Religionen*, Hannover 1806/07, S. 115. Ihle zufolge fügt dies sich jedoch in den Rahmen der menschheitsgeschichtlichen Forschungen von Meiners ein. A. Ihle, *Christoph Meiners und die Völkerkunde*, S. 58.

35 Siehe dazu auch: a.a.O., S. 21.

36 Bei August Ludwig Schlözer fand diese Grundhaltung ihren Ausdruck in der prägnanten Formulierung: »Der Mensch ist von Natur nichts, und kann durch Conjuncturen alles werden; die Unbestimmtheit macht den zweiten Theil seines Wesens aus.« August Ludwig Schlözer, *Vorstellung seiner Universal-Historie*, Göttingen, Gotha 1772, S. 6.

37 Diese Funktionsbestimmung der Geschichtsschreibung bewegte sich jedoch nicht nur in den Grenzen des rhetorischen Topos der »Historia magistra vitae«, sondern war auf die Vernunft als den obersten Maßstab bezogen. Das historische Urteil war damit an eine kritische Reflexion rückgebunden. H. W. Blanke, *Historiographiegeschichte*, S. 112f.; vgl.: Reinhart Koselleck, »Historia Magista Vitae. Über die Auflösung des Topos im Horizont neuzeitlich bewegter Geschichte«, in: *Natur und Geschichte* (Festschrift Karl Löwith), hrsg. v. Hermann Braun und Manfred Riedel, Stuttgart 1967, S. 196-219.

38 Meiners publizierte im *Göttingischen Historischen Magazin* sowie in dessen Nachfolgebänden neben Artikeln über die Ehe- und Sexualgebräuche fremder Kulturen auch zu Themen wie dem Wein- und Weizenanbau oder den Eßgewohnheiten fremder Völker.

39 H. W. Blanke, *Historiographiegeschichte*, Kap. 2.1. 3. Abschnitt (3) (c).

40 Zum Übergang von der exemplarischen zur genetischen Erzählweise in der Spätaufklärung, a.a.O., Kap. 2.1. 3. Abschnitt (3) (d).

41 S. Bovenschen, *Imaginierte Weiblichkeit*, S. 178ff.

42 Meiners, *Weibliches Geschlecht*, Bd. 4, S. 359.

43 Siehe oben, S. 195.

44 S. Bovenschen, *Imaginierte Weiblichkeit*, S. 164ff., 230f.

45 C. Meiners, *Weibliches Geschlecht*, Bd. 4, S. 322.

46 C. Meiners, *Weibliches Geschlecht*, Bd. 1, S. 10.

47 A.a.O., VI, 198.

48 Als Vorläufer solcher Werke ist zu nennen: Charlotte Unzer, *Welt-*

weisheit für Frauenzimmer, Halle 1751. Später übertrug sich die Segregation weiblicher Bildung auch auf den Bereich der Geschichtsschreibung, indem nun eine eigens für Frauen konzipierte geschichtliche Bildungsliteratur entstand. Siehe z. B.: J. Genersich, *Weltgeschichte für gebildete Frauenzimmer,* 5 Theile, Leipzig 1817. Dazu gehört auch die bereits 1779 in London erschienene *Geschichte der Frauen* des englischen Arztes William Alexander, die »blos zum Zeitvertreibe und zum Unterricht des schönen Geschlechts« verfaßt und vom Autor selbst der Aufmerksamkeit der Gelehrten nicht für wert befunden wurde. William Alexander, *Geschichte der Frauen,* A. Neuausgabe der 1780 in Leipzig erschienenen Übersetzung (anonym durch Friedrich Blankenburg) nach dem Werk des Edinburger Arztes W. Alexander, *History of Women,* London 1779, Nachdruck der Übersetzung nebst einem Vorwort v. Berta Rahm, Zürich 1981, XXIX. Meiners scheint sich dieser Einschätzung des Autors angeschlossen zu haben, verschweigt damit aber die innovativen Ansätze dieser frühen universalgeschichtlich und völkerkundlich angelegten Arbeit. C. Meiners, *Geschichte des weiblichen Geschlechts,* Bd. 1, VIII.

49 So legt Meiners in der Vorrede zum 1. Band der *Geschichte des weiblichen Geschlechts* seine zentrale Fragestellung den »Lesern und Leserinnen zur beliebigen Mituntersuchung« vor. A.a.O., VI. In der Vorrede zum 2. Band bekennt er sich offen zu Versehen bei der Arbeit mit den Quellen. »Dieß sind Fehler, die einem Jeden begegnen können, und die man also auch einem Jeden verzeihen muß.« A.a.O., VII.

50 A.a.O., S. 10.

51 Christoph Meiners, »Beitrag zur Geschichte der Behandlung des weiblichen Geschlechts bei verschiedenen Völkern«, in: *Berlinische Monatsschrift* IX (1787), S. 105 f.

52 C. Meiners, *Weibliches Geschlecht,* Bd. 1, S. 6.

53 Siehe dazu besonders C. Meiners, *Weibliches Geschlecht,* Bd. 1, S. 223 ff., wo die altgermanische Mitgiftregelung und der Ausschluß der Frauen aus dem himmlischen Reich in den germanischen Mythen behandelt werden.

54 A.a.O., S. 199 f.

55 A.a.O., S. 254 ff.

56 A.a.O., S. 305 ff.

57 A.a.O., S. 9.

58 Seit dem Ende der siebziger Jahre erstreckten sich die gelehrten Diskussionen zunehmend auf den politischen Bereich. H. Möller, *Vernunft und Kritik,* S. 285 ff.

59 Norbert Elias, *Über den Prozeß der Zivilisation. Soziogenetische und psychogenetische Untersuchungen.* Bd. 1: *Wandlungen des Verhaltens in den weltlichen Oberschichten des Abendlandes,* Frankfurt/a. M. 71980, S. 31 ff.

60 Siehe oben, S. 194.

61 Zu verfallsgeschichtlichen Konzeptionen insgesamt siehe: Reinhart Koselleck/Paul Widmer (Hg.), *Niedergang. Studien zu einem geschichtlichen Thema*, Stuttgart 1980.

62 Der Grad der Bildung, der Arbeitsamkeit und, beiden übergeordnet, der Grad der Sittlichkeit bilden die Hauptkriterien der Beurteilung. C. Meiners, *Weibliches Geschlecht*, Bd. 3, S. 137, Bd. 4, S. 347 ff.

63 C. Meiners, *Weibliches Geschlecht*, Bd. 3, S. 171.

64 Ders., *Weibliches Geschlecht*, Bd. 4, S. 247 f.

65 Ders., *Weibliches Geschlecht*, Bd. 2. S. 437.

66 »Diese zahlreichen und wichtigen Abweichungen benachbarter Völker entstanden weder aus der Verschiedenheit des Klimas und Bodens, noch der Verfassung, Cultur und Religion. Der Grund davon lag vorzüglich in der Verschiedenheit des Bluts, aus welchem die neuern Spanier, und dann die Franzosen, und die übrigen gebildeten Völker unsers Erdtheils entsprossen sind.« C. Meiners, *Weibliches Geschlecht*, Bd. 3, S. 2.

67 Ders., *Weibliches Geschlecht*, Bd. 4, S. 220, 353 f.

68 Ders., *Weibliches Geschlecht*, Bd. 2, S. 108.

69 A.a.O., S. 373 f.

70 C. Meiners, *Weibliches Geschlecht*, Bd. 4, S. 121.

71 »Leider fragten die mächtigsten Menschen nur selten verständige, unterrichtete, und gutgesinnte Frauen, und Jungfrauen um Rath. Sie ... ließen sich von jungen, schönen, und unwissenden, oder von schlauen und ehrgeizigen Weibern unterjochen. Dann wurden Hunderttausende, oder Millionen von Menschen ein Spielwerk der Launen und Leidenschaften der Weiber, und aller derer, die diesen Launen und Leidenschaften zu schmeicheln wußten. Wenn es möglich wäre, dieß Reich der weiblichen Launen und Leidenschaften zu zerstören; so würde man dem ganzen menschlichen Geschlecht den grösten Dienst erweisen.« C. Meiners, *Weibliches Geschlecht*, Bd. 4, S. 318 f.

72 Ders., *Weibliches Geschlecht*, Bd. 2, IV f.

73 A.a.O., 3. Abschnitt; C. Meiners, *Weibliches Geschlecht*, Bd. 3, 4. Abschnitt.

74 A.a.O., S. 237 f.

75 James N. Ryding, »Alternatives in Nineteenth-Century German Ethnology: A Case Study in the Sociology of Science«, in: *Sociologus* 25 (1975), Nr. 1, S. 3–28.

76 Marielouise Janssen-Jurreit, *Sexismus. Über die Abtreibung der Frauenfrage*, München, [3]1978, S. 97-127.

Ursula A. J. Becher
Weibliches Selbstverständnis in Selbstzeugnissen des 18. Jahrhunderts

Das 18. Jahrhundert ist eine Epoche intensiver Zuwendung zum eigenen Ich. Bisweilen scheint es so, als werde nun erst von den Zeitgenossen das Ich in all seinen Dimensionen, in seiner ganzen Bedeutung entdeckt. Man brennt darauf, die eigenen Vorstellungen vom richtigen, vernünftigen, glücklichen Dasein anderen mitzuteilen, so als habe man mit seinen Gedanken über Gott und Welt, mit seinem Lebensentwurf etwas ganz Neues, Unerhörtes geschaffen. Aber nicht allein die Ideen galten als mitteilenswert: selbst feinste seelische Regungen und elementare körperliche Empfindungen wurden aufmerksam wahrgenommen und minuziös protokolliert. Dieses Bedürfnis kann sich – wie bei Adam Bernd[1] – in der Form einer immer wieder aufgenommenen, neu ansetzenden und doch in sich kreisenden Krankengeschichte niederschlagen. Selbsterfahrung und Selbstdeutung können aber auch zu Erfolgsgeschichten führen[2], die eine Entwicklung aus armseliger Beengtheit zur Weite der Erfahrung und des Selbstbewußtseins beschreiben. Immer aber wendet sich das Subjekt auf sich selbst zurück und entdeckt gegen die starre Objektivität der Welt mit ihren geronnenen Ordnungen einen Innenraum des Selbst, den es in die Welt hinein zu erweitern sucht. Die Menschen entdecken und erfahren ihre eigene Subjektivität.[3] Artikulationsformen dieser neu gewonnenen Subjektivität können in elaborierter Form Autobiographien sein. Aber auch eher unprätentiöse Selbstzeugnisse dienen demselben Ziel, Gedanken, Gefühle, Erfahrungen, Erlebnisse im Wort zu bannen, um auf diese Weise eines Ichs habhaft zu werden, das ohne diese Vergewisserung in und durch Erinnerung im Strom der verfließenden Zeit verginge.

Die Zahl autobiographischer Zeugnisse steigt im 18. Jahrhundert sprunghaft an.[4] Sie bedienen sich in ihren Ausdrucksformen bestehender literarischer Muster und entwickeln sie produktiv weiter. So wird die Gelehrtenautobiographie zur literarischen Gestaltungsform gelungenen Lebens. Um diese Erzählabsicht zu realisieren, werden alle Widrigkeiten des gelebten Lebens als überwundene Hemmnisse in einem kohärenten Lebenslauf gedeutet. Die Darstellung des eigenen Lebens spiegelt dann auch deutlich das sich entfaltende Selbstbewußtsein des Erzählers. Auch die Elemente der abenteuerlichen Lebensgeschichte werden im 18. Jahrhundert mit der gleichen Absicht literarisch verwendet. Der Ich-Erzähler erfährt sich in den beschriebenen Abenteuern als Held seiner Geschichte. Die Ich-Perspektive, die in all diesen Darstellungsformen strikt eingenommen wird, ist Ausdruck eines gesteigerten Individualitätsbewußtseins, »daß jetzt bereits weder die Vorsehung noch die Gesellschaft als dem Einzelleben übergeordnete Instanz mehr anerkennt, vielmehr an ihre Stelle ein autonomes Ich gesetzt hat, das nunmehr selbst bestimmt, welches Schicksal es im Rahmen einer vorgefundenen Welt und Zeit erlebt.«[5]

Bereits diese literargeschichtliche Reminiszenz setzt aber voraus, daß trotz aller apologetischer Tendenzen des Erzählers, der poetischen Ausgestaltung der Erinnerung, fiktionalen Darstellungselementen in der Autobiographie des 18. Jahrhunderts gelebtes Leben zum Ausdruck kommt. Das gesteigerte Selbstbewußtsein des Erzählers entspricht einer gewandelten, erweiterten Erfahrung: Aus der ehemaligen Gebundenheit an einen engen Lebenskreis mit einer normativ vorgegebenen geregelten Lebenspraxis drängt das bürgerliche Individuum hinaus und entdeckt neue Erfahrungsräume. Statt der begrenzten, aber auch geschützten, ständisch geordneten Lebenswelt stehen nun individuelle Autonomie und Weltgewinn.

Aus dieser Beschreibung eines deutlichen Bewußtseinswandels im 18. Jahrhundert geht freilich nicht hervor, in welchem Maße er realen gesellschaftlichen Veränderungen entspricht. Noch weniger läßt sie eine präzise Aussage darüber zu, ob sich die Lebenswirklichkeit der Menschen in dieser Epoche tatsächlich tiefgreifend verändert hat. Als sicher darf aber wohl angenommen werden, daß das Leben der Frauen vielfach unberührt blieb von den erweiterten Möglichkeiten der Erfahrung und des Weltgewinns. Wenn nun auch immer mehr Frauen ihre lebensgeschichtlichen Erinnerungen niederschreiben, – und auch dies ist im 18. Jahrhundert in verstärktem Maß der Fall – so können die literarischen Formen der Gelehrtenautobiographie und der abenteuerlichen

Lebensgeschichte für diese Frauen kein Muster abgegeben haben, die ihren spezifischen Erfahrungen entsprochen hätte. Offenbar haben auch Frauen im 18. Jahrhundert einen Zugewinn an individueller Bewußtheit erlebt, die ihre sensible Aufmerksamkeit auf die Bewegungen ihres Ich, ihre Gefühle und Gedanken lenkte. Das im Zusammenhang pietistischer Bekehrungsgeschichten und der Erweckungsliteratur geschaffene Instrumentarium zur Beschreibung seelischer Regungen[6] bot sich als mögliches Medium der Selbstanalyse an.

Die Selbstzeugnisse von Frauen, die insgesamt ein vielfältiges Formenspektrum zeigen – vom Gedicht über kurze Lebensberichte bis hin zu umfangreicheren Erinnerungsbänden –, müßten Aufschluß geben über weibliches Selbstverständnis im 18. Jahrhundert. Wie artikuliert sich ihr Selbstbewußtsein? Finden sie eine eigene Sprache, um ihre Erfahrungen, die Erfahrung weiblicher Lebenspraxis, auszudrücken? Solche Fragen führen möglicherweise zu einer Klärung dessen, was weibliche Identität im 18. Jahrhundert heißen kann.

Eine erste Antwort auf diese Fragen könnte man von Sidonia Zäunemann erwarten. Sie hatte bereits im frühen 18. Jahrhundert eine weibliche Existenz jenseits der traditionellen Frauenrolle erprobt und als Dichterin größere Selbständigkeit, wenn nicht gar Autonomie, erstrebt.[7]

Ein solcher Anspruch konnte zu jener Zeit nur in eingeschränkter Weise eingelöst werden. Sidonia Zäunemann hätte nicht allein leben und ihre materielle Existenz durch eigenen Verdienst bestreiten können. Sie lebte bis zu ihrem frühen Tod im elterlichen Hause, aber ihre nach außen, ins öffentliche Leben drängende Aktivität und ihre dichterische Existenz, die offizielle Anerkennung fand – 1738 wurde sie von der Göttinger Universität zur kaiserlichen Poetin gekrönt –, waren doch sehr außergewöhnlich für ihre Zeit und lassen einen Wandel im weiblichen Selbstverständnis erkennen. In welcher Weise äußert Sidonia Zäunemann ihre Vorstellungen von sich selbst und ihrer Rolle in der Welt?

Gedichte sind es, in denen sich in vielen Gewändern eigene Erfahrungen spiegeln. Das gilt selbst für solche Verse, die Naturerlebnisse wiedergeben und auf reale Erfahrungen zurückgehen können, pflegte doch die junge Dichterin, sehr ungewöhnlich in ihrer Zeit und daher auch in Männerkleidung, weite Ritte zu unternehmen, um aus der Beengung des kleinstädtischen Lebens

auszubrechen und sich neue Räume zu erschließen. Diese Natur wird auffallend oft in Donner und Sturmgebraus erfahren, selbst »Andächtige Feld- und Pfingst-Gedanken« werden von der Erinnerung an Blitz und Donner einer Reise abgelöst. Ganz offenbar dienen ihr die Schilderungen der wildbewegten Natur als Spiegelbild ihrer rastlos in die Welt ausgreifenden Aktivität.
Andere Gedichte – so das ihr wichtigste: Das Bergwerk von Ilmenau – beschreiben in poetischer Weise neuartige Erfahrungen, so die Einfahrt in ein Bergwerk unter Tage. Es handelt sich um ungewöhnliche Unternehmungen, die Mut und Tatkraft erfordern. Heroismus wird zu einem Zauberwort, mit dem sie sich identifiziert.

»Liebeslieder hab' ich nie aufgesetzt noch abgesungen,
Doch ist mir ein Ehrenstück und ein Heldenlied gelungen.«[8]

Ihr Selbstverständnis als Frau charakterisiert sie in der Selbstzuschreibung: »männlicher Geist und Heldenmut«.[9]
Sie muß eine männliche Sprache, die Ausdruck männlicher Lebenswelt ist, wählen, um auszusprechen, wer sie ist und wer sie sein will. Heißt das, daß sie mit der männlichen Sprache auch männliche Privilegien erobert?[10] Wohl kaum. Aber ihr Wunsch nach individueller Autonomie ist so wenig in der weiblichen Lebenswelt realisierbar, daß sie aus dieser Welt auch nicht die Sprache gewinnen kann, mit der sie ihr Selbstverständnis definiert. Zwischen beiden Welten – der Welt des männlichen Heroismus und der weiblichen passiven Zurückgezogenheit – gibt es keine Vermittlung, ebensowenig wie eine Verbindung zwischen den Geschlechtern gedacht wird. Zwar lehnt Sidonia Zäunemann in ihrem Gedicht »Jungfern-Glück« vorrangig die Ehe ab als eine Institution, die mit der Unterordnung der Frau auch deren Freiheit negiert, aber sie entwickelt keine andere, selbstbestimmte Form der Beziehung zwischen Mann und Frau.
Ist diese Identifikation mit der männlichen Welt, männlich definierten Eigenschaften, männlicher Sprache die Lösung einer exzeptionellen Frau des 18. Jahrhunderts? Oder spricht sie eine Problematik aus, die auch für andere Frauen ihrer Zeit gilt? Vermutlich lassen sich diese Fragen nur beantworten, wenn wir herausfinden, welche Vorzüge diese Frauen in der Welt des Mannes sehen und auch für sich gelten lassen wollen.
Betrachten wir die Selbstzeugnisse unter diesem Aspekt, so wird

sehr bald eine konstante Haltung deutlich, die sich in ihnen allen wiederfindet: Respekt und Bewunderung gelten einer Welt, die durch Bildung geprägt ist. Wenn diese Frauen sich mit »Männlichem« zu identifizieren scheinen, so meinen sie Bildung, durch die sie Zugang erhoffen zu neuer, reicher Erfahrung, von der sie bisher ausgeschlossen waren. Sehr eindrucksvoll beschreiben diese Frauen ihr Verlangen nach Bildung und ihre verzweifelten Bemühungen, die Barrieren zu überwinden, die sich ihnen bei der Verwirklichung ihres Wunsches entgegenstellten. Die Anstrengung, die es sie kostete, gegen die Vorurteile ihrer Umgebung anzugehen und sich über eine elementare Lesefähigkeit hinaus die Welt der Bücher zu erobern, steigerte noch ihre Leidenschaft, an einem Reichtum teilhaben zu dürfen, durch den sie die Beengung und Beschränktheit ihres Lebens überwinden könnten.

»Ich wünschte so gut gelehrt zu werden, und ärgerte mich, daß mich mein Geschlecht davon ausschloß«, berichtet Friderika Baldinger in ihrer Lebensbeschreibung.[11] Da ihr die Lektüre als Müßiggang verwehrt wurde, das Vorlesen der Bibel im Familienkreis aber gewünscht wurde, instrumentalisierte sie diese fromme Sitte zu einer Übung zur Steigerung ihrer Lesefähigkeit. Diese Beschränkung zu durchbrechen, gelang ihr nicht. »Bücher lesen, außer Bibel und Gesangbuch, wäre Todsünde, Müßiggang für ein Mädchen. Wie oft wurde mir meine Liebe zum Lesen nicht verbittert, manchmal die Bücher verschlossen, und ich an den Spinnroken verwiesen«.[12] Auch die Bemühung ihres Bruders, ihr die französische Sprache nahezubringen, wurde verboten.

Nicht allen Frauen wurde jede Bildung verwehrt. Aber es ist auffallend, daß immer dieselben Namen auftauchen, wenn man an Frauen erinnert, die einen den Männern vergleichbaren Bildungsweg gehen konnten: so Dorothea Christiane Leporin, die 1754 in »Doctorem Medicinae« an der Universität Halle promoviert wurde und 1742 eine sehr systematisch aufgebaute Schrift verfaßt hatte unter dem Titel: »Gründliche Untersuchung der Ursachen, die das weibliche Geschlecht vom Studiren abhalten.« Den philosophischen Doktortitel erwarb als erste Frau an einer deutschen Universität Dorothea von Schlözer in Göttingen im Jahre 1787. Beide Ausnahmeerscheinungen haben manches gemeinsam: Ihre Väter hatten ein besonderes Interesse an der intellektuellen Entwicklung ihrer Töchter: der berühmte Staatsrechtslehrer August Ludwig von Schlötzer pflegte sein kluges Dortgen wie eine Art

Wunderkind vorzuführen, dankte ihr freilich später auch als Mitarbeiterin an seiner Ausgabe der russischen Münzrechts.[13]
Diese Beispiele zeigen, daß – wenn Frauen mit Bildung in Berührung kommen – es in der Regel Männer sind, die ihnen einen Zugang zu ihr verschaffen. Dadurch wird der Wunsch nach einer Anlehnung an die männliche Welt, die Bildung verwaltet, und die Identifikation mit ihr noch verstärkt. An Lehrer, die ihnen neue Welten erschlossen, erinnern die Selbstzeugnisse mit großer Dankbarkeit. Johanna Schopenhauer etwa gedenkt ihres Lehrers Jameson voller Verehrung und schreibt: »Auf welche Weise er meinen Unterricht betrieb, was er mich lehrte, wie ich von ihm lernte, ist nicht recht wohl zu beschreiben, ich möchte unabsichtlich es nennen, denn er lehrte und ich lernte, ohne daß wir alle beide uns dessen deutlich bewußt waren.«[14] Johanna Schopenhauer freilich nahm gar nicht alle Möglichkeiten wahr, die ihr Lehrer ihr bot, als er sie auch in die klassischen Sprachen und Literaturen einführen wollte. Dazu war sie zu sehr auf die traditionelle Frauenrolle bezogen, auf die sie vorbereitet wurde, und fürchtete sich vor der »eminenten Gefahr, ein unerträglich überspanntes und verschrobenes Persönchen zu werden, so eine Art von gebildetem jungen Frauenzimmer«[15] und zeigt damit das Spannungsverhältnis von Tradition und Aufbruch an, von dem diese Frauen belastet waren.
Ihrem Streben nach Bildung wurde in den aufsteigenden bürgerlichen Familien ein gewisser Spielraum gewährt. Dieses Wohlwollen fand aber dort seine Grenze, wo diese jungen Mädchen inhaltlich gleiche Bildungsansprüche stellten, wie sie dem Lehrplan für Jungen entsprachen. Dorothea Leporin und Dorothea Schlözer sind ja Ausnahmen von einer weit verbreiteten und durchgängig befolgten Regel.
Diese Ambivalenz von Gewähren und Verbot läßt sich am Bildungsgang von Sophie von LaRoche gut ablesen. Als Gelehrtentochter in Augsburg lebte sie in der Gunst ihres Vaters, der ihre geistige Entwicklung mit Freude und Interesse verfolgte. Sie wurde in Geschichte und Astronomie, in Mathematik und Kunst eingeführt. Was ihr aber strikt verwehrt wurde, war das Erlernen der lateinischen Sprache, deren Kenntnis als Grundlage der gelehrten Bildung unerläßlich war. Alles Bitten half nichts. »Ich bat meinen Vater auf Knien um die Einwilligung, aber er wollte nicht«.[16] Warum diese vehemente Ablehnung des Lateinischen

bei der Unterrichtung der Tochter in einem sonst bildungsfreundlichen Elternhaus?
Das Lateinische war ein zentrales Unterrichtsfach der Lateinschulen, die sich allmählich zu Gymnasien entwickelten. Latein zu lernen hieß, den klassischen Ausbildungsgang zu beginnen, der schließlich zum Universitätsstudium führte, an das sich eine spätere Berufstätigkeit anschloß. Mädchen hingegen wurden nicht für einen Beruf ausgebildet. Sie lernten manche nützliche Dinge, die ihnen die spätere Haushaltsführung erleichtern konnten. Das Erlernen der französischen Sprache oder des Klavierspiels konnte zudem das Leben verschönern. Es führte jedoch nicht auf ein bestimmtes Ziel hin. Eine geregelte klassische Ausbildung für Mädchen hätte sie der Rolle frühzeitig entfremdet, die die bürgerliche Gesellschaft für sie vorsah: In Anbetracht der materiellen Lebensbedingungen konnte sie nur innerhalb einer Ehe gedacht werden, in der die Versorgung der Töchter gesichert wäre. Die Sorge der Väter, ihre gebildeten Töchter würden diese Situation nicht länger hinnehmen und sich in die vorbestimmte Ehe fügen, war verständlich, sie zeigte freilich auch, wie allgemein der Bildungsoptimismus war, wie sehr man davon überzeugt war, Bildung werde bestehende Schranken durchbrechen und Grenzen aufheben.
Warum aber legten die Frauen des 18. Jahrhunderts, die uns ihre Erinnerungen überliefert haben, einen so großen Wert auf eine klassische Bildung, die ihnen keinen Berufsweg eröffnete und keine materielle Basis persönlicher Autonomie gewährte?
Anders als für die Männer bedeutete Bildung für sie nicht in erster Linie die Voraussetzung sozialen Aufstiegs in die Welt der Gebildeten. Sie bedeutete eine Verfeinerung der Sitten und damit einen neuen Stil im Verhältnis der Geschlechter zueinander. Das wird offenbar in ihrem Wunsch, einen »gebildeten« Ehemann zu haben. Wenn diese Frauen ihren Männern positive Eigenschaften zuschreiben, so rühmen sie ihre geistige Überlegenheit. Friderika Baldinger charakterisiert den Mann, der ihr die Ehe anbietet, als einen »gelehrten, verständigen und zugleich redlichen Manne«[17] und gibt in dieser Aneinanderreihung von Adjektiven sowohl eine Rangfolge der Eigenschaften als auch ihren inneren Zusammenhang zu erkennen: Die gelehrte Bildung verleiht Klugheit und Verständigkeit. Nicht nur die Wortverwandtschaft ist es, die zu »Verständnis« hinüberleitet: Was Frauen erwarten, ist Ver-

ständnis zu finden und in ihrer Persönlichkeit geachtet zu sein. Nur die Bildung, so meinen sie, ist die Voraussetzung für die Entwicklung moralischer Werte. Sie erst ermöglicht ein Zusammenleben, in dem sie als Personen anwesend und anerkannt sind.

Diese und ähnliche Charakterisierungen finden sich in den Äußerungen der Frauen des 18. Jahrhunderts so häufig, weil die reale Situation der Ehe, die viele von ihnen erlebten, sich von dem Idealbild unterschied, das sie gerade in sich ausgebildet hatten. Vermutlich war es der gesteigerte Rückbezug auf das Ich, die eigene Subjektivität, mit ihrer Neigung zur Selbstwahrnehmung und Selbstdeutung, die ihnen Wünsche und längst verschüttete Bedürfnisse bewußt machte, die der Institution der Ehe, so wie sie seit Jahrhunderten bestand und immer noch gelebt wurde, fremd waren. Daß diese traditionelle Form der Ehe ihnen nun nicht mehr genügte, daß sie sich nur allzu häufig an ihren Begrenzungen wundrieben, ist weniger jener sozialen Ordnung anzulasten, als Ausdruck eines allmählichen Wandlungsprozesses, dessen Richtung und Bedeutung noch nicht klar zu erkennen waren. Daraus ergab sich eine Ambivalenz, wie sie in Umbruchsituationen charakteristisch ist: Veränderungen werden wahrgenommen, ohne doch schon begriffen werden zu können. Tradierte, bekannte Werte scheinen dem aufbrechenden Neuen nicht mehr zu entsprechen, neue, angemessene Verhaltensformen sind noch nicht entwickelt.

Diese Ambivalenz spiegelt sich in den Äußerungen der Frauen zur Ehe. Die Ehe war die vorgegebene, anerkannte Lebensform, in der die Frau einen festen Platz in der Gesellschaft fand. Für viele Frauen bedeutete ihre Hochzeit eine willkommene Zäsur in ihrem Leben: Sie bezeichnete das Ende ihrer Abhängigkeit vom Elternhaus. Mit ihrer Verheiratung trat das in der Regel noch junge Mädchen in den Stand der erwachsenen Frau ein. Mit der Ehe etablierte sie sich als Ehefrau in der bürgerlichen Gesellschaft. Die Statusveränderung, die dieser Schritt bedeutete, wurde von den Frauen als Erweiterung ihres Lebensraumes, als neue Selbständigkeit erlebt.

Diese Erfahrung wird anschaulich von Henriette Herz beschrieben: »Herz' Friseur war der erste Mensch, der die 15jährige Frau am Morgen nach der Hochzeit sah. Wieviele Jahre auch seitdem verstrichen sind, so weiß ich doch noch, wo ich saß und wie ich in einem, nach damaliger Mode, reizenden Morgenanzug gekleidet und wie stolz ich auf meine neue Würde als Hausfrau war, da der alte Friseur ins Zimmer trat. Eine Köchin, die gleich am Morgen meine Befehle zum Mittagsessen einholte, und eine alte, etwas betrunkene Frau, die Herz schon früher in seinem Dienste hatte, machten meinen Hausstand.«[18]

Der Status einer verheirateten Frau war die Form der bürgerlichen Selbständigkeit, die die Frau des 18. Jahrhunderts erlangen konnte. Als Unverheiratete blieb sie ein Leben lang abhängig von der Fürsorge ihrer Familie und gewann niemals eine Form der Selbständigkeit. Es wundert daher nicht, daß die Ehe die bevorzugte Lebensform für Frauen gewesen ist. Die gefühlsmäßige Bindung der Eheleute füreinander war in ihr von untergeordneter Bedeutung. In manchen Selbstzeugnissen wird diese Einschätzung geteilt und nicht als Mangel empfunden.

So stellt etwa Johanna Schopenhauer die Eigenschaften und Fähigkeiten ihres Mannes heraus, die ihm die Wertschätzung seiner Mitbürger einbrachten – »sein stets gleiches, rechtliches Betragen, seine warme Freiheitsliebe, seine ausgebreiteten merkantilistischen Kenntnisse neben der ungewöhnlichen geistigen Bildung« –, und schloß daraus: »ich durfte stolz darauf sein, diesem Manne anzugehören, und war es auch.« Diese positive Einstellung zu ihrem Manne konnte sich in der Ehe mit der Zeit emotional vertiefen. »Glühende Liebe heuchelte ich ihm ebensowenig, als er Anspruch darauf machte, aber wir fühlten beide, wie er mit jedem Tag mir werter wurde.«[19] Eine solche Einstellung, wie sie Johanna Schopenhauer in diesen Worten beschreibt, wird am Ende des Jahrhunderts immer seltener. Sie hatte der traditionellen Form der Ehe entsprochen. Sie genügt den Frauen nun nicht mehr. Ihre veränderte Haltung macht die Ambivalenzen deutlich, die ein Auseinanderfallen von Sein und Bewußtsein anzeigt. Wenn sich in den Selbstzeugnissen der Autorinnen die Leidenserfahrungen, die sie mit der Ehe verbinden, mehren, so läßt sich daran ablesen, daß sie die Ehe mit neuen Ansprüchen verbinden. Sie verspüren ein Bedürfnis nach emotionaler Wärme, nach aufmerksamer Wahrnehmung und Anerkennung ihrer Person, nach Gemeinsamkeit und Liebe. »Von meiner Kindheit an war mir es das höchste Bedürfnis, mit Innigkeit zu lieben und geliebt zu werden«, berichtet Elisa von der Recke. Diese Verknüpfung von Lieben und Geliebtwerden setzt eine symmetrische Geschlech-

terbeziehung von gleichwertigen Partnern voraus. Die Wirklichkeit ihrer Ehe hatte mit dieser Wunschvorstellung nichts gemein: »In einem Alter von fünfzehn Jahren wurd' ich einem Manne gegeben, den ich zu lieben wünschte und nicht lieben konnte, weil unsere Neigungen durchaus entgegengesetzt waren. Er, hart und leidenschaftlich, heuchelte in Gegenwart meiner Verwandten die zärtlichste Liebe zu mir und eine Gefälligkeit, für die er mich desto mehr mißhandelte, wenn wir ohne Zeugen waren.«[20]
Gemeinsame Neigungen als Grundlage einer Ehe – das war eine Vorstellung, die der traditionellen Ehe fremd war. Die Klage über die mangelnde Übereinstimmung zwischen den Gatten offenbart die Ungleichzeitigkeit von Wunsch und Wirklichkeit. Der Bericht über ihre Ehe erinnert freilich an ein anderes, verbreitetes, oft nur angedeutetes, tabuisiertes Phänomen: die Brutalität der gelebten Erfahrung.
Anna Louisa Karschin, in ärmsten Verhältnissen aufgewachsen, von der Mutter schlecht verheiratet, »denn an diesen Orten werden die Töchter mehren teils zur Ehe wie die Lämmer zur Schlachtbank geführt«, versucht, durch ihre Gedichte ihre traurige Existenz zu transzendieren. In einem solchen Gedicht, das sie mit 18 Jahren verfaßte, will sie ihren Gatten gewinnen und drohendes Unheil abwenden.

»Indessen bitt' ich, nimm doch dieses gütig an,
Was hier die treue Hand aus Liebe
überreicht.
Weil ich für dieses mal nichts Bessres geben kann,
So nimm es gütig hin und bleibe mir
geneigt.«[21]

Ihr Gedicht rührte den Gatten nicht, der sich von ihr scheiden ließ und sie mit ihren Kindern ins Elend stieß. Für Anna Louisa Karschin hatte die Ehe keinen Schutz und keinen gesicherten Ort in der bürgerlichen Gesellschaft gebracht. Mit ihren Gedichten sublimierte sie ein Leben, das ohne diese Zuflucht schwer erträglich gewesen wäre. In »Belloisens Lebenslauf« stellt sie dieses Leben dar:

»... wart früh ins Ehejoch gespannet,
Trug's zweimal nacheinander schwer,
Und hätte mich wohl nicht ermannet,

Wenn's nicht den Mußen eigen wär,
Im Unglück und in bittern Stunden
Dem beizustehn, der ihre Huld
Vor der Geburt schon hat empfunden.
Sie gaben mir Muth und Geduld,
Und lehreten mich Lieder dichten,
Mit kleinen Kindern auf dem Schooß,
Bei Weib- und Magd- und Mutterpflichten,
Bei manchem Kummer, schwer und groß ...«[22]

Aber auch ohne solche Schreckenserfahrungen scheinen viele Frauen Sexualität als etwas Fremdbestimmtes erfahren zu haben, zu der sie keine eigene und selbständige Beziehung gewannen. Bis in ihre Sprache hinein macht Friderika Baldinger ihre Fremdheit nachfühlbar. Sie vermag die Einheit ihres Wesens nicht zu denken, sondern kann nur über Entgegensetzungen von dunklen und hellen, gemiedenen und bejahten Teilen ihres Selbst eine prekäre Balance finden. Sie unterscheidet zwischen den oberen und niederen Seelenkräften in sich – zwischen Geist und Körper. »Ich suchte meine Fehler zu verbessern, daß ich meinen Kopf mehr anbauete; setzte Freundschaft an die Stelle thierischer Liebe, ...«[23] Nur in einer Verleugnung von Körperlichkeit, Sexualität, Sinnlichkeit, der Natur vermag Friderika Baldinger ihre innere Zersplitterung, ihre Entfremdung zu verdecken. Sexualität wurde nur als etwas Fremdbestimmtes, dem eigenen Körper Aufgenötigtes empfunden. Daher fehlt die Sprache, um dieses Fremde in Eigenes zu verwandeln. Körperliche Bedürfnisse und Empfindungen werden in das Andere des Animalischen verwiesen und aus der eigenen Erlebnissphäre verbannt. Die Unfähigkeit und wohl auch Unmöglichkeit, Liebe angstfrei und unbelastet zu empfinden, steigern das Verlangen nach einer neuen, anderen Beziehung. In diese schmerzlich empfundene Dichotomie wird »Bildung« als die Voraussetzung dieser erträumten neuen Beziehung gedacht, die Friderika definiert: »von beiden Seiten auf Hochachtung gegründet.«[24]

Freundschaft ist der Name für diese neugedachte Geschlechterbeziehung. In ihr wurde die erlittene Dichotomie der Seelenkräfte, wie sie Friderika Baldinger beschrieb, in einer Intensivierung der Gefühle aufgehoben. Die Sensibilisierung, die aus ihr hervorgeht, läßt auch geheime Regungen, Wünsche, Gedanken bewußt werden, verstärkt daher die Neigung zur Selbstbeobachtung und Selbstwahrnehmung; sie öffnet freilich auch die Aufmerksamkeit für die Gefühle des anderen. Der intensivere Austausch der Beobachtungen, die man an sich und an anderen erfahren hat, wird als Bereicherung erlebt, freilich auch immer wieder aufs neue gefordert, so daß Aufrichtigkeit und Vertraulichkeit gelegentlich zu zwanghaften Überforderungen werden können.[25] Insgesamt aber überwiegen das Einverständnis mit sich und den Freunden und das Vertrauen und die Überzeugung, in der Freundschaft zu wachsen und sich im gemeinsamen Streben zu höherer Vollendung zu entwickeln. So taucht der Bildungsaspekt auch in diesem Zusammenhang wieder auf. Freundschaften vervielfältigen sich, es bilden sich Freundeskreise heraus wie etwa der Tugendbund um Henriette Herz in Berlin. Mit mehreren Menschen teilen, was einen bewegt, sich selbst erweitern in die vielen und zugleich verlieren – eine Neigung, die in der Zeittendenz der Empfindsamkeit liegt und sicher nicht allein aus einer mentalen Disposition heraus zu erklären ist. Die zahlreichen Briefe der Freunde scheinen eine Welt und einen Zustand zu beschwören, von dem man nicht recht weiß, ob er bereits in dieser vollkommenen Übereinstimmung besteht, bleiben soll oder erst durch seine Beschwörung in die Wirklichkeit berufen werden muß. Solch zwiespältige Eindrücke stellen sich bei der Lektüre dieser Freundesbriefe ein, die seitenlang, ohne Unterbrechung, ohne sonderliche Veränderung in Ton und Stil wie atemlos geschrieben sind: »Konnte ich glücklich sein, ohne Dich glücklich zu sehen? Was sagst Du von den Angelegenheiten eines Herzens, die ich vergessen hätte? Sind denn die Angelegenheiten der Deinigen nicht auch die meinigen? Sind denn nicht Du und ich und ich und Du, Jette und ich, Karl und Jette, und Karl und Du, kurz wie Du uns miteinander verbinden magst, sind wir nicht alle eins, nicht so eins, daß wir uns nicht mehr den Worten nach trennen können? Oh sei ferner so glücklich, liebe mich ferner auch so, und Du wirst mich noch glücklicher machen, als ich schon ehemals durch Dich und durch Jette und Karl war.«[26]

Nicht allein jugendlichem Überschwang sind Ton und Stil dieses Briefes zuzurechnen, sie sind Ausdruck einer tiefer liegenden Zeiterfahrung: In der Beschwörung der Freundschaft wird gleichsam eine Welt der Harmonie entworfen, die als Gegenbild das Auseinanderfallen der einmal als Einheit gedachten Wirklichkeit, die Erfahrung der Zersplitterung und Entfremdung auffangen soll. Daher auch der Drang, einzelnes zu einem Ganzen zu fügen, einzelne Menschen mit anderen in Freundschaften zu verbinden, sie geradezu in Beziehungsketten einzufügen und dadurch zu dauerhaften Bindungen zu verknüpfen. Die Beharrlichkeit, mit der das geschieht, offenbart Bedürfnisse, die nur in der Sprache der Briefe als realisiert erscheinen, in der Lebenswelt jedoch unerfüllt geblieben sind. Der leidenschaftliche Drang nach Freundschaft ergibt sich aus der Erfahrung »bürgerlicher Vereinzelung«.[27] Weil Einsamkeit als so überwältigend empfunden wird, wird die Verbindung zu Freunden so exaltiert verlangt.

Dieses Bewußtsein, durch Freundschaft aus schmerzlich empfundener Einsamkeit erlöst zu werden, scheint vor allem bei Frauen des 18. Jahrhunderts vorherrschend gewesen zu sein. Für sie war es schwieriger, im Prozeß des sozialen Wandels, der ihnen nicht klar erkennbar sein konnte, sondern eher fragmentarisch in der Verunsicherung des Vertrauten bemerkbar wurde, einen neuen und einen sicheren Ort zu finden als für die Männer, die in der Öffentlichkeit wirkten. Die Aktivität in der Welt außerhalb der häuslichen Sphäre konnte den Tätigen zumindest in der subjektiven Gewißheit bestärken, an der Gestaltung der Welt mitzuwirken und seinen Platz in ihr zu erobern. Ein vergleichbares Bewußtsein fehlte den Frauen.[28] Die vielen Briefe, die sie im 18. Jahrhundert schreiben, scheinen die Sprachweise eines im Grunde ungelebten Lebens zu sein.[29]

Dieser Eindruck wird in den Selbstzeugnissen auf vielfältige Weise belegt: Der Freund, von dem dort berichtet wird, verflüchtigt sich in Erinnerungsbildern, und man fragt sich bisweilen, ob er nicht durch den Akt des Schreibens erst als Person geschaffen werde. Zumindest scheint die Erinnerung der Realität überlegen zu sein, da sie das Bild des Abwesenden in der Zeit festhalten und Gefühlen Dauer verleihen, die der Abwesende nicht irritieren kann.[30]

Offenbar war es für Frauen des 18. Jahrhunderts so leicht nicht, erfüllte und angemessene Beziehungen zu Menschen aufzunehmen, die ihrem veränderten Selbstverständnis entsprachen. Die Ehe in ihrer traditionellen Form konnte den neuen Ansprüchen einer intensiven Gefühlsbindung nicht genügen. Aber auch die Freundschaft als Form einer vertieften menschlichen Kommunikation war nicht per se ein Synonym für eine geglückte Beziehung. Die vielen Freundschaftsbriefe, die das bezeugen, zeigen ein sehr schwankendes, oft unentfaltetes Selbstbewußtsein der Frauen, das sich in der Neigung zu erkennen gibt, den geliebten Freund in seiner Bedeutung zu überhöhen. Er ist der an Bildung Überlegene, Tätige, Weltschaffende. Sie bringen in ihren Augen nicht viel mehr ein, als eine intellektuelle und emotionale Affinität und die Bereitschaft, an dieser Welt des Geistes und der Bildung teilzuhaben. Da sie sich dabei an einem Ideal messen, dem sie nicht entsprechen können, steigern sie die Ansprüche und Erwartungen an sich selbst, gewinnen aber kein neues Selbstbewußtsein. Diese Überzeugung vom Verlust oder doch der Beschränktheit des eigenen Wertes wird unterstützt durch die starke Gefühlsbindung an den oft fernen Freund, eine Gefühlsbindung, die der Sublimierung ihres ungelebten Lebens entspricht und zur inneren Abhängigkeit der Frauen bis hin zum Selbstverlust führt. Caroline von Günderrodes Briefe sind dafür ein bewegendes Beispiel.[31] Ihr kurzes tragisches Leben spiegelt die Selbstentfremdung einer Frau, die in den vorgegebenen Lebensformen keinen Ort und keine Sicherheit mehr finden konnte, da sie ihrer intellektuellen Entwicklung, dichterischen Begabung und emotionalen Sensibilisierung nicht mehr genügten, aber auch nicht die Kraft und die Möglichkeit aufbrachte, ein Leben in einsamer Autonomie zu führen. Noch suchte sie zu verbinden und als Einheit zu leben, was sich doch nicht zusammenfügen ließ: ein Werk zu schaffen und zugleich in der Liebe eines Mannes auszuruhen.[32] Diesen Widerspruch trug sie bis in den Verlust ihrer selbst hinein.

Erfahrungen der Selbstentfremdung hatten auf das Selbstverständnis der Frauen im 18. Jahrhundert einen bestimmenden Einfluß. Der Wunsch nach männlicher Lebenswelt und männlichem Ideal ist ein Ausdruck für diese Selbstverlorenheit. Wie bei Sidonia Zäunemann in der ersten Hälfte des 18. Jahrhunderts, so bei Karoline von Günderrode an der Jahrhundertwende wird weibliches Selbstverständnis in männlicher Sprache formuliert. Karoline von Günderrode schreibt in einem Brief: »Schon oft hatte ich den unweiblichen Wunsch, mich in ein wildes Schlachtgetümmel zu werfen, zu sterben – warum ward ich kein Mann! ich habe keinen Sinn für weibliche Tugenden, für Weiberglückseeligkeit. Nur das Wilde, Große, Glänzende gefällt mir.« Doch geschieht diese Identifikation nicht naiv, sondern ist Ausdruck gesteigerter

Reflexion. Sie weiß, daß sie Männlichkeit erstrebt, weil sie selbst zerfallen und entfremdet ist: »Es ist ein unseliges, aber unverbesserliches Mißverhältnis in meiner Seele; und es wird und muß so bleiben, denn ich bin ein Weib und habe Begierden wie ein Mann. Darum bin ich wechselnd und so uneins mit mir.«[33]

Sie erkennt klarsichtig ihre Entfremdung und deutet sie als Widerspruch zweier unvereinbarer Prinzipien in sich selbst: des männlichen und des weiblichen. Sie bediente sich mit dieser Erklärung, der vorherrschenden Auffassung ihrer Gesellschaft entsprechend, vorgegebener geschlechtsspezifischer Rollenbeschreibungen, als seien sie konstante Naturgegebenheiten. Im Grunde aber hatte sie gesellschaftlich bedingte, geschlechtsspezifische Unterschiede in den Formen möglicher, erwünschter und erlaubter Lebensgestaltung im Auge. Wie schon Sidonia Zäunemann, so wollte auch sie die Begrenzung weiblicher Lebenspraxis in der traditionellen Rollenbeschreibung durchbrechen, die ihrer Vorstellung von sich selbst nicht mehr entsprach. Daß ihr das nicht gelang, führte zu Identitätsverlust und Zerfall.

Es wäre unangemessen und unzutreffend, in solchen Anlehnungen an eine männliche Sprache den Frauen des 18. Jahrhunderts einen Mangel an Eigenständigkeit vorzuwerfen und ein fehlerhaftes weibliches Selbstverständnis anzulasten. Vokabeln wie »männlich« oder »weiblich« bedeuteten ihnen nichts weiter als Hilfskonstruktionen, um in zeitgemäßen Formulierungen ihre Vorstellungen von einem sinnvollen Leben auszusprechen, Vorstellungen, die – was die Realitätschancen betraf – nicht zeitgemäß waren oder ihrer Zeit vorauseilten. Diese Diskrepanz von erstrebter Autonomie und realer Gebundenheit wurde von den wachen, intellektuell aufgeschlossenen Frauen des 18. Jahrhunderts leidvoll erfahren. Einige von ihnen haben diese Leidenserfahrungen produktiv in künstlerischen Formen deuten können und sie als Steigerung ihrer selbst, als Zugewinn an kreativer Sensibilität erlebt. Die sperrige Widersetzlichkeit der objektiven Welt gegenüber ihrem leidenschaftlichen Veränderungswillen hat ihr Selbstverständnis nachhaltig beeinflußt und sie in ihrer Identitätsvergewisserung gestört. In dieser Hinsicht sind sie Zeugen eines allmählichen Prozesses sozialen Wandels, der eine Welt verändern sollte, der sie in ihrem Bewußtsein bereits entwachsen waren, ohne doch schon eine Gesellschaft anzukündigen, in der sie nach ihren Vorstellungen hätten leben können.

Anmerkungen

1 Adam Bernd, *Eigene Lebens-Beschreibung*, München 1973.
2 Johann Christian Edelmann, *Selbstbiographie 1749–1752* (*Sämtliche Schriften in Einzelausgaben* Bd. XII, hrsg. von Walter Grossmann), Stuttgart-Bad Cannstatt 1976.
3 Ralph-Rainer Wuthenow, *Das erinnerte Ich*, München 1974.
4 Vgl. auch für das folgende Günter Niggl, *Geschichte der deutschen Autobiographie im 18. Jahrhundert, theoretische Grundlegung und literarische Entfaltung*, Stuttgart 1977, S. 75-93.
5 Ders., S. 152.
6 Ders., S. 65-71.
7 Vgl. zu ihrem Lebenslauf die Einführung in ihre Gedichte: Gisela Brinker-Gabler (Hg.), *Deutsche Dichterinnen vom 16. Jahrhundert bis zur Gegenwart*, Frankfurt a. M. 1978, S. 121.
8 Aus der 1738 veröffentlichten Gedichtsammlung: »Poetische Rosen in Knospen«, S. 597, hier zitiert nach: Gisela Brinker-Gabler, »Das weibliche Ich. Überlegungen zur Analyse von Werken weiblicher Autoren mit einem Beispiel aus dem 18. Jahrhundert: Sidonia Hedwig Zäunemann«, in: Wolfgang Paulsen (Hg.), *Die Frau als Heldin und Autorin, Neue kritische Ansätze zur deutschen Literatur*, Bern 1979, S. 61.
9 A.a.O., S. 61.
10 Vgl. G. Brinker-Gabler: »Die Eroberung der männlichen Privilegien vollzieht sich nicht zuletzt mittels der Eroberung der ihnen eigenen Sprache.« A.a.O., S. 60.
11 *Lebensbeschreibung von Friderika Baldinger, von ihr selbst verfaßt*, Offenbach 1791, S. 21.
12 A.a.O., S. 25.
13 August Ludwig von Schlözer, *Münz-, Geld- und Bergwerksgeschichte des Russischen Kaiserthums*, Göttingen 1791, Vorwort.
14 Johanna Schopenhauer, *Im Wechsel der Zeiten, im Gedränge der Welt. Jugenderinnerungen, Tagebücher, Briefe*, München o. J., S. 96.
15 A.a.O., S. 97.
16 Sophie von LaRoche, *Ich bin mehr Herz als Kopf. Ein Lebensbild in Briefen* (hrsg. v. Michael Maurer), München 1983, S. 155. Vgl. dazu auch S. 10-14.
17 Friderika Baldinger, a.a.O., S. 34.
18 Henriette Herz, *In Erinnerungen, Briefen und Zeugnissen*, Frankfurt a. M. 1984, S. 26.
19 Johanna Schopenhauer, a.a.O. S. 177.
20 Elisa von der Recke, *Tagebücher und Selbstzeugnisse* (hrsg. v. Christine Träger), München 1984, S. 34.
21 Gerhard Wolf (Hg.), *Oh, nur entwischt nicht, was die Menschen füh-*

len. Gedichte und Briefe von Anna Louisa Karschin, Frankfurt 1982, S. 272 f.

22 Anna Louisa Karschin, a.a.O. S. 9 f.

23 Friderika Baldinger, a.a.O., S. 35.

24 Friderika Baldinger, a.a.O. S. 35.

25 Vgl. die Briefe aus dem Tugendbund, so etwa Wilhelm von Humboldt an Caroline von Dacheröden, in: Henriette Herz, a.a.O., S. 247.

26 Wilhelm von Humboldt an Henriette Herz, 1788, in: Henriette Herz, a.a.O., S. 233.

27 So die Titelformulierung bei: Gisela Dischner, *Caroline und der Jenaer Kreis. Ein Leben zwischen bürgerlicher Vereinzelung und romantischer Geselligkeit,* Berlin 1979.

28 Wolf Lepenies hat freilich Melancholie als Signum der Gesellschaft des 18. Jahrhunderts erkannt. Vgl. Wolf Lepenies, *Melancholie und Gesellschaft,* Frankfurt a. M. 1969, 2. Aufl. 1981.

29 »Der Charakter der Sublimierung ungelebten Lebens und erträumter Existenzweise ist unverkennbar.« Gisela Dischner, »Die Briefform als künstlerischer Ausdruck romantischer Geselligkeit«, in: dies., *Caroline und der Jenaer Kreis,* S. 181.

30 Zahlreiche Belege hierfür bei Elisa von der Recke, vgl. z. B. S. 67.

31 Vgl. etwa aus einem Brief von Caroline von Günderrode an Savigny vom 15. Dezember 1803: »... Sie waren mir so verloren, und ich fühlte dabei eine unbestimmte, aber doch schmerzhafte Bitterheit, es war ein häßliches, totkaltes Gefühl, mein Vertrauen war getrübt, ich hatte nicht den Mut, und wußte auch nicht was ich Ihnen sein könnte ... Ihr heutiger Brief, wie anders! er gehört meiner Zukunft an, er ist mir wie eine Prophezeiung, ich glaube ihm, in meiner Seele hat es gesprochen wie er spricht. Ich werde Ihnen angehören wie ein Freund. Sie sagen es auch? werde ich nicht sehr stolz werden? aber auch demütig zugleich, weil ich nur 30 Pfund Vortrefflichkeit habe, und Sie immer 100, Sie mögen auch teilen wie Sie wollen, man sagt ja, daß es Dinge gibt, die immer größer werden, je mehr von davon mitteilt.« Aus Karoline von Günderrode, *Der Schatten eines Traumes, Gedichte, Prosa, Briefe, Zeugnisse von Zeitgenossen* (hrsg. v. Christa Wolf), Darmstadt und Neuwied 1979, S. 160.

32 Vgl. den kenntnisreichen und einfühlsamen Einleitungsessay von Christa Wolf in: Karoline von Günderrode, S. 5-52, hier besonders S. 19.

33 Brief vom 21. August 1801, S. 140.

Irmgard Wagner
Vom Mythos zum Fetisch: Die Frau als Erlöserin in Goethes klassischen Dramen

In den frühen siebziger Jahren, als unter West- und Ostgermanisten der Klassikerstreit tobte, führte Hans Robert Jauß die problematische Rezeptionsgeschichte der *Iphigenie auf Tauris*, dieses exemplarischen Klassikers, vor allem darauf zurück, daß das Drama einen neuen Mythos eingesetzt habe, dessen sich die bürgerliche Kultur des neunzehnten Jahrhunderts begeistert bemächtigt hätte und der die Aktualisierung des Goetheschen Textes in unserer Zeit unmöglich mache. Es sei dies der Mythos von der Frau als Retterin; das Ewig-Weibliche eben, das uns hinanziehe.[1] Von Mythos spricht zwar Theodore Ziolkowski nicht, sondern von einem Paradigma, wenn er etwa zur selben Zeit die Zusammengehörigkeit der drei klassischen Goetheschen Dramen neu zu begründen versucht; wohl aber siedelt sein Paradigma *Iphigenie, Torquato Tasso* und *Die natürliche Tochter* im mythischen Bereich an: im »Sanctuary« einer »Sacral Virgin« nämlich, die gegen die Wechselfälle der Wirklichkeit das reine, zeitlose Sein bewahre.[2] In dieser Arbeit soll untersucht werden, wie der iphigenische Mythos von der Erlöserin entsteht, wie er dann im *Tasso* dekonstruiert wird und schließlich in der sehr viel späteren *Natürlichen Tochter* in eine Vielzahl symbolischer Repräsentanzen zerfällt.

Wenn ein patriarchalischer Text nach der Darstellung der Frau befragt wird, so muß dieser Text gegen den Strich, subversiv, gelesen werden.[3] Als ein inzwischen vielfach getestetes und verfeinertes Medium solcher Subversion bietet sich die psychoanalytische Textinterpretation an, wie sie zum Beispiel von der amerikanischen dekonstruktionistischen und feministischen Literaturkritik praktiziert wird. Bei den besten Untersuchungen dieser Richtungen liegt der Nachdruck auf dem Element des Textuellen, das auszuleuchten die Psychoanalyse das Licht zu halten hat: Faden der Ariadne im Labyrinth des Textes/Gewebes. Die vorliegende Arbeit stellt sich auf den Grund der Lacan'schen Psychoanalyse. Besonders relevant sind dabei Lacans Theorien der Subjektbildung und -spaltung; der Funktion des Anderen; der Sprache als Organisationsprinzip des Unbewußten, des Sozialen und der Kultur; der verschieden zu wertenden Repräsentationsformen vom Ding über das Bild zum Symbol; und der phantasmatischen Produktionen. Als weiteres Hilfsmittel der Textanalyse dienen tropologische Kategorien, wie sie sich als wichtige Spezifizierung dekonstruktionistischer Literaturkritik herausgebildet haben: wenn das Unbewußte wie eine Sprache funktioniert (Lacan), so müssen sich die Bewegungen und Produktionen des Unbewußten nach den Grundgesetzen der Rhetorik, also tropologisch formieren, wobei die Haupttropen Metapher, Metonymie, Synekdoche und Ironie als Organisationsprinzip dienen. Schließlich werden Goethes drei klassische Dramen unter intertextueller Perspektive gelesen: als wiederholte Ansätze, Bild und Funktion der Frau innerhalb eines sich ändernden, aber immer männlich geprägten Kontexts zu bestimmen. Unter Kontext ist das Lebensganze des Autors in individueller wie gesellschaftlich-historischer Hinsicht zu verstehen, wie es sich als Aufklärungsthematik in der *Iphigenie,* als Dichterproblematik im *Tasso* und als Zeit- und Politikkritik in der *Natürlichen Tochter* konkretisiert. Kontext ist aber auch jener Aspekt der »Goethezeit«, den Foucault als epistemologischen Bruch thematisiert, wo in der Kluft zwischen Erkenntnis und Repräsentanz (Vor-/Darstellung) die Sprache als primäres Repräsentationssystem in eine tiefe Krise gerät.

Die *Iphigenie* ist ein problematischer Text nicht nur wegen ihres Humanitätsbegriffs, der Thoas, den einzigen nach diesem Begriff human Handelnden, ausschließt.[4] Die Problematik ist in der Figur Iphigenies selbst angelegt und wird im dramatischen Prozeß, der diese Figur expliziert, ausgeführt. Einerseits nämlich zeigt das Drama das sich autonom setzende Subjekt: der iphigenische Prozeß ist das Aufklärungsprojekt von der Überwindung mythischer, göttlicher, gesetzlicher, konventioneller Gebundenheit – der Weg zur Selbstbefreiung, ja Selbstsetzung des Menschen. Andererseits funktionalisiert das Drama das sich autonom setzende weibliche Subjekt, das als dessen Anderes einem männlichen Subjekt zu- und, als diesem zur Rettung dienend, untergeordnet wird. Die Menschheit, deren idealtypische Totalität eben demonstriert werden soll, bleibt weiterhin nach der Kategorie von Zweck und Mittel gespalten: in (zwecksetzende) Männer und (zweckdienliche) Frauen. Der fünfte Akt reflektiert das Auseinanderbrechen des angestrebten Ideals in eklatanter Deutlichkeit. Ein radikaler Bruch geht durch die Mitte des Akts, die Iphigenie vorher hat mit der Iphigenie nachher nur noch wenig gemeinsam.

Die erste Akthälfte, im wesentlichen die große Konfrontation zwischen Iphigenie und Thoas, bringt das Drama von der Autonomie des Subjekts zum Höhepunkt und Abschluß. Iphigenies verbale Herausforderung an die Götter und an ihr seitheriges Weltverständnis vom Ende des vierten Akts wird in der Auseinandersetzung mit dem Repräsentanten dieser Weltsicht zur autonomen Aktion. Ihr neues Selbstverständnis konstituiert sich in dieser Aktion einmal als Rebellion gegen Tradition, Gesetz und Ordnung: gegen die alten Götter einschließlich der persönlichen Schutzgöttin Diana, gegen autoritäre und hierarchische Herrschaft, gegen patriarchalische Macht- und Denkstrukturen. Zum andern aber realisiert Iphigenies Aktion auch den Protest gegen das Benutztwerden im Dienste der Pylades/Orestischen Rettungsstrategie. Den Konflikt, der »die Meinigen« gegen »mein eigen Schicksal« setzt (1789-91), entscheidet Iphigenie für sich als für das endlich zur Entstehung kommende Subjekt.[5] Im Streitgespräch mit Thoas läßt sie jede Rücksicht auf die gefährliche Situation der Ihren außer acht; Thoas' Einwände, die ihr unkluges Verhalten anmahnen, fegt sie beiseite, getrieben vom explosiven Drang der Selbstfindung, der Realisierung ihrer Subjektivität, die sich in spezifisch weiblicher Freiheit, in Kontradistinktion zum männlichen Ethos, konstituiert. Erst nachdem sie ihre »unerhörte Tat« (1893), ihr »kühnes Unternehmen« (1913) gewagt hat, gibt sie dem Gedanken an die Rettung der »Geliebten« wieder Raum, wobei sie sich zugleich eingesteht, daß sie diese Rettung bewußt aufs Spiel gesetzt hat (»vorsätzlich,« 1948) im gewagten Spiel um sich selbst (1945 ff.).

Die Herrschaftsverhältnisse bis zur Aktmitte machen den Triumph der starken Subjektivität evident. Obwohl sie realiter völlig in Thoas' Hand ist, beherrscht Iphigenie den Dialog; als das Streitgespräch abgebrochen wird, hat sie es so gut wie gewonnen. Noch zu Beginn der zweiten Akthälfte zeigt sich ihre neugewonnene Autorität, wenn sie den Gebrauch der Waffen verbietet. Dann allerdings kommt der Bruch: die Initiative geht an Orest über. Außer ihrer Rolle als Friedensstifterin, die sie das Duell zwischen Thoas und Orest als Lösungsmöglichkeit ausschließen und dem Taurerkönig das abschließende »Lebt wohl« abringen läßt, hat sie nur noch die Funktion, Orests Initiativen zu bestätigen, zu bestärken, zu bekräftigen. Der Bruch ist eklatant. Orest, seit dem dritten Akt abwesend und von Pylades vertreten, den wir nur als bis zum Wahnsinn Leidenden, nicht als Handelnden kennen, verdrängt die Titelfigur aus ihrer bis jetzt handlungsbestimmenden Rolle, ja er weist dieser ihren Platz in einer neuen Ordnung der Dinge an, die er nun einsetzt.

Orest übernimmt Iphigenies Funktion auch mit seinem Duellangebot. So wie sie auf Tauris gegen die Sitte des Fremdenmords wirkte, so will Orest für die zukünftige Schonung aller Fremden kämpfen (2051). Thoas' Haupteinwand gegen das Ansinnen der Geschwister, daß nämlich die Griechen die Dianastatue rauben wollten, erklärt das iphigenische Ziel für unerreichbar: »Frieden seh' ich nicht« (2099). Aber siehe da: Orest macht's möglich durch seine Uminterpretation des Orakels. Mit dieser entscheidenden Leistung übernimmt Orest nicht nur die Führung der Handlung. Er ist nun, anstatt wie bisher Iphigenie, Mund der Götter: interpretierende, deutende, wahrheitsverkündende Instanz. In dieser Funktion reinterpretiert er auch Iphigenies Geschichte, bestimmt ihre Zukunft, definiert ihr Wesen. Iphigenie kam nach Tauris nicht um der Zivilisierung der Taurer willen das Volk und Arkas haben es also falsch verstanden); auch nicht, um durch ihren selbstgeschaffenen Priesterberuf ein autonomes Subjekt zu werden; geschweige denn, um die Thoassche Dynastie zu sichern (Orest meldet sein »näheres Recht« an, 2141). Ihr Aufenthalt hier empfängt seinen Sinn erst jetzt, in dem Augenblick und durch den Zweck, für den sie auf*bewahrt* worden ist: die Rettung Orests und der Atridendynastie (»bewahrte dich in einer heil'gen Stille / Zum Segen deines Bruders und der Deinen,« 2131f.).

Hier nun wird der neue Mythos von der Erlöserin geschaffen. Mit der Rettung Orests ist nicht die Rettung seines Lebens gemeint, die Iphigenie durch Bestehen auf ihrer autonomen und authentischen Subjektivität errungen hat, sondern Orest spricht von seiner Befreiung von den Furien, wo Iphigenie in Orests Interpretation einem göttlichen Versprechen als Vollzugsinstrument diente. Die Erlösungstat im individuellen Bereich wird sich, so verkündet Orest, im kollektiven Bereich wiederholen: die

»Heilige« (2119) soll das väterliche Haus entsühnen und die Herrschaft der Atriden sichern (2136-39). In dieser Funktion ist Iphigenie nicht mehr Mensch, sondern göttliche Repräsentanz, Mythos: »gleich einem heil'gen Bilde, / Daran der Stadt unwandelbar Geschick / Durch ein geheimes Götterwort gebannt ist« (2127 ff.). Iphigenie hat mit Diana den Platz gewechselt: »Das heil'ge Bild der Göttin« Diana (2100, 2107) kann auf Tauris bleiben; an seiner Statt nehmen die Griechen »das heil'ge Bild« der Erlöserin, Iphigenie, mit.

Das Umschlagen in den Mythos vollzieht sich nicht nur im Rückgang auf klassische Muster – deus zwar nicht ex machina, sondern ex homine, aber immer noch oder immer wieder deus. In Goethe/Orests Rekonstruktion des Mythos wirken auch zwei andere grundlegende Traditionen der abendländischen Kultur mit: die christlich-legendäre und die der Sagen und Märchen. So beschreibt Orest seine Heilung durch Iphigenie:

> Du Heilige ... Von dir berührt,
> War ich geheilt; in deinen Armen faßte
> Das Übel mich mit allen seinen Klauen
> Zum letzten Mal und schüttelte das Mark
> Entsetzlich mir zusammen; dann entfloh's
> Wie eine Schlange zu der Höhle. (2119 ff.)

Die christlich-legendäre Vorstellung von der charismatischen Heiligen wird abgelöst von der Schilderung des Ringens um ein Opfer zwischen einer beschützenden Instanz und einem klauenbewehrten Ungeheuer, das sich schließlich als Schlange geschlagen gibt. Diese fantastisch-mimetische Metapher ist verankert in der Sagengestalt des Drachens, den die Sprache über das Vermittlungsglied ›(Lind-)wurm‹ mit der Schlange in nahe, bis zur Identifizierung reichende Verbindung setzt. Und wo die Schlange als »Übel« auftaucht, stellt sich die Assoziation des Sündenfalls unabweislich ein. In Umkehrung der legendären Geschlechterrollen wird die Frau zur Drachenbezwingerin und kann damit, in Umkehrung der biblischen Tradition, anstatt in Versuchung zu führen, zur Erlöserin von dem Übel werden.

Im klassisch-harmonischen Text der *Iphigenie*, der vielfach gerade wegen seines glättenden Charakters angefochten worden ist, fällt eine Stelle von so perverser Komplexität wie die eben zitierte aus dem Rahmen. Als Knotenpunkt, Nahtstelle oder auch Webfehler weist sie auf eine im Text als Ganzem wichtige Problematik hin, eine Aporie, für die der Text ein immer unvollkommen bleibender Lösungsversuch ist: die Figur der Erlöserin, die zugleich freies Subjekt sein soll.[6] Es soll deshalb nun untersucht werden, wie diese Aporie im Drama entsteht, aus welchen Quellen sie sich speist und wie sie sich zu der im fünften Akt gipfelnden Widersprüchlichkeit entwickelt.

Iphigenies erste Rettungstat, die Befreiung Orests von den Furien, ist sehr viel weniger *ihre* Tat, als Orest es im fünften Akt darstellt. Eine genaue Analyse des dramatischen Vorgangs im dritten Akt zeigt, daß es sich im wesentlichen um eine Selbstbefreiung Orests durch Sprechen mit einem Anderen handelt, wobei dem Andern die Rolle des eher passiven Vermittlers zukommt, vergleichbar der Funktion des Analytikers in einer therapeutischen Situation. Den entscheidenden Schritt zur Befreiung, die Hadesvision, vollzieht Orest allein.[7] Die Tiefenanalyse des Textes zeigt ferner, daß das für die Vermittlung notwendige Ingredienz nicht magisch-religiöses Charisma ist, wie Orest es später sieht, sondern das menschliche Medium der Liebe ›caritas‹. Liebe impliziert Miteinander in der Passivität und Gegenseitigkeit in der Aktivität. Wenn Iphigenie Orest rettet, so tut sie es nicht nur um seinetwillen, sondern, da sie ihn liebt, also mit ihm leidet (mitleidet und miterleidet), genauso um ihrer selbst willen. Sie weiß, trotz seines wiederholten Protests: »Mein Schicksal ist an deines fest gebunden« (1122). Wenn sie schließlich, um Orest seiner Todesfaszination zu entreißen, zur Schutzgöttin Diana fleht, so drückt die sprachliche Form ihres Gebets auf knappste Weise aus, daß die »sel'ge Hilfe« (nicht: »göttliche«!), die sie erbittet, nur auf menschlichem Wege, nur über menschliche Vermittlung, eben durch die Gegenseitigkeit der Liebe, zu verwirklichen ist: »willst du mir durch ihn / Und ihm durch mich die sel'ge Hilfe geben« (1328 f.). Iphigenies erste Erlösungstat steht also im Zeichen der Liebe, nicht des Dienstes, und ist deshalb auch ein Beitrag zur Verwirklichung von Subjektivität. Orests Lesart im fünften Akt ignoriert und verfälscht diesen Sachverhalt, stellt eine Revision der Geschichte aus der Retrospektive dar, die sich aus dem vierten Akt ergibt.

Hier nämlich, im vierten Akt, ereignet sich die Wende, die das Geschehen des dritten Akts in ein neues Licht stellt, um daraus die Funktion Iphigenies als Erlöserin der Atriden abzuleiten. Be-

deutsamerweise ist es nicht Orest, dem diese Wendung der Dinge übertragen wird, sondern sein Vertreter Pylades. So kann die ideale Beziehung zwischen den Geschwistern bestehen bleiben, während die Funktionalisierung der Liebe und die Manipulation der Liebenden dem Pragmatiker zugeschoben wird. In der Ökonomie des Dramas hat Pylades also einerseits Entlastungsfunktion für Orest. Andererseits kann Iphigenie ihm, der für sie eine neue Figur ist, ganz anders gegenübertreten, als wir es von ihr gewohnt sind: in totaler Abhängigkeit und Ergebenheit, »wie ein Kind«, dem der Klügere die Worte in den Mund legen muß (1402, 1398, 1574). Den überraschenden Wandel in ihrer Haltung versucht ihr Eröffnungsmonolog zu begründen mit einer Überhöhung des gottgesandten Freundes, der in Rat und Tat als Ausbund perfekter Männlichkeit gezeichnet wird (1369-89).
So wie ihr der kluge Freund die Worte in den Mund legt, so kann er ihr auch den Gedanken von ihrer Entsühnungsmission in die Seele legen. Er ist der erste, der ihr die Heilung Orests als Rettungstat zuschreibt, um daraus im gleichen Atemzug ihre Verpflichtung zur Lebensrettung abzuleiten: »Dich, seine Retterin, und mich zu retten« (1545). Er ist auch der erste, der die Erlösung Orests als ersten Schritt zur Erlösung der Atriden vom Erbfluch der Blutschuld interpretiert, der für Iphigenie die Rolle der Erlöserin erfindet. Wieder erinnert er zunächst an Orests Heilung (1607), bevor er die Vision von der Heimkehr nach Mycene entwirft, wo Iphigenie die väterliche Halle entsühnen soll:

> Dann nach Mycen, daß es lebendig werde,
> Daß von der Asche des verloschnen Herdes
> Die Vatergötter fröhlich sich erheben,
> Und schönes Feuer ihre Wohnungen
> Umleuchte! Deine Hand soll ihnen Weihrauch
> Zuerst aus goldnen Schalen streuen. Du
> Bringst über jene Schwelle Heil und Leben wieder,
> Entsühnst den Fluch und schmückest neu die Deinen
> Mit frischen Lebensblüten herrlich aus. (1610ff.)

Der Zukunftsentwurf dient einem rein praktischen Zweck: Iphigenie, deren Zögern den Fluchtplan gefährdet, zur Eile und zum Widerstand gegen Arkas und Thoas anzustacheln. Solcherlei Überlegungen leiteten die Heimkehrvision ein, Überlegungen, die in den Befehl münden: »So schaff' uns Luft, / Daß wir aufs eiligste, den heil'gen Schatz / Dem rauh unwürd'gen Volk entwendend, fliehn« (1601 ff.). Ihren unmittelbaren Zweck erfüllt Pylades' Rede nicht, ja es scheint, daß sie in diesem Sinne konterproduktiv wirkt: erst jetzt äußert Iphigenie ihre Skrupel wegen des geplanten Betrugs. Es kommt zur ethischen Grundsatzdiskussion zwischen Idealistin und Pragmatiker, die dann zu Iphigenies radikaler Krise im Abschlußmonolog des vierten Akts führt. Hier nun kommt Pylades' Entsühnungsvision zur allerdings unbeabsichtigten Wirkung. Iphigenie internalisiert die von Pylades vorgezeichnete Mission, erklärt sie zu ihrer eigenen langgehegten »stillen Hoffnung« (1692), die sie weiter ausmalt (1692-1702) und in deren Rahmen sie nun ihr »eigen Schicksal« (1691), ihr Selbst definiert, jenes Selbst, das der beabsichtigte Betrug gefährdet. »Die schwer befleckte Wohnung« entsühnen kann sie nur »mit reiner Hand und reinem Herzen« (1701 f.).

Dem Zuschauer/Leser leuchtet dieses Selbstverständnis Iphigenies ein, entspricht es doch völlig seinen diese Figur betreffenden Erwartungen. Daß Pylades ihr aus der Seele gesprochen hat, suggerieren die Worte, mit denen Iphigenie seine Zukunftsvision aufnimmt: er habe nur ihren langsam reifenden eigenen Gedanken und Entschlüssen zur schnelleren Entwicklung verholfen (1626-28). Daß er sie ihr aber eigentlich *in die* Seele gesprochen hat, zeigt die Metaphorik, die dem Aufnahmeakt Iphigenies unmittelbar Gestalt gibt: die Gestalt der Blume, die sich der Sonne zuwendet und deren Strahl aufnimmt – bewußtlos, willenlos, ohne eigene Wahl:

> Vernehm' ich dich, so wendet sich, o Teurer,
> Wie sich die Blume nach der Sonne wendet,
> Die Seele, von dem Strahle deiner Worte
> Getroffen, sich dem süßen Troste nach. (1619 ff.)

Das Ich (»vernehm' ich«) schaut der Seele zu, die sich unwiderstehlich, weil naturbedingt, dem nachbewegt, was ihr am meisten zusagt. Pylades' Worte entsprechen der Persönlichkeit Iphigenies nur insoweit, als man darunter das hier vegetativ-organisch gesehene Unbewußte (»die Seele«) versteht, nicht aber, wenn damit das bewußte und wollende Subjekt gemeint ist, das allein Ich sagen und sich autonom setzen kann.[8]

Der Widerspruch zwischen dem sich selbst setzenden Subjekt und der anderen Zwecken dienenden Erlöserfunktion, der dann

im fünften Akt aufbricht und von dort her das Drama als Ganzes problematisiert, dieser Widerspruch wird hier in die Figur Iphigenies hineinverlegt. Die Erlöserrolle wird dem sich selbst suchenden Subjekt untergeschoben, eingeredet. Gegen Thoas, für den sie diese Erlöserrolle nicht zu spielen hat, kann sie sich als Subjekt behaupten. In der Auseinandersetzung mit ihm ist davon nicht als einem Aspekt ihres Selbstverständnisses die Rede, sondern nur im nachhinein, als zusätzliche Motivierung für Thoas, ihr die Heimkehr zu gewähren, weil er damit eine edle Tat begehen kann. Dabei nimmt Iphigenie fast wörtlich die Verse wieder auf, mit denen sie sich im Krisenmonolog des vierten Akts die von Pylades entworfene Mission zu eigen gemacht hatte: »Laß mich mit reinem Herzen, reiner Hand / Hinübergehn und unser Haus entsühnen« (1968 f.). Keine Neuverarbeitung also, sondern bloße Wiederholung eines vorgefaßten Gedankens. Orest dagegen verkörpert den Zweck ihrer Erlösungsfunktion, ist damit zum Sinn ihres Daseins, ist ihr Schicksal geworden. Für ihn ist sie als Erlöserin Funktion, nicht Subjekt; nach seinem Wiederauftritt im fünften Akt ist der Rolle Iphigenies nur Passivität angemessen. Auf den Begriff gebracht, läßt sich Iphigenies neue Rolle als eine von Männern (Pylades und Orest) für eine Frau erfundene und ihr zugeschriebene Funktion beschreiben, eine Funktion, die sie in den Dienst der Väterwelt (Fortsetzung der Ahnenreihe und der Herrschaft) und der Männerziele (Verwirklichung der Heldenträume Orests) stellt. Diese Funktion gilt sowohl für den individuellen wie den kollektiven Bereich. Als Schwester/Tochter vergibt Iphigenie dem Bruder/Sohn die gegen die Mutter/Frau für den Vater (d. h. zur Wiedereinsetzung der Väterwerte) begangene Schuld, verkörpert also Vergebung gegen Vergeltung in geschlechtsspezifischer Rollenverteilung. Im kollektiven Bereich kommt ihr die Aufgabe zu, die von Vätern, Söhnen und Brüdern verdorbene Welt (in der ganzen Atridengeschichte ist nur eine einzige Frau, Klytämnestra, in Blutschuld verwickelt) zu entschuldigen, so daß sie wieder im alten Glanze erstrahlen kann: gereinigt, die neuen Heldentaten Orests erwartend.
So erweist sich der erhoffte Neuanfang bestenfalls als neuer Anfang der alten Zustände. Der neue Mensch, der sich in der Iphigenie vom Anfang des fünften Aktes zu konstituieren anschickte, hat sich nicht durchgesetzt; es bleibt beim alten Adam/Orest. Die Dialektik der Erlösung aber ruft neue Schuld hervor, denn zu-

gleich mit der Erlösung wird auch das Weitersündigen ermöglicht.
Unsere Untersuchung hat gezeigt, wie der dominante Text von einem subversiven Text unterminiert wird, so daß das Drama schließlich in einer Aporie gefangen bleibt, was nicht zuletzt die widersprüchliche Rezeptionsgeschichte demonstriert. Dominant ist das Aufklärungsprojekt vom autonomen Subjekt, Mensch ohne Mythen, wogegen das subversive Moment das autonom sich wollende Subjekt funktionalisiert und in einem neuen Mythos bindet.
Für das Projekt eines Neuanfangs ist das Iphigenienthema in der Goetheschen Grundinterpretation gut gewählt. Von Anfang an wird die Diskontinuität mit der Welt der Vorväter betont, wie sich analog die Ablösung der alten Götter (die blutdürstenden der Taurer wie die rachedurstigen des Parzenlieds) durch Iphigenies neue Göttervorstellung immer mehr durchsetzt. Dabei sind die neuen Götter nicht nur »humaner«, sondern auch vermenschlicht in dem Sinne, daß sie verinnerlicht sind (»sie sprechen nur durch unser Herz zu uns«), so daß der Mensch also nicht mehr von außen, vom Mythos, bestimmt wird, sondern eigenbestimmt, autonom ist. Durchgängiges Thema ist schließlich der Gegensatz zwischen Frau und Mann, zwischen weiblicher und männlicher Geschichte (in der Atridengeschichte kommen Frauen fast nur als Opfer vor), weiblichem und männlichem Ethos. Das heißt: das radikal Neue muß von einer radikal anderen Perspektive kommen; für den bisher geschichtsbestimmenden Mann ist das Andere die Frau.
Gegen den Neuanfang sperren sich drei Faktoren, die im Text als subversive Momente zur Wirkung kommen. Das ist einmal das patriarchalische Denksystem, das sich gegen das Ende des Dramas in Pylades/Orest wieder durchsetzt, nachdem Iphigenie es in Thoas endlich überwunden zu haben schien, und das die Frau eben doch wieder nur als Funktion des Mannes begreifen kann. Das ist weiter die abendländische Tradition der Erlöserin, die sich im Marienkult wie in unzähligen Märchen- und Legendengestalten (Brüderchen und Schwesterchen, Die sieben Raben, Hänsel und Gretel, Froschkönig usw.) verfestigt hat. Lange vor der Heiligsprechung durch Orest im fünften Akt steht Iphigenie in dieser Tradition: »O heil'ge Jungfrau« (65) redet Arkas sie an, die Tauris von der verhaßten Sitte der Blutopfer erlöst hat. Da ist schließlich

die Dialektik zwischen Selbst und Anderem, die es erlaubt, die Lösung eines Problems in das Andere zu verlegen, anstatt sie dem Selbst aufzugeben, wenn das Selbst zu schwach und hilfs-bedürftig erscheint. Die Gründe dafür sind teils im Individuellen, teils im Historisch-Gesellschaftlichen zu suchen. Goethes Biographie gibt Aufschluß über seinen krisenhaften Zustand zur Zeit der Iphigeniekonzeption. Bezüglich des gesellschaftlich-historischen Aspekts ist an den bürgerlichen Mangel an Selbstwertschätzung zu denken (vgl. die weniger glücklichen Stürmer und Dränger), an den niederdrückenden Einfluß der Klassenschranken (vgl. Werthers Affront in der Adelsgesellschaft), an das nationale Minderwertigkeitsgefühl (vgl. Friedrich II., Voltaire und Lessing) und vieles andere mehr, auf das andere Beiträger eingehen mögen. Diese Dialektik des hilfsbedürftigen Selbst ist es, die zur nächsten Gestaltung der Erlöserin in *Torquato Tasso* führt.

Iphigenie verkündete die frohe Botschaft von der Erlöserin mit der Gewißheit des Mythos, der Vergangenheit interpretiert, gegenwärtiges Handeln motiviert und Zukunft begründet. Die Problematik des Erlösungsbegriffs wirkte sich nur als subversives Moment aus und trat zutage erst im in sich gebrochenen Schlußakt. Ganz abgesehen von Geschlechterrollen ist der Begriff der Erlösung an sich problematisch, da Erlösung eben nur möglich ist, wenn es auch Sünde gibt. Erlösung setzt Sünde voraus, enthält also ihren eigenen Widerspruch in sich, das heißt, Erlösung kann nur dialektisch begriffen werden. In *Torquato Tasso* kommt die Dialektik der Erlösungsidee zum Bewußtsein, ja diese Dialektik wird zweckvoll eingesetzt mit dem Ziel, die Widersprüchlichkeit des Dichterseins darzustellen. Diese Grundproblematik des *Tasso* kann hier nur knapp angedeutet werden; eine Interpretation des Dramas unter dieser Perspektive ist noch zu leisten. Die Widersprüchlichkeit der dichterischen Existenz resultiert aus der Dialektik der Sprache selbst, die einerseits Ort des Universalen ist und den Anspruch erhebt, die Realität wahrheitsgemäß darzustellen. Andererseits ist Sprache der Ort der Subjektivität; nur durch die Sprache, in der Sprache produziert sich das Subjekt; ein Subjekt existiert überhaupt nur in der Sprache. Gleichzeitig aber mit der Produktion des Subjekts vollzieht sich notwendigerweise eine Spaltung des Selbst in eben das (bewußte) Subjekt und das Unbewußte (den anderen Schauplatz Freuds): das Subjekt wird damit exzentrisch, das heißt seinem Selbst und der Realität (die immer

auch auf das Unbewußte einwirkt) entfremdet.[9] Daß Tasso sich selbst und die Welt (= die Anderen) verkennt, ist eine Binsenwahrheit von objektiver Notwendigkeit.
Das Drama nun setzt diese Dialektik in Aktion und wird dadurch selbst dialektisch: von der Personenkonstellation (gepaarte Gegensätze mit häufigem Positionswechsel) über den dramatischen Vorgang (nicht die eine Peripetie, sondern eine Reihe von Anläufen, Umschlägen, Rückschlägen, Revisionen) bis zu dem zweideutig schillernden Schlußbild, das eines der Gegensatzpaare, Tasso und Antonio, vereinigt und das die Antwort verweigert auf die Frage der Kritik, ob dieses Drama denn nun tragisch, glücklich oder resigniert ausgehe.[10] Innerhalb des dialektischen Gesamtverlaufs kommt der Prinzessin die Funktion des umschlagprovozierenden Moments zu. Als solches ist sie Teil der Dialektik, widersprüchlich in sich selbst: sie, die Tasso aus der Problematik der Dichterexistenz erlösen sollte, wird statt dessen Anstoß und Anlaß seines Verderbens. In der Figur der Erlöserin wird der Begriff der Erlösung dialektisch zersetzt, dramatisch dekonstruiert.
Von Anfang an ist die Erlöserin gedoppelt. Zwei Leonoren, in gleiche Rollen verkleidet (Schäferinnen) und gleich beschäftigt, weisen mit den ersten Worten des Dramas auf ihr Spiegelverhältnis hin: »Du siehst mich lächelnd an, Eleonore, / Und siehst dich selber an und lächelst wieder.« Da sie denselben Namen haben, scheinen sie sich in der sprachlich konstituierten Beziehung zu Tasso zum Verwechseln ähnlich: an welche Leonore sind seine »doppelsinnigen« Verse gerichtet (197–204)? Die Gleichheit ist allerdings nur Schein; in Wahrheit stehen die beiden Leonoren im Verhältnis polarer Entsprechung: gepaarte Gegensätze, so wie die symmetrisch angeordneten Hermen der beiden gegensätzlichen Dichter Vergil und Ariost, so wie die gegensätzlichen Kränze, mit denen sich die beiden Schäferinnen je ihrem Dichter zuordnen. Wie sehr der Schein täuscht und zu Verwechslungen führen kann, macht die erste Szene ebenfalls klar. Wenn wir den Worten besonders der Leonore S glauben sollen, dann ist die andere Leonore – Fürstin, Platoschülerin, eine der großen Frauen ihrer Zeit, Gegenstand von Tassos Verehrung – die führende Figur.[11] In Wahrheit aber, im dialogischen Verhältnis, ist es umgekehrt. Leonore S spielt die führende Rolle, beherrscht das Gespräch, während Leonore E nicht nur viel zurückhaltender spricht, sondern

sich in ihren Worten zu verkleinern, zu verbergen sucht (z.B. in ihrer einzigen langen Rede 104-33 über das Thema »wie man wenig ist«).

So wie hier Leonore S das Wort führt über Themen, für die eigentlich Leonore E zuständig ist – Kultur, Plato, Dichtung, Tasso, die Liebe –, so tritt sie später an die Stelle der Prinzessin in ihrer Rolle als »Erlöserin« Tassos. Sie, nicht die Prinzessin, wie es Tasso und Zuschauer erwarten würden, begibt sich zu Tasso, um im Zwist mit Antonio zu vermitteln, Tasso aus seiner Gefangenschaft zu erlösen. Leonore E, die sich wohl als Verursacherin von Tassos Fehltritt bekennt (»Ich trieb den Jüngling an; er gab sich ganz; / Wie schön, wie warm ergab er ganz sich mir!« 1686 f.), läßt sich vertreten. Sie »möchte nicht« für Tasso sprechen (1653), nicht Tassos Fürsprecherin sein, obgleich ihre Stellvertreterin ihr dringlich sagt: »Ein Wort von dir, Prinzessin, gälte mehr« (1750). Dieser Platzwechsel: Leonore S statt Leonore E, verkehrt die beabsichtigte Erlösung Tassos in ihr Gegenteil: Verzweiflung und tiefere Verstrickung in (Selbst-)Täuschung und Unheil. So wird im dramatischen Prozeß die Figur der Erlöserin von ihrem Gegensatz subvertiert, ja pervertiert, denn die Stellvertreterin manipuliert Menschen und Realitäten zu selbstischen, gegen die Erlösungsbedürftigen gerichteten Zwecken.

Der Grund zu dieser zweckentfremdenden Instrumentalisierbarkeit liegt in der Konstitution der Erlöserin. Sie, die Tasso aus seiner Selbstschwäche erlösen und in der Welt verankern soll, ist selbst schwach, krank, kraftlos, ohnmächtig. Mit nicht zu überhörender Aufdringlichkeit weist das Drama auf die Schwäche der Prinzessin hin, ja sie selbst stellt sich in den beiden Gesprächen mit Leonore S (I,i und III,ii) und im ersten Gespräch mit Tasso (II,i) so dar. Auch in dieser Hinsicht ist sie der genaue Gegensatz der anderen Leonore, »san-vitale«. Ihr schlägt das an sich, das anfänglich Gute zum Schlimmen aus. Die Liebe zu Tasso erzeugt statt Freude Schmerz: »Ein reines wahres Gut verschwindet mir, / Und meiner Sehnsucht schiebt ein böser Geist / Statt Freud und Glück verwandte Schmerzen unter« (1894 ff.); das Leben als Erfahrungsganzes erscheint ihr durch dieses manichäisch-dämonische Umschlagen ins Negative gekennzeichnet (1900-11). Mutter und Schwester, die genau wie sie zu Anfang des Dramas beneidenswert beglückt erscheinen, stellen sich später als Parallelfiguren des Mangels heraus: »Eleonore! Glücklich? / Wer ist denn glücklich?« (1782 f.) Ihr Modell einer adäquaten Beziehung zur Realität kann daher nur ein der eigenen Schwäche entsprechendes sein. Als Antwort auf Tassos Bitte um Erlösung aus dem Gefühl der Selbst-vernichtung (»mich doppelt fühle, mit mir selbst ... in streitender Verwirrung bin,« 764 f.; »versank ich vor mir selbst ... ein Nichts mich zu verlieren,« 798 ff.), um Rettung vor der Überwältigung durch die Realität, bietet sie Rückzug aus der Realität, Verzicht, nicht Verankerung, Synthese. In gleicher Richtung verläuft ihre Korrektur von Tassos Goldener-Zeit-Utopie: nicht unbegrenzte Lebensfülle, sondern Grenzen zwischen Geschlechtern und Ständen, und die Grenzen werden von den Schwächeren, den Frauen, gezogen.

Die geschlechtsspezifische Ausformung des Erlösungsbegriffs kommt noch deutlicher zum Vorschein im Gespräch Antonios mit Leonore S, der stellvertretenden Retterin. Die »Gunst der Frauen« (2020, 2057) geht nach Bedürftigkeit; Sorge setzt Mangel voraus, Hilfe Hilflosigkeit. Wie der kluge und eifersüchtige Antonio bemerkt, erzeugt ein solches Angebot sich erst die Nachfrage; erschafft den Mangel, um gefragt, gebraucht zu werden: Tasso spielt das hilfsbedürftige Kind, stellt seine Schwächen zur Schau. Es entspricht der dialektischen Logik des Erlösungsbegriffs, wenn die Prinzessin in der letzten Begegnung mit Tasso von ihm Erlösungsbedürftigkeit, Hilflosigkeit bis zur Selbstaufgabe fordert – nur wer zeigt, daß er Erlösung braucht, den können wir erlösen:

> Gar wenig ist's, was wir von dir verlangen,
> ...
> Du sollst dich selbst uns freundlich überlassen.
> ...
> So ist es nur, daß wir dir helfen möchten
> Und, leider! sehn, daß nicht zu helfen ist,
> Wenn du nicht selbst des Freundes Hand ergreifst,
> Die, sehnlich ausgereckt, dich nicht erreicht. (3234-45)

Aus eben dieser Logik des in sich Widersprüchlichen, die das Schlimme braucht, um Gutes zu tun, folgt das Schwankende, Zweideutige, Mißverständliche in der Figur der Prinzessin. In der Auseinandersetzung um Tassos Zukunft mit Leonore S ändert Leonore E innerhalb von vier Zeilen ihre Entscheidung radikal: »Ich gebe nicht mein Ja, daß es geschehe. ... Und soll es sein, so frage mich nicht länger« (1735-39). Ihr langes Gespräch mit Tasso (II,i) ist voll von »mixed signals,« Andeutungen, Hinweisen, Wendungen, die sie dem Gespräch gibt, die notwendig irreführend, *ver*führend wirken. Ein Beispiel auf der Handlungsebene ist Tassos mißratener Vorstoß auf Antonio: ein Mißverständnis, wie die Prinzessin später bedauert (1670 ff.). Sie ist es, die in die Goldene-Zeit-Utopie das Verhältnis zwischen den Geschlechtern einbringt – sie sexualisiert das Paradies. Sie lenkt das Gespräch auf Liebe (1091) und beendet es mit diesem als ihrem letzten Wort: »So, sagt man, sei die Tugend, sei die Liebe, / Die ihr verwandt ist. Das bedenke wohl!« (1123 f.) So erweckt sie in Tasso Hoffnungen, die »über alle Träume« sind (1137) und die das katastrophale Mißverständnis des Schlusses vorbereiten. Ihr zweideutig schwankendes Wesen macht es möglich, daß nicht nur Leonore S sich ein falsches Bild von ihr macht, sondern daß auch Tasso das falsche Bild der Prinzessin, das ihm Leonore S malt, für wahr halten kann.

Vor allem aber bietet das widersprüchliche Wesen der Erlöserin, die ihre Hand abwechselnd kalt zurückzieht und sich vertreten läßt (»diese Hand, / Die kalt und starr mich von sich läßt,« 2542 f.), dann wieder die Hand »sehnlich ausgereckt« (3245), fruchtbaren Boden für Tassos Fantasiekonstruktionen (»ihn riß der hohe Dichterschwung hinweg,« 1431), die sie bald vergöttern (II), bald verteufeln, bald sie zur unwiderstehlich Liebenden machen (V,iv), bald zur berechnenden Verführerin (V,v). Der End- und Höhepunkt dieser Verzerrungen im fünften Akt reflektiert den Vorgang des immer wiederholten Umschlagens der Extreme ineinander. Die »Sirene« ist zugleich ein »heilig Bild,« das »himmlisch« anlockt, dann wieder »Buhlerin,« gleich dem dichterischen Geschöpf Tassos, Armide, die ursprünglich dieselben Gegensätze in sich vereinigte und jetzt auch in ihren Widerspruch auseinandergebrochen ist: nur noch »Buhlerin ... entblößt von allen Reizen«:

> Und du, Sirene! die du mich so zart,
> So himmlisch angelockt, ich sehe nun
> Dich auf einmal! O Gott, warum so spät!
> ...
> Wie lang verdeckte mir dein heilig Bild
> Die Buhlerin, die kleine Künste treibt.

Die Maske fällt, Armiden seh ich nun
Entblößt von allen Reizen – ja, du bist's!
Von *dir* hat ahndungsvoll mein Lied gesungen! (3333-51)

Der Text des Dramas legt den Ursprung dieser Wahnverzerrung außerhalb Tassos. Der Hinweis auf Armide stammt von der Prinzessin, die in dem folgenschweren Dialog des zweiten Akts mittels dieser zweideutigen Figur die Rede auf die Liebe brachte: »Und wenn Armide hassenswert erscheint, / Versöhnt ihr Reiz und ihre Liebe bald« (1040 f.).

Im dramatischen Prozeß wirkt sich die dialektische Gespaltenheit der Erlöserin als Abfolge von Umschlagsmomenten in Tassos Beziehung zur Realität aus: in seinem Schicksal, soweit es im Drama zur Darstellung kommt. Prototypisch dafür ist die Bekränzung im ersten Akt. Tasso, der den Kranz zunächst bereitwillig entgegennimmt (»Die schöne Last aus deinen teuren Händen / Empfang ich knieend auf mein schwaches Haupt,« 479 f.), weist ihn im nächsten Augenblick mit unerklärlicher Heftigkeit zurück (»O nehmt ihn weg ... brennt er mir die Kraft / Des Denkens aus der Stirne,« 488 ff.), um sich dann, immer noch den Kranz auf der Stirn, der ersten seiner ausgedehnten Selbstfantasien hinzugeben: Narziß als Synthese von Dichter und Held. Im zweiten Akt wird eine Andeutung der Prinzessin treibende Kraft und Anstoß des Debakels mit Antonio. Antionios Spott über den Lorbeerkranz löst Tassos Zornausbruch aus: »Die Krone, der mein Fürst mich würdig achtete, / Die meiner Fürstin Hand für mich gewunden, / Soll keiner mir bezweifeln noch begrinsen!« (1341 ff.), wobei die bedeutsame Rolle der Prinzessin eine Erfindung Tassos ist. Der Kranz wurde für Vergil gewunden, und außerdem kann Tasso nicht wissen, daß die Prinzessin ihn gewunden hat.

Der vierte Akt als Ganzes ist eine sich steigernde Wahnverfallenheit Tassos, ausgelöst und genährt durch den Entzug der Erlöserin: sich selbst überlassen, verlassen, verfällt das schwache Selbst seinen Verzweiflungsfantasien, wie es der erste der drei langen Monologe ankündigt (2230 ff.), wie es der Abschlußmonolog in der langen Klage über den Verlust der »geliebten Fürstin« bestätigt: »Ja alles flieht mich nun. Auch du! Auch du! ... Ja klage nur das bittre Schicksal an, / Und wiederhole nur, auch *Sie!* auch *Sie!*« (2792-2829) Im Gegenzug löst das Wiedererscheinen der Prinzessin im fünften Akt nacheinander sich widersprechende Fantasien des Selbstverlusts aus: die Fantasie von der Flucht incognito zur Schwester, dann die von der völligen Zugehörigkeit des Schloßdieners. Die Zuwendung der Prinzessin *als* Erlöserin provoziert dann die Fantasie von der unwiderstehlich Liebenden, die ihn »mit jedem Wort« (3269,70) zu sich zieht, obwohl sie kein Wort sagt, und die er schließlich umarmt. Wenn sie sich jetzt zum zweiten Mal entzieht, schlägt ihr Bild in das der Sirene um, das dann unter Antonios Einwirkung wieder »zurecht«gerückt wird.

Im zweideutigen Schlußbild, »So klammert sich der Schiffer endlich noch / Am Felsen fest, an dem er scheitern sollte,« findet die Dialektik des Dramas ihre ironische Auflösung. Der Erlöser ersetzt die Erlöserin; »auch sie« ist geflohen, die gesagt hatte: »verlassen kann mein Herz dich nicht« (3220); jetzt sagt der ehemalige Widersacher: »ich werde dich in dieser Not nicht lassen« (3377) – Widerstand schlägt um in Beistand. So führt sich Antonio in seiner neuen Rolle ein: »O stünde jetzt ... ein Feind bei dir, wie würd' er triumphieren?« (3286); der Feind steht nicht nur »bei dir,« er steht *dir bei:* das Umschlagen von Widersacher in Beistand auf knappste Formulierung gebracht. Erinnert man sich daran, daß der (epistemo)logischen Struktur der Dialektik die Darstellungsform der Ironie entspricht, so erscheint der ironische Schluß dem dialektischen Drama einzig angemessen.[12]

Die Frage des Dichters, was bleibt, wenn alles, auch »ich Nichts, / Ganz Nichts geworden« (3415 f.) ist, kann nur ironisch/dialektisch beantwortet werden: alles und nichts; das dichterische Wort, das zwar Seins-leer, also Nichts, ist, aber zugleich und eben deshalb »über alles« sein kann (3429). Passivität (»wie ich leide«, 3433) kann jederzeit umschlagen in die formale Aktivität des Sagens, so wie die vom Sturm umhergetriebene Welle zugleich eben die Beweglichkeit hat, die dem Felsen fehlt, wobei allerdings die Beweglichkeit der Welle nur eine formale Freiheit ist; die treibende Kraft ihrer Bewegung liegt immer außerhalb der Welle. Die absolut längste Zeile des Dramas – bei der klassisch ausgewogenen sprachlichen Form ein wichtiges Indiz – drückt präzise, in semantischer und poetologischer Hinsicht, den Prozeß des dialektischen Umschlagens in der ironischen Wellenmetapher aus:

(Sie sendet ihren Sturm, die Welle flieht)
Und schwankt und schwillt und beugt sich schäumend über.
(3440 f.)

Aus der ironischen Retrospektive des Schlusses stellt sich die Figur der Erlöserin, d.h. die Idee, daß die Prinzessin Tassos Erlöserin sei, als Fantasieprodukt des »hohen Dichterschwungs« dar, dem nicht mehr objektive Realität zukommt als der Wellen- oder der Seidenwurmmetapher, der Narziß- oder der Fluchtfantasie. Während diese jedoch, als Selbstbilder, Selbstinterpretationen, in ihrer Subjektivität »wahr« sind, d.h. für das sie sprechende Subjekt zutreffen, ist das Bild der Erlöserin Bild, Interpretation eines Anderen. Die Fantasie aber nimmt ein Anderes nicht wahr; sie kann immer nur ihr Objekt subjektifizieren, das Objekt ins Subjekt eingemeinden, absorbieren und etwa, im Falle der dichterischen Subjektivität, es zur Fiktion gestalten.[13] Der Schritt von der *Iphigenie* zum *Tasso* ist also ein Schritt vom Mythos als wahrem Wort, vom Wort als Entsprechung der Wirklichkeit, zur Fiktion, zur Dichtung, deren Zusammenhang mit der Realität immer subjektiv und willkürlich ist.

Das letzte der drei klassischen Dramen, *Die natürliche Tochter,* steht dem ersten, *Iphigenie,* sehr viel näher als dem chronologisch näheren *Tasso.* Die beiden Heldinnen, Iphigenie und Eugenie, sind nicht nur dem Namen nach Schwestern; die intendierte Wirkung beider Erlöserinnen ist nicht, wie im *Tasso,* auf den individuellen Bereich des dichterischen Selbstbewußtseins begrenzt, sondern umfaßt den überindividuellen Bereich des Gesellschaftlich-Historischen. In der *Natürlichen Tochter* wiederholt Goethe im Rahmen des Weimarer Klassikprogramms das iphigenische Experiment von der Frau, die im Verborgenen aufbewahrt wird zur Rettung einer verdorbenen Familie, Geschichte, Kultur, Welt.[14]

Die neue Iphigenie soll als »natürliche Tocher« (die symbolische Bedeutungsfracht des Titels ist nahezu unbegrenzt) den Vater für die Enttäuschung über den mißratenen Sohn entschädigen, der im privaten wie politischen Leben sich zum Widersacher des Vaters entwickelt hat. Rettung also der Familie im realen Einzelfall wie der Familie als einer positiv bewerteten gesellschaftlichen Institution. In dieser Funktion führt das »familiäre« Gespräch zwischen König und Herzog – die beiden sind Verwandte – die Heldin ins

Drama ein (1,i). König und Herzog sind aber zugleich Rollenträger in der hierarchisch gegliederten politischen Ordnung; wie alle anderen Personen außer Eugenie werden sie nur durch ihre Standesbezeichnung, nicht durch individualisierende Namen identifiziert. So fällt Eugenie im Augenblick ihres Erscheinens auch die Funktion zu, die gefährdete Staatsordnung zu stabilisieren. Mit der Ernennung zur Vasallin gibt ihr der König den ausdrücklichen Auftrag, den mächtigen Vater in erneuter Loyalität an den Monarchen zu binden. Schon im ersten Akt treten die beiden Rollen Eugenies in Konflikt: während der Vater die private Bindung betont, vertritt die Tochter mit Nachdruck die öffentliche Verpflichtung, am deutlichsten in der Abschiedsszene. Den Vater, der noch erschüttert ist von der Furcht vor dem Verlust der Tochter, verabschiedet sie so:

> Leb wohl, mein Vater, folge deinem König
> Und sei nun auch um deiner Tochter willen
> Sein redlicher Vasall, sein treuer Freund. (607ff.)

Die angestrebte Synthese aus privatem und öffentlichem Leben, die die familiäre Bindung in den Dienst der staatlichen Ordnung stellen will, bleibt unerreichbar. Eugenies Entführung, privat und politisch motiviert, verhindert ihre öffentliche Rolle und vernichtet die Hoffnung des Vaters, in der Tochter einen erneuten Sinn seines Lebens zu finden. Wie die Lamentatio des Vaters im dritten Akt zeigt, umfaßt diese Sinngebung weit mehr als nur die familiäre Beziehung. Dem kultur- und politikmüden Vater sollte die (natürliche) Tochter wieder den Blick in die Natur öffnen, ihm das Erlebnis der wahren Welt vermitteln, die zur Welt der Politik und Zivilisation in scheinbar unüberwindlichem Gegensatz steht. Eugenie ist also die Rolle zugedacht, Natur und Kultur zu versöhnen, die Moderne aus ihrer existentiellen Entfremdung zu erlösen.

Am vernehmlichsten sind die Anklänge an *Iphigenie* in der Aufgabe, die Eugenie nach der Verbannung aus der Vaterwelt vom missionarischen Mönch zugemutet wird: als Erlöserin auf den Sträflingsinseln den Verbannten dort das Heil der Menschlichkeit zu bringen und sich so ihre eigene Welt, ein eigenes Reich zu schaffen. Die neue, bessere Welt im Bilde der natürlichen Tochter, die als Gegenwelt innerhalb der aktuell-politischen nicht zu verwirklichen war, könnte so, als Utopie, *anderswo*, entstehen.

Eugenie jedoch, anders als Iphigenie, nimmt diesen Auftrag nicht an. In der ersten freien Wahl, die ihr gegeben ist, entscheidet sie sich dagegen für eine Aufgabe, deren Erfüllung zwar in einer ungewissen Zukunft liegt, die ihren Ursprung aber in der Vergangenheit hat: in der Bindung Eugenies an die Welt von Vater und König, das »Vaterland«. Den Entscheidungsmonolog des letzten Akts (8. Auftritt) dominiert die Vaterwelt: in der Erinnerung an die vom Vater beherrschte Kindheit, an die Ahnen und die großen Herrscher der Vergangenheit; in der funktionalen Gleichsetzung von Vater und König (»aus meines Vaters, meines Königs Mund«, 2824; »als König und als Vater«, 2835; »mein Vater, mein Monarch«, 2860); in der Heiligsprechung des Vaterlands, das als höchster Zweck jedes Mittel heiligt:

Nun bist du, Boden meines Vaterlands,
Mir erst ein Heiligtum,
... und welches Band
Mich dir erhalten kann, es ist nun heilig. (2845-49)

Eugenie entscheidet sich also zur Ausübung der Vasallenfunktion, die sie zu Beginn des Dramas übernommen hatte: als Vertreterin der jüngeren, besseren Generation das in jeder Hinsicht – politisch und moralisch – gefährdete Vätererbe zu retten: Einlösung und Erlösung zugleich.

Iphigenie auf Tauris gestaltete den Begriff der Erlöserin als neue, andere Diana. *Torquato Tasso* spaltete ihn auf in die beiden gegensätzlichen Leonoren einerseits und in die Dialektik der Prinzessin andererseits. In der *natürlichen Tochter* erscheint die Erlöserin in einer Anzahl so verschiedener Figurationen, daß dadurch die Einheit der Person Eugenies wie die des Dramas in Frage gestellt wird. Ihre erste Erscheinungsform ist die der »Amazonentochter« (127), die an »ritterlicher Übung« (594-601) und Kühnheit alle männlichen Reiter übertrifft, bis sie wie Ikarus (1341-46) von ihrem solchermaßen herausgeforderten Schicksal – angeblich – ereilt wird. Sie selbst stellt sich in der feierlichen Bekleidung des zweiten Akts als die vom Vater gewollte »Heldin« (1386) dar: als Synthese, und das heißt auch Überhöhung der Komponenten, von Frau und Mann. Kleider und Juwelen »schmücken« die Frau, doch das Ordensband (»Heldenschmuck«, 1135) als Symbol der Uniform, die ihrerseits nicht »Uniform«, sondern »Kleid« genannt wird (1137 und 1139), »zieret« den Mann (1134). Das Schlußbild des Bekleidungsauftritts zeigt die Heldin als Krieger, sich mit »dem Mann« identifizierend:

> Was zieret mehr den Mann, als wenn er sich
> Im Heldenschmuck zu seinem Könige,
> Sich unter seinesgleichen stellen kann?
> ...
> Die Schärpe deutet Krieg, womit sich, stolz
> Auf seine Kraft, ein edler Mann umgürtet. (1134-42)

Das Resümé dieses Bildes: »So prächtig ausgerüstet« (1146) vereint Weibliches (Kleiderpracht) und Männliches (Rüstung) im Ausblick auf die zukünftige Existenz der Heldin als Retterin der Monarchie: es erscheint die Figur der Jeanne d'Arc, um deren Rettung aus Voltairescher Spottgestaltung sich zur selben Zeit Schillers Umformung der historischen Tradition zur Legende bemühte.[15] Goethes Legende allerdings blieb unvollendet. Die Fortsetzung des Dramas, wo sich Eugenies Schicksal als Retterin des Vaterlandes erfüllen sollte, wurde nicht geschrieben.
Erkennen wir in der kriegerischen Jungfrau eine Gestalt aus Mythos und Legende, so hat eine zweite Figuration der »natürlichen Tochter« ihren Ursprung in der Ideologie der Aufklärung. Produkt einer Erziehung, die sich die (Heraus-)Bildung der natürlichen wie kulturellen Anlagen und Fertigkeiten zum Ziel gesetzt hat (vgl. die Worte des Herzogs in I und III, bes. 110-24), ist Eugenie gleichermaßen Natur- wie Kulturwesen. »Tauchend, schwimmend« wie ein Fisch (1388), Zentaurin »als wie ans Pferd gewachsen« (590f.), verkörpert sie Naturverbundenheit als Mensch-Tier-Einheit. Andererseits übt sie als Sonettendichterin einen hohen Grad von Kunst, ja Künstlichkeit der kulturellen Praxis aus.[16] Hinzu kommt als Gegengestalt der Zentaurin die geputzte Hofdame des zweiten Akts, deren Kleidersorgen als mädchenhafte (Zivilisations)Schwäche entschuldigt werden und die sich den glanzvollen Hof als den ihr angemessenen Rahmen in ihren Fantasien erträumt. Schließlich weist auch die zweideutige Bedeutung des Personennamens »Eugenie« = »die Wohlgeborene« auf den Doppelaspekt Natur/Kultur hin. Ihrer Natur nach, bevor sie in die Zivilisation eintritt, ist Eugenie ein wohlgeborenes, ein vollkommenes Wesen. Die Handlung setzt ein mit dem Versuch, sie als Wohlgeborene auch in der ständischen Ordnung

zu legitimieren. Das dramatische Schicksal dieser Figuration ist, wie es ihrer widersprüchlichen Anlage entspricht, Auseinanderfallen in die unvereinbaren Gegensätze und Unterdrückung jeweils der Komponente, die den dramatischen Vorgang bestimmt. Die Zentaurin stürzt sich zu Tode, die Hofdame fällt der Hofintrige zum Opfer, das Sonett wird im Geheimfach versteckt, »Eugenie« verschwindet zunächst in der Anonymität der Verbannten, dann unter dem bürgerlichen Namen ihres Ehemannes.

In ihrer sinngebenden Funktion wird die Erlöserin in einer dritten Figuration zum geistigen Bild, zur (platonischen) Idee entindividualisiert und damit zugleich universalisiert: nicht mehr (Einzel)Wesen, sondern allgemeingültiger, unveränderlicher und unvergänglicher Wert. So überwindet im dritten Akt der Vater den Verlust der Tochter, der Mensch das Entsetzen vor dem Tod, dessen kreatürliche Realität seine individuelle Existenz mit Sinnlosigkeit wie alles Seiende mit Ver*nicht*ung bedroht. An das Erinnerungsbild kann der Vater den Sinn der eigenen Zukunft knüpfen; die als Geisteskraft wirkende Idee kann das öffentliche Handeln des Herzogs bestimmen; als vollkommen Gutes und Wahres kann das Ideal das ethische Sein des Menschen leiten und sichern. Dieses Angebot der Erlösung durch einen ethischen und konservativen Idealismus, der auf der Wirklichkeit und Wirksamkeit des geistigen »Bildes« (der intellektuellen Anschauung, in gebräuchlicherer Terminologie) besteht (»hohes Vorbild«, 1706; »Bild, / Vollkommen, ewig jung und ewig gleich«, 1715 f.; »kein Traumbild«, 1721), bleibt jedoch nur Absichtsversicherung, uneingelöstes Versprechen, um so problematischer, als diese vorgeblich wahre Philosophie einem vorsätzlichen und meisterhaften Lügner, dem höchst anstößigen Weltgeistlichen, in den Mund gelegt wird.

Schließlich wird in der betont religiösen Metaphorik des Dramenschlusses das als Trost der Philosophie eingeführte »Bild« zum Idol, Talisman, Fetisch abgewandelt. Eine einmalige »Erscheinung«, ein »höchstes Musterbild« (2945), wird reifiziert als »bleibender«, ewiger »Gegenstand«: »Wie du zum ersten Male mir erschienen, / Erscheinst du bleibend mir, ein Gegenstand / Der Neigung, der Verehrung« (2938 ff.). Diesem Idol will der Gerichtsrat/Ehemann in entsagender und frageloser Dienstbarkeit sein Leben weihen, »Priester« einer »unsichtbaren Gottheit« (2942 f.). Seine Entsagungshaltung ist bedingt durch den Entschluß Eugenies, als »reiner Talisman« (2853) den Augenblick ihrer messianischen Auferstehung zu erwarten: »in Hoffnung einer künft'gen / Beglückten Auferstehung, mich begraben« (2913 f.). Den Bereich des Magisch-Religiösen betritt das Drama mit dem schicksalhaften »Blatt«, der Verbannungsurkunde, die »alle Guten lähmt« (2490 f.). Dem »Zauberbann« dieses »mächtig ungeheuren Talismans« will Eugenie »der Tugend Gegenzauber« (2003, 2064 f.) entgegensetzen: »Denn wenn ein Wunder auf der Welt geschieht, / Geschieht's durch liebevolle, treue Herzen« (2854 f.). Das Wunder, wie die messianische Hoffnung Eugenies, bleibt ein uneingelöstes Versprechen: konkret in Goethes Drama ein Vertrösten auf die Zukunft in Gestalt der nicht ausgeführten Fortsetzung.

In Kontradistinktion zu *Iphigenie* bietet *Die natürliche Tochter* die Figur der Erlöserin in (wenigstens) vierfacher Gestalt: nicht der eine Mythos, sondern die Pluralität von Mythos und Legende (Amazone und Jungfrau von Orleans), Aufklärungsideologie (Natur-Kultur-Synthese), Philosophie (wirkkräftige Idee) und Religion (messianischer Fetisch). Die Gewißheit des mit dem Anspruch der Wahrheitskündung auftretenden Mythos hat sich aufgelöst in die Darbietung verschiedener Wahrnehmungs- und Interpretationsmöglichkeiten, die die historische Entwicklung der abendländischen Kultur bereitstellt. Ausverkauf des Abendlandes also mit einem reichhaltigen Angebot von (Er)Lösungsmöglichkeiten, unter denen die Wahl allerdings schwerfallen muß, denn das Drama beläßt sie in der Vieldeutigkeit metaphorischer Figuration – und keine hält, was sie verspricht.

Goethes Probe aufs Exempel, die Aktualisierung der *Iphigenie* in der *natürlichen Tochter*, die Anwendung des Klassikprogramms auf die moderne, gesellschaftlich-historische Realität hat sich als ein Experiment mit negativem Resultat erwiesen. Hinsichtlich der nachträglich geäußerten Intention, in der *natürlichen Tochter* »alles, was ich so manches Jahr über die französische Revolution und deren Folgen geschrieben und gedacht, mit geziemendem Ernste niederzulegen«[17], erweist sich Goethes Bewußtseinsstand unter dem Eindruck der Zeitereignisse als in der Schwebe, unverankert, entsichert: unentschieden. Wie *Tasso* greift Goethe in dieser Entsicherung auf die Idee der Erlösung zurück; wie in der *Iphigenie* sucht er das Andere von Geschichte und Politik in der Frau, mit dem Unterschied allerdings, daß nun der messianische

Glaube daran ebenfalls verunsichert ist und zwar durch die dichterische Darstellung selbst.[18] Die Gestalt der Erlöserin ist nicht mehr eindeutig wie in *Iphigenie*, auch nicht mehr zweideutig wie im *Tasso;* sie ist – mindestens – vierdeutig.

Anmerkungen

1 Hans Robert Jauß, »Racines und Goethes Iphigenie. Mit einem Nachwort über die Partialität der rezeptionsästhetischen Methode«, in: *Neue Hefte für Philosophie* (1973), Heft 4, S. 7, 23-25. – Zum Streit um die Klassik vgl. Karl Robert Mandelkow, »Wandlungen des Klassikbildes in Deutschland im Lichte gegenwärtiger Klassikkritik«, in: *Deutsche Literatur zur Zeit der Klassik,* hrsg. von Karl Otto Conrady, Stuttgart 1977, S. 423-439.

2 Theodore Ziolkowski, »The Imperiled Sanctuary: Toward a Paradigm of Goethe's Classical Dramas«, in: *Studies in the German Drama. A Festschrift in Honor of Walter Silz,* hrsg. von Donald H. Crosby und George C. Schoolfield, Chapel Hill 1974, S. 71-87. Das Grundmuster ist wie folgt: »In a Sanctuary, untouched by the movement of history that threatens the Ruler in the temporal realm, a Sacral Virgin preserves pure and timeless being« (81).

3 Zum Begriff des patriarchalischen Textes vgl. den Band *The (M)other Tongue: Essays in Feminist Psychoanalytic Interpretation,* hrsg. von Shirley Nelson Garner, Claire Kahane, Madelon Sprengnether, Ithaca und London 1985, sowie den Aufsatz von Jane Gallop, der eine Lektüre dieses Bandes reflektiert: »Reading the Mother Tongue: Psychoanalytic Feminist Criticism«, in: *Critical Inquiry* 13 (1987), S. 314-329. Diese Nummer der Zeitschrift bietet unter dem Obertitel »The Trial(s) of Psychoanalysis« einen Überblick über den neuesten Stand der Interaktion der Psychoanalyse mit den Geisteswissenschaften. Von besonderer Relevanz für die intertextuelle Perspektive der vorliegenden Studie ist der Aufsatz von Michael Riffaterre, »The Intertextual Unconscious«, S. 371-385.

4 Theodor W. Adorno, »Zum Klassizismus von Goethes Iphigenie«, in: *Die Neue Rundschau* 78 (1967), S. 596.

5 Zitiert wird nach *Goethes Werke*, Hamburger Ausgabe, Bd. v, 5. Aufl. 1962.

6 In dieser Bedeutung ist die Aporie ein Grundbegriff der amerikanischen Dekonstruktionisten, wie ihn besonders Paul de Man ausgearbeitet hat. Vgl. Jonathan Arac, Wlad Godzich, Wallace Martin (Hg.), *The Yale Critics: Deconstruction in America,* Minneapolis 1983, S. 23.

7 Näheres dazu in Irmgard W. Hobson, »Goethe's ›Iphigenie‹: a Lacanian Reading«, in: *Goethe Yearbook* II (1984), S. 51-67.

8 Für dekonstruierende Aporien anfällig, könnte man einen Hinweis auf Selbst-Verwirrung oder -Verirrung Iphigenies in dem überzähligen »sich« des reflexivischen Nachwendens sehen.

9 Ich folge hier Jacques Lacan, der gleichzeitig mit dem Spracherwerb eine unvermeidliche, die ursprüngliche, Spaltung des Subjekts in ein bewußtes und ein unbewußtes postuliert.

10 Eine Darstellung der Tassokritik in ihren Haupttendenzen und -vertretern gibt Gail K. Hart in »Goethe's ›Tasso‹: Reading the Directions«, in: *Goethe Yearbook* III (1986), S. 125-138.

11 Möge es mir erlaubt sein, in diesem Teil meiner Diskussion die Namen Leonore E bzw. Leonore S zu gebrauchen. Aus ähnlichen Gründen spricht Avital Ronell häufig von »Leonore S.« in der dekonstruktionistischen Analyse »Taking it Philosophically: ›Torquato Tasso's‹ Women as Theorists«, in: MLN 100 (1985), S. 599-631. Über die beiden Leonoren im ersten Akt sagt Ronell: »in their performance of self-division, they are framing the central tensions [zwischen Dichtung und Philosophie] of the drama« (608).

12 Vgl. Kenneth Burke, »Four Master Tropes«, in: *A Grammar of Motives*, Berkeley 1969, S. 503-517.

13 Vgl. dazu Lacans Aufsatz »Desire and the Interpretation of Desire in Hamlet«, in: *Yale French Studies* (1977), S. 13-16.

14 Am deutlichsten verweist auf diese Beziehung die Arbeit von Sigurd Burckhardt: »›Die natürliche Tochter‹: Goethes ›Iphigenie in Aulis‹?«, in: *Germanisch-romanische Monatsschrift*, N. F. 10 (1960), S. 12-34.

15 Goethes Drama entstand mit mehreren längeren Unterbrechungen in den Jahren 1800 bis 1803. Schiller schrieb seine *Jungfrau von Orleans* von Juli 1800 bis April 1801. – Die Memoiren der Stéphanie de Bourbon-Conti, Quelle der *natürlichen Tochter*, lasen beide Autoren Ende des Jahres 1799. »Schicken Sie mir den zweiten Teil der Prinzeß Conti, wenn Sie ihn gelesen haben« (Goethe an Schiller, 19. November 1799). »Hier den zweiten Teil der Conti, den ich mir, sobald Sie damit fertig, zurückerbitte« (Schiller an Goethe, 19. November 1799).

16 Vgl. dazu die beiden Sonette Goethes »Natur und Kunst« und »Das Sonett«, die als einzige dieses Genres vor der *natürlichen Tochter* (um 1800) entstanden sind.

17 In den *Tag- und Jahresheften* zum Jahre 1799, die zwischen 1822 und 1825 verfaßt wurden.

18 Näheres dazu in Irmgard Wagner, »›Die natürliche Tochter‹ and the Problem of Representation«, in: *Goethe Yearbook* IV (1988), S. 185-207.

Friederike Hassauer
Gleichberechtigung und Guillotine: Olympe de Gouges und die feministische Menschenrechtserklärung der Französischen Revolution

Eine Fallstudie in programmatischer Absicht

1. Der Fall Olympe de Gouges: Tableau

Madame,
Für die Sprache, die man zu Königen spricht, bin ich wenig geschaffen; darum greife ich nicht zur Schmeichelei der Höflinge, um Euch mit diesem ungewöhnlichen Werk zu huldigen. Mein Ziel, Madame, besteht darin, rückhaltlos zu Euch zu sprechen ... Nur derjenigen, die der Zufall auf einem so herausragenden Rang erhob, steht es zu, dem Aufschwung der Frauenrechte (Droits de la Femme) Nachdruck zu verleihen. Wärt Ihr weniger gebildet, Madame, könnte ich fürchten, daß Eure persönlichen Interessen den Sieg über die eures Geschlechtes davontrügen. Ihr liebt den Ruhm: bedenkt, Madame, daß die großen Verbrechen ebenso in die Unsterblichkeit eingehen wie die größten Tugenden; aber welch ein Unterschied der Berühmtheit ist dies in den Annalen der Geschichte!
... Niemals wird man es euch als Verbrechen anrechnen, wenn Ihr an der Wiederherstellung der Sitten arbeitet, um Eurem Geschlecht alle Festigkeit (consistence) zu geben, derer es nur fähig ist. Zum Unglück für das neue Régime ist dies leider nicht das Werk eines Tages. Diese Revolution kann sich nur dann vollziehen, wenn alle Frauen durchdrungen sind von ihrem beweinenswerten Geschick und von den Rechten, die sie in der Gesellschaft verloren haben ... Madame, unterstützt eine so schöne Sache! Verteidigt dieses unglückliche Geschlecht, und bald wird die eine Hälfte des Königreichs zu Euch stehen, und mindestens ein Drittel der anderen Hälfte ...

Eine Frau spricht zu einer anderen: die Schriftstellerin, Revolutionärin und Frauenrechtlerin Olympe de Gouges schreibt der Königin von Frankreich, Marie-Antoinette, 1791 diese Widmungsadresse für ihr Traktat »Les Droits de la Femme et de la Citoyenne«[1] – eine Menschen- und Bürgerrechtserklärung für die

Frauen. Hatte nicht aber drei Jahre zuvor die »Déclaration des droits de l'homme et du citoyen«, die Menschen- und Bürgerrechtserklärung der Französischen Revolution, längst alles, und epochal, gesagt, was über Freiheit, Gleichheit und Brüderlichkeit zu sagen war? 1791 zieht Olympe de Gouges Bilanz über das Projekt von 1789: die Menschenrechte haben sich als Männerrechte entpuppt, nun müssen Frauenrechte reklamiert werden. Was hat die Revolution den Frauen gebracht? Den Verlust der Vorteile ihrer Rolle im Ancien Régime, und neue Despoten, die Männer. Olympe de Gouges fordert die absolute Gleichheit der Geschlechter, die Öffnung aller Ämter für Frauen, den Schutz der unehelichen Mütter, fordert einen vermögensbezogenen Ehevertrag, ein Gesetz für durch Heiratsversprechen betrogene Mädchen und Witwen (vgl. Baader 1980, S. 106), und liefert den Mustervertrag eines »contrat social« zwischen Mann und Frau mit. Gleichzeitig tadelt sie die Frauen für ihren Mangel an Festigkeit, tadelt ihre fatale Rolle in der Politik, wo sie durch »Indiskretion« und die Kopfkissenpolitik »nächtlicher Administration« »mehr Böses als Gutes« bewirkt hätten (S. 65). Außerdem tritt Olympe de Gouges in ihrer Broschüre für die Befreiung der Negersklaven in den Kolonien ein, diktiert am Abend in das Manuskript, was ihr morgens widerfahren ist, erzählt die Humoreske vom Streit mit einem Mietkutscher, der sie betrog, und von einem revolutionären Friedenskommissar, der sie bei der Schlichtung schlecht behandelte. Das hätte es früher nicht gegeben: »unter dem Ancien Régime ... lebte man immerhin in Sicherheit« (S. 73).
Keine ordentliche Gesetzesvorlage also, vielmehr ein »Paradox« (S. 67), eine »bizarre« (S. 69), höchst ungewöhnliche Schrift, die Ärger erregen wird:

Ich sehe schon die Tartuffes, die Prüden, den Klerus und ihren ganzen höllischen Rattenschwanz sich gegen mich erheben (S. 69).

Eine ungewöhnliche Schrift und eine ungewöhnliche Frau. Olympe de Gouges ist nicht die Heroine unter der Trikolore, nicht die Amazone mit der revolutionären Glorie einer Théroigne de Méricourt. Sie nimmt sich, mit revolutionärer Gesinnung, ein aristokratisches Pseudonym. 1789 ist sie moderate Royalistin. 1791, nach der Flucht des Königs, wird die Republikanerin und adressiert ihre »Droits de la Femme« an die Königin. Im Dezember 1792 bietet sie sich dem Konvent als Verteidigerin des Königs an, nennt im gleichen Jahr in Pamphleten Robespierre »Schandmal und Greuel der Revolution«[2], heißt Marat »Tyrann«, »Geißel der Gesellschaft« und »Abortus der Menschheit«.[3] Sie sympathisiert mit den verschiedensten Männerfraktionen und Frauenclubs und bleibt doch immer »solitär« (Albistur/Armogathe 1977, S. 334). Politisch nicht einzuordnen, maßlos in ihrer publizistischen Leidenschaft und Unvorsichtigkeit, quer, ehrgeizig, polemisch, schreibwütig. Theaterstücke, ein Roman, Memoranden, Märchen, ein Journalprojekt, zahllose Pamphlete, Plakate, Zeitungsartikel, Broschüren, unter anderem für ein Frauentheater und für die Ablösung der Hofdamen der Königin durch eine weibliche Garde.[4]

Die kollektive Erinnerung geht mit ihr um wie mit den anderen Frauen der Revolution. Da sie von den Historiographen, wie zum Beispiel Dubroca und Noisy, nicht zu »jenen liebenswürdigen Heldinnen« gezählt wird, »die ihr Hab und Gut, ihre Freiheit und ihr Leben opferten, um die Tage eines Gatten oder Vaters zu retten oder mit ihm zu sterben«, wird sie marginalisiert wie die anderen – Megären, Demagoginnen, Huren, Irre, »unwürdig des Ehrentitels ›Frau‹«.[5]

Für Michelet, der die Behauptung kolportiert, »daß sie weder lesen noch schreiben konnte«, für den sie schlicht »ungebildet« ist, ein »schwacher Kopf« (Michelet 1984, S. 93, vgl. auch Grubitzsch 1985); für die Brüder Goncourt der »heroische Narr« (Bei 1981, S. 100), für Restif de la Bretonne eine »Dirne«, »die Furie de Gouges«, verhaftet, »weil sie kläffte wie eine Irre«[6]; der Schauspieler Fleury hätte seiner Erzfeindin »am liebsten ein Rasiermesser« geschenkt und nennt sie in seinen Memoiren »eine jener Frauen, denen es unter größten Anstrengungen gelungen ist, so unweiblich als möglich zu erscheinen«.[7] Die Marginalisierung wurde schon zwei Wochen nach ihrem Tod festgeschrieben, als einer der Führer der hebertistischen Fraktion, Pierre-Gaspard Chaumette, ihr Ende zum Anlaß nimmt, anderen Frauen eine Warnung zukommen zu lassen. Der »Courier Républicain« vom 19. November 1793 protokolliert Chaumettes Rede:

›Erinnert Euch dieser Virago‹, rief er einer Versammlung von Jakobinern zu, die ihre Frauen mitgebracht hatten, ›erinnert Euch dieses Mannweibs (femme-homme), der schamlosen Olympe de Gouges, die als erste Frauenvereinigungen einrichtete, die aufhörte, ihr Hauswesen zu besorgen, die politisieren wollte und Verbrechen beging. Alle solchen unmoralischen

Wesen wurden vom Rachefeuer der Gesetze vernichtet; und‹, sagte er insbesondere zu den Republikanerinnen, ›Ihr wolltet ihr nacheifern? Nein, Ihr spürt wohl, daß Ihr nur dann interessant und wahrhaft der Wertschätzung würdig seid, wenn Ihr das seid, was die Natur wollte, daß Ihr seid. Wir wollen, daß die Frauen respektiert werden; darum werden wir sie zwingen, sich selbst zu respektieren‹ (Blanc 1981, S. 199).

Wer sich dem Zwang einer solchen Natur und Moral nicht beugt, wird seiner Geschlechtsidentität für verlustig und zur Nicht-Frau erklärt, kriminalisiert, liquidiert. Gute hundert Jahre später steht dafür retrospektiv das argumentative Repertoire der Anstaltsvernunft mit der Zuschreibung von Paranoia und Hysterie im Einsatz: 1904 promoviert der Militärarzt Guillois mit einer »medizinisch-psychologischen Studie über Olympe de Gouges«: »Allgemeine Erwägungen über die Mentalität der Frauen während der Revolution« und kommt zu dem Ergebnis:

I. Olympe de Gouges litt an Wahnvorstellungen mit einer Neigung zur Systematisierung, wie sie bei bestimmten Autoren unter der Bezeichnung ›Reformwahnsinn‹ (paranoia reformatoria) beschrieben sind ...
IV. Der plötzliche Ausbruch ›revolutionärer Hysterie‹ ist kein spezifisches Charakteristikum der Revolution; es ist vielmehr allen von politischen Wirren gezeichneten Epochen eigen, Prädisponierte aus ihrem Latenzzustand herauszureißen ...
V. So gesehen, sind die Taten dieser Prädisponierten zu einem guten Teil in einem Zustand der Unzurechnungsfähigkeit begangen worden (Guillois 1904, S. 87ff., Olympe de Gouges 1980, S. 181 f.).

Irre und Hure: auch Guillois schreibt die Kolportage fort, daß die achtzigtausend Livres, die Olympe de Gouges bei ihrem Tod hinterläßt, aus ihrem »galanten Leben als Kurtisane« stammen (Olympe de Gouges 1980, S. 185).
Diese Olympe de Gouges ist 1748 als Marie Gouze geboren[8]; ihre Mutter, Anne-Olympe Mouisset, hat einen Metzger aus Montauban geheiratet, Pierre Gouze. Die Verwandtschaft schreibt sich, in einer Zeit nicht fixierter Orthographie der Eigennamen dieser Schichten, auch »Gousse«, »Gouge« oder »Gouges«, wie Olympes Biograph Olivier Blanc (S. 24 f.) nachweist. Marie wird im Alter von 17 Jahren mit einem Restaurateur und Traîteur verheiratet, der ihr seinen Namen – Aubry –, einen Sohn und ein Vermögen schenkt. Ein Jahr später stirbt ihr Mann. Marie Gouze, verwitwete Aubry, geht mit ihrem Sohn Pierre nach Paris und nennt sich von nun an Olympe de Gouges; »die Partikel, die von

den Frauen ihrer Gegend ohne Anspruch auf adlige Abstammung geführt wird, hat für den, der diese Sitte nicht kennt, den Vorteil, daß der Abstand der Klassen durch sie vermindert wird« (Blanc 1981, S. 25). Gleichzeitig versucht Olympe, sich unter diskreter Berufung auf ihren wirklichen Vater, den Homme de lettres und Magistrat Jean-Jacques Le Franc, Marquis de Pompignan, ein Entrée in der Hauptstadt zu verschaffen. Ihr Leben in der Gesellschaft und in der literarischen Öffentlichkeit beginnt. Sie wird nicht berühmt, aber es gelingt ihr, sich bei der zeitgenössischen Literaturkritik einen Namen zu machen. So bekommt sie 1786 im tonangebenden ›Mercure de France‹ eine positive Rezension des gefürchteten Dramatikers La Harpe für ihr Theaterstück »Le Mariage inattendu de Chérubin« (Blanc 1981, S. 52 f.)

1791, als sie die »Droits de la Femme« veröffentlicht, ist die Autorin und Pamphletistin Olympe de Gouges 43 Jahre alt. Marie-Antoinette, an die sie ihre Frauenrechtserklärung adressiert, ist zu dieser Zeit eine Sechsunddreißigjährige. Olympe hat, wie die Königin, noch drei Jahre zu leben. Marie-Antoinette wird am 16. Oktober 1793 enthauptet; Olympe de Gouges steigt drei Wochen später, am 4. November, die Stufen zu jener Guillotine hinauf, an die sie in Artikel x. ihrer Menschenrechtserklärung für die Frauen pathetisch die Gleichberechtigung der Geschlechter geknüpft hatte:

> Wenn die Frau schon das Recht hat, auf das Schaffott zu steigen, muß sie auch das Recht auf die Tribüne haben (S. 59).

II. Das Projekt: Problemgeschichte. Theorierepertoire. Perspektiven

Die »Droits de la Femme« sollen hier jedoch in paradigmatischer Hinsicht perspektiviert, nicht über die Biographie einer Revolutionärin narrativ präsentiert werden.

Der Rahmen der Problemgeschichte, in den Olympe de Gouges' Frauenrechtserklärung nun gestellt wird, und die folgenden Vorschläge zum Theorierepertoire ihrer Analyse sind vor dem Hintergrund dreier Diskussionszusammenhänge formuliert, die neue Entwicklungen im Bereich der Frauengeschichtsschreibung, der

Mentalitätsgeschichte und der Literaturwissenschaft markieren. Ihre wechselseitige Bezugsetzung im Rahmen dieser Fallstudie soll damit auch für neue Argumentationsperspektiven von Frauenforschung und der Relationierung ihrer Diskurse zu anderen Diskurstraditionen stehen (vgl. Hassauer 1983, S. 425 ff., 438-443).

Problemgeschichte

»Auf der Suche nach der Natur des Menschen« und »Auf der Suche nach einem Diskurs über den Menschen« (Dirscherl 1985, S. 126) – so läßt sich der epistemologische Umbruch des XVIII. Jahrhunderts beschreiben, der eine grundlegende Revision des anthropologischen Paradigmas herbeiführt. Vor allem Foucault hat gezeigt, wie das cartesianisch-rationalistische Ordnungswissen des XVII. Jahrhunderts und seine klassischen Diskurse in eine Krise geraten und das Wissen der Moderne mit einem eigenen Diskurs-Universum entsteht (Foucault 1966). Die Naturgeschichte als Leitwissenschaft der Sattelzeit um 1750 (Koselleck 1973; Lepenies 1976) ruht auf einem neuen Modus des Denkens und Redens über den Menschen, der science de l'homme. Das anthropozentrische Weltbild impliziert auch die Formierung dieser neuen Humanwissenschaften, die den Menschen als ihr Objekt und gleichzeitig sich selbst als Disziplin konstituieren. ›Natur‹ löst als zentrales Begründungsinventar der science de l'homme den alten Legitimationsbegriff ›Gott‹ ab und stellt so die entstehenden modernen Gesellschaften Mitteleuropas auf säkularisierte und funktional differenzierte Konstruktion ihrer gesellschaftlichen Wirklichkeit um (Luhmann 1980/1981, Gumbrecht/Reichardt/Schleich 1981).[9] Die Revision des anthropologischen Paradigmas zu einer veränderten Formation des normativen Wissens über die Natur des Menschen produziert zugleich ein verändertes Wissen über Geschlechtsspezifizität, und damit historisch eigentümliche Asymmetrien in der Zuschreibung des emphatischen Prädikats des neuen ›Menschen‹ auf ›Mann‹ und ›Frau‹. Dieses Wissen heißt von nun an definitorisch ›die Natur des Menschen/des Mannes/der Frau‹. Über den Naturbegriff sind von nun an die neuen anthropologischen Dispositive begründet, über den Naturbegriff – und damit unhintergehbar – sind von nun an

die neuen substantialistischen Festschreibungen der Geschlechter legitimiert (vgl. auch Steinbrügge 1987).
Olympe de Gouges sieht sich in einer Situation, in der nicht nur die programmatische aufklärerische Definition des Menschen mit ihrer Zuschreibung auf Mann und Frau konfligiert, sondern in der auch die Revolution als Einlösung aufklärerischer Glücksversprechen (vgl. Gumbrecht 1978 und ders. 1980) in ihren Augen fragwürdig geworden ist, vor die Notwendigkeit gestellt, die Menschenrechtserklärung der Revolution – »les droits le l'Homme et du Citoyen« – als Erklärung der Frauenrechte – »les Droits de la Femme et de la Citoyenne« umzuformulieren (S. 53). Explizit wird dabei an jeder Stelle das Prädikat »homme« (Mensch, Mann) durch die Prädikate »femme« (Frau) oder »femme et homme« (Mann und Frau) ersetzt. Formuliert Artikel 1. der Menschenrechtserklärung in Replik auf den Beginn von Rousseaus »Contrat Social« mit seinem »Der Mensch (l'homme) ist frei geboren und doch überall in Ketten gelegt« (Rousseau 1966, S. 351) noch:

»Die Menschen (les hommes) sind frei und gleich an Rechten geboren und bleiben es« (S. 53),

schreibt Olympe de Gouges:

»Die Frau ist frei geboren und bleibt dem Manne an Rechten gleich.« (S. 53)

Oder sie ersetzt die »natürlichen und unantastbaren Rechte des Menschen« durch die »natürlichen und unantastbaren Rechte der Frau und des Mannes« (S. 53). Damit ist die Hoffnung auf die Möglichkeiten von Diskursen, die im Namen des ›Menschen‹ generalisieren, für diskreditiert erklärt und ihre Praxis zugunsten der partikularisierender Diskurse aufgegeben.
Die diskursiven Strategien Olympe de Gouges aus dem Jahr 1791 gewinnen eine neue Dimension, wenn man sich die historische Pertinenz der Problemgeschichte vergegenwärtigt. Noch 1949 konnte bei der Verabschiedung des Grundgesetzes der Bundesrepublik Deutschland die Aufnahme des Gleichheitsgrundsatzes für Mann und Frau in das Gesetzesvorhaben überhaupt zum Thema werden, und es dauerte weitere 25 Jahre, bis durch die Frauenbewegung der siebziger Jahre das gesamtgesellschaftliche Vollzugsdefizit dieses Gleichheitsgrundsatzes in das soziale Wissen Einlaß fand.

Die Einbindung des Falles Olympe de Gouges in die Sozialgeschichte der Frau im XVIII. Jahrhundert und der Revolution in die Gattung ›Frauengeschichte‹, in eine Problemgeschichte anthropologischer Diskurse, in eine Untersuchung ihrer »Déclaration« aus literarhistorischer Perspektive, wirft Fragen nach den Perspektiven und möglichen Theorierepertoires von Frauenforschung auf.

Gleichzeitig mit der vor allem von Karin Hausen, Edward Shorter (1977) und Jean-Louis Flandrin (1976) erarbeiteten sozialhistorischen These von der Herausbildung der »Geschlechtscharaktere« (Hausen 1976) im XVIII. Jahrhundert, nach der die Frau nur auf den rein reproduktiven Familienbereich fixiert und von den produktiven Bereichen der bürgerlichen Gesellschaft samt den dort geforderten Fähigkeiten ausgeschlossen wird (vgl. Frevert 1986), legte die US-Historikerin Natalie Zemon Davis 1976 mit »Gesellschaft und Geschlechter – Vorschläge für eine neue Frauengeschichte« prinzipielle Überlegungen zum Studium der »Geschlechterrollen« vor. Jenseits einer von Plutarch über Christine de Pizans »Cité des Dames« bis heute ungebrochenen Linie »der Frauengeschichtsschreibung in der Tradition der ›Bedeutenden Frauenleben‹« und einer zweiten, ebenfalls kontinuierlich bis heute gehaltenen Frühform von Frauengeschichte, der Individualbiographie, plädiert Natalie Zemon Davis für eine integrative Erforschung der »Geschlechterrollen« (Davis 1986, S. 117) und des »Verhältnis(ses) zwischen den Geschlechtern« (S. 119). Statt des partikulären Blicks der nach dem Muster der ›Vitae Clarorum Virorum‹ geschriebenen Traktate ›De Claris Mulieribus‹, deren »Bestandsaufnahme weiblicher Aktivitäten in der Vergangenheit ... sie aus dem historischen Zusammenhang« löste und durch dessen Optik »Frauen isoliert von den Männern behandelt« wurden (S. 117), folgt sie der von Léon Abensour in seiner exemplarischen Studie »La femme et le féminisme en France avant la Révolution« (1923) formulierten Forschungsperspektive, »die Tätigkeit von Frauen ... von der Ebene der Anekdote und des Skandals in den Hauptstrom der Geschichte zu heben« (Davis 1986, S. 120). Eine hinreichende Erforschung der Geschlechterrollen hätte demnach zu umfassen: das Studium der Lebenswirklichkeiten von Frauen – z. B. der Machtfunktionen und -bereiche von vor allem aristokratischen Frauen –, mit denen sie die Benachteiligung durch ihren Rechtsstatus kompensieren konnten (S. 120); neuere Studien verdeutlichen die Funktion dieser Frauen als »Karrierestationen« für Männer (Luhmann 1980/81, Bd. 1, Kap. 2) und als Trägerinnen emanzipatorischer Geselligkeitskultur im Salon des XVII. und des XVIII. Jahrhunderts (Baader 1986, Baxmann 1983); daneben fordert Davis die Untersuchung des neuzeitlichen Rückzugs von Frauen von Arbeitsplätzen außerhalb des Hauses (S. 121), die Untersuchung der demographischen Situation (S. 122), des weiblichen Migrations-, Kriminalitäts- und Alphabetisierungsverhaltens (S. 124), der Funktion von Verwandtschaftsbeziehungen (S. 123). Sozialhistorisch weithin unerforscht sind auch die sexuellen und erotischen Aktivitäten (S. 124) vor der Folie der gesellschaftlichen Organisation der Grenzen zwischen Sexuellem und Nicht-Sexuellem (S. 126) – Fragen, zu deren Beantwortung sowohl Foucaults Archäologie des Wissens über die Sexualität und ihrer Geschichte als auch Norbert Elias' Blick auf den Zivilisationsprozeß beigetragen haben.

> Aber mir scheint, daß wir uns für die Geschichte von Frauen wie von Männern interessieren sollten, daß wir nicht ausschließlich über das unterdrückte Geschlecht arbeiten sollten, ebensowenig wie ein Historiker, der sich mit Klassenkategorien beschäftigt, sich ausschließlich auf Bauern konzentrieren kann. Unser Ziel ist es, die Bedeutung der *Geschlechter* von Geschlechtsgruppen in der historischen Vergangenheit zu verstehen. Unser Ziel ist es, die Spannbreite von Geschlechterrollen und des sexuellen Symbolismus in verschiedenen Gesellschaften und zu verschiedenen Zeiten zu entdecken, herauszufinden, welchen Sinn sie hatten und wie sie funktionierten, um eine Gesellschaftsordnung aufrechtzuerhalten oder ihre Veränderung zu fördern. Unser Ziel ist es, zu erklären, warum Geschlechterrollen manchmal genau vorgeschrieben und manchmal fließend, manchmal entschieden asymmetrisch und manchmal gerechter waren (Davis, S. 126; Hervorhebung im Original).

In diesem Zusammenhang stellt Davis die Frage nach dem Verhältnis von Situationen, in denen »soziale und symbolische Differenzierung ... gut für die Freiheit des weiblichen Geschlechts ist«, in Relation zu jenen »Situationen wie z. B. Revolutionen ..., in denen eine Entdifferenzierung, eine Vereinfachung der Wahlmöglichkeiten für eine bestimmte Zeit zu schöpferischen Ergebnissen führen« (S. 131 f.). In jedem Fall, so Davis' Forderung, »sollte ... das Studium der Geschlechterrollen einige der Regeln des Historikers verändern« – den Blick der Zunft auf »Macht, Sozialstruktur, Eigentum, Symbole und Periodisierung der Geschichte. ... Es sollte zur zweiten Natur für Historiker – gleich was sein oder ihr Spezialgebiet ist – werden, die Konsequenzen des Geschlechts ebenso bereitwillig zu berücksichtigen wie etwa die der Klassenzugehörigkeit« (S. 127).

Natalie Zemon Davis' Forderungen scheinen mir damit Erkenntnisstile, Fragestellungen und hermeneutische Vororientierungen anzuvisieren, deren Implikationen vor allem angesichts einiger repetitiv eingespielter und aporetischer Argumentationsrepertoires innerhalb der Frauenforschung genauer nachzugehen ist.

Die Dignität einer Forderung, nach der die »Konsequenzen des Geschlechts« in der Werkstatt des Historikers mit Selbstverständlichkeit zu berücksichtigen seien, verträgt sich in der Forschungspraxis oft nur unzureichend mit der Forderung nach einem integrativen, nicht die Frauen isolierenden Blick auf Konstellationen, Funktionszusammenhänge und Symboliken beider Geschlechterrollen in einer Gesellschaft. Der Wunsch, Frauen in der Geschichtswissenschaft »weder als passive Opfer historischer Ungerechtigkeit noch als Heldinnen, die ohne Unterlaß für die Veränderung der Gesellschaft kämpften« (Davis 1986, S. 122) behandelt zu sehen, verträgt sich schlecht mit Beschreibungstraditionen, die zählebig zu binären Erklärungsmodellen von Unterdrückern und Unterdrückten und zu linearkausalen Verursachertheorien greifen. Ebensowenig bietet die Negation bestimmter Zuschreibungen von Geschlechterrollen durch inhaltlich anders gefüllte, strukturell aber analoge anthropologische Zuschreibungen einen Ausweg aus den Aporien normativer, metahistorischer und transkultureller Definitionsversuche von Männlichkeit und Weiblichkeit.

Die Durchsetzung der Forderung, daß arbeitsteilig nicht nur die historische Frauenforschung, sondern die Geschichtswissenschaft als Disziplin in ihrer Gesamtheit die epistemologischen Blindstellen von Geschlechtsspezifizität zu orten, zu markieren und thematisieren habe, scheint heute, mehr als zehn Jahre nach der Erstveröffentlichung von Davis' Programm, ein Stück näher gerückt. Die Probleme, die ein nicht-biographisierender, integrativer Blick auf Funktionszusammenhänge von Geschlechterrollen und auf Ensemblewirkungen von Geschlechtsidentitäten in einer gegebenen Gesellschaft aufwirft, scheinen mir jedoch letztlich nur aus systemtheoretischer Perspektive lösbar. Mit Hilfe differenztheoretischer Überlegungen kann das hier markierte Desiderat operationalisierbar gemacht werden, kann die Beschreibung von Geschlechterrollen im Kontext von Aus- und Entdifferenzierungsprozessen (vgl. Meyer 1983; Luhmann 1988), von Evolutions- und Kommunikationsprozessen in sozialen Systemen und in ihren funktionalen Subsystemen wie Liebe, Recht, Wirtschaft, Politik, Religion, etc. möglich werden (Luhmann 1984). Ebenso stellt Systemtheorie Beschreibungsmodalitäten zur Verfügung, die es erlauben, Kausalitäts-, Intentionalitäts- und Rationalitäts-Anmutungen von Konzepten wie ›Absicht‹, ›Schuld‹, ›Unterdrückung‹, ›Widerstand‹, ›Vernunft‹ etc. zu entgehen; – Rationalitätsvorstellungen, die im übrigen durch die rationalitätskritischen Diskurstraditionen nicht etwa nur des Dekonstruktivismus (vgl. z. B. jüngst: Waldenfels 1987; Elster 1987; Gumbrecht 1986) und ihrer feministischen Spezifizierungen und Applikationen in der Kritik des patriarchalen Logozentrismus radikal problematisiert worden sind.[10]

Der für solche Beschreibungsmodelle notwendige Rückzug vom Konzept einer ›objektiven‹ Realität substantialistischer Geschlechterrollen-Definitionen mit metahistorischem und transkulturellem Gültigkeitsanspruch auf vorgeblich ›natürliche‹ und historisch ›wirkliche‹ Eigenschaften von Mann und Frau impliziert darüber hinaus aus wissenschaftstheoretischer Perspektive einen strikt nicht-mimetischen konstruktivistischen Blick bei der Rekonstruktion dessen, was vergangene und gegenwärtige Gesellschaften ihren Mitgliedern als fluktuierende Repertorien von ›Männlichkeit‹ und ›Weiblichkeit‹ zumuten (vgl. Schmidt 1987).

Ergebnis solcher Rekonstruktionsarbeit, die heute zwar auf mentalitätshistorische und ethnologische Fundierung, aber noch kaum auf Ergebnisse der Zusammenarbeit mit systemtheoretisch und konstruktivistisch orientierter Forschung zurückgreifen kann, wäre eine Archäologie historischer Anthropologien, eine Archäologie der geschichtlichen Repertoires von Geschlechterrollen und Geschlechtsspezifizitäten in den »Produktionen und Praktiken« von Gesellschaften (Chartier 1986 b, S. 34).

Das Programm einer solchen Archäologie historischer Anthropologien unter dem Gesichtspunkt ihrer Geschlechtsspezifizität setzt ebenso wie Davis' Programm einer neuen Frauengeschichte

das theoretische und methodologische Instrumentarium von Mentalitätsgeschichte voraus. Ohne hier im Detail auf die neuere Diskussion über »histoire des mentalités« in Weiterentwicklung der klassischen Strukturgeschichte der Annales-Historiographie eingehen zu können, die sich inzwischen auf die Rezeption der historischen Anthropologie in der Tradition Bachelards, auf die Zivilisationsgeschichtsschreibung eines Norbert Elias, auf die epistemologischen Arbeiten Bachelards, Canguilhems, Koyrés bis zu Foucault, sowie auf die neuere anthropologische und ethnologische Forschung, vertreten z. B. von Douglas und Geertz, öffnet (vgl. Chartier 1986 und 1986 b; Bourdieu/Chartier/Darnton 1985; Davis 1986 b; Hastrup 1986; Hutton 1986), sollen hier einige zentrale Konsense über Interessen und Verfahren von »historie des mentalités« genannt werden. Mentalitätsgeschichte ist nicht mehr über empirische Verfahren, sondern über soziales Wissen definiert. Begriffsgeschichte ist dabei eine der zentralen Forschungsstrategien in der Rekonstruktion der Produktion und Distribution der Vorräte sozialen Wissens in einer Gesellschaft. Mentalitätsgeschichte erfaßt die Geschichte »kollektiver Bewußtseinsphänomene«; sie sind »integraler Bestandteil soziokultureller Systeme; in jeder entwickelten Gesellschaft existieren in der Regel mehrere, nicht selten konkurrierende Mentalitäten, denen auch die geistig-kulturelle Infrastruktur einer Zeit (›outillage mental‹) zuzurechnen ist. Sie umfassen einen Komplex affektiv geladener Erwartungs- und Verhaltensdispositionen, der der sozialen Kontrolle, Integration, Stabilisierung, Sinngebung und Lebensbewältigung innerhalb von Gesellschaften und sozialen Gruppen dient.« Mentalitätsgeschichte läßt sich daher auch definieren als »Geschichte historischer Gefühls- und Bewußtseinslagen« (Gumbrecht/Reichardt/Schleich 1981, Bd. 1, S. 34-36). Damit ist über ›Mentalitäten‹ ein unverzichtbares Instrumentarium für die Erforschung der Geschichte der gesellschaftlichen Konstruktion und der symbolischen Repräsentation von Geschlechtsspezifizität gegeben.
Zur literaturwissenschaftlichen Perspektivierung des Fragehorizonts soll auf einige Basiskonzepte der historischen Textpragmatik verwiesen werden, wie sie im Kontext der Rezeptionsästhetik einerseits und der linguistischen Pragmatik andererseits perspektiviert worden ist (vgl. Gumbrecht 1978).
Mit Austin und Searle sprachhandlungstheoretisch, diskurstheo-

retisch mit Ricoeur und Foucault fundiert, richtet sich das Interesse von historischer Textpragmatik auf die situationellen Rahmenbedingungen von kommunikativem Handeln, auf den wechselseitigen Zusammenhang von Situationsverstehen und Text/Sinn-verstehen der Rezipienten. Als historische versteht sich diese Textpragmatik, weil sie kulturell und geschichtlich Fernes als Fremdes in seiner Alterität zu verstehen unternimmt und so die geschichtliche Dimension von Verstehensprozessen bewußt und nutzbar machen will (Gumbrecht 1978, S. 9-43).

In der Folge werden als Medien kommunikativen Handelns in vergangenen oder gegenwärtigen Alltagswelten gerade andere als jene Texte ins Zentrum gerückt, die traditionell und in einem engeren Sinn ›Literatur‹ genannt wurden. Das Erkenntnisinteresse liegt ebensowenig im Aufweis des Kunstcharakters eines literarischen Werks oder in normativen Fragen literarischer Wertung und Kanonbildung wie in der Erarbeitung metahistorischer Literatur- und Ästhetik-Definitionen. Historische Textpragmatik stellt dagegen den Versuch dar, in die Forschungsinteressen und Quellenbestände, die traditionell der Mentalitätsgeschichte zugerechnet werden, die textanalytische und hermeneutische Kompetenz von Literaturwissenschaft einzubringen und damit auch ein spezifisch anwendbares Instrumentarium zur Analyse der Historizität und Pragmatik von Geschlechtsspezifizität in Texten anbieten zu können.

Perspektiven

Nicht nur die Rezeption der ›Nouvelle Histoire‹ und die Auseinandersetzung mit der anhaltenden, auch außerakademischen Attraktion des mentalitätshistorischen Blicks, zum Beispiel auf das Mittelalter, findet in Deutschland weitgehend im Fächerrahmen von ›Literaturwissenschaft‹ statt; auch die Diskussionen der letzten Jahre über ›Körper‹, ›Medien‹ und ›Materialitäten‹ der Kommunikation (exemplarisch dazu Gumbrecht/Pfeiffer 1987) einerseits, über postmoderne Wahrnehmungs- und Denkstile, über rationalitätskritische Lifestyles andererseits hat in Deutschland ihren Ort zu einem großen Teil in den Literaturwissenschaften. Ebenso wurde und wird die Etablierung von Frauenforschung in der BRD zu einem signifikanten Teil als Diskussion über Frauen-

literatur geführt und rekrutiert sich dementsprechend markant aus Literaturwissenschaftlerinnen. Die Affinitäten dieses Typs von ›Literaturwissenschaft‹ zu Mentalitätsgeschichte, Frauenforschung und Fragen nach den ›Materialitäten der Kommunikation‹ markieren ein Sensibilitäten- und Interessenpotential, das sich derzeit, zusammen mit ähnlich sensibilisierten Typen von Geschichtswissenschaft und Soziologie als ›neue Kulturwissenschaften‹ formiert (Schwemmer 1987, Gumbrecht/Pfeiffer 1987).
Der Status der vorausgegangenen Überlegungen, mit denen neue Fragestellungen, neue Objektbereiche und neue Möglichkeiten der Zusammenarbeit zwischen Frauenforschung, ›neuer‹ Geschichtswissenschaft und ›Kulturwissenschaften‹ anvisiert werden, ist programmatischer Natur; eine Einlösung dieses Potentials kann die Fallstudie, in die dieser Aufriß eingebettet ist, nur sehr partiell in Aussicht stellen.
Ziel der vorliegenden Arbeit ist neben der Positionierung des Falls ›Olympe de Gouges‹ in einen neu formulierten Horizont von Fragen und Forschungsperspektiven – inklusive der Etablierung der Dignität der ›soft data‹ des einzelnen Falls gegenüber dem Druck der seriellen ›hard data‹ aus mentalitätshistorischer Perspektive – zum zweiten die Analyse seiner Signifikanz als ›Fall‹ eines programmatischen anthropologischen Diskurses und des Umgangs mit ihm, vor der Folie der zeitgenössisch zuhandenen anderen – und anders institutionalisierten – anthropologischen Diskurse.

III. Der Referenzrahmen: Die Anthropologie des XVIII. Jahrhunderts

Die Realisation des neuen, emphatisch begriffenen Menschen wird faktisch nur im Mann gesehen. Solange die Anthropologie des XVIII. und des XIX. Jahrhunderts Menschliches als Männliches festschreibt, wird die Frau zur systematischen Leerstelle – und als Leerstelle zum Mythos, zum Rätsel, zum Nichts, zur Verrückten, zum weißen Fleck auf der Topographie der Menschheit – oder zum »dunklen Kontinent« eines Sigmund Freud, wenn im 19. Jahrhundert Psychoanalyse und Kulturphilosophie die neuen Orte der science le l'homme werden, an denen man bevorzugt die kulturellen Präsentationsformen von Weiblichkeit produziert.

Es entstehen Egalitätsmodelle über die Beziehung der Geschlechter, es entstehen Superioritäts- und Inferioritätsdiskurse. Typisch ist ihnen allen die Asymmetrie in der Verteilung des Menschlichkeitsprädikats, die »Mensch« und »Mann« zusammenrückt und die Frauen an den Rand, ins Abseits; entscheidend ist, daß die Setzung dieser Asymmetrie implizit erfolgt. Nur in den seltensten Fällen wird für die Frau explizit der Charakter des Menschseins in Frage gestellt. Vielmehr bleibt die systematische Leerstelle des anthropologischen Orts der Frau unbesetzt, nicht aktualisiert. Das Funktionieren der Machtdiskurse beruht gerade auf dieser impliziten Ineinssetzung von ›Mann‹ und ›Mensch‹; der Ausschluß, die Marginalisierung der Frau, geschieht stillschweigend: ihr Zugang zum pathetisch neu definierten Menschengeschlecht bleibt prekär. Die Leerstelle ›Frau‹ wird kompensiert und instrumentiert durch eine Vielzahl von Imaginationen von Weiblichkeit: Engel oder Teufel, Tiere oder Heilige, Seele oder Geschlecht, bessere oder schlechtere – in jedem Fall aber: andere Menschen.

»Qui peut définir les femmes?« – »Wer kann überhaupt die Frauen definieren?« Nicht etwa: »Qui sait définir – Wer versteht sich darauf?« Das fragt das große Repertorium der Anthropologie des XVIII. Jahrhunderts, die Matrix des Universums der Diskurse der neuen science de l'homme, die Encyclopédie d'Alemberts und Diderots. Diese Encyclopédie sammelt das Inventar des traditionellen und zeitgenössischen neuen Wissens über den Menschen, über Mann und Frau, läßt es kritisch Revue passieren und sucht im ironischen Ausspielen des alten, brüchig gewordenen Diskursuniversums ein neues zu erarbeiten. Diese Encyclopédie hält als Potential noch offen, als Horizont von Möglichkeiten noch präsent, was im Repertoire der Positionen längst vereindeutigt ist; sie versammelt Diskurse. »Der Verstand kennt kein Geschlecht«: die cartesianische Übung der Frühaufklärung, die mit Poullain de la Barre eine naturrechtlich begründete Egalität der Geschlechter etabliert (Baxmann 1983) – die eine Seite. Auf der anderen die rousseauistische Zurichtung der Frau »made for man's delight« (Wexler 1976), verbunden mit dem Verdikt über die gelehrte Frau (Steinbrügge 1987; Bennent 1985).

Wer kann die Frauen definieren? ... Die Ausnahmen sind so zahlreich, so vermengt mit dem Allgemeinen, daß man zu umso weniger Resultaten kommt, je mehr Beobachtungen man macht. Um die Seele der Frauen ist es bestellt wie um ihre Schönheit: sie lassen sie sehen, nur um uns imaginieren zu lassen... Die Frauen haben meist vermischte, in Zwischenlagen angesiedelte oder veränderliche Charaktere; sei es, daß die Erziehung ihr Naturell mehr verändert als das unsrige; sei es, daß die Zartheit ihres Baues ihre Seele zu einem Spiegel macht, der alle Gegenstände empfängt, sie lebhaft wiedergibt und keinen bewahrt (Encyclopédie 1765, S. 472).

Wir, die Männer – sie, die Frauen. Institutionalisiert ist die Sprecherrolle des Mannes, die auch den Kreis der Leser noch umfaßt; die Frau ist Objekt des definitorischen Diskurses und steht außerhalb dieses Kreises. Die Spiegelmetaphorik enthält semantisch die beiden traditionellen Komplexe: die Wesenlosigkeit der Frau und ihre Eignung als Gegenstand von Imagination und Projektion.

Wie der Mensch pathetisch in seiner vollen Dignität zu definieren sei, daran läßt die Encyclopédie keinen Zweifel: Homme – Mensch/Mann:

er ist ein fühlendes und denkendes Wesen, das frei über die Erde schreitet und wohl an der Spitze aller anderen Tiere steht, über die er herrscht; er lebt in Gemeinschaft, hat Wissenschaften und Künste erfunden, besitzt ihm eigene Güte und Bosheit, hat sich Herrscher gegeben, sich Gesetze geschaffen (Encyclopédie 1765, S. 256).

Spätestens bei den Wissenschaften und Künsten, bei der Wahl der Herrscher und der Gesetzgebung entstehen Zweifel an der Geschlechtsneutralität dieses Menschen, bei dem semantisch in keiner Weise ein geschlechtsspezifischer von einem geschlechtsunspezifischen Teil abgetrennt wird: »Homme« – »Mensch« und »Mann«. Zweifel entstehen auch, wenn der Encyclopédie-Artikel »Frau« in seiner parallelen definitorischen Passage kurz bescheidet:

Frau (femme): sie ist das Weibchen (femelle) des Menschen (Encyclopédie 1756, S. 468).

Die Definition der Frau aktualisiert lediglich den geschlechtsspezifischen Teil des Bedeutungsbereichs, reduziert auf die Opposition männlich/weiblich. Der menschliche Mehrwert bleibt implizit beim Manne, die animalische Konnotation von »femelle« (Weibchen) hat keine symmetrische Entsprechung im Artikel »Homme«: das Pendant »mâle« (Männchen) kommt nicht vor.

Diese Asymmetrie ist verschieden instrumentierbar; die Frau –

das Geschlechtswesen, das Seelenwesen, das Körperwesen, das heilige Wesen, das tierische Wesen, das Gefühlswesen, das Mutterwesen, das Familienwesen, das häusliche Wesen. Hier ist der Ort, an dem, nun mit ›Natur‹ begründet, der Chor von Superioritäts- und Inferioritätsdiskursen neu generiert wird.
Das ist die eine Hintergrundfolie, vor der Olympe de Gouges Frauenrechtserklärung steht. Die andere Kulisse ist die Tradition jener prekären Egalitätsdiskurse, die unter dem Gewicht des abendländischen Logozentrismus, der philosophisch-theologisch elaborierten Misogynie mühsam Nischen von Gleichberechtigung suchen, von Rechten überhaupt; Diskurse, die nach der Bedingung der Möglichkeit von Behauptung, von epistemologischer Behausung für die Frau suchen.
Der Traditionsstrang setzt in diesem Kontext mit Poullain de la Barre ein, dem cartesianischen Landvermesser der Geschlechtergleichheit, der gleiche Bildung und Ausbildung für die Frauen fordert und die Übernahme politischer und militärischer Funktionen im Staat durch sie.
Die Encyclopédie ist auch hier, rund hundert Jahre später, der Brennspiegel einer Diskussion, die hinter der juristischen Kodifizierung einer Diskussion, die hinter der juristischen Kodifizierung von Frauenbildung, politischen Funktionen und Eherecht die anthropologischen Prämissen neu sortiert. Olympe de Gouges wird sich die schwankende Egalität dieses Eherechts vornehmen, über das es in der Encyclopédie hieß:

> Ob auch Mann und Frau im Grunde dieselben Interessen in ihrer Gemeinschaft teilen, so ist es doch unverzichtbar, daß die Befehlsgewalt entweder dem einen oder dem anderen eigne. Nun gestehen das positive Recht der zivilisierten Nationen, die Gesetze und die Sitten Europas diese Autorität einstimmig und definitiv dem Manne zu, als demjenigen, der mit größerer Geistes- und Körperkraft ausgestattet ist, der mehr zum Gemeinwohl beiträgt...; derart, daß die Frau mit Notwendigkeit ihrem Gatten untertan sein muß und seinen Befehlen in allen häuslichen Dingen zu gehorchen hat. Dahin geht das Empfinden der klassischen wie auch der modernen Rechtsgelehrten, und ebenso die formelle Entscheidung der Gesetzgeber (Encyclopédie 1765, S. 471).

Das positive Recht spricht, durch Tradition, Anciennität und Auctoritas legitimiert. Diese Position wird nun von der Basis des Naturrechts im Namen der Menschlichkeit aus den Angeln gehoben:

... es sollen doch die Gründe, die wir für die eheliche Befehlsgewalt anführten, nicht ohne Erwiderung bleiben, indem wir als Menschen sprechen; und der Charakter dieses Werkes (sc. der Encyclopédie) erlaubt es uns, dies kühn zu sagen« (ebd.).

Der kritische Diskurs emphatischer Menschlichkeit steht jedoch unter Legitimationszwang gegen den Machtdiskurs des positiven Rechts. Erst der Kontext der Encyclopédie und ihr Anspruch auf Revision von Wissen legitimiert das ›gewagte‹ Gegenargument, das auf der natürlichen Gleichheit der Menschen insistiert:

Es scheint zunächst, daß es 1° schwierig sei, nachzuweisen, daß die Befehlsgewalt des Ehemannes von der Natur herrühre; denn dieses Prinzip läuft der natürlichen Gleichheit der Menschen zuwider; und daraus allein, daß einer geeignet ist zum Befehlen, folgt noch nicht, daß er auch tatsächlich das Recht dazu habe. 2° hat der Mann durchaus nicht immer die größere Kraft des Körpers, des Geistes, der Weisheit und der guten Lebensführung als die Frau (ebd.).

Dieses Argument verfolgt eine deskriptive, naturrechtlich begründete Anthropologie im Gegensatz zu der für das positive Recht formulierten normativen Anthropologie, in der die Überlegenheit des Mannes auf traditionsverbürgte Ungleichheit gegründet ist.

Entscheidend wird nun das Verhältnis der beiden konfligierenden Diskurse. Im epistemologischen Repertoire der Aufklärung hat die Naturrechtsargumentation die höhere, weil moralische Legitimität; das positive Recht ist nur durch Anciennität, damit schwächer, legitimiert. Aber hier verfolgt die Encyclopédie in der Relationierung der beiden Diskurse nicht etwa die Leitlinie größerer oder geringerer sittlicher Rechtfertigung, sondern ist ihrerseits wieder einer ›positiven‹ Instanz unterstellt: dem Kompromiß von Regel und Ausnahme:

... denn gewöhnlich sind die Männer fähiger als die Frauen, um die häuslichen Geschäfte zu führen. Es ist sehr vernünftig, als allgemeine Regel festzusetzen, daß die Stimme des Mannes den Vorrang habe, solange beide Parteien keinen anderslautenden gemeinsamen Beschluß gefaßt haben; denn das allgemeine Gesetz entstammt der Institution des Menschen und nicht dem Naturrecht (ebd.).

Welche Startchancen hätte ein solcher anderer, naturrechtlich begründeter Beschluß?

Wenn aber eine Frau das Gegenteil dessen vereinbart, was das Gesetz besagt – in der Überzeugung, daß sie ein besseres Urteil und eine bessere

Lebensführung habe, oder wenn sie weiß, daß sie ein größeres Vermögen besitzt oder höheren Standes ist als der Mann, der ihren Gatten darstellt – wenn diese Frau als das Gegenteil dessen vereinbart, was das Gesetz besagt, und dies mit Zustimmung ihres Gatten: muß sie dann nicht, kraft des Naturgesetzes, dieselbe Macht haben wie ihr Ehemann kraft des fürstlichen Gesetzes? Der Fall einer Königin, die ... einen Fürsten unter ihrem Rang heiratet – oder, wenn man will, einen ihrer Untertanen, genügt, um zu zeigen, daß die Befehlsgewalt einer Frau über ihren Mann, selbst im Bereich der Führung der Familie, nichts Unvereinbares hat mit der Natur der ehelichen Gemeinschaft (ebd.).

Mögliche Egalitätsmodelle werden hier permanenten Limitierungen unterzogen und auf der Basis ständischer Überlegenheit der Frau in traditionelle Superioritätsdiskurse gewendet. Neue Argumentationspotentiale werden so selbst im Diskussionsraum der kritischen enzyklopädischen Wissensrevue marginalisiert.

IV. Das Umfeld: Die Weiblichkeitsdiskurse der Revolution

Die Frauen von 1789 formulieren und fordern in den wenigen Revolutionsjahren mehr Verbesserungen ihrer Lage als in den zwei Jahrhunderten zuvor (Albistur/Armogathe 1977, S. 307). Aber unter dem Anspruch auf epochale Befreiung der Menschheit redupliziert die Revolution neben anderen – sozialen – Exklusionsregeln systematisch auch die Ständeordnung der Geschlechter: Libertät und Egalität nur für die männerbündische Fraternität, für die Gemeinschaft der »patriarchalisch vereindeutigten« Bürger (Opitz 1985, S. 288; Geitner 1985, Duhet 1971). Der Machtdiskurs inszeniert im kollektiven Imaginären der Revolution Weiblichkeit als »Unterwerfung der Frau in Umzügen blumenbekränzter Jungfrauen und Mütter« (Bei 1981, S. 93). Die selektive offizielle Rousseau-Rezeption der Revolution führt zu einem fatalen Frauenlob, zur »Abweisung« von Egalitätsforderungen und reduziert die soziale Rolle der Frau wieder auf ihre Geschlechtsnatur (Baxmann 1983, S. 136, Steinbrügge 1987). »Die großen Revolutionäre«, so resumieren Armogathe/Albistur in ihrer »Histoire du Féminisme Françáis«, »sind notorische Antifeministen, die die aktive Partizipation der Frau am politischen Leben für ›naturwidrig‹ halten« (S. 343).

Daran ändern die ebenso spektakulären wie passageren neuen Inszenierungsformen von Weiblichkeit nichts: die Heroinen, die Amazonen, die Kämpferinnen in der Revolutionsarmee werden mit höchster Ambivalenz erlebt, mit höchster Ambiguität behandelt und in zwei Richtungen kanalisiert: zum einen wird Weiblichkeit allegorisch transformiert »als Projektionsraum für die Füllung abstrakter Konzepte von Volkssouveränität«; gleichzeitig wird zum anderen mit »normativen Weiblichkeitskonzepten« (Baxmann 1987, S. 148) ein Ordnungs- und Referenzrahmen um die Enklaven der exzeptionellen, ›unweiblichen‹ Weiblichkeit im revolutionären Alltag gelegt. Diese Enklaven standen stets nur als Ausnahmesituationen zur Disposition und waren schnell genug durch Einebnung ihres exzentrischen Status auf den Regelfall oder aber durch Marginalisierung liquidierbar: »Wo Frauen politisch, organisatorisch und kulturell in der Öffentlichkeit tätig wurden, taten sie dies gestützt auf das Wohlwollen und die Toleranz der betreffenden Behörden und lokalen Autoritäten; ihr politisches Status blieb ... undefiniert und war ... mehr ein Privileg denn ein Rechtsanspruch« (Opitz 1985, S. 294).

Wenn Olympe de Gouges die Gewährung dieses Privilegs der Frauenrechte einklagt, wenn sie anklagt, fordert, mahnt, appelliert, steht sie nicht allein.

Ein Jahr von ihrer »Déclaration« markiert Condorcet, der Jakobiner-Marquis, der »ami des femmes«, der feministische Philosoph der Revolution, eine Schwelle, als er in seiner Denkschrift »Sur l'admission des femmes au droit de cité« 1790 das aktive und passive Wahlrecht, das Bürgerrecht für die Frau fordert:

Haben nicht ... Philosophen und Gesetzgeber das Prinzip der Gleichheit der Rechte verletzt, wenn sie in aller Ruhe die Hälfte des Menschengeschlechts der Mitwirkung am Zustandekommen der Gesetze berauben, indem sie die Frauen vom Bürgerrecht ausschließen? (Condorcet 1847, S. 121) ... Die Rechte der Männer resultieren ausschließlich daraus, daß sie mit Empfindung begabte Wesen sind (»êtres sensibles«), fähig, sich moralische Ideen anzueignen und über diese Ideen vernünftig nachzudenken (»raisonner«). Da nun die Frauen dieselben Eigenschaften besitzen, haben Sie mit Notwendigkeit dieselben Rechte. Entweder hat kein Individuum der menschlichen Spezies wahrhafte Rechte, oder alle haben dieselben. Und der, der gegen das Recht eines anderen stimmt, welcher Religion, Hautfarbe oder welchen Geschlechts dieser auch sei, der hat von jenem Augenblick an seinen eigenen Rechten abgeschworen (Condorcet 1847, S. 122) ... Es ist doch höchst eigenartig, daß man in vielen Ländern die Frauen als unfähig zur Übernahme jeglicher politischer Funktion ansieht, sie aber des Königtums für würdig hält; daß in Frankreich eine Frau wohl Regentin sein kann, bis 1776 nicht aber selbständige Modehändlerin (Condorcet 1847, S. 130).

Im philosophischen Diskurs seiner Denkschriften markieren Condorcets Forderungen »den Rechtsanspruch der Frauen an politischem Wahl- und Vertretungsrecht erstmals in der Öffentlichkeit« (Opitz 1985, S. 300) – aus dem konstitutionellen Diskurs seiner Anträge an die Assemblée Nationale sind die Frauenrechte dagegen spurlos verschwunden.

Wer steht noch neben Olympe de Gouges, neben wem steht sie? Es gibt die Heroinen der Revolution, Théroigne de Méricourt, Etta Palm, Marie Charpentier, die Kéralio-Robert. Es gibt die philantropischen und politischen Frauenclubs, den Club des Citoyennes Républicaines Révolutionnaires mit Claire Lacombe und Pauline Léon. Es gibt eine feministische Öffentlichkeit, die sich publizistisch-politisch ihr Forum und ihre Institutionalisierungen schafft; es gibt die Debatten und die Cahiers des Etats généraux, die Petitionen, die Broschüren und die Journale.

Aber unter welchen Bedingungen?

Im September 1791 wird – auf der Basis der Menschenrechtserklärung von 1789 – die Verfassung vom König angenommen – Olympe de Gouges begrüßt sie freudig und veröffentlicht im gleichen Atem ihre »Déclaration« dagegen. Im April 1793 erklärt der Konvent, daß Kinder, Irre, Minderjährige, Frauen und Kriminelle kein Bürgerrecht genießen. Rousseaus Antikenrezeption war offensichtlich noch in bester Erinnerung, wenn Jean-Jacques, ami du peuple, im Contrat social über die Größe des römischen Reiches spricht: »vier Millionen Bürger (»citoyens«), ohne die Ausländer zu rechnen, die Frauen, die Kinder und die Sklaven« (Rousseau 1966, S. 425). Im Oktober 1793 werden die feministischen Clubs geschlossen. 1795 untersagt der Konvent den Frauen die Teilnahme an politischen Versammlungen. Im März 1800 schließlich verbietet das napoleonische Konsultat den Frauen das Tragen der Kokarde, des Insigniums der Revolution: »Wenn wir aus dem Tragen der Kokarde eine respektable Institution machen wollen, dürfen wir nicht länger die Bestimmung der Geschlechter verwechseln« (Albistur/Armogathe 1977, S. 341). Mit diesem Transitionsritual sind die Frauen nun auch symbolisch aus dem Imaginären des öffentlichen Raums getilgt.

Die feministische Öffentlichkeit der Revolution stand immer nur auf geborgtem politischen Boden, solange sie instrumentalisierbar war. Der politische Status dieser revolutionären Frauenbewegung, ihre institutionelle Kohärenz, ist stets prekär geblieben. Das Terrain war nur vorübergehend und nur unter bestimmten Bedingungen für die Frauen geräumt worden. Wenn Olympe de Gouges die Verfassung von 1791 begrüßt, mit Freude, und gleichzeitig hofft, diese »öffentliche Freude« möge keine »falsche Illusion« sein, dann ist ihre Skepsis über die Chancen der Umsetzung der philosophischen Glücksversprechen der Aufklärung in die politische Institutionalisierung der Revolution schon markiert.

v. Das Skandalon: Die Revolution der Frauenrechte gegen die Revolutionstyrannei der Männerpolitik

Drei Argumentations- und Diskursstrategien markieren die Positionen der Frauenrechtserklärung Olympe de Gouges: die Forderung nach radikaler geschlechtsspezifischer Symmetrie (1) steht vor dem Rahmen einer genetisch begründeten und machtpolitisch präsenten Asymmetrie, an und gegen die nur ein Appell gerichtet werden kann (2), und aus der nur radikale, kompensatorisch asymmetrische Partialforderungen zugunsten der Frauen einen möglichen Ausweg weisen (3).

Symmetrie

Die programmatische und augenfälligste Diskursstrategie, mit der die Frauenrechtserklärung die Menschenrechtserklärung als Männerrechtserklärung decouvriert, besteht in der oben bereits genannten diskursiven Umsetzung der Egalitätsforderung in eine symmetrische Ersetzung der Prädikate ›homme‹ durch ›femme‹ oder ›hommes‹ durch ›hommes et femmes‹, oder in der symmetrischen geschlechtsspezifischen Explizierung von Generalbegriffen wie ›citoyen‹, ›constitution‹ etc. So wird aus »la nation« in Art. III. »die Nation, die nichts anderes darstellt als die Versammlung

von Frau und Mann«; aus »tous les citoyens« wird in Art. IV. »alle Bürgerinnen und Bürger«, ebenso wird »jedermann/alle« zu »alle Bürgerinnen und Bürger«; in Art. XVIII wird die »gemeinsame« Steuerleistung zu der »von Mann und Frau«; in Art. XV. wird »la société« zur »Masse der Frauen, die durch die Steuerleistung mit der der Männer verbunden ist«.
Diese Strategie fixiert die »Hypocrisie« (Koselleck 1973) eines generalisierenden Diskurses, dessen Generalisierungsanspruch Prätention ist und dessen Versprechen faktisch nur im Mann realisiert werden. De-Generalisierung durch geschlechtsspezifische Explizierung macht – 1791 wie 1987 – die begrenzte Reichweite vorgeblich ›neutraler‹ Prädikatoren thematisierbar (vgl. Anmerkung 10) und ermöglicht die Formulierung von symmetrisch strukturierten Egalitätsansprüchen als Vollzugsdefizit des postulierten Gleichheitsgrundsatzes.

Appell

Reichweite und Durchsetzbarkeit des Egalitätsdiskurses sind abhängig von den Rahmenbedingungen, unter denen er formuliert wird. Olympe de Gouges perspektiviert ihn zunächst reaktiv als Gegenbewegung, deren andauerndes Insistieren, Appellieren, An- und Einklagen einen Damm gegen den ständig vorgängigen Usurpationsdruck des Mannes zu errichten hat. Männliche Tyrannei wird quasi anthropologisch vorausgesetzt und muß im Namen von Natur und Vernunft im Programm einer »nationalen Erziehung« (65) korrigiert werden:

Art. IV.
Freiheit und Gleichheit bestehen darin, einem jeden das zu geben, was ihm gehört; so hat die Ausübung der natürlichen Rechte der Frau ihre Grenzen nur in der ewigen Tyrannei, die der Mann ihr entgegenstellt. Diese Grenzen müssen durch die Gesetze der Natur und der Vernunft reformiert werden.« (55)

Mit dieser Verwendung des Tyrannis-Begriffs ist eine Politisierung des Geschlechterverhältnisses etabliert, deren Geltungsanspruch sich über die etablierte revolutionäre Politik konfligierender ständischer Interessen stellt. Und sah die Menschenrechtserklärung als geschichtsphilosophische Begründung und »einzige Ursache« des »allgemeinen Elends und der Verderbtheit der Re-

gierungen« noch »Unkenntnis, Vergessen oder Mißachtung der Menschenrechte« an, so sieht Olympe de Gouges »Déclaration« diese in »Unkenntnis, Vergessen oder Mißachtung der Rechte der Frau« (S. 51).
Hauptadressat von Änderungsappellen und Anklagen bleibt jedoch der Mann:

Mann, bist Du der Gerechtigkeit fähig? Eine Frau stellt Dir diese Frage – Du wirst ihr nicht auch noch dieses Recht nehmen. Sag? Wer gab Dir die souveräne Macht, mein Geschlecht zu unterdrücken? Deine Kraft? Deine Talente? Sieh den Schöpfer in seiner Weisheit, durchstreife die Natur in all ihrer Größe, der gleichen zu wollen Du scheinst, und gib mir, wenn Du es wagst, das Beispiel einer solchen tyrannischen Herrschaft... Der Mann will, in diesem Jahrhundert der Aufklärung, der Erkenntnis, als Despot in krassester Unwissenheit über ein Geschlecht befehlen, das mit allen geistigen Fähigkeiten begabt ist (S. 51).

Der Superioritätsanspruch und die faktische Superiorität des Mannes sind nicht gerechtfertigt angesichts der kosmologisch und naturrechtlich legitimierten Egalität der Geschlechter. Aber Olympe de Gouges vermeidet das historisch zuhandene Argumentationspotential des naturrechtlich verbürgten Rechts auf Widerstand in tyrannos, und stellt statt dessen anklagend auf Einsicht des Mannes ab, die er aus der Betrachtung von Natur und Schöpfungsordnung auch noch selbst gewinnen soll. Appellativ gestellt ist auch die Leitfrage nach der Möglichkeit männlicher Gerechtigkeit. Moralischer Appell an den Mann, er möge der Frau gnädig das Privileg der Gleichheit gewähren – oder politischer Kampf um die Egalität der Geschlechter?

Frau, erwache! Die Sturmglocke der Vernunft durchhallt das Universum, erkenne Deine Rechte... Der versklavte Mann vervielfachte seine Kräfte, mußte auch auf die Deinen zurückgreifen, um seine Ketten zu zerbrechen. Nun, da er frei geworden, wurde er ungerecht gegenüber seiner Gefährtin. O Frauen! Frauen, wann endlich werdet ihr nicht mehr blind sein?... Stellt mutig die Kraft der Vernunft den leeren Überlegenheitsansprüchen entgegen; sammelt Euch unter den Bannern der Philosophie... und bald werdet Ihr diese Hochmütigen nicht als knechtische Anbeter zu Euren Füßen kriechend sehen, sondern als stolze Teilhaber neben Euch an den Schätzen des Höchsten Wesens. Welche Barrieren auch immer man Euch entgegenstellen mag, es steht in Eurer Macht, sie zu übersteigen: Ihr müßt es nur wollen! (S. 63)... Wenn aber der Versuch, meinem Geschlecht eine ehrbare und gerechte Verfassung zu geben, zur Zeit als ein Paradox meinerseits angesehen wird, überlasse ich den Ruhm, diese

Probleme anzugehen, den Männern, die nach mir kommen. Doch in der Zwischenzeit muß man dieses Ziel durch nationale Erziehung, durch die Wiederherstellung der Sitten und der ehelichen Abkommen vorbereiten (S. 67).

Olympe de Gouges bewegt sich auf unsicherem Grund. Ihre Adressaten sind einmal die Männer, einmal die Frauen – Männer, die die Macht haben, und Frauen, die wenig mehr besitzen als ihre Blindheit, ihr Leiden, und das Bewußtsein ihres Leidens. So steht den Appellen an die politische Öffentlichkeit der Männer, ihr Macht- und Gleichheitsprivileg mit den Frauen zu teilen, der Appell an eine vage, inkonsistente und unorganisierte weibliche Bevölkerungsmasse gegenüber, sich als feministische Öffentlichkeit mit eigenen Rechten zuallererst zu begreifen: »Ihr müßt nur wollen!«

Kompensatorische Asymmetrie

Begründet in der Exklusivität ihres Erklärungsanspruchs, mit dem Olympe de Gouges Korruption und Elend der Gesellschaft einzig und allein auf die Mißachtung der Frauenrechte zurückführt – bei Condorcet war dies noch eine unter mehreren Ursachen (Condorcet 1847, S. 129) – formuliert Olympe de Gouges in Ansätzen eine dritte Argumentationslinie, die kompensatorisch asymmetrische Partialforderungen der Frauen quer zu den üblichen Regelungen des politischen Diskurses favorisiert.
Berief sich die Menschenrechtserklärung in ihrer Präambel auf die Gewaltenteilung zwischen »Legislative und Exekutive«, so setzt Olympe de Gouges an deren Stelle »die Gewalt der Frauen und die der Männer« (S. 53). Damit wird das politische Modell der Gewaltenteilung ersetzt durch ein über den Tyrannis-Vorwurf politisiertes Modell geschlechtsspezifischer Gewaltenteilung.
Art. XI. bietet eine höchst ungewöhnliche Umformulierung des Rechts auf Gedanken-, Meinungs- und Pressefreiheit, das die Menschenrechtserklärung noch wie gewohnt definierte:

Die freie Äußerung der Gedanken und Meinungen ist eines der wertvollsten Menschenrechte. Jeder Bürger kann daher frei reden, schreiben und drucken ... (S. 59).

Olympe de Gouges' Version:

Die freie Äußerung der Gedanken und Meinungen ist eines der wertvollsten Rechte der Frau, da diese Freiheit die Legitimität des Vaters gegenüber seinen Kindern gewährt. Jede Bürgerin kann daher frei sagen ›ich bin die Mutter eines Kindes, das Euch gehört‹, ohne daß ein barbarisches Vorurteil sie zwingt, die Wahrheit zu verschleiern... (S. 59).

Das Recht auf Meinungsfreiheit wird von Olympe de Gouges radikal und reduktiv umformuliert als das einzige Recht auf Meinungsfreiheit, das die Frau unter diesen historischen Bedingungen des Ehe- und Familienrechts interessieren kann.

Die markanteste Konsequenz, die Olympe de Gouges damit aus der Reduplikation der geschlechtsspezifischen Tyrannei durch die Revolution zieht, besteht in einer radikalen Umstellung von politischem auf den geschlechtsspezifischen Code, in einer Entwertung, Deplazierung und Dezentrierung des privilegierten politischen Diskurses zugunsten frauenrechtlicher Argumentation.

Olympe de Gouges nimmt mit dieser Position eine Ausnahmestellung unter den Frauen und im Argumentationsrepertoire der Revolution ein. Fast alle anderen Revolutionärinnen reihten sich, wie Claudia Opitz in ihrer Studie über die Frauen von 1789 gezeigt hat, »in die unterschiedlichen ›männerpolitischen‹ Positionen ein,... weit davon entfernt, eine einheitliche Linie zu verfolgen, ... verstanden sich als Girondistinnen, Jakobinerinnen oder ›enragées‹. Sie bekämpften sich gegenseitig gemäß den Rivalitäten und Auseinandersetzungsformen, die die tagespolitischen Ereignisse auch den Männern aufzwangen oder abverlangten« (Opitz 1985, S. 305 f.).

Olympe de Gouges wird zum Skandalon nicht wegen ihrer Egalitätsforderungen, sondern wegen des Dominanzanspruchs, mit dem sie die Frauenrechtserklärung über die Menschenrechtserklärung setzt, den feministischen Argumentationsrahmen über den politischen. Mit dieser Prioritätensetzung bewegt sie sich frei flottierend und unberechenbar zwischen Royalisten und den verschiedenen revolutionären Fraktionen. Die Anwendung politisch eindeutig konnotierter Repertoires von Tyrannei, Despotie und Usurpation auf die Geschlechterordnung der neuen politischen Ordnung, die Kritik am Verlust der traditionellen weiblichen Besitzstände unter dem Ancien Régime ohne Kompensation durch die Revolution, der kritische Blick auf die patriarchalischen Kon-

tinuitäten zwischen Ancien Régime und Revolution, das Einklagen der philosophischen Glücksversprechen der Aufklärung als politisch zu institutionalisierende, und letztendlich die Devaluierung des politischen Codes durch den geschlechtsspezifischen: Tabubrüche, mehr als genug für ein Skandalon.
Die Revolutionsregierung antwortet mit dem Vernunftmonopol, dem Politikmonopol und dem Gewaltmonopol: sie liquidiert. Urteilsbegründung und Nachruf in einem, geliefert von der Feuille du Salut Public, 13 Tage nach der Vollstreckung:

Olympe de Gouges, die mit einer exaltierten Vorstellungskraft geboren war, hielt ihr Delirium für eine Inspiration der Natur. Zuerst wurde sie wahnsinnig (déraisonné), dann machte sie sich den Plan jener Perfiden zu eigen, die Frankreich entzweien wollten. Ein Staatsmann wollte sie sein, und es hat den Anschein, als hätte das Gesetz die Verschwörerin dafür bestraft, daß sie die Tugenden vergaß, die ihrem Geschlecht geziemen (Blanc 1981, S. 198).

Das Dossier mit der Nummer 210 in den Archives Nationales (Gouges 1980, S. 184):

Datum: 12. Brumaire des Jahres II der Revolution (4. November 1793)
Name: Aubry (Marie Olympe de Gouges)
Beruf: Schriftstellerin
Urteil: Tod.

Anmerkungen

Übersetzung der französischen Texte, wenn nicht anders angegeben: Friederike Hassauer.

1 Textlage, Editionen, Übersetzungen:
Nach den Forschungen von Blanc 1981, S. 223-225, liegen folgende Druckfassungen der auf den 14. 10. 1791 datierten Schrift »Les Droits de la Femme et la Citoyenne, dédié à la Reine« im Rahmen folgender Auflagen ihrer Werke vor: *Œuvres,* erschienen im April 1792 in 2 Bden., nachgewiesen in der British Library, London; *Œuvres* in 2 Bden. oder 2 Bde. in 1, Philippe (Egalité) gewidmet, nachgewiesen in den Bibliothèques municipales von Lyon und Nantes.
Im folgenden wird, mit Seitenzahl in Klammern, zitiert nach dem französischen Original in der Edition von Neda Bei und Ingeborg Schwarz: Olympe de Gouges, »Les Droits de la Femme. A la Reine«. In: Autorinnengruppe Uni Wien (1981), *Das ewige Klischee. Zum*

Rollenbild und Selbstverständnis bei Männern und Frauen, Wien/Köln/Graz, S. 45-75. Weitere Ausgaben und Übersetzungen ins Deutsche: Olympe de Gouges, Erklärung der Rechte der Frau, in: dies., *Schriften* (1980), hrsg. von Dillier, M./Mostowlansky, V./Wyss, R., Frankfurt/Basel, S. 36-54; sowie Marie de Gouges, »Deklaration der Rechte der Frau und Bürgerin«, in: Schröder, H. (Hg.) (1979), *Die Frau ist frei geboren. Texte zur Frauenemanzipation*, Frankfurt, Bd. 1, S. 31 ff. Zum historischen und aktuellen Kontext neu Roland (1987), Petersen (1987), Schwarzer (1983), S. 141 ff., Gerhard (1987).

2 Gouges, O. de (1792), *Les Fantômes de l'opinion publique*, S. 5. Zit. nach Blanc 1981, S. 144.

3 Gouges, O. de (1792), a.a.O., nach Blanc 1981, S. 143.

4 Vgl. Baader 1980, S. 106; Blanc 1981 passim und bes. S. 225-230.

5 Dubroca (1802), *Les Femmes célèbres de la Révolution*, Paris, und Noisy, C. B. (1875), *Les Femmes célèbres de la Revolution*, Rouen; vgl. Blanc 1981, S. 197.

6 Restif de la Bretonne (1794), *L'Année des Dames nationales*, Paris, S. 554 f.; vgl. auch Blanc 1981, S. 34 und S. 196.

7 Joseph-Abraham Bénard, dit Fleury (1835), *Memoires*, Paris, S. 233; vgl. auch Olympe de Gouges (1980), *Schriften*, S. 177 f.; sowie Blanc 1981, S. 36, 38, 41 f. und 62.

8 Zu Biographie und Rezeption vor allem Blanc 1981; Gouges (1980), *Schriften;* Albistur/Armogathe 1977; Duhet 1971. Neben der Rezeption durch die Revolutionshistoriographie ist Olympe de Gouges' Eingang in die populären Encyclopédies und Dictionnaires von Interesse. So z. B. *La Grande Encyclopédie – Inventaire raisonné des sciences, des lettres et des arts, par une société de savants et de gens de lettres* (o. J.), Paris, Bd. 19, S. 46 f.; Larousse, P. (1865), *Grand Dictionnaire Universel*, Paris, Bd. 8, S. 1389; *Biographie Universelle, ancienne et moderne, rédigé par une société de gens de lettres et savants* (1817), Paris, Bd. 18, S. 173-177.

9 Vgl. dazu auch die bei Gumbrecht/Reichardt/Schleich 1981 präsentierte, mentalitätshistorisch orientierte französische Aufklärungsforschung von Historikern wie Vovelle, Julia, Roche, Chartier, etc.

10 So z. B. – in Auswahl –: Owens 1986; Hassauer 1983; Hausen/Nowotny 1986; Fox Keller 1986; Kulke 1985. Vgl. auch die inzwischen klassisch gewordene psychoanalytische Diskussion des Problems bei Irigaray, Cixous, Clément: zur Rezeption z. B. Marks/Courtivron 1981; Hassauer/Roos 1986; kybernetisch perspektivierte Diskussion des Problems bei Meyer 1983.

Literatur

Abensour, L. (1921), *Histoire générale du féminisme des origines à nos jours,* Paris.

Abensour, L. (1923), *La femme et le féminisme avant la Révolution,* Paris.

Albistur, M./Armogathe, D. (1977), *Histoire du féminisme français.* 2 Bde. Paris.

Baader, R. (1980), »Die Literatur der Frau oder die Aufklärung der kleinen Schritte«, in: See, K. v. (Hg.), *Neues Handbuch der Literaturwissenschaft,* Bd. 13, Stackelberg, J. v. (1980), *Europäische Aufklärung III,* Wiesbaden, S. 79-106.

Baader, R. (1986), *Dames de lettres. Autorinnen der preziösen, hocharistokratischen und ›modernen‹ Salons 1649-1698,* Stuttgart.

Baxmann, I. (1983), »Von der Egalité im Salon zur Citoyenne – Einige Aspekte der Genese des bürgerlichen Frauenbildes«, in: Kuhn, A./ Rüsen, J. (Hg.) (1983), *Frauen in der Geschichte III,* Düsseldorf, S. 109-129.

Baxmann, I. (1987), *Die synthetische Natur – Inszenierung von Gesellschaft auf den Festen der französischen Revolution,* (Diss. masch.) Siegen.

Bei, N. (1981), »Der politische Diskurs der Frauen. Marginalien zur Szenographie der bürgerlichen Revolution«, in: Autorinnengruppe Uni Wien (Hg.) (1981), *Das ewige Klischee. Zum Rollenbild und Selbstverständnis bei Männern und Frauen,* Wien/Köln/Graz, S. 76-107.

Bennent, H. (1985), *Galanterie und Verachtung. Eine philosophiegeschichtliche Untersuchung zur Stellung der Frau in Gesellschaft und Kultur,* Frankfurt/New York.

Blanc, O. (1981), *Olympe de Gouges,* Paris.

Bourdieu, P./Chartier, R./Darnton, R. (1985), »Dialog über Kulturgeschichte«, in: *Freibeuter* 26 (1985), S. 22-37.

Chartier, R. (1986), »Intellektuelle Geschichte und Geschichte der Mentalitäten«, in: *Freibeuter* 29 (1986), S. 22-31.

Chartier, R. (1986b), »Intellektuelle Geschichte und Geschichte der Mentabilitäten (Schluß)«, in: *Freibeuter* 30 (1986), S. 21-35.

Condorcet, M. J. A. N. de Caritat, Marquis de (1847), »Sur l'admission des Femmes au droit de cité – 3. Juillet 1790«, in: ders. (1847), *Œuvres,* Paris, Tome X, S. 119-130; Faksimile-Nachdruck Stuttgart 1968.

Davis, N. Z. (1976), »Women's History in Transition: The European Case«, in: *Feminist Studies* III, Spring/Summer 1976, S. 83-103. Hier deutsch zitiert nach: »Gesellschaft und Geschlechter. Vorschläge für eine neue Frauengeschichte«, in: dies. (1986), *Frauen und Gesellschaft am Beginn der Neuzeit,* Berlin, S. 117-132.

Davis, N. Z. (1986b), »Die Möglichkeiten der Vergangenheit – Geschichte

und Ethnologie: neue Blicke auf vertraute Landschaften«, in: Raulff, U. (Hg.) (1986), *Vom Umschreiben der Geschichte*, Berlin, S. 45-53.
Decaux, A. (1972), *Histoire des françaises*, Paris.
Dirscherl, K. (1985), »Diderot auf der Suche nach einem Diskurs über den Menschen«, in: Gumbrecht, H. U./Link-Heer, U. (Hg.), *Epochenschwellen und Epochenstrukturen im Diskurs der Literatur- und Sprachhistorie*, Frankfurt, S. 126-140.
Duguit, L./Monnier, H. ([7]1952), *Les Constitutions et les principales lois de la France depuis 1789*, Paris.
Duhet, P.-M. (1971), *Les femmes de la Revolution 1789-1794*, Paris.
Elias, N. ([7]1980), *Über den Prozeß der Zivilisation*, 2 Bde., Frankfurt.
Elster, J. (1987), *Subversion der Rationalität*, Frankfurt/New York.
Encyclopédie (1751-1780), *Encyclopédie ou dictionnaire raisonné des sciences, des arts et des métiers, par une societé de gens de lettres*, mis en ordre et publié par M Diderot... et quant à la partie mathématique par M. d' Alembert, Neufchâtel.
Encyclopédie (1765): Bd. 8.
Encyclopédie (1756): Bd. 6.
Ermacora, F. (1974), *Menschenrechte in der sich wandelnden Welt*, Bd. 1: *Historische Entwicklung der Menschenrechte und Grundfreiheiten*, Wien.
Flandrin, J.-L, (1976), *Familles – Parenté, maison, sexualité dans l'ancienne societé*, Paris.
Foucault, M. (1966), *Les mots et les choses. Une archéologie des Sciences Humaines*, Paris.
Foucault, M., *Histoire de la sexualité*, (1976), Bd. 1 *La volonté de savoir;* (1984), Bd. 2 *L'usage de plaisirs;* (1984), Bd. 3 *Le souci de soi;* Paris.
Foucault, M. (1984), *L'Archeologie du savoir*, Paris.
Fox Keller, E. (1986), *Liebe, Macht und Erkenntnis. Männliche oder weibliche Wissenschaft?*, München/Wien.
Franz, G. (Hg.) (1964), *Staatsverfassungen: Eine Sammlung wichtiger Verfassungen der Vergangenheit und Gegenwart in Urtext und Übersetzung*, München.
Frevert, U. (1986), *Frauen-Geschichte – Zwischen Bürgerlicher Verbesserung und Neuer Weiblichkeit*, Frankfurt.
Furet, F. (1983), *Penser la Révolution Française*, Paris.
Geitner, U. (1985), »›Die eigentlichen Enragées ihres Geschlechts‹. Aufklärung, Französische Revolution und Weiblichkeit«, in: Grubitzsch, H./Cyrus, H./Haarbusch, E. (Hg.) (1985), *Grenzgängerinnen. Revolutionäre Frauen im 18. und 19. Jahrhundert – weibliche Wirklichkeit und männliche Phantasien*, Düsseldorf.
Gerhard, U. (1987), »Menschenrechte auch für Frauen. Der Entwurf der Olympe de Gouges«, in: *Kritische Justiz* 2 (1987), S. 127-149.
Gouges, M. de (1979), »Deklaration der Rechte der Frau und Bürgerin«,

in: Schröder, H. (Hg.) (1979), *Die Frau ist frei geboren. Texte zur Frauenemanzipation*, Frankfurt, Bd. 1, S. 31 ff.
Gouges, O. de (1980), *Schriften*, hrsg. von Dillier, M./Mostowlansky V./Wyss, R., Frankfurt.
Gouges, O. de (1981), »Les droits de la femme. A la Reine. – Die Frauenrechte. An die Königin«, Wiedergabe und Übersetzung des Textes aus 1791, von Bei, N./Schwarz, L., in: Autorinnengruppe Uni Wien (Hg.) (1981), *Das ewige Klischee. Zum Rollenbild und Selbstverständnis bei Männern und Frauen*. Wien/Köln/Graz, S. 45-75.
Grubitzsch, H. (1985), »Michelets ›Frauen der Revolution‹«, in: Grubitzsch, H./Cyrus, H./Haarbusch, E. (1985), *Grenzgängerinnen – Revolutionäre Frauen im 18. und 19. Jahrhundert. Weibliche Wirklichkeit und männliche Phantasien*, Düsseldorf.
Guillois, A. (1904), *Etude médico-psychologique sur Olympe de Gouges. Considérations générales sur la mentalité des femmes pendant la révolution*, Lyon.
Gumbrecht, H. U. (1978), *Funktionen parlamentarischer Rhetorik in der Französischen Revolution. – Vorstudien zur Entwicklung einer historischen Textpragmatik*, München.
Gumbrecht, H. U. (1980), »Skizze einer Literaturgeschichte der Französischen Revolution«, in: See, K. v. (Hg.), *Neues Handbuch der Literaturwissenschaft*, Bd. 13, Stachelberg, J. v. (1980), *Europäische Aufklärung* III, Wiesbaden, S. 269-328.
Gumbrecht, H. U./Reichardt, R./Schleich, Th. (1981), *Sozialgeschichte der Aufklärung in Frankreich*, 2 Bde., München.
Gumbrecht, H. U. (1986), »Deconstruction Deconstructed. Transformationen französischer Logozentrismus-Kritik in der amerikanischen Literaturtheorie«, in: *Philosophische Rundschau* XXXIII, S. 1-35.
Gumbrecht, H. U./Pfeiffer, K.-L. (1987), *Materialities of Communication*, Colloquium 30. 3.-11. 4. 1987, Inter-University-Centre, Dubrovnik.
Hartung, F. (1974), *Die Entwicklung der Menschen- und Bürgerrechte von 1776 bis in die Gegenwart*, Göttingen/Berlin/Frankfurt.
Hassauer, F. (1983), »Das Weib und die Idee der Menschheit. Zur neueren Geschichte der Diskurse über die Frau«, in: Cerquiglini, B./Gumbrecht, H. U. (Hg.), *Der Diskurs der Literatur- und Sprachhistorie*, Frankfurt, S. 421-445.
Hassauer F./Roos, P. (Hg.) (1986), *Die Frauen mit Flügeln, die Männer mit Blei? Notizen zu weiblicher Ästhetik, Alltag und männlichem Befinden*, Siegen.
Hastrup, K. (1986), »Ethnologie und Kultur – Ein Überblick über neuere Forschungen«, in: Raulff, U. (Hg.) (1986), *Vom Umschreiben der Geschichte*, Berlin, S. 54-67.
Hausen, K. (1976), »Die Polarisierung der ›Geschlechtscharaktere‹. Eine

Spiegelung der Dissoziation von Erwerbs- und Familienleben«, in: Conze, W. (Hg.), *Sozialgeschichte der Familie in der Neuzeit Europas*, Stuttgart, S. 363-393.

Hausen, K./Nowotny, H. (Hg.) (1986), *Wie männlich ist die Wissenschaft?* Frankfurt.

Hoffmann, P. (1977), *La femme dans la pensée des Lumières*, Paris.

Hutton, P. H. (1986), Die Geschichte der Mentalitäten – Eine andere Landkarte der Kulturgeschichte, in: Raulff, U. (Hg.) (1986), *Vom Umschreiben der Geschichte*, Berlin, S. 103-131.

Jellnick, A. (⁴1927), *Die Erklärung der Menschen- und Bürgerrechte. Ein Beitrag zur modernen Verfassungsgeschichte*, München/Leipzig.

Koselleck, R. (1973), *Kritik und Krise – Eine Studie zur Pathenogenese der bürgerlichen Welt*, Frankfurt.

Kulke, Ch. (Hg.) (1985), *Rationalität und sinnliche Vernunft. Frauen in der patriarchalen Realität*, Berlin.

Lacour, L. (1900), *Les Origines du féminisme contemporain. Trois femmes de la Révolution: Olympe de Gouges, Theroigne de Mericourt, Rose Lacombe*, Paris.

Lairtullier, E. (1840), *Les femmes célèbres de 1789 à 1795 et leur influence dans la Révolution*, Paris.

Lepenies, W. (1976), *Das Ende der Naturgeschichte – Verzeitlichung und Enthistorisierung in der Wissenschaftsgeschichte des 18. und 19. Jahrhunderts*, München/Wien.

Luhmann, N. (1980/1981), *Gesellschaftsstruktur und Semantik. Studien zur Wissenssoziologie der modernen Gesellschaft*, 2 Bde., Frankfurt.

Luhmann, N. (1984), *Soziale Systeme. Grundriß einer allgemeinen Theorie*, Frankfurt.

Luhmann, N. (1988), »Frauen, Männer und George Spencer Brown«, in: *Kölner Zeitschrift für Soziologie*, Jg. 17, H. 1, Febr. 1988, S. 47-71.

Marks, E./Courtivon, I. de (Hg.) (1981), *New French Feminisms*, New York.

Meyer, E. (1983), *Zählen und Erzählen – Für eine Semiotik des Weiblichen*, Berlin.

Michelet, J. (1854), *Les Femmes de la Révolution*. Brüssel/Leipzig. Hier in der deutschen Übersetzung zitiert nach: Michelet, J. (1984), *Die Frauen der Revolution. Hg. und übersetzt von Gisela Etzel*, Frankfurt.

Opitz, C. (1983), »›Die vergessenen Töchter der Revolution‹ – Frauen und Frauenrechte im revolutionären Frankreich 1789-1795«, in: Grubitzsch, H./Cyrus, H./Haarbusch, E. (Hg.) (1985), *Grenzgängerinnen. Revolutionäre Frauen im 18. und 19. Jahrhundert – weibliche Wirklichkeit und männliche Phantasie*, Düsseldorf.

Owens, C. (1986), »Der Diskurs der Anderen – Feministinnen und Postmoderne«, in: Huyssen, A./Scherpe, L. R. (Hg.) (1986), *Postmoderne – Zeichen eines kulturellen Wandels*, Reinbek, S. 172-195.

Petersen, S. (1987), *Marktweiber und Amazonen. Frauen in der französischen Revolution*, Köln.
Raulff, U. (Hg.), (1986), *Vom Umschreiben der Geschichte*, Berlin.
Roland Madame (1987), *Mémoiren aus dem Kerker. Eine Jugend im vorrevolutionären Frankreich*, Zürich, München.
Rousseau, J.-J. (1966), »Du Contrat Social«, in: ders., *Œuvres Complètes*, hrsg. von Gagnebin, B./Raymond, M., Bd. III, Paris, 1966, S. 350-475.
Schmidt, S. J. (Hg.) (1987), *Der Diskurs des Radikalen Konstruktivismus*, Frankfurt.
Schmitt, E. (1976), *Einführung in die Geschichte der französischen Revolution*, München.
Schwarzer, A. (1983), *So fing es an! Die neue Frauenbewegung*, Frankfurt.
Schwemmer, O. (1987), *Handlung und Struktur. Zur Wissenschaftstheorie in den Kulturwissenschaften*, Frankfurt.
Shorter, E. (1977), *Naissance de la famille moderne*, Paris.
Soboul, A. (1970), *La Civilisation et la Révolution française*, Paris.
Soboul, A. (1983), *La Révolution Française*, Paris.
Steinbrügge, L. (1987), *Das moralische Geschlecht, Theorien und literarische Entwürfe über die Natur der Frau in der französischen Aufklärung*, Weinheim.
Vovelle, M. (1982), *Die französische Revolution – soziale Bewegung und Umbruch der Mentalität*, München/Wien.
Waldenfels, B. (1987), *Ordnung im Zwielicht*, Frankfurt.
Wexler, V. G. (1976), »›Made for man's Delight‹ – Rousseau as Antifeminist«, in: *American Historical Review* 81 (1976), S. 266-291.

Marinete dos Santos Silva
Die Prostitution in Rio de Janeiro im 19. Jahrhundert

Viele ausländische Reisende, die im 19. Jahrhundert die Stadt Rio de Janeiro besuchten, haben die große Anzahl von Prostituierten bemerkt, die dort lebten. Die meisten von ihnen äußerten sich über das Ausmaß des »Problems«, das in den Hauptstraßen verbreitet war und die »guten Sitten« und die »öffentliche Gesundheit« bedrohte.[1]

Trotz dieser Reiseberichte gibt es wenige Untersuchungen in Brasilien zu diesem Thema. Die Prostitution, seit alters her als »das älteste Gewerbe der Welt« betrachtet, wird als ein »natürliches« Phänomen angesehen. Man versucht es durch individuelle Faktoren psychologischer Herkunft zu erklären.[2] Unter diesem Gesichtspunkt sind die Prostituierten Randerscheinungen, ohne Bedeutung für die Geschichte. Freilich hat die Erweiterung des Untersuchungsfeldes der historischen Forschung die Bedeutung der Randerscheinungen bewußt gemacht. Deren Diskurs und besonders der Diskurs über sie zeigen die Übereinstimmung der Gesamtgesellschaft, bemerkt Bernard Vincent.[3] Außerdem besteht Einigkeit darüber, daß man die Prostitution nicht von den sozialen und ökonomischen Bedingungen wie auch von der Entwicklung der mentalen Strukturen isolieren kann. Da die Prostitution eine typische Form weiblicher Sklaverei darstellt, kann man von einer wirklichen Frauengeschichte nicht sprechen, ohne die Geschichte der Dirne miteinzubeziehen.[4]

Viele Historiker haben schon die sogenannte »Sittenfreiheit« hervorgehoben, die im 19. Jahrhundert in Brasilien herrschte.[5] Zunächst darf man nicht vergessen, daß die portugiesische Kolonisation eine Besonderheit hatte: selten ließen sich ganze Familien dort nieder. Im allgemeinen waren es alleinlebende Personen, die ihr Glück suchten und die manchmal ihre Familie im Heimatland zurückließen, in der Hoffnung, eines Tages dorthin zurückzukehren. Da sie aus einer Gesellschaft stammten, in der die männliche Überlegenheit unbestritten war, bildeten sie diese Welt überall wieder neu. So entstand in Brasilien die patriarchalische

Familie, die auf der Herrschaft des Mannes über der Frau beruhte, unterstützt von einer doppelten Moral: der Mann, das »starke Geschlecht«, der bedeutende Leitungsaufgaben wahrnimmt und der alle seine Bedürfnisse befriedigen kann, und die Frau, das »schwache Geschlecht«, die zu häuslichen Pflichten und zur Kinderaufzucht verurteilt ist, auf das Haus beschränkt, unter der Herrschaft ihres Vaters lebend, während sie noch ledig ist, schließlich unter jener ihres Gatten. »Man vergötterte die reine Frau«, sagt Gilberto Freyre, »während man von den Ausschweifungen des Mannes kaum Aufhebens machte.«[6] Die Erziehung der weißen Frau bestimmte sie zur häuslichen Tätigkeit und zur Rolle der Familienmutter. Die Keuschheit war ein wesentliches Gebot vor der Heirat wie die Treue anschließend. Der geringste Verdacht eines »unziemlichen« Betragens eines jungen Mädchens oder einer verheirateten Frau ermächtigte den Vater oder den Gatten, sie für eine Zeit der Besinnung oder auch für ihr ganzes Leben in ein Kloster zu schicken. Der Ehebruch, der als sehr schwere Verfehlung betrachtet wurde, konnte selbst durch den Tod bestraft werden, ohne daß der Ehemann für dasselbe Vergehen irgendeine Verurteilung erfuhr. Das Verhalten der Frau wurde genau kontrolliert. Das ging so weit, daß sie nicht einmal allein ausgehen durfte.[7] Was ihre politischen Rechte betraf, so war sie den Sklaven gleichgestellt. Wie diesen war ihnen Grundbesitz praktisch verboten. Der Zugang zum Eigentum lief über das Erbrecht. Als Witwe erbte sie den dritten Teil des Besitzes. Bei einer Wiederheirat freilich verlor sie das Erbe und auch das Sorgerecht über die Kinder aus erster Ehe.[8] Während des 19. Jahrhunderts änderte sich das Leben der weißen Frau ein wenig und zwar in dem Maße, in dem der Prozeß der Verstädterung voranschritt. Sie blieb nicht mehr vollständig im Haus eingeschlossen. Die sozialen Kontakte intensivierten sich im Laufe von Festen, bei Theater- und Kirchenbesuchen. Das soll freilich nicht heißen, daß man dabei an ihre Erziehung dachte, die sich zu dieser Zeit auf das Erlernen von Anfangsgründen der französischen Sprache und des Klavierspiels beschränkte.[9] Ohne eine andere Zukunftsperspektive als die der Heirat war die weiße Frau im allgemeinen im Alter von fünfzehn Jahren bereits Mutter und mit fünfundzwanzig Jahren eine Matrone. Wer mit zwanzig Jahren noch ledig war, war mit dem Stigma der »solteirona«, der »alten Jungfer«, gezeichnet.[10] Sie führte ein müßiges Leben, ohne Wahlrecht, von allen politischen Bewegungen ferngehalten, die von männlichen Gruppen entworfen waren, es war ihr unmöglich, in die soziale Wirklichkeit einzugreifen. So war die Situation der weißen Frau der Oberschicht. Am schlimmsten aber war die Situation der Negerin, ausgebeutet als Sklavin, als Frau und als Arbeitskraft. Außer den üblichen Arbeiten hatte sie ihrem Herrn auch sexuelle Dienste zu leisten. Manchmal wurde sie verliehen, ein Grund für einen großen Teil der Prostitution.[11] Ihre Ausbeutung war gravierender als die der männlichen Sklaven, weil sie verantwortlich war für die Anforderungen des Produktionssystems und darüber hinaus noch die »gute Moral« der weißen Frau belegen mußte, die zur Familienmutter bestimmt war. Um die Keuschheit und »Reinheit« der weißen Frau aufrechtzuerhalten, mußten sich die schwarzen Sklavinnen prostituieren. Im Jahre 1819 schrieb ein Reisender: »Die Prostituierten hier sind nicht wie in den großen Städten Deutschlands, Frankreichs oder Englands privilegiert, obgleich sie sehr zahlreich sind, weiße Frauen, Negerinnen und Frauen aller Kategorien.«[12] Es scheint, daß die Prostitution in Rio de Janeiro in der ersten Hälfte des 19. Jahrhunderts sehr zugenommen hat. Die Hauptstadt des Reiches hatte zu diesem Zeitpunkt drei Kategorien von Prostituierten: die Aristokraten, die »sobrados« bewohnten, die Bewohner der »sobradinhos« und die »scories«.[13] Eine solche Schichtung ist der Aufmerksamkeit eines anderen Reisenden nicht entgangen, der im Jahre 1825 kommentierte: »Selbst die Dirnen verbergen ihre Scham unter dem Luxus und der Eleganz, und daher darf man sich nicht wundern, daß guterzogene junge Mädchen von diesem Land angezogen werden, wo sie zu einem Grad von Berühmtheit und Reichtum gelangen, den sie in Europa auf diese Weise niemals erreichen könnten.« Er schlußfolgerte, daß »die französischen Künstler, die die Straße do Ouvidor bewohnten, davon zu profitieren wissen.«[14] All das bringt uns auf den Gedanken, daß die französische Prostituierte eine sehr bedeutende Rolle im Prostituiertenmilieu von Rio gespielt hat, besonders nach 1860, dem Gründungsdatum eines Konzertcafés namens Lyrischer Alcazar. Thomas Lino d'Assumpcao, der sich im Jahre 1876 über die Dirnen äußerte, sagte, daß »auf der höchsten Stufe die Französin steht, die fast immer Schauspielerin-Sängerin des Alcazar ist. Sie bewohnt ihr eigenes Haus, besitzt Wagen und Diener, beleidigt die Polizei, bestreitet die Autorität der Beamten und bleibt immer unbestraft, dank der

Protektion des Ratsherrn T..., des Abgeordneten F... oder des Richters P...«[15]
Wer immer 1000 $ (tausend Réis nach örtlicher Währung) besaß, amüsierte sich im Lyrischen Alcazar, der in der Straße »da Vala au 47« lag (heute heißt diese Straße »Uruguaina«). Nach europäischem Vorbild erschien das Konzertcafé in Rio in der zweiten Hälfte des 19. Jahrhunderts. Die Zeitungen dieser Epoche, besonders der »Correio Mercantil«, sprechen vom großen Erfolg der französischen Künstlerinnen, die hier auftraten. John Codman sagte im Jahre 1865, daß die Bewohner von Rio sich nicht mit Religion, der Abolition, der Stimmenthaltung oder den Frauenrechten beschäftigten, dagegen gab es Parteien der Aimée, der Lovato, Sängerinnen und Tänzerinnen, die hier auftraten. Seinem Bericht zufolge drängte sich die Menge dorthin, um den Theaterstücken beizuwohnen, die auf Französisch gespielt wurden.[16] Außer ihrer Verbindung zur Welt des Theaters waren die Französinnen auch Näherinnen, Modistinnen, Floristinnen und so weiter und wohnten fast immer in der Straße »do Ouvidor«. Der Ruf der Franzosen hatte, wie es scheint, zu dieser Zeit an einigen Vorurteilen gelitten. Ernest Ebel erklärte, daß die Franzosen die größte ausländische Kolonie in Rio seien, hauptsächlich bestehend aus Kaufleuten; sie wurde nicht sehr geachtet, besonders nicht die Frauen, die meist beschuldigt wurden, zur galanten Welt zu gehören.[17]
Um die Mitte des Jahrhunderts stellte Charles Expilly, ein französischer Kaufmann, der lange in Rio gelebt hatte, betrübt fest, daß der Name Frankreichs »überall ein Symbol von Offenheit und Loyalität« durch eine »revoltierende Veränderung« gegangen sei, um ärgerlich zu schließen, daß »in Brasilien eine unehrenhafte Affaire eine französische Affaire genannt werde.«[18]
Ein wenig außerhalb der Luxusprostitution, die vom Schleier künstlerischer und wirtschaftlicher Tätigkeit beschützt wurde, gab es die allgemeine Prostitution von Negerinnen, Mulattinnen und Portugiesinnen. Sie bewohnten kleine, ungesunde Häuser und übten ihr Gewerbe unter der Wirkung des Alkohols aus. Diese Mädchen bildeten eine Legion von Unglücklichen, die sich der Prostitution für wenig Geld hingaben.[19]
Die Prostitution der portugiesischen Frauen fand offizielle Unterstützung. Im Jahre 1846 organisierte der portugiesische Konsul die Einwanderung der Frauen von den Azoren, unter dem Vor-

wand, die Päderastie bei den Portugiesen, die hier wohnten, zu reduzieren.[20]

Die Prostitution, die besonders in den Hauptstraßen der Stadt verbreitet war, in Bordellen und Absteigen, die meistens Portugiesen gehörten, hat Probleme der öffentlichen Ordnung hervorgerufen. Im Jahre 1883 sandte der Polizeisekretär des Hofes ein offizielles Schreiben an den Bürgermeister, um ihn um Unterstützung für die Schließung der Absteigen zu bitten, um die Eröffnung aller Etablissements dieser Art zu verhindern. Er teilte auch mit, daß die kaiserliche Regierung entschlossen sei, ihre Besitzer auszuweisen. Ihre Namen und Adressen waren dem Brief beigefügt. Die Straße »da Carioca« nahm unter diesen Adressen den ersten Rang ein. Sie besaß allein vier dieser Etablissements. Die Straße »Visconde de Itauna« ebenso wie die »Travessa de São Francisco« standen an zweiter Stelle mit drei Hotels. Aufgeführt wurden ebenso mit einem oder zwei Hotels dieser Art die folgenden Straßen: »da Lampadosa«, »Praça de Constituição«, »da Alfândega«, »Gonçalves Dias«, »Praça da Aclamação«, »da Assembléia«, »de São Jorge«, »do Espírito Santo«, »Barão de São Gonçalo«, »do Núncio«, »Beco dos Ferreiros« und »Largo do Rocio«.[21]

Die Prostitution hat aber auch in Europa Probleme geschaffen. In der zweiten Hälfte des 19. Jahrhunderts sprach man von der Existenz wahrer Organisationen, deren Ziel die Rekrutierung junger Mädchen für die Prostitution war. Die Literatur zu diesem Thema ist umfangreich und interessant.[22] Diese Organisationen arbeiteten besonders mit kleinen Anzeigen in den Zeitungen und durch Büros zur Stellenvermittlung. Man bot Arbeitsplätze in künstlerischen Gruppen, Restaurants, Cafés zu einem guten Gehalt an, ohne daß man besondere Erfahrungen mitbringen mußte. Beliebte Orte zur Anwerbung waren auch öffentliche Gärten, Krankenhäuser und Bahnhöfe. An diesen Bahnhöfen wandten sich die Zuhälter an die jungen Mädchen, die aus der Provinz ankamen. Eine andere Möglichkeit war ein Heiratsantrag in entfernte Länder.

Im allgemeinen gab es vor der Abreise eine kleine Probezeit, in der die Papiere für die Minderjährigen gefälscht und eine gewisse »Ausbildung« für die unerfahrenen jungen Mädchen stattfand. Dann folgte als nächste Etappe die eigentliche Reise im Zug oder per Schiff. Die Schulden, die sich mit der Zeit anhäuften, die

Schwierigkeiten der Verständigung in einem fremden Land, die Unkenntnis der einheimischen Sprache und so weiter schufen praktisch unüberwindliche Hindernisse für eine eventuelle Rückkehr. Der Mädchenhandel, der eine innereuropäische Dimension hatte, richtete sich auch nach Amerika. Brasilien und Argentinien stellten die bedeutendsten Ziele dar, eine Folge der geringen Kontrollen der Einreise in diesen Ländern. Die Stadt Rio de Janeiro spielte eine beachtliche Rolle als Umschlagplatz. Die Händler kamen zum größten Teil aus Ungarn, Polen und Südrußland. Die Französin als Ware kostete dreimal soviel wie eine Frau anderer Nationalität.[23]

Warum nun nahm ein junges Mädchen eine angebliche Anstellung in einem unbekannten Land an? Wie war seine Situation auf dem französischen Arbeitsmarkt? Ähnlich wie in England dringen von der zweiten Hälfte des 19. Jahrhunderts an weibliche Arbeitskräfte in die französische Industrie ein. Das hat eine Reaktion der Männer zur Folge. Die französischen Arbeiter fühlten sich bedroht. In der Druckindustrie treten sie jedes Mal in Streik, wenn eine Frau eingestellt wurde. Sie hielten die Frauen für unmittelbar verantwortlich für ihre Arbeitslosigkeit und verlangen die Beseitigung der Frauenarbeit. Die Bedeutung der Hausfrau als weiblicher Aufgabe wurde damals beschworen. Natürlich hat eine solche Reaktion die Arbeitsmöglichkeiten für weibliche Arbeitskräfte beschränkt. Im Jahre 1886 zum Beispiel bildeten die Frauen, die in der Industrie angestellt waren, lediglich 30% der Arbeitskräfte überhaupt. Weibliche Arbeitskräfte waren leicht auszubeuten. Im Jahre 1872 machte das Durchschnittseinkommen der Frauen, die in der Industrie arbeiteten, lediglich 43% des Lohnes der Männer aus. Diese Ausbeutung wurde mit dem sogenannten »Wesen« der Frau gerechtfertigt: sie rauchte nicht, sie trank nicht, mit einem Wort, sie verbrauchte weniger als die Männer. Aber auch ihr Mangel an Qualifikation war ein Hemmnis, denn eine herkömmliche Lehre war ihr praktisch verschlossen, wenn nicht gar verboten. Im Gegenteil, sie war in den Fabriken einem Disziplinarrecht unterworfen, das sehr viel härter war, als jenes, das den Arbeitern auferlegt war.[24] Das traditionelle Tätigkeitsfeld für das weibliche Geschlecht – die Arbeit als Erzieherin – war ohne Anreiz. Die Arbeitsbedingungen waren sehr hart und der Lohn sehr niedrig.[25]

Von diesem Augenblick an befand sich die Frau auf einem sehr sexistischen Arbeitsmarkt, der außerordentlich ungünstig für sie war. Diese Unterlegenheit hat eine bedeutende Rolle gespielt bei der Rekrutierung von Prostituierten. Dennoch darf man nicht die Rolle vergessen, die die Reglementierung der Prostitution in Frankreich gespielt hat. In dieser Epoche traf man Maßnahmen, um das sogenannte »notwendige Übel« zu überwachen und zu kontrollieren. Obgleich die Prostitution als schmutzig und verwerflich galt, wurde sie dennoch geduldet, weil in ihr die »Funktionsfähigkeit« des sozialen Organismus demonstriert wurde.[26] Das Bordell wandelte sich in ein »geschlossenes Haus«, wo die Prostituierten einer Leiterin untergeordnet waren. Die Kontrolle der Geschlechtskrankheiten wurde von einem »Sittenarzt« durchgeführt. In Paris und in den wichtigsten Provinzstädten entwarf man einen Katalog administrativer Strafmaßnahmen und der zwangsweisen Unterbringung in einem Krankenhaus für die Mädchen, die an Geschlechtskrankheiten litten. Die vom Gesetz anerkannten und geduldeten Bordelle bildeten so einen überschaubaren Markt für Zuhälter. Von nun an nahm der Handel sowohl in Europa als auch in Amerika zu. Um den Mädchenhandel nach Amerika richtig einzuschätzen, darf man nicht vergessen, daß während des 19. Jahrhunderts eine große Auswanderungswelle stattfand. Die Auswanderer sind in der Regel junge Männer ohne Familie. Das hat zweifellos die Frage nach einer gleichmäßigen Verteilung der Geschlechter gestellt. In Rio de Janeiro waren zum Beispiel im Jahre 1881 von 63 000 Ausländern lediglich 13 000 Frauen.[27] Die Existenz eines »Marktes« jenseits des Atlantiks und mehr noch die Entwicklung der Verkehrsmittel, die Ortsveränderungen erleichterten, brachten die Zuhälter dazu, ihr Unternehmen zu erweitern. Sie rekrutierten Frauen für europäische Bordelle und ebenso für solche in Amerika.[28]

Der Mädchenhandel hat die Aufmerksamkeit der öffentlichen Meinung erregt und wurde zu einem tatsächlichen Skandal. Im Jahre 1877 gründete man in Genf die »Union Internationale des Amies de la Jeune Fille« aus Anlaß des ersten Kongresses der »Fédération Abolitioniste Internationale«.[29] Zweiundzwanzig Vertreter aus sieben verschiedenen Ländern versammelten sich hier, um Maßnahmen zum Schutz der jungen Mädchen zu beraten, die ihre Heimat verlassen mußten, um ihr Brot zu verdienen. Die Union hatte ihren Sitz in Neufchatel in der Schweiz und organisierte vier große Konferenzen: in London 1888, in Paris im

Jahre 1888 und in Neufchatel 1894 und 1899. Sie hatte ungefähr neuntausend Mitglieder in zweiundvierzig verschiedenen Ländern, 84 Büros für eine kostenlose Stellenvermittlung, 240 Herbergen, und in 27 europäischen Städten unterhielt sie Beamte in den Bahnhöfen, die ihren Schutz den Mädchen anboten, die ankamen oder abreisten. Ihr offizielles Organ hieß »Journal du Bien Public«, das einmal im Monat in Neufchatel erschien. Nach 1863 erschien ein zweites monatlich erscheinendes Journal, das für Umsiedlerinnen gedacht war und »L'Amie de la Jeune Fille« hieß.[30]

In Frankreich gründete man die Vereinigung für die Beseitigung des Mädchenhandels und zum Schutze des jungen Mädchens. In London fand im Juni 1899 der erste Kongreß statt, der sich ausschließlich mit dem Problem der Beseitigung des Mädchenhandels beschäftigte und auf Initiative einer philanthropischen Gesellschaft, der »National Vigilance Association« zusammentrat. Dieses Gremium verbreitete zum ersten Mal skandalöse Tatsachen über den Handel mit Frauen in den meisten europäischen Ländern und seinen Verzweigungen.[31]

In Budapest widmete im selben Jahr die »l'Union Internationale de Droit Pénal« während ihres Kongresses eine ihrer Sitzungen demselben Thema.

In Amsterdam fand im Oktober 1901 eine Konferenz statt. Zehn Nationen nahmen daran teil: Deutschland, England, Österreich, Belgien, Frankreich, Italien, Norwegen, die Niederlande, Rußland und die Schweiz. Man beschloß eine von Frankreich organisierte diplomatische Konferenz im folgenden Jahr in Paris. Tatsächlich begann am 15. Juli 1902 in der französischen Hauptstadt eine diplomatische Konferenz über den Mädchenhandel. Brasilien und Argentinien waren eingeladen, aber nur Brasilien sandte einen Vertreter. Diese Sitzung hatte zum Ziel, Repressionsmaßnahmen zu sichern, die von dem Kongreß in London beschlossen worden waren. Der brasilianische Vertreter, Minister Gabriel Piza, erklärte in seinem Beitrag, bis zu diesem Augenblick von seiner Regierung keinerlei Instruktionen erhalten zu haben. Dennoch bemerkte er, daß das brasilianische Strafrecht schon zwei Artikel gegen Zuhälterei enthalte.[32]

In Rio wurden besonders die Frauen der ärmsten Bevölkerung für die Prostitution angeworben. Die armen jungen Mädchen – Töchter von Einwanderern, Mulattinnen, Negerinnen – ohne

Erbe, ohne eine Mitgift, die eine Heirat erleichterte, in einer Sklavengesellschaft, die Arbeit als eine unwürdige Angelegenheit betrachtete, ernährten sich »durch den Handel mit dem eigenen Körper«.[33] Adèle Toussaint-Samson bemerkte in ihrem Reisebericht, »daß eine Brasilianerin sich schämt, sich mit Hausarbeit zu beschäftigen, denn sie haben nur Verachtung für jemanden, der arbeitet«. Sie sagte, daß in Brasilien »die Leute lediglich Berufe des Arztes, Rechtsanwalts oder Großkaufmanns akzeptierten«.[34]

Der Mangel an beruflicher Ausbildung war auch auffallend. Lediglich die Töchter der reichen Leute: Grundbesitzer, hohe Beamte, Großkaufleute, Rechtsanwälte usw.... erhielten ein wenig Bildung. Die armen Mädchen lernten selten lesen und schreiben. Angesichts der schlimmen Lebensbedingungen erlagen sie sehr schnell der Versuchung. Moritz Lamberg notierte, daß es in Rio Mulattinnen im Alter von elf oder zwölf Jahren gebe, die bereits Mütter seien.[35] Die Arbeitsperspektiven für die freien Frauen waren gleich Null. Die Berufe der Erzieherin, Amme, Wäscherin usw. wurden von Sklavinnen ausgeführt. Die Negerinnen und die freien Mulattinnen arbeiteten manchmal als ambulante Verkäuferinnen von Obst, Gemüse, Kuchen oder Erfrischungsgetränken. Einige Geschicktere waren Blumenbinderinnen oder Näherinnen. Da Brasilien zu dieser Epoche keinen entwickelten industriellen Sektor besaß, war die Anzahl der Arbeiter sehr reduziert. Im Jahre 1882 arbeiteten in Rio in den Textilfabriken und den Schuhfabriken kaum zweitausend Frauen.[36]

In Frankreich hatte die Neuordnung der Prostitution in dem Arzt Alexandre Parent-Duchâtelet einen ihrer großen Verteidiger. Besorgt um die öffentliche Hygiene, erschienen ihm alle Gesetze, die die Prostitution verboten, untauglich. Selbst die Angst vor schlimmen Krankheiten, die sich seit langem verbreitete, hatte ja nicht zu einer Verminderung der Anzahl der Prostituierten geführt. Seiner Meinung nach war die Existenz der Prostitution unvermeidlich bei einer Anhäufung von Menschen, genau so wie »Müll und Unrat«. Die Haltung der Regierungen müßte deshalb dieselbe sein, die sie bei diesem Problem der Entsorgung vorsah. »Ihre Pflicht«, sagte er, »ist es, die Prostitution zu überwachen, mit allen möglichen Mitteln die Nachteile zu lindern, die damit verbunden sind, und sie deshalb verbergen, in den dunkelsten Ort

zurückdrängen, mit einem Wort: ihre Gegenwart so wenig bemerkbar wie möglich zu machen.«[37] Nach seiner Meinung spielten die Prostituierten eine sehr bedeutende Rolle beim moralischen Schutz der Gesellschaft: »Wenn man die Prostituierten unterdrückt, werden die Leidenschaften die Gesellschaft umwälzen, wenn man ihnen den Platz zuweist, der den ehrenhaften Frauen reserviert ist, wird alles in Schmutz und Schande versinken.«[38]
Von der Zeit des Konsulats an hat man nach und nach die Maßnahmen ausgearbeitet, die eine »moralisierte« Prostitution schaffen sollte durch eine administrative Einschreibung. Das Verhalten der Prostituierten sollte von der Inhaberin, die für das Bordell verantwortlich war, kontrolliert werden, das von diesem Augenblick an ein »geschlossenes Haus« wurde. Der Sittenarzt blieb für die Überwachung der Geschlechtskrankheiten verantwortlich. Er untersuchte regelmäßig alle Frauen, die der Prostitution nachgingen. Die Regelung, die zuerst in Paris und dann in allen großen Städten Frankreichs durchgeführt wurde, sah auch die Verhaftung und obligatorische Unterbringung in einem Krankenhaus vor. Die Verhaftung diente dazu, unter den heimlichen Prostituierten Furcht zu verbreiten. Die Unterbringung in einem Krankenhaus verpflichtete die »geschlossenen Häuser«, jene zu evakuieren, die verdächtig waren, Kunden anzustecken. Zu Beginn des Jahrhunderts war die Angst vor Geschlechtskrankheiten eine diffuse Bedrohung innerhalb eines allgemeinen Zusammenhangs von Infektionen wie Syphilis und Cholera. Von der Mitte des Jahrhunderts an jedoch erkannte man dank der Entdeckung von Pasteur die Ansteckung und die Existenz von Gonokokken und Spirochäten. Die Entwicklung der Erbtheorien brachte die Ärzte zu dem Schluß, daß die Syphilis bis in die dritte Generation vererbt werden könnte.[39] Mehr noch, die anthropologische Schule, beherrscht von Lombroso, definierte Prostitution als eine spezifische Form weiblicher Kriminalität und Parent-Duchâtelet unterstrich in seinem Buch die Häufigkeit von Geisteskrankheiten bei Prostituierten. Der medizinische Diskurs hat jedoch die Maßregelungen erst zur Geltung gebracht. Man mußte mehr als jemals die Prostitution überwachen, kontrollieren und bestrafen.
Wie hat sich das Problem der Regelung der käuflichen Liebe in Rio de Janeiro ausgewirkt? Im Dezember 1853 sandte der Chef des Polizeisekretariats des Hofes, Alexandre Joaquim de Sequeira, eine Verordnung für die Prostituierten von Rio an den

Stadtrat, damit diese zu einem Erlaß der Stadtverwaltung würde. Nach dieser Regelung wurden alle Dirnen der Stadt verpflichtet, sich bei der Polizeibehörde in ein spezielles Buch einzuschreiben. Um eingeschrieben zu werden, benötigten sie die Bescheinigung eines Polizeiarztes oder von Mitgliedern der »Junta Central de Higiene Pública«, ausgeschrieben 24 Stunden zuvor, um nachzuweisen, daß sie von keiner Geschlechtskrankheit infiziert waren. Die unter 17jährigen konnten sich nicht einschreiben. Sie mußten ihren Eltern, Vormündern, Erziehern oder Waisenrichtern übergeben werden. Diese Verordnung bezog sich nicht auf minderjährige Mädchen, die sich bereits der Prostitution widmeten. In der Praxis bedeutete das, die Prostitution der Minderjährigen zu übersehen oder sogar sie zu ermutigen. Ohne die Erlaubnis des Polizeichefs konnte kein Freudenhaus betrieben werden, und die zentrale Gesundheitsbehörde war beauftragt, Bordelle regelmäßig zu inspizieren. Die eingeschriebenen Prostituierten mußten sich einer medizinischen Untersuchung unterziehen, und zwar zweimal in der Woche, und diejenigen unter ihnen, die an Syphilis litten, wurden in der »Santa Casa de Misericórdia« interniert. Die Verweigerung einer Untersuchung wurde mit einer Strafe von 30 mil réis und 30 Tage Gefängnis belegt – eine Verordnung, die sich auch auf die Inhaberin des Hauses erstreckte. Die Ärzte waren unter Androhung ihrer Entlassung verpflichtet, schwangere Prostituierte anzuzeigen.

Die Kundenwerbung vor den Türen und Fenstern der Häuser war verboten, wie auch jede Unordnung auf öffentlichen Wegen. Man konnte ein Bordell nur in solchen Stadtteilen eröffnen, die auf einer Karte angezeigt waren, die dem Maßnahmenkatalog angehängt war. Die Zulassung nichtregistrierter Frauen war verboten. Wollten sie die Stadt oder selbst den Beruf verlassen, mußte dies der Polizei mitgeteilt werden. Umzüge waren ebenso anzuzeigen. Den für die Bordelle Verantwortlichen blieben zwei Monate, um nach dieser Regelung zu verfahren. Die Zulassung von Frauen für die Prostitution in Cafés, Herbergen, Wirtshäusern oder anderen vergleichbaren Orten war verboten bei Strafe von dreißig mil réis Bußgeld und dreißig Tagen Gefängnis.[41] Dieses Projekt, das dem Stadtrat zugeleitet wurde, um Gesetzeskraft zu erlangen, fand die Zustimmung von Francisco Thomas de Figueiredo Nunes. Man versuchte zuerst »das Problem zu lokalisieren« und schließlich es zu »kontrollieren«.

Von 1856 an begann der Polizeichef mit einer »sittlichkeitsfördernden Aktion«, mit dem Ziel, die Sitten der Frauen von zweifelhaftem Ruf zu bessern. Diese Aktion bestand darin, alle Frauen der Straßen do Sabão und da Alfândega zu registrieren. Ohne Mittel und ohne entsprechendes Personal gelang dies der Polizei jedoch nicht, und die Beschwerden gegen »Geräusch und Lärm« dauerten an. Deshalb wurde die Polizeidirektion im Zeitraum von zwei Jahren mit acht Personen besetzt, die zur Beamtenschaft und zur Polizei gehörten.[42]

Auf reglementierende Maßnahmen zielende Vorstellungen wurden weiter verfolgt. Im Jahre 1878 gründete man die »Junta de Saúde de Municipal«, deren Ziel es war, die Prostitution zu reglementieren, eine städtische Apotheke einzurichten, die Internierung zu organisieren und ein Spital zu gründen. Dieses Spital sollte ausschließlich der Behandlung der Syphilis dienen. Alle Frauen, die sich der Prostitution widmeten, sollten eine monatliche Abgabe entrichten für die »Junta Municipal«. Sie wurden auch dem System einer gesundheitlichen Steuer unterworfen. Die Arrestzelle sollte allen Prostituierten dienen, die städtische Strafen zu verbüßen hatten. An dieser Stelle sollten Arbeiten organisiert werden, »die dem weiblichen Geschlecht eigentümlich sind«.[43]

Ein anderes Projekt stammte von José Ponciano de Oliveira, Kunstprofessor am »L'Arsenal de Guerre et de la Cour« und der städtischen Schule von São José, das er dem Stadtrat im Jahre 1878 vorstellte. Er wollte den Kampf gegen die Syphilis führen und schlug daher die Gründung eines Krankenhauses vor, das ausschließlich zur Behandlung dieser Krankheit bei den Prostituierten dienen sollte. Er bedachte, daß man in Europa schon Maßnahmen in diesem Sinne ergriffen hatte, und um Brasilien auf den »Weg des wahren Fortschrittes« zu führen, mußte man diesen Teil der Bevölkerung pflegen und überwachen. Ebenso fragte er: »Aus welchem Grunde existieren in der Hauptstadt Brasiliens keine Gesetze, die Menschen bessern, die es immer geben wird?« Nach seiner Meinung machten die Prostituierten von Rio einen sehr schlechten Eindruck, und das zeigte, daß sie medizinische Behandlung nötig hatten, auf die sie aus Geldmangel oder wegen eines fehlenden verpflichtenden Gesetzes verzichteten. Im allgemeinen suchten sie die »Santa Casa de Misericórdia« erst dann auf, wenn die Krankheit schon sehr fortgeschritten war. Er schlug die Gründung einer Vereinigung vor, die von der Stadtregierung geleitet werden sollte. Für die Gründung und Erhaltung eines speziellen und privaten Krankenhauses sollten sich die Prostituierten mit einem monatlichen Beitrag von 2 mil réis beteiligen. Diese Maßnahme, dachte er, würde der »Santa Casa de Misericórdia« Vorteile bringen, die es nicht mehr notwendig hätte, Geld für die an Syphilis Erkrankten auszugeben, und ebenso der männlichen Bevölkerung, die überall saubere und gesunde Frauen vorfände.«[44]

Das Strafrecht des Reiches schrieb in Artikel 12, § 2 den Friedensrichtern die Kompetenz zu, Bettler, Vagabunden, Betrunkene und auch die Prostituierten zu kontrollieren. Dieses Recht ging in die Hände des Polizeichefs und der Distriktbeamten über nach dem Gesetz 261 von 1841. Alle diese polizeilichen Maßnahmen sollten jedoch lediglich dazu dienen, einige Straßen von Prostitution freizuhalten und die berühmtesten Prostituierten zu verfolgen. Die versuchte Registrierung durch einige Polizeichefs gelang nicht.[45]

Der Wunsch, in Brasilien ähnliche Maßnahmen einzuführen, die bereits in Frankreich bestanden, wurde nicht verwirklicht. Das Fehlen einer medizinischen und polizeilichen Infrastruktur hat das verhindert. Man kann sagen, daß die Haltung von Kaiser D. Pedro II. zugunsten einer Aufhebung der Prostitution ebenfalls eine beachtliche Rolle gespielt hat. Was die Polizei betraf, die das Recht dazu hatte, so war ihr einziges Bestreben, die Prostitution zu lokalisieren. Im November 1888 sandte der Polizeichef ein offizielles Schreiben an den Stadtrat, um einen Erlaß gegen das deprimierende Schauspiel der Prostitution in Rio vorzuschlagen. Er schlug vor, den Prostituierten Häuser in den Hauptstraßen zu verbieten, wo die Trambahnen fuhren – »sehr nützliche Maßnahmen für die öffentliche Moral in einer zivilisierten Hauptstadt.«[47]

Nach der Gründung der Republik im Jahre 1889 begann man mit neuerlichen Versuchen, die jedoch ebenfalls zu keinem Ziel führten. Trotz der Besorgnis vor Geschlechtskrankheiten, die fast immer einen Vorwand darstellte, um Prostitution zu reglementieren, scheint es so zu sein, daß diese Geschlechtskrankheiten während dieser Epoche außerordentlich verbreitet waren. Man nimmt an, daß ein Drittel der Kranken in der »Santa Casa de Misericórdia« an Syphilis litten.[48] Einer der bekanntesten Übertragungswege des Übels, neben der direkten Vererbung, war die Verwendung von Ammen, die im allgemeinen aus den untersten Sozialschichten stammten, besonders der Sklavinnen. Die Zeitungen dieser Epoche veröffentlichten Anzeigen über Wunderheilmittel auf der Basis von Quecksilber, um die Krankheit zu heilen. Eine andere Formel war die sexuelle Beziehung mit einer jungen Negerin, die Jungfrau sein mußte. Das diente offenbar zur Rechtfertigung für den Sittenverfall der Männer.

Bei diesem Stand unserer Untersuchung können wir eine Anzahl von Fragen stellen. Zunächst muß man wissen, ob das Problem der Reglementierung eine größere Resonanz gefunden hat. Welche Haltung haben beispielweise die Presseorgane der Zeit eingenommen? Welche Position vertraten die gesetzgebenden Körperschaften, das heißt: die Abgeordnetenkammern und der Stadtrat? Man weiß, daß die Geschlechtskrankheiten wahre soziale Geißeln gewesen sind. Wir müssen genau die Rolle kennen, die die »Santa Casa de Misericórdia« in der Behandlung dieser Kranken gespielt hat: die Ausgaben, die Anzahl der Kranken, die Todesfälle, etc.... Man muß ebenso die Haltung der Ärzte diesem Problem gegenüber untersuchen. Waren sie für oder gegen die Regelung? Anders ausgedrückt: Welche Lösungen haben sie vorgeschlagen?

Obgleich die Reglementierung keinen Erfolg hatte, weiß man, daß die Polizei über die Macht verfügte, die Prostitution in einem begrenzten Raum der Stadt zu lokalisieren. Welcher Raum war das genau? Nach welchen Kriterien wurde diese Wahl getroffen? Aus der Tatsache, daß es unter den Prostituierten eine soziale Schichtung gab, ergibt sich eine andere Frage: Welche Mechanismen führten dazu, aus der Prostitution ausländischer Frauen (besonders der Französinnen) eine Luxusprostitution zu machen? Und schließlich muß man die Bilder untersuchen, die Repräsentationen, die sich die Gesellschaft von Rio de Janeiro zu diesem Augenblick von der Prostituierten machte. Gibt es eine irgendwie geartete Entwicklung dieser Darstellungen?

(Übersetzt von Ursula A. J. Becher)

1 A Condição Feminina no Rio de Janeiro, século XIX: Antologia de textos de viajantes estrangeiros, Leite, M. M. (Hg.), São Paulo, Hucitec/INL Fundação Pró-Memória, São Paulo. Brasília, 1984, S. 32.
2 Vgl. Pereira, A., *A prostituição: Uma visão global,* Rio de Janeiro: Pallas, 1986 und Abreu W., *O submundo do Jogo de Azar, Prostituição e Vadiagem: Aspectos Jurídicos, Sociais e Psicológicos,* Rio de Janeiro: Freitas Bastos, 1984.
3 Darstellung im Sammelwerk *Les marginaux et les exclus dans l'Histoire,* Cahiers Jussieu n° 5, 10/18, Université de Paris VII, S. 12.
4 Corbin, A., »La Prostituée«, in: *Misérable et Glorieuse: La femme du XIXe, siècle,* Aron, J. P. (Hg.), Brüssel, 1984, S. 57.
5 Freyre, G., *Vida Social no Brasil nos meados do Século XIX. Recife Instituto Joaquim Nabuco de Ciências Sociais,* 1964, S. 105; Mauro F., *La Vie Quotidienne au Brésil au temps de Pedro II. (1831-1889),* Paris: Hachette, 1980, S. 180, Saffioti H., *A Mulher na sociedade de classes: mito e realidade,* Petrópolis: Voze, 1976, S. 174.
6 Freyre, G., a.a.O., S. 105.
7 Nizza da Silva, M. B., *Cultura e Sociedade no Rio de Janeiro (1808-1821),* São Paulo: Nacional; Brasília: INL, 1977, S. 104.
8 Saffioti, H., a.a.O., S. 175.
9 Ebel, E., *O Rio de Janeiro e seus arredores en 1824,* São Paulo: Nacional, 1972, S. 189.
10 Das Stereotyp der ›alten Jungfer‹ ist gut behandelt von Dauphin, C., »Histoire d'un stéréotype: la vieille fille«, in: *Madame ou Mademoiselle? Itinéraires de la solitude féminine 18e au 20e siècle,* Paris: Montalba, 1984.
11 Saffioti, a.a.O., S. 170.
12 Von Leithold, T., in: *A Condição Feminina no Rio de Janeiro Século XIX: antologia de textos de viajantes estrangeiros,* Leite, M. M. (Hg.), a.a.O., S. 32.
13 Mauro, F., a.a.O., S. 261. Die soziale Schichtung der Prostituierten in Belo Horizonte (Minas Gerais, Brasilien) in jüngster Zeit (1981/82) findet sich bei: Freitas, R. S., *Prostitutas, Cafetinas e Policiais: a dialética das ordens opostas,* in: *Dados* 27/2 (1984), S. 199-214. Eine vergleichbare Untersuchung über die Homosexuellen in Nordamerika wurde von Newton E. Folles und Travellos durchgeführt. Vgl. *Les Marginaux et les exclus dans l'histoire,* a.a.O., S. 408-437.
14 Schelichtorst, C., in: Leite, M. M., a.a.O., S. 100.
15 d'Assumpção, T. L., in: Leite, M. M., a.a.O., S. 60.
16 Renault, D., *Rio de Janeiro: A Vida da cidade refletida nos jornais (1850-1870),* Rio de Janeiro: Civilização Brasileira, 1978, S. 186.
17 Ebel, E., a.a.O., S. 192.

18 Explilly, C., in: Leite, M. M., a.a.O., S. 118.

19 d'Assumpção, T. L., in: Leite, M. M., a.a.O., S. 118.

20 Mauro, F., a.a.O., S. 261.

21 Ofício da Secretaria de Polícia da Corte ao Dr. Joaquim José da Silva Pinto, presidente da Câmara Municipal da Corte em 13 de Outubro de 1883, *Prostituição 1879/1883*, Arquivo Geral da Cidade do Rio de Janeiro.

22 Zum Beispiel: Philippon, O., *La Traite des êtres humains*, Paris: Tégui, 1958. Tacussel, F., *La Traite des blanches*, Paris: J. Bonhoure, 1877. Layrac, L., *La Traite de blanches et l'excitation à la débauche*, Paris: V. Giard et E. Brière, 1904. Philippon, O., *Le Trafic des Femmes*, Paris: Tégui, 1956. Londres, A., *Le chemin de Buenos Ayres*, Paris: Albin Michel, 1927.

23 Corbin, A., *Les Filles de Noce. Misère sexuelle et Prostitution (19e et 20e siècles)*, Paris: Aubier Montaigne, 1978, S. 417.

24 Reberioux, M., »L'ouvrière«, in: Aron, J. P., a.a.O., S. 67.

25 Martin-Fugier, A., »La Bonne«, in: Aron, J. P., a.a.O., S. 30.

26 Corbin, A., »La Prostituée«, in: Aron, J. P., a.a.O., S. 43.

27 Nowakowsky W., *La Santé et les Conditions sanitaires à Rio de Janeiro (1870-1920)*, Mémoire, Nanterre, 1980.

28 Corbin, A., *Les Filles de Noce*, a.a.O., S. 413.

29 Die ›Fédération Abolitioniste Internationale‹ setzte dich dafür ein, jede Reglementierung der Prostitution aufzuheben.

30 *Conférence Internationale pour la répression de la traite des blanches. Documents Diplomatiques*, Ministère das Affaires Etrangères, Paris: Impr. nationale, 1902.

31 Layrac, L., a.a.O., S. 230.

32 Conférence . . ., a.a.O.

33 Safiotti, a.a.O., S. 169.

34 Toussaint-Samson, A., in: Leite, M. M., a.a.O., S. 44.

35 Lamberg, M., in: Leite, M. M., a.a.O., S. 87.

36 Andrews, C. C., in: Leite, M. M., a.a.O., S. 123.

37 Parent-Duchâtelet, A., *La Prostitution à Paris au XIXe siècle*, Paris: Seuil, 1981, S. 203.

38 Parent-Duchâtelet, A., a.a.O., S. 204.

39 Corbin, A., »La Prostituée«, S. 44.

40 Lombroso, *La Femme Criminelle et la Prostituée*, Paris: Félix Alcan, 1896.

41 *Regulamento para as prostitutas da Cidade do Rio de Janeiro 1853-1855, 40.4.58*, Arquivo Geral da Cidade do Rio de Janeiro.

42 Renault, C., *A Vida da cidade refletida nos jornais*, Rio de Janeiro: Civilização Brasileira, S. 148.

43 Junta de Saúde Municipal. *Prostituição 1878/1884. 48.4.59*, Arquivo Geral da Cidade do Rio de Janeiro.

44 Projeto de José Ponciano de Oliveira apresentado aos representantes do Município Neutro em 1878, *Prostituição 1878/1884. 48.4.59*, Arquivo Geral da Cidade do Rio de Janeiro.

45 Abreu, W., *O Submundo do Jogo de Azar, prostituição e Vadiagem* (Aspectos Jurídicos, Sociais e Psicológicos), Rio de Janeiro: Freitas Bastos, 1984, S. 85.

46 Vgl. Nowakowski, W., *La Santé et les Conditions Sanitaires à Rio de Janeiro de 1870 à 1920*, Mémoire, Nanterre, 1980, S. 105.

47 Ofício do Chefe de Polícia Dr. Manoel José Spinola dirigido à Câmara de Vereadores, *Prostituição 1888. 48.4.61*, Arquivo Geral da Cidade do Rio de Janeiro.

48 Vgl. Nowakowsky, W., a.a.O., S. 25.

Karin Bruns
Machteffekte in Frauentexten
Nationalistische Periodika (1895-1915)

Wenn im folgenden von ›literaturwissenschaftlicher Analyse‹ und ›feministischer Lektüre‹ in einem Atemzug die Rede ist, so konstituiert dies eine problematische, wenn nicht gar ›paradoxe‹ Verbindung, die Verbindung des akademischen Diskurses, der – wie seit den Anfängen der Frauenbewegung zu Recht kritisiert wird[1] – sich auf den Ausschluß der Frau(en) gründet, mit einer Position ›außerhalb‹, die »einen Weg heraus aus Repräsentation und Logozentrismus sucht«[2] und als »Oppositionstheorie« an ihre kulturrevolutionäre Praxis gebunden ist bzw. daran gemessen werden muß.[3]

Bei diesem nicht unproblematischen Versuch sollen drei theoretisch-methodische Analyseverfahren kombiniert und auf historisches Textmaterial – Texte nationalistischer Frauenvereine – bezogen werden, um dann erneut die Frage aufzuwerfen nach dem Erkenntnisinteresse einer Textanalyse vom Ort der Frauenbewegung aus.

Ausgehend von einer *diskurstheoretischen*[4] Verfahrensweise lassen sich Texte betrachten als Bestandteile von historischen Diskursformationen. Dies sind institutionell regulierte und hierarchisch strukturierte historisch gesellschaftliche Praxisformen der Rede, die Sinn produzieren, also etwa: Medizin, Psychologie, Politik usw. Die Analyse von Texten kann sich in diesem Rahmen auf unterschiedliche Aspekte richten:

1. *(intradiskursiv:)* auf den Text als Element *eines* bestimmten Diskurses, also etwa des literarischen oder journalistischen Diskurses.
2. *(interdiskursiv:)* auf den Text als Bestandteil eines ›Ensembles‹ gesellschaftlicher Diskursformationen; d. h. Texte müssen grundsätzlich in bezug auf Texte anderer Diskurse gesehen bzw. analysiert werden. Von Interesse ist somit die Frage des Anschlusses von Bedeutungsstrukturen eines Textes an andere Diskursformen, aber auch umgekehrt:

Wie sieht die Transformation solcher Partikel aus anderen Diskursen im einzelnen, literarischen Text aus?
3. *(extradiskursiv:)* Texte rekurrieren auf politische und/oder historische Ereignisse, z. B. auf den Kriegsausbruch, die Einführung des Frauenwahlrechts, usw. Solche *diskursiven Ereignisse*[5] können die ideologische Position, Symboliken, Narrationen und damit die ganze Struktur eines Textes verändern.
Ad 1: Mit ›diskurstheoretischer Brille‹ richtet sich das Augenmerk auf die institutionellen Regeln und Rituale der literarischen und journalistischen Praxis insofern als diese den einzelnen Individuen spezifische *Subjektpositionen* bereitstellen, innerhalb derer sie handeln und sich artikulieren können.

> Aussagen werden von Positionen aus formuliert, die innerhalb sozialer Praxisarten existieren, in denen der Diskurs, dem die jeweiligen Aussagen zugehören, seinen Ort hat. Indem nun *ein* Individuum eine Reihe von Aussagen äußert, schreibt es sich selbst möglicherweise mehrere unterschiedliche subjektive Positionen bzw. durch die Art der Aussage determinierte ›Rollen‹ zu.[6]

Anzusiedeln wäre hier die Problematik weiblicher Autorschaft, ihrer Legitimation und der »literarischen Initiation einer Autorin in den Spielregeln der kulturellen Ordnung«.[7]
Ad 2: Unter diesem Aspekt erhält die *Intertextualität* von Literatur, d. h. ihr Bezug zu anderen literarischen Texten, aber auch Texten anderer Diskurse, eine besondere Bedeutung: So läßt sich etwa fragen, mit welchen Schlagworten, Parolen, Symbolen und Charakterformationen sich die Texte patriotischer Frauenbünde beziehen lassen auf das Feld politischer Äußerungen kulturrevolutionärer Gruppen und Bewegungen der Zeit (insbesondere der Frauen- und Reformbewegungen). Frauen-Kalender und -Jahrbücher sind deshalb ein besonders geeignetes Anschauungsobjekt für die interdiskursive Funktion von (elementarer) Literatur, weil diese Genres traditionell der Diskurs- und Praktikenintegration verpflichtet sind, d. h. von Anfang an Texte verschiedenster Diskurse (besonders: Naturwissenschaften, Medizin, Politik, Philosophie) aufnahmen, um das neue Wissen zu popularisieren.[8]
Geht man davon aus, daß Texte nicht nur das Abbild der Autorinnenideologien und -intentionen sind, sondern vielmehr als Kombination ideologischer Konzepte der Autorinnen, Herausgeberinnen usw. und interdiskursiver Textelemente gesehen werden müssen, ergibt sich die Frage nach dem Verhältnis von Ideologie

und literarischer Form. In Anlehnung an die *strukturalistische Texttheorie* Pierre Machereys[9] nenne ich die in den Texten manifest werdenden ideologischen Grundannahmen, die aus programmatischen Texten, Grundsatzartikeln, Verlagskorrespondenz etc. rekonstruierbar sind, das *»ideologische Projekt«* der Autorinnen.[10] Im Prozeß des Schreibens erfährt nun diese ideologische Struktur im Übergang zur Ebene der symbolischen und narrativen Ausgestaltung des Textes (›Figuration‹) eine Umformung durch die Eigenmaterialität der literarischen Formen: des Genres, der Symbolik, der Charakterformation usw., »weil keine Ideologie konsistent genug ist, um die Probe der Figuration zu überstehen«.[11] Damit wird der symbolischen Struktur und ihren Einzelelementen in der Textanalyse ein wichtiger und gegenüber ideologischen Elementen z. T. autonomer Status zuerkannt. Dieses ›Mit- und Gegeneinander‹ ideologischer und literarischer Strukturen wird als Katachrese (Bildbruch), Bruch in der Logik der Handlung und/oder der Narration beschreibbar und konstituiert ›im Extremfall‹ einen eigenständigen ›Text‹, der zu den Ideologemen der Autorin im Widerspruch steht. Die symbolische und narrative Ausgestaltung von Texten durch die Schriftstellerin ist damit als teilweise bewußter, teilweise jedoch unbewußter Akt zu verstehen.

Ein Beispiel: Die Autorin Lily Braun will in ihrer Autobiographie, »Memoiren einer Sozialistin«[12], ihre Entwicklung von der preußischen Adligen (also: ›Memoiren‹) zu einer politisch aktiven Sozialistin und Feministin beschreiben. Dazu kombiniert sie Passagen im Stil der Sozialreportage und des politischen Essays mit Sequenzen über Frauenliebe und -leid im Courths-Mahler-Ton. Letzteres bringt sie an zahlreichen Textstellen zu konservativen, traditionellen Aussagen über Weiblichkeit (›Liebe‹, als naturgegebene weibliche ›Bestimmung‹ etc.), die in scharfem Widerspruch stehen zu ihren programmatischen Aussagen über die gesellschaftliche Konstitution von Weiblichkeit in vielen anderen Textpassagen der ›Memoiren‹. Da diese Gegensätzlichkeit an keiner Stelle thematisiert oder problematisiert wird, ist zu vermuten, daß Genrezwänge bzw. die ›Macht‹ hegemonialer Symboliken (›Frau‹ und ›Liebe‹ provoziert Natursymbolik) diese ›Fehlleistung‹ motivierten. Das Ergebnis ist ein Text, der sich selbst ständig widerspricht, ohne daß dies von der Autorin in der ästhetischen Struktur des Textes angelegt wurde...

Symbole und insbesondere »Kollektivsymbole«, so läßt sich mit der *generativen Diskurstheorie* sagen[13], produzieren also *Sinn-Effekte*, die der Autorin bewußt sein können, aber nicht müssen. Die Rezipientinnen wiederum können dieses ›Sinnpotential‹ auf sich applizieren, sich damit identifizieren. Den ideologischen Effekt solcher ›identifikatorischer Spiegelungen‹, d. h. die imaginäre Totalisierung des in gesellschaftliche Praktiken und Subjektpositionen aufgesplitterten Individuums (z. B. ›Sozialistin‹, ›Autorin‹, ›Mutter‹ usw.) nenne ich, in Anlehnung an Balibar und Macherey, *Subjekt-Effekte*.[14] Innerhalb der »patriarchalen Weiblichkeitscodierung«[15] sind für Frauen aber nur bestimmte Subjekteffekte als positive ›Identifikationen‹ denkbar. Dazu ein weiteres Beispiel:

Die Symboliken und Charakterformationen, die traditionell mit Weiblichkeit verbunden werden, rekurrieren im 19. Jahrhundert weitgehend auf den Bereich der Familie. Frauen figurieren als »Symbole des Privatlebens«.[16] Leserin wie Autorin werden also vor allem die familiaren Positionen der Tochter, Ehefrau und Mutter auf sich applizieren, sowie deren zahlreiche symbolische und narrative Ausgestaltungen (›Sonne des Hauses‹, ›Priesterin des Heims‹ usw.).[17] So ist bereits die Selbstpositionierung als *›schreibende Frau‹* in der zweiten Hälfte des 19. Jahrhunderts problematisch, nicht nur, weil damit die familiaren Positionen verlassen werden, sondern auch weil dieser Begriff im Kontext der Frauenbewegung und ihren ersten Anfängen in der 48er Revolution unweigerlich politisch-programmatische Konnotationen (›Emanzipierte‹) besitzt. Frauen mit einem nicht in der Frauenbewegung verankerten Selbstverständnis, wie etwa die der erotischen Bewegung nahestehende Franziska zu Reventlow, sahen sich daher gezwungen, sich trotz literarischer und journalistischer Betätigung *nicht* als ›schreibende Frauen‹ zu konstituieren.[18] Um so schwerer fiel den konservativen, nationalistisch gesinnten Frauen des Bismarck-Frauen-Vereins die Konstituierung ›weiblichen Nationalheldentums‹, mußten sie doch, um diesen ›nationalen Auftrag‹ zu erfüllen, die eigene ideologische Position verlassen und ›Amazonen der Feder‹ werden.

Damit ist die Frage nach dem Erkenntnisgewinn der applizierten Theorieansätze für eine feministische Analyse von Texten bereits angesprochen. Indem ›Männlichkeit‹ und ›Weiblichkeit‹ als diskursiv produzierte Kategorien gefaßt werden, an die sich (epochenspezifisch zu differenzierende) Ketten von symbolischen Oppositionspaaren anschließen lassen, ergibt sich als Feld der Textanalyse ein Raster von Weiblichkeitsentwürfen einer Kultur, gesellschaftlichen Formation, politischen Gruppe, schließlich einzelner Autorinnen und Autoren. Ausgangspunkt wäre damit das ›symbolische Grundraster‹ der abendländischen Kultur im 19. Jahrhundert und seiner ›Basisoppositionen‹ (z. B. Frau = Natur vs. Mann = Staat; Frau = Passivität; vs. Mann = Aktivität usw.), sodann das »Kollektivsymbolsystem«[19] des deutschen Kaiserreichs, innerhalb dessen die ›Bismarck-Frauen‹ eine bestimmte diskursive Position einnehmen. So soll im folgenden versucht werden, die Weiblichkeitsentwürfe und symbolischen Positionen, die patriotische Frauenvereine um die Jahrhundertwende entwerfen, in ihren inter- und extradiskursiven Bezügen zu analysieren und im Spektrum der Frauengruppen dieser Zeit zu verorten. Wenn damit das Verhältnis von oppositionellen Gruppen und Bewegungen zu hegemonialen oder an der Hegemonie orientierten patriotischen Frauenaktivitäten in den Vordergrund gestellt ist, so ist in einem zweiten Schritt nach den politischen und literarischen Effekten zu fragen, die sich daraus ergeben, daß sich die ›Bismarckfrauen‹ an der traditionellen nationalen Symbolik und Mythologie (der germanischen Mythologie und den dort präfigurierten Weiblichkeitsmythen) orientieren. Untersucht werden soll also der ›Austausch‹ oder die ›Zirkulation‹ symbolischer Positionen oder Weiblichkeitsentwürfe in einem ›von Frauen dominierten‹ Feld kulturpolitischer Aussagen mit Blick auf die grundsätzlichen diskurstaktischen Möglichkeiten für Frauen in dieser Zeit.

D. h. welche symbolischen Positionen konnten Frauen der Frauen- und Reformbewegung überhaupt einnehmen und welche dieser Positionen konnten von patriotischen Frauengruppen übernommen und damit integriert werden? Wie verändern sich die Texte konservativ-nationalistischer Autorinnen, wenn diese sich plötzlich auch als ›modern‹, ›bewegt‹, als ›Frauen der Tat‹ konstituieren? Und, um noch einmal auf den Anfang zurückzukommen, welche Konsequenzen literaturwissenschaftlicher wie politischer Art ergeben sich aus einer literarhistorischen Analyse der »Identitäten des Weiblichen in Gesellschaft und Sprache«?[20]

›Bismarckfrauen‹ und ›Emanzipierte‹: Das ideologische Projekt des Bismarck-Frauen-Vereins

Angeregt durch und als Reaktion auf die Entstehung der bürgerlichen und sozialistischen Frauenbewegung konsolidiert sich in den 90er Jahren des 19. Jahrhunderts eine ebenfalls von Frauen getragene ›Gegenbewegung‹, die an zahlreichen ›Krisenpunkten‹ der Wilhelminischen Gesellschaft in Erscheinung tritt: im Kampf gegen Alkoholismus (Abolitionistinnen-Bewegung), Prostitution und Schundliteratur (Sittlichkeitsbewegung), gegen den Radikalismus der Frauenbewegung und der Sozialdemokratie (Liga zur Bekämpfung der Frauenbewegung u. a.).[21] Als ein solch antisozialdemokratischer patriotischer Frauenverein bildet sich im Jahr 1894 im Rahmen einer ›Welle‹ der Bismarckverehrung im Kaiserreich der Bismarck-Frauenverein oder, wie er sich selbst nennt, der »Kleeblattbund, ein Bismarck-Thurm der deutschen Frauen«[22], der seine Öffentlichkeitsarbeit 1895 mit dem ›Bismarck-Frauen-Kalender‹ aufnimmt. Hatten die Herausgeberinnen zunächst explizit die »Frauen der ersten Kreise des deutschen Reichs« als Rezipientinnenkreis benannt[23], so reichte ihre politische Utopie von Anfang an weiter. Das politische Programm des Vereins zielte vielmehr, in Applikation der Bismarck-Losung ›Deutschland und nicht die Partei‹ darauf ab, jenseits lokaler, parteilicher und klassengemäßer Grenzen »alle Frauen« des ›neuen deutschen Reichs‹ für die deutsche Einheit zu begeistern, allen »Schwestern« einen Platz in den deutschen »Reih'n« zuzuweisen.[24] Medium dieses politisch-kulturellen Integrationsprozesses sollte der patriotische ›Bismarck-Frauen-Kalender‹, also ein populäres, d. h. traditionell ›volksverbundenes‹ Genre sein, mit dessen Hilfe es gelingen sollte, Frauen »aller Stände und Staaten des Deutschen Reiches« zu einem ›organischen Ganzen‹ zusammenzufassen[25] und den Einzugsbereich des ›Kleeblattbundes‹ möglicherweise auf »Drei Millionen deutsche Frauenherzen« auszudehnen.[26] Bestandteil dieser Integrations-Programmatik war der Versuch der ›Bismarck-Verehrerinnen‹, nicht als »altmodisch« zu gelten, sondern auf der »Zeiten Pulsschlag« zu horchen und – bei gleichzeitigem Rekurs auf die konservative Haltung der Herausgeberinnen – die ›moderne Frau‹ der ›neuen Zeit‹ anzusprechen.[27] Dem entsprach eine partielle Orientierung an Inhalten und Forderungen der bürgerlichen Frauenbewegung, als deren

»rechter Flügel« sich der ›Kleeblattbund‹ 1919 sieht[28], oder, anders gesagt, der Versuch, der Frauenbewegung nahestehende Kreise für die Ziele des Bismarckfrauen-Vereins zu gewinnen. Dabei war den Frauen des ›Kleeblattbundes‹ gleichzeitig an einer klaren Abgrenzung gegenüber dem ›Extremismus‹ der »emanzipierten Damen«, der »Aufpflanzung der ›Frauenrechte‹«, gelegen:

Unverständlich bleibt es, wie emanzipierte Damen politische Rechte, wie z. B. das Wahlrecht für sich in Anspruch nehmen wollen. Wird dasselbe doch von den Männern schon viel zu wenig geschätzt und ausgeübt; auch können denkende Frauen im häuslichen Kreise zur Genüge die Wahlentscheidung ihrer Brüder und Männer beeinflussen, wie es die englische Frau schon längst thut. (...) So darf man sich wohl versichert halten, daß die echten edlen Frauennaturen, und mit diesen die Mehrzahl der Frauen, vor Mißgriffen sich zu bewahren wissen und lieber jene echten Frauentalente auszubilden und zu bethätigen suchen.[29]

Die Bismarck-Frauen-Kalender stehen damit innerhalb der am Jahrhundertende zu verzeichnenden ›diskursiven Explosion‹ um ›das Thema Frau‹[30] zwischen zwei ideologischen Positionen, indem sie einerseits Elemente oppositioneller Bewegungen (und hier besonders der Frauen- und Arbeiterinnenbewegung) zu übernehmen suchen, andererseits aber in ihrem Programm traditionellen Weiblichkeitsentwürfen (Frau = Familie = Haus) verpflichtet bleiben, um schließlich beides – so das ideologische Projekt der Autorinnen – in einer ›spezifisch weiblichen‹ nationalen Zielsetzung zu verbinden, die innerhalb der bürgerlichen Frauenbewegung weitgehend erst mit dem Ausbruch des 1. Weltkriegs formuliert wird.[31] »Die Frau soll Frau bleiben und nicht die Thorheit begehen, Mann sein zu wollen« – so das zur Formel verkürzte Konzept des ›Kleeblattbundes‹, das an die Stelle des von den ›Emanzipierten‹ angeblich inszenierten ›Geschlechterkampfes‹ tritt.[32] Die ideologische Widersprüchlichkeit wird mit dem Symbol der Expansion des ›inneren Kosmos‹ (Haus) ›gelöst‹.[33]

Ich glaube nicht viel zu fordern, noch viel zu versprechen, wenn ich behaupte, der klare und großartige Geist der Frauen solle fähig sein, auch die Ansichten der Männer aufzunehmen und sie in harmonischer Übereinstimmung mit Pflicht und Willen zu bringen. Solch ein Reich der Harmonie ist die Sphäre ihres Waltens. Möge es seine äußere Grenze nicht über die Häuslichkeit ausdehnen, es hat einen inneren Umfang, der weit genug ist, den Himmel darin zu umfassen.[34]

Konzeptionelle Veränderungen der Bismarck-Frauen-Kalender

In den 30 Jahren seines Erscheinens, von 1895 bis 1925, verändern sich Titel (ab 1903: »Bismarck-Jahrbücher für Deutsche Frauen«), Rubriken und Themenschwerpunkte und (als Reaktion auf die diversen politischen Ereignisse des Zeitraums, besonders den Kriegsausbruch 1914) das ideologische Projekt der Herausgeberinnen. Die Themenschwerpunkte erstrecken sich teilweise über mehrere Jahrgangsbände; so etwa die Diskussion um die ›Fremdwörtelei‹ in der deutschen Sprache (1901-1905). Ab 1922 erscheinen die Jahrbücher unter der ›Alleinregie‹ der Philologin Anna Brunnemann. Es lassen sich grob drei Phasen des Kalenderprojekts ausmachen:

1. die Konsolidierungsphase (1895-1913/14)
2. die Kriegsphase
3. die Endphase (1920-1925; 1924 erscheint kein Bismarck-Jahrbuch).

Die Konsolidierungsphase (1895-1913/14): Weiblichkeitsmythen als Lizenz für politisches Handeln

Beschränkt sich der erste Jahrgang der Bismarck-Kalender noch in enzyklopädischer Manier auf die Reihung der ›vollständigen Zeitangaben aus Bismarcks Leben und Wirken‹ und auf seine populären, oft zitierten Aussprüche, so erfährt das Programm in der Folgezeit aufgrund der bereits erwähnten Orientierung an der Frauenbewegung eine kontinuierliche Erweiterung um neue Rubriken, die sich weitgehend dem ›Frauenaspekt‹ widmen:

– 1896 werden das »Bismarck-Gespräch«, ein Streitgespräch zwischen zwei Frauentypen (einer Bismarckfrau und einer Emanzipierten), sowie politisch-programmatische Artikel (zur Dienstbotenfrage, Berufstätigkeit der Frau etc.) in das Programm aufgenommen[35];

– ab 1897 enthält jeder Jahrgangsband die Biographie einer »patriotisch hervorragenden deutschen Frau«[36];

– 1900 kommt als weitere Rubrik der »Sprechsaal der Frauen« hinzu, der Leserinnenbriefe aus ganz Deutschland bringt[37]; sowie ausdrücklich dem Integrationsprojekt gewidmete, auf weibliche Helden zentrierte »Preisnovellen«, die als einzige Rubrik bis zur Auflösung der Bismarck-Jahrbücher bestehen bleiben.[38]

Bis 1906 nehmen auch der Umfang der Jahrgangsbände und die Anzahl der Beiträger/innen kontinuierlich zu, um dann lange Zeit konstant zu bleiben.

Der Kalender entwirft in diesen unterschiedlichen Rubriken und Textsorten (Gedicht, Novelle, Biographie, Essay etc.) ein ›Grundraster‹ ›echt-deutscher‹ Weiblichkeit, dessen konstitutive Elemente (Gemüt/Herz, Seele, Frömmigkeit, Treue, Opfermut und Vaterlandsliebe) an die familiaren Positionen der Frau geknüpft werden und einen traditionellen Typus der ›neuen deutschen Frau‹ in Szene setzt:

> Fürst Bismarcks letztes Wort
>
> Dein letztes Wort, an eine Frau gerichtet
> – An deiner Tochter liebesorgend Herz –,
> auf nimmt's die deutsche Frau, denn es verpflichtet
> Und hebt zugleich sie über Tod und Schmerz:
>
> »Danke, mein Kind!« Ein liebevoll Empfinden
> Des Vaterherzens sprach sich aus darin,
> Uns aber soll es heil'ge Mahnung künden
> in übertragenem, verklärten Sinn:
>
> »Danke, mein Kind«: Die deutsche Frauenseele
> Sie nimmt dies Wort als Tochter Deutschlands auf;
> Und zum Vermächtnis wird ihr zum Befehle
> Dein letztes Wort auf deinem Heldenlauf![39]

Eingebettet in eine teleologische Struktur mythischer Lebensphasen und historisch bedeutsamer Ereignisse (Freiheitskriege, Königgrätz, Tilsiter Frieden etc.), unter denen die Begegnungen mit anderen ›Großen‹, hier ›großen Frauen der Geschichte‹, von besonderer Bedeutung sind (etwa: Marianne von Preußen besucht Schillers Mutter), treten nun also Töchter, Gattinnen und ›Mütter großer Männer‹ als geschichtsschaffende Kraft in den Vordergrund.[40]

Als *weibliches Paradigma* aufopferungsvoller Vaterlandsliebe figuriert die Königin Luise von Preußen:

> Der Name Luise hat im jungen Deutschen Reiche einen guten Klang. Es giebt Frauennamen, in denen ein ganzer Gedankenkreis, ein Ideal von Volk und Einzelmenschen uns anklingt, so uns Deutschen im Namen

Luise die Vaterlandsliebe, die Schöheit, Sanftmut und Duldung und die Begeisterung zum Kampf und Sieg bis über das Grab hin.[41]

Das diesen »Ahnfrauen« ›innewohnende Ideal‹ wird nach dem Tod der »deutschen Heldin« auf eine andere Frau, bevorzugt eine Frau gleichen Namens, übertragen und evoziert so eine ›mythische Kette‹ großer Frauen, die die Idee hinüberretten in das ›junge deutsche Reich‹[42]:

Prinzeß Marianne verdient im Herzen der deutschen Frauenwelt den Ehrenplatz neben Königin Luise, der strahlenden Mutter unseres Heldenkaisers. Marianne war Luisens Freundin in Weh und Leid und wurde ihre Nachfolgerin als verkörpernde Gestalt deutscher Vaterlandsliebe und der Befreiung von fränkischer Zwingherrschaft. Sie war noch mehr. Sie war die erste Unterzeichnerin des Aufrufs der deutschen Frauen zur Mitwirkung an der nationalen Erhebung, zum Werk der Hilfe und Pflege. Dieser Aufruf ist ein Merkstein in der Geschichte unseres Volkes und besonders der Frauen.[43]

Damit ist die ›mythische Kette‹ als quasi vertikale, historische Achse eines weiblichen Mythensystems[44] bis in die Gegenwart extrapoliert und für die politischen Zwecke des ›Kleeblattbundes‹, die ›nationale Erweckung‹ der Frau, funktional gemacht, denn dieser ›Merkstein der Geschichte‹

verbindet zum ersten Male die deutschen Fürstinnen mit den anderen Frauen aller Stände zu gemeinsamer öffentlicher Arbeit und bilden den Anfang zu all den Aufrufen, in welchen bis auf den heutigen Tag edle deutsche Frauen ihre Schwestern versammeln zu Werken der Liebe.[45]

In dem Bemühen, den vergessenen oder nicht dokumentierten Anteil der Frauen an der deutschen Geschichte zur Sprache zu bringen[46] und sie damit zum Zentrum mythisierender Erzählungen zu machen, wird erneut der ideologische Ausgangspunkt, die Frau nur als ergänzende Kraft zu männlichen Helden darzustellen, verlassen: Eine semantische ›Vermännlichung‹ der Frau schleicht sich in die Texte ein. So gibt es, neben den ›weiblichen Frauen‹, die pflegen, dulden und opfern, auch ›ganz andere Frauen‹ in diesem Mythensystem: Frauen auf männlichen Positionen, die von dem traditionellen Weiblichkeitsmuster abweichen, die handeln, verhandeln und kämpfen. Maria Anna, Herzogin von Bayern, etwa greift selbst »mit kühner Hand in das Schicksalsrad es in unheilvollem Laufe zu hemmen«.[47] Ausgestattet mit einem »männlichen Geist, Urteilskraft«, »diplomatischem Geschick« und von »kriegerischem Geiste beseelt«, überragt sie die sie umgebenden Männer »um Haupteslänge«.[48] Schließlich wird *sie* anstelle Karl Theodors durch eine »rasche kühne Tat« zum »Retter« des Volkes.[49] Auch Kurfürstin Elisabeth Charlotte hinterläßt, anders als ihr Bruder Friedrich v, »ein schwacher eitler Kopf«, Spuren in der Geschichte.[50] Die ›Heroisierung‹ bzw. Mythisierung von historischen Frauenfiguren kann, die Beispiele verdeutlichen dies, zu einem ›symbolischen Chiasmus‹[51] zwischen männlichen und weiblichen Positionen führen: So wie die Frau in den ›Kampf ums Dasein‹ eintreten darf, können auch Männer auf weibliche Positionen rücken oder ›weibliche Anteile‹ erhalten[52]:

Das Ewig-Weibliche lebt aber auch im Manne, es ist in Christus ein unverkennbarer Zug, in Buddha, in Plato, Schiller, Fröbel und zahllosen anderen Menschenfreunden.[53]

Ein solcher Chiasmus läßt sich auch an die Biographie Bismarcks anbinden, die traditionell mit einem Rollentausch zwischen dem Bismarckschen Elternpaar operiert. Ein Gedicht des Verlegers der Bismarck-Frauen-Kalender, Wilhelm Streit, inszeniert dies ›verkehrte Bismarcksche Erbgut‹ als Applikation eines Goethe-Gedichts:

Vom Vater erbt ich die Gestalt
Des kühnen Reitermannes Wagen,
Von Mutter Feinheit und Gewalt,
Den *Neurergeist* in allen Lagen.[54]

In der Kurzbiographie der ›mütterlichen Erblinie‹ des ›Altkanzlers‹ wird denn auch dem Vater zärtliche, ja »übertrieben« zärtliche Liebe (Herz), der Mutter aber Ehrgeiz und »Scharfblick« (Kalkül) zugeschrieben.[55] So führt die ›kompensatorische Geschichtsschreibung‹ in den Bismarck-Frauen-Kalendern und -Jahrbüchern um die Jahrhundertwende zur Heroisierung von Weiblichkeit, die mythisierte historische Frauenfiguren auf männliche Subjektpositionen rückt oder ihnen männliche Charakterformationen und Symbole ›verleiht‹.

Kriegsphase (1913/14-1919): Strickende Walküren

Kurz vor Kriegsausbruch ist die allmähliche ideologische Annäherung an Positionen der Frauenbewegung endgültig vollzogen: Hatten die Kleeblattbund-Frauen 1897 noch vor dem »Uebertriebenen und Unnatürlichen der Frauenbewegung« gewarnt, so wird die Emanzipationsbewegung 1912 in Schutz genommen, ja als selbstverständlich vorausgesetzt[56]; ab 1909 gibt es in den Jahrbüchern Beiträge von Frauen der Frauenbewegung (Helene Stökker, Käthe Schirmacher, Anna Plothow); 1919 dann findet die oben erwähnte Selbstpositionierung als ›rechter Flügel‹ der Frauenbewegung statt. Bei gleichzeitiger Beibehaltung des von 1895 stammenden programmatischen Klappentextes des ›Kleeblattbundes‹ (»Mann und Frau sind dazu bestimmt, sich gegenseitig zu ergänzen.« usw.)[57] werden während des 1. Weltkriegs entscheidende ideologische Positionen revidiert bzw. ›modernisiert‹. Die zuvor viel beschimpfte ›Emanzipation‹ wird in das weibliche Mythensystem als ›historisch bedeutsames Ereignis‹ oder ›Merkstein der Geschichte‹ integriert.

Ein Wort, das einmal als Kriegsparole die ganze Frauenwelt erfüllt und das heute fast vergessen ist, weil es seine Schuldigkeit getan hat, wird bald seine Jahrhundertfeier begehen. Ich meine das Wort: *Frauenemanzipation.* Als es auftauchte, war es revolutionären Geistes voll. Es erregte einen Widerstand, den wir heute kaum mehr begreifen, so selbstverständlich scheinen uns die einst so schwer zu erobernden Ziele. Die Gleichberechtigung der Frau ist unserem Geschlechte sozusagen bereits in Fleisch und Blut übergegangen und die heute in Europa noch nicht erreichte politische Gleichberechtigung, das aktive und passive Wahlrecht ist zweifellos der Frauensieg von morgen.[58]

Das Streitgespräch zwischen Bismarckfrau und Emanzipierter ist zu diesem Zeitpunkt längst verschwunden, die versöhnliche Geste überflüssig geworden.[59] Diese ideologische und auch auf der Ebene der Symbolik vollzogene Annäherung an Positionen der Frauenbewegung (insbesondere die Applikation positiv konnotierter Bewegungs- und Kampfmetaphorik) ist gut anschließbar an Kriegs- und Durchhaltepropaganda. So agitieren die ›Bismarckfrauen‹ gemeinsam mit Teilen der bürgerlichen Frauenbewegung für das »Weibliche Dienstjahr«.[60] Darüber hinaus erlaubt es das diskursive Ereignis ›1. Weltkrieg‹, den Chiasmus zwischen

Mann und Frau endlich auch in programmatisch-politischen Texten explizit zu machen. Während die Frauen der bürgerlichen und sozialdemokratischen Frauenbewegung sich in ihren Argumentationen immer mehr auf ›Mütterlichkeit‹ und andere spezifisch weibliche Ideologeme und Symbole zurückziehen[61], leiten die patriotischen Frauen ihr neues Selbstverständnis aus der Deterritorialisierung der bürgerlichen Frau im 1. Weltkrieg ab:

Es wird sicherlich kein Menschenalter mehr dauern und die Frau wird alles erreicht haben, was die kühnsten Vorkämpferinnen der Frauenemanzipation von einst erträumten und erhofften. Es ist aber zweifellos, daß der Weltkrieg die Angelegenheit der Frau ungemein gefördert hat. Ja, von der zukünftigen Warte der Geschichte aus betrachtet, wird er vielleicht als eine der wichtigsten Etappen auf dem Wege zum endgültigen Abschluß der Bewegung erscheinen. Denn der Krieg, der so viel männliche Arbeitskräfte aus Gewerbe und Beruf entführte, hat die Staaten gezwungen, die Lücken durch Frauen auszufüllen und überall hat sich die Frau vorzüglich bewährt. Ja man kann heute sagen, daß in keiner der seit einem Menschenalter von der Frau eroberten Stellung die Frau enttäuscht hat. Im Gegenteil. In welchem Beruf und in welcher Tätigkeit sie den Konkurrenzkampf mit dem Manne aufnahm, sie erwies sich stets als ebenbürtig, wenn nicht überlegen. Die Durchschnittsfrau ist entschieden intelligenter als der Durchschnittsmann. Hat bessere und feinere Nerven, ein rascheres Auffassungsvermögen und Anpassungsvermögen.[62]

Eine ähnliche ›Zuspitzung‹ von Ideologie und Symbolik, für die die beschriebene chiastische Verschiebung von weiblichen und männlichen Positionen und Charakterformationen in den Jahrgangsbänden um die Jahrhundertwende als Vorbereitung oder ›symbolische Aufrüstung‹ betrachtet werden kann, ist auch in den beiden großen Rubriken der Bismarck-Jahrbücher zu beobachten: in den patriotischen Frauenbiographien und den Preisnovellen. Besonders der – für nationalistische Texte völlig übliche – Rekurs auf die germanische Mythologie und die Freiheitskriege ermöglicht nun in verstärktem Maße die Ankopplung neuer kriegerischer Weiblichkeitsentwürfe an hegemoniale Symboliken und Mythen. Neuzeitliche »Walküren und Nornen«, moderne Germanias und Brunhilden sollten die deutschen Frauen ›in Kriegszeiten‹ sein.[63] Die in den Kalendern um die Jahrhundertwende zu verzeichnende ›symbolische Vermännlichung‹ von Frauenfiguren – handeln statt dulden, kämpfen statt ›ausharren‹ etc. – kann nun auch über die Biographien der 1813er-Kriegsheldinnen narrativ gefüllt werden. Die Bände 1913 bis 1917 inszenieren, umfangreich und mit Pathos, weibliches Kriegsheldentum. Die symbolischen Vermännlichungsstrategien werden dabei auf die Spitze getrieben, wenn Frauen als »Streiter für das Vaterland«, »mutiger Kavallerist« und »Lützower Jäger« beschrieben werden.[64] In der Einleitung zu einer Sammelbiographie der ›Kriegsheldinnen von 1813‹ heißt es:

Kein Wunder, wenn die Wogen der Begeisterung mächtig emporschlugen und selbst Frauen und Jungfrauen ergriffen, die mit dem Mut und der Todesverachtung eines Mannes in die Reihen der Streiter für das Vaterland auf die blutige Bahn des Krieges traten.[65]

Kurz vor Kriegsausbruch scheint somit die Aufrüstung auf dem Feld der Literatur die Lizenz für eine symbolische Deterritorialisierung der Frau zu geben: Im Gewand des vom König geehrten »weiblichen Kriegers« von 1813[66] darf in den Bismarck-Jahrbüchern für Deutsche Frauen auch die konservativ-patriotische Frau tun, was den ›Emanzipierten‹ immer wieder angekreidet wurde: zur Waffe greifen, als »Abenteurerin« durch die Lande ziehen, Männerkleider tragen und sich und das Vaterland verteidigen[67] mit dem »Mut und der Todesverachtung eines Mannes« (s. o.). Selbst die mit dem Eisernen Kreuz geschmückte »kampfesmutige Heldenbrust« kann nun – wie das Beispiel ›Eleonore Prohaska‹ zeigt – jungfräulich, d. h. weiblich sein.[68]

Der Rekurs auf das Mythensystem von 1813 erlaubt so – wieder per Umbesetzung mit weiblichen Figuren – die Applikation ›unweiblicher‹ und zuvor negativ konnotierter Frauentypen und -›schicksale‹ (d. h. untypischer biographischer Narrationen) für die ›moderne deutsche Frau‹ in Kriegszeiten: Anna Lühring, Auguste Krüger, Johanna Stegen u. v. a. ›Heldinnen‹ werden als neue ›Ahnfrauen‹ mit ihren Heldentaten, Opfern und Kämpfen vorgestellt:

Daß die Befreiungskriege uns große Helden geschenkt haben, ist wohl jedem Deutschen bekannt, daß aber auch jene große Zeit an *Heldinnen* keinen Mangel hatte, das weiß noch nicht ein Jedes. Zum Beispiel habe ich weder in der bayrischen Volksschule, die ich besuchte, noch in der preußischen höheren Töchterschule, die ich durchgemacht, etwas von Eleonore Prohaska gehört, wohl aber bekamen wir die Geschichte der Jungfrau von Orleans vorgetragen und lasen zum Überfluß Schillers Drama gleichen Namens in der Literaturstunde. (...) Die Begeisterung für die deutsche Freiheit glühte nicht allein in der Brust der Männer, nein auch die Frauen empfanden die Schmach des französischen Joches und wünschten sich oft im Stillen: »Wär ich doch auch ein Mann, um mitkämpfen zu dürfen«. – Das wünschte sich auch heiß Eleonore Prohaska...[69]

Orientiert an diesen ›kriegerischen Ahnfrauen‹ (den Germaninnen und den 1813er-Heldinnen), nur ›einen Schritt weit von der Amazone entfernt‹, revidiert der ›Kleeblattbund‹ in der Endphase des Kriegs stellenweise sein ideologisches Projekt von der Frau als ›Dulderin‹ und ›Erzieherin der Nation‹:

Gleiche Rechte, gleiche Pflichten. Jeder Mann dient als Soldat seinem Volke. (...) Wie steht es nun in dieser Beziehung mit der Frau? Zum Soldatenstand hat sie sich nie gedrängt, Amazone zu werden hat sie nie erstrebt. Sunt denique fines. Aber andererseits erscheint es vollkommen logisch, daß auch die Frau, die alle Rechte mit dem Manne teilt, von Volk und Staat, dem sie angehört, die gleichen Vorteile genießt, zu einer gewissen Dienstleistung herangezogen werden könnte, ja herangezogen werden müßte.[70]

Der oben bereits erwähnte ideologische Annäherungsprozeß zwischen Frauenbewegung und patriotischen Frauenbünden wie dem ›Kleeblattbund‹ ist damit von zwei Seiten aus zu beschreiben: Einerseits koppeln sich Teile der Frauen- und Arbeiterinnenbewegung an nationalistische Ideologeme an[71], andererseits übernehmen die ›Konservativen‹ einen Teil des kulturrevolutionären, modernen ›Vokabulars‹, was – im Fall des ›Bismarck-Frauenvereins‹ – die bereits beschriebenen Subjekt- und Machteffekte produziert, die bis zu Phantasien von einem ›Zeitalter der Frau‹ reichen.

Die Befreiung der Frau ist einer der letzten Schöpfungsakte der fortschreitenden Kulturentwicklung. Und wir befinden uns erst am Anfange dieser hereinbrechenden neuen Zeit. (...) Mögen die Waffen, mit denen der Mensch fortan kämpft, immer geistiger werden und sich immer mehr in den Dienst der Kulturentwicklung stellen. An diesen Kämpfen darf sich auch die Frau beteiligen, ohne Mannweib zu werden. Gebe man ihr die geistigen Waffen, sie wird dieselben nicht mißbrauchen...[72]

Daß eine solche symbolische Deterritorialisierung *nicht einheitlich*, sondern heterogen, widersprüchlich bleiben muß, liegt auf der Hand: Die Bismarckfrauen der Kriegszeiten sollten beides sein – Dulderinnen *und* Kämpferinnen, strickende Walküren[73], neuzeitliche Antigones, hingebungsvolle Gattinnen und kriegerische Abenteurerinnen zugleich.[74] Hin und wieder wird dies widersprüchliche semantische Potential sogar unverbunden und schlagwortartig hintereinandergestellt, so etwa im ›Bismarck-Jahrbuch 1917‹ in zwei aufeinanderfolgenden Artikeln, deren einer die Wiederherstellung der ›Geschlechterpolarität‹ fordert, während der andere für eine Angleichung der Geschlechter, d. h. für das Androgyniekonzept, plädiert.[75] Auch in den Biographien und Novellen der Bismarck-Kalender ist ein solches Neben-, ja Gegeneinander von unterschiedlichen Weiblichkeitsentwürfen zu beobachten. Konträre semantische Elemente, Partikel differenter, sich ausschließender Frauen-›Typen‹ (z. B. Herz- vs. Verstandes-Frau) werden von den Autorinnen immer wieder neu kombiniert, so daß sich verschiedene Narrationen ergeben:

So kann einmal, in der Biographie der 1813er Heldin Johanna Curd, die Dominanz ›männlicher‹, heroischer Weiblichkeitselemente – »stolzverschlossener Mund«, herbe Gesichtszüge, leidenschaftliches Freiheitsbegehren, wilder Haß gegen Vaterlandsfeinde etc.[76] – das Liebesglück mit einem »jungen Offizier, dessen energische, magere Züge noch den Stempel harten Lagerlebens trugen«, erst ermöglichen.[77] Ein anderes Mal konkurrieren ganz ähnliche semantische Elemente (»männlich starker Geist«, Patriotismus, Härte etc.)[78] mit einem Frauentypus von »lachender Jungmädchenart«[79], der als überlegener Typ idealer Weiblichkeit in Kriegszeiten vorgeführt wird. Ein drittes Mal gerät die ›patriotische Verstandes-Frau‹, so könnte man dies Stereotyp nach seinen dominanten semantischen Elementen verkürzend nennen, zur geistigen ›Führerin‹ des Mannes, die die Erfüllung des väterlichen Vermächtnisses, also ihren Status als Tochter, über die Ehe und damit über die Position der ›Gattin‹ stellt, und so könnte man fortfahren.[80] Diese Beispiele verdeutlichen die Dominanz der Symboliken, deren Verknüpfung zu ›immer neuen Kombinationen‹ (Katachrese) höchst unterschiedliche narrative Elemente in verschiedenen Genres produziert. In den Bismarck-Jahrbüchern für Deutsche Frauen aus dem Zeitraum des 1. Weltkriegs, so kann man resümierend feststellen, ist weder ein einheitliches ideologisches Konzept (wie in der Anfangsphase des ›Kleeblattbundes‹) noch eine kohärente durchgängige ›Linie‹ positiver symbolischer Positionen für die ›deutsche Frau‹ erkennbar. Ideologisches Projekt und symbolische Inszenierung von ›Weiblichkeit‹ geraten an dem diskursiven Ereignis ›1. Weltkrieg‹ buchstäblich ins Schwimmen.

Endphase (1920-1925): Gestürzte Hünenweiber

Zu Boden gestürzt ein Hünenweib liegt –
Verhüllend sein Antlitz –, geschlagen, besiegt!
Beschmutzt sein goldig, glänzend Gewand!
Des Schwertes beraubt seine Heldenhand!
Die stolze Krone vom Haupt ihm gerissen
Ein Totenschädel grinst ihm zu Füßen!
(...)
Raff auf dich, Germania, sonst kenn ich dich nicht
Einst droben im ewigen Weltgericht.[81]

So wie das Weiblichkeitskonzept der ›modernen Germanias‹ für den ›Kleeblattbund‹ nach verlorenem Krieg gescheitert schien, so wurde auch die Reterritorialisierung der Frauen in Friedenszeiten beklagt. Nach 1919 zerbrach das patriotische Selbstbewußtsein der Bismarckfrauen an der zunehmenden ›Demobilisierung der Frauen‹. Hatte Anna Brunnemann im ›Bismarck-Jahrbuch‹ 1919 noch stolz Ebenbürtigkeit, ja Überlegenheit der modernen Frau im Weltkrieg über ihre männlichen Konkurrenten verkündet (s. o.), so eröffnete das Jahrbuch für 1921 mit einem Abgesang auf dieses ideologische Konzept:

»Demobilisierung« der Frauen

Als angefangen Kampf und Schlacht,
Da ward das Weib mobil gemacht.
Von allen Seiten groß Geschrei:
»Ihr Frau'n und Mädchen – auf! herbei!
Es ruft, es ruft das Vaterland!
Zu weihen gilt's ihm Herz und Hand!
Drum lasset schleunigst Heim und Haus
Und füllt der Männer Lücken aus!

Da kamen sie, des Schaffens froh,
Und stellten flugs sich ins Büro,
Und stellten sich in die Fabrik
Und drehten Bomben mit Geschick.
Die Eisen-, wie die Straßenbahn
Die weidelichsten Schaffner sah'n,
Auch Post und Straßenkehrerei,
Sie zählten Damen allerlei.

Nun, da der Frieden steht ins Land,
Nun drückt den Damen man die Hand
Und sagt zu ihnen barsch: »Adeh!«
Oh'n all und jedes Trennungsweh.
Ob eine will, ob eine mag –
Es trifft sie all der gleiche Schlag:
»Die Heimgekehrten brauchen Platz,
Drum zittre los, geliebter Schatz!«

Ist das der vielgerühmte Dank
Für unsre Mädels, frisch und blank
Für unsre Mütter, unsre Frau'n,
Daß man sie sucht, so fortzugrau'n?
Was nützt das Wahlrecht, frei und gleich,
In Bundesstaat, Gemein und Reich,
Wird ihnen »Gleichheit« nicht auch so:
Im Dienst, in Werkstatt und Büro?[82]

In den folgenden Jahrgangsbänden, die ab 1922 von Anna Brunnemann allein herausgegeben werden, sind nur noch vereinzelt programmatische Texte zur ›Frauenfrage‹ zu finden; auch das Thema ›Frauenbewegung‹ hat sich zu diesem Zeitpunkt von selbst erledigt. Themenschwerpunkte sind statt dessen ›Jugend‹ und ›Jugenderziehung‹ (und der Versuch einer ideologischen Ankopplung an die Jugendbewegung, insbesondere die ›völkische Jugend‹) sowie die Möglichkeit einer ›Rückkehr zum deutschen Wesen‹:

Der Krieg ist beendet. Der Zusammenbruch der alten staatlichen Gewalten, der Umsturz aller bestandenen Verhältnisse, der furchtbare Fall des deutschen Volkes stellen den Kleeblattbund gebieterisch vor neue, große, schwere Aufgaben. Die Frau ist berufen, an der Wiedergesundung unseres seelisch kranken Volkes, an der Wiederaufrichtung des zertrümmerten Vaterlandes mitzuarbeiten. Der Kleeblattbund ist von der Überzeugung durchdrungen, daß diese Mitarbeit an Volk und Vaterland nur Erfolg verspricht, wenn sie auf nationalem Boden in Bismarcks Geist geleistet wird. Das Nächste und vorläufig Wichtigste, aber auch Dringlichste ist die nationale Kleinarbeit in der Pflege des deutschen Wesens, deutscher Tugenden, deutscher Treue. In diesem Sinne ruft er alle deutschen Frauen zur Mitarbeit auf.[83]

Die Jahrgangsbände werden (auch aus finanziellen Gründen) zunehmend dünner, die Zahl der Autor/inn/en und Informationen über Vereinsgelder und -tätigkeiten immer rarer. 1925 stellt der

›Bismarckthurm der deutschen Frauen‹ kommentarlos sein Publikationsorgan ein.

Zusammenfassung der Ergebnisse

Das vorliegende Textmaterial bestätigt die ›diskursive Explosion‹ um ›Wesen und Bestimmung des Weibes‹ im Zeitraum von Jahrhundertende bis zu Beginn des 1. Weltkriegs. Diese um die Jahrhundertwende entstehende Diskussion um neue Weiblichkeitskonzepte ist als Resultat der Heterogenität gesellschaftlicher Praktiken der Kaiserzeit interpretiert worden:

> Das alte Gleichgewicht in der Rollenverteilung zwischen Frauen und Männern gerät offensichtlich bei der Generation um die Jahrhundertwende ins Wanken. Wie das Entstehen der »erotischen Bewegung« oder die Geschichte der Bohème, aber auch die Entwicklung des Frauenstudiums zeigen, entstehen für die »gebildeten Frauen« reale Lebensalternativen, Lebensmöglichkeiten in Richtung Aktivität und Freiheit, die nicht durch den Ausschluß aus den sozialen Beziehungen der eigenen Klasse bedroht sind.[84]

Auch konservative und nationalistische Frauen und Frauenvereine geraten unter den Druck einer Um- bzw. Neu-Interpretation oder -codierung der Geschlechterrollen: So konstituiert sich der ›Bismarck-Frauen-Verein‹ konsequenterweise in Abgrenzung zur Frauen- und Arbeiterinnenbewegung. Den von Seiten der Frauenbewegung vertretenen Forderungen nach einer Ausdehnung des weiblichen Betätigungsfeldes treten die Herausgeberinnen des ›Bismarck-Frauen-Kalenders‹ ideologisch mit einer ›Expansion des inneren Kosmos‹ entgegen. Auch die anderen politischen Forderungen (z. B. für eine weibliche Gesichtsschreibung) werden, wie ich zu zeigen versucht habe, aufgegriffen und in nationalistischer Weise ›uminterpretiert‹. Doch nicht nur auf ideologisch-programmatischer Ebene koppeln sich die ›Bismarckfreundinnen‹ an diskursive Elemente der Frauen- und Arbeiterinnenbewegung an, auch die Symbolik der kulturrevolutionären Bewegungen wird z. T. antizipiert. Die für die Frauenbewegung und Sozialdemokratie so typische Deterritorialisierungsmetaphorik (Bewegungstopiken, militärische Metaphorik, spezifische Natursymbolik etc.) wird integriert und mit nationalistischen Diskursparzellen und mythischen Figuren kombiniert. So bieten sich – wie oben gezeigt – bestimmte patriotische Weiblichkeitsmythen (Germania, Brunhild, Walküren etc.) geradezu für eine solche ›Klitterung‹ an. Darüber hinaus läßt sich das ideologische Konzept einer ›mütterlichen Kultur‹ einerseits gut mit dem herrschenden Biographismus der Zeit (der in den ›Müttern großer Männer‹ bereits ein ›neues‹ Feld populärer Geschichtsschreibung entdeckt hatte)[85], andererseits aber auch mit – in der Frauenbewegung, besonders aber der erotischen Bewegung ›modern‹ gewordenen – matriarchalen Mythemen verbinden (s. das Schlagwort vom ›Zeitalter der Frau‹, das auf Bachofens ›Mutterrecht‹ rekurriert). Daraus ergibt sich ein ideologischer und symbolischer ›Doublebind‹, der das ideologische Projekt passiver, ergänzender Weiblichkeit mit einem auf der Ebene der Symbolik und Narration inszenierten Heroismus der deutschen Frau in Widerspruch bringt und die oben beschriebenen Brüche produziert: Die Applikation männlicher Subjektpositionen auf die ›großen Frauen der Geschichte‹ (Heldin, Retterin, Kämpferin, Diplomatin etc.) führt zu einer semantischen Vermännlichung der heroischen Weiblichkeitsentwürfe. Der Versuch einer ›nationalen Initiation‹ der deutschen Frau (als ideologisches Gegen-Projekt zur Frauenbewegung) mündet in eine Produktion literarischer Effekte, die den Frauen des Kleeblattbundes sicherlich nicht bewußt war: Zum Subjekt der Geschichte erhoben, ›entpuppten‹ sich die Töchter, Gattinnen und Mütter großer Männer – weit entfernt von den programmatischen Ausführungen der ›Bismarckfrauen‹ – als Projektionsfiguren einer »Identifikation mit der Macht«, wie sie auch in Texten von Frauen der bürgerlichen Frauenbewegung zu finden sind.[86]

Reflektierten die konservativen Frauen die grundlegende Erfahrung und das Erlebnis ihrer Teilhabe am geschichtsmächtigen Geschehen im Ersten Weltkrieg in der politisch-organischen Konzeption der Mütterlichkeit, so erschien ihnen dies auch deshalb als einzig mögliche Konzeption, weil sie sich in sämtlichen Bezügen als außerhalb der Macht stehend erfuhren: So wie sie sich vor dem Erlebnis der großen wunderbaren Einheitsstimmung als völlig ausgeschlossen und bedeutungslos erlebt hatten.[87]

Der Brief einer ›Flottenfreundin‹ im ›Bismarck-Frauen-Kalender‹ von 1902 belegt diese ›Defiziterfahrung‹ und die ›Sehnsucht nach Ausgleich‹ auch für den Zeitraum vor dem Kriegsausbruch:

Auch ich möchte sehr gerne Mitglied des Flotten-Vereins sein, dem mein Gatte längst angehört, doch wurde mein Vorschlag mit Lächeln übergangen! Wir Frauen werden einfach beiseite geschoben, deshalb wollen wir nun erst recht Mitglied sein![88]

Die Figur Bismarcks – und via Bismarck die Konstitutierung der modernen ›Bismarckfrau‹ und ihrer patriotischen ›Ahnfrauen‹ – bot demnach den konservativen Frauen des Kaiserreichs die Möglichkeit, bei gleichzeitiger Abgrenzung von der Frauenbewegung und ›getarnt‹ mit familiarer und religiöser Metaphorik am politischen Geschehen zu partizipieren.

Das ist noch nicht dagewesen. In allen anderen Fällen würde man eine derartige Nachahmung männlichen Auftretens, wie es diese Inszenirung einer politischen Kundgebung [die Fahrt patriotischer Frauen nach Friedrichsruh; KB] ist, höchst unweiblich gefunden haben – aber siehe da! Alle »nationalgesinnten« Zeitungen rufen diesen Trägerinnen deutsch-vaterländischer Gesinnung aus voller Kehle »bravo, bravissimo!« zu. Und der große Bismarck selbst nimmt huldvoll die Handküsse, Blumensträuße und kostbaren Ehrengaben in Empfang, erwidert sie mit Küssen auf Wangen und Mund der Pilgerinnen und hält ihnen eine Ansprache, die wie Donnerschall und Glockenklang die Erweckung und Berufung der deutschen Frau zur *politischen Machthaberin,* zur starken Stütze des Reichseinheitsgedankens und zur Sicherheitswärterin der politischen Zukunft Deutschlands feiern. Hoch sollen sie leben, hoch, hoch, hoch![89]

Die Kriegsjahre bringen dann die symbolisch bereits präfigurierte Ausweitung des ideologischen Projekts der ›Bismarckfrauen‹: Als neuzeitliche Hünenweiber, Germanias, Brunhilden dürfen nun auch die patriotischen Frauen (in den Texten des ›Kleeblattbundes‹) die Bühne der Politik betreten und – als höchster Ausdruck patriotischen Gleichheitsprinzips – mitkämpfen.
So beraubt das Kriegsende die Bismarckfrauen um zweierlei: um neue Betätigungs- und Berufsfelder, die vor dem Krieg den Männern vorbehalten waren, und um ihre neuen nationalistischen Weiblichkeitsentwürfe. Wie auch die verschiedenen Flügel der Frauenbewegung waren die patriotischen Mädchen- und Frauen-Bünde nach 1919 zur Aufgabe ihrer symbolischen Positionen und Machtphantasien gezwungen. Hatte vor dem Weltkrieg das ideologische Konzept der ›Mütterlichkeit‹ mit all seinen ideologischen und symbolischen Implikationen[90] Möglichkeiten der Ankopplung an hegemoniale politische Positionen – und damit der Erlangung von Macht – geboten, so hatte die teilweise Übernahme

dieses Konzepts den konservativen Frauen(-vereinen) die Lizenz zum politischen Handeln erst erteilt. Angetreten mit dem paradoxen Programm, der ›Emanzipation der Frau‹ entgegenzuwirken und die deutsche Frau im Haus zu belassen, mußten sich die Bismarckfrauen notgedrungen selbst emanzipieren: (politische) Texte schreiben, Flugblätter verteilen, Versammlungen abhalten. So schreibt Hedwig Dohm über die ›Liga zur Bekämpfung der Frauenbewegung‹ 1914:

Aber Ilslein, diese Liga ist ja das beredtste Zeugnis *für* die Frauenbewegung. Bewegen sich doch diese Gräfinnen, Geheimrätinnen und sonstige Gemahlinnen von Herrenhäuslern recht kräftig mit; entgegen ihrem Fundamentalsatz: »Die Frau gehört ins Haus« exponieren sie ihre Persönlichkeit gänzlich außerhalb des Hauses, besteigen in breitester Öffentlichkeit Rednerbühnen, wühlen, agitieren, proklamieren, fassen Resolutionen. Wer das Schwert im Munde führt, der hat schon Kochlöffel, Nähnadel und was sonst der häusliche Herd mit sich bringt, an den Nagel gehängt.[91]

Zieht man von hieraus einen Bogen zurück zum Anfang des Textes und der dort formulierten Frage nach einer möglichen Verbindung von Literaturwissenschaft und feministischer Lektüre, so eröffnen sich neue Felder einer politischen Betrachtung von Texten verschiedenster Diskurse. U. a. könnten die von mir vorgestellten Textanalyseverfahren dazu dienen, die Integrierbarkeit politischer und symbolischer Positionen zu reflektieren, also etwa die ›Chancen‹ und Gefahren einer Benutzung militaristischer Metaphorik durch kulturrevolutionäre Bewegungen. Andererseits stellt sich die Frage, welche Symbole und mythischen Figuren nicht integrierbar waren und nach wie vor aus dem Raster für Frauen akzeptabler Positionen herausfielen: so weitgehend die ›Amazone‹ oder die ›Hetäre‹. Es wäre zu fragen, in welchen Kontexten das vor dem 1. Weltkrieg immer dominanter werdende Mütterlichkeitskonzept *nicht* ›umschlug‹ in die Rede von den ›Soldatenmüttern‹, sondern sich seine pazifistischen Komponenten bewahrte und damit unangreifbar blieb für die Kriegspropaganda und die symbolische Aufrüstung in Gestalt der modernen Germanias und Brunhilden.[92]

Damit wird aber auch die Problematik weiblicher Autorschaft deutlich, d. h. das Dilemma, in dem Frauen sich befinden, wenn sie sich daran machen, neue Diskursformen zu produzieren:

Das Schreiben der Frauen an den Rändern der Systeme, in Freiräumen oder innerhalb des Systems, seinen Regeln unterworfen, bildet seine Spezifik immer nur in Relation zum Männlich-Erlaubten heraus und zwar entweder als Überhöhung, Übererfüllung oder als Verneinung des männlichen Kanons, nie unabhängig davon. Da wo das Schreiben der Frauen den männlichen Kanon zu übertreffen versucht, geht es um eine bewußte Ausblendung der Geschlechtsspezifik, um das pure Optimum der Kompetenz. Da, wo weibliches Schreiben in den kontrollierten Freiräumen sich artikuliert, weist es bei analytischer Betrachtung Strukturähnlichkeiten mit bestimmten männlichen Schreibweisen auf, solchen, die ihrerseits durch das Ausscheren aus dem offiziellen Bereich entstanden sind.[93]

In der feministischen Lektüre/Analyse von Texten ist unweigerlich und implizit immer auch die Frage nach utopischen Weiblichkeitsentwürfen und Schreibweisen von Frauen (auch im Bereich der Theoriebildung) artikuliert. So hat Biddy Martin ›feministische Kulturkritik‹ in ihrem »Kampf um die Konstituierung und Veränderung von Bedeutungen zum Dreh- und Angelpunkt politischer Einflußnahme und Opposition« erklärt[94], Marianne Schuller vom ›subversiven Durchqueren der Diskurse‹ gesprochen[95], und Eva Meyer ein »Spiel mit den Projektionen des Weiblichen« in literarischen und theoretischen Entwürfen von Frauen als Utopie konzipiert.[96] Die Frage nach einer ›feministischen Oppositionstheorie‹ ist aber, so meine ich, nicht ›nur‹ politisch-ideologisch und wissenschaftstheoretisch zu formulieren, sondern darüber hinaus auch diskurstaktisch: Es ist keineswegs gleichgültig, in welchen Metaphern, Symbolen und mythischen Figuren feministische Theorie artikuliert wird. Die aktuellen Weiblichkeitsentwürfe und das »Normensystem der Frauenbewegung«[97] ist – von einigen Einzelbeispielen abgesehen – keiner systematischen Untersuchung unterzogen worden, obwohl die Abhängigkeit feministischer Text- und Theorieproduktion zu patriarchalischen ›Bedeutungssystemen‹ und hierarchischen »Diskursstrukturen männlicher Philosophie und Wissenschaft« längst benannt sind.[98] Wir sollten uns also fragen, ob wir uns wie Ulrike Helmer es in ihrem Aufsatz »Wohin treibt die feministische Theorie?« ausführt, tatsächlich im »Strom« der Wissenschaft ›treiben‹ lassen wollen, denn als was konstituieren wir uns dabei: als ›Treibholz‹ oder gar als ›Wasserleiche‹?[99] Bleibt uns nur die für politische und kulturelle Oppositionen traditionelle symbolische Position der ›Gegenströmung‹ oder können/müssen wir nach anderen, vielleicht *paradoxen*, Symbolkombinationen und (weniger eingefahrenen) Topiken suchen?

Anmerkungen

1 Vgl. Marianne Schuller, »Die Nachtseite der Humanwissenschaften, einige Aspekte zum Verhältnis von Frauen und Literaturwissenschaft«, in: Gabriele Dietze (Hg.): *Die Überwindung der Sprachlosigkeit. Texte aus der neuen Frauenbewegung,* Darmstadt und Neuwied 1981, S. 31-50.
2 Eva Meyer, *Zählen und Erzählen. Für eine Semiotik des Weiblichen,* Berlin 1983, S. 36.
3 Ulrike Helmer, »Wohin treibt die feministische Theorie?«, in: *Feministische Studien,* H. 1 (1986), S. 142.
4 Zur Anwendung der Foucaultschen Theorie im Bereich der Literaturwissenschaft vgl. Jutta Kolkenbrock-Netz, *Fabrikation, Experiment, Schöpfung. Strategien ästhetischer Legitimation im Naturalismus,* Heidelberg 1981.
5 Zum Terminus ›diskursives Ereignis‹ vgl. *kultuRRevolution,* H. 11 (1986), S. 70.
6 Jutta Kolkenbrock-Netz, *Fabrikation, Experiment, Schöpfung* (s. Anm. 4), S. 34. Demnach ist der Diskurs nicht »der Ort des Ausbruchs der reinen Subjektivität; er ist ein Raum der Positionen und des verschiedenen Funktionierens für die Subjekte.«; Michel Foucault: »Antwort auf eine Frage«, in: *Linguistik und Didaktik* 3 (1970), S. 228-239; hier S. 235.
7 Sigrid Weigel, »Die geopferte Heldin und das Opfer als Heldin. Zum Entwurf weiblicher Helden in der Literatur von Männern und Frauen«, in: *Die verborgene Frau. Sechs Beiträge zu einer feministischen Literaturwissenschaft,* Berlin 1983, S. 138-152; hier: S. 145.
8 Vgl. Rudolf Schenda, *Volk ohne Buch. Studien zur Sozialgeschichte der populären Lesestoffe 1770-1910,* München 1977, S. 279-287.
9 Vgl. Pierre Macherey, *Zur Theorie der literarischen Produktion. Studien zu Tolstoi, Verne, Defoe, Balzac,* Darmstadt 1974.
10 Vgl. ebd., S. 96-113.
11 Ebd., S. 113.
12 Lily Braun, *Memoiren einer Sozialistin,* 2 Bde., München 1910/11.
13 Vgl. Axel Drews/Ute Gerhard/Jürgen Link: »Moderne Kollektivsymbolik. Eine diskurstheoretisch orientierte Einführung mit Auswahlbibliographie«, in: *Internationales Archiv für Sozialgeschichte der deutschen Literatur,* 1. Sonderheft 1986, S. 256-375, bes. S. 256-285.
14 Vgl. Etienne Balibar/Pierre Macherey, »Thesen zum materialistischen Verfahren«, in: *Alternative* 17 (1974), H. 98, S. 193-221, bes. S. 213-216.
15 Marianne Schuller, »Vergabe des Wissens. Notizen zum Verhältnis von ›weiblicher Intellektualität‹ und Macht«, in: *Konkursbuch 12: Frauen und Macht,* Tübingen 1984, S. 13-21; hier S. 15.

16 Londa Schiebinger, »Liberale Philosophie zwischen Misogynie und Phallokratie«, in: *Das Argument* 24 (1982), N. 132, S. 186-199; hier S. 197.

17 Die symbolische Positionierung der Frau in den dominierenden Diskursen des 19. Jahrhunderts, im juristischen und familiaren Diskurs, in Religion und Philosophie ist schon von zahlreichen Theoretikerinnen untersucht worden, bedarf daher keiner weiteren Ausführungen meinerseits; vgl. z. B. Londa Schiebinger (s. Anm. 16); Silvia Bovenschen, *Die imaginierte Weiblichkeit. Exemplarische Untersuchungen zu kulturgeschichtlichen und literarischen Präsentationsformen des Weiblichen*, Frankfurt a. M. 1979. Hannelore Schröder, »Die Eigentumslosigkeit und Rechtlosigkeit der Frau im 19. Jahrhundert«, in: *Frauen und Wissenschaft. Beiträge zur Berliner Sommeruniversität für Frauen*, Berlin 1977, S. 378-394; u. v. a.

18 Vgl. etwa den bekannten Reventlow-Ausspruch: »Es hat so viel peinlichen Beigeschmack – eine schreibende Frau – schrecklich.«; zit. nach Helmut Fritz, *Die erotische Rebellion. Das Leben der Franziska zu Reventlow*, Frankfurt a. M. 1980, S. 87.

19 Vgl. Axel Drews/Ute Gerhard/Jürgen Link: »Moderne Kollektivsymbolik«, a.a.O. (s. Anm. 13), bes. S. 265-270.

20 Eva Meyer, *Zählen und Erzählen. Für eine Semiotik des Weiblichen*, Berlin 1983, S. 69.

21 Vgl. zur Sittlichkeitsbewegung Marielouise Janssen-Jureit (Hg.), *Frauen und Sexualmoral*, Frankfurt a. M. 1986, bes. S. 15-57; Jutta Kolkenbrock-Netz, »Der Mann als Statthalter des Normalen. Kriterien literarischer Zensur von der Jahrhundertwende bis zum Ersten Weltkrieg«, in: *kultuRRevolution* Nr. 9 (1985), S. 15-21.

22 *Bismarck-Frauen-Kalender für 1901*, Dresden o. J., Klappentext.

23 *Bismarck-Frauen-Kalender für 1902*, Dresden, S. 15; vgl. S. 22. Der Kleeblattbund sympathisierte mit dem Deutschen Flottenverein, den er 1901 auch finanziell unterstützte (vgl. ebd., S. 86), und fand seine Leserschaft in dem Flottenverein und dem Alldeutschen Verband nahestehenden Kreisen. 1899 betrug die Zahl der Abonnentinnen fast 20 000, davon ein Großteil aus klein- und bildungsbürgerlichen Kreisen (vgl. *Bismarck-Frauen-Kalender für 1899*, Dresden, S. 74).

24 *Bismarck-Frauen-Kalender für 1895 und 1896*, Dresden, S. 3.

25 *Bismarck-Frauen-Kalender für 1897*, S. 70; vgl. auch die Metaphorik vom »kleinen Stamm«, der zum »großen Baum« wird; *Bismarck-Frauen-Kalender für 1896*, S. 73.

26 *Bismarck-Frauen-Kalender für 1895 und 1896*, Dresden, S. 2.

27 *Bismarck-Frauen-Kalender für 1896*, S. 48; *Bismarck-Frauen-Kalender für 1897*, S. 3. Als Beispiel sei hier das ›Eingangsgedicht‹ zum *Bismarck-Frauen-Kalender für 1901* (S. 3) mit seiner Applikation ›frauenbewegter‹ Metaphorik (›freie Bahn‹, ›Erwachen‹ etc.) zitiert:

»Zum neuen Jahrhundert!
Die Frau gehorcht mit frohem Streben
Dem Weckruf einer neuen Zeit –
Frei sind die Bahnen ihr gegeben
und Mut und Kraft sind ihr Geleit.

28 Vgl. *Bismarck-Jahrbuch für Deutsche Frauen 1919*, S. 108-126.
29 *Bismarck-Frauen-Kalender für 1896*, S. 50.
30 Zum Begriff der ›diskursiven Explosion‹ vgl. Michel Foucault, *Sexualität und Wahrheit. Der Wille zum Wissen*, Frankfurt a. M. 1983, S. 27-34. Zur Expansion der ›Frauenliteratur‹ in der zweiten Hälfte des 19. Jahrhunderts vgl. Gisela Brinker-Gabler, *Deutsche Dichterinnen vom 16. Jahrhundert bis zur Gegenwart*, Frankfurt a. M. 1978, S. 58-66.
31 Vgl. zu den diskursiven Positionen der bürgerlichen Frauenbewegung vor dem 1. Weltkrieg Barbara Brick/Christine Woesler, »Maschinerie und Mütterlichkeit«, in: *beiträge zur feministischen theorie und praxis*, Nr. 5 (1981), S. 61-68.
32 *Bismarck-Frauen-Kalender für 1896*, S. 50.
33 Vgl. *Bismarck-Frauen-Kalender für 1902*, S. 3/4.
34 Ebd., S. 106.
35 Das Bismarck-Gespräch ist in den Jahrgängen um die Jahrhundertwende bevorzugter Ort der Auseinandersetzung mit der Frauenbewegung. Der narrativ stereotype Verlauf des fiktiven Dialogs zwischen ›Tantchen‹ (= Bismarckfrau) und ›Nichte‹ (= Emanzipierte) – die Nichte bringt zentrale Forderungen der Frauenbewegung vor und läßt sich von den ›gemäßigten‹, vaterländischen Argumenten der Tante überzeugen – inszeniert als Textende – in jedem Jahrgangsband erneut – die *Versöhnung* der beiden gegensätzlichen Frauentypen: »Also, Tantchen, Zusammenschluß der arbeitenden Frauen und Zusammenschluß von Nichte und Tante zur Weltbeglückung«; *Bismarck-Frauen-Kalender für 1899*, S. 47.
36 *Bismarck-Frauen-Kalender für 1898*, S. 68.
37 *Bismarck-Frauen-Kalender für 1911*, S. 77.
38 Das Integrationsprojekt, das auf ›Weiblichkeit‹ als dominantes Ideologem zentriert ist (Frau = Versöhnung), stellt antipartikularistische, klassenintegrative Themen in den Vordergrund: »Beispielsweise intressiert die Frage des Verhältnisses von Süd- und Norddeutschland zueinander und zum Reich. Der Unterschied von Lebensansichten und Gewohnheiten, von Erziehung und Charakter, Religion und Gemütsfragen, Partikularismus, und die Möglichkeit, diese Unterschiede immer mehr zu versöhnen, sollen den Gesprächsstoff bei rückhaltloser Offenheit bilden und Charakter und Handlungsweise der Figuren bestimmen (...) Die Wahl anderer versöhnungsbedürftiger Themen

bleibt den Schriftstellern frei überlassen«, lautet die Ausschreibung für ›kleine Novellen‹ im *Bismarck-Frauen-Kalender für 1901*, S. 67.

39 *Bismarck-Frauen-Kalender für 1899*, S. 3.

40 Vgl. Wulf Wülfing, »Die heilige Luise von Preußen. Zur Mythisierung einer Figur der Geschichte in der deutschen Literatur des 19. Jahrhunderts«, in: J. Link/W. Wülfling: *Bewegung und Stillstand in Metaphern und Mythen*, Stuttgart 1984, S. 233-275; vgl. *Bismarck-Frauen-Kalender für 1898*, S. 91, *Bismarck-Frauen-Kalender für 1897*, S. 48.

41 *Bismarck-Frauen-Kalender für 1899*, S. 60 f.

42 Neben der mythischen Identität zwischen Luise von Preußen und Luise Henriette (vgl. ebd., S. 60 f.) vgl. dazu u. a. die Analogie der Herzogin Maria Anna von Bayern mit der »preußischen Maria Anna« (*Bismarck-Frauen-Kalender für 1898*, S. 38), d. h. mit Prinzessin Marianne von Preußen (ebd., S. 37) oder die Identität von Elisabeth Charlotte von Brandenburg und Liselotte von der Pfalz (*Bismarck-Frauen-Kalender für 1900*, S. 42). Vgl. dazu auch Wulf Wülfing, »Zur Mythisierung der Frau im Jungen Deutschland«, in: *Zeitschrift für Deutsche Philologie* 99 (1980), H. 4, S. 559-581, bes. S. 563-569.

43 *Bismarck-Frauen-Kalender für 1897*, S. 59.

44 Läßt sich als ›vertikale Achse‹ die ›Kette‹ deutscher Fürstinnen und Herrscherinnen seit dem Mittelalter rekonstruieren: Adelheid und Editha (Frauen Ottos des Großen), Luise Henriette, Elisabeth Charlotte (Mutter bzw. Frau des Großen Kurfürsten), Maria Anna von Bayern, Luise von Preußen, Luise Juliane von der Pfalz, Marianne von Preußen usw., so ließen sich auf der ›horizontalen Achse‹ andere zeitgenössische mythische Frauenfiguren ansiedeln: so etwa zu Luise und Marianne von Preußen Goethes und Schillers Mutter oder Luise von Sachsen-Weimar, die ›Gönnerin‹ der beiden ›Dichterheroen‹. Aus Kombinationen (Begegnungen, Briefwechsel etc.) entsteht so in den *Bismarck-Frauen-Kalendern* ein synchron und diachron verankertes ›Netz‹ weiblicher mythischer Figuren und Orte.

45 *Bismarck-Frauen-Kalender für 1897*, S. 36.

46 Fast die Hälfte der ›Frauenbiographien‹ beklagt das geringe historische Wissen und die ›schlechte Quellenlage‹ bzgl. der ›deutschen Ahnfrauen‹; vgl. etwa *Bismarck-Jahrbuch für Deutsche Frauen 1913*, S. 75.

47 *Bismarck-Frauen-Kalender für 1898*, S. 37.

48 Ebd.

49 Ebd., S. 51.

50 *Bismarck-Frauen-Kalender für 1902*, S. 103.

51 Vgl. zum ›symbolischen Chiasmus‹ und der ›Chiasmus-Struktur der Handlung‹ Jürgen Link: *Literaturwissenschaftliche Grundbegriffe. Eine Einführung auf strukturalistischer Basis*, 2. Aufl., München 1979, S. 374.

52 Vgl. zur Applikation der Metapher vom ›Kampf ums Dasein‹ auf die

Situation ›moderner Frauen‹ *Bismarck-Jahrbuch für Deutsche Frauen 1911*, S. 125.

53 Ebd., S. 120. Der ›Trend‹ zu einer ›Verweiblichung‹ von Männern ist sicherlich im Zusammenhang mit der Androgyniediskussion um die Jahrhundertwende (z. B. bei Weininger u. a.) zu sehen. Vgl. als Überblick Ralph Tegtmeier, »Zur Gestalt des Androgyns in der Literatur des Fin des siècle«, in: *Androgyn. Sehnsucht nach Vollkommenheit*, Berlin 1986, S. 113-119.

54 *Bismarck-Jahrbuch für Deutsche Frauen 1915*, S. 61.

55 Ebd., S. 71.

56 *Bismarck-Frauen-Kalender für 1897*, S. 68; vgl. *Bismarck-Frauen-Kalender für 1896*, S. 50 vs. *Bismarck-Jahrbuch für Deutsche Frauen 1911*, S. 115 f.; *Bismarck-Jahrbuch für Deutsche Frauen 1912*, S. 74-78, 82.

57 Klappentext der Jahrgänge 1895/6 bis 1919.

58 *Bismarck-Jahrbuch für Deutsche Frauen 1919*, S. 99.

59 Die Rubrik »Bismarck-Gespräch« wird 1910 eingestellt.

60 Vgl. *Bismarck-Jahrbuch für Deutsche Frauen 1919*, S. 108 f.

61 Vgl. Ulrike Prokop, »Die Sehnsucht nach Volkseinheit. Zum Konservativismus der bürgerlichen Frauenbewegung vor 1933«, in: Gabriele Dietze (Hg.), *Die Überwindung der Sprachlosigkeit. Texte aus der neuen Frauenbewegung*, Darmstadt und Neuwied 1981, S. 176-202.

62 *Bismarck-Jahrbuch für Deutsche Frauen 1919*, S. 99 f.

63 Vgl. *Bismarck-Frauen-Kalender für 1903*, S. 78; *Bismarck-Jahrbuch für Deutsche Frauen 1916*, S. 4, 33, *Bismarck-Jahrbuch für Deutsche Frauen 1915*, S. 8 f. usw. Vgl. auch den »Kriemhild-Mädchenbund«, *Bismarck-Jahrbuch für Deutsche Frauen 1909*, S. 68.

64 *Bismarck-Jahrbuch für Deutsche Frauen*, S. 71, 79, 65 f.

65 Ebd., S. 65 f.

66 Ebd., S. 80.

67 Ebd., S. 71, vgl. S. 44.

68 *Bismarck-Jahrbuch für Deutsche Frauen 1913*, S. 82.

69 Ebd., S. 76; zur Applikation des Johanna von Orleans-Mythos in der deutschen Literatur vgl. Inge Stephan, »Hexe oder Heilige? Zur Geschichte der Jeanne d'Arc und ihrer literarischen Verarbeitung«, in: *Die verborgene Frau. Sechs Beiträge zu einer feministischen Literaturwissenschaft*, Berlin 1983, S. 36-65.

70 *Bismarck-Jahrbuch für Deutsche Frauen 1919*, S. 100.

71 Vgl. etwa Elke Kleinau, »Zum Einfluß bürgerlicher Weiblichkeitsideologie auf die sozialdemokratische Frauenemanzipationstheorie«, in: K. Bergmann/A. Kuhn (Hg.), *Geschichtsdidaktik* 10 (1985), H. 2, S. 203-207; oder Elisabeth Meyer-Renschhausen, »Das radikal traditionelle Selbstbild. Zur Selbsteinschätzung des ›gemäßigten‹ Flügels der Frauenbewegung um 1900 und seine politische Interpretation seitens der Nachgeborenen«, in: Ebd., S. 129-145.

72 *Bismarck-Jahrbuch für Deutsche Frauen 1911*, S. 124/25; vgl. *Bismarck-Jahrbuch für Deutsche Frauen 1919*, S. 99.

73 *Bismarck-Jahrbuch für Deutsche Frauen 1916*, S. 33; vgl. *Bismarck-Jahrbuch für Deutsche Frauen 1915*, S. 9, 45.

74 Vgl. *Bismarck-Jahrbuch für Deutsche Frauen 1918*, S. 95, *Bismarck-Jahrbuch für Deutsche Frauen 1917*, S. 103.

75 Vgl. ebd., S. 120f. vs. S. 125ff.

76 *Bismarck-Jahrbuch für Deutsche Frauen 1915*, S. 45.

77 Ebd., S. 52.

78 *Bismarck-Jahrbuch für Deutsche Frauen 1921*, S. 53/54.

79 Ebd., S. 58.

80 Vgl. *Bismarck-Jahrbuch für Deutsche Frauen 1919*, S. 71.

81 *Bismarck-Jahrbuch für Deutsche Frauen 1920*, S. 5f.

82 *Bismarck-Jahrbuch für Deutsche Frauen 1921*, S. 11.

83 *Bismarck-Jahrbuch für Deutsche Frauen 1922*, Klappentext.

84 Ulrike Prokop, »Die Sehnsucht nach Volkseinheit« (s. Anm. 61), S. 192.

85 Zum Biographismus vgl. Helmut Scheuer, »Historismus – Positivismus – Realismus«, in: Horst Alber Glaser (Hg.), *Vom Nachmärz zur Gründerzeit. Realismus*, Reinbek bei Hamburg 1982, S. 24-35; zum Ideologem des ›handelnden Subjekts‹ vgl. Gerhart von Greavenitz, »Geschichte aus dem Geist des Nekrologs. Zur Begründung der Biographie im 19. Jahrhundert«, in: *Deutsche Vierteljahresschrift* 54 (1981), S. 105-170; bes. S. 107-109. Zum Biographismus der Frauenbewegung (Rekurs auf die ›Ahnfrauen‹) vgl. Ulrike Prokop (s. Anm. 61), S. 182.

86 Ebd.

87 Ulrike Haß, »Mütterliche Landschaften. Ausschnitte«, in: *Konkursbuch 12, Frauen und Macht*, Tübingen 1984, S. 219-232, hier S. 227.

88 *Bismarck-Frauen-Kalender für 1902*, S. 97.

89 Gisela von Streitberg, *Die deutschen Frauen und der Bismarckkultus. Zeigenössische Betrachtung*, Berlin 1894, S. 15.

90 Am Beispiel Helene Lange zeigt dies: Barbara Brick, »Die Mütter der Nation – zu Helene Langes Begründung einer ›weiblichen Kultur‹«, in: I. Brehmer u. a. (Hg.), *Frauen in der Geschichte IV*, Düsseldorf 1983, S. 99ff.

91 Hedwig Dohm, »Feindliche Schwestern«, in: *Die Aktion*, 4. Jg., 25. Juli 1914, Sp. 648-654, hier Sp. 648.

92 Als Fallbeispiel könnte hier die schon erwähnte Franziska zu Reventlow dienen, die in ihren Texten ›Mütterlichkeitskult‹ und ›Hetärentum‹ miteinander verband, und auch während des 1. Weltkriegs eine pazifistische Position beibehielt.

93 Renate Lachmann, »Thesen zu einer weiblichen Ästhetik«, in: Claudia Opitz (Hg.): *Weiblichkeit oder Feminismus? Beiträge zur interdiszi-*

plinären Frauentagung Konstanz 1983, Weingarten 1984, S. 181-193; hier S. 182.

94 Biddy Martin, »Weiblichkeit als kulturelle Konstruktion«, in: *Argument*, Nr. 138 (1983), S. 210-215, hier S. 210.

95 Marianne Schuller, *Pygmalion oder die finstere Lady. Zum Verhältnis von Frauen und Literaturwissenschaft*, maschinenschr. Manuskr., S. 73-97, bes. S. 96 f.

96 Eva Meyer, *Zählen und Erzählen. Für eine Semiotik des Weiblichen*, Berlin 1983, S. 70.

97 Evelyn Keitel, »Die gesellschaftlichen Funktionen feministischer Textproduktion«, in: Claudia Opitz (Hg.), *Weiblichkeit oder Feminismus? Beiträge zur Interdisziplinären Frauentagung Konstanz 1983*, Weingarten 1984, S. 239-254, hier S. 243.

98 *Die verborgene Frau. Sechs Beiträge zu einer feministischen Literaturwissenschaft*, Berlin 1983, Vorwort, S. 10.

99 Ulrike Helmer, »Wohin treibt die feministische Theorie?«, in: *Feministische Studien*, H. 1 (1986), S. 141-148.

Thomas Sandkühler
Hans-Günter Schmidt

Frau oder Geschichte?

Zur historischen Kontinuität einer verkehrten Alternative[1]

»Müttererholung (nur für Frauen)«[2]

Vorbemerkung

Geht man davon aus, daß geschichtswissenschaftliche Fragestellungen und Antworten ein wie auch immer vermitteltes gesellschaftliches Bedürfnis nach historischer Orientierung erfüllen[3], so läßt sich die seit einigen Jahren intensiver geführte Diskussion um »neue Weiblichkeit« und »geistige Mütterlichkeit«[4] auch als Antwort auf ein konkretes Orientierungsbedürfnis des Nationalstaats Bundesrepublik begreifen:

Angesichts der zerstörerischen Folgen einer ungesteuerten Modernisierung erscheint »Weiblichkeit« als umgreifende Alternative, als das Andere, das im historischen Prozeß der Rationalisierung und Industrialisierung zum Schweigen gebracht wurde.[5]

Die Historikerdebatte um den Stellenwert der nationalsozialistischen Verbrechen an den Juden[6] für die historische Legitimation der Bundesrepublik hat allerdings gezeigt, daß solche Orientierungsbedürfnisse sich auch in Antworten auf Fragen niederschlagen können, die niemand gestellt hat.[7] Eine in dieser Debatte selten explizierte, jedoch unterschiedlich beantwortete Frage ist die nach dem »deutschen Sonderweg«[8], der als *kritische Umformung eines Traditionsbestandes* des deutschen Nationalismus seit den Studien Hans-Ulrich Wehlers – bzw. dessen Rückbezugs auf die Arbeiten E. Kehrs – zu den bislang wichtigsten geschichtswissenschaftlichen Konzepten in der Bundesrepublik gehört hat.[9]

Nur auf den ersten Blick haben diese beiden Themenkomplexe nichts miteinander zu tun. Sie verbindet historisch die Kritik an Formen der Vergesellschaftung, als deren positives Gegenprinzip der *»deutsche Sonderweg« in seiner nationalistischen Version* formuliert wurde.

Das Leitbild der »geistigen Mütterlichkeit« verstand sich hingegen als biologisch determinierte Verkörperung eben jener Traditionen, die die These vom deutschen Sonderweg zur Moderne kritisch gegen die westlichen Industrienationen wandte. In dem Maße, wie die bürgerliche Frauenbewegung im deutschen Kaiserreich den Staat auf ihre »mütterlichen« Normen festlegte, verstärkte sie die autoritären Herrschaftsstrukturen einer Gesellschaft, als deren unpolitische »Korrektur« sie angetreten war. Durch die Konzentration auf »mütterliche« Sozialarbeit verwirklichte die bürgerliche Frauenbewegung das, was der »deutsche Sonderweg« theoretisch forderte.
Wenn also im folgenden in epochenspezifischer und systematischer Hinsicht von »geistiger Mütterlichkeit« als *nationalem Mythos im deutschen Kaiserreich* die Rede ist, so ist das auch als ein Versuch zu verstehen, in diesem Konzept eine bestimmte Deutung von Modernisierungserfahrungen zu sehen, die in der heutigen Situation möglicherweise das Konzept des Sonderwegs in einer neuen Form fortführen mag.

1. Einleitung

In der Forschung zur Geschichte der bürgerlichen Frauenbewegung und zum Komplex der »geistigen Mütterlichkeit«[10] hat sich in neuerer Zeit eine Polarisierung abgezeichnet. Während einige Richtungen der Frauengeschichtsschreibung die Inhalte der »geistigen Mütterlichkeit« als »Leerstelle im männlichen Diskurs«[11] fortschreiben, begreift Christine Wittrock – aus marxistischer Sicht[12] – diese Selbstzuschreibung als einen im Kern frauenfeindlichen »Mythos«, dessen patriarchalische Tradition die Instrumentalisierung der bürgerlichen Frauenbewegung durch den Nationalsozialismus erst ermöglicht habe. Christoph Sachße kam neuerdings zu einem ähnlichen Urteil, betonte aber anders als Wittrock unter dem Aspekt der Professionalisierung weiblicher Sozialberufe in der Weimarer Republik die Widersprüchlichkeit der Ideologie der Mütterlichkeit, insofern sie als Berufsideal eben die bürokratischen Strukturen freigesetzt habe, die sie ursprünglich in kulturkritischer Absicht zu ›korrigieren‹ suchte.[13]
Obwohl Wittrocks Untersuchung von autoritären »Weiblichkeitsmythen« spricht, bleibt darin undefiniert, was den Mythos

der Mütterlichkeit als *nationalen Mythos* eigentlich ausmacht. In Sachßes Untersuchung wird die Frage, welche Funktion geschichtliche Erfahrungen in der widersprüchlichen Ideologie der Mütterlichkeit haben, nicht in die Überlegungen einbezogen. Anhand von Sachßes Untersuchung wurde jedoch klar, daß »Mütterlichkeit« keineswegs nur reaktionäre Ideologien transportiert, sondern daß möglicherweise gerade die widersprüchliche Haltung gegenüber Modernisierungserfahrungen den historischen Mythos »Mütterlichkeit« als nationalen Mythos ausmacht.

2. Geschichtliche Entwicklung

2.1. Die Entwicklung des Mütterlichkeitsbegriffs bis zur Reichsgründung 1871

Der materielle Grund für die Entwicklung des Begriffs der »geistigen Mütterlichkeit« zeichnete sich bereits im Vormärz ab. Luise Otto (1819-1895) reagierte 1847 mit einer programmatischen Schrift auf die »Lebensuntüchtigkeit« der bürgerlichen Mädchen, deren standesgemäße Verheiratung durch die allmähliche Auflösung der weithin üblichen Versorgungsstrukturen der Großfamilie gefährdet war. Wenn sie nicht als »alte Jungfern« von der Barmherzigkeit eines wohlhabenden Verwandten abhängen wollten, müßten diese Mädchen durch Bildung in die Lage versetzt werden, sich notfalls selbst zu ernähren. Das »Ewig-Weibliche« sollte die bürgerliche Frau dazu befähigen, einen ihrem Wesen entsprechenden Weg aus der Familie in die Öffentlichkeit zu finden.

Zugleich schälte sich das bildungsbürgerliche Ideal der Kleinfamilie heraus, die als »Gegengesellschaft« aus der bislang üblichen Verbindung von familiärer Produktion und Konsumtion herausgenommen konzipiert wurde.[14] In der Kleinfamilie sollten Mann und Frau widerstreitende Prinzipien zum Ausgleich bringen und die Gegensätzlichkeit der Geschlechter gleichsam in ein Fließgleichgewicht aufheben. In diesem Sinne propagierte Luise Büchner 1855 den Gedanken einer »Nur-Hausfrau« als neuer weiblicher Identität, deren spezifisch weibliche Energien sich auf die »stille Umgebung der Häuslichkeit« beschränken sollten. Am »stillen Herd« lodere die »heilige Flamme des Hauses, von dem

Bewußtsein der Pflichten entzündet, von der Freude an der Arbeit genährt«, empor.[15]

Luise Otto und Luise Büchner markieren die Umrisse einer spezifisch weiblichen Arbeitsethik, die einerseits den Anspruch auf eine allgemeine »bürgerliche Verbesserung« der Frau rechtfertigen, andererseits die Identität einer neuen Frau in der Kleinfamilie begründen sollte, deren angeborene Weiblichkeit erst in dieser bildungsbürgerlichen Form der Vergesellschaftung zum Austrag kommen könne. »Weibliche Arbeit« wurde so zugleich ein Kampfbegriff für die Emanzipation der bürgerlichen Frau und gegen die Emanzipation der kleinbürgerlichen Frauen, die es sich nicht leisten konnten, auf häusliche Erwerbsarbeit – etwa im Handwerksbetrieb – zu verzichten und ganz der Pflege des Herdes zu leben.

Während Luise Otto die höhere Mädchenbildung als Vorbereitung auf den Beruf der Lehrerin ansah, hatte diese Bildung bei Büchner vor allem den Sinn, die Attraktivität der Mädchen auf dem Heiratsmarkt zu steigern und ihre weiblichen Energien gleichsam zu veredeln, bevor sie in der Ehe zu ihrer wahren mütterlichen Bestimmung finden sollten. In diesem Sinne entwarf der Lehrplan einer höheren Töchterschule 1872 die »Kameradin« des akademisch gebildeten Beamten. Sie solle ihm Ablenkung von der »Wissens-Plackerei« gewähren. Dafür aber sei es nötig,

> dem Weibe eine der Geistesbildung des Mannes in der Allgemeinheit der Art und der Interessen ebenbürtige Bildung zu ermöglichen, damit der deutsche Mann nicht durch die geistige Kurzsichtigkeit (...) an dem häuslichen Herd gelangweilt und in seiner Hingabe an höhere Interessen gelähmt werde (...).[16]

Die mit den Vertreterinnen Luise Otto und Luise Büchner bezeichnete Doppeldeutigkeit des familiär – öffentlichen Begriffs des »Ewig-Weiblichen« wurde im Begriff der »geistigen Mütterlichkeit« später fortgeschrieben und als Kompensation seiner sozialen Ablösung von der biologischen Mutterschaft mit einer mythischen Naturkonzeption versehen.

In der Zeit bis 1866 war diese Doppeldeutigkeit noch gleichsam regional verteilt: Luise Ottos liberales Gedankengut läßt sich mit Blick auf die spätere Entwicklung des Frauenvereinswesens als sächsisch-genossenschaftlicher Widerpart Büchnerscher preußisch-autoritärer Lösungen verstehen, wie sie auch von den protestantischen »Gemeindemüttern« des Pastors Fliedner in Kaiserswerth (1836), besonders aber durch den »Centralverein für das Wohl der arbeitenden Klassen« (1844) verkörpert werden. Der Gründer des »Centralvereins«, Wilhelm Adolf Lette (1799-1868) gründete zwei Jahre vor seinem Tod den »Verein zur Förderung der Erwerbstätigkeit des weiblichen Geschlechts« (»Lette-Verein«), dessen konservatives, auf die Mittelschichten abzielendes Berufsideal die weitere Entwicklung der bürgerlichen Frauenbewegung entscheidend beeinflußte. Der Lette-Verein trat objektiv in Konkurrenz zum 1865 gegründeten »Allgemeinen Deutschen Frauenverein«, der in enger Verbindung mit der sächsischen Arbeitervereinsbewegung und unter tatkräftiger Mithilfe August Bebels aus dem Leipziger Frauenbildungsverein der Luise Otto-Peters hervorging.[17] Das Ziel des ADF, »die Arena der Arbeit auch für uns und unsere Schwestern« zu eröffnen und so die Gleichberechtigung von Männern und Frauen durch gleichberechtigte Arbeit zu erreichen, wurde vom Lette-Verein auf die Eröffnung *ausgewählter* musischer und philosophischer akademischer Karrieren für Frauen eingeschränkt, denn unter dem Gesichtspunkt der Volkswirtschaft sei an der »Verschiedenheit der Befähigung des männlichen und weiblichen Geschlechts« nicht zu rütteln.[18] Auf dem Frankfurter Philosophenkongreß 1869 waren sich die Vertreterin des Lette-Vereins und die versammelten Philosophen im Grundsatz des Kampfes gegen »frivolen Materialismus« einig.

Der Verband benötige die Frauen (...), wenn er die Philosophie des Lebens aus der Studierstube ins Leben führen wolle, denn den Frauen eigne eine besondere Anlage zur Philosophie des Lebens, ein besonderer Ahnungsreichtum, sie hütete den Glauben an den Sieg des Ideals – und das sei der Sieg des Reiches Gottes (...).[19]

Daß hierzu flanierend Historiker wie Treitschke und Lorenz von Stein vor dem neu errichteten Victoria-Lyzeum des Lette-Vereins Festansprachen hielten, in denen die von Luise Büchner 1855 konzipierte »Kameradin« zur nationalen Notwendigkeit erhoben wurde, zeigt eine Übereinstimmung von Frauen und Männern in der konservativ-bürgerlichen Utopie einer Gesellschaft, die sich durch das naturhaft gegebene Wesen der Frau vom Rationalismus der Aufklärung befreite.[20]

Diese Bestimmung nahm einerseits die romantische Geschichtskonzeption Luise Ottos auf, die in der erstrebten Höheren Mädchenschule die Weltgeschichte als »lebendiges organisches Ganzes« sowie »vaterländische Geschichte« lehren wollte. Das Lehrpersonal der zukünftigen Frauenbildungsanstalten sollte sich so selbst rekrutieren und »deutsche Innerlichkeit und Gefühlstiefe« in diese Anstalt einbringen, »in der vorzugsweise deutscher Sinn und schwesterliche Gleichheit in edler einfacher Sitte walte« gegen die »Übermacht einer entweder kalten oder brutalen Kraft des Mannes.«[21]

Neu an dem philosophischen Katzenjammer des Jahres 1869 war andererseits der historische Biologismus und die sentimentale Einigkeit von Frauen und Männern in ihrer Diagnose der Krise, die als Heilmittel *allein die Frau* zulasse.[22]

Dieses Konzept fand auch in den Arbeiten der zu diesem Zeitpunkt schon weitestgehend professionalisierten Geschichtswissenschaft seinen Niederschlag. So nahm Friedrich Meinecke für die Idee der deutschen Staatsnation als Derivat der allgemeinen Idee weltbürgerlicher Vernunft genau diejenigen Attribute in Anspruch, die in den Augen des Lette-Vereins das Prinzip der Weiblichkeit ausmachten.[23]

In der Semantik dieses Konzepts kommt eine geschichtsphilosophische Konstruktion zum Austrag: Mit der Moderne sei die in mythischer Vergangenheit noch organische Einheit von Geschlechtern und Natur auseinandergebrochen. Während das männliche Geschlecht »verurteilt« sei, den linearen Prozeß der Geschichte bis in die Neuzeit hinein zu verkörpern, habe die Frau qua weiblicher Geburt die Möglichkeit, ein zyklisches Geschichtsverständnis in die moderne Welt einzubringen, das mythischen Ursprung sei und Zukunft als organische Einheit erscheinen läßt. Es ist bemerkenswert, daß sich »Männer« und »Frauen« in der kulturkritischen Diagnose eines krisenhaften Bruchs mit Traditionen der Vergangenheit prinzipiell einig sind. Der »deutsche Mann« dieser Zeit fühlte sich offenbar als unfreiwilliger Vertreter jenes »westlichen« Nationsbegriffes der bloß materiellen, Werte zerstörenden »Zivilisation«, der zu den Traditionsbeständen der »Feinde« Frankreich und England gezählt wurde.

Aus der Verbindung dieser gewissermaßen schizophrenen Philosophie mit dem pragmatischen Gedanken der weiblichen Emanzipation auf deutsche Weise ergibt sich das simple Bezugssystem einer »heilen Welt«, dessen Oppositionen wie folgt dargestellt werden können:

männlich	–	*weiblich*
westlich	–	deutsch
modern	–	bewahrend
Zivilisation	–	Natur
industrielle Arbeit	–	familiäre Arbeit
	Tendenz	
strebt von der Öffentlichkeit ins Private zurück	–	macht das Private zur Öffentlichkeit

Dieses System zeichnet sich durch ein hohes Maß an Variabilität aus, die es ermöglicht, das Verhältnis der Gegensätze zueinander aus Gründen der Relevanz zu verschieben oder das gesamte Bezugssystem in neue politische Zusammenhänge, etwa des »preußischen Sozialismus« oder des »Volkes in Waffen« einzubauen.
Die zweite Generation der bürgerlichen Frauenbewegung hatte in Henriette Schrader-Breymann[24] eine Vertreterin, die in der nationalistischen »Inkubationszeit«[25] der bürgerlichen Frauenbewegung den Gedanken der Weiblichkeit als beruflich orientierte »geistige Mütterlichkeit« umformulierte. Sie forcierte damit die Ablösung der Mütterlichkeit von der biologischen Mutterschaft und wies der Frauenbewegung einen sozialen Ort zu: Im Ideal der geistigen Mütterlichkeit fielen freie Zeit und weibliche Potenz zusammen.[26]

Wenn die Frau die geistige Mütterlichkeit sich errungen, dann ist sie frei; das heißt, sie erfaßt das Leben groß, sie sieht die *Gegenwart und die Zukunft im Zusammenhange,* und wenn sie nicht in der Ehe steht, wenn sie keine leiblichen Kinder geboren hat, so ist sie doch nicht als »ausgelöstes Glied in der Kette der Menschheit« zu betrachten. Wir Frauen bleiben eben Frauen, wenn wir persönlich Liebe geben, Liebe wecken; aber damit wir bei aller Persönlichkeit frei werden, brauchen wir die Wissenschaft, die Kunst, nicht um ihrer selbst willen, sondern um sie wieder persönlich zu verwenden. *Wir müssen uns alle fühlen als Mütter der Menschheit,* als Teil des weiblichen Prinzips, das dem männlichen Wirken für das Ganze seine Ergänzung gibt.[27]

Über die »Ergänzung« des Mannes hinaus rechtfertigte Schrader-Breymann den Anspruch auf eine weibliche Berufstätigkeit im Sozialbereich. Die bürgerliche Frau erschien in dieser Sicht als Vertreterin des eigentlichen Menschheitsgedankens im »weiblichen Prinzip« der Geschichte.

Die Hoffnung Luise Büchners auf die Versorgung durch einen bildungsbürgerlichen »natürlichen Ernährer« hatte sich offenbar nicht erfüllt. Entsprechend wurde der Arbeitsbegriff Büchners erweitert, und zwar auf der interpretatorischen Linie der »zweckfreien«, von emanzipatorischen Interessen unbelasteten Mütterlichkeit.[28] Diese löste sich jedoch nicht vom ideologischen Inventar der Kleinfamilie und schloß deshalb politische Formen weiblicher Teilhabe per definitionem aus.

Insofern entfaltete die familiäre »Tagseite« des gegebenen weiblichen Arbeitsethos eine öffentliche »Nachtseite«, die sich als genaues Gegenteil dessen zur Geltung bringt, was Habermas mit der Kategorie der bürgerlichen Öffentlichkeit beschrieben hat.[29]

Nicht zuletzt deswegen interferieren nach der Reichsgründung im Begriff der »geistigen Mütterlichkeit« Konzepte einer Arbeitsnation und einer Kulturnation, die mit je unterschiedlichen historischen Erfahrungen begründet und von der bürgerlichen Frauenbewegung zunehmend militant in Richtung einer kleinfamiliär – intimen »Nationalisierung der Arbeit« gedrängt werden.[30]

Das oben beschriebene semantische Bezugssystem gerät in Bewegung, denn die »familiäre Arbeit« greift in die Öffentlichkeit aus und legitimiert zugleich die Privatisierung der Erfahrung der Massenproduktion zugunsten handwerklicher Denkmuster.

Während Pestalozzi, der für das von Schrader-Breymann gegründete Pestalozzi-Fröbel-Haus namensgebend war, in seiner Erziehungslehre die Arbeit als ein Mittel zur Erhebung des Menschen vom familiären Naturzustand über den gesellschaftlichen Beruf zur sittlichen Idee der Nation ansah, sollten in der Adaption dieser Idee bei Schrader-Breymann Naturzustand und Gesellschaft zusammenfallen.

Nach dem preußisch-österreichischen Krieg von 1866 gründete Königin Auguste von Preußen den »Vaterländischen Frauenverein – Für Gott, Kaiser (sic!) und Vaterland«, der dem preußischen Militär und den adeligen Funktionseliten einen starken Einfluß auf die bürgerliche Frauenbewegung verschaffte. Was bei den Vordenkern des Lette-Vereins theoretisch konzipiert wurde, setzte der »Vaterländische Frauenverein« praktisch um – im Sinne seines Mottos, versteht sich.

Nach der Reichsgründung wurden die Vaterländischen Frauenvereine zu einem preußisch dominierten »Verband der deutschen vaterländischen Frauenvereine« zusammengefaßt. »In tiefem Verständnis für das *Wesen der echt deutschen Frau,* und in dem *Streben, die Frauen unseres geliebten Vaterlandes nicht zu ›emancipieren‹*«[31], sah der Verband der Vaterländischen Frauenvereine seine Hauptaufgabe im Kampf gegen die materialistische Zersetzung in den Städten und in der Milderung der Klassengegensätze zur Befestigung der gesellschaftlichen Ordnung, womit emanzipatorische Elemente der gesellschaftlichen Bewegung sozialer Identität aus dem Bezugssystem ausgeschieden wurden. Die übrigen Elemente wurden in »deutscher« Richtung forciert. So äußerten sich 1877 deutsche Textilindustrielle positiv zum Kampf der vaterländischen Frauen gegen welsche Mode und falschen Luxus. Im Zuge der »inneren Reichsgründung« nach 1878 griff die preußische Bürokratie häufig vorgetragene Konzepte Henriette Goldschmidts zur staatlichen Integration und Förderung der deutschen Frauenbewegung auf. Durch ihre Einbindung in die behördliche Armenpflege kam es zu einer staatskonformen Zentralisierung der bürgerlichen Frauenbewegung und zur Freisetzung bürokratischer Strukturen bei der Herausbildung des »mütterlichen« Berufsbildes der Armenpflegerin, die ihre soziale Identität durch den Versuch der nationalen Verheimatung proletarischer Schutzbefohlener erhielt. Das Heim auch der unteren Stände solle behaglich sein, »damit der Mann sich darin wohler fühle als im Verkehr mit seinen wüsten Genossen.«[32]

Indem die Frau sich als Medium der Kräfte fühlte, »die den geistig-sittlichen Untergrund der Familie gebildet haben«, avancierte das Ideal der Kleinfamilie zur erträumten Hülle der kaiserlichen Gesellschaft.

Zugleich überdeckte das Programm einer mütterlichen Kulturnation die industrialisierte Arbeitsnation[33], die ihrerseits das ideologische Bild einer im inneren Kern urtümlich handwerklichen Gemeinschaft ausprägte, zu deren äußerem Schutz der deutsche Imperialismus unverzichtbar sei. Das Bezugssystem wurde nun unter Verzicht auf die soziale Erfahrung in der industrialisierten Arbeitsnation durch die Vorstellung einer imaginären familiären »kleinen Einheit« dominiert, in der die vormaligen Gegensätze des Bezugssystems angeblich zur Deckung gebracht werden konnten.

Insofern war das Ideal mütterlicher Sozialarbeit bereits eine Facette jenes Trotznationalismus, der inmitten kapitalistischer Dynamik und sozialer Bedrohungsängste das Bewußtsein eines Ruhepunktes vermittelte. Gegenüber der möglichen rationalen Entwicklung der erstrebten Frauenarbeit blieb die bürgerliche Frauenbewegung erstaunlich kurzsichtig. Sie verspielte dadurch die Chance einer Demokratisierung der Strukturen sozialer Berufsarbeit.

In Marie Calms Begriff der »kulturhistorischen Aufgabe« der Frau verband sich eine resignative Kulturkritik mit dem Biologismus einer geschlechtlich determinierten Kultur(nation), die durch die Frau zum geschichtlichen Nullpunkt ihres Anfangs zurückfinden oder untergehen müsse:

> Wäre die Welt des Mannes die beste der Welten, erfüllte sie tatsächlich, wenigstens in ihren großen Richtlinien, ein sittliches Ideal, so könnte man diesen Anspruch der Frauen bestreiten. Aber wenn die gewaltige wissenschaftliche und technische Kultur unserer Zeit als spezifische Leistung des Mannes anerkannt werden muß, so tragen doch auch die großen sozialen Mißstände, die mit dieser Kultur emporgewachsen sind, ebenso sein Gepräge. Und vieles von dem, was diesen sozialen Mißständen zugrunde liegt, hat seinen *natürlichen Gegner* in der Frau.[34]

Der Verzicht auf Emanzipation deutet sich hier als naturgegebene Strategie an, die jedoch keineswegs den Verzicht auf die öffentliche Teilhabe der bürgerlichen Frau zur Folge hatte. Im Programm des 1894 gegründeten Bundes Deutscher Frauenvereine findet sich die schon in der Formulierung aufschlußreiche Forderung eines uneingeschränkten beruflichen Ausgreifens des weiblichen Prinzips in den »nationalen Haushalt«:

> In der Ökonomie des Gesamtlebens fällt ihr (der Frau, d. V.) die Steuer ganz bestimmter, auf ihrer Natur und deren Anlagen beruhender Leistungen für das Ganze zu. Aber, es ist notwendig, daß an *jeder* Stelle der gemeinsamen Kulturarbeit der Einschlag ihres Wesens zu finden sei (...).[35]

Seinen politischen Ausdruck fand dieses »Kulturziel« einerseits in der Gründung der »Mädchen- und Frauengruppen für soziale Hilfsarbeit« 1893, deren vorgeblich »zweckfreier« Begriff der sozialen Arbeit als »Liebesdienst« quer zu der treibenden Rolle liegt, die die »Gruppen« bei der Herausbildung professioneller Berufsstrukturen im Sozialbereich spielten.[36]

Andererseits weist der Ausschluß »unweiblicher« sozialdemokratischer Frauen aus dem BDF bei seiner Gründung 1894 auf eine zunehmende Militanz der bürgerlichen Frauenbewegung gegen »Reichsfeinde«[37] hin, die sich später vor allem gegen das Kleinbürgertum richtete.
Nicht die Konzentration auf Fragen der Arbeit und des Berufs machte die bürgerliche Frauenbewegung konservativ und national zuverlässig[38], sondern die Absetzung des eigenen Arbeitsbegriffes und seiner historischen Herleitung von jeder sozialen Erfahrung der Erwerbstätigkeit unter industriellen Bedingungen.

2.2.1. *Mütterlichkeit und Lebensreform*

Eine nicht zu unterschätzende Rolle sowohl im Prozeß der Professionalisierung sozialer Frauenarbeit wie auch bei der Ausprägung des familiär fixierten Staatsmodells spielte im Kaiserreich die bürgerliche Jugendbewegung.[39] Zum einen entsprach ihre Form der Vergesellschaftung exakt den Konzepten einer autoritär verfaßten idealen Kleinfamilie, wie sie von der bürgerlichen Frauenbewegung entscheidend mitgetragen wurden. Besonders der zunächst komplementäre Gebrauch der Begriffe »Mütterlichkeit« und »Jugend« wurde von den ersten Wandervogelschwestern nach der Jahrhundertwende argumentativ eingesetzt, um eine breitere Beteiligung von Mädchen an der Jugendbewegung zu erwirken.[40]
Sie setzten in der Jugendbewegung Helene Langes Postulat von 1904 in erzieherische Praxis um, nämlich die Auffassung, daß man sich »nicht lange bei der Frage aufzuhalten« brauche, »ob es denn richtig sei, in *allen* Mädchen die Mütterlichkeit zu pflegen, da so viele gar nicht zum Heiraten (...)« kämen, denn die Kulturwelt bedürfe der »sublimierten Mütterlichkeit«.[41]
Die Mädchen der bürgerlichen Jugendbewegung stellten schon in der Vorkriegszeit zum Teil geschlossene Jahrgänge der neuen »sozialen Frauenschulen« und standen der nachfolgenden Generation jugendbewegter Mädchen und Jungen als Erzieherinnen gegenüber. Nicht zuletzt dank der erheblichen finanziellen Aufwendungen des Staates für die weibliche Jugendpflege[42], die als Berufsfeld zunehmend attraktiv wurde, erfüllte die weibliche Jugendbewegung die Funktion einer sozialen Umlenkrolle bei der

Implementierung der mütterlichen Ideologie in kleinbürgerliche Schichten.[43] 1913 nannten die »Gruppen« als ihr zweitwichtigstes Betätigungsfeld die Jugendpflege und -fürsorge.[44]
Der Weltkrieg verstärkte die Instrumentalisierung der »mütterlichen« Berufsbilder für nationalistische Ziele. Helene Lange begrüßte ihn 1914:

Aber wenn die Frage heißt: Krieg oder Stillstand deutscher Entwicklung, Tod oder Knebelung deutschen Lebens, so lautet die Antwort der deutschen Frau ohne Besinnung: Krieg und Tod![45]

Parallel zu der so begründeten »Verstaatlichung der deutschen Frauenbewegung«[46] im »Nationalen Frauendienst« und ab 1917 im »Nationalen Ausschuß für Frauenarbeit im Kriege« General Groeners entwickelten mütterliche Mädchen in der Jugendbewegung eine ausgedehnte Aktivität: Sie besetzten die Leitungspositionen, die vor dem Krieg von Männern besetzt waren, und organisierten die Betreuung jugendbewegter Soldaten im »Feldwandervogel«.[47]
Das vormalig von Lange erstrebte Ziel eines schnellen Ausbaus der sozialen Berufe durch Hinzuziehung möglichst aller Schichten zur »sublimierten Mütterlichkeit« wandelte sich dagegen im Laufe des Krieges. Der nicht intendierte Zustrom kleinbürgerlicher Frauen in die zunehmend bürokratisch überformten sozialen Berufe führte zur Umwertung der »sublimierten Mütterlichkeit« in einen Kampfbegriff des gehobenen Bürgertums gegen die Geister, die man selbst gerufen hatte. Elisabeth Busse-Wilson, maßgebliche Theoretikerin der Frauenfrage in der bündischen Jugend, sprach nach dem Krieg den kleinbürgerlichen Frauen im Sozialberuf rundweg die Weiblichkeit ab. Sie seien »geschlechtslose Arbeitsbienen«. Wahre Weiblichkeit sei aber in eins zu setzen mit wahrer Jugendlichkeit, die denjenigen Frauen vorbehalten sei, die es sich »pekuniär« erlauben könnten, »das Leben um seiner selbst willen zu leben« und auf eine asexuelle soziale Erwerbsarbeit zu verzichten.[48] Zwischen Luise Büchner 1855 und Elisabeth Busse-Wilson 1921 ergibt sich gewissermaßen eine Linie bildungsbürgerlicher Arroganz.
Nach der Eliminierung emanzipatorischer Elemente aus dem Bezugssystem erfolgte auf diese Weise eine »Repolitisierung von oben«. Hatten schon früher idyllische Vorstellungen konservativer Provenienz die Artikulation von tatsächlich unter den Bedin-

gungen der industriellen Welt machbaren Erfahrungen verdrängt, so wurde es genau deshalb möglich, die sogenannten »mütterlichen« Eigenschaften für vaterländische Zwecke zu nutzen.

Doch damit nicht genug. Nach dem Weltkrieg kam es in der bündischen Jugendbewegung zu einer grotesken Ablösung des Begriffs der Mütterlichkeit vom weiblichen Geschlecht. Die nun in der Bewegung leitend tätigen Frauen wurden als unmittelbare Verkörperung der staatlichen Bürokratie und der demokratischen Rationalität aus den Bünden ausgeschlossen. Frauen dieser Art seien eigentlich Mannweiber, die den Einbruch der männlich-autoritären Jugendpflege in die Jugendbewegung ermöglicht hätten. Zu wahrer Mütterlichkeit sei aber nur die kleine Familie des Männerbundes in der Lage, die männliche und weibliche Potenzen in sich vereine.[49] Auf diese Weise scheinen die Attribute des Bezugssystems in eine rotierende Bewegung versetzt zu sein. Abgelöst von aller sozialen Erfahrung wird das System beliebig verfügbar:

Die kleinbürgerlichen Frauen mußten sich von Männern ihrer Schicht vorwerfen lassen, daß die »geistige Mütterlichkeit« durch deren bürokratische Überformung entweiblicht worden sei und daher den Besitzer gewechselt habe. Diese Episoden beleuchten schlaglichtartig die Problematik des Mütterlichkeitskonzepts, in dessen Begriff seit seiner Entstehung programmatischer Irrationalismus und soziale Rationalität nebeneinander gestanden hatten. Da die politischen Absichten hinter diesem Konzept jedoch per se als männlich – rational ausgeschlossen waren, konnte nur Irrationales artikuliert werden. Der Begriff der Mütterlichkeit löste sich von jeder sozialen Erfahrung, zuletzt sogar von der sozialen Erfahrung der Frauen ab. Dem standen nicht einmal mehr biologische Tatsachen im Wege, und er entwickelte im Feld der Begriffe »Natur«, »Arbeit« und »Kultur« als nationaler Mythos eine ebensolche Eigendynamik, wie sie Wolfgang Hardtwig mit Blick auf die »politische Jugendbewegung« beschrieben hat.[50]

Schließlich erhob Hermann Nohls Pädagogik das jugendbündische Konzept der geschlechtsneutralen Mütterlichkeit zum allgemeinen historischen Prinzip: Jede Pädagogik sei mütterlich. Der wahre Staatslenker müsse aber ein Pädagoge sein. Nohl entwarf den »mütterlichen Führer«, der mit spezifisch pädagogischem Eros die große Familie des Staates lenkt, während in der kleinen Familie daheim die mütterliche Frau die Kinder erzieht.[51] Nohls organistisch-autoritäres Staatskonzept ging mit innerer Folgerichtigkeit aus dem Mythos der »geistigen Mütterlichkeit« hervor.

Höher ging's nimmer: Die Geschichte erfährt ihre Vollendung und die Heilung aller Brüche durch den mütterlichen Patriarchen und Führer. Coincidens oppositorum – nach der männlichen Geschichte ein 1000jähriges mütterliches Reich.

3. Mütterlichkeit als nationaler Mythos

Im nationalen Mythos der »geistigen Mütterlichkeit« erscheinen programmatischer Irrationalismus und soziale Rationalität als zwei Pole eines geschichtlichen Denkmusters, das die Inhaltsebene dieses Mythos seit seiner Entstehung in der 1. Hälfte des 19. Jahrhunderts unverändert bestimmt.

Der Begriff der »geistigen Mütterlichkeit« verändert im Laufe des Kaiserreiches nicht seinen Inhalt, wohl aber seinen Stellenwert in einem Metaphernfeld, das »Arbeit«, »Kultur« und Nation organisch aufeinander bezieht. Im deutschen Kaiserreich wird die gesellschaftliche Geltung dieses Bezugssystems ständig ausgeweitet, weil zum einen die sozialen Probleme, die zur Entwicklung des Ideals der »Mütterlichkeit« geführt haben, nicht mehr nur bildungsbürgerliche, sondern auch kleinbürgerliche Frauen betreffen. Zum anderen wird in diesem Prozeß eine kulturpolitische geschichtliche Orientierung wirksam, die de facto als Widerspruch gegen die Veränderungen formuliert ist, die sie selbst auslöst. Diese widersprüchliche Verbindung von Atavismus und Modernität zieht die Frage nach sich, was das spezifisch Mythische der »geistigen Mütterlichkeit« ausmacht.

3.1. »Mütterlichkeit« als Welterklärung

Der Mythos der geistigen Mütterlichkeit ist als »Welterklärung«[52] anzusprechen, die historisch frühere Naturmythen und religiöse Solidaritäten aufnimmt und gegenüber der modernen Entzauberung der Welt auf dem universalen Geltungsanspruch bestimmter »natürlicher« Sozialformen und Traditionen beharrt.[53] Im Mythos der Mütterlichkeit werden alte Mythenbestände zusammengefaßt zu einem neuen, nach einer neuen mythologischen Grammatik verfahrenden Mythos, der nicht mehr das gefahrbergende Andere der Natur im einzelnen personenhaften Anderen, in Dämonen und Göttern ansprechbar macht, sondern das innere affektive Geschehen nach außen hin präsentiert, ihm damit öffentliche Bedeutung und Verbindlichkeit gibt.[54]

»Geistige Mütterlichkeit« beharrt auf einem zyklischen Geschichtsbild, das Vergangenheit und Zukunft in eins fallen läßt. Gegenüber der Distanzierung des modernen Menschen von seiner Umwelt verkörpert der Mythos eine »Welt der Berührung«.[55] Dennoch hat die »geistige Mütterlichkeit« im Effekt Anteil an der wirtschaftlichen und sozialen Modernisierung des Kaiserreiches, mindestens an der sozialen Differenzierung der Mittelschichten. Im Prozeß der Nationsbildung erscheint er als eine notwendige traditionale Kehrseite des modernen Geschichtsbewußtseins, indem die Gegenüberstellung des männlichen und des weiblichen Prinzips als Ergebnis eines historischen Bruchs – gleich einem Sündenfall – die Defizite des historischen Prozesses erklärt. Als Heilung wird die zukünftige Rückkehr in den Garten Eden in Aussicht gestellt.

3.2. »Mütterlichkeit« als Mythos der Geschichte, nicht der Geschäfte

Die Forschung über nationale Mythen des Kaiserreiches hat vor allem Formen und Funktionen der Mythisierung historischer Personen wie Bismarck oder Königin Luise beschrieben.[56] Solche Mythen betonen in der Tradition des Historismus das intentionale Handeln geschichtlicher Figuren, die als soziale und politische Vorbildfunktion einen universalen Geltungsanspruch entfalten. Die mythische Struktur schlägt sich in Personenkonstellationen nieder, deren Handeln selbst durch die Wirkung von »Wundern« erklärt wird bzw. auf für alle Alltagserfahrung ungewöhnlichen und außerordentlichen Umständen beruht. Die Bildung der mythischen Tradition erfolgt hier nach dem Muster der Göttersage, die in eine »wunderbare« Geschichte eingebunden ist.[57] Die entsprechende politische Ikonographie dieser Mythen greift häufig auf religiöse Darstellungformen zurück. Das Handeln der »Helden« entzieht sich kausalen Erklärungen und kann im Sinne der historischen Hermeneutik nicht verstanden werden.

Man könnte mit Johann Gustav Droysen sagen, daß es sich hier um Mythen auf der Ebene der »Geschäfte«[58] handelt: Einzelne Personen mit bestimmten Motiven handeln in ebenso konkreten Kontexten, die hier eben wunderbar, unerklärlich oder außerordentlich sein mögen. Das Konzept der »Mütterlichkeit« löst sich aber vom Konkreten. Auch wenn mütterliche Handlungen in exemplarischen und episodischen Erzählungen vorgestellt werden, so ist doch kein Wert auf die konkrete Handlung gelegt. Wesentlich erscheint allein das Prinzip, mit Droysen: Die »sittliche Macht«, die »Idee«, die sich in diversen »Erscheinungen« manifestiert und sich oft unerkannt von den eigentlichen Akteuren durchsetzt, ja die »großen Männer«, von denen die Historiker berichten, sind eigentlich nur die sterblichen Platzhalter einer überindividuellen Idee.

Das Leitbild der »geistigen Mütterlichkeit« ragt über andere Formen des nationalen Mythos eben dadurch hinaus, daß seine Elemente auf eine spezifisch geschichtliche Orientierung verweisen, die die Ebene der Geschäfte in eine an gegenwärtigen Fragehorizonten orientierte Geschichte transformiert.

Die »geistige Mütterlichkeit« betont nicht die Intentionen ihrer Heldinnen, sondern sie bezieht ihren Sinn aus dem grundlegenden Widerspruch gegen eine gesellschaftliche Modernität, die sich gegenüber dem absichtsvollen Handeln der großen Männer verselbständigt hat. In dieser gewissermaßen strukturellen Kritik liegt ein erhebliches innovatives Potential der »geistigen Mütterlichkeit«, das inhaltlich mit Jacob Burckhardts Kritik des Historismus verglichen werden kann.[59]

Die Kulturkritik der bürgerlichen Frauenbewegung im Kaiserreich betont allerdings die nichtintentionalen Wirkungen des »männlichen« Rationalismus, bevor Burckhardts »Weltgeschichtliche Betrachtungen« die Frage nach der Leistung historischer Erinnerung innerhalb einer kapitalistischen Dynamik stellen, die durch den teleologischen Rekurs auf Traditionen nicht mehr erklärt werden kann. Es ist bemerkenswert, daß die Frauenbewegung im Kaiserreich schon über die Aporie der nur typisierenden Kulturkritik stolpert, bevor Burckhardt sie entfaltet. In seinen »Weltgeschichtlichen Betrachtungen« ersetzt er die Teleolgie des historischen Geschichtsbegriffs »Entwicklung« durch eine »Pathologie, die das Leiden der Gegenwart auf bestimmte vom Historismus ausgeblendete Faktoren des menschlichen Handelns zurückführt«.[60] Hierdurch wird zugleich die narrative Form der historischen Erkenntnis eliminiert und eine Anthropologie tritt an die Stelle.

Die lineare narrative Struktur der »Geschichte« bei Droysen[61] ersetzt Burckhardt durch eine anthropologisch fixierte Typologie, in der die Kultur als Synthesis der widerstreitenden Kräfte des Staates und der Religion konzipiert ist. Es gelingt ihm jedoch nicht, seine zeitleere Typologie in eine übergreifende historische Perspektive einzubinden, die die gesellschaftliche Gegenwart des Kaiserreiches einschließen und als veränderbar erscheinen lassen könnte. Die »verlorene« lineare Zeit wird durch den Ursprungsmythos eines Naturzyklus ersetzt, der das zufällige Auf und Ab der »Bildungsstufen« determiniert – übrigens ein Rückfall in Vorstellungen der vormodernen aristokratischen Gesellschaft des 17. Jahrhunderts, die mit Ch. Perrault die Errungenschaften der Zivilisation in plötzlich sich öffnenden »gouffres« verschwinden sah, die nach unterirdischen Irrläufen ebenso zufällig andernorts wieder auftauchten.[62]

Im Mythos der geistigen Mütterlichkeit hat die Natur einen Stellenwert als ursprungsmythischer Motor der Geschichte und als versöhnendes Prinzip des geschichtlichen Bruchs. Während aber die kulturkritischen Elemente dieses Leitbildes moderne Formen des Geschichtsbewußtseins vorwegnehmen, greift das Bild einer auf die Geschlechter verteilten geschichtlichen Entwicklung den teleologischen Gedanken des Historismus auf, der die emanzipatorischen Ansprüche der Frauenbewegung begründet. Sie definiert ihre »kulturhistorische Aufgabe« im transzendenten »Zusammenhang von Gegenwart und Zukunft«[63], aber sie findet nicht zurück zu einer Kategorie *historischer* Vergangenheit, die beide Geschlechter und die von ihnen verkörperten widerstreitenden Prinzipien zu einer *historischen* Synthese führen könnte.

Insofern ist es nur logisch, daß das Konzept der »geistigen Mütterlichkeit« den Rück-Schritt zum Biologismus vollzieht, der im Nationalismus des Kaiserreiches eine so große Rolle spielte.

Jacob Burckhardts kulturhistorisches Konzept ist der Gegenwart des Kaiserreiches gegenüber eigentlich sprachlos geblieben. Im Unterschied dazu ist »geistige Mütterlichkeit« jedoch blind für die tatsächlichen gesellschaftlichen Prozesse, von denen sie sich zugleich mit dem »männlichen« Prinzip zu trennen hofft. Der

Anspruch auf gesellschaftliche Emanzipation verbindet sich mit einer bloß resignativen, nicht aber historischen Kritik an den gesellschaftlichen Strukturen des Kaiserreiches, ja führt in Vaterländischen Vereinen sogar zur Bejahung des nun nicht mehr wahrgenommenen autoritär-männlichen Charakters dieser Gesellschaft. Die Vergangenheit wird als mythischer Ursprung gestiftet. Entsprechend ist die »Geschichte über den Geschichten«[64], die von der bürgerlichen Frauenbewegung erzählt wird, eine nur ästhetische, vorgebliche Erzählung und keine historische Narration, die Wahrheitsansprüche geltend machen könnte. Die Rationalitätschancen der historischen Erzählung werden systematisch verspielt.[65] Die bürgerliche Frau des Kaiserreiches kennt nicht ihre Geschichte und fürchtet die Zukunft.[66]

3.3. Natur, Geschlecht und historische Erzählung

Das Fehlen einer Kategorie zur Abbildung spezifisch historischer Zeitdifferenzerfahrungen hat in der bürgerlichen Frauenbewegung zur Folge, daß die Inhaltsebene der »Mütterlichkeit« nicht erzählend erinnert, d. h. narrativ wahrgenommen werden kann.[67]

Je mehr gesellschaftlicher Geltungsanspruch von diesem Konzept ausgeht, desto irrelevanter werden Fragen seiner tatsächlichen sozialen Bedeutung. Der Mythos der »geistigen Mütterlichkeit« erzeugt im Bewußtsein der Frauen eine stille Insel im reißenden Strom der Geschichte, während er gleichzeitig die innere Militarisierung des Kaiserreiches mitträgt. Wo die Ausweitung des irrationalen mütterlichen Konzepts in die Gesellschaft rational zu wirken beginnt, entsteht eine soziale Bewegung gegen die ungewollte Modernität, eine Art Klassenkampf zwischen gehobenem und kleinem Bürgertum, der die Ausbreitung autoritärer Mentalitäten begünstigt. Dieser Kampf macht deutlich, daß der Mythos der geistigen Mütterlichkeit vor allem ideologische Funktionen erfüllt und als Natur ausgibt, was gesellschaftlich entstanden ist, aber nicht als gesellschaftlich veränderbar erscheinen soll.

Der Begriff der »weiblichen Kultur« ist keineswegs mit der historischen Kategorie der Kultur bei Jacob Burckhardt zu vergleichen. Er ist im Kontext des Kaiserreiches zunächst und primär das Medium eines ungehemmten Sozialdarwinismus, dem sehr bald – noch vor der Reichsgründung – auch der zunächst emanzipatorische Gedanke einer weiblichen Arbeitsethik anverwandelt wird. Der Kern dieser Ideologie liegt in der Mythisierung eines Naturbegriffs, der in der Tradition der deutschen Aufklärung die bürgerliche Emanzipation gerechtfertigt hat, nun aber eine gegenaufklärerische Tendenz verkörpert.[68] Die Entwicklung eines Weiblichkeitsbegriffs, der als Natur und wie Natur historisch wirken soll, ist ein Reflex der erzwungenen Mobilisierung, der den bislang selbstverständlichen Zusammenhang von Lebenswelt und Arbeit zerstört. Die Ausbildung des kleinfamiliären Ideals und sein universeller Geltungsanspruch haben jedoch die Ausprägung einer historischen Identität bürgerlicher Frauen dauerhaft verhindert. Die vielen episodischen Erzählungen im zeitgenössischen Unterhaltungsroman kontinuieren zwar das Bild der »mütterlichen« Frau, aber sie geben immer nur die intime »Tagseite« preis, ohne die gesellschaftlichen Prozesse zu thematisieren, die die autoritäre Ausweitung der »Nachtseite« ermöglicht haben.[69] Die bürgerliche Frauenbewegung hat es versäumt, ihre berechtigte Kulturkritik in die Erkenntnis zu überführen, daß die erzwungene Erfahrung der außerhäuslichen Arbeit auf die gesellschaftliche Bedingtheit der Rolle der Frau hinwies, die in zunehmenden Widerspruch zu der ideologisch vorgestellten Naturbelassenheit der Frau geriet. Die Erfahrung dieses Widerspruches wurde im Sinne eines modernen Geschichtsbewußtseins nicht produktiv genutzt, etwa in Form einer »kritischen Geschichte«[70], die durchaus eine Alternative zum gegebenen Modernisierungsprozeß hätte entwerfen können. Eine organische Zuordnung von Geschlecht, Familie, Arbeit, Kultur und schließlich Nation wäre im Rahmen einer solchen Geschichte absurd.

Jean-Pierre Fayes[71] hat eine deutliche Unterscheidung zwischen einer »vorgeblichen«, ideologischen Erzählung und einer wahrheitsfähigen, historischen Narration getroffen, die auch hier greift.

In diesen Zusammenhang sollte die Frage gestellt werden, ob aktuelle Tendenzen in Teilen der Frauenbewegung nicht in eine ähnliche Richtung führen könnten. Ist es möglich, daß sich innerhalb des oben beschriebenen Bezugssystems die Geschichte wiederholt? Etwa im verkleinerten deutschen Nationalstaat Bundesrepublik, der seinerseits an die Traditionen des Deutschen Kaiserreiches anschlösse?

1 Die folgende Abhandlung entstand im Rahmen eines Projekts über »Inhalte und Ausdrucksformen historischer Identität unter besonderer Berücksichtigung der nationalen Identität«, das vom Minister für innerdeutsche Beziehungen gefördert wurde.
2 Aus dem »Hohlspiegel«, *DER SPIEGEL*, 16.3.87.
3 Jörn Rüsen, »Grundlagenreflexion und Paradigmawechsel in der westdeutschen Geschichtswissenschaft«, in: *Geschichtsdidaktik* 11 (1986), H. 4, S. 388-405.
4 Elisabeth Badinter, *Die Mutterliebe. Geschichte eines Gefühls vom 17. Jahrhundert bis heute*, München 1982. Silvia Bovenschen, *Die imaginierte Weiblichkeit. Exemplarische Untersuchungen zu kulturgeschichtlichen und literarischen Präsentationsformen des Weiblichen*, Frankfurt/M. 1979. Ute Frevert, *Frauen-Geschichte. Zwischen Bürgerlicher Verbesserung und Neuer Weiblichkeit*, Frankfurt/M. 1986. Männliche Vertreter neuer Weiblichkeit sind Roger Garaudy, *Das schwache Geschlecht ist unsere Stärke*, München 1984 und ders., *Der letzte Ausweg: Feminisierung der Gesellschaft*, Freiburg 1982. Ein extremes Beispiel mütterlicher Mystik ist Lisa Malin, *Die schönen Kräfte*, Frankfurt/M. 1986.
5 Jörn Rüsen, »Geschichtsbewußtsein und menschliche Identität«, in: *Aus Politik und Zeitgeschichte* B 41 (1984), S. 3-10. Den lebensreformerischen Aspekt betont das »Müttermanifest«, in: Marion Meier und Monika Onbaid, *Mütter – Die besseren Frauen*, Braunschweig 1987, S. 84-89.
6 Die Debatte vermittelte streckenweise den falschen Eindruck, das Verbrecherische des Nationalsozialismus reduziere sich auf den Holocaust.
7 Die Historikerdebatte ist mittlerweise in einigen Sammelbänden dokumentiert: *»Historikerstreit«. Die Dokumentation der Kontroverse um die Einzigartigkeit der nationalsozialistischen Judenvernichtung*, München/Zürich 1987. Hilmar Hoffmann (Hg.), *Gegen den Versuch, Vergangenheit zu verbiegen. Eine Diskussion um politische Kultur in der Bundesrepublik aus Anlaß der Frankfurter Römerberggespräche 1986*, Frankfurt 1987. Jürgen Habermas, *Eine Art Schadensabwicklung (Kleine Politische Schriften* VI*)*, Frankfurt/M. 1987. Ernst Nolte, *Das Vergehen der Vergangenheit. Antwort an meine Kritiker im sogenannten Historikerstreit*, Frankfurt/Berlin 1987. Hans-Ulrich Wehler, *Entsorgung der deutschen Vergangenheit? Ein polemischer Essay zum »Historikerstreit«*, München 1988.
8 Bernd Faulenbach, Ideologie des deutschen Weges. *Die deutsche Geschichte in der Historiographie zwischen Kaiserreich und Nationalsozialismus*, München 1980. David Blackbourne und Geoff Eley, *My-*

then deutscher Geschichtsschreibung, Berlin/Wien 1980. Kurt Sontheimer, »Ein deutscher Sonderweg?«, in: Werner Weidenfeld (Hg.), *Die Identität der Deutschen*, München 1984, S. 322-333. Helga Grebing, *Der »deutsche Sonderweg« in Europa 1806-1945. Eine Kritik*, Stuttgart 1986.

9 Hans-Ulrich Wehler, *Das deutsche Kaiserreich 1871-1918*, 5. Aufl., Göttingen 1983. Ders., *Krisenherde des Kaiserreiches 1871-1918*, Göttingen 1978.

10 Neben der unter Anm. 4 genannten Literatur Margrit Twellmann, *Die deutsche Frauenbewegung. Ihre Anfänge und erste Entwicklung 1843-1889*, Meisenheim/Glan 1972. Neuerdings Dietlinde Peters, *Mütterlichkeit im Kaiserreich. Die bürgerliche Frauenbewegung und der soziale Beruf der Frau*, Bielefeld 1984. Immer noch grundlegend: Barbara Greven-Aschoff, *Die bürgerliche Frauenbewegung in Deutschland*, Göttingen 1981.

11 Friederike Hassauer-Roos, »Das Weib und die Idee der Menschheit. Überlegungen zur neueren Geschichte der Diskurse über die Frau«, in: A. Kuhn und J. Rüsen (Hg.), *Frauen in der Geschichte III* (= Studien, Materialien Bd. 13), Düsseldorf 1983, S. 87-108.

12 Christine Wittrock, *Weiblichkeitsmythen. Das Frauenbild im Faschismus und seine Vorläufer in der Frauenbewegung der 20er Jahre*, Frankfurt/M. 1983.

13 Christoph Sachße, *Mütterlichkeit als Beruf. Sozialarbeit, Sozialreform und Frauenbewegung 1871-1929*, Frankfurt/M. 1986.

14 Heidi Rosenbaum, *Familie als Gegenstruktur zur Gesellschaft*, Frankfurt/M. 1974. Karin Hausen, »Die Polarisierung der geschlechtscharaktere. Eine Spiegelung der Dissoziation von Erwerbs- und Familienleben«, in: Werner Conze (Hg.), *Sozialgeschichte der Familie in der Neuzeit Europas*, Stuttgart 1976, S. 363-393.

15 Twellmann 1972, S. 26.

16 Ebd., S. 71.

17 Im folgenden: ADF. August Bebel kam nach eigenem Bekunden durch Luise Ottos späteren Mann Dr. Peters zur »Mitteldeutschen Volkspartei« und somit indirekt zur Arbeitervereinsbewegung; der 3. Vereinstag der Arbeitervereine tagte in Stuttgart zeitgleich mit der Gründungsversammlung des ADF in Leipzig. Vorausgegangen waren personelle Kontakte zwischen der Frauenbewegung und den sächsischen Arbeiterbildungsvereinen (Twellmann 1972, S. 33-42).

18 Die Darstellung der Vorgänge um die Gründung des ADF im *Handbuch der Frauenbewegung* (hg. v. H. Lange und G. Bäumer, Bd. 1, Berlin 1901, S. 51) als »Leipziger Frauenschlacht« und die Ignorierung der vielfältigen und intensiven Verbindungen zwischen früher bürgerlicher Frauenbewegung und Arbeitervereinsbewegung zeigen schon die obrigkeitsstaatliche Umbiegung der eigenen Verbandsgeschichte,

die mit der Gründung des »Lette-Vereins« und des »Vaterländischen Frauenvereins« (1866) ihren Ausgang nahm (vgl. Twellmann 1972, S. 43-53).

19 Heinrich von Treitschke stimmte andererseits der Feststellung seines späteren politischen Gegners Virchow zu, das Wesen der Frau reduziere sich nun einmal auf eine »Dependenz der Eierstöcke« (ebd., S. 60).

20 Vgl. Karl Mannheim, *Konservatismus. Ein Beitrag zur Soziologie des Wissens*, hg. v. D. Kettler, V. Meja und N. Stehr, Frankfurt/Main 1984, S. 47-91.

21 Twellmann 1972, S. 21.

22 In diesen Kontext gehört Johann Jakob Bachofen, *Das Mutterrecht* (1861), 2 Bde., Basel 1948. Dazu Uwe Wesel, *Der Mythos vom Matriarchat. Über Bachofens Mutterrecht und die Stellung von Frauen in frühen Gesellschaften vor der Entstehung staatlicher Herrschaft*, Frankfurt/M. 1980.

23 Friedrich Meinecke, *Weltbürgertum und Nationalstaat* (1908), München 1963; ders., *Die Entstehung des Historismus* (1936), München 1959, Vorbemerkung, S. 2 f.

24 Schrader-Breymann, Nichte Fröbels, arbeitete eng mit Helene Lange (1848-1930) zusammen, die als Gründerin des Deutschen Lehrerinnenvereins (1890) die Anliegen der Bildung in der deutschen Frauenbewegung verfocht (vgl. Mary J. Lyschinska, *Henriette Schrader-Breymann*, 2 Bde., Berlin 1922). Gertrud Bäumer (1873-1953) gründete als Vertreterin der dritten Generation 1894 den Bund Deutscher Frauenvereine (BDF) als zentrale Instanz der bürgerlichen Frauenbewegung und als Kampfbund gegen die Sozialdemokratie. Die zweite Generation erlebte die »innere Reichsgründung« 1878 im gleichen Alter wie Luise Otto die Revolution von 1848. Schrader-Breymann gründete Ende der 70er Jahre das Pestalozzi-Fröbel-Haus, das zum Vorbild der ersten Sozialen Frauenschule unter Leitung Alice Salomons wurde. Gertrud Bäumer begrüßte den Nationalsozialismus als Erfüllung der weiblichen Idee (dazu Wittrock 1983, S. 15).

25 Wehler 1983, S. 14.

26 Sachße 1986, S. 130 f.

27 Zit. nach Twellmann 1972, S. 75. Hervorhebung v. d. Verf.

28 Dazu Sachße, S. 125-138.

29 Jürgen Habermas, *Strukturwandel der Öffentlichkeit. Untersuchungen zu einer Kategorie der bürgerlichen Gesellschaft*, 5. Aufl., Neuwied/Berlin, 1971, S. 42-75.

30 Frank Trommler, »Arbeitsnation statt Kulturnation? Ein vernachlässigter Faktor deutscher Identität«, in: Franz W. Mennemeier (Hg.), *Deutsche Literatur in der Weltliteratur. Kulturnation statt politische Nation?*, Tübingen 1985.

31 Twellmann 1972, S. 56.
32 Ebd., S. 66.
33 Frank Trommler, »Die Nationalisierung der Arbeit«, in: R. Grimm und J. Hermand (Hg.), *Arbeit als Thema in der deutschen Literatur vom Mittelalter bis zur Gegenwart,* Königstein 1979, S. 102.
34 Zit. nach Peters 1984, S. 73.
35 Ebd. Dazu Sachße 1986, S. 148.
36 Ebd., S. 59-65, 116-125.
37 Wolfgang Sauer, »Das Problem des deutschen Nationalstaats«, in: Hans-Ulrich Wehler (Hg.), *Moderne deutsche Sozialgeschichte,* 5. Aufl., Königstein/Ts., 1976, S. 407-436.
38 So argumentiert u. a. Peters 1984.
39 John R. Gillis, *Geschichte der Jugend. Tradition und Wandel im Verhältnis der Altersgruppen und Generationen in Europa von der zweiten Hälfte des 18. Jahrhunderts bis zur Gegenwart,* Weinheim/Basel 1980, S. 105-150. Walter Laqueur, *Die deutsche Jugendbewegung,* 2. Aufl., Köln 1978.
40 Zum folgenden vgl. Magdalena Musial, *Jugendbewegung und Emanzipation der Frau. Ein Beitrag zur Rolle der weiblichen Jugend in der Jugendbewegung bis 1933,* Diss. Essen 1982, S. 105-150. Zum Zusammenhang von Weiblichkeit und Jugend: Sachße, 110f. sowie »Wir Mädchen im Wandervogel«, in *Kameradin. Junge Frauen im deutschen Schicksal 1910-1930,* hg. v. Gertrud Staewen-Ordemann, Berlin 1936.
41 Twellmann 1972, S. 75.
42 Erlaß vom 30. April 1913, betr. die Pflege der schulentlassenen weiblichen Jugend, abgedruckt bei Ulrich Panter (Hg.): *Staat und Jugend,* Weinheim 1965, S. 34-37.
43 Wehler 1983, S. 123.
44 Sachße 1986, Tabelle S. 120.
45 Nach ebd., S. 163.
46 Ebd., S. 162-173.
47 Musial 1982. Die bis 1928 in der 7. Auflage von Phillip Witkop herausgegebenen *Kriegsbriefe gefallener Studenten* (München bei G. Müller) vermitteln anschaulich die uneingeschränkte Geltung jugendbewegter Werte bei der Motivation akademisch gebildeter Soldaten: Am »jugendbewegten« deutschen Wesen soll die Welt genesen (s. a. Vorwort, S. 5).
48 Elisabeth Busse-Wilson, »Liebe und Kameradschaft«, in: Werner Kindt (Hg.), *Die deutsche Jugendbewegung. Grundschriften der Jugendbewegung,* Düsseldorf/Köln 1963, S. 327ff.
49 Hans Blüher, *Wandervogel I-III. Geschichte einer Jugendbewegung.* Darin: »Die deutsche Wandervogelbewegung als erotisches Problem. »Ein Beitrag zur Erkenntnis der sexuellen Inversion« (1912), 5. Aufl., Frankfurt/M. 1976. Louise Fick, *Die Deutsche Jugendbewegung,* Jena

1939. Dazu Laqueur (wie Anm. 39), S. 53-148. Zu modernen mütterlichen Vätern s. Badinter (wie Anm. 4), S. 293-296.

50 T. Schieder und O. Dann (Hg.), *Nationale Bewegung und soziale Organisation 1. Vergleichende Studien zur nationalen Vereinsbewegung des 19. Jahrhunderts in Europa*, München/Wien 1978. D. Düding, *Organisierter gesellschaftlicher Nationalismus in Deutschland (1808-1847). Bedeutung und Funktion der Turner- und Sängervereine für die deutsche Nationalbewegung*, München 1984. Wolfgang Hardtwig, »Studentische Mentalität – Politische Jugendbewegung – Nationalismus. Die Anfänge der deutschen Burschenschaft«, in: *Historische Zeitschrift* 242 (1986), S. 581-628.

51 Hermann Nohl und Ludwig Pallat (Hg.), *Handbuch der Pädagogik*, 5 Bde., Langensalza 1928-1933, Bd. 1.

52 Nach der Typologie von W. Betz: »Vom ›Götterwort‹ zum ›Massentraumbild‹«, in: H. Koopmann (Hg.), *Mythos und Mythologie in der Literatur des 19. Jahrhunderts*, Frankfurt 1979, S. 11-24.

53 Daß Geschichte im Zusammenhang des modernen Nationalismus gleichermaßen als Ursprungsmythos relevant wird wie als kollektives Gedächtnis früherer Solidaritäten, die dem jeweiligen Nationalismus seine spezifische Prägung geben, hat Hans Mommsen, »Nation und Nationalismus in sozialgeschichtlicher Perspektive«, in: Wolfgang Schieder und V. Sellin (Hg.), *Sozialgeschichte in Deutschland*, Bd. 2, Göttingen 1986, S. 162-185 (162, 169) herausgestellt.

54 Heinrich Kutzner, »Der Mythos und der ›innere Mythos der Neuzeit‹. Eine geschichtsanalytische Skizze«, in: Gerd Jüttemann (Hg.), *Die Geschichtlichkeit des Seelischen. Der historische Zugang zum Gegenstand der Psychologie*, Weinheim 1986, S. 315-330 (320). Kutzners Darstellung folgt Norbert Elias' Studien zum Prozeß der Zivilisation.

55 Ebd., S. 317.

56 Wulf Wülfing, »Die heilige Luise von Preußen. Zur Mythisierung historischer Figuren im 19. Jahrhundert und zur Problematik der Beschreibung dieser Mythisierung«, in: Jürgen Link und Wulf Wülfing (Hg.), *Bewegung und Stillstand in Metaphern und Mythen. Fallstudien zum Verhältnis von elementarem Wissen und Literatur im 19. Jahrhundert*, Stuttgart 1981, S. 233-275. Ders., »Eine Frau als Göttin: Luise von Preußen. Didaktische Überlegungen zur Mythisierung von Figuren der Geschichte«, in: Bodo von Borries, Anette Kuhn und Jörn Rüsen (Hg.), *Sammelband Geschichtsdidaktik. Frauen in der Geschichte I/II/III*, Düsseldorf 1984, S. 172-190. Allgemein: H. Koopmann (Hg.), *Mythos und Mythologie in der Literatur des 19. Jahrhunderts*, Frankfurt 1979.

57 Nach W. Betz (wie Anm. 52).

58 Johann Gustav Droysen, *Historik*. Historisch-kritische Ausgabe von Peter Leyh, Bd. 1, Stuttgart 1977, S. 341 f.

59 Dazu Jörn Rüsen, »Die Uhr, der die Stunde schlägt. Geschichte als Prozeß der Kultur bei Jacob Burckhardt«, in: Karl-Georg Faber und Christian Meier (Hg.), *Historische Prozesse* (= Theorie der Geschichte. Beiträge zur Historik, Bd. 2), München 1978, S. 186-220.

60 Ebd., S. 196.

61 Historik (wie Anm. 59), S. 345.

62 Zit. nach Hans Kortum und Werner Krauss (Hg.), *Antike und Moderne in der Literaturdiskussion des 18. Jahrhunderts*, München 1966, S. 12.

63 S. o., S. 345.

64 Droysen, *Historik* (wie Anm. 58), S. 366-371. Das Zitat: »Aber über den Geschichten ist die Geschichte« (Grundriß der Historik, ebd., S. 409).

65 Der Begriff der Narration nach Jörn Rüsen, »Die vier Typen des historischen Erzählens«, in: Reinhart Koselleck, H. Lutz und J. Rüsen (Hg.), *Formen der Geschichtsschreibung* (= Theorie der Geschichte. Beiträge zur Historik, Bd. 4), München 1982, S. 514-606, bes. S. 520-536.

66 Dazu Hannelore und Heinz Schlaffer, *Studien zum ästhetischen Historismus*, Frankfurt/M. 1975, S. 23-111.

67 Rüsen, »Die vier Typen« (wie Anm. 65).

68 Thomas Nipperdey, »Auf der Suche nach der Identität. Romantischer Nationalismus«, in: ders., *Nachdenken über die deutsche Geschichte*, München 1986.

69 Da hier die »Nachtseite« thematisiert wurde, mußte auf eine Untersuchung der Unterhaltungsliteratur verzichtet werden.

70 Klaus Fröhlich, »Anmerkungen zum Typus der kritischen Sinnbildung im Geschichtsunterricht«, in: *Geschichtsdidaktik* 10 (1985), H. 3, S. 289-294.

71 Jean-Pierre Faye, *Theorie der Erzählung. Einführung in die »totalitären Sprachen«. Kritik der narrativen Vernunft/Ökonomie*, Frankfurt/M. 1977, S. 33.

Ursula Link-Heer
»Männliche Hysterie«
Eine Diskursanalyse*

»La femme est faite pour sentir, et sentir c'est presque de l'hystérie (...)«
(Paul Briquet, *Traité clinique et thérapeutique de l'hystérie*, Paris 1859, S. 50)

»Man hätschle sie nicht auch noch bei Männern groß, sondern überlasse sie den Frauen und Kindern!«
(Friedrich Schultze, *Über Neurosen und Neuropsychosen nach Trauma*, Leipzig 1891, S. 153)

Vorbemerkung: Diskursanalyse und Frauenforschung

Jede feministisch inspirierte Infragestellung der traditionellen Geschichtswissenschaft mußte zweifellos zunächst das Augenmerk auf jene thematischen Komplexe richten, bei denen – man denke etwa an die Hexenverbrennungen – die Unterdrückung von Frauen besonders eklatant zutage tritt. Nun hat sich aber seither gezeigt, daß eine lediglich thematische Selektion entsprechender Forschungsbereiche und deren feministische Perspektivierung ohne theoretische Neuorientierung nicht ausreicht. Der neue Ansatz läuft dabei nämlich Gefahr, der Illusion aufzusitzen, daß so etwas wie die ›wahre Geschichte‹ der ›wirklichen Frauen‹ direkt aus den Archiven destilliert oder intuitiv extrapoliert werden könnte. Sexierung[1] und Feminität sind jedoch keine anthropologischen Konstanten, Frauen werden als solche historisch und diskursiv allererst konstituiert, und das in sehr verschiedenen Formen. Dafür ist gerade der Fall der Hysterie aufschlußreich. Eine nichts als ›engagierte‹ Betrachtung dieses Phänomens würde zu zwei gleichermaßen problematischen Deutungen tendieren: entweder dazu, die Geschichte des Hysterie-Paradigmas als patriarchalische Verleumdung und Vergewaltigung der wirklichen Frauen zu lesen, die in Wahrheit nicht hysterisch gewesen seien (ähnlich der Feststellung, Frauen seien keine Hexen gewesen) – oder dazu, hinter dem Etikett »Hysterie« mutmaßliche wahre feminine Eigenschaften (wie etwa große Sensibilität oder natürlichen Widerstand gegen patriarchale Verhaltensweisen) aufzudekken und sich zu ihnen zu bekennen (wiederum ähnlich wie im Falle der Hexen). Am paradoxen Beispiel der »männlichen Hysterie« möchte ich demgegenüber versuchen, den Blick für historisch spezifische Formen der Sexierung sowie der Interrelationen von Feminitäts- und Maskulinitäts-Konstituierung zu schärfen und die Abhängigkeit solcher spezifischen Formen von komplexen Diskurssystemen zu erweisen.

Die »männliche Hysterie« wurde in der zweiten Hälfte des 19. Jahrhunderts (etwa in jenem Zeitraum, der durch die beiden Motti markiert ist) zu einer klinischen Realität gemacht. In der unter der Leitung von Jean-Martin Charcot zu Weltruhm gelangten Pariser Nervenklinik der Salpêtrière hatte nicht nur die »Hysterisierung des weiblichen Körpers« (Michel Foucault) ihren Höhepunkt gefunden, vielmehr bemühte die Schule der Salpêtrière sich gleichzeitig darum, die Hysterie als eine »eine und unteilbare« – und das heißt nicht zuletzt: geschlechtsunabhängige – Entität der Nervenkrankheiten zu begründen. In der Folge verzeichneten die Statistiken der Salpêtrière äußerst hohe Zahlen männlicher Hysteriker. Es war ein höchst explosives Zusammentreffen nicht bloß medizinischer, sondern auch ökonomischer, juridischer und politischer Interessen, und es war schließlich vor allem der erste Weltkrieg mit seinen Tausenden sich verweigernder Soldaten, den sogenannten »Kriegszitterern« oder »Kriegshysterikern«, welche der »männlichen Hysterie« als einer ›ernstzunehmenden Krankheit‹ den Garaus machten: Indem all diese in der Folge von Betriebsunfällen oder Kriegstraumen nicht mehr im Sinne des Systems und der Staatsräson funktionierenden Männer zu Scheinkranken (oder gar Simulanten) erklärt wurden, enthob man sich jedweder kollektiven Verantwortung für jene Unglücklichen, die mit dem »Fortschritt« und »Kampf ums Dasein« nicht hatten mithalten können. Zu diesem Zeitpunkt war freilich auch die Hysterie generell aus der somatisch orientierten Nervenklinik verschwunden: Sie hatte der Grundlegung einer neuen Disziplin – der Psychoanalyse – gedient, in der sie ihre alte Kontur einer spezifischen Krankheitsentität des Nervensystems verlieren sollte.

Ein Versuch, die Resultate der hiermit angedeuteten und in der folgenden Studie näher entfalteten Zusammenhänge im Hinblick auf Grundprobleme einer historischen Frauenforschung zu reflektieren, muß nun notwendigerweise etwas holzschnittartig erfolgen. Das Paradoxon der »männlichen Hysterie« zeigt zum einen, daß traditionelle Verbindungen zwischen Krankheit und Weiblichkeit (wie die Verbindung zwischen Hysterie und Gebärmutter) von einer epochalen Revolution von Diskursen wie der Entstehung der modernen Medizin nicht einfach unberührt bleiben, zum anderen aber auch nicht einfach aufgegeben werden, weil sie zu einem Bestandteil des kulturellen Interdiskurses geworden sind. Die diskurstheoretischen Prämissen, von denen ich dabei ausgehe, verdanken sich vor allem Michel Foucaults Analysen der Entstehung und der – externen wie internen – Formationsregeln bestimmter (Spezial-)Diskurse (wie z.B. des klinischen oder des psychiatrischen Diskurses). Danach gibt es keine »absolute Urvernunft« (so wenig, wie es eine ›reine‹ weibliche Vernunft gibt), »die jenseits der machtgeladenen Spezialvernunften der Spezialdiskurse (...) unangefochten stände.«[2] Foucault hat daraus die Konsequenz gezogen, daß nicht Gegenstände einen Diskurs konstituieren, sondern das Fundierungsverhältnis vielmehr umgekehrt gesehen werden muß, und er hat auf diese Weise das »Machtdispositiv« betont, das in der ›Zuständigkeit‹ einer spezialisierten, entsprechend institutionalisierten und äußerst handlungseffektiven gesellschaftlichen Rede für bestimmte gesellschaftliche Gegenstände liegt. An die Stelle jedweder *einen* Wahrheit und jedweden *einen* Wesens (sei es des Wahnsinns, der Hysterie oder der Weiblichkeit) treten damit die diversen Wahrheiten der zuständigen, nämlich mit der Macht der Wahrheitsattribution begabten Diskurse. Es erscheint nun wichtig, von den Spezialdiskursen, die ihrer jeweiligen spezifischen Regelhaftigkeit und ›Logik‹ folgen, solche Diskurselemente zu unterscheiden, die eher einer die Spezialdiskurse übergreifenden *kulturellen* Regelhaftigkeit verpflichtet sind und für die sich der Begriff des »kulturellen Interdiskurses« anbietet.[3] Damit sind also Vorstellungskomplexe gemeint, die sich nicht aus den institutionellen Rahmenbedingungen oder auch internen diskursiven Gesetzmäßigkeiten einer Spezialkompetenz generieren und erklären lassen, sondern vielmehr umgekehrt die Funktion erfüllen, zwischen verschiedenen Spezialkompetenzen und den entsprechenden arbeitsteiligen Diskursen zu ›vermitteln‹ und dieselben kulturell zu integrieren. Zum kulturellen Interdiskurs wäre vor allem die Kollektivsymbolik[4] zu zählen. Wenn z. B. in einem neurologischen oder psychiatrischen Text Eisenbahnnetze und telegraphische Modelle auftauchen, um das ›Entgleisen‹ von Nervenbahnen beschreibbar zu machen, so handelt es sich um diskursiv stark integrativ wirkende, auch dem Laien verständliche, interdiskursive Elemente (die folgende Skizze bietet dazu ausführliches Anschauungsmaterial). Es wäre allerdings, wie leicht einzusehen ist, ein paradoxes Mißverständnis, wollte man solche ohne Spezialwissen unmittelbar einleuchtenden Elemente für ›wahrer‹ oder ›herrschaftsfreier‹ halten als – etwa – die Beschreibung einer anatomisch-pathologischen Lokalisation von Läsionen. Zum kulturellen Interdiskurs muß des weiteren nun aber auch die Kodierung bestimmter Eigenschaften als ›weiblich‹ oder ›männlich‹ gezählt werden – solche Kodierungen sind stark sterotypisierte und zumeist höchst beharrliche Vorstellungswelten, die ihrerseits wiederum konstituierend in den medizinischen Diskurs hineinspielen (z. B. wenn die ›Sensibilität‹, ›Passivität‹ und ›Beeindruckbarkeit‹ der Frau als wesentliche zur Hysterie prädisponierende Ursachen gesehen werden).

Im Hinblick auf mögliche oder wünschenswerte Positionsbestimmungen der Frauenforschung kann man nun vor dem Hintergrund einer diskurstheoretischen und -analytischen Orientierung eine Skala von Fragestellungen und Objektbereichsbestimmungen abstecken. Mit einer absolut minimalen Positionsbestimmung würde sich eine historische Frauenforschung m. M. nach bescheiden, wenn sie nur kulturell interdiskursive Vorstellungskomplexe zum Ziel ihrer Analyse, Kritik und Umwertung machte (z. B. durch Kritik der pathogenetischen Auffassung von ›weiblicher Sensibilität‹ und ›Beeindruckbarkeit‹, durch Positivierung dieser Eigenschaften, etc.). Gegenüber einer solchen auf der Ebene des common sense, und sei es auch eines feministischen common sense, verbleibenden Positionsbestimmung würde ich die eigentlichen Chancen historischer Frauenforschung darin sehen, daß sie eine Sicht auf die Kopplung einerseits zwischen den Spezialdiskursen untereinander, die Kopplung andererseits zwischen den Spezialdiskursen und dem kulturellen Interdiskurs gewinnt.

Wenn es richtig ist, daß Weiblichkeit nie als prädiskursiver Gegenstand vorausgesetzt werden kann, dann läßt sich Weiblichkeit auch nicht auf *einen Gegenstand* einschränken; vielmehr müssen Geschlechtskategorien und Sexierung sowohl als Konstituens wie als Konstitutivum des diskursiven Gesamtsystems und damit des historischen Gesamtprozesses aufgefaßt werden. Es ist mir klar, daß am Ende meiner Skala von Positionsbestimmungen der Frauenforschung, also bei ihrem Maximum oder Optimum, die Zuständigkeit der Frauenforschung für *alle* Gegenstandsbereiche der Geschichtswissenschaften steht. Wenn dieses Ziel nicht in einem Sprung zu erreichen ist, so muß es dennoch anvisiert werden. Für die *institutionelle Seite* der Frauenforschung (z. B. die Einrichtung entsprechender Lehrstühle, um die ja derzeit mit hohem Einsatz gekämpft wird) scheint daraus zu folgen, daß eine gesondert eingerichtete Frauenforschung, so sehr wir dieser bedürfen, sich auf keinen Fall in die Ecke einer spezifischen Disziplin (*neben* Wirtschaftsgeschichte, Wissenschaftsgeschichte, Sozialgeschichte, Literaturgeschichte etc.) drängen lassen darf, so daß diese anderen Disziplinen dann sogenannte Frauenfragen an die Frauenforschung abschieben könnten. Gegenüber solchen ›Nischen‹-Modellen, die nur neuerliche Marginalisierungen mit sich bringen würden, sollte die Frauenforschung darauf bestehen, offensiv – und gerade auch auf theoretischem Gebiete offensiv – als Sand im Getriebe der gesamten Geschichtswissenschaften zu operieren. Denn es wäre absurd, wenn der zögerliche und zaghafte Einlaß von Frauen in (wenige) Machtpositionen der Alma Mater auch noch mit einer Selbst-Bescheidung der Frauen beantwortet würde.

1. Warum klebt das Wort Hysterie an der Frau?

Seit man ein hysterisches Leiden kennt, gibt sich dieses als ein Definiens des Weiblichen. Alles Reden über Hysterie scheint – ungeachtet der außerordentlichen Metamorphosen, die diese Affektion mitgemacht hat, ungeachtet auch der Unterschiede von Zeit und Ort dieser Reden – nur jene semantisch stabile diskursive Allianz zu bestätigen, die Gérard Wajeman auf die Formel gebracht hat: »Das Wort *Hysterie* klebt an der Frau.«[5] Wer diese Formel trivial findet, bestätigt nur ihre Gültigkeit. Schuld an dieser kulturellen Selbstverständlichkeit des Aneinanderklebens von Hysterie und Weiblichkeit ist allerdings nicht – um dies gleich vorab klarzustellen – die Etymologie (aus griech. *hystera* = Gebärmutter). Vielmehr hat die Etymologie nur deshalb überdauern können (statt wie so viele andere Etyma schlicht vergessen und zum Steckenpferd von Philologen zu werden), weil sie der ideale Ausdruck für die *imaginative Kopplung* einer Affektion an das weibliche Geschlecht war. Diese Kopplung selbst und ihre Stabilität aber sind ein wissenschafts- wie kulturhistorisch höchst eigentümliches Phänomen, hat doch die Hysterie – wie kaum ein zweites Leiden – im Fokus medizinischer Perspektivverschiebungen und Paradigmenwechsel gestanden, bis sie am Fin de siècle in jedweder Beziehung den Status eines »epistemologischen Leidens«[6] der Medizin erreicht hatte.

An diesem Krisenpunkt ihrer Geschichte und bevor (oder schon während) sie in der Psychoanalyse eine neue Heimat fand – schien ihre Existenz allein noch abzuhängen vom Blick des Arztes, der sie sowohl hervorzubringen wie auch zum Verschwinden zu bringen vermochte. Doch noch in der verschwindenden Hysterie – sie wurde zu einem semiologischen Irrtum erklärt, zur Nicht-Krankheit, weil sie die Krankheit nur imitiere bzw. simuliere – sah man, wie Marianne Schuller näher gezeigt hat[7], ein Charakterbild der Frau, der Lüge, Verstellung, Täuschung des Mannes (Arztes), Schauspielerei und Theatralik naturgemäß seien. Eine mächtige kulturelle und literarische Tradition begünstigte diese Identifikation von fiktionalem und weiblichem Leiden.

Nicht minder eng war die Assoziation von Hysterie und Weiblichkeit jedoch auch schon in der vorausgegangenen naturwissenschaftlichen Medizin, speziell der Neurologie, die die Hysterie als ein organisches Nervenleiden gesehen hatte – und das heißt: am äußersten Gegenpol zu ihrer Betrachtung als eines reinen Einbildungsleidens.[8] Auf den ersten Blick sieht es so aus – und wissenschaftslogisch wäre dies auch zu erwarten gewesen –, daß diese Neurologie, der es darum geht, die Hysterie als klinische Entität, als eine Neurose des Gehirns und schließlich als die Neurose par excellence in der großen »neuropathischen Familie«[9] zu verankern, das Aneinanderkleben von Hysterie und »weiblichem Geschlecht« aufgelöst hätte. In der Tat hätten der Ernst und die Würde dieser Disziplin auf dem Spiel gestanden, wenn sie eine

Neurose des Gehirns hätte behaupten wollen, die nicht auch bei Männern vorkommen könne. Aber gerade die ›Entdeckung‹ der »männlichen Hysterie« macht unübersehbar deutlich, daß »l'hystérique« nicht zu einem geschlechtsneutralen Subjekt/Objekt werden kann. Doch bevor wir zu diesem der Komik nicht ganz entbehrenden Thema kommen, sind die Weiblichkeits-Imagines im Wandel des Hysterie-Konzepts – kurz – vorzustellen.

»Es scheint, als sollte die Geschichte der Hysterie die Geschichte der Irrtümer des menschlichen Geistes sein.«[10] So schreibt Paul Briquet, der Verfasser des epochemachenden *Traité clinique et thérapeutique de l'hystérie* (1859), mit dem ein Jean-Martin Charcot den Beginn der wissenschaftlichen Hysterie-Forschung datieren wird. Wenn Briquet nicht der erste ist, der die alte Lehre von den kapriziösen Dislokationen des Uterus, die das Leiden verursachen und die Frau so launisch und unberechenbar machen, entschieden ins Reich der Mythen verweist, um den Sitz der Hysterie aus dem Unterleib ins Großhirn zu verlagern, so ist sein *Traité* doch diejenige Schrift, die wissenschaftshistorische Durchschlagskraft gehabt hat: von nun an wird das Lexikonwissen umgeschrieben werden. Die Irrtümer, die Briquet korrigiert, sind nicht nur ätiologischer und diagnostischer Art. Es geht auch um eine neue Kulturgeschichtsschreibung aus dem Geiste der Wissenschaft, die in großem Maßstab von der Pariser Schule der Salpêtrière um Charcot fortgeführt werden wird und in der aus Hexen, Besessenen und Mystikerinnen Hysteriker(innen) werden, sind doch die vermeintlichen *stygmata diaboli* in Wahrheit die Stigmata der Hysterie.[11] Und es geht schließlich darum, die Frau reinzuwaschen, mit allen Vorurteilen über sie zu brechen, die die Hysterie als »maladie honteuse« – als Krankheit mit Bindung an das Sexualorgan – mit sich gebracht habe. Briquet schreibt: »Ich erkannte endlich, daß die Hysterie nicht jene beschämende Krankheit war, deren Name allein genügte, um in fachfremden Kreisen wie auch bei vielen Medizinern diesen Vers unseres großen Tragödiendichters in Erinnerung zu rufen: *C'est Vénus toute entière attachèe à sa proie* (Das ist Venus, ganz und gar an ihre Beute geklammert), sondern daß sie im Gegenteil auf das Vorhandensein der edelsten und bewundernswertesten Gefühle bei der Frau zurückzuführen ist, auf Gefühle, die sie allein zu empfinden fähig ist.«[12] Im gleichen Sprechakt, in dem die Frau von ihrem Mangel an Wohlanständigkeit befreit wird, wird die

Hysterie auch schon an die Frau zurückgebunden: nur *ihr* Gehirn kann so funktionieren, daß sie in diesen derangierten Zustand gerät (die Definition der Hysterie lautet: »[...] die Hysterie ist eine Neurose des Gehirns, deren sichtbare Phänomene vor allem in der Störung der vitalen Leistungen bestehen, die der Manifestation der affektiven Empfindungen und der Leidenschaften dienen«[13]), weshalb sie sowohl Bewunderung verdient als auch der Hilfe bedarf.

Offenbar vermag die Auffassung der Hysterie als Neurose die Frau zu nobilitieren. Und wenn die Geschichte dieser Neurose auch das Gegenteil zeigt und normalerweise denn auch als eine Aspektgeschichte der Diskriminierung der Frau geschrieben wird[14], so ist doch eine fundamentale Ambivalenz zu konstatieren, die die gleiche Geschichte zur geheimen Geschichte der weiblichen Überlegenheit macht. Wie sehr Frauenforschung jedoch im Zirkel patriarchalischer Diskurse steckenbliebe, wollte sie allein solche Wertungsambivalenzen thematisieren, zeigt die bereits in der medizinischen Diskussion erfolgende Positivierung der Hysterie. Für die Nervenärzte der zweiten Hälfte des 19. Jahrhunderts geht es jedenfalls zunächst darum, die degradierenden Konnotationen der Hysterie in die Vergangenheit zu bannen. Voller aufklärerischen Pathos wenden sie sich gegen den griechischen Philosophen Platon, dessen berühmte Aussagen über die Gebärwütigkeit des Uterus[15] in den Hysterie-Traktaten der Zeit immer wieder zitiert werden. Zum Beispiel von dem Psychiater und Gerichtsmediziner Legrand du Saulle, dem es i. ü. auch der schöne Vers aus Racines *Phèdre* angetan hat: »Wir sind uns mit Briquet einig und weisen energisch eine Ansicht (sc. die Ansicht, daß die Enthaltsamkeit die Mutter der Hysterie sei) zurück, die über der Frau den Verdacht eines so erniedrigenden Instinktes schweben läßt, und die auf nichts anderes zielen würde, als den Libertinage zu einer therapeutischen Formel zu erheben. Überlassen wir Platon die Verantwortung dieses Satzes: ›Die Gebärmutter ist ein Tier, das mit aller Macht empfangen will und das in Wut gerät, wenn es nicht empfängt‹, und sehen wir in der Hysterie etwas anderes als *Vénus toute entière attachée à sa proie.*«[16]

Was aber ist dieses »andere« einer Hysterie, die die Frau nicht mit Venus identifizieren will? Es ist eine neue Imaginationskonfiguration von Weiblichkeit, die nicht erst im 19. Jahrhundert produziert worden ist, aber doch in diesem Zeitraum – in der medizinischen wie in der schönen Literatur – ihre pointiertesten Formulierungen findet. Eine dieser Pointen (die zugleich zentrale Aspekte des Imaginationspotentials des zeitgenössischen, besonders naturalistischen Romans vergegenwärtigt)[17] stammt wieder von Legrand du Saulle: »Es wäre richtiger zu sagen, daß die Frau ganz aus Nerven besteht, als beständig zu wiederholen, sie bestehe ganz aus dem Uterus.«[18] Die Frau ist gleichsam von Natur aus, wie man so sagt, ein ›Nervenbündel‹. Weil ihre Nerven von besonderer Zartheit und Empfindlichkeit sind, ist ihre Anfälligkeit für Alterationen des Nervensystems und seiner Funktionen besonders erhöht: daher die Häufigkeit der Hysterie (nachdem von Ausschließlichkeit nun nicht mehr die Rede sein kann) beim weiblichen Geschlecht. Damit kann der alte kulturelle Topos von der Beeindruckbarkeit und Emotionalität der Frau in eine enge semantische Beziehung zur Physiologie der sensiblen und sensoriellen Nerven treten. Im *Grand Dictionnaire Universel du* XIX *Siècle* von Larousse werden zu den maßgeblichen prädisponierenden Ursachen der Hysterie das weibliche Geschlecht, die Zeit zwischen dem 12. und 30. Lebensjahr und das »Temperament« gezählt – »und unter Temperament hat man hier eine Hauptveranlagung zur Hysterie zu verstehen, die in der Leichtigkeit liegt, mit der die Frau peinlich beeindruckbar ist (...).«[19] Dies entspricht der Lehre Briquets, der die »exzessive Sensibilität« der Frau zum zentralen Argument ihrer Inschutznahme gemacht hatte: »Die große Veranlagung zur Hysterie besteht darin, daß die Frau so leicht durch die Ursachen bewegt ist, die die affektiven Empfindungen veranlassen: weil die Frauen lebhaft fühlen, werden sie auf so fatale Weise die Beute der Hysterie.«[20] Briquet sieht schließlich diese physiologisch begründete Überempfindlichkeit der Frau in einem notwendigen Bezug zur gesellschaftlichen Rollenverteilung. Als Gattin und Mutter, die die Bedürfnisse und Wünsche von Kind und Mann zu erraten und zu befriedigen hat, bedarf sie solch außerordentlicher physischer und geistiger Sensibilität, womit, wie Wajeman zutreffend bemerkt, das Bedrohliche und Unberechenbare der Hysterika gebändigt und diese zu »ma bourgeoise« werden kann.[21] »Was bedeutet aber«, heißt es denn auch in diesem Zusammenhang weiter, »ein solcher Unterschied zwischen den beiden Geschlechtern, wenn nicht eine Folge ihrer jeweiligen providentiellen Bestimmung? Die Frau ist zum Fühlen bestimmt, und Fühlen ist fast schon Hysterie; der Mann hingegen ist zum Handeln bestimmt, er hat die Unannehmlichkeiten des Handelns zu tragen.«[22] Hatte Michelet noch in seinem *Journal* notiert, daß ihn der Blick ins »Innere« der Frau, nämlich das Studium anatomischer Tafeln der weiblichen Geschlechtsorgane, mit tiefer Verehrung erfüllt habe, um auszurufen: »Der Mann ist ein Gehirn, die Frau eine Gebärmutter«[23], so zeigt sich nun, daß die dem Micheletschen »Feminismus«[24] vergleichbare Attitüde Briquets ebensogut neurologisch fundiert werden kann (»Die Hysterie ist eine Neurose des Gehirns ...«).

Ob die Hysterie also als Gebärmutterleiden, als Nervenleiden oder als Einbildungsleiden betrachtet worden ist, stets blieb die Rede über Hysterie eine Rede über die Frau. Und sogar Freud, der die sexuelle Ätiologie der Neurosen namhaft machte, kennt in den *Studien über Hysterie* nur weibliche Heldinnen.[25] Das muß die unbewußte Wirkungsmächtigkeit einer Tradition sein, die – im Falle der Hysterie – immer schon von Sexualität gehandelt hatte, ohne daß von Libido die Rede sein konnte: die Sexualität erschien in physiologischer Gestalt, in der Bindung an die generative Funktion der weiblichen Geschlechtsorgane, dann an ein labiles weibliches Nervensystem.

Aber diese physiologische Fundierung der Sexualität konnte von dem Moment an, wo die Hysterie sich von ihrem Sitz in den weiblichen Genitalien[26] löste, die Identifikation von Hysterie und weiblichem Geschlecht nicht mehr tragen. Oder genauer: sie konnte sie zwar ideologisch und interdiskursiv tragen, im wissenschaftlichen Spezialdiskurs jedoch mußte die Gleichung in die Aporie führen. Aus diesem Widerspruch resultiert die Komik des Themas »männliche Hysterie«.

2. Dampf-Frauen, Nerven-Frauen und die Unmöglichkeit der Hysterie des Mannes

Für die Ablösung des Uterus durch die Nerven, mit der die Entdeckung der männlichen Hysterie verbunden ist, läßt sich keine historische Zäsur angeben. Einerseits zeigt sich in der zweiten Hälfte des 19. Jahrhunderts schon an den nicht zum Stillstand kommenden Polemiken gegen die doch angeblich längst überholten Theorien eines Zusammenhangs von Hysterie und weiblicher Geilheit, daß das alte ätiologische Erbe, das die Hysterie mit dem weiblichen Geschlecht, und nur mit diesem, assoziiert, nicht einfach ad acta gelegt wird; andrerseits ergibt die historische Forschung desselben Zeitraums, daß die Hysterie schon äußerst lange als eine Krankheit des Nervensystems erkannt worden ist und folglich auch die männliche Hysterie nicht unbekannt war. So bewegt sich der neuropathologische Diskurs über die Hysterie in einem eigentümlich verschränkten Feld der Nach- und Vorzeitigkeit medizinischer Anschauungsformen.

Der Verfasser des Artikels »Hystérie« im *Grand Dictionnaire* von Larousse (1865-1876) weiß sich zum Beispiel, auch wenn er Briquet und andere Neurologen zitiert, für die Erläuterung des »sexe féminin« als einer der wichtigsten zur Hysterie prädisponierenden Ursachen keinen anderen Rat, als die älteren Theorien in die Neurosenlehre einzubeziehen: »(die Autoren, die die Hysterie als eine Neurose [sic!] des Uterus auffassen, lassen entsprechend die Hysterie des männlichen Geschlechts nicht zu)«. Hieß es im *Dictionnaire de médecine* von Littré und Robin des Jahres 1855 noch: »Will man nicht die Hysterie mit wesentlich anderen Krankheiten verwechseln, so kann man den ursprünglichen Sitz dieser Affektion nicht in das Gehirn legen. Man kann auch nicht akzeptieren, daß die Hysterie beim männlichen Geschlecht beobachtet werden könne: die Hysterie ist eine Krankheit, die dem weiblichen Geschlecht eigentümlich ist (...)«, so hat die 14. völlig überarbeitete Auflage von 1878 den Satz, daß man die Hysterie beim männlichen Geschlecht nicht »akzeptieren« könne, gestrichen, während der Satz von der Inakzeptanz ihres Sitzes im Gehirn stehen bleibt. Neu hinzugefügt ist ein Hinweis, daß auch Hysterie-Attacken bei Männern beobachtet worden seien, die nun jedoch gewissermaßen an das männliche »Äquivalent« von Uterus bzw. Ovarien geknüpft werden (auf den gleichzeitig angesprochenen Komplex des Traumas bzw. der »traumatischen Läsionen« wird noch ausführlicher einzugehen sein): »Man hat regelrechte Hysterie-Anfälle bei Männern gesehen in einigen Fällen traumatischer Läsionen der gesunden oder entzündeten Hoden und im Verlaufe einiger an diesen Organen, dem Nebenhoden oder dem Cordon vorgenommenen Operationen.« Damit erschöpfen sich auch schon die Überarbeitungen dieses Artikels. Schließlich hat man einen wahrhaft salomonischen Kompromiß zwischen den alten uterinen bzw. utero-ovarialen und den neuen neurotischen Ätiologien gefunden, wie ihn zum Beispiel der Hysterie-Artikel des *Dictionnaire usuel des sciences médicales* von 1885 resümiert: »Die Krankheiten der Ovarien oder der Gebärmutter spielen in die Hysterie hinein, doch determinieren sie diese selten.«

Es wäre nicht ohne Reiz, dieses Toposwissen der Lexika durch Näheres aus den Abhandlungen der einschlägigen Spezialisten zu illustrieren, wobei vor allem die »Beobachtungen« und statistischen »Erhebungen« an Prostituierten, die einen ganz wesentlichen Argumentationsstrang der Hysterie-Forschung bilden, wie sodann die Rolle, die man den »venerischen« Krankheiten (besonders Syphilis) und schließlich der Onanie zugemessen hat, zu besprechen wären. Doch wir haben bereits gesagt, daß es auch in der naturwissenschaftlichen Medizin um Sexualität geht.

Wenn also einerseits der alte Uterus bzw. all das, was die generative Funktion betrifft, überlebt, so schickt man sich anderseits an, die Beobachtungen der Nervenklinik auch in der Medizingeschichte zu belegen, getreu der positivistischen Einstellung, derzufolge es die Fakten und folglich auch vereinzelte Beobachtungen immer schon gegeben haben muß, auch wenn noch das Wissen fehlte, um sie richtig zu deuten. Namentlich die Schule der Salpêtrière hat eine immense (medizin-, religions-, kunst-)geschichtliche Arbeit geleistet in der Absicht, die quasi- metahistorische Gültigkeit derjenigen Phänomene nachzuweisen, als deren Entdecker, »Seher«[27] und Deuter Charcot gefeiert wird. So kommentiert der Charcot-Schüler Gilles de la Tourette in seiner umfangreichen, zu Beginn der neunziger Jahre verfaßten Abhandlung zur Hysterie, die die Lehren der Salpêtrière zusammenfaßt und Charcot ein letztes Mal ein großes Denkmal setzt, die Positionen des französischen Arztes Charles Lepois (Carolus Piso; 1618) triumphierend: »Der Uterus wird seiner Stellung entkleidet, seine Rolle ist nun ausgespielt, die Nerven beherrschen jetzt das Feld«, wobei zugleich mit den Nerven auch die männliche Hysterie ins Blickfeld rückt, vertritt doch schon Carolus Piso die »für die damalige Zeit wahrhaft revolutionäre Ansicht«: »Die gemeinhin so genannten hysterischen Symptome sind fast alle den Männern mit den Frauen gemeinsam.«[28] In Carolus Piso wird hier Charcot geehrt, der nicht nur gesagt hatte, daß die Hysterie auch bei Männern vorkommen kann, sondern sich in einen wah-

ren Feldzug verstrickt sah, um die Akzeptabilität der männlichen Hysterie durchzusetzen, ohne die es die ›hohe Zeit‹ der Hysterie in den achtziger und frühen neunziger Jahren des 19. Jahrhunderts nicht hätte geben können, in der die Hysteriker(innen) – wie böse Zungen später behaupten: unter dem Einfluß Charcots und der Salpêtrière – Legion werden. Neben Lepois avanciert vor allem der englische Arzt Thomas Sydenham zu den Vorläufern der Nervenklinik, der die uterine Lehre in einem Brief an Guillaume Cole (1681) mit der Begründung abgelehnt hatte, daß es sich um dieselbe Krankheit handle, welche bei den Frauen Hysterie, bei den Männern Hypochondrie heiße. Dieses – im 18. Jahrhundert auch (relativ) geschlechtsneutral *vapeurs* (Dämpfe, Dünste) genannte – »malum hysterico-hypocondriacum« wird im Rahmen des Feldzuges für die männliche Hysterie zu einem wichtigen Argument für deren Existenz(berechtigung).
Sagte man von einer Salondame des 18. Jahrhunderts *elle a ses vapeurs*, so heißt es im Industriezeitalter *elle a ses nerfs*. Prinzipiell ließe sich dies alles auch von einem Mann sagen: weder die medizinischen Anschauungsformen, die mit *vapeurs*, noch jene, die mit *nerfs* verbunden sind, lassen sich vernünftigerweise an ein geschlechtsspezifisches physiologisches Substrat binden. Der Uterus als Sitz der Hysterie hatte ausgespielt wie die Milz, ein etwas vornehmeres Organ, als Sitz der Hypchondrie: beide Krankheiten hätten also aussterben können, es verschwand aber nur die Hypochondrie.[29] Wie kam es also dazu, daß die Hysterie – gegen so ungeheure semiotische Widerstände – zur »totalisierenden« Neurose wurde? Immer noch gilt, um die im ersten Abschnitt behauptete Identifikation von Hysterie und Weiblichkeit noch einmal auf einen Nenner zu bringen, »daß die Dampf-Frauen, die, wie man in einigen Gesellschaftskreisen sagt, daran leiden, ›ihre Nerven zu haben‹, mehr Frau sind als die anderen Frauen«. Und es gilt, nur konsequent: »(...) die leichte Hysterie ist nicht eine wirkliche Krankheit, sondern vielmehr, wie Herr Richet es so schön sagt, ein Ausdruck, eine der Modalitäten des weiblichen Charakters.«[30] Damit wird man zugleich zugestehen können, daß Charcot sich nicht zu unrecht die Entdeckung der männlichen Hysterie (die es freilich immer schon gegeben haben muß) zuschreibt; Charcot selbst beschreibt diese Entdeckung als eine Erleuchtung vom Blindsein zum Sehen: »Wir sehen in der Regel nur das, worauf wir vorbereitet sind, es zu sehen, das, was

wir sehen wollen und zu sehen gelernt haben; wir abstrahieren von allem, was nicht ein Bestandteil unserer Vorurteile ist (...) Jahrelang habe ich mich wie ein Blinder durch meine Krankensäle bewegt. Ich sah die Hysterie der Handwerker, wiewohl eine gewöhnliche Angelegenheit, nicht, weil ich es nicht verstand, sie zu sehen.«[31]

Wie aber kommt es dazu, daß jetzt die Bereitschaft und der Wille bestehen, die männliche Hysterie zu sehen? Und wie findet dieses Sehen statt?

3. Das neue Sehen der männlichen Hysterie: Railway Spine und traumatische Neurose, Industrie und Krieg

Das Sehen-Können und Sehen-Wollen der männlichen Hysterie hat höchst plausible Gründe und gibt doch auch allerhand Rätsel auf. Zunächst der plausible Teil. Charcots Unternehmen, die Hysterie als eine klinische Entität sui generis zu begründen, kann keine »hybriden« Affektionen zulassen (wie z. B. die »Hystero-Epilepsie«, die herkömmlicherweise als eine Kombination der beiden großen Neurosen verstanden wurde), sondern verlangt ihre Differentialdiagnose. Diese führt Charcot zu der Sicht, daß die Hystero-Epilepsie »reine Hysterie« ist, »der stärkste konvulsive symptomatische Ausbruch der Hysterie (...), die Grande hystérie«. »Die Epilepsie besteht nur in der äußeren Form, sie ist im tieferen Grunde gar nicht vorhanden.«[32] Mit solchen Differentialdiagnosen werden eine Reihe neurotischer Affektionen, bei denen es nicht um die Frage des Geschlechtsprivilegs gegangen war, zu Pseudo-Entitäten erklärt und der Hysterie zugeschlagen, die Charcot für *une et indivisible*[33] erklärt. Die Konsequenz ist das Sehen der männlichen Hysterie. Prägnanter noch als an der »Hystero-Epilepsie« zeigt sich diese Konsequenz an der »traumatischen Neurose« und den »Intoxikations-Neurosen«, zwei Folgelast-Neurosen des Industriezeitalters, zugleich zwei gerade auch Männer betreffenden Neurosen, die von der Schule der Salpêtrière zu »hypothetischen Neurosen« erklärt und ebenfalls der Hysterie zugerechnet werden. Das Verständnis des Kapitels der »männlichen Hysterie«, welche die Hysterie erst zur »einen und unteilbaren« Affektion macht, ist an die Geschichte dieser Neurosen geknüpft. Und das heißt, daß die Imaginationen und Konnotationen von Geschlechtlichkeit und Sexualität, die dem Hysterie-Konzept innewohnen, in einen engen pragmatischen und semantischen Bezug zu den industriellen Maschinen, Vehikeln und Giften treten, die neurotische Manifestationen hervorrufen.

Dieser zentrale Aspekt des »Sehens« der (männlichen) Hysterie könnte ohne die ausführliche medizin-historische Studie der »traumatischen Neurose« von Esther Fischer-Homberger[34] nicht präsentiert werden; wir müssen uns hier allerdings auf einige grob resümeehafte Hinweise zur Genese des Konzepts der traumatischen Neurose beschränken. »Die Geschichte der traumatischen Neurose wird konventionellerweise mit der sogenannten *Railway Spine* begonnen.«[35] Das heißt, am Anfang steht die Eisenbahn oder genauer der Eisenbahnunfall[36] und seine nervösen Krankheitsfolgen – Krankheitsfolgen, die um so brisanter sind, als es zugleich um Entschädigungsansprüche gegenüber den Gesellschaften und ihren Versicherungen geht. So wohnt der traumatischen Neurose von Anbeginn und schließlich auch der Hysterie eine gerichtsmedizinische Problematik inne, die den psychiatrischen Theoriebildungsprozeß, wie Fischer-Homberger überzeugend nachweist, maßgeblich beeinflußt hat. Doch zur »Railway Spine«. In einer berühmten Schrift des Londoner Chirurgen John Eric Erichsen mit dem Titel *On Railway and other Injuries of the Nervous System* (1866) wird als gemeinsames Syndrom einer größeren Zahl Eisenbahn-Verunglückter (freilich auch eines Kutschen-Verunglückten) ein »Rücken-Trauma« diagnostiziert, eine »Spinal Concussion« (Rückenmarkserschütterung), die sich durch eine Vielzahl nervlicher Störungen wie herabgesetzter Sensibilität, Kopfschmerz, Schwindel, Tremor, u. a. m. manifestiert, oft auch erst längere Zeit nach dem eigentlichen Unfallereignis. Die Abgrenzung zum Rheumatismus könne im Anfangsstadium dieser Manifestationen Schwierigkeiten bereiten, die Diagnose ›Hysterie‹ jedoch beruhe, so hatte Erichsen noch gemeint, auf Unwissenheit, zumal Hysterie nicht zu aktiven Geschäftsmännern, welche sich unter den Unglücklichen in hoher Zahl befänden, passe. Der morbus Erichsen oder auch die Railway Spine sind allerdings eine eigenartige Angelegenheit, Fischer-Homberger spricht von einem Mythos. Denn obwohl Erichsen sich gegen den Begriff der Railway Spine verwahrt hatte, insofern er eine spezifische Ursache (den Eisenbahnunfall) mit einem spezifischen Substrat (einer organischen Rückenmarksläsion) verband, wurde er als ihr Entdecker bekannt und sogar als derjenige, »der die Railway Spine als ein durch das spezifische ätiologische Moment des Eisenbahnunfalles verursachtes eigenständiges Krankheitsbild proklamiert habe.« – »Mindestens der Mythos von der spezifischen Eisenbahnunfalls-Ätiologie der Rückenmarkserschütterung ist also eine historische Tatsache – mindestens als Mythos existierte die echte ›Railway Spine‹.«[37] Auf diese dämonische Investition der Eisenbahn werden wir für die Frage des Verhältnisses von »männlicher« und »weiblicher« Hysterie zurückkommen.

Die »Railway Spine« wurde etwa ein Jahrzehnt später zur »Railway Brain«: Statt einer organischen Rückenmarksläsion nahm man nun an, daß eine Störung der zerebralen Funktionen vorläge. Das Fehlen anatomisch-pathologisch nachweisbarer Läsionen brachte u. a. die Vermutung auf, daß dem Leiden unsichtbar feine – molekulare – Läsionen des Nervengewebes zugrunde liegen könnten, womit sich die Entwicklung des Konzepts der traumatischen Neurose, bei deren Vorgeschichte wir noch sind, bereits hier an die Diskussionen im Kontext der Hysterie annähert, die ebenfalls als ein Nervenleiden »sine materia«, d. h. ohne ein pathologisch-anatomisch feststellbares Substrat, vielfältigen ätiologischen Spekulationen Raum bot.[38]

Der Begriff der *»traumatischen Neurose«* selbst wurde 1888/89 von dem deutschen Neurologen Hermann Oppenheim eingeführt, während andere, vor allem amerikanische Mediziner, die »Railway Spine« und »Railway Brain« bereits zu den hysterischen – oder neurasthenischen – Manifestationen infolge von Unfällen gezählt hatten bzw. zählten. Das mechanische, aber auch das psychische Trauma bzw. der »Schock«[39] gelten als die Auslöser der Neurose, die Oppenheim als ein funktionelles Leiden auffaßt, dessen Symptomenkomplex er von dem der Hysterie deutlich geschieden sehen will. Dennoch gerät die ehemalige »Spinal Concussion« als »traumatische Neurose« zwangsläufig in die Nähe der Hysterie-Lehre Charcots, die eine »lésion dynamique« voraussetzte, wobei der Begriff der Läsion an der Lokalisierbarkeit festhält, der das Attribut des Dynamischen indessen widerspricht – in einem vergleichbaren Dilemma der Annahmen steckt auch die deutsche Diskussion um die »traumatische Neurose«.

Löst die »traumatische Neurose« Oppenheims nun allerdings die spezifische Bindung, die das Leiden ursprünglich mit einer mechanischen Kollision assoziierte, um es zu einer durch ein »Trauma«, einen »Schock«, und in der Folge auch »Schreck« schlechthin ausgelösten Nervenkrankheit zu machen, so liegt – und auch hier besteht ein Analogon zur Charcotschen Hysterie – die Insuffizienz einer somatischen Betrachtungsweise offen. »Wenn das Trauma also seine Körperlichkeit und Objektivität verliert, die es im Eisenbahnunfall hat, und zum subjektiven Tatbestand, zum Schreck, zum Erlebnis wird, ist ihm eine körpermedizinische Betrachtungsweise nicht mehr angemessen. Nur psychologisch kann das Trauma dann erfaßt werden.«[40]
In diesem Zusammenhang einer »Krise der körpermedizinischen Betrachtungsweise«[41] muß auch die Charcotsche Hysterielehre gesehen werden, die mehr und mehr psychologische Gesichtspunkte (Verfahren der Hypnose und Suggestion) in eine im Prinzip noch medizinisch-naturwissenschaftliche Perspektive eingebaut hat. Die »männliche Hysterie« Charcots ist gewissermaßen das Pendant der deutschen »traumatischen Neurose«. Wie nun die Kampagne für die männliche Hysterie geführt wurde, soll im folgenden wieder am Beispiel der Gesamtdarstellung der Hysterie durch den Charcot-Schüler Gilles de la Tourette gezeigt werden.
In der Charcotschen Ätiologie der Hysterie spielen Trauma und Schock die Rolle von »agents provocateurs«, neben anderen »Gelegenheitsursachen« wie »lebhaften Gemütsbewegungen«, diversen »Exzessen« (auch: »Exzessen in venere«) u. a. m., während als Hauptursache pathologische Heredität angenommen wird. Ein 1872 als »ausgesprochene und geheilte Epilepsie aus spinaler Ursache« angesehener Fall, war, so berichtet Gilles de la Tourette, eine Fehldiagnose: »Ich entsinne mich dieses Falles sehr gut, sagte Charcot, als er Guinon die von diesem veröffentlichte Mitteilung machte; man könnte ihn heute ohne Bedenken bezeichnen als: Hystero-traumatische Anfälle, hysterische Anfälle, wahrscheinlich von partieller epileptischer Form nach einem Sturz.«[42] Schuld an dieser Fehldiagnose war: der Fall war ein Mann. »Warum wurden damals die Gedanken Charcots nicht auf die Hysterie gelenkt, da er doch selbst gesteht, daß er dieselbe heute erkenne, indem er sich dieses Kranken erinnere? Wohl deshalb hauptsächlich, weil damals noch nicht, wie heutzutage, die männliche Hy-

sterie gangbare Münze war. Zudem wußte man nicht, daß Traumen eine Gelegenheitsursache dieses Nervenleidens sein können; sie waren es jedoch ebensosehr wie heute.«[43] »Während denn auch die Amerikaner«, so fährt Gilles de la Tourette fort, »praktische Leute und in einem Lande lebend, wo große Eisenbahnunglücke durchaus nicht zu den Seltenheiten gehören«, die auch gerichtsmedizinisch so bedeutende Frage ernsthaft studiert hätten, um zu einer Konvergenz mit den Auffassungen Charcots zu kommen, würde ein großer Teil der deutschen Ärzte offensichtlich »ihre Landsleute von einer Krankheit freisprechen wollen, welche ihnen äußerst peinlich zu sein scheint.«[44] Auch nachdem man die Ansicht, »welche alle traumatischen nervösen Erscheinungen organischen Verletzungen zuschrieb«, habe fallenlassen müssen, habe man sich immer noch gesträubt, diese »an ihre richtige Stelle zu bringen, d. h. sie zur Hysterie zu rechnen.«[45] In dieser Polemik lassen sich die Triebkräfte des Willens, das Oxymoron der männlichen Hysterie durchzusetzen, jetzt mit aller Deutlichkeit erkennen: »Es war Charcot vorbehalten, in diese Erörterungen, deren Wichtigkeit man begreift, wenn man bedenkt, daß die Annahme der deutschen Ansicht die Bestätigung einer vollständig falschen Nosographie sein würde, Licht zu bringen. Ein großer Teil der Fälle von männlicher Hysterie würde in den Rahmen einer hypothetischen Neurose eingefügt worden sein, wodurch notwendig die größte Verwirrung entstehen mußte.«[46] Und: »Der wahre Grund, weshalb man um eine hypothetische Neurose so viel gestritten hat, ist der, daß man die männliche Hysterie nur auf eine völlig unzureichende Weise kannte.«[47]

Die gleiche Argumentation widmet Gilles de la Tourette schließlich auch der Gruppe der »Intoxikationsneurosen«, d. h. denjenigen nervösen Störungen, die auf Vergiftungen – durch Blei, Quecksilber, Schwefelkohlenstoff, schließlich Alkohol und Nikotin – zurückgeführt werden. Lange Zeit habe die »Modeansicht« geherrscht, die Hysterie bei den im Falle von Bleivergiftungen zu beobachtenden sensitivo-sensoriellen Anästhesien (die Anästhesie, Unempfindlichkeit, zählt zu den Hauptstigmata der Hysterie) mit oder ohne Anfall strikt auszuschließen und dieselben allein der Bleivergiftung zuzuschreiben. Dieses und viele andere Mißverständnisse beruhten allein auf dem alten Vorurteil, die Hysterie als ein Frauenleiden anzusehen. Noch der Autor einer These über die »saturnische« Hemianästhesie aus dem Jahre 1878 rufe – »angesichts der Unmöglichkeit, die hysterische Anästhesie von der Bleianästhesie zu unterschieden«, das Geschlecht zu Hilfe, um die Differentialdiagnose zu stellen.[48] »Charcot kommt wieder das Verdienst zu, in alle diese, zwar nicht unbekannten, aber mißverstandenen und falsch gedeuteten Thatsachen Licht gebracht zu haben.«[49] Ohne ihn sähe man sich vor »eine(r) vollständige(n) Zerstückelung der Lehre von der Hysterie«[50]. Kurz: die richtige Deutung all dieser konvulsiven Symptome, Sinnesstörungen, Hemianästhesien, Tremores, Paralysen und Kontrakturen kann nur erfolgen, wenn die Hysterie vorurteilsfrei – und das heißt: unter Einbeziehung der männlichen Hysterie – betrachtet wird.

Wir waren von der medizinhistorischen Plausibilität der Gründe für das Sehen der »männlichen Hysterie« ausgegangen und kommen zuletzt doch nicht umhin, von der Entstehungsgeschichte der »einen und unteilbaren« Hysterie in einem eher diskurshistorischen, sogar literarhistorischen Sinne fasziniert oder irritiert zu sein. Und tatsächlich finden wir nun, nachdem wir die Scheu vor der Fachterminologie des neuropathologischen Diskurses – jedenfalls ansatzweise – überwunden haben, alles voller literarischer Konnotationen, Metaphern und Symbole, die Eisenbahnen, Dampfkessel und -maschinen, Kollisionen, Entgleisungen und Explosionen ins Spiel bringen, als ob es sich (wie im Falle der ›mythischen‹ Railway Spine) stets um Krankheitsursachen und Substrate handle, die der außer Kontrolle geratenen extra-humanen Umwelt (Technik oder Natur) direkt entspringen. Da sagt Oppenheim im Zusammenhang seiner Bemühungen um die Abgrenzung von traumatischer Neurose und Hysterie: »Ein wichtiger Unterschied zwischen einer traumatisch entstandenen hysterischen Lähmung oder Anästhesie besteht noch in bezug auf die Heilbarkeit der Erscheinungen. Dort kommt uns der hysterische Zustand zugute, es gelingt relativ leicht, den Affekt zu erzeugen, der die *Leitungsfähigkeit* wieder herstellt; hier fehlt dieser Grundzustand, und damit ist der bequemste Weg für die *Wiederherstellung der einmal aus den Fugen gebrachten Nervenleitung* abgeschnitten.«[51] Nachdem Oppenheims somatische Sicht der traumatischen Neurose durch psychogenetische Auffassungen[52] in Bedrängnis geraten war, erklärt ein Verteidiger Oppenheims:

»Daß ein heftiger Schreck, die höchste Angst, Entsetzen bei lebensbedrohenden Erlebnissen, auf quergestreifte und glatte Muskulatur, auf Sekretion und Exkretion usw. einen Einfluß übt (Erstarrung der Glieder, Zittern, ›vox faucibus heasit‹, Erblassen, Harndrang usw.), ist eine altbekannte physiologische Tatsache (...). Daß nun dieser unmittelbaren Wirkung des psychischen Traumas (...) eine materielle Veränderung des Nervensystems entspricht, scheint mir doch ein naturwissenschaftliches Postulat. Wir wissen nicht, um welche (...) Veränderungen es sich handelt, aber wir sind doch überzeugt, daß *ein in seinen Dämpfungseinrichtungen, seiner Entladungsbereitschaft usw. geschwächtes Nervensystem auch materiell* ein anderes ist (...).«[53] Mit diesem Zitat befinden wir uns übrigens mitten im Ersten Weltkrieg, wo die traumatischen Neurotiker oder Hysteriker, auch »Kriegszitterer« genannt, Legion geworden waren. Auf der »Kriegstagung« (1916) der Gesellschaft Deutscher Nervenärzte, die Fischer-Homberger eingehend dokumentiert hat, setzte sich allerdings die andere Richtung durch, die jedwede Materialität der traumatischen Neurose bestritt und sie zu einer reinen Angelegenheit des Willens (der folglich *»gestählt«* werden mußte) erklärte. Aber auch die Vertreter dieser Psychogenie-Lehre verwenden die gleiche Kollektivsymbolik wie die Somatiker, so z. B. Fritz Kaufmann, der – dem Referat der »Kriegstagung« zufolge – »bei psychogenen Bewegungsstörungen der Soldaten die *Überrumpelungsmethode* (empfiehlt), die auf der Erfahrung beruht, daß die durch einen psychischen Schock aus *dem richtigen Geleise gebrachte Innervation* sehr häufig durch einen erneuten psychischen Schock (i. e. ein Schock, der durch *elektrischen Strom* ausgelöst wird, U.L.-H.) *wieder in die richtige Bahn zurückgebracht* wird.«[54] Dergleichen Zitate ließen sich ad infinitum anhäufen, wie man auch umgekehrt zeigen kann, daß die (nicht-medizinische) Eisenbahn-Literatur medizinische Bilder verwendet, sei es, daß »Die Eisenbahnen (...) die *Pulsadern* eines neuen Lebens (bilden)«[55], sei es, daß die Telegraphie als das eigentliche Nervensystem der Eisenbahnen gefeiert wird: »Aber wie der *Muskel des menschlichen Körpers* ohne den ihn durchziehenden *Nerv* eine *leblose Fleischmasse* wäre, so würden die Fliegen*muskeln*, welche die Erfindungen Watts und Stephensons der Menschheit verliehen haben, nur halb schwingkräftig wirken, wenn sie der leitende Gedanke nicht, auf den *Nerven* der Telegraphendrähte leitend durchzuckte.«[56]

Es bedürfte einer eigenen Studie, die Symboldeutung der Freudschen Psychoanalyse, besonders der Traumdeutung, mit der Kollektivsymbolik des neuro- und psychopathologischen Diskurses des 19. Jahrhunderts zu vergleichen, in dem die Effekte auch psychischer ›Erschütterungen‹ und ›Reizungen‹ des Nervensystems in Analogie zu mechanischen Erschütterungen, Kollisionen, Abstürzen, Entgleisungen und zu industriellen Vergiftungen plausibel zu machen versucht werden, wie besonders prägnant aus folgender Formulierung von Ernst von Leyden hervorgeht, der meint, »es (lasse) sich wohl begreifen, daß eine heftige psychische Reizung denselben Effekt haben kann wie die mechanische Erschütterung eines peripheren sensiblen Nervs oder des Rückenmarks selbst.«[57] Eine solche Studie könnte nicht nur retrospektiv zeigen, daß es sich auch bei diesem Diskurs immer schon um Sexualität gehandelt hat; sie würde vor allem die Frage stellen müssen, wieso die Freudsche Entdeckung der Sexualität und des Unbewußten den gleichen Bildern und Kollektivsymbolen verhaftet bleibt wie die Neurologie.
Doch wir müssen an dieser Stelle auf das Verhältnis von »Hysterie« und »männlicher Hysterie« zurückkommen. Geht man davon aus, daß die »traumatische Neurose« und die »Hysterie« den gleichen Symptomenkomplex bilden, und betrachtet man die erstere als »männliche«, die zweite als »weibliche« Neurose, so ist auffällig, daß das Neurotischwerden des Mannes in einer engen metonymischen, nicht bloß metaphorischen Beziehung zu mechanischen und chemischen Reizen gesehen wird, während der Frauenkörper keines äußeren Anstoßes bedarf, sondern die Hysterie und ihre Stigmata sozusagen aus sich selbst hervorbringen kann. Die Genese der Neurose ›Hysterie‹ bedurfte nicht der Provokationen von außen wie des Traumas infolge von Verkehrs- und Arbeitsunfällen, der Berührung mit Giften oder der alkoholischen Exzesse; *denn die Frau war an sich, aus sich selbst heraus, zur Hysterie prädisponiert.* Bevor wir versuchen können, diesen Befund zu deuten, möchten wir uns jedoch die männlichen Hysteriker der Salpêtrière näher ansehen: Um was für Männer – und um was für »Charaktere« handelt es sich? Damit kommen wir wieder auf die Darstellung Gilles de la Tourettes zurück:

4. Eine medizinhistorische Allianz: ›hysterische Frauen aus den höheren Gesellschaftsschichten‹ und ›hysterische Männer aus den arbeitenden und gefährlichen Klassen‹ … und einige Folgen

Nach den bisherigen Ausführungen kann es nicht überraschen, daß die statistischen Befunde der französischen Nervenklinik ein enormes Anwachsen der männlichen Hysterie verzeichnen. Schließlich konfrontiert die Salpêtrière die Fachwelt mit Zahlenbeweisen, die selbst den Erstellern der Statistiken nachgerade ungeheuerlich erscheinen wollen. Besonders spektakuläre Ergebnisse zeitigt vor allem eine auf Veranlassung Charcots von P. Marie 1888 erstellte Statistik, die Fälle erfaßte, welche sich im »Bureau central d'admission« von Paris, sei es zur externen Behandlung, sei es zum Zweck, Aufnahme in einer der Kliniken zu finden, einstellten. Zur Klassifikation der Fälle diente Marie das Kriterium der An- oder Abwesenheit von Anästhesie und Hemianästhesie; im Falle des von ihm »Hystérie massive« genannten Typus lagen Anästhesien vor, nicht jedoch im Falle der »Hystérie mitigée«, für die andere Symptome, wie Konvulsionsanfälle und Globus[58] pathognomonisch waren. Das Ergebnis: Die Hysterie massive zeigte sich mit achtmal höherer Häufigkeit bei Männern als bei Frauen, weshalb sich Marie zu näheren Erläuterungen seiner Statistik veranlaßt fühlt: »Dieses Resultat ist offenbar überraschend, und wie sehr ich auch schon lange von dem häufigen Vorkommen der Hysterie bei Männern überzeugt bin, so bin ich doch nicht geneigt, den fast paradox klingenden Satz zu unterstützen, daß *die Hysterie beim Manne weit häufiger ist als bei der Frau.*«[59] Marie findet die Erklärung seiner »überraschenden« Befunde in der von Charcot gemachten Beobachtung, daß die männliche Hysterie in den unteren Klassen sehr häufig sei, während die weibliche Hysterie genau umgekehrt distribuiert sei. Gilles de la Tourette erläutert das wie folgt: »Nun sind aber die Kranken, welche sich im Bureau central einstellen, meistens Arbeiter, arme Leute, die den die Hysterie hervorrufenden Gelegenheitsursachen, Traumen und Intoxikationen, sehr häufig ausgesetzt sind.«[60] Wo »das Krankenmaterial«, wie in der Salpêtrière, »ein viel gemischteres ist«, ergeben sich denn auch, wie Gilles de la Tourette ausführlich belegt, andere statistische Befunde: In den Jahren 1887 bis 1889 »kam demnach in runder Zahl ein hysterischer Mann auf zwei hysterische Frauen.« Während die Auswertung der Statistiken vorausliegender Jahre, in denen »die männliche Hysterie noch ein *Curiosum* (war)«, naturgemäß einige Schwierigkeiten aufwerfen würde, ließe sich heute mit allergrößter Sicherheit sagen: »Die männliche Hysterie ist sehr häufig, ja sie scheint mit täglich wachsender Kenntnis immer häufiger zu werden.«[61]

Wir waren von der geschlechtlichen Opposition ausgegangen, wie sie im Spiegel der Hysterie ausgetragen wird, und sehen diese nun in sowohl eigentümlicher wie doch auch erklärlicher Weise mit einer tiefgreifenden sozialen Opposition verschränkt. Es ergibt sich so eine medizinhistorische Allianz von ›hysterischen Frauen aus den höheren Gesellschaftsschichten‹ und ›hysterischen Männern‹ aus den »arbeitenden Klassen und den gefährlichen Klassen«.[62] Im Originalton der Charcot-Schule: »Die männliche Hysterie kommt hauptsächlich in den unteren gesellschaftlichen Klassen vor; sie befällt besonders Personen, welche Beschäftigungen treiben, durch die sie Traumen ausgesetzt sind, wie Erdarbeiter, Tagelöhner, Packträger, Heizer, Maschinisten (diese besonders), Taucher und Schwimmer; ferner Arbeiter in Tabakfabriken, Matrosen, Soldaten, und zwar mit allen Erscheinungen der großen Anfälle, wie man sie bei Frauen beobachtet. ›Man muß sie ferner suchen, sagt Charcot, unter den Zerlumpten, den Heruntergekommenen, den Bettlern, den Landstreichern, in den Arbeitshäusern, den Gefängnissen, vielleicht auf den Galeeren.«[63]

Wie aber verhält sich dieser Befund sozialer Stratifizierung zu der Ausgangsthese, daß die Hysterie stets ein »Charakterbild« der Frau entwirft, daß sie seit der Verlegung ihres Sitzes aus dem Uterus in das Nervensystem in viel höherem Grade als einen weiblichen Körper eine »weibliche Psyche« voraussetzt? In der Tat erleidet der hysterische Mann der medizinischen Literatur eine Feminisierung, insofern man von der Stabilität von Geschlechtspsychen überzeugt ist. Ein sensibler Mann, der sich im gleichen Maße wie eine Frau affizieren ließe und hysterisch würde – so hatte Briquet gemeint, der selber sieben Beobachtungen männlicher Hysterie verzeichnete – werde unfähig, die ihm bestimmte Rolle »des Beschützens und der Kraft« zu erfüllen:

»Ein hysterischer Mann, das ist der Umsturz der grundlegenden Gesetze der Gesellschaft.«[64] Diese kulturell (und nicht aus dem medizinischen Diskurs) begründete Auffassung des hysterischen Mannes als eines beeindruckbaren, verweichlichten und verweiblichten Mannes läßt sich jedoch für die Reihe der Heizer, Maschinisten, Tagelöhner und Knastbrüder schwerlich aufrechterhalten, womit die Charcotsche Nervenklinik die Hysterie von ihren femininen Konnotationen losgelöst zu haben scheint. Und doch kommen diese Konnotationen dem Mediziner immer wieder ins Gehege, wie dem folgenden höchst paradoxen Kommentar von Gilles de la Tourette sehr schön zu entnehmen ist: »Man sieht, wie man sich irren würde, wenn man aus dem hysterischen Manne ein Wesen von verweichlichtem Äußeren machen wollte, wenn wir auch diesen Typus, obgleich selten, unter den Arbeitern des Faubourg Saint-Antoine, die aber zugleich Handwerker und Künstler sind, gefunden haben, bei welchen die Hysterie sehr häufig zu sein scheint.«[65]
Als letzte Bastion des Weiblichen an der Hysterie taucht hier kurioserweise *der Künstler* auf (wobei Physis und Psyche nicht weniger kurios verwechselt werden), obwohl dieser die verschwindendste Pars pro toto in der genannten Reihe der Traumen ausgesetzten Männer aus den unteren Klassen sein dürfte. Wie die Frau aber ist der Künstler derjenige, der die Abweichung aus sich selbst heraus produzieren kann und muß, durch die das entautomatisierende (erotische) Kunstwerk denn auch bald literaturtheoretisch definiert werden wird. Wie die Frau hat deshalb der Künstler das Recht auf eine extrem affizierbare Psyche, das Recht auf Nervosität. Die gesamte Literatur des Fin de siècle (und darüber hinaus) verficht dieses Recht, negiert die Norm, verweigert die Gesundheit[66] – wie denn überhaupt die Nervosität zum Signum der Moderne (im industriellen wie ästhetischen Sinne) geworden ist. Für die Soldaten, Fabrikarbeiter, Tagelöhner, Heizer und Maschinisten freilich gilt, daß ihr Neurotischwerden der *sozialen* Stigmatisierung unterliegt: sie haben »Mann« zu bleiben, sie haben zu funktionieren, Entautomatisierung ist bei ihnen nicht gefragt.
Auf ihrer Suche nach den physiologischen Gesetzen, die dennoch allen diesen (›weiblichen‹ und ›männlichen‹, ›sozial hohen‹ und ›sozial tiefen‹) Funktionsstörungen zugrunde zu liegen vermutet wurden, war die Charcot-Schule sehr nahe daran, die soziokultu-

rellen Gesetze zu negieren, die doch wollten, daß ›weiblich‹ und ›männlich‹, wie ›oben‹ und ›unten‹ fein säuberlich getrennt blieben, weshalb denn auch der stigmatisierte Frauenkörper auf das Feld der *sozialen* Stigmatisierung hin verschoben wurde, sobald es nicht mehr um eine höherstehende »bourgeoise« ging, der soziales oder gar ökonomisches Handeln sowieso nicht zugemutet wurde. Die Auffassung der »einen und unteilbaren« Hysterie war entsprechend – wie lustig man sich später auch immer über sie gemacht hat – nicht einfach nur Ausdruck des Größenwahns eines Lehrers und Meisters[67], sie zielte auch – jedenfalls tendenziell – darauf, sowohl die geschlechtsspezifischen als auch die klassenspezifischen ›Stigmatisierungen‹ der Hysterie aufzuheben. Ein solcher Impetus aber konnte wahrscheinlich nur in Frankreich entstehen, galt doch die französische »eine und unteilbare« Nation seit dem »Debakel«, der verlorenen Schlacht von Sedan, für eine nervöse Nation oder ›Rasse‹. Die Polemik der Salpêtrière gegen Oppenheim wäre eigentlich überflüssig gewesen, denn Oppenheim und Charcot hatten eine vergleichbare – »materialistische« – Betrachtungsweise: Sie hielten die von ihnen beobachteten Symptomkomplexe für den Ausdruck eines realen Leidens, eines folglich auch entschädigungsberechtigten Leidens, wenn es durch Ursachen provoziert worden war, die nicht in der Schuld und Verantwortlichkeit des affizierten Subjekts lagen. Aber einem solchen deutsch-französischen Mediziner-Bündnis standen offenbar bereits kulturelle Barrieren entgegen, die nicht mehr nur die vermeintliche Geschlechterdifferenz, sondern auch die vermeintliche Rassendifferenz ins Spiel brachten. So zitiert Gilles de la Tourette seinen Kollegen Marie wie folgt: »Es ist eine interessante Erscheinung, daß in Deutschland eine Anzahl der Ärzte sich sträubt, wie man an ihren Diagnosen erkennt, zuzugeben, daß die Hysterie eine wirkliche Krankheit sei, die wie jede andere, nervöse oder nicht, ihre Gesetze, ihre regelmäßige Symptomatologie hat. Wenn man ihnen glauben soll, so wäre es eine Art von *noli me tangere,* dessen Berührung jeder ernsthafte Nosograph sorgfältig vermeiden müsse. Ein anderes Gefühl scheint sich noch mit dieser wissenschaftlichen Zurückhaltung zu verbinden, ein eigentümlicher Rassenstolz; man scheint sagen zu wollen: »›Ihr Lateiner seid hysterisch, überhysterisch, das muß man zugeben; aber wir Germanen, wir kennen die Hysterie nicht. Man findet sie bei uns nicht oder, wenn man sie findet, gleicht sie der eurigen nicht.‹ Und daß das von den Israeliten (dieser zur Hysterie vor allen veranlagten Rasse), welche an den deutschen Universitäten so zahlreich vertreten sind, gesagt wird, daß ist eine Tatsache, die hervorgehoben zu werden verdient!«[68]

Und natürlich gilt auch für die Komik des Kapitels der männlichen Hysterie der schöne Satz Bergsons vom »Mechanischen, das auf Lebendiges gelegt wird«.[69] Die deutsche soldatisch-gesunde, körpergepanzerte[70] Nation konnte die männliche Hysterie niemals akzeptieren. Als die psychologische Betrachtungsweise der Neurosen über die körpermedizinische Betrachtungsweise der (Oppenheimschen) traumatischen Neurose und der (Charcotschen) Hysterie eindeutig den Sieg davongetragen hatte, als sich auf der «Kriegstagung« der »Gesellschaft deutscher Nervenärzte« im Jahre 1916 die Auffassung durchgesetzt hatte, daß dem Trauma des Krieges und dem »shell shock« keinerlei ursächliche Kopplung an eine extra-humane Maschinerie zugrunde liegen würde, sondern es sich bei der »Kriegshysterie« der Soldaten vielmehr um eine rein psychogenetisch bedingte »Willenskrankheit« bzw. eine reine »Begehrungsneurose« handle – sozusagen den feigen Wunsch, lieber wie eine Frau zu fühlen statt wie ein Mann zu handeln und zu sterben –, da waren die einzigen Stimmen, die laut wurden, um die »Kriegszitterer«, diese »Psychopathen«, in Schutz zu nehmen (statt sie einer der vielen jetzt entwickelten rapiden Heilmethoden zu unterwerfen, um sie wieder an die Front zu schicken), solche, die dem deutschen Mann das Attribut der Hysterie nicht zuerkennen wollten.

»Der Ausdruck Hysterie hat ferner nun mal (...) einen Beigeschmack angenommen (...), der es wünschenswert erscheinen läßt, unsere tapferen kämpfenden Männer nicht als Hysteriker zu bezeichnen (...).«[71] – »Machen wir uns doch immer wieder klar, daß der Ausdruck ›das ist Hysterie‹, ›das ist funktionell‹ im üblichen Sprachgebrauch ein rein verneinender ist, und daß dadurch die mit sogenannten hysterischen Zeichen Behafteten in eine bedenkliche Nähe der Simulanten, bei denen auch ›nichts‹ gefunden wird, gebracht werden. Deshalb, und weil (...) die Hysterie als im Zusammenhang mit geschlechtlichen Dingen unausrottbar gedacht wird, klingt die Bezeichnung ›der ist hysterisch‹ wie ein bissiges Schimpfwort, und das haben sehr oft die mit diesem Namen Belegten, im Dienste des Vaterlandes Ermüdeten und Erschöpften, nicht verdient.«[72]

Es ist natürlich klar, daß weder Geschichte noch Semiologie der männlichen und weiblichen Hysterie hiermit zum Abschluß gebracht worden sind.[73]

Anmerkungen

* Diese Analyse wurde für die Sektion »Die ›Menschwerdung‹ der Frau« auf dem Romanistentag 1983 in Berlin verfaßt und dort diskutiert. Eine erste Fassung erschien in einem der Semiotik der Geschlechter gewidmeten Themenheft von *kultuRRevolution. zeitschrift für angewandte diskurstheorie* H. 9 (1985), S. 39-47.

1 Ich verwende die Kategorie im Anschluß an Luce Irigaray (vgl. – etwa – Irigaray 1985).

2 Zitat aus: »Zum Gebrauch des Diskurs-Begriffs in *kulturrevolution*«, *kultuRRevolution* H. 1 (1982), S. 71. – Zur Einführung in Foucaults Projekt ist vor allem dessen Inauguralvorlesung am Collège de France von 1970 hervorragend geeignet (Foucault 1971).

3 So der Vorschlag von Jürgen Link (vgl. u. a. Link 1983, S. 9-24).

4 S. dazu vor allem die Ergebnisse aus dem literaturwissenschaftlichen Projektbereich des Bochumer Sonderforschungsbereichs »Wissen und Gesellschaft im 19. Jahrhundert« in: Link/Wülfing (Hg.) 1984, sowie den Forschungsbericht von Drews/Gerhard/Link 1985.

5 Wajeman 1982, S. 127 (wo nicht anders vermerkt, stammen die Übersetzungen französischer Zitate von mir). Den Studien von Wajeman und von Esther Fischer-Homberger (1975) verdanke ich wesentliche Anregungen und Hinweise. Besonders danken möchte ich der Neurologin und Psychiaterin Isabél Real de Gumbrecht für ein langes und aufschlußreiches Gespräch; ihre Hinweise sind vor allem in Abschnitt 3 eingegangen.

6 Wajeman 1982, S. 171-174 (»Le Mal epistémologique«).

7 Schuller 1982.

8 Zur »Einbildung« in der Medizingeschichte vgl. Fischer-Homberger 1978/1979; zur Geschichte der Hysterie vgl. ferner Honegger 1978 und Schaps 1982 (mit ausführlichen Literaturhinweisen).

9 Zum Konzept der »famille névropathique« vgl. Link-Heer 1983a.

10 Briquet 1858, S. 5 (»Il semble que l'histoire de l'hystérie doive être l'histoire des erreurs de l'esprit humain.«).

11 Vgl. schon Briquet 1858, und besonders die medizinhistorische Reihe »Bibliothèque Diabolique«, col. Bourneville (vgl. auch Wajeman 1982).

12 Briquet 1859, S. VII (»Je reconnus enfin que l'hystérie n'était pas cette

maladie honteuse dont le nom seul rappelle au monde étranger à la médecine et à beaucoup de médecins ce vers de notre grand poète tragique: *C'est Vénus tout entière attachée à sa proie*, mais qu'elle était au contraire due à l'existence, chez la femme, des sentiments les plus nobles et les plus dignes d'admiration, sentiments qu'elle seule est capable d'éprouver.«).

13 Briquet 1859, S. 3 (»[...] l'hystérie est une névrose de l'encéphale, dont les phénomènes apparents consitent principalement dans la perturbation des actes vitaux qui servent à la manifestation des sensations affectives et des passions.«).

14 Vgl. z. B. Fischer-Homberger 1969/1979.

15 In der Spätschrift *Timaios;* vgl. Fischer-Homberger, ebd., S. 33 f.

16 Legrand du Saulle 1860, S. 5 (»Nous nous unissons à Briquet pour repousser énergiquement une croyance qui laisse planer sur la femme le soupçon d'un instinct aussi dégradant, et qui ne tiendrait riens moins qu'à faire du libertinage une formule de thérapeutique. Laissons à Platon la responsabilité de cette phrase: ›La matrice est un animal qui veut à toute force concevoir, et qui entre en fureur s'il ne conçoit pas‹; et voyons dans l'hystérie autre chose que *Vénus toute entière attachée à sa proie*.«).

17 Ich gehe hier auf diskursive Interferenzen zwischen medizinischen Anschauungsformen und sogenannten fiktionalen Texten oder der Literatur nicht näher ein, arbeite jedoch derzeit schwerpunktmäßig in diesem Bereich.

18 Legrand du Saulle 1883; zit. nach Wajeman 1982, S. 130 (»Il serait plus juste de dire que la femme est ›tout nerfs‹ que d'aller répétant qu'elle est ›tout utérus‹.«).

19 Larousse 1865-1876, Artikel »Hystérie« (»[...] et ici, par tempérament, il faut entendre une prédisposition principale à l'hystérie consistant dans la facilité qu'a la femme d'être impressionnée péniblement [...]«).

20 Briquet 1859, S. 100 (»C'est dans la facilité qu'a la femme d'être émue par les causes qui donnent lieu à des sensations affectives que consiste la grande prédisposition à l'hystérie; c'est parce que les femmes sentent vivement, qu'elles deviennent si fatalement la proie de l'hystérie.«).

21 Wajeman 1982, S. 130.

22 Briquet 1859, S. 50 (»Que signife donc une pareille différence entre les deux sexes, si ce n'est qu'un effet de leur destination providentielle. La femme est faite pour sentir, et sentir c'est presque de l'hystérie; l'homme, au contraire, est fait pour agir, à lui les inconvéniants de l'action.«).

23 Eintragung vom 29. Juni 1849 (»L'homme est un cerveau, la femme une matrice.«); zit. von Borie 1981, S. 31.

24 Dazu Borie 1981 (vgl. auch meine Rezension, 1983, S. 48 f.).
25 Obwohl Freud nach seinem Aufenthalt an der Salpêtrière 1885/6 mit der »Neuigkeit« der »männlichen Hysterie« in den Wiener Ärztekreisen aufzutrumpfen versuchte (dazu genauer: Warsitz 1985, S. 105-113).
26 Für die Rolle der Ovarien, die natürlich auch in die Hysterie-Lehren hineingespielt haben, vgl. Fischer-Homberger 1975/1979.
27 Das »Sehen« spielt in vielen Äußerungen von und über Charcot eine große Rolle, auch bei Freud.
28 Gilles de la Tourette 1894, S. 9. Ich zitiere Gilles de la Tourette hier und i. f. lediglich nach der autorisierten deutschen Ausgabe von Dr. Karl Grube; Carolus Piso wird im Text natürlich lateinisch zitiert: »Hysterica symptomata vulgo dicta, omnia fere viris cum mulieribus communia sunt.«
29 Vgl. Fischer-Homberger 1978/1979.
30 Huchard 1882; zit. nach Wajeman 1982, S. 131 (»[...] que les femmes à vapeurs, sujettes à ›avoir leurs nerfs‹ comme on dit dans le monde, sont plus femmes que les autres femmes.« – »[...] l'hystérie légère n'est pas comme le dit si bien M. Richet, une véritable maladie, c'est plutôt une des expressions, une des modalités du caractère féminin.«).
31 Charcot 1887-88/1892, S. 79 (»Nous ne voyons guère que ce que nous sommes préparés à voir, nous faisons abstraction de tout ce qui ne fait pas partie de nos préjugés [...]. Pendant des années je me suis promené en aveugle dans mes salles n'y voyant pas, parce que je ne savais pas la voir, l'hystérie des artisans, qui est cependant chose vulgaire.«). – Vgl. allerdings auch schon Briquet 1859, S. 3: »Il est bien plus naturel de croire que jusqu'à présent on a peu vu l'hystérie chez l'homme, parce qu'on n'a pas voulu l'y voir.«
32 Nach Gilles de la Tourette 1894, S. 21.
33 Vgl. dazu Wajeman 1982, S. 126.
34 Fischer-Homberger 1975.
35 Ebd., S. 16.
36 Zur Pragmatik und Mythologie der Eisenbahn s. auch Schivelbusch 1977.
37 Fischer-Homberger 1975, S. 37.
38 Vgl. ebd. »Zur Entwicklung der Neurosenlehre«, S. 26-29 und S. 105 ff.
39 Zum Schock-Begriff ebd., S. 47; ferner Schivelbusch 1977, S. 134 ff.
40 Ebd., S. 37.
41 S. 56.
42 Gilles de la Tourette 1894, S. 49.
43 Ebd., S. 50.
44 S. 73.
45 S. 50.

46 S. 51.
47 S. 54.
48 S. 64.
49 S. 65.
50 S. 62.
51 Oppenheim 1880, S. 554; zit. nach Gilles de la Tourette 1894, S. 53; Hervorhebungen von mir.
52 Vgl. Fischer-Homberger 1975, Kap. 2.
53 Liepmann, 1916; zit. nach Fischer-Homberger 1975, S. 88; Hervorhebungen von mir.
54 Kaufmann, Referat 1916, S. 566; zit. nach Fischer-Homberger, ebd., S. 150; Hervorhebungen von mir.
55 Eckenstein 1841, S. 85; Hervorhebungen von mir; vgl. auch Fischer-Homberger 1975, S. 38 ff.
56 Max Maria von Weber 1882; zit. nach Sternberger (1938) 1974, S. 29; Hervorhebungen von mir. Sternberger, auf dessen Eisenbahn-Kapitel »Natürlich – künstlich« überhaupt verwiesen werden muß, sieht verschiedene Formen der »Kopulation« (›natürlich-künstlich‹, ›männlich-weiblich‹, ›Dampf-Maschine‹) in der »Poesie der Schienen« und bringt zahlreiche weitere hochinteressante Beispiele zur industriellen Kollektivsymbolik der Nerven. – Ein Blick in einen ganz anderen Textbereich, den des spanischen ›Costumbrismo‹ (von ›costumbres‹: ›Sitten‹, ›Gebräuche‹), zeigt zwar fortschrittsresistentere, aber nicht minder komplexe Interferenzen und Katachresen zwischen der Bildlichkeit von Körper-Bewegung und Maschinen-Bewegung; s. Gumbrecht/Sánchez 1984, S. 15-62, bes. S. 16 f. und S. 33-42.
57 Leyden 1875, S. 109.
58 Der »hysterische Globus« entstammt den uterinen Lehren, wurde jedoch von der Nervenklinik beibehalten. Die Definition im »Hystérie«-Artikel von Littré und Robin, 1878, lautet: »L'hystérie se manifeste par accès, dont le principal caractère consiste dans le sentiment d'une boule (globe hystérique) qui semble partir de la matrice, remonter vers l'estomac avec une douleur plus ou moins vive, ou un froid glacial, et se porter ensuite à la poitrine et au cou, où elle produit une espèce d'étouffement et de strangulation.«
59 Marie 1889, S. 68; zit. nach Gilles de la Tourette 1894, S. 36, Hervorhebung ebd.
60 Gilles de la Tourette, ebd., S. 37.
61 S. 39-41.
62 Chevalier 1958.
63 Gilles de la Tourette 1894, S. 37.
64 Briquet 1859, S. 101 (»Supposons un homme doué de la faculté d'être affecté à la manière de la femme, il deviendrait hystérique, et par conséquent impropre à remplir le rôle auquel il est destiné, celui de la

protection et de la force. Un homme hystérique, c'est le renversement des lois constitutives de la société.«).

65 Gilles de la Tourette 1894, S. 69.

66 Vgl. dazu auch Link-Heer 1983, bes. S. 198 ff.

67 So die Tendenz von Wajeman, der allerdings seinerseits Freud und Lacan zu Meistern macht und immer wieder emphatisch von einem Bruch mit der vorausgegangenen Tradition der Medizingeschichte spricht.

68 Marie 1887, S. 440; zit. nach Gilles de la Tourette 1894, S. 73 f.

69 Bergson 1900, S. 50 (»du mécanique plaqué sur du vivant«).

70 Vgl. Theweleit 1980.

71 Schottmüller 1916, S. 266; vgl. Fischer-Homberger 1975, S. 139.

72 Holzmann 1916, S. 267 f.; vgl. Fischer-Homberger 1975, S. 140.

73 Trotz der klugen, das (hier vernachlässigte) Medium der Photographie ins Spiel bringenden Thesen Manfred Schneiders zum Verschwinden der Hysterie am Fin de siècle: vgl. Schneider 1985.

Literatur

Bergson, Henri (1900), *Le rire. Essai sur la signification du comique*, Paris ([16]1916).

Borie, Jean (1981), *Mythologies de l'hérédité au XIXe siècle*, Paris.

Briquet, Paul (1858), *De l'anesthésie chez les hystériques*, Paris.

Ders. (1859), *Traité clinique et thérapeutique de l'hystérie*, Paris.

Charcot, Jean-Martin (1887-88/1892), *Leçons du mardi à la Salpêtrière. Policlinique 1887-88*, Paris 1892.

Chevalier, Louis (1958), *Classes laborieuses et classes dangereuses à Paris*, Paris.

Drews, Axel/Gerhard, Ute/Link, Jürgen (1985), »Moderne Kollektivsymbolik. Eine diskurstheoretisch orientierte Einführung mit Auswahlbibliographie«, in: *Internationales Archiv für Sozialgeschichte der deutschen Literatur*. – 1. Sonderheft Forschungsreferate, S. 256-375.

Fischer-Homberger, Esther (1975), *Die traumatische Neurose. Vom somatischen zum sozialen Leiden*, Bern/Stuttgart/Wien.

Dies. (1969/1979), »Hysterie und Mosigynie – ein Aspekt der Hysteriegeschichte«, in: dies., *Krankheit Frau und andere Arbeiten zur Medizingeschichte der Frau*, Bern/Stuttgart/Wien 1979, S. 32-48.

Dies. (1975/1979), »Geschichte der Gynäkologie und Geburtshilfe – Überblick«, in: *Krankheit Frau*, S. 11-31.

Dies. (1978/1979), »Aus der Medizingeschichte der Einbildungen«, in: *Krankheit Frau*, S. 106-129.

Foucault, Michel (1971), *L'ordre du discours,* Paris (deutsch: *Die Ordnung des Diskurses,* Frankfurt a. M./Berlin/Wien 1977).
Gilles de la Tourette, G. (1894), *Die Hysterie nach den Lehren der Salpêtrière.* Mit einem Vorwort von J.-M. Charcot. Autorisierte deutsche Ausgabe von Dr. Karl Grube, Leipzig und Wien (französisch: *Traité clinique et thérapeutique de l'hystérie d'après l'enseignement de la Salpêtrière.* Paris 1891).
Gumbrecht, Hans Ulrich/Sánchez, Juan José (1984), »Der Misanthrop, die Tänzerin und der Ohrensessel. Über die Gattung ›Costumbrismo‹ und die Beziehungen zwischen Gesellschaft, Wissen und Diskurs in Spanien von 1805-1851«, in: Link/Wülfing (Hg.) 1984, S. 15-62.
Honegger, Claudia (1978), *Die Hexen der Neuzeit. Studien zur Sozialgeschichte eines kulturellen Deutungsmusters,* Frankfurt a. M.
Huchard (1882), »Caractères, mœurs, état mental des hystériques«, in: *Revue de neurologie.*
Irigaray, Luce (1985), »Is the Subject of Science Sexed?«, in: *Cultural Critique* Heft 1, S. 73-88.
Kaufmann, Fritz (1916), »Die planmäßige Heilung komplizierter psychogener Bewegungsstörungen bei Soldaten in einer Sitzung«, in: Feldärztliche Beilage zur *Münchner Medizinischen Wochenschrift* 63, S. 802-804. Referat in: *Neurologisches Centralblatt* 35 (1916) S. 566.
Legrand du Saulle, Henri (1860), *Etude médico-légale sur l'hystérie et sur le dregré de responsabilité des hystériques et des aliénés devant la loi,* Paris.
Ders. (1883), *Les hystériques,* Paris.
Leyden, Ernst von (1875), *Klinik der Rückenmarks-Krankheiten,* Bd. 2, Berlin.
Liepmann, H. (1916), »Zur Fragestellung in dem Streit über die traumatische Neurose«, in: *Neurologisches Centralblatt* 35, S. 233-237.
Link, Jürgen (1983), *Elemente Literatur und generative Diskursanalyse,* München.
Ders./Wülfing, Wulf (Hg.) (1984), *Bewegung und Stillstand in Metaphern und Mythen. Fallstudien zum Verhältnis von elementarem Wissen und Literatur im 19. Jahrhundert,* Stuttgart.
Link-Heer, Ursula (1983): »›Malgré ce formidable obstacle de santé contraire...‹ Schreiben und Kranksein bei Proust«, in: Corbineau-Hoffmann, Angelika/Gier, Albert (Hg.), *Aspekte der Literatur des fin-de-siècle in der Romania,* Tübingen, S. 179-200.
Dies. (1983), Rez. zu Borie (1981), in: *Lendemains* 30, S. 46-53.
Dies. (1983a), »Über den Anteil der Fiktionalität an der Psychopathologie des 19. Jahrhunderts«, in: *Zeitschrift für Literaturwissenschaft und Linguistik* H. 51/52, S. 280-302.
Marie, Paul (1887), »L'hystérie en Allemagne. Revue critique«, in: *Progrès médical,* Heft 47.

Ders. (1889), »L'hystérie à la consultation du Bureau central des Hôpitaux de Paris. Etude statistique«, in: *Progrès médical,* Heft 30.

Oppenheim, Hermann (1890), »Thatsächliches und Hypothetisches über das Wesen der Hysterie«, in: *Berliner klinische Wochenschrift,* 23. Juni.

Schaps, Regina (1982), *Hysterie und Weiblichkeit. Wissenschaftsmythen über die Frau,* Frankfurt a. M./New York.

Schivelbusch, Wolfgang (1977), *Geschichte der Eisenbahnreise. Zur Geschichte von Raum und Zeit im 19. Jahrhundert,* München/Wien.

Schneider, Manfred (1985), »Hysterie als Gesamtkunstwerk. Aufstieg und Verfall einer Semiotik der Weiblichkeit«, in: *Merkur* Bd. 39, S. 879-895.

Schottmüller, Hugo (1916), Diskussion zu Max Nonne (Referat). Verhandlungen der Gesellschaft deutscher Nervenärzte, 8. Jahresversammlung (Kriegstagung) in München am 22.-23. September 1916, in: *Neurologisches Centralblatt* 35.

Schuller, Marianne (1982), »›Weibliche Neurose‹ und Identität. Zur Diskussion der Hysterie um die Jahrhundertwende«, in: Kamper, Dietmar/Wulf Christoph (Hg.), *Die Wiederkehr des Körpers,* Frankfurt a. M.

Sternberger, Dolf ([1]1938/1974), *Panorama oder Ansichten vom 19. Jahrhundert,* Frankfurt a. M.

Theweleit, Klaus (1980), *Männerphantasien,* 2 Bde, Reinbek bei Hamburg ([1]1977-78).

Wajeman, Gérard (1982), *Le Maître et l'hystérique,* Paris.

Warsitz, Peter (1985), *Das zweifache Selbstmißverständnis der Psychoanalyse. Die Psychoanalysekritik von Karl Jaspers in immanenter Darstellung* (med. Diss.), Marburg.

Jutta Kolkenbrock-Netz

Interpretation, Diskursanalyse und/oder feministische Lektüre literarischer Texte von Frank Wedekind

Seit einigen Jahren werden mit dem Stichwort Frauenforschung sehr unterschiedliche politische und wissenschaftliche Ansprüche von Frauen in und außerhalb der Institution Universität formuliert, die in der Bundesrepublik noch weitgehend uneingelöst geblieben sind. Frauen sollen nicht nur – im Sinne einer juristischen Gleichstellung – quantitativ stärker an der Universitätsforschung partizipieren, sie wollen auch – wie es immer wieder heißt – ihre frauenspezifischen Fragestellungen in das universitäre Wissensfeld einbringen. Nicht nur die universitäre Szenerie soll verändert werden – von den Ritualen professioneller Selbstdarstellung und Konkurrenz angefangen bis hin zu deren (Nicht-)Verhältnis zum familialen Alltag –, sondern auch der wissenschaftliche Gegenstand. Er soll die einzelnen Fächer übergreifen und eben *die Frau* heißen.

Aber existiert sie denn so überhaupt? Die Krise und Chance eines feministischen Diskurses in den Wissenschaften besteht – so meine ich – gerade darin, daß auf die Frau im Sinne eines Allgemeinbegriffs oder einer geschlossenen Identität gerade nicht zu rekurrieren ist.[1] Die historische Tatsache einer Unterdrückung und Diskriminierung der Frauen auch und gerade in den modernen Industriegesellschaften läßt die Frau im Gegenzug noch nicht existent werden. Das haben die Erfahrungen auch innerhalb der Frauenbewegung gezeigt, in deren Verlauf eher die Differentialität von Frauen entdeckt worden ist, als daß sich Versuche zur Restituierung eines neuen historischen Subjekts: die Frau hätten behaupten können. Es fällt mir deshalb auch schwer, auf meinem spezifischen Arbeitsfeld, der Literaturwissenschaft, nach der Frau z. B. in der Literatur und deren Geschichte zu fragen. Das Wort Frauenforschung bündelt sehr verschiedene Problembereiche, welche sich zu Recht daraus ergeben, daß von einem politischen Ort, der Frauenbewegung, aus Fragen an die Wissenschaften und Kritik an deren Praxisformen artikuliert werden. Diese sind m. E.

für das jeweilige Forschungsfeld zu spezifizieren und dann auch erst einmal theoretisch umzusetzen.
Auf die Literaturwissenschaft bezogen möchte ich mich daher auf eine Problematik beschränken, die zwar komplex ist, jedoch nur einen Teilbereich von den Fragen umfaßt, die von der Frauenbewegung aus an diese Universitätsdisziplin insgesamt zu stellen wären. Ich frage also: Wie artikuliert Literatur das Geschlecht und wie reagiert Literaturwissenschaft auf die Artikulation des Geschlechtlichen – und in diesem Zusammenhang spezieller: des Weiblichen – in der Literatur?
Die Frage so aufzuwerfen, bedeutet zunächst einmal, in der Geschichte dieser Disziplin auf eine Verleugnung oder auch massive Verdrängung zu stoßen, wenngleich »das Frauenbild bei ...« – und hier ist dann ein Autorenname einzusetzen – zu den dauerhaften und konventionellsten Themenstellungen gehört. Wie beispielsweise die Schwierigkeiten und Vermeidungsstrategien im Umgang mit dem Forschungsgebiet: erotische Literatur beweisen, ist das Verhältnis von Literatur und Geschlecht in der Literaturwissenschaft immer noch weitgehend tabuisiert.[2] Das notorische Mißtrauen gegenüber der Psychoanalyse z. B., die über das Geschlecht spricht, ist keineswegs abgebaut, auch wenn sich die Gesprächsforen für sie zu öffnen scheinen.[3] Für die hegemonialen Positionen innerhalb der Literaturwissenschaft trifft immer noch zu, was der französische Literaturtheoretiker und Semiologe Roland Barthes in seiner Polemik gegen die »alte Kritik« – womit er die etablierte französische Literaturwissenschaft meinte – im Jahre 1966 schrieb:

Das Bild, das sich die alte Kritik von der Psychoanalyse macht, ist tatsächlich unglaublich veraltet: es beruht auf einer archaischen Einteilung des menschlichen Körpers; ihr zufolge besteht der Mensch aus zwei anatomischen Bereichen: der eine ist, wenn man so sagen kann, höherstehend – extern – der Kopf, das künstlerische Schaffen, das edle äußere Bild, das, was man zeigen darf, was man sehen muß; der zweite ist niedrig-intern: das Geschlecht (das man nicht erwähnen darf), die Instinkte, die ›summarischen Impulse‹, ›das Organische‹, die ›anonymen Automatismen‹, ›die dunkle Welt der archaischen Spannungen‹. Hier der ursprüngliche primitive Mensch, dort der hochentwickelte, sich beherrschende Künstler.[4]

Eine feministische Intervention auf literaturwissenschaftlichem Gebiet bestünde darin, diese Verleugnung aufzuheben und in der

Kritik an früherer literaturwissenschaftlicher Interpretation den Abkömmlingen des Verdrängten nachzuspüren. Als Beispiel für eine solche kritische Untersuchung auf dem Felde der Germanistik bietet sich das Werk des Autors Frank Wedekind an. Daß Wedekind nicht – wie zeitweilig Gerhart Hauptmann – zu einem Klassiker der Jahrhundertwende avancieren konnte und dementsprechend von den germanistischen Interpreten weniger beachtet wurde, scheint mir kein Zufall zu sein. Denn seine Literarisierung des Geschlechts und des Körpers widerstreitet den philosophischen und ästhetischen Voraussetzungen einer Literaturinterpretation, die sich auf den Körper und die Sinnlichkeit nur bezieht, um diese dann im Sinn des Kunstwerks aufzuheben. Die hermeneutische Literaturinterpretation – in der Germanistik nach wie vor das vorherrschende Paradigma – ist nämlich von ihrer Tradition her mit jenem philosophisch-ästhetischen Kunst- und Literaturbegriff verknüpft, der im 18. Jahrhundert als Versöhnungs- und Verfremdungskonzept zugleich etabliert wurde.[5] Dieser impliziert einen Widerspruch von Geist und Sinnlichkeit, der in der ästhetischen Handlung selbst einer Versöhnung zugeführt wird, welche den Krieg, aber auch die Differenz der Geschlechter schlichtet. Solche Art der Versöhnung bzw. auch der tragischen Konzeptualisierung der Gegensätze bleibt in Wedekinds Texten – wie noch zu zeigen ist – aus. Sie werden stattdessen parodistisch unterlaufen. Wenn nun dennoch einige namhafte Vertreter des Fachs unter dieser theoretischen Voraussetzung Wedekinds Texte interpretieren, müssen sie das Besondere der Schreibweise Wedekinds mit Notwendigkeit verfehlen. Das Mindeste, was man von einer Disziplin, die sich die Literatur zum Gegenstand macht, verlangen kann, ist aber, sich auf dem historischen Niveau ihres Gegenstandes zu halten. Dieses seit 1968 durchgesetzte Selbstverständnis der Literaturwissenschaft, moderne und avantgardistische Literatur als ein Erfahrungsfeld zu akzeptieren, welches die institutionell eingespielten Grundannahmen der akademischen Disziplin auch erschüttern kann, sollte für den »Fall Wedekind« ernstgenommen werden, zeigt er doch nur zu gut, daß sich das Fach Germanistik bis heute gegenüber solchen Erfahrungen nur allzu gut abzuschotten weiß.

Solche folgenreichen Selbstbegrenzungen auf die geschlechtsspezifische Borniertheit der männlichen Forschersubjekte zurückzuführen, die immer noch die Mehrheit des Personals ausmachen,

ist ein Erklärungsschema, dessen ideologische Herkunft selbst aufgedeckt werden kann, denn es impliziert eine Inthronisation von Subjekten, die Herren ihrer Wissensproduktion wären. Viel eher lassen sich solche Verkennungen, wie ich sie am Beispiel Wedekind aufzeigen möchte, als Effekt von hegemonialen Verhältnissen innerhalb einer *historischen Diskursformation* begreifen, als die auch die Literaturwissenschaft beschrieben werden kann.[6] Auch rebellierende weibliche Subjekte der Forschung operieren immer schon in einem vorgegebenen diskursiven Feld, das ihrer Intuition Grenzen setzt und ihre politisch offensiv vertretenen Absichten ins Gegenteil verkehren kann. Umgekehrt jedoch kann die politisch motivierte Verteidigung der Vorherrschaft bestimmter Interpretationsmodelle und der Ausschluß von neuen Fragestellungen die männliche Dominanz in den Forschungsprozessen weiterhin abstützen und auch eine institutionelle Vorherrschaft von Männern sichern. Bevor ich nun im einzelnen auf den Fall Wedekind eingehe, um an diesem Beispiel die Problematik des Verhältnisses von Literatur und Geschlecht bzw. Literatur und Weiblichkeit zu diskutieren, erscheint mir eine Skizzierung der aktuellen diskursiven Situation innerhalb der Literaturwissenschaft angebracht. Zu diesem Zweck läßt sich wiederum auf die schon ältere Polemik von Roland Barthes aus dem Jahre 1966 zurückgreifen, die aber durchaus nicht veraltet ist.
In seinem Buch »Kritik und Wahrheit« unterscheidet Barthes drei kulturelle Arten des Umgangs mit dem literarischen Text, die sich auf dem Felde der Literaturwissenschaft wiederfinden:

> Wissenschaft, Kritik, Lektüre: das ist das dreifache Sprechen, durch das wir gehen müssen, um rings um das Werk seinen Sprachkranz zu flechten.[7]

Während Wissenschaft und Kritik *Schreibweisen* darstellen, die sich auf *das Geschriebene* des literarischen Textes ausrichten, kann die Lektüre das Problem der Schreibweise tendenziell umgehen: Sie konstituiert ein individuell lustvolles Verhältnis zum Text, in dem sich ein *Begehren* ausspricht, das sich ohne Rest nicht wird rationalisieren lassen.[8] Ohne an dieser Stelle der Beziehung von Schreibweise, Lektüre und Begehren im einzelnen nachgehen zu können, lassen sich die Überlegungen, die Barthes im Zusammenhang mit seiner Unterscheidung von Wissenschaft, Kritik und Lektüre anstellt, auf das Problem möglicher feministischer Diskursstrategien innerhalb der Literaturwissenschaft übertragen.

1. Die *Kritik* hält – so führt Barthes aus – ganz grundsätzlich die *Bedeutungen* fest, die sich aus den literarischen Texten erschließen lassen.[9] Mit einigem Recht kann nun behauptet werden, daß die von Barthes so bezeichnete *alte Kritik* das Diskursfeld der Literaturwissenschaft dominiert, weil jene ihre Bedeutungsfindung von vorgegebenen Sinninstanzen, dem Autor, dem Werk und der Epoche abhängig macht, um ihrem Bedürfnis nach einer *Garantie des Sinns* zu genügen:

> Ich weiß, daß wir heute im allgemeinen dazu neigen, uns vom Schriftsteller die Bedeutung seiner Werke angeben zu lassen. Daher die vielen unsinnigen Fragen, die der Kritiker an den toten Schriftsteller richtet, an sein Leben, an die Spuren seiner Absichten, damit er uns selbst versichere, was sein Werk zu bedeuten hat.[10]

Der Autor kann deshalb auch als eine Vater-Instanz fungieren, mit dem sich die männlichen Interpreten identifizieren, der sich die Interpretinnen aber oft nur unterwerfen. Kein Wunder daher, daß sich für die feministische Kritik das Problem einer Verabschiedung des Autors stellt.

2. Seit einigen Jahren nun macht die strukturale *Literaturwissenschaft* der Literaturinterpretation (der »alten Kritik«) und einer von ihren Prinzipien angeleiteten Literaturgeschichte das Feld streitig. Im Unterschied zur Kritik ist diese Art von Wissenschaft nicht am Sinn und an der Bedeutung literarischer Werke orientiert, sondern an den sprachlichen Bedingungen der *Sinnkonstitution*, die zunächst in enger Anlehnung an die Linguistik analysiert wurden.[11] Inzwischen hat sich dieses in den 70er Jahren auch in der Bundesrepublik aufgegriffene Forschungsparadigma zu einem Komplex von interdisziplinären Untersuchungsverfahren transformiert, der heute als literaturwissenschaftliche *Diskursanalyse* bezeichnet wird. Sie begnügt sich nicht mehr mit dem bloß linguistischen Nachweis von textuellen Bedeutungsstrukturen, sondern geht selbst durchaus *historisch*, aber auch *psychoanalytisch* vor. Sie begreift den Text nicht länger als eine in sich geschlossene Einheit, sondern innerhalb historischer Praxisformen der Rede, welche durch gesellschaftliche Institutionen und staatliche Apparate – z. B. durch Familie, Justiz, Kirche und Wissenschaften bzw. Schule und Universität – reguliert werden. Mit Michel Foucault lassen sich solche Redepraxen als Diskursforma-

tionen begreifen, die den Sinn von sprachlichen Äußerungen festlegen, weil diese sich immer schon als Aussagen in historisch strukturierte Aussagefelder einfügen.[12] Solche gesellschaftlichen Diskursformationen können den einzelnen Text selbst konstituieren und begrenzen, wie etwa die seit Mitte des 18. Jahrhunderts ausdifferenzierte Kunst/Literatur den hochliterarischen Text bzw. »das Werk« hervorbringt. Sie kreuzen und überlagern sich aber auch innerhalb des Textes – nicht zuletzt deshalb, weil Literatur innerhalb der Gesellschaft als *Interdiskurs* funktioniert[13], aber auch weil in der Regel jeder Text *interdiskursive Beziehungen*[14] aufweist.

Die Diskursanalyse zeigt sich von der Verpflichtung auf die Sinnbildungsinstanzen suspendiert, die für die »alte Kritik« maßgebend war. Es bedarf keiner Übernahme von Autorsinn, sondern der Herstellung von Komplexität und Widersprüchlichkeit des Sinns, welche durch heterogene gesellschaftliche Sinnbildungs- bzw. Sinndestruktionsprozesse bewirkt werden.

In diesem Zusammenhang kann überhaupt erst die ideologische Frage nach *der* Frau in der Literatur umgestellt werden auf die Problematik einer *historischen Diskursivierung von Körper, Geschlecht und Weiblichkeit* innerhalb der Literatur, so daß sich ein Frageraum öffnet, der das Wissen um die *Geschichte des Weiblichen* erweitert. Dieses diskursanalytische Verfahren unterscheidet sich deutlich von jenen frühen Formen *feministischer Kritik* (die sehr der »alten Kritik« gleichen), welche Literatur als Spiegel des Weiblichen einrichteten, um den Frauen im nachhinein eine kulturelle Identität zu geben, derer sie im Verlauf von gesellschaftlichen Modernisierungsprozessen verlustig gegangen sind.[15]

Daß gerade der literarische Text in seiner reinen Signifikantenfunktion solche spekulare Identifikation aufsprengt und das Subjekt des Unbewußten erst konstituiert, ist eine Einsicht, die vom Ort der Psychoanalyse in die Diskurstheorie eingebracht wird.[16]

3. Das offenkundige Mißverhältnis zwischen literaturwissenschaftlicher Interpretation und lustvoller Lektüre ist in letzter Zeit häufig beklagt worden.[17] Umgekehrt ist nun vielleicht eher die Frage zu stellen, ob und in welcher Weise die feministische Lektüre literarischer Texte zu einer Umstrukturierung des universitären Wissensfeldes beitragen kann. Zu berücksichtigen ist dabei freilich, daß sich die feministische Lektüre nur deshalb der Autorität der institutionalisierten Sinnbildungsinstanzen zu ent-

ziehen weiß, weil sie von einem Ort *außerhalb* der Universität, einem politischen Ort, her angestellt wird und zugleich ein Begehren freisetzt, das sich ganz unmittelbar auf den literarischen Text richtet.[18] Als Lektüre wird sie eine diskontinuierliche Intervention des Feminismus auf literaturwissenschaftlichem Felde bleiben, keineswegs aber zur »feministischen Literaturwissenschaft« transformierbar sein.

Diese noch sehr allgemein gehaltenen Überlegungen und Fragestellungen lassen sich nun auf den historischen Beispielfall beziehen und mit der eingangs formulierten Problematik des Zusammenhangs von Literatur und Geschlecht bzw. Literatur und Weiblichkeit verbinden. Ich wende mich daher zunächst den Aussagen der herkömmlichen Literaturinterpretation über die Stücke von Frank Wedekind zu, um zu prüfen, wie diese das Geschlecht thematisieren.

Eine Frage hat die Interpreten der beiden von Wedekind aus Zensurgründen mehrfach umgearbeiteten Stücke *»Der Erdgeist«* (1893) und »Die Büchse der Pandora« (1902/1904) umgetrieben: Wer ist Lulu?[19] Die Geschichte der Lulu benannten Hauptfigur beider Stücke läßt sich ohne große Mühe rekonstruieren. Lulu ist dank männlicher Gönnerschaft von einer Kinderprostituierten zur Lebedame und ausgehaltenen Ehefrau in gutbürgerlicher Gesellschaft avanciert und zeigt hier ihre destruktive Wirkungen, indem sie ihre männlichen Gönner nacheinander zugrunderichtet: von dem Medizinalrat Dr. Goll angefangen über den Maler Schwarz bis hin zu dem Chefredakteur Dr. Schön, der seine Rolle als moderner Pygmalion schließlich ausgespielt hat. Und auch die Lesbierin aus Adelskreisen, die Gräfin Geschwitz, fällt Lulu zum Opfer. Nachdem sie unter Einsatz des eigenen Lebens Lulu aus dem Gefängnis befreit hat, wird sie zum heterosexuellen Liebesspiel gezwungen und dadurch auch noch zur Komplizin an einem Mord gemacht. Doch am Ende fällt Lulu der Liebeslust selber zum Opfer. Als Straßenprostituierte in London wird sie vom Lustmörder Jack the Ripper um ihr Leben gebracht. Doch die Geschichte, die sich hier schreibt, scheint ihren Sinn nicht so ohne weiteres preiszugeben. Der Akt der Sinngebung selbst entscheidet wohl erst darüber, wer Lulu ist.

Die dritte Strafkammer des Königlichen Landgerichts I in Berlin hatte mit solcher Sinngebung wenig Probleme. So heißt es im Urteil vom 12. Mai 1905, das den Autor der »Büchse der Pandora« vom Vorwurf der Unsittlichkeit freisprach und auch zur Freigabe des Buches gelangte:

Als dichterische Aufgabe schwebte dem Wedekind hier, wie unter anderem schon in dem Aufbau des Werkes äußerlich genügend zum Ausdruck gelangt ist, vor: in *Lulu* die dämonische Kraft weiblicher Schönheit und gieriger Sinneslust von ihrer höchsten Höhe bis zu ihrer tiefsten Tiefe zu zeigen und in dieser sehr krassen Form vor dem Laster zu warnen und menschliches Mitgefühl zu erregen.[20]

Ganz ungehindert spricht sich eine männlich-sittliche Entrüstung über das Weibliche aus. Der Lulu-Figur wird eine symbolische Dimension verliehen, welche auch in der literaturwissenschaftlichen Interpretation Berücksichtigung findet. So schreibt der Wedekind-Biograph Artur Kutscher: Lulu ist »Personifikation des weiblichen Geschlechtstriebes, der im Zentrum des Lebens steht, Geist der Erde, der herabzieht, ein vernichtender Dämon. Der Egoismus ist ihr Fundament und findet gerade hier seinen härtesten Ausdruck.«[21] Die Identifizierung der Lulu-Gestalt mit dem Weiblichen schlechthin als einem Gegenpart des Männlichen gibt die Geschlechtsneutralität des interpretatorischen Diskurses preis und kann als offene männliche Parteinahme gelesen werden. Wilhelm Emrichs Interpretation der »Lulu«-Stücke aus dem Jahre 1958 versucht demgegenüber zu einer ästhetischen Rede zurückzufinden, die die Dramenfigur deutlich aufwertet. Lulu wird als Subjekt im ästhetischen Sinne begriffen und als tragische Gestalt der Moderne vorgeführt:

Trotz aller Unterschiede zur hohen Tragödie der Vergangenheit lebt die alte tragische Konfliktsituation auch in der Lulu-Tragödie weiter: die unbedingte Forderung, die Lulu lebt und verkörpert, ist eine durchaus objektiv allgemeinverbindliche Forderung, und zwar gerade dadurch, daß sie nicht in die Relativitäten historisch und soziologisch bedingter Moralvorschriften eingegangen ist, sondern eine universelle ›menschliche‹ Moral repräsentiert, die auf einer tieferen, umfassenderen Kenntnis vom Wesen der Welt und des Menschen gründet.[22]

Aber was ist durch solche Aufwertung für die kulturelle Artikulation des Weiblichen gewonnen? In dem durch die Sekundärliteratur produzierten Effekt des Erhabenen verschwindet das Grell-Sensationistische des Lustmords am Schluß von »Die Büchse der Pandora«, welcher durch die Kolportagegestalt Jack the Ripper ausgeführt wird. Der im Stück zitierte *Pressemythos,* der anders als ›reine‹ Phantasieproduktionen auf das Reale anspielt und es in seinem Schrecken erfahrbar macht, wird durch die ästhetische Vereinnahmung um seinen Schrecken gebracht. Das in einer früheren Fassung mit dem Untertitel »Eine Monstretragödie« nach Art einer Zirkusaufführung benannte Stück[23] ordnet Emrich in die Traditon der Tragödie ein. Auf diese Weise aber wird es kulturell zensiert und verharmlost. Zudem wird der Lulu-Figur eine emphatische Subjekt-Position zugewiesen, die sie im Stück selbst so nicht besitzt. Sie ist keine souverän Handelnde, die sich im Zwist mit der umgebenden Welt tragisch verstrickt. Im Prolog wird die *Darstellerin* der Lulu in einem *Pierrot-Kostüm* auf die Bühne getragen.[24] Lulu ist theatralisch produziert, ehe das Spiel beginnt. Der Dramenfigur ist eine Mythenkatachrese vorgeordnet, die im Stück als Artefakt vorgestellt und sichtbar gemacht wird. Der Effekt einer Natürlichkeit der von der Lulu-Figur aufgenommenen Mythen ergibt sich aus der Kunst ihrer perfekten Darstellung, die – und das ist wichtig – vor allem *der Körper* der Lulu-Gestalt zu leisten hat. Insofern die Frage »Wer ist Lulu?« auf die Deutung der Stücke als Charakterdramen[25] zielt, ist die Frage bereits falsch, d.h. von interpretatorischen Vorannahmen aus gestellt, die eine Verleugnung des Körperlichen einschließen. Daß ein Zusammenhang zwischen tragischer Deutung und ästhetischer Zensurierung besteht, kann im Falle von »Die Büchse der Pandora« ganz besonders gut nachgewiesen werden. Der angeblich tragische Gegensatz von »menschlicher« und »bürgerlicher« Moral, den Emrich anspricht, wird in der Tat – und das ist für eine am Autorwort orientierte Literaturinterpretation immer ein Argument – von Wedekind selbst thematisiert. Aber in welchem Text und an welcher Stelle? In der Vorrede zur dritten Auflage des Stückes »Die Büchse der Pandora« aus dem Jahre 1906 äußert sich der Autor zu seinem Stück in einer *Verteidigungsrede*, die unter dem Druck juristischer Repression ergeht und an die richterliche Instanz adressiert ist:

> Aber höre ich den Richter fragen, geht denn die Kultur nicht jämmerlich daran zugrunde, daß die Mühseligen, die Kranken und die Sünder in dieser Moral (d.h. der christlichen bzw. »menschlichen« Moral – J. K.-N.) – ihre Rechtfertigung finden? Auf diese Frage weiß ich Antworten vollauf, die jede Besorgnis beschwichtigen, denn wenn die menschliche Moral höher als die bürgerliche stehen will, dann muß sie allerdings auch auf eine tiefere, umfassendere Kenntnis vom Wesen der Welt und des Menschen gegründet sein.[26]

Man muß schon zu einer recht hohen Stufe der Identifikation mit dem ästhetischen Kunstbegriff gelangt sein, um zu übersehen, daß die Vorrede des Autors eine sehr übliche diskursive Strategie verfolgt, nämlich sich angesichts der Zensur auf das klassische Niveau des Werks zu berufen. Abgesehen davon, daß Wedekinds Rede sehr deutliche Ironiesignale enthält, fällt doch auf, daß der Autor die Wahl seiner skandalösen Themen – wie der Prostitution z. B. oder der lesbischen Liebe – durch die Eintragung in die ästhetische oder die religiöse Redetradition zu legitimieren versucht, so etwa, wenn er im Zusammenhang mit der Gräfin Geschwitz vom »furchtbaren Verhängnis der Unnatürlichkeit« spricht[27] und auf die griechische Tragädie verweist oder an anderer Stelle Goethe oder die Bibel zitiert.[28] Es ist typisch für das traditionelle Selbstverständnis der Germanistik als Autorwissenschaft, daß die Vorrede sowohl in der neunbändigen Werkausgabe von Artur Kutscher und Joachim Friedenthal (1912-1921)[29] als auch in neueren Auswahl- und Einzelausgaben stets unter *Weglassung* der von Wedekind zitierten *Gerichtsurteile,* die im Zensurfall von »Die Büche der Pandora« ergangen sind, veröffentlicht worden ist. Auf das reine Autorwort reduziert, wird die Vorrede aus dem Jahre 1906 zur immer gültigen Deutungsinstanz für das Werk Wedekinds erhoben. Alle Aussagen können für bare Münze gelten.

Wie wirkungsvoll Emrichs ästhetische Aufwertung der »Lulu«-Stücke war, die unter dem Signum von Tragik und Moderne stand, läßt sich an Klaus Völkers Einführung in das Werk Wedekinds aus dem Jahre 1965 belegen. Ganz problemlos schließt sich Völker der Emrich-Interpretation an, nur statt Hegel wird Schiller als Gewährsmann tragischer Deutungsmuster aufgerufen:

> Der Dichter gibt mit seiner *Lulu*-Tragödie das dramatische Modell für die ›ästhetische Erziehung des Menschen‹, wie sie Friedrich Schiller theoretisch entworfen hat. Die ›Erziehung‹, die die ›idealische Welt‹ ermöglichen soll, muß die verhängnisvolle Trennung von Geist und Sinnlichkeit überwinden. Nur auf diesem Wege können nach Schiller auch gesellschaftliche Änderungen erreicht werden.[30]

Auch hier also wird die Sinnlichkeit, die in Wedekinds Stücken thematisch wird, zunächst einmal geschlechtsneutral als rein ästhetischer Wert eingeführt. Bei Wedekind hingegen erscheint sie in der Bildwelt von Geschlechtermythen[31], die in einer zirkushaften Inszenierung nur zitiert werden, welche dem Körper die

Funktion des Signifikanten verleiht. Und Sinnlichkeit ist schließlich und vor allem Sexualität, wie sie für uns heute sehr fragwürdig der psychiatrisch-medizinische Diskurs seit der Mitte des 19. Jahrhunderts entdeckt hat: normiert als eine ›natürliche Neigung‹ auch zur Perversion und zur Krankheit. Germanistische Interpreten aber applizieren unermüdlich das ästhetische Deutungsschema vom tragischen Gegensatz zwischen Geist und Sinnlichkeit bzw. vom Schicksal der Entfremdung des Menschen von seiner besseren Natur im Zustande der Vergesellschaftung auf Wedekinds Texte, als hätte es nun einmal seit Hegel und Schiller nichts Neues unter der Sonne gegeben.

Was für die Interpretation der »Lulu«-Stücke gilt, trifft auch für die germanistische Deutung von Wedekinds Kindertragödie »Frühlings Erwachen« (1891) sowie anderer Stücke von Wedekind zu. Für das um die Jahrhundertwende neu entstandene Genre der Kindertragödie formuliert Friedrich Rothe ganz grundsätzlich:

> Die Kindertragödie gestaltet das Schicksal, das kindlich-unschuldige Natur in einer lebensfeindlichen, von der ›Lüge‹ zehrenden Gesellschaft erleidet.[32]

Zwar macht Rothe, der die Stücke Wedekinds in den Kontext des literarischen Jugendstils einreihen möchte, auf die Künstlichkeit dieser Natur bei Wedekind aufmerksam und unterstellt ihm auch eher eine Tendenz zur Identifikation des Lebensprinzips mit dem Gesellschaftlichen[33], doch hält er wie die anderen Interpreten am tragischen Deutungsmuster fest. So heißt es symptomatisch an anderer Stelle:

> Standen in »Frühlings Erwachen« Kinder für die Unschuld des Sexus ein, so bezeugt auch im »Erdgeist« Kindlichkeit Lulus Unschuld.[34]

Die Beschwörung kindlicher Unschuld gehört nun aber eher dem Redetypus an, der in Wedekinds »Frühlings Erwachen« einer sexualfeindlichen Erwachsenenwelt zugeordnet wird. Die Heranwachsenden sind als männliche Protagonisten des Stücks durch ihre Reden längst in die ganz und gar nicht unschuldigen Diskurse der Sexualität verstrickt, und auch die weiblichen Handlungssubjekte belegen in ihren Dialogen die Einordnung in die ebenfalls nicht unschuldige patriarchalische Geschlechterordnung sehr eindrucksvoll. Die von germanistischen Interpreten bezeugte kindliche Unschuld der Dramenfigur Lulu ist im Stück Wedekinds ebenso deutlich als männliche Projektion ausgewiesen wie umgekehrt ihr unzähmbarer animalischer Charakter. Silvia Bovenschen, die sich zwar teilweise noch affirmativ auf germanistische Wedekind-Deutungen bezieht, hat bereits festgehalten, daß frühere Interpretationen die im Stück inszenierten männlichen Projektionen von Weiblichkeit in der Regel bewußtlos nachvollziehen.[35] Aber es läßt sich doch noch sehr viel genauer zeigen, wie auch der ästhetisch-hermeneutische Diskurs männlicher Interpreten ›in aller Unschuld‹ seine geschlechtliche Unschuld verliert und immer wieder die selbstverständliche Geschlechtsneutralität wissenschaftlicher Rede preisgibt. So sieht Wilhelm Emrich in dem Protagonisten Dr. Schön, der sich im »Erdgeist«, dem ersten der beiden »Lulu«-Stücke, als ein moderner Pygmalion präsentiert, welcher das Mädchen Lulu aus der ›Gosse‹ der sozialen ›Unterwelt‹, der Prostitution, dem Zirkus und einer verkommenen Künstlerbohème gezogen hat, um sie dann mit diversen bürgerlichen Männern zu verkuppeln, »das reine Spiegelbild der kritischen Intelligenz, die nie etwas anderes tut und getan hat, wenn sie am Leben bleiben wollte.«[36] Und über die im Stück diskriminierend als Perversion eingeführte lesbische Liebe der Gräfin Geschwitz, über deren dramaturgische Rolle sich leider bisher auch feministisch orientierte neuere Interpretationen der »Lulu«-Stücke ausschweigen, wird wiederum auch in Übereinstimmung mit Wedekinds Vorrede von 1906 völlig distanzlos ausgeführt, daß sie »Unnatur« sei, »eine widernatürliche Durchkreuzung von männlichen und weiblichen, bewußten und unbewußten Elementen.«[37] Mit einem bösen Blick auf diese Dramenfigur gerichtet (und solchen Figuren aus anderen Stücken Wedekinds, die ihr vergleichbar sind), auf die unglückliche Gräfin Geschwitz also, die gegen Ende der »Büchse der Pandora« in einer durchaus tragikomischen Szene den Vorsatz faßt, zu studieren und für die Frauenrechte zu streiten, schreibt Klaus Völker 1965:

Wedekinds Auffassung, daß die Frauenrechtlerin für die Sache der Bourgeoisie streitet und nicht für die Befreiung ihres Geschlechts von der männlichen Vorherrschaft, hat sich inzwischen längst bestätigt.[38]

Friedrich Rothe legt das auf Lulu gerichtete, aber nicht realisierte Begehren der Gräfin Geschwitz, das nach dem Wortlaut der Dramen unzweifelhaft sexuell ist, von Lulu zurückgewiesen und in Übereinstimmung mit den übrigen männlichen Dramenfiguren verhöhnt und diskriminiert wird, in sehr ›idealischer‹ Weise aus:

Die ›seelische‹ (...) durch ihre Unnatur nicht an den Trieb gebundene Liebe (...) der Gräfin richtet sich an das Portrait, als sei es Lulu selbst (...): es ist die Scheinhaftigkeit dieser Liebe, die ihr Ewigkeit verleiht. In der triebfeindlichen, scheinhaften Liebe der Gräfin Geschwitz wird Lulu verklärt, erhält ihr Lebensprinzip Ewigkeit.[40]

Wiederum kritisch gegen die Idealisierung der Lulu-Gestalt gerichtet, wie sie auch Emrich vornimmt, verfällt Rothe in einen ausgesprochen moralisierenden Ton, wenn er über die Protagonistin Lulu schreibt:

Eine ›reine Natur‹, die in der Prostitution schlimmster Art Erfüllung findet, ist keine reine Natur mehr geschweige denn ›ungetrübte Moralität‹.[41]

Während Klaus Völker im Gegenteil feststellt:

»Die Hetäre ist in stärkerem Maße emanzipiert als die Ehefrau.«[42]

Horst Albert Glaser, der sich 1978 den Lulu-Stücken aus der Sicht der Freudschen Psychoanalyse zuwendet und immerhin als einziger der Interpreten die Frage aufwirft, ob die Wedekindschen Stücke nicht möglicherweise sexualreformerisch einer genitalen Normalität das Wort reden, formuliert aber nun auch nicht wieder gerade frauenfreundlich:

»Lulu ist auf den Mann fixiert wie nur die dressierte Hausfrau.«[43]

Weiblich-kindliche Unschuld, wildes Raubtier, weibliches Hetärentum als Versprechen für die gesellschaftliche Befreiung männlicher Lüste – das sind die in den Stücken Wedekinds inszenierten männlichen Wunschbilder, die germanistische Interpreten unkritisch nachvollziehen. Aber auch ganz drastisch bringt sich der männlich beherrschte Alltag neben dem Reiche der Phantasie zur Geltung: die moralische Verwerfung der Prostitution sowie die Verleugnung jedes weiblichen sexuellen Begehrens, die Fixierung auf genitale Normalität sowie andererseits der Dégout an deren weiblicher Ausprägung in der patriarchalisch gefügten Geschlechterordnung: der auf den Mann fixierten und von ihm auch ökonomisch abhängigen Hausfrau. –

Sicherlich läßt sich einräumen, daß die Unbefangenheit solcher doch durchaus ›männlichen‹ Rede heute – nach der massiven Kritik durch die Frauenbewegung der 70er Jahre – vielleicht so doch nicht mehr gegeben sei.[44] Doch wichtiger als solche Markierung von Historizität, die auch wieder verfrüht sein kann, scheint mir zunächst herauszustellen, daß diese Redeweise sich mit jenem philosophisch-ästhetischen Diskurs der Interpretation verbindet, der das Allgemein-Menschliche ebenso betont, wie er unter wiederum geschichtsphilosophischen Prämissen für das Recht auf Sinnlichkeit, die Entfaltung der menschlichen Natur streitet. Erst die Diskursanalyse der Texte Wedekinds kann m.E. darüber Aufschluß geben, warum diese Literatur sich der ästhetischen Neutralisierung der Geschlechtlichkeit und des Körpers gegenüber sperrt, so daß Versuche dieser Art innerhalb der Germanistik immer wieder mißglücken müssen. Wedekinds Texte lassen sich sowohl *interdiskursiv* bestimmen als eine durchaus geregelte Kombination heterogener nichtliterarischer Diskurselemente aus den Bereichen von Sexualwissenschaft und Justiz, aber auch Ästhetik und tradierter Poetologie als auch insgesamt *innerhalb der historischen Diskursformation Kunst/Literatur* situieren, so daß die Frage nach der Modernität dieser literarischen Texte aufgeworfen werden kann. Im Rahmen einer Diskursanalyse, deren Ergebnisse ich nun exemplarisch darstellen möchte, können in den Texten Wedekinds zunächst einmal *drei Aussage- und damit auch Sinnebenen* unterschieden werden, auf denen sich das Geschlecht, der Körper und die Weiblichkeit artikuliert finden.

1. Für die Beurteilung der Wedekindschen Schreibweise ist es wichtig zu wissen, daß die Problematik des Weiblichen nicht unabhängig von jenem *Dispositiv der Sexualität* formuliert ist, das Michel Foucault von seiner Herausbildung im 19. Jahrhundert an als einen institutionellen Komplex von Macht und Wissen skizziert hat.[45] Dieses Dispositiv konstituiert ›die‹ Sexualität erst, von der auch die Wedekindschen Texte ›leben‹. Der *sexualwissenschaftliche Diskurs* wird in den Stücken teilweise durchaus affirmativ aufgenommen, so daß sie zuweilen sogar als eine veraltete Propagierung von Sexualreform gelesen werden können, teilweise aber wird er in ironischer Brechung und parodistischer Verfremdung inszeniert. Soweit dieser Diskurs Diskriminierungen des Anomalen, Nicht-Genitalen enthält, impliziert er auch eine Herabsetzung des Weiblichen, so daß sich in den Wedekindschen Stücken durchaus auch antifeministische Positionen artikuliert finden. In »Frühlings Erwachen« z.B. wird der sexualwissenschaftliche Diskurs im Verhalten der männlichen und weiblichen Figuren untereinander regelrecht in Szene gesetzt. Neben der Darstellung von Heterosexualität als sado-masochistischem Ver-

hältnis, in dem der sadistische Part dem Manne und der masochistische der Frau zufällt[46], steht die theatralische Vorführung der Onanie mit dem heute lächerlichen Kommentar, daß sie den Rükken krümme und den jungen Augen den letzten Glanz raube, in der Hänschen-Rielow-Szene.[47] Die sexuelle Realität, die in den Stücken ihre spezifische literarische Darstellung findet, zeigt sich also vorab gerastert in einem gesellschaftlichen Diskurs, der von einem ›gesunden‹ Sexus ebenso zu berichten weiß wie von dessen krankhaften Ausprägungen, den Perversionen und Anomalien, welche ihrerseits in einer geschlechtsspezifischen Festlegung von Sexualcharakteren ihre Aufschlüsselung finden. Reduzierte man die »Lulu«-Stücke auf diese Diskursebene, so ließe sich auch für die Hauptfigur eine Identität finden: Weiblich-masochistisch sehnt sich Lulu in der Ehe mit dem Maler Schwarz nach ihrem männlichen Beherrscher und seiner Peitsche zurück[48] oder träumt »alle paar Nächte einmal,«, sie sei »einem Lustmörder unter die Hände geraten«[49], ein Traum, der sich am Ende bewahrheitet.
Wichtiger aber als solche Wiedererkennung scheint mir die Aufdeckung der ästhetischen Funktion dieser literarischen Aufnahme des sexualwissenschaftlichen Diskurses zu sein. Denn er vermag den Anspruch auf Seele und Innerlichkeit in den Stücken deutlich zu konterkarieren. Mit seiner Hilfe werden z. B. überlieferte Redeformen des klassischen Dramas umfunktionalisiert. In Wedekinds Kindertragödie »Frühlings Erwachen« bezeichnet der Monolog, der im klassischen Drama dem Zuschauer einen direkten Blick in die Seele des Helden gewährte, Situationen der extremen körperlichen Einsamkeit. Die Szenerie des »beiseite« ist in diesem Drama tatsächlich der Abort (Ab-Ort), an dem die in der zeitgenössischen Sexualliteratur als krankhafte Abweichung und jugendliche Verirrung vielfach besprochene Onanie vollzogen wird.[50] Der Monolog wird aber auch gesprochen in der Einsamkeit weiblich-sexueller Lust, von der Dramenfigur Wendla Bergmann, der verführten Verführerin.[51] Und er ist die Redeform im Angesicht des selbst herbeigeführten Todes, des Selbstmordes, der als einziger Ausweg aus dem Labyrinth der durch den schulischen Leistungsapparat bedrohten Triebwünsche erscheint.[52]
Aber die Wedekindschen Stücke problematisieren auch die der modernen Sexualreform entstammenden ideologischen Geltungsansprüche. So pathetisch einzelne Figuren – für uns heute zuweilen bis zur völligen Unerträglichkeit – sexuelle Aufklärungs- und

Reformprogramme verkünden – man denke etwa an das Rassenzüchtungsprogramm aus »Karl Hetmann, der Zwergriese«[53] oder das Hetärismus- und Prostitutionskonzept in dem Stück »Totentanz«, das der Mädchenhändler und Bordellbesitzer Casti Piani vertritt[54] –, so gnadenlos werden aber andererseits solche Programme samt deren Ideenträger im Dramenverlauf zur Strecke gebracht und der bloßen Lächerlichkeit preisgegeben. Auch die Sexualmythen der Weiblichkeit, die sich im zeitgenössischen Diskurs der Sexualwissenschaft formuliert finden, sind nicht unbedingt ernst zu nehmen. Ihre Macht bricht sich an der Realität einer theatralischen Inszenierung, die Natur immer nur als die sekundäre Natur des Mythos erkennbar werden läßt.[55] Die alte Frage »Wer ist Lulu?« findet hier ihre Auflösung, denn sie erweist sich als falsch gestellt. Lulu *ist* gar nicht, sondern zeigt sich als semantischer Effekt der verschiedenen in den Stücken aufgenommenen Diskurse, welche Weiblichkeit thematisieren. Aber die Figur geht auch in den jeweiligen semantischen Effekten nicht auf. Für sie konstitutiv ist vielmehr der rasche Wechsel, der Kostümwechsel, der Männerwechsel, der Namenswechsel, der Tanz. In dieser metonymischen Bewegung artikuliert sich ein Begehren[56], welches die Diskursivierung des Weiblichen irritiert.

2. Der *tradierte ästhetisch-literarische oder auch poetologische Diskurs* läßt sich als zweite Sinnebene der Wedekindschen Stücke erkennen. Er wird zum Gegenstand von Parodie. Die Anspielungen auf die (hoch-)literarische Tradition haben fast immer den Effekt einer Trivialisierung – so in den Genrebezeichnungen »Kindertragödie« oder »Monstretragödie« oder in der Aufnahme von literarischen Namen und Motiven wie Mignon z. B. oder Pandora. Die Selbstdarstellung des Theaters ist zwar in der Forschung bereits mehrfach hervorgehoben, aber in ihrer mythenkritischen Funktion zu wenig berücksichtigt worden. Sie hebt den quasi-natürlichen Charakter der Illusionsbühne auf, an die auch die hohe Form der Tragödie geknüpft war, welche dem ästhetischen Wahrscheinlichkeitspostulat unterlag. Die von Wedekind zitierte Tragödie ist selbst keine mehr - ebensowenig wie von den Bildern der Weiblichkeit, die die Bühnenfigur Lulu trägt, auf ein Urbild des Weiblichen zu schließen wäre. Die tragisch angelegten Dramenschlüsse werden entweder mit Hilfe theatralischer Effekte – wie in »Frühlings Erwachen« – durch einen parodistischen Gespensterauftritt in Kombination mit einem nicht mehr ge-

glaubten »deus ex machina« ins Komische gewendet[57] oder wie im »Erdgeist« in eine clowneske Zirkuspantomime verkehrt[58] oder aber wie in »Die Büchse der Pandora«[59] ins Kolportagehafte umgebogen. Schon diese Art der Transformation des tragisch angelegten Dramenverlaufs widerspricht ästhetischen Deutungen, die den Stücken jeweils auch immer ein homogenes Sinnkonzept unterstellen müssen. Zirkus, Variété und Tingeltangel, die aus dem offiziellen ästhetischen System ausgeschlossenen *Körperkünste* werden in den Stücken als ›Spiel im Spiel‹ eingeführt oder geben den Hintergrund vieler Dramenfiguren ab. Sie verhindern letztendlich die Durchlässigkeit der Signifikanten auf ihren Sinn und bringen immer wieder die aufgeregte Sinnsuche zum Scheitern, die das theatralisch inszenierte Rätsel der Weiblichkeit und des Geschlechts in den Stücken aufzuerlegen scheint. Alwa Schön, der Sohn des Lulu-Protektors Schön, auch einer von Lulus zahlreichen Verehrern, führt Regie nicht auf dem Theater, sondern auf einer Varietébühne, auf der die symbolistischen Stilformen nur eingesetzt sind, um als erotische Verhüllung des Nackten zu dienen, als kunstreiche Steigerung einer Vorlust, die auf die totale Sichtbarkeit des weiblichen Körpers geht.[60] Damit wird die Bühne zum Raum eines Imaginären, in dem der weibliche Körper schließlich als reiner – durchaus phallischer – Signifikant erscheint.[61] Diese Geschlossenheit und Perfektion eines weiblichen Körperbildes provoziert die psychotische Zerstückelung des Lulu-Körpers im Raum des Realen, den das Stück »Die Büchse der Pandora« in den Schlußszenen vorführt, wenn Lulu als Prostituierte dem Lustmörder Jack the Ripper zum Opfer fällt.[62] Der Körper markiert so auch eine Grenze der imaginären Sinnbesetzung, die nur um den Preis des Todes überschritten werden kann.

3. Schließlich nehmen Wedekinds Texte die *juristisch-ästhetischen Zensurdiskurse* auf, deren Machtwirkungen sie selbst historisch betrafen. Das Obszöne wird in manchen Texten mit Absicht hervorgebracht, nicht um die Lust eines Autors zu befriedigen, dem es genügte, in tabuisierte Zonen des Sexuellen vorzudringen, sondern um die Herkunft des Obszönen aus dem Akt der Zensurierung selbst aufzudecken. Sehr genau läßt sich diese These wiederum an jener monologischen Onanie-Szene in »Frühlings Erwachen« belegen. Als Onanievorlagen dienen dem Schüler Hänschen Rielow photographische Reproduktionen berühmter

künstlerischer Aktdarstellungen. Im seriellen Verbrauch dieser Bilder der Weiblichkeit kann sich die männliche Dramenfigur dann zugleich als sadistischer Ritter Blaubart imaginieren.

Zu Beginn der 90er Jahre wurde in juristischen Debatten tatsächlich erörtert, wie der »unzüchtigen« und jugendgefährdenden Wirkung von photographischen Reproduktionen künstlerischer Aktdarstellungen strafrechtlich beizukommen sei, Debatten, die schließlich in einer Gesetzesvorlage zur Verschärfung des § 184, des sog. »Unzuchtparagraphen«, der berühmt-berüchtigten »Lex Heinze« kulminierten.[63] Indem das Obszöne so provokativ erscheint, setzt das Stück auch die Zensurierung des ästhetischen Diskurses außer Kraft, der die körperliche, erst recht aber die sexuelle Reaktion auf das Kunstschöne tabuisiert hat.

Die hier aufgeführten literarischen Praktiken im Umgang mit dem tradierten und zeitgenössischen Diskursmaterial produzieren jeweils also ganz neue Bedeutungseffekte, unter der Voraussetzung freilich, daß der Zuschauer/die Zuschauerin bzw. der Leser/die Leserin sich überhaupt von der Macht dieser Diskursformationen zu distanzieren weiß. Im nachhinein zeigt sich, daß die Crux der germanistischen Literaturinterpretation offenbar darin besteht, sich auf die in den Stücken verarbeiteten Sinnebenen zu beziehen, um sie dann jeweils eigenständig pathetisch auszuführen oder gar noch zu überbieten. Die Interpretation schreibt sich auf diese Weise affirmativ in die diskursive Ordnung ein, welche die literarischen Texte gerade unterlaufen. Erst die Kombinatorik und Verfremdung des nichtliterarischen Diskursmaterials konstituiert die *Schreibweise* der Wedekindschen Texte, ohne daß eine Berufung auf den Autor als sinnbildende Instanz der Texte notwendig wäre. Im Gegenteil: das diskursanalytische Verfahren versucht sich von ihr weitgehend freizumachen.

Abschließend möchte ich nun die Frage aufwerfen, in welchem Verhältnis eine lustvolle, aber auch dezidiert politische, eine feministische Lektüre also, zum wissenschaftlichen Verfahren der Diskursanalyse steht. In welcher Weise rekurriert sie auf das Geschlecht und die Weiblichkeit und warum kann gerade sie das Faszinierende der Wedekindschen Texte aufdecken?

Zu berücksichtigen ist zunächst, daß auch die Literaturinterpretation der 60er Jahre, die hier zunächst gekennzeichnet wurde, auf einer bestimmten Lektüre basiert. Diese Lektüre ist, wie zu zeigen war, durchaus identifikatorischer Art. Die historische Situierung der Interpreten innerhalb ihrer hermeneutischen Diskurspraxis lieferte sie auch jeweils bestimmten Identifikationseffekten derjenigen Diskurse aus, die in den literarischen Texten präsentiert wurden. Wie wir gesehen haben, war innerhalb der Germanistik in den 60er Jahren der kunstideologische Diskurs noch so stabil, daß sich die Interpreten gleichsam bewußtlos von ihm tragen ließen. Aber auch die gesellschaftlich eingespielte Rede über Sexualität, die die Wedekindschen Texte in der Situation ihrer Entstehung dokumentieren, drängte sich einschließlich ihrer sexistischen Implikationen den männlichen Sprechern auf, weil das gesellschaftliche Dispositiv der Sexualität bis heute fortbesteht und männliche Subjekte in ihm eine machtvolle Rolle spielen dürfen. Erst die politische Praxis der Frauenbewegung der 70er Jahre hat ansatzweise diese Rede über Sexualität unterbrochen und das sexuelle Dispositiv selbst in Frage gestellt, indem sie die kulturelle Konstituierung von Weiblichkeit untersuchte. Das feministische Interesse an den literarischen Texten von Wedekind, insbesondere den »Lulu«-Dramen, beruht in diesem Fall also gerade *nicht* auf der Sehnsucht nach Identifikation, obwohl Frauen in der Literaturwissenschaft gerne eine identifikatorische Lektüreabsicht – wenn auch mit Wohlwollen – unterstellt wird, während Männer angeblich zur wissenschaftlichen Distanzierung viel besser befähigt wären. Stattdessen zeigt sich, daß die von mir mit Hilfe des Verfahrens der Diskursanalyse gekennzeichnete Schreibweise Wedekinds, die auf eine ganz gezielte Destruktion und Neukonstituierung von Sinn aus ist, auch die feministischen Lesarten der »Lulu«-Dramen bestimmt. Es ist eine politisch freigesetzte Lust an der *Dekonstruktion* von Bildern und Mythen der Weiblichkeit, die Frauen heute in die Lektüre Wedekindscher Texte einbringen können, völlig unabhängig von einer Übereinstimmung mit der weltanschaulichen Autorposition. Ich benutzte den Ausdruck der *Dekonstruktion* hier durchaus in dem Sinne, wie er in den letzten Jahren in theoretischen Entwürfen von Frauen Eingang gefunden hat.[64] Bezeichnet er auf philosophische bzw. metaphysische Texte bezogen ein Verfahren der Spaltung ihres Sinns jenseits der logisch-begrifflichen Anordnungen, welche hier die Lektüre bestimmen und festlegen, so spezifiziert und verallgemeinert sich dieses Verfahren zugleich, wenn es in ideengeschichtlichen Ausschließungsprozeduren eine Sexualisierung erkennbar werden läßt, und zwar in dem Sinne, daß als das Aus-

geschlossene das Weibliche gelten kann.[65] Gegenüber der metaphorischen Fülle, die sich in den historischen Diskursen über Weiblichkeit findet und die durch eine Diskursanalyse als Verfahren zur Semantisierung des Weiblichen untersucht werden kann, deckt die dekonstruierende Lektüre die *kulturelle Abwesenheit des Weiblichen* auf und treibt gerade mit dieser ihr Spiel. Weibliches sucht also gar nicht erst, sich als das Authentische zu gewinnen, sondern im Gegenteil durch Entzug die Ordnung der Diskurse ins Wanken zu bringen. Auf das Signifikantenmaterial der Bilder und Mythen des Weiblichen bezogen hieße das, für eine *hysterische Lektüre* zu plädieren. Sie zerschlägt den tradierten Bedeutungszusammenhang des Bildes, die Anordnung der Bildelemente, ohne das Imaginäre preiszugeben. Sie denunziert den Mythos nicht als Körperlichkeit der Sprache von einem fiktiven Ort reiner Rationalität, des körperlosen Geistes aus, sondern bringt diesen Körper um seine Geschlossenheit, seine Einheit, löst bist zur hysterischen Verrenkung dessen Panzerung auf.[66]
Was sich nun als ein spezifisch feministisches Verfahren von Mythenkritik erweisen läßt, die das Begehren in der Lektüre freisetzt, hat sich auch in demjenigen spezifischen Umgang mit den gesellschaftlichen Diskursen gezeigt, der als literarische Schreibweise Wedekinds bestimmt werden konnte. Es ist daher kein Wunder, daß Wedekinds Stücke unter feministischem Vorzeichen gelesen werden und eine ganz neue Aktualität gewinnen können. So spricht Marianne Schuller mit großer Entschiedenheit und ganz bewußt von dem Autor Wedekind absehend, von der theatralisch inszenierten kulturellen Abwesenheit der Frau in den »Lulu«-Dramen und weist die Vielfalt der theatralischen Mittel geradezu als einen Effekt dieser kulturellen Abwesenheit aus.[67] Silvia Bovenschen versucht zwar noch die substantiellen Vorstellungen des Autors Wedekind von Weiblichkeit zu rekonstruieren, hält aber in ihrer Untersuchung der »Lulu«-Dramen gerade deren Widerspruch zu den in den Stücken dargestellten Projektionen der männlichen Protagonisten fest, die männliche Interpreten nur zu leicht übernähmen.[68] Auch sie betont die prinzipielle Offenheit der Stücke, die eine Vielfalt von Interpretation erlaube.

Solche Lesarten von Texten Wedekinds, die nicht zufällig in theoretische Erörterungen über Weiblichkeit und Kunst bzw. Literatur eingegangen sind, können den Beginn eines Paradigmenwechsels innerhalb der Literaturwissenschaft anzeigen, der von einem politischen Ort aus – dem Feminismus und der Frauenbewegung – initiiert bzw. gestützt werden kann, ohne daß die Literaturwissenschaft fortan eine »feministische Wissenschaft« heißen müßte. Denn es widerspricht dem Weiblichen als einem subversiven Verfahren, sich in dieser Weise positiv setzen zu müssen und die universitären Wissensstrukturen zu reproduzieren. Das aber kann nicht bedeuten, daß Frauen kein Interesse an Wissenschaft hätten. Aber sie haben die Chance, innerhalb dieser diskursiven Formationen einen *anderen Platz* einzunehmen, der es ihnen erlaubt, ihre Lektürelust wissenschaftskritisch produktiv werden zu lassen, indem sie deren irritierende Wirkung nutzen, um neuen Verfahren der Erkenntnisgewinnung, wie sie die Diskursanalyse bereitstellen kann, Raum zu schaffen und diese dann wiederum zu transformieren.

Wenn es richtig ist, daß in unserer Kultur die Verdrängung der Materialität alles Signifikanten auch die Verdrängung des Körpers und der geschlechtlichen Differenz einschließt bis hin zur Tendenz, das Weibliche im Zuge einer allgemeinen Homogenisierung zu »opfern«, so kann der Name Lulu als Metapher für eine Schreibweise einstehen, die geradezu auf die Herstellung und Sichtbarmachung der Differenz zwischen dem Körperlichen als einem materiellen Zeichenträger und den Sinneffekten, die sich aus seiner jeweilen Inszenierung und Zur-Schau-Stellung ergeben können, aus ist. In der Parodie auf den ästhetischen und juristischen Zensurdiskurs, in der ambivalenten Verknüpfung von Körperkunst und Sexualreform und in der provokativen Verbindung von zeitgenössischen Sexualmythen der Weiblichkeit mit literarischen und religiösen Mythen rebelliert diese Schreibweise gegen die Unterwerfung des weiblichen Körpers unter eine machtvoll regulierte gesellschaftliche Bezeichnungspraxis in den jeweiligen Diskursformationen. Können wir solche Schreibweise auch »weibliche Schreibweise« nennen? In den »Lulu«-Stücken gehört der Name Lulu zu den verdrängten Signifikanten, und gerade deshalb ist seine Wirksamkeit katastrophisch:

Lulu. Lulu klingt mir ganz vorsintflutlich. Seit Menschengedenken heiße ich nicht mehr Lulu.

Feministische Lektüre und Diskursanalyse begegnen sich darin, daß immerhin die Schreibweise Wedekinds wieder »Lulu« genannt werden kann.

Anmerkungen

Dieser Aufsatz ist die stark veränderte Fassung eines Vortrags, den ich im Rahmen einer studentischen Projektwoche zum Thema: »Literaturwissenschaft und Linguistik heute?!« am Germanistischen Institut der Ruhr-Universität Bochum am 15. Januar 1986 und auf der Hamburger Tagung »Frauen – Literatur – Politik« am 19. Mai 1986 gehalten habe.

1 Vgl. zu diesem Begründungszusammenhang: Jacques Lacan, *Encore* (Das Seminar von Jacques Lacan, Buch xx), Berlin 1986, S. 71 ff., und ausgehend von Lacan, Kristeva und Irigaray: Eva Meyer, *Zählen und Erzählen. Für eine Semiotik des Weiblichen*, Wien/Berlin 1983 (bes. S. 39 ff.).
2 Es gibt nur wenige Untersuchungen, die das Thema »erotische Literatur« direkt angehen. Vgl. dazu aber Heinz Schlaffer, *Musa iocosa. Gattungspoetik und Gattungsgeschichte der erotischen Dichtung in Deutschland*, Stuttgart 1971; Horst Albert Glaser (Hg.), *Wollüstige Phantasie. Sexualästhetik der Literatur*, München 1974; Nike Wagner, *Geist und Geschlecht. Karl Kraus und die Erotik der Wiener Moderne*, Frankfurt/M. 1982; Uwe-K. Ketelsen, »›Die Liebe bindet Gold an Stahl und Garn zu weißer Seyde‹. Zu Hoffmannswaldaus erotischem Lied *So soll der purpur deiner lippen*, in: V. Meid (Hg.), *Gedichte und Interpretationen*, Bd. 1: *Renaissance und Barock*. Stuttgart 1982, S. 346-355.
3 Vgl. dazu die Beiträge auf dem Internationalen Germanisten-Kongreß in Göttingen: »Für und Wider einer Psychoanalyse literarischer Werke«, in: *Akten des* VII. *Internationalen Germanisten-Kongresses Göttingen 1985*, Bd. 6, Tübingen 1986.
4 Roland Barthes, *Kritik und Wahrheit*, Frankfurt/M. 1967, S. 36.
5 Vgl. dazu Hans Freier, »Ästhetik und Autonomie. Ein Beitrag zur idealistischen Entfremdungskritik«, in: B. Lutz (Hg.), *Deutsches Bürgertum und literarische Intelligenz* 1750-1800, Stuttgart 1974, S. 329-384.
6 Zum Begriff der »diskursiven Formation« vgl. Michel Foucault, *Archäologie des Wissens*, Frankfurt/M. 1973, S. 48 ff.
7 Barthes, *Kritik und Wahrheit*, a.a.O., S. 67 f.
8 Vgl. dazu ausführlich Roland Barthes, *Die Lust am Text*, Frankfurt/M. 1974.
9 Barthes, *Kritik und Wahrheit*, a.a.O., S. 77.
10 A.a.O., S. 71.
11 A.a.O., S. 68 ff.
12 Zum Begriff der Aussage und der Aussagefunktion vgl. Foucault, *Archäologie des Wissens*, a.a.O., S. 113 ff.
13 Zur Bestimmung der Literatur als Inter-Diskurs vgl. Jürgen Link,

Elementare Literatur und generative Diskursanalyse, München 1983, S. 16f.

14 Vgl.: Michel Foucault, *Archäologie des Wissens*, a.a.O., S. 225.

15 Zur Problematik der kulturellen Identität von Frauen in der Moderne vgl. auch den durchaus interessanten, wenn auch in der Tendenz kulturkonservativen Essay von Ivan Illich, *Genus*, Reinbek b. Hamburg 1983.

16 Vgl. dazu Norbert Haas, »Entere Gründ'. Hinweis auf den Schriftsteller Heimito von Doderer«, in: *Der Wunderblock. Zeitschrift für Psychoanalyse* 13 (1985), S. 46-56.

17 Z. B. Helga Gallas, *Das Textbegehren des »Michael Kohlhaas«. Die Sprache des Unbewußten und der Sinn der Literatur*, Reinbek b. Hamburg 1981.

18 Vgl. Barthes, *Kritik und Wahrheit*, a.a.O., S. 90f.

19 Mit der Aufnahme dieser alten Frage beginnt Ulrike Prokop ihre Interpretation der »Lulu«-Stücke, um jedoch den Versuch einer neuen Antwort zu machen. Ulrike Prokop, »Lulu – vom Umgang mit der Sehnsucht«, in: Alban Berg, *Lulu. Texte, Materialien, Kommentare*, hrsg. v. Attila Csampai und Dietmar Holland, Reinbek b. Hamburg 1985, S. 181-192, S. 181.

20 Frank Wedekind, *Die Büchse der Pandora. Tragödie in drei Aufzügen.* Neu bearbeitet u. mit einem Vorwort versehen, Berlin 1906, S. 19.

21 Artur Kutscher, *Wedekind, Leben und Werk.* Zum hundertsten Geburtstag des Dichters bearbeitet und neu herausgegeben von Karl Ude, München 1964, S. 121.

22 Wilhelm Emrich, »Die Lulu-Tragödie«, in: Benno von Wiese (Hg.), *Das deutsche Drama. Vom Barock bis zur Gegenwart. Interpretationen*, Bd. 2, Düsseldorf 1958, S. 207-228; S. 210f.

23 Zur Geschichte der Textentstehung vgl. Textapparat und Anmerkungen in: Frank Wedekind, *Erdgeist. Die Büchse der Pandora*, hrsg. v. Peter Unger und Hartmut Vinçon, München 1980, S. 202-249; S. 204.

24 Frank Wedekind, *Gesammelte Werke*, Bd. 3, München 1924, S. 9.

25 Zur Unterscheidung von Charakterdrama und Situationsdrama vgl. Jürgen Link, »Schillers *Don Carlos* und Hölderlins *Empedokles*. Dialektik der Aufklärung und heroisch-politische Tragödie«, in: ders., *Elementare Literatur und generative Diskursanalyse*, a.a.O., S. 87-125.

26 Frank Wedekind, *Die Büchse der Pandora*, Berlin 1906, S. 9.

27 A.a.O., S. 3.

28 A.a.O., S. 5, 8.

29 Ich zitiere nach der Ausgabe München 1924. Vgl. Frank Wedekind, *Gesammelte Werke*, Bd. 3, S. 101-107.

30 Klaus Völker, *Frank Wedekind*, Velber b. Hannover 1965, S. 19.

31 Zum Mythos in den »Lulu«-Stücken vgl. das sehr informative Nach-

wort von Peter Unger und Hartmut Vinçon in: Frank Wedekind, *Erdgeist. Büchse der Pandora,* a.a.O., S. 155-183.

32 Friedrich Rothe, *Frank Wedekinds Dramen. Jugenstil und Lebensphilosophie,* Stuttgart 1968, S. 8.

33 A.a.O., S. 11.

34 A.a.O., S. 44.

35 Silvia Bovenschen, *Die imaginierte Weiblichkeit. Exemplarische Untersuchungen zu kunstgeschichtlichen und literarischen Präsentationsformen des Weiblichen,* Frankfurt/M. 1979, S. 43-59.

36 Emrich, »Die Lulu-Tragödie«, a.a.O., S. 212.

37 A.a.O., S. 224.

38 Völker, *Frank Wedekind,* a.a.O., S. 20.

39 Wedekind, *Gesammelte Werke,* Bd. 3, S. 171.

40 Rothe, *Frank Wedekinds Dramen,* a.a.O., S. 59.

41 A.a.O., S. 55.

42 Völker, *Frank Wedekind,* a.a.O., S. 20.

43 Horst Albert Glaser, »Arthur Schnitzler und Frank Wedekind – Der doppelköpfige Sexus«, in: Glaser (Hg.), *Wollüstige Phantasie,* a.a.O., S. 148-184; S. 178.

44 Die Identifikation mit einem sexualreformerischen Aufklärungsprogramm bei Wedekind scheint jedoch nach wie vor ungebrochen bei Erhard Weidl, »Philologische Spurensicherung. Zur Erschließung der ›Lulu‹-Tragödie Frank Wedekinds«, in: *Wirkendes Wort* 35 (1985), S. 99-118. Weidl möchte in der Hauptsache den Nietzsche-Einfluß nachweisen, kommt aber bei diesem Verfahren zu einer zunehmenden Identifizierung von Figurenrede und Autorenrede, so daß am Ende sogar Casti-Piani, der Mädchenhändler aus dem Stück »Totentanz«, ohne jede Ironie als Sprachrohr des sexualformerisch eingestellten Autors gelten kann.

45 Vgl.: Michel Foucault, *Sexualität und Wahrheit,* Bd. 1, *Der Wille zum Wissen,* Frankfurt/M. 1977.

46 Frank Wedekind, *Gesammelte Werke,* Bd. 2, S. 102 u. 116f.

47 A.a.O., S. 129.

48 Frank Wedekind, *Gesammelte Werke,* Bd. 3, a.a.O., S. 46.

49 A.a.O., S. 142.

50 Frank Wedekind, *Gesammelte Werke,* Bd. 2, a.a.O., S. 129.

51 A.a.O., S. 134.

52 A.a.O., S. 135.

53 Frank Wedekind, *Gesammelte Werke,* Bd. 4, S. 189ff.

54 Frank Wedekind: *Gesammelte Werke,* Bd. 5, a.a.O.

55 »In dem sekundären (mythischen) System ist die Kausalität künstlich und falsch, aber sie schlüpft gewissermaßen in den Güterwagen der Natur. Deshalb wird der Mythos als eine unschuldige Aussage empfunden: nicht weil seine Intentionen verborgen sind – wenn sie das

wären, könnten sie nicht wirksam sein –, sondern weil sie natürlich gemacht sind« (Roland Barthes, *Mythen des Alltags*, Frankfurt/M. 1964, S. 115). Die mythenkritische Funktion der Stücke Wedekinds besteht gerade in der Aufdeckung dieses Mechanismus mythischer Rede.

56 Zur Verwendung der Begriffe »Metapher« und »Metonymie« in der Psychoanalyse vgl. Jacques Lacan, »Das Drängen des Buchstabens im Unbewußten oder die Vernunft seit Freud«, in: Jacques Lacan, *Schriften* II, Olten u. Freiburg i. Br. 1975, S. 15-59.

57 Frank Wedekind, *Gesammelte Werke*, Bd. 2, S. 165 ff.

58 Frank Wedekind, *Gesammelte Werke*, Bd. 3, S. 79 ff.

59 A.a.O., S. 190 ff.

60 A.a.O., S. 60 ff.

61 Vgl. zur phallischen Maskierung des Weiblichen: Jacques Lacan, »Die Bedeutung des Phallus«, in: Jacques Lacan, *Schriften* II, a.a.O., S. 119-132.

62 Frank Wedekind, *Gesammelte Werke*, Bd. 3, S. 190.

63 Zur lex Heinze vgl. K. H. Döscher, »Die lex Heinze und das öffentliche Leben«, in: Otto Falckenberg (Hg.), *Lex Heinze*, Leipzig 1900, S. 36-45; bes. S. 37. Zur Reichsgerichtssprechung in der Frage des unsittlichen Charakters von photographischen Reproduktionen vgl. C. M. v. Holten, *Unsittliche Kunst? Eine Abrechnung mit dem Reichsgericht*, Berlin 1926, S. 13. Zur Problematik des Obszönen in der Zensurpraxis der Jahrhundertwende vgl. auch meine Studie: »der mann als statthalter des normalen. kriterien literarischer zensur von der jahrhundertwende bis zum ersten weltkrieg«, in: *kultuRRevolution* 9 (1985), S. 15-21; zur Zensur im ›Fall‹ Wedekind vgl. auch Michael Meyer, *Theaterzensur in München 1900-1918. Geschichte und Entwicklung der polizeilichen Zensur und des Theaterzensurbeirates unter besonderer Berücksichtigung Frank Wedekinds*, München 1982.

64 Vgl. dazu im Anschluß an Derrida vor allem Eva Meyer, *Zählen und Erzählen*, a.a.O. Kritisch aufgenommen wird dieses Konzept von Sigrid Weigel, für die sich das Problem einer Vermittlung von historischer Existenz ›der‹ Frau und symbolischer Abwesenheit des Weiblichen stellt und die sich in diesem Zusammenhang auf L. Irigaray beruft. Für sie existiert *die* Frau also wieder, und es stellt sich daher umgekehrt die Frage, ob hier nicht statt einer Bestimmung des Verhältnisses von Geschichtswissenschaft und Psychoanalyse bzw. Diskurstheorie der Ausweg nur noch im Mythos des Körpers bzw. der ›Empirizität‹ Frau gesucht wird. Vgl.: Sigrid Weigel, ›Das Weibliche als Metapher des Metonymischen‹. Kritische Überlegungen zur Konstitution des Weiblichen als Verfahren oder Schreibweise, in: *Akten des VII. Internationalen Germanisten-Kongresses Göttingen 1985*, a.a.O., Bd. 6, hrsg. v. Inge Stephan und Carl Pietzcker, S. 108-118.

65 Eva Meyer, *Zählen und Erzählen*, a.a.O., S. 8.

66 Ich benutze den Ausdruck »hysterische Lektüre« hier in einem anderen Sinn als Roland Barthes, der damit eher die identifikatorische Lektüre meint. Vgl. Roland Barthes, *Die Lust am Text*, a.a.O.

67 Marianne Schuller, »Die Nachtseite der Humanwissenschaften. Einige Aspekte zum Verhältnis von Frauen und Literaturwissenschaft«, in: Gabriele Dietze (Hg.): *Die Überwindung der Sprachlosigkeit*, Darmstadt/Neuwied 1979, S. 31-50.

68 Bovenschen, *Die imaginierte Weiblichkeit*, a.a.O.

Gabi Jancke-Leutzsch
Die Lebensgeschichte als Beziehungsarbeit: Weibliche Lebensentwürfe
Untersuchungen an Autobiographien des 20. Jahrhunderts

I

Wer sich mit autobiographischen Texten beschäftigt, ist versucht zu glauben, mit ihrer Hilfe besonders nahe an die alltägliche Lebenswirklichkeit der Autor/inn/en heranzukommen. Genaueres Hinsehen und genauere Überlegung zeigt allerdings, daß dies nur indirekt der Fall ist. Denn die Erzähler/innen oder Autor/inn/en geben in ihren Lebensgeschichten ja wieder, wie sie selbst ihr Leben wahrnehmen (nicht wie es »wirklich« ist), und zwar insbesondere unter den Bedingungen der Situation, in der sie sprechen oder schreiben[1]; schließlich erzählen sie ihre Lebensgeschichte im Blick auf ein zuhörendes oder lesendes Publikum und dessen Vorstellungen. Nicht um ihrer selbst willen sind diese Voraussetzungen und Bedingungen autobiographischen Erzählens im Auge zu behalten, sondern weil sie in die Erzählung der Lebensgeschichte prägend eingehen, zumeist ohne eigens benannt und bedacht zu werden.
Eine weitere Überlegung im Blick auf den Zugang zu alltäglicher Lebenswirklichkeit – in dieser Untersuchung die von Frauen im 20. Jahrhundert – betrifft die Auswahl der untersuchten autobiographischen Zeugnisse. *Wessen* Selbstdarstellung soll untersucht und historisch reflektiert werden? Diese Frage zielt auf die soziale Bandbreite der historischen Wahrnehmung und muß, wie anderswo, so auch in der historischen Frauenforschung vorab beantwortet werden. Denn: Zum einen ist damit zu rechnen, daß die geschlechtsspezifische Sozialisation – von deren Vorhandensein hier ausgegangen werden soll[2] – in den verschiedenen sozialen Schichten unterschiedlich verläuft und den Frauen jeweils schichtspezifisch verschiedene Spielräume und Begrenzungen vermittelt. Zum anderen läßt schon ein grober Überblick über den autobiographischen Buchmarkt die Feststellung zu, daß auch

bei den Frauen die überwiegende Zahl der Publikationen aus bürgerlicher Feder stammt. Mehr noch, viele Autobiographinnen fanden offenbar verlegerisches und Publikums-Interesse aufgrund ihrer Beziehung zu einem schon bekannten Mann. Um nicht vorschnell Selbstbild, Verhaltensweisen und Möglichkeiten *einer* sozialen Gruppe unter den Frauen – die in der Öffentlichkeit ohnehin schon überdurchschnittlich vertreten ist, sei es in oder außerhalb der Frauenbewegung – als allgemeingültig zu überschätzen, habe ich bei den im folgenden untersuchten vier autobiographischen Texten auf die soziale Unterschiedlichkeit der Autorinnen geachtet: zwei Frauen großbürgerlicher Herkunft, eine Ingenieurin[3], eine Hausfrau[4]; eine Frau aus kleinbäuerlicher Familie, Arbeiterin und Marktfrau[5]; eine Frau proletarischer Herkunft, Hausfrau und Putzfrau[6].
Es soll nun nicht behauptet werden, diese Frauen und ihre Lebensgeschichten seien sozial repräsentativ; jedoch ist stattdessen auch nicht individuelle Beliebigkeit anzunehmen. Meine Überlegung geht vielmehr dahin, daß die einzelnen Frauen in ihren Lebensverläufen und Lebensinterpretationen Elemente kombinieren, die als sozial- und geschlechtsspezifische Muster auch kollektiv gewußt und gelebt werden.[7] Individuelle Lebensgeschichten, aber in geschlechts- und schichtspezifischen Rahmenbedingungen – das also ist es, was ich bei den ausgewählten Texten exemplarisch in den Blick zu nehmen suche.
Trotz der schon genannten und der gleich noch zu besprechenden Gründe für zurückhaltende Interpretation kommt es mir vornehmlich darauf an, Alltägliches historisch wahrzunehmen und zu reflektieren. Alltäglich sind dabei zunächst die ausgewählten Lebensgeschichten (von Frauen, die sonst keinen Zugang zur öffentlichen Kommunikation haben); alltäglich ist ebenfalls, was darin erzählt wird. Auf die Wahrnehmung von alltäglicher weiblicher Wirklichkeit, wie sie schon *vor* jeder schriftlichen Fixierung existiert, soll hier schließlich als Aufgabe verwiesen werden, die erst als – weithin noch nicht realisierter – Bestandteil unseres alltäglichen Wahrnehmungsverhaltens Einfluß auf unser Handeln zu gewinnen vermag.
Bei aller Verschiedenheit haben die vier vorzustellenden Autobiographien eines gemeinsam: Ihr Zustandekommen und ihre Veröffentlichung beruht auf der Initiative einer weiteren Frau, die zudem als Interviewerin in drei Fällen die schriftliche Fassung

herstellte.[8] Diese Tätigkeit einer Vermittlerperson bei der Anregung, (z.T.) Aufzeichnung und Veröffentlichung der Lebensgeschichten von »normalen«, nicht öffentlich bekannten Frauen ist auffällig, betrifft sie doch keineswegs bloß die hier untersuchten Texte. Die Anfrage als Entstehungsanlaß, Interviewgespräch und Aufzeichnung als nicht mehr rekonstruierbare Weise der Einwirkung auf das lebensgeschichtliche Erzählen erweisen die entstandenen Texte als so beschaffen, daß sie mit dem traditionellen Begriff »Autobiographie« nicht ganz zutreffend bezeichnet werden können.

Nun ist, so scheint es, guter Rat teuer. Denn es gibt keinen Weg, aus den publizierten Texten den Anteil der jeweiligen Herausgeberin herauszufiltern, so daß als gereinigte Version übrigbliebe, was allein auf die Erzählerinnen zurückginge. Quellenkritisches Fragen führte uns zwar in dieses Dilemma hinein; jedoch vermag historische Quellenkritik – konsequent weitergetrieben – auch genügend Klarheit zu verschaffen, so daß in dieser Tatsache kein Hindernis gesehen werden muß. Ausgehend von der Frage nach der je individuellen, eigenen, unvermittelten Art der Wahrnehmung und Beurteilung der Lebenswirklichkeit von Frauen, ablesbar an der Erzählung ihres Lebens, ergab sich die Feststellung: Diese eigene, individuelle Sicht ist nur in Formen und Themen erfahrbar, in deren Auswahl und Gestaltung die Beziehung zu einer Vermittlerperson bestimmend eingegangen ist. Beziehungen, Interaktionen also, die als Entstehungs- und Rahmenbedingungen des autobiographischen Erzählens sichtbar wurden, sind das Auffällige, das methodisch bedenklich Stimmende.

Für entscheidend halte ich nun die Überlegung, daß diese Frage nach der unverfälschten, reinen, individuellen Perspektive der Erzählungen, genau besehen, wohl falsch gestellt ist. Denn wie die neueren Forschungen zeigen, ist autobiographisches Erzählen – besonders wenn es mündlich geschieht – durchweg so sehr in die Lebensumstände, Beziehungen und (vorausgegangenen) Interaktionsprozesse der Erzählenden eingebettet, daß die Suche nach einer davon ablösbaren Individualität nicht sinnvoll ist.[9] So wäre demnach die beeinflussende Macht der Beziehung hier, bei den analysierten Frauen, bloß besonders offensichtlich in den Vordergrund getreten. Hingegen handelt es sich nicht um ein grundsätzlich unterscheidendes Merkmal gegenüber anderen (männlichen) Lebensgeschichten.

Soviel sei zur Klärung des hier verwendeten Autobiographie-Begriffs gesagt. – Die bisher angestellten Überlegungen kreisten um die Frage, wie denn an die ausgesuchten autobiographischen Zeugnisse heranzutreten sei, mit welchen Fragen und Deutungen ein angemessenes Verständnis zu erlangen sei. Dabei geht es um die eigene, die Wahrnehmungen auswählende und zu Ansichten und Deutungen strukturierende Perspektive, die alle Lesenden und dabei Interpretierenden selbstverständlich mitbringen. Diese Perspektive sollte zunächst einmal als je schon vorhandene, aber auch reflektierbare und veränderbare bewußt werden. Außerdem aber ist natürlich auch meine Untersuchung der Texte von einer bestimmten Perspektive als Interpretationsrahmen geprägt, und diese will ich nun kurz darlegen und begründen.

Zwei Motive scheinen mir für autobiographisches Erzählen, wann und von wem auch immer es geübt wird (wurde), die bestimmenden zu sein: nämlich der Versuch, das eigene Leben – erzählend – in seiner Eigenart zu erfassen bzw. einem Publikum nahezubringen; zum anderen, aus naheliegenden pragmatischen Gründen, die Orientierung des Erzählten an den für die eigenen Erfahrungen maßgeblichen Normen. Die Lebensgeschichte wird zugleich in ihrem Sein wahrgenommen und mit einem – je individuell bearbeiteten zeit-, schicht- und geschlechtstypischen – Sollen konfrontiert. Mit anderen Worten: Die erzählende Abbildung einer Biographie hat zugleich die Funktion, normative Ansprüche oder Wünsche im Hinblick auf gegenwärtige oder zukünftige Verhaltensweisen am biographischen Material durchzuspielen. Beide Aspekte, das sammelnde und ordnende Wahrnehmen von Gewesenem sowie die planende Auseinandersetzung mit Normen, sind eng aufeinander bezogen.

Dennoch halte ich es für sinnvoll, beide Aspekte zu unterscheiden und im Begriff des *Entwurfes* – im ausgeführten doppelten Sinn – zu fassen. Die analysierten Lebensgeschichten werden so als Versuche lesbar, das Sein und das Sollen einer Biographie zu bestimmen. Umgekehrt erlaubt, ja fordert diese Unterscheidung dessen, was autobiographisches Erzählen leistet, auch die doppelte Frage sowohl nach dem gelebten Leben als auch nach den dafür maßgeblichen Normen und Rahmenbedingungen. (Dabei soll nicht vergessen, sondern ausdrücklich darauf aufmerksam gemacht werden, daß es sich beim autobiographischen Erzählen um eine besonders interessante Spielart historischen Denkens

handelt, bei der die Selbstwahrnehmung individuellen Lebens und Handelns auf das zeitgeschichtliche Umfeld bezogen werden sollte.[10] Von der genannten Differenzierung der Selbstwahrnehmung her wird es nun möglich, Antworten auf weitere Fragen zu finden: Wie nämlich die Frauen zu der ihnen zugewiesenen weiblichen Rolle stehen, welche Erfahrungen sie mit ihr machen, an welchen Punkten sie sie als Begrenzung erfahren und zu überwinden suchen, und mit welchen Mitteln dies unternommen wird.
Eine Beobachtung will ich gleich vorweg mitteilen: Wie verschieden auch Herkunft und Lebenswege der Frauen im einzelnen sein mögen, für jede der vier Frauen läßt sich »Leben in Beziehungen« als Wahrnehmungsraster ihres Lebens und Ordnungsprinzip der lebensgeschichtlichen Erinnerungen ausmachen. Dieses gemeinsame Thema strukturiert allerdings Biographie und Erzählung der Lebensgeschichte bei jeder Frau in unterschiedlicher Weise, und das soll an den vier Texten zunächst und vornehmlich verfolgt werden. Daneben wird das Augenmerk besonders auf zwei Bereiche weiblichen Selbst- und Geschichtsbewußtseins gelegt, die für historisches Denken und politisch-gesellschaftliches Handeln gleichermaßen entscheidend sind: nämlich wie einerseits Gesellschaft und Politik, andererseits Zeit und Geschichte wahrgenommen werden und in welchen Bezug das jeweils erzählende Ich sich selbst zu diesen Bereichen setzt.

II

Die erste Frau, deren Lebensgeschichte hier vorgestellt werden soll, Ira Rischowski (vgl. Anm. 3), geboren 1900, verfaßte ihre Geschichte schriftlich auf Anregung der Herausgeberin Gisela Dischner, der sie persönlich bekannt war. Ihre Lebensgeschichte, mit vollem Namen der Autorin abgedruckt, ist somit als einzige von den hier zu besprechenden ohne Erklärungen und Einschränkungen als Autobiographie zu bezeichnen.
Die Überschrift »Wie ich Ingenieurin wurde« ist Lebens- und Erzählprogramm zugleich. Das zeigen gleich die ersten Sätze: »Die Neigung zum Ingenieurwesen scheint in der Familie gelegen zu haben. Meine beiden Brüder wurden Ingenieure, 2 Vettern von meiner Mutterseite auch, und selbst meine Schwester, die Kunstgeschichtlerin und Kunstgewerblerin war, konstruierte ei-

nen Färbereiofen, als sie als Lehrerin an der Kunstgewerbeschule arbeitete und den Ofen aus Geldmangel nicht erhalten konnte. Mein Vater selbst war kein Ingenieur, erwarb aber solch hohe Verdienste um speziell das Wasserverkehrswesen – er war einer der ersten und aktivsten Befürworter des Donau-Oder-Kanals –, daß ihm die Würde eines Dr. Ing. E. h. verliehen wurde.« (87)
Nachdem die Heirat der Eltern und die Gründung einer Werft durch den Vater berichtet wurden, ist das Umfeld ihrer eigenen Existenz hinreichend abgesteckt: »Ich entstand somit etwa gleichzeitig wie die Werft, und dies mag wohl auch einen Einfluß auf mich gehabt haben.« (87) Schon früh stand ihr Berufswunsch fest, so schreibt sie: »Als ich etwa 5 Jahre alt war, wurde ich zum erstenmal zu Besuch auf die Werft mitgenommen, und was ich da sah, machte einen ungeheuren Eindruck auf mich. (...) Ich war überwältigt und beschloß auf der Stelle, daß ich Ingenieur werden würde.« (87)

Dabei legten ihre Eltern ihr keine Hindernisse in den Weg, auch nicht in Form von Einwänden, dies lasse sich mit der notwendigen geschlechtsspezifischen Sozialisation nicht vereinbaren. Die Strategie der Eltern bestand darin, die geschlechtsspezifische Sozialisation der »höheren Tochter« als unabdingbaren Erziehungsplan zögernd zwar, aber schließlich doch mit dem von der Tochter Gewünschten zu kombinieren. Die Eltern stellen Möglichkeiten und Spielräume zur Verfügung, mit deren Hilfe Ira Rischowski praktische Fähigkeiten und politisch-historisches Denken ausbilden kann. Das politisch-historische Denken – insbesondere über geschlechts- und schichtspezifische Unterschiede – erweist sich dabei zumindest im Rückblick als der entscheidende Knotenpunkt zwischen Wunsch und Praxis. Denn der persönliche, aus den üblichen geschlechtsspezifischen Rollen ausbrechende Berufswunsch macht, so zeigt sich im Laufe ihres Lebens immer wieder, ihre Aktivität über den rein beruflichen Bereich hinaus auch im politischen Raum erforderlich.

Das Überschreiten geschlechtsspezifischer Lebensmuster durch das Ausüben eines traditionellen »Männerberufes« stellt die gewohnte Zuordnung von Geschlecht und Rolle in Frage. Es entsteht ein Raum der Unsicherheit, in dem die einen die hergebrachte Stellung zu wahren versuchen, in dem die andere die gewonnene Lebens- und Arbeitsmöglichkeit unter dem Leitsatz der Gleichberechtigung auszubauen sucht. Die neuen Gesetze nach 1918 ermöglichen den Frauen zunächst einmal den Zugang zu den Technischen Hochschulen. Anderes ist aber schon schwieriger: Praktikumsplätze lassen sich erst nach vergeblichen Bemühungen durch den Vater beschaffen; Ira Rischowski ist jeweils die einzige Frau im Produktionsbereich.

Auch an der Hochschule in Darmstadt, wo sie Elektrotechnik studierte, war sie die einzige Frau unter lauter männlichen Kommilitonen. Zunächst nimmt man ihr Dasein als befremdlich wahr und hält Abstand. Dann aber, genötigt durch die räumliche Enge, wagen die Studenten die Nähe und das Gespräch. Hinfort ist Ira Rischowski im Studium von Freunden umgeben; der erste Kommilitone, dem sie begegnete und mit dem sie ein Gespräch anfing, wird nach einiger Zeit – noch während des Studiums – ihr Ehemann. Später machte sie die gleiche Erfahrung, so erzählt sie gleich hier, nach zwanzig Jahren in England noch einmal – die Isolation der einzigen Frau unter lauter Männern an der Universität (94 f.).

Daß sie die wiederholte Erfahrung dieser Art männlichen Sozialverhaltens – die einzelne Frau im akademischen Bereich zunächst einmal zu meiden – auf einen einzigen Erzählabschnitt zusammenzieht und damit zeitlich ihrer Jugend (bzw. dem frühen Erwachsenenalter) zuordnet, verknüpft diese negative soziale Erfahrung mit der frühen Berufs(ausbildungs)phase. Zwanzig Jahre später, an ihrem chronologischen Ort in der Lebensgeschichte, wird diese Erfahrung dann nicht noch einmal genannt. Dieses chronologische Vorziehen der wiederholt erfahrenen Ausgrenzung aus traditionell männlich geprägten Interaktionsfeldern entlastet somit die spätere Lebensphase von der Aussage: Es hat sich nichts geändert. Zweierlei wird hieran deutlich. Einmal: Die Erzählende konstruiert den Sinn ihrer Lebensgeschichte als eine fortschrittliche Entwicklung vom Schlechteren zum Besseren hin; so bewertet sie ihr Leben auch ausdrücklich am Schluß ihrer Erzählung, wobei sie es gleichzeitig in den historischen Kontext einer ebenso fortschreitenden Frauen-Geschichte einrückt (109 f., 111). Und: Die männliche Verweigerung gleichberechtigter Sozialbeziehungen wird in dieser aufsteigenden Lebenslinie mit der kritischen Wertung des Frühen und Rückständigen versehen.

So wird die Problematik der sozialen Beziehungen im Studium skizziert. Daneben kommt als wichtiges Feld des erinnerten Lebens die politische Diskussion zur Sprache, die in einer sozialisti-

schen Studentengruppe (»ein etwas seltsames Gebilde ohne wirkliche politische Basis«, 96) gesellschaftskritisch und gegen die Nationalsozialisten geführt wird. Die politische Aktivität bietet die Möglichkeit, auf einengende Lebensumstände handelnd einzuwirken: »Mit der steigenden Inflation fing das Leben an, schwierig zu werden. Wir begannen mit Nationalsozialisten zu diskutieren...« (95 f.). Sie ist für Ira Rischowski ein entscheidender Lebensbereich, insofern die alltäglich sie begrenzenden geschlechtsrollenspezifischen Strukturen und Verhaltensweisen hier in doppelter Weise stillgestellt sind: Zum einen geht die politische Rede in der Gruppe über die konkreten, individuellen Lebensverhältnisse hinaus, wie sie alltäglich erfahren werden, indem sie die Gesellschaft theoretisch und auf Veränderung hin beleuchtet. Zum anderen kommt diese intellektuelle politische Kommunikation nicht nur theoretisch in den Inhalten, sondern auch praktisch im Verhalten ohne geschlechtsspezifische Rollenzuweisung aus. So bietet der politische Handlungsraum immer wieder Entlastung vom Druck der Rollenunsicherheit im beruflichen Bereich, indem die Unsicherheit als Kritik und Suche nach besseren Strukturen thematisiert werden kann, und zwar getragen von der ganzen Gruppe der politisch Redenden. Hierin entwickelt Ira Rischowski gewissermaßen das Standbein ihrer Lebensgeschichte, das mehrfach als stabilisierend für den noch stark von den traditionellen geschlechtsspezifischen Verhaltensmustern geprägten Lebensbereich eingesetzt wird, in dem berufliches und privates Leben sich überschneiden.
Wie sehr berufliche und private Rollenkonventionen einander durchdringen, erweist sich an Ira Rischowskis Geschichte ihres Lebens in diesen Bereichen. Noch während des Studiums heiratet sie einen Studienkollegen, wobei sie selbst sich als noch von den Eltern abhängig empfindet: »Ich hatte noch nicht die Eierschalen abgeworfen.« (96) Zur Heirat als gesetzlicher Legitimation des Zusammenlebens entschließen sich beide aus Rücksicht auf die Eltern. (96 f.) Gemeinsam bereiten sie sich auf die Diplomprüfungen vor, bis ein Zusammenbruch nach bestandener Teilprüfung Ira Rischowski zu einer Erholungspause nötigt. In dieser Zeit wird sie von ihren Eltern mit betreut; sie bekommt ihr erstes Kind, nachdem sie wieder mit ihrem Mann zusammenwohnt. Dieser hatte inzwischen seine Prüfungen abgeschlossen und zu arbeiten begonnen; der Wohnsitz der Familie richtet sich nach

seinem Arbeitsplatz. Nach einiger Zeit will Ira Rischowski ihr Studium beenden. Während ihr Mann in Stettin arbeitet, geht sie nach Breslau zu ihren Eltern, »übergab meine Tochter meiner Mutter und nahm das Studium wieder auf, diesmal an der TH Breslau.« (99) Nach einer arbeitsreichen Zeit, in der die Abende ihrer kleinen Tochter gewidmet sind, besteht sie ihre Prüfungen.

Jedoch sind damit die Probleme noch keineswegs gelöst: »War ich nun ein Ingenieur? Zwar hatte ich die Qualifikationen schwarz-auf-weiß, aber ich fühlte mich in keiner Weise befähigt, als Ingenieurin mein Brot zu verdienen. Ich war halt doch wieder ins Nest zurückgeflattert und fühlte wieder die Eierschalen. Wie fängt man es an, eine Stellung zu finden? Wie vereinigt man Broterwerb mit Kinderpflege?« (100) Es ist also, wie diese ihre Einschätzung ihrer Situation sehr präzise zeigt, kein Wunder und kein Zeichen individueller oder geschlechtsspezifischer Schwäche, wenn familiäre und freundschaftliche Sozialbeziehungen als prägende Elemente der Lebensgeschichte aufscheinen; wenn immer wieder zwischen Berufs- und Familienrolle gependelt wird; wenn das »private« Beziehungsnetz die Möglichkeiten zur beruflichen Tätigkeit bereitstellt (der Vater, der Ehemann und später ein Freund sind Vermittler zur Berufswelt; die Mutter ist Stütze im familiären Bereich).

Ein zweites Kind wird in dieser orientierungslosen Phase nach der bestandenen Prüfung geboren; wiederum gelingt ihr – diesmal mit Hilfe ihres Mannes, der ihr in seiner Firma einen Arbeitsplatz (als seine Assistentin) verschafft – der Übergang zur Berufsrolle. Der Mann hatte sich inzwischen beruflich etabliert – er war Direktor der Firma geworden. Obwohl er in der Familie keineswegs auf einer traditionellen männlichen Rolle beharrte, hatte er offenbar durchaus nicht die Hälfte der anfallenden familiären Haus- und Beziehungsarbeit übernommen: »Selbst zu Hause nahm mein Mann teil an der Betreuung unserer Tochter. Er war durchaus fähig – und willig –, ihre Windeln zu wechseln und, später, sie zu füttern, und half selbstverständlich beim Abwaschen.« (99) Die genannten Tätigkeiten und das Ausmaß seiner Aktivität (teilnehmen, helfen) deuten darauf hin, daß beide Ehepartner zwar traditionelle Rollengrenzen aufzuweichen, jedoch nicht aufzuheben vermögen.

Für das anscheinend unlösbare Problem, wie Familien- und Berufsarbeit sich vereinbaren lassen, findet zwar Ira Rischowski in ihrer Lebensgeschichte keine endgültige Lösung. Jedoch wird es nach einiger Zeit durch die Umstände gewissermaßen stillgestellt, so daß ihr dann eine Zeit der Berufstätigkeit ohne familiäre Beziehungs- und Hausarbeit zu leben möglich ist. Die Mitarbeit in einer sozialistischen Gruppe und ihre dadurch bewirkte Gefährdung im Dritten Reich nötigen sie 1935 zur Emigration nach England, wobei sie ihre Kinder zunächst in der Obhut ihrer Mutter zurücklassen muß. Zwei Jahre vorher schon hatten ihr Mann und sie sich scheiden lassen. Nach einiger Zeit kann sie die Kinder nachholen und schließlich in einem Internat unterbringen. Zeitweilig kann der inzwischen ebenfalls emigrierte Ex-Mann ihr wiederum Arbeit in ihrem Beruf verschaffen; nach beendeter Internierung gelingt es ihr schließlich, sich mühsam selbst eine Karriere aufzubauen.

Die Schwierigkeiten liegen nunmehr weniger im Zugang zur Berufstätigkeit, sondern in der Wahrnehmung durch Kollegen und Vorgesetzte sowie den dadurch mehrfach verhinderten Aufstiegsmöglichkeiten. Zwar ist nun kaum noch familiäre Beziehungsarbeit zu leisten; jedoch tritt an ihre Stelle zermürbende, da als sinnlos empfundene berufliche Beziehungsarbeit: »Natürlich setzte ich mich schließlich durch [d. h. als von den Vorgesetzten anerkannte Fachfrau] – aber wieviel Energie muß man verschwenden, nur, um anerkannt zu werden, um die eigentliche Arbeit machen zu können.« (107) (Über ihre »eigentliche Arbeit« erzählt Ira Rischowski übrigens nicht sehr ausführlich.)

Indessen ließ sie es nicht beim Einzelkampf um Anerkennung am Arbeitsplatz bewenden. Daneben engagierte sie sich – hier erfolgreich: sie wurde in den Vorstand gewählt – in einem Berufsverband von Frauen und in der Gewerkschaft; auch hier wurde sie in leitende Gremien gewählt. Nach dem endgültigen Beginn des Ruhestandes mit 78 Jahren (bis dahin hatte sie noch freiberuflich im Betrieb eines Freundes gearbeitet) arbeitete sie verstärkt in der Frauenbewegung mit, um gegen die Diskriminierung berufstätiger Frauen – die ihrer Analyse nach derzeit vor allem bei der Frage von Beförderungen in leitende Positionen einsetzt – national und international anzugehen. Am Schluß ihrer Erzählung steht ihre derzeitige familiäre Situation, die ihre Perspektive auf die Zukunft erkennen läßt: »Die Enkelinnen finden es ganz selbstverständlich, daß sie einen Beruf haben und daß ihre Männer die Haushaltspflichten mit ihnen teilen. Also ein bißchen vorwärtsgekommen sind wir Frauen – und Männer – doch wohl.« (111) Ira Rischowski sieht also die zukünftige Geschichte in Kategorien der Familiengenerationen, und zwar insbesondere der weiblichen Mitglieder als Trägerinnen der für sie entscheidenden Tradition: des Kampfes um die Gleichberechtigung der Frauen. Ihre Zielvorstellung, an der sie die Gegenwart normativ mißt, ist Berufstätigkeit für beide Partner (mit jeweils gleichen Aufstiegschancen, wie aus dem Vorangehenden erhellt) und geteilte Hausarbeit. Dabei kommt familiäre (und berufliche sowie politische) Beziehungsarbeit nicht in den Blick. Hier handelt es sich einerseits um einen üblicherweise verschwiegenen Arbeitsbereich, der einen wichtigen Bestandteil der weiblichen Hausfrauen- und Mutterrolle ausmacht[11]; andererseits war Beziehungsarbeit im beruflichen Leben für die Erzählende eine aufgezwungene, immer erneut demütigende Extraleistung. Angesichts dieser individuellen Erfahrungen in der Vergangenheit und angesichts der als vielfach defizitär (gemessen an der genannten Norm) erfahrenen Gegenwart wird hier im familiären Bereich eine positive Gegenwart mit der Zukunft verknüpft. Darin spricht sich nicht etwa ein Glaube an den selbstmächtigen »Fortschritt« aus, sondern vielmehr die Orientierung an geleisteter und noch zu leistender Arbeit für eine gerechte Gesellschaft, jeweils in konkreten und fühlbaren sozialen Zusammenhängen und Beziehungen angesiedelt. Allerdings ist die gerechte Gesellschaft nunmehr auf die Geschlechterbeziehungen beschränkt, und die soziale Ungleichheit erscheint nicht mehr – wie noch in der Jugend – als zu bearbeitendes politisches Problem.

III

In Interviews mit Erika Runge entstand die Lebensgeschichte von Solveig A. (vgl. Anm. 4), 1900 geboren. Ihre Geschichte setzt das fort, was Vater und Mutter vorgelebt haben, so zeigt es gleich der Anfang. Vom Beruf des Vaters ist die Rede – Teilhaber einer Tabakhandelsfirma –, dessen Rhythmus von Verreisen und Zuhausesein das familiäre Leben bestimmt. Nachdem sie ihr eigenes Geburtsdatum und diejenigen ihrer drei Geschwister genannt hat, fährt Solveig A. mit der Beschreibung der Stellung ihrer Mutter in

der Familie fort. Diese »hatte gesellschaftliche Pflichten, und sie hatte dem Haushalt vorzustehn und (...) einmal im Monat mußte sie Rechnungen bezahlen (...)« (222); mit der Kindererziehung befaßte sich das Kinderfräulein. Durch die Auswirkungen seiner beruflichen Erfolge auf die Familie kommt nun auch der Vater wieder in den Blick, der zwar nicht zentrale Figur des familiären Alltags war, aber dennoch stets im Brennpunkt der Aufmerksamkeit stand. Seine Ansichten und Vorlieben prägen das Leben – sei es in seiner Einstellung zum Schmuck, sei es seine Planung des neugebauten Familienhauses bis in die Details hinein, sei es seine Vorliebe fürs Klavierspielen und die Hausmusik, die den Freundeskreis und die Interessen der Kinder bestimmt (222f.).
Die Erzählende stellt sich selbst als in diesen Familienkosmos integriert dar. Die dieses soziale Zentrum bestimmenden Werte, Vorstellungen und Verhaltensweisen übernimmt sie, ohne durch eigene Akzente diese Struktur zu verändern oder gar zu sprengen. Insbesondere schließt das die Zustimmung zu den geschlechtsspezifisch festgelegten Rollen in der Familie ein: Die Mutter ist für die anfallenden Familienarbeiten zuständig (wobei ihr einen Teil der Beziehungs- und Hausarbeiten die Hausangestellten abnehmen); der Vater ist für die außerhalb der Familie erledigte Berufsarbeit zuständig (einschließlich Reisen: Solveig A.s Hochzeitsreise schenkte der Vater, während die Mutter die Arbeit des Wohnungseinrichtens für das junge Ehepaar tat, 228) und spielt als Familienvater in der Familie die Rolle eines Dirigenten, der die Richtlinien des familiären Zusammenlebens aufstellt. Dabei erhält der Vater mit seinem deutlich geringeren Anteil familiärer Arbeit doch die größere Aufmerksamkeit der Erzählenden; jedoch wird hier von der Mutter immerhin mehr berichtet, als dies etwa in der Lebensgeschichte Ira Rischowskis der Fall war (die die Rolle der Mutter, im Unterschied zu Solveig A., ablehnte und nicht übernahm). Ihre Bejahung dieser Rollenverteilung bedeutet auch für die eigene Person eine reibungslose geschlechtsspezifische Sozialisation, bei der die Rolle der Mutter das Vorbild abgibt.
Dieses Leitbild wird allerdings geringfügig variiert, da es dem Vater ratsam erscheint, daß auch seine Töchter einen Beruf haben müssen (224f.). Solveig A. lehnt sein Angebot, bei ihm Sekretärin zu werden, jedoch ab, da dieser Beruf offenbar zu weit von der weiblichen Rolle der Familienmutter abweicht: »›Wenn ich einen Beruf ergreife, dann möchte ich am liebsten den Beruf ergreifen,

der der Mutter am nächsten ist. Und das ist für mich die Lehrerin.‹« (225) Entsprechend der familiären Rollenverteilung beziehen sich die nunmehr von der Mutter an das Studium geknüpften Bedingungen auf die vorrangige Ausbildung zur Hausfrau, und entsprechend ihrem eigenen Rollenverständnis akzeptiert Solveig A. diese Bedingungen: »Diese Kurse nahm ich dann auch mit. Ich nahm immer alles, wies kam, weil, ich muß sagen, ich war kein Mensch der großen Opposition. Wenn ich etwas anerkannte, dann tat ich das, ob ich da nun furchtbar viel Lust zu hatte, das war nicht wichtig damals.« (225) Neben der Übernahme der weiblichen Rolle, die hier in Kategorien der Unterordnung ohne eigenen Willen ausgedrückt wird, ist auch die Möglichkeit angedeutet, daß diese Rolle eventuelle eigene Wünsche hintanzustellen verlangt, ohne daß doch derartige eigene Wünsche erkennbar würden. Angesichts dieses Fehlens von eigenen, abweichenden Absichten für das eigene Leben wird nicht nur das Leben innerhalb der traditionellen bürgerlichen Hausfrauenrolle verlaufen müssen[12], sondern es werden auch die Wünsche und das Bewußtsein sich am Faktischen orientieren, so daß alle innerhalb dieser Rolle deutbaren Erfahrungen als positiv empfunden werden müssen.[13]

Gymnasium, Abitur und Studium werden denn auch als Teile *dieser* Lebensgeschichte erzählt, insofern sie Solveig A.s Erfolge in der weiblichen Rolle – gemessen an der Anerkennung, die ihr Verhalten ihr bei den männlichen Gegenübern einträgt – zu illustrieren vermögen. In der Schule: »Aber ich kam und sah und siegte, alles war wie umgewandelt. Die, die am größten gemeutert hatten, waren die größten Kavaliere (...)« (225). An der Universität hörte sie, »was es so gab an interessanten Sachen. Das hab ich alles mitgenommen, das fand ich sehr schön«. Sogleich ergibt sich: »Und da lernte ich eben vor der Universität durch zwei Vettern aus Bremen meinen Mann kennen.« (226)

Die Beziehung zu ihrem (zukünftigen) Mann ist, wie vorher die zum Vater, einseitig von ihm aus bestimmt. Als entscheidend wird in der Lebensgeschichte mitgeteilt, wie er sich in sie verliebte; von ihr ist nicht die Rede (226). Wichtiger Bestandteil der Beziehung ist, so erzählt Solveig A., schon während des Studiums, daß sie ihm gutes Essen bieten kann.

Die weitere Lebensgeschichte Solveig A.s wird von dem die Beziehung dominierenden Mann her gestaltet. Von seiner Berufsausbildung erzählt sie, vom Tod seiner Eltern, von seinen Empfindungen. Daß sie selbst ihr Studium nicht abschloß, wird wiederum (zum Teil) von ihm aus begründet: »So weit bin ich nicht gekommen, weil ich erstens zu Anfang nicht den nötigen Ernst hatte und dann eben später heiratete. Ich habe das Examen nicht nötig gehabt dadurch, daß mein Mann Beamter wurde, sonst wäre es vielleicht wichtig gewesen.« (228)

Sie berichtet eigene Aktivitäten als ihre Beschäftigung zu Beginn ihrer Ehe, als noch keine Kinder da waren. Diese Tätigkeiten gleichen teilweise denen der Jugend und des Studiums einerseits sowie denen im Alter, nach dem Tod des Mannes, andererseits (lesen, Theater und Konzerte besuchen). Teilweise aber arbeitet sie auch als Privatsekretärin ihres Mannes: »Mein Mann kam als Referendar ans Gericht, und dann bin ich zum Schreibmaschinen- und Stenografiekursus gegangen, denn er hatte, kam mit der Zeit nicht hin, und ich konnte ihm helfen.« (228)

Vom Berufsweg des Mannes ist nun die Rede, ferner von seinen politischen Ansichten. Solveig A. erzählt und begründet eingehend ihres Mannes ablehnende Haltung zu Hitler und den Nationalsozialisten, und sie fügt noch seine Wahlentscheidung bei der letzten Wahl vor der Machtergreifung hinzu. In den Rahmen dieses Berichtes über die politische Meinung ihres Mannes und deren Einfluß auf seine Karriere setzt sie die deutliche Betonung ihres eigenen politischen Desinteresses: »Was ich selbst gewählt habe, weiß ich nicht mehr. Ich nehme an, daß ich meine FDP, nee, ich weiß nicht, ja, glaub ich, gewählt habe, aber ich weiß es wirklich nicht mehr. Ich bin politisch nie so stark interessiert gewesen, daß ich mir da schon eine eigene Meinung hätte machen können. Es war für mich jedenfalls nicht so bedeutend wie für ihn, der bewußt diesen Schritt tat.« (229)

Außerfamiliäres Leben wird also nur als lebensgeschichtlich bedeutsam erfahren und erzählt, insoweit es über ein Familienmitglied die familiären Beziehungen spürbar zu beeinflussen vermag. Bei dieser reduzierten Wahrnehmung des Politischen in der Form dessen, was sich davon in den Familien- und Freundschaftsbeziehungen widerspiegelt, werden politische Inhalte und Praktiken völlig gleichgültig – bis auf das, was davon noch als eigene Bedrohung erlebt wird.

Die von Solveig A. beständig geleistete Beziehungsarbeit in diesem Netz von familiären und freundschaftlichen Sozialbeziehungen wird nicht als kontinuierlicher, alltäglicher Bestandteil ihrer Arbeit in die lebensgeschichtliche Erzählung aufgenommen. Nur bei Gelegenheit von problematischen Beziehungsstrukturen (gemessen an auftretenden Konflikten), die vom Standpunkt der idealen Familie aus eine Normabweichung darstellen, schimmert der konstitutive Anteil solcher Beziehungsarbeit an ihrer Familienrolle auf. Offenbar gibt es eine ungeschriebene Norm, daß die von der Frau gemäß ihrer traditionellen Rolle geleistete Beziehungsarbeit nur zur Sprache gebracht werden darf, wenn es um die Rettung gefährdeter Beziehungen und Beziehungsstrukturen (und damit um außerordentliche Leistungen von Haus- und Beziehungsarbeit) geht. So zeigt es der von Solveig A. angesichts differierender politischer Ansichten aufrechterhaltene Familienfrieden (231), so zeigt es beispielsweise später die von ihr aufgebaute Familienvater-Rolle ihres Mannes, der sich anscheinend aus eigenem Antrieb und mit familiären Aktivitäten bislang nicht als solcher zu entfalten vermochte (235 f.). Als rettendes und stabilisierendes Eingreifen in Ausnahmesituationen läßt sie selbst ihre Beziehungsarbeit erscheinen.

Daß es sich jedoch in Wirklichkeit um eine kontinuierliche Leistung handelte, die sie im familiären Beziehungsgefüge alltäglich erbrachte, ist ihrer Geschichte nur indirekt (aber eben doch) zu entnehmen: »Und meine Lebensaufgabe waren ja die Kinder und mein Mann, die berufliche, die seelische Betreuung vor allem, die Betreuung meines Mannes, daß er seinen Beruf ausfüllen konnte.« (237) Resümierend redet Solveig A. so über ihr Leben, wie es bis zum Tod ihres Mannes für sie aussieht (wobei sie Hausarbeiten – Waschen, Putzen, Kochen etc. – auch hier ausblendet), nachdem sie den Tod ihres Mannes berichtet hat. Von hier aus werden die beruflichen Erfolge ihres Mannes und die familiäre wie berufliche Existenz ihrer vier Kinder gleichermaßen als zumindest teilweise auf ihrer Beziehungsarbeit beruhend sichtbar gemacht. Allerdings geschieht dies erst im Rückblick auf eine Familiensituation, die so nicht mehr besteht und in der folglich die gewohnte Beziehungsarbeit nicht mehr geleistet werden kann.

Im Sinne eines Entwurfs vermag in dieser Lebenssituation – der Mann lebt nicht mehr, die Kinder wohnen mit ihren eigenen Familien von ihr getrennt – das dargelegte Rollenverständnis nur noch eingeschränkt als sinnstiftend zu wirken: Die oben beschriebene Lebensaufgabe ist erfüllt und beendet; (groß-)mütterliche familiäre Beziehungsarbeit ist nur noch sporadisch möglich. An den freigewordenen Platz treten als stellvertretende Beschäftigungen kulturelle und gesellige Aktivitäten sowie – ein vom Tisch anderer Familien fallender Rest an zu erledigender Beziehungsarbeit – das Erteilen von Nachhilfeunterricht.

Solveig A.s Lebensgeschichte in ihrer Orientierung an familiärer Haus- und Beziehungsarbeit innerhalb einer am Familienvater ausgerichteten Familie verläuft somit ausgehend von einer Vor-Geschichte (in der die weibliche Rolle noch nicht voll übernommen ist) über einen Gipfel (an dem die Rolle von ihr ausgefüllt wird) zu einer Nach-Geschichte hin (in der die Rolle nicht mehr wahrgenommen werden kann). Von hier aus blickt sie zurück auf ihre Vergangenheit, die sich nur erinnernd und erzählend nochmals heraufholen läßt, jedoch die Gegenwart nicht prägend zu beeinflussen vermag und somit auch für die Zukunft keine Perspektive zu entwickeln ermöglicht. Es bleibt nur das Vergegenwärtigen von Erinnerungen, in denen sie die erstrebte weibliche Rolle ausfüllte und die im Bewußtsein einer vollgültigen Vergangenheit die positive Beurteilung des eigenen Lebens aufrechterhalten helfen: »Aber ich bin zufrieden, wie es gewesen ist, und ich bin dankbar, daß ich soviel erfülltes Leben gehabt habe.« (238)

Der von der Empfindung des Verlustes geprägte Blick auf die Vergangenheit konzentriert sich auf das entglittene Eigene. Ausgeblendet aus der Wahrnehmung und dem Bereich des eigenen Handelns ist außerfamiliäres soziales Leben als solches (d. h. insofern es sich nicht als Einfluß auf das familiäre Leben der Beachtung aufdrängt). Versucht wurde immer die Wahrnehmung der Wirklichkeit in Familien-Kategorien, und versucht wurde immer, das eigene Leben innerhalb der von diesem Wahrnehmungsraster gesetzten Grenzen anzusiedeln. Die gesellschaftlichen Strukturen (als von der Erzählenden nicht wahrgenommener Bedingungsrahmen ihrer eigenen Realität) sowie die individuellen Lebensumstände ermöglichten die ungebrochene Beibehaltung von sowohl Wahrnehmungsraster als auch Handlungsfeld im familiären Bereich. Die normative Kraft dieses Systems ist so stark, daß wehrlos hingenommen wird, wie das eigene gegenwärtige Leben in diese familiären Strukturen kaum noch einzubinden ist. Die Erinnerung an die ehemals geglückte Realisierung der Norm vergegenwärtigt diese Norm der geschlechtsspezifischen weiblichen

Familienrolle und zeugt zugleich vom ungeminderten Fortbestehen dieser Norm.

IV

Die Lebensgeschichte der Schweizerin Aline X. (vgl. Anm. 5) entstand in Interviews, die die Journalistin Laure Wyss mit ihr führte. Die 1921 in der französischen Schweiz geborene Aline X. stellt an den Anfang ihrer Geschichte die Position, die sie als Älteste unter sechs Geschwistern einnimmt, wobei der Altersunterschied zur Jüngsten 23 Jahre beträgt und von den zwei Brüdern nur deren Vorhandensein erwähnt wird. Die Eltern sind hart arbeitende Kleinbauern. Die Arbeit bestimmt das Leben und auch das Bewußtsein derart, daß von der Familie, ihren Lebensumständen und dem eigenen Leben darin in Kategorien der Arbeit gesprochen wird. Die beständige, auch die sozialen Beziehungen prägende Arbeit bleibt für Aline X. zeitlebens entscheidend: »Man mußte zuhause schon immer so viel arbeiten, daß man auch später von nichts anderem wußte. Meine Brüder und Schwestern arbeiteten genau so wie ich. Die ganze Familie ist so.« (12)

Die Arbeit auf dem Hof mit der Familie zusammen ist denn auch das, was die Kindheit am nachhaltigsten beeinflußt. Die Schule ist daneben eher eine Erholung, ein Raum, in dem arbeitsfreie und lustbetonte Sozialbeziehungen bestehen können: »Wir liebten das, es war hübsch. Wir waren immer eine ganze Bande, man sang, wenn man hinaufstieg und wenn man herabkam. Daran habe ich eine gute Erinnerung. Ja, wirklich.« (9)

Mit diesen knappen zwei Abschnitten ist schon alles gesagt, was von Aline X. aus zu ihrer Kindheit zu sagen ist. Mit fünfzehn Jahren, nach dem Verlassen der Schule, beginnt das Erwachsenenleben: »Mit fünfzehn kam ich aus der Schule und ging dienen.« (9) Die Kindheit ist kein abgesonderter Bereich, wie es demgegenüber in bürgerlichen Biographien der Fall ist (Ira Rischowski und Solveig A. beispielsweise erzählen über diesen Lebensabschnitt recht ausführlich). In dieser Phase des Lebens und Arbeitens auf dem elterlichen Bauernhof gibt es auch keine Trennung von Privat- und Arbeitsleben, weder zeitlich noch räumlich. Die hier erfahrene und übernommene Lebens- und Arbeitshaltung

umfaßt also individuelles, soziales und Arbeitsleben als nicht trennbare Bestandteile des ganzen Lebens. Die Zusammenhänge werden auch dann noch sehr stark empfunden, als Privat- und Arbeitsbereich später in Aline X.' Leben teilweise getrennt nebeneinander bestehen; die Gestaltung des einen Bereichs geschieht auch dann immer mit den Mitteln und im Kontext des anderen. So ist für Aline X. die Wahrnehmung ihres sozialen Lebens als Produkt ihrer Arbeit und umgekehrt der Aufbau eines Arbeitsbereiches im Gefolge und mit Hilfe sozialer Beziehungen möglich gemacht, und diese Möglichkeit wird von ihr zur Gestaltung der Bereiche gemäß ihren Wünschen und Bedürfnissen selbstbewußt genutzt. Notwendige Bedingung dafür ist vermutlich, daß sie das in festgefügten sozialen Bahnen und unter dem unabweisbaren Druck eines großen Arbeitspensums verlaufende Leben im kleinbäuerlichen Bereich[14] später endgültig verläßt und dadurch Spielräume für die Gestaltung des eigenen sozialen und ökonomischen Lebens gewinnt.
Zunächst ist das Verlassen der vertrauten kleinbäuerlichen Umgebung für eine Stellung in der deutschsprachigen Schweiz eine schmerzhafte Erfahrung, da sie den Verlust der gewohnten sozialen Beziehungen zumindest zeitweise bedeutet: »Ich machte den Haushalt, die Zimmer und den Garten. Es war nicht schwer, aber ich hatte solches Heimweh. Ich habe in diesem Murten geweint, es ist nicht zum Glauben.« (9) Bei der nächsten Stelle hat Aline X. am Familienleben Anteil und fühlt sich wohl, ohne den ständigen Kontakt mit der eigenen Familie noch zu vermissen: »Ich hatte eine nette Patronne. Sie war Witwe, sehr nett, hatte zwei Kinder, dort hatte ich nicht Heimweh, weil ich ein Familienleben hatte.« (10) Der (briefliche) Kontakt mit Kameradinnen und mit der Mutter wird neben den sozialen Beziehungen an den Wohn- und Arbeitsstellen für diese Zeit hervorgehoben und auf die Dauer dieser Beziehungen hingewiesen: »In Neuchâtel hatte ich dann viele Kameradinnen, welche mit mir in der Schule gewesen waren. An freien Tagen traf man sich. Es gefiel mir sehr gut. Ich bin heute noch in Kontakt mit ihnen.« (10) Hingegen wird dem Vater gegenüber eine distanzierte Haltung zum Ausdruck gebracht, der zwar ein gutes Herz gehabt habe, aber streng und »ziemlich hart« gewesen sei (10).
Nach einer kurzen Zeit in der Fabrik (was dort hergestellt wird, ist nicht erwähn(enswer)t) muß sie einige Monate auf den elterli-

chen Hof zurückkehren, um dort mitzuhelfen, da der Vater mobilisiert war. Die bäuerliche Arbeit mit der Familie zusammen ist für sie bei weitem nicht so befriedigend wie das vorherige individuelle Arbeitsverhältnis in der Fabrik, bei dem sie aus den familiären Sozial- und Arbeitsbeziehungen herausgelöst war. Vor diesem Hintergrund, in diesem Kontext erscheint die Fabrikarbeit als positiv: »Nach der Fabrik kam ich dann nach Hause, weil es Krieg war, mein Vater wurde mobilisiert, sie hatten mich nötig. In der Fabrik hatte es mir ziemlich gut gefallen. Ich hatte gute Kameradinnen. Heute noch bin ich mit ihnen in Verbindung. Zuhause arbeitete ich mit der Mutter und Brüdern und Schwestern, vier Monate. Dann ging ich in Dienste (...) dort gefiel es mir sehr gut, es war fabelhaft.« (10) Auch diese Stellung als Hausangestellte wird als angenehme Erfahrung erinnert. Die im Vergleich dazu wenig zustimmende Beurteilung der familiären Bauernarbeit wird verdeckt abgegeben und ohne ausdrücklich begründet zu werden.

Auf zwei Wegen können die Gründe jedoch erschlossen werden: zum einen durch das an anderen Sozial- und Arbeitsverhältnissen als positiv Hervorgehobene, zum anderen durch das von anderen Kleinbäuerinnen über ihre Sozial- und Arbeitsverhältnisse Geäußerte. Zuerst zum zweiten: Vorausgesetzt, deutsche und schweizerische Kleinbauern leben nicht unter völlig verschiedenen Bedingungen, läßt sich hier die Antwort etwa so geben, daß die ökonomischen Verhältnisse und die traditionellen Strukturen der sozialen (Familien-)Beziehungen den einzelnen Familienmitgliedern kaum Spielräume zu selbständiger Gestaltung von Arbeit und sozialen Beziehungen lassen; am allerwenigsten sind solche Gestaltungsmöglichkeiten für die Frauen in kleinbäuerlichen Familien vorhanden – zumindest solange der Mann (Ehemann, Vater, Bruder) und Hofherr selbst auf dem Hof mitarbeitet. Die patriarchalischen Strukturen lassen schon einmal zu, daß die Frau hier und da größere Kompetenzen als der Mann und eigene Arbeitsbereiche entwickelt; dies kann jedoch kaum jemals in eine gleich starke oder gar stärkere Position innerhalb der Familie verwandelt werden, und es führt auch offensichtlich nicht dazu, daß die Frau sich – genau wie der Mann – Erholungspausen am Feierabend zugesteht (hierzu trägt die geschlechtsspezifische Arbeitsverteilung das Entscheidende bei: Die innerhalb des Hauses anfallenden Haus- und Beziehungsarbeiten haben die Eigenschaft des Nichtabschließbaren, vgl. Anm. 14). Im kleinbäuerlichen Alltag sind also die Spielräume für alle Familienmitglieder und ganz besonders für die Frauen äußerst begrenzt; demgegenüber werden nichtbäuerliche Arbeitsverhältnisse als freier empfunden.

Dies sind – und damit komme ich zum zweiten – auch für Aline X. die mit ihren nichtbäuerlichen Arbeitsverhältnissen verknüpften Erfahrungen. Sie erzählt diese Erfahrungen als mit dem jeweiligen Arbeitsverhältnis verbundene befriedigende soziale Beziehungen: zur Patronne, zu den Kameradinnen, zu den Kindern der Patronne. Diese Vorteile wiegen für sie offenbar auf, was als Nachteil erscheinen mag: die Abhängigkeit der Arbeit, die mindestens teilweise auch Unselbständigkeit ist (was aber vermutlich keinen Unterschied zur Arbeit auf dem elterlichen Hof ausmacht, wo sie als Tochter der Bauern jedenfalls auch wenig eigene Entscheidungen zu treffen hatte). Der Weggang von zu Hause, zuerst erzwungen und bedauert, erweist sich ihr nun also als Chance zur Befreiung aus starren traditionell-patriarchalischen Sozialbeziehungen, wird jedenfalls erzählend als solche dargestellt.

Jedoch gibt es hier keine ungebrochene biographische Linie, die – lebend und erinnernd – nur noch verfolgt und gerade ausgezogen werden müßte. Die sich nun anschließende Heirat und Ehe stellt vielmehr einen Bruch her aus der Perspektive einer angestrebten Befreiung aus traditionellen geschlechtsspezifischen Sozialbeziehungen und Lebensverläufen. Die Ehe ist für Aline X. eine erneute Phase der Einbindung in traditionelle Pflichten und des Widerstandes gegen die erwartete Unterordnung. Besonders heftig wird der Konflikt, als das Paar – ein Kind war schon da – auf Wunsch ihrer Schwiegereltern auf deren Hof lebt und arbeitet. Aline X. lehnt die geforderte Unterordnung unter eine wenig kompromißbereite Schwiegermutter ab; ihr Mann schließt sich seiner Frau an, die Familie zieht wieder in den Ort. Beide Partner arbeiten nun in der Fabrik. Obwohl für Aline X. die Arbeitsbelastung wesentlich größer und vor allem die Betreuung des Kindes schwieriger geworden ist (besonders, als nach einigen Jahren drei Kinder da sind), ist ihr der eigene Haushalt mehr wert. Nach der Geburt des dritten Kindes muß sie aufhören, in der Fabrik zu arbeiten, damit die Kinder betreut werden können. Während sie zu Hause die Kinder und den Haushalt versorgt und der Mann in der Fabrik arbeitet, wird die Ehe konfliktreicher; auch die Einmischung der Schwiegermutter in den Haushalt trägt dazu bei.

Schließlich trennen sich die Ehepartner im Guten (d. h. ohne gerichtliche Scheidung).
Die Kinder bleiben bei der Mutter, und sie fühlt sich nun für ihre Ausbildung verantwortlich. Da sie die Abhängigkeit vom Ehemann ablehnt – sie nimmt von ihm nur Unterhalt für die Kinder, nicht aber für sich selbst an, weil sie nicht will, »daß er eines Tages sagt, er habe mich aushalten müssen. Ich wollte mich allein durchbringen.« (15 f.) –, muß sie sich wieder bezahlte Arbeit suchen. Zunächst beginnt sie, nachdem sie ihren nunmehrigen Lebensgefährten kennengelernt hat, mit ihm zusammen Obst, Gemüse und Blumen anzubauen und auf den Märkten zu verkaufen.
Diese Arbeit, die weitgehend selbstbestimmt getan werden kann, ist ihr eine Quelle großer Befriedigung, zumal sie auch Gelegenheit zu vielfältigen sozialen Kontakten und Beziehungen bietet. Entsprechend ausführlich erzählt Aline X. von dieser Arbeit. Kaum etwas hingegen berichtet sie von ihrer Fabrikarbeit, die sie einige Zeit später zusätzlich wieder aufgenommen hat. Ihre Wertung ist aber auch hier – für die deutlich weniger geschätzte, unselbständigere Arbeit – positiv: »Ich liebe diese Arbeit sehr.« (12)
Die Qualität ihres Lebens und ihrer Arbeit bemißt Aline X. an dem Grad von ökonomischer und sozialer Unabhängigkeit, den sie ihr ermöglicht. Dabei versteht sie sich als ein in sozialen Beziehungen lebender Mensch und strebt nicht nach der Auflösung von sozialen Bindungen. Vielmehr versucht sie das Netz sozialer Beziehungen, in dem sie lebt, selbst aufzubauen und nach eigenen Wünschen und Bedürfnissen zu gestalten. Ihr Ziel dabei ist, dieses Beziehungsnetz so auszubalancieren, daß die Ansprüche der daran Beteiligten – vor allem ihrer drei Söhne und, nach der Trennung vom Ehemann und dessen Tod einige Jahre danach, ihres Lebensgefährten – einschließlich ihrer eigenen Vorstellungen von ökonomischer und sozialer Unabhängigkeit erfüllt sind. Sie zieht eine ökonomische und soziale Erfolgsbilanz. Ökonomisch: daß das von ihr bewohnte Haus inzwischen ihr Eigentum ist; daß die drei Söhne alle einen Beruf haben; daß sie diese Leistungen durch ihre eigene Arbeit fast ohne fremde Hilfe erbracht hat. Sozial: daß sie einen Lebensgefährten gefunden hat, mit dem sie konfliktfrei und gleichberechtigt sowie mit dem von ihr gewünschten Maß an Distanz (sie haben getrennte Wohnungen; sie

arbeiten, essen, reisen und verbringen die Wochenenden gemeinsam; sie sind nicht verheiratet) zusammenleben und -arbeiten kann; daß sie diese Beziehung zugleich so hat gestalten können, daß sie von den Söhnen akzeptiert wird; daß sie von den Leuten im Dorf anerkannt wird.

Für diese Erfolge verweist Aline X. selbst begründend auf ihre eigene ökonomische Tüchtigkeit. Zusätzlich ist ihre Distanzierung von (bzw. Konflikte mit) der älteren Generation (Vater, Schwiegermutter) und einigen gleichaltrigen Männern (vor allem dem Ehemann; diese Menschen sind vermutlich Vertreter der traditionellen geschlechtsspezifischen Rollenerwartungen) zu beobachten. Während diese eher als Hindernisse ihrer Unabhängigkeit auftreten, unterhält sie zu Frauen (außer der Schwiegermutter) durchweg positive Beziehungen.

Diese erarbeitete erfolgreiche Gegenwart wird von Aline X. ausführlich dargestellt, wobei sie zugleich sich selbst in dieser Gegenwart als tüchtige und fleißige Ursache ihres Erfolges, als Zentrum von Wünschen und Aktivitäten präsentiert. Neben dieser befriedigenden Gegenwart gerät die Vergangenheit zur Szene ihrer Bemühungen und der weniger akzeptablen Lebensverhältnisse. Schnell und vielfach wird bei den einzelnen Erzählthemen der Faden zur Gegenwart weitergesponnen: *Sie* ist das Feld, auf dem gelebt und gehandelt wird, auf dem Erfolge vorgeführt und zu bearbeitende Probleme aufgezeigt werden. Die durchlebten traditionellen Stationen einer familienorientierten Frauenbiographie waren genau wie die Gegenwart auf familiäre und freundschaftlichen Beziehungen ausgerichtet. Jedoch anders als in der Gegenwart war die Erzählerin dort häufig abhängiger und untergeordneter Pol der Beziehungen. Über diese persönlichen Beziehungen im dörflichen, beruflichen und familiären Bereich geht der erzählend ausgebreitete Horizont nicht hinaus in einen gesellschaftlichen, politischen Raum hinein. Dies dürfte nicht nur schicht-, sondern auch geschlechtsspezifische Ursachen haben: Die späte und zunächst nur teilweise Einführung des Wahlrechts für Frauen in der Schweiz 1971 ist Indikator dafür, daß politische Kompetenzen von Frauen bis fast in die Gegenwart hinein – also erst recht in Aline X.' Kindheit und Jugend – nicht erwartet und gefördert, also auch kaum entwickelt wurden.

Aline X. lehnt sich nicht ausdrücklich gegen traditionelle geschlechtsspezifische Rollenvorstellungen auf. Einige Phasen ihres

Lebens entsprechen einer rollengemäßen Biographie. Ohne ausführliche Reflexionen und Begründungen jedoch lebt sie ihr Leben praktisch unabhängig von diesen Rollenerwartungen: Sie akzeptiert keine Abhängigkeit von einem anderen Menschen, zumal wenn dieser auch ihre Handlungsmöglichkeiten beschneidet (wie es offenbar ihr Mann tat, der nicht wie sie einen Hauskauf oder eine Geschäftsgründung wagen wollte, 17). Hingegen bleibt ihr wichtig, ihr Leben vorrangig in Beziehungen zu realisieren (»Wenn ich einmal nicht mehr schwatzen kann, dann freilich ist es Schluß mit mir«, 18) – in Beziehungen allerdings, die sie selbst nach ihren Bedürfnissen mitgestaltet und die sie durchaus auch als Produkte ihrer Arbeit darstellt (dies kommt besonders in ihren Äußerungen über die Ausbildung ihrer Söhne zum Ausdruck).

V

Maria B., 1910 geboren, erzählte ihre Lebensgeschichte in Interviews, die Erika Runge für die »Bottroper Protokolle« mit ihr führte (vgl. Anm. 6).

An den Anfang stellt sie eine Erfahrung, die ihr zugleich lebensleitende Norm geworden ist und damit die Grenzen ihrer kritischen Wahrnehmung von Strukturen markiert. Nachdem eine ältere Schwester (insgesamt blieben von 13 Kindern sechs am Leben) ins Rheinland geheiratet hat, beschließen die Eltern, mit der ganzen Familie nachzukommen. Das war 1924, Maria B. war also 14 Jahre alt. Über ihre Kindheit bis dahin erzählt sie nichts. Wir erfahren nur ihre Herkunft – ländliches Milieu in Ostpreußen – und einiges über die sozialen Verhältnisse ihrer Familie dort: »Wir waren vom Lande: viel Kinder, viel Arbeit und wenig Nachdenken, so war dat doch.« (74) Dieser Information schließt sich eine Reflexion an, die Maria B. an die Kinderzahl in den verschiedenen Generationen knüpft. Sie stellt fest, daß diese ständig sinkt, und sie wertet diese Tatsache positiv: »Und ich seh das für richtig an. Warum sollen die Eltern denn nicht an sich denken?« (74)

In materiell beschränkten Verhältnissen viele Kinder zu haben, bedeutet – so gibt sie es wieder – in erster Linie für die Eltern viel Arbeit und wenig Zeit für eigene Bedürfnisse. Daß dies genauso für die Kinder große Einschränkungen, gemessen an heutigen

Ansprüchen, mit sich bringt, zeigt ihre eigene Geschichte. Seit sie 14 Jahre alt war, mußte sie als Hausangestellte arbeiten gehen, an Berufsausbildung war (noch) nicht zu denken. In dieser für die ganze Familie bedrängten Situation liegt es nahe, daß die Kinder die Normen und das Verhalten ihrer Eltern übernehmen, sich nach ihren Ratschlägen richten, weil ja für alle kaum Gelegenheit bleibt, andere als die vertrauten Lebensformen zu suchen und auszuprobieren. Zumal wenn die Familie sich, wie hier, an die völlig neuen Lebens- und Arbeitsverhältnisse im Revier (der Vater ist Bergarbeiter) gewöhnen muß.
So jedenfalls orientiert sich Maria B.: Die Eltern suchen gewissermaßen den Mann aus, den sie heiraten könnte; er wohnt bei ihnen, und sie können ihn also hautnah beobachten und kennenlernen. Die Tochter übernimmt diese Wahl der Eltern, macht die Vorentscheidung zur eigenen Lebensentscheidung. »... das war noch gar nicht mal schlecht. Man soll ja auch auf der Alten Rat hören, nich? Muß wirklich sagen: bin gut gefahren im Leben damit.« (75) Ihre Formulierung macht deutlich: Für sie handelt es sich um eine grundsätzliche Orientierung an den Eltern, nicht nur um die fallweise, geprüfte Übernahme eines Ratschlags. So tritt sie auch in ihrem weiteren Leben in die Fußstapfen der Eltern. Für sie als Frau bedeutet das Ehe und Kinderbekommen: »Und ich wollte doch eins [ein Kind]. Er wollte auch. Die Ehe, das beinhaltet ja das, sonst hätte man gar nicht heiraten brauchen.« (75)
Der Mann arbeitet im Bergbau, verdient das Geld. Auch längere Arbeitslosigkeit des Mannes Ende der zwanziger Jahre ändert nichts an der Rollenverteilung, regt keine Zweifel an ihrer Unveränderlichkeit an. Die schwierige finanzielle Situation wird vielmehr im Rückblick zum Anlaß, alltägliche Hausarbeiten im erinnerten Leben zur Sprache zu bringen, die hier offenbar durch die erschwerten Bedingungen erinnerungswert und gesprächsfähig werden. Daneben wird auch ausführlich von den Lebensbedingungen des Mannes geredet, der schließlich, wie andere Arbeitslose auch, sich als Sub-Arbeiter eines anderen Arbeiters einen (den geringeren) Teil von dessen Lohn verdienen kann. Ihr Kommentar: »Also, einer hat den anderen noch mit ausgebeutet.« (77) Darin kommt deutliche Kritik zum Ausdruck, die sich an der Norm orientiert, daß Arbeiter bzw. kleine Leute untereinander solidarisch sein sollten. Umgekehrt haben die Erfahrungen von

geleisteter Solidarität für sie einen großen Stellenwert und werden ausführlich erzählend vergegenwärtigt. Diese Norm ist für Maria B. so wichtig, daß sie auch nachdrücklich die eigene Familie – den Mann und die Söhne – kritisiert, als diese die erhaltenen Care-Pakete (schon nach 1945) nicht mit bedürftigen Nachbarn teilen wollen (85 f.).

Ihre Familie und deren Wohlergehen nimmt in dieser Lebensphase ihre ganze Aufmerksamkeit und Arbeitskraft in Anspruch. Die Machtergreifung der Nationalsozialisten ist bei den Arbeitern von Hoffnungen auf einen Generalstreik begleitet und für sie mit der Sorge um genügend Lebensmittelvorräte für diesen Fall verknüpft. Als der Streik nicht zustandekommt, ist sie bereit, die für den Augenblick gewonnene materielle Sicherheit an- und politisch motivierte Gewalt dafür hinzunehmen: Haussuchungen in der Nachbarschaft beunruhigen und machen ängstlich, selbst als nächste bedroht zu sein (78 f.).

Ihr Mann, der mit den Kollegen zusammen politisch diskutiert, sich Informationen beschafft und die NS-Politik verurteilt, hat für Maria B. angesichts der materiell gefestigten Familiensituation keine Glaubwürdigkeit. Sie hört sich seine Argumente an, liest die von ihm mitgebrachten kommunistischen Flugblätter mit Informationen über Mißhandlungen und Konzentrationslager, aber sie weist Mitteilungen und Prognosen als Lügen, als Schwarzmalerei von sich. Ihre Wahrnehmung und ihr Urteil ändern sich jedoch allmählich, als in der Nachbarschaft kommunistische und jüdische Menschen abtransportiert werden. Sie vertraut ihrer eigenen Kenntnis dieser Menschen: »Wo ich genau wußte: sind ehrliche und anständige und brave Leute, wie jeder andere auch.« (79) Ihre menschlich-nachbarschaftlichen Beurteilungsmaßstäbe sind ihr plausibler als die politischen und rassischen Unterscheidungskriterien der Nazis. Ihr eigenes Urteil ist ihr nun gewichtiger als die politischen Gewaltverhältnisse.

In der Folge erfährt und erzählt sie ihre zunehmend geschärfte politische Wahrnehmungs- und Urteilsbereitschaft. Dazu gelangt sie mit Hilfe ihres bisherigen Horizonts, der in Form und im Rahmen von familiären und nachbarschaftlichen Beziehungen angesiedelt war. In dieser Lebensphase erfährt sie sich und die mit ihr nachbarschaftlich und familiär Verbundenen als Objekte von politischer Gewalt; der von ihr nunmehr wahrgenommene politische Raum wird durch diese Kategorien bestimmt. Dabei bleibt sie mit der Opfer-Erfahrung (Solidarisierung mit den Opfern, Selbsteinschätzung als potentielles Opfer), die ihr einen politischen Horizont eröffnet, durchaus im Bereich weiblicher Selbstbilder und Erfahrungen (vgl. Anm. 13), und der eröffnete politische Horizont bleibt der Rahmen für passive, für (potentielle) Opfer-Erfahrungen, nunmehr allerdings über den familiären Bereich hinausreichend.

Die Familie ist inzwischen auf sechs Personen (vier Kinder) angewachsen, der Mann leidet an einer Berufskrankheit und ist zeitweise arbeitsunfähig. In der prekären materiellen Situation tritt das solidarische Netz der Kollegen und Nachbarn helfend auf den Plan. Der Augenblick dieses Handelns wird wiederum als Lebenshöhepunkt erfahren: »Ich kann Ihnen nur sagen: so ein Weihnachtsfest haben wir nie wieder gefeiert!« (81)

Nach dem Krieg hat die Familie weiterhin mit materiellen Schwierigkeiten zu kämpfen. Zu den allgemeinen Wohnungs- und Nahrungsproblemen gesellt sich hinzu, daß die Zeche, bei der Mann und Söhne beschäftigt sind, systematisch die Lohnzahlungen verzögert. Als die Beschäftigten ihre Unzufriedenheit nicht in Protestaktionen umsetzen, werden die Frauen aktiv. Dabei zieht die Gruppensolidarität die zögernden Einzelnen mit. Auf dem Werksgelände tragen sie ihre Forderungen vor, Zechenleitung und Betriebsrat gleichermaßen kritisierend. Maria B., die als Wortführerin eine Rolle übernimmt, in der sie sich sehr unsicher fühlt, verweist dabei auf die Frauen, die als Arbeitskräfte und energische Kandidatinnen für den Betriebsrat in Reserve stehen: »›Wir haben nen Betriebsrat, und wenn der nicht fähig ist, diesen Posten auszufüllen, dann gibt es noch Frauen, die auch gerne arbeiten möchten, dann soll er den Platz freimachen, und dann wird ne Frau den vertreten. Ich glaube, daß dann manches anders wäre.‹« (88 f.) In dieser Frage wie an anderen Punkten auch macht sie später die Erfahrung, daß das Engagement aufhört, Rechte nicht erkämpft, politisches Handeln anderen überlassen wird.[15] Das bleibt für sie, trotz der entdeckten eigenen politischen Handlungsmöglichkeiten, eine passiv hingenommene Erfahrung. Zwar ist mit dem politischen Handeln eine weitere politische Dimension in ihr Bewußtsein getreten, aber sie vermag sich gegenüber der erlernten und lebenslang geübten Passivität (in allen Bereichen außer der Versorgung der eigenen Familie) nicht recht durchzusetzen.

Berufstätigkeit beispielsweise, die sie in der erwähnten Rede auf dem Zechengelände als Bedürfnis vieler Frauen angemeldet hatte, nimmt sie selbst erst nach mehrfachen Anstößen von außen auf: Der Mann ist früh gestorben, sie resigniert in Alkohol und Depressionen – bis der Kummer einer anderen Frau (ihrer Tochter?) über ihre Situation sie aus ihrer Lethargie herausreißt. Und schnell ist sie bereit, in Zeiten der Arbeitslosigkeit auf die ihr wichtig gewordene Berufsarbeit zugunsten einer anderen Frau, die noch keine Rentenansprüche erarbeitet hat, zu verzichten – aus Gründen der Solidarität (89.91). Die von ihr gewählte Tätigkeit als (Werks-)Fürsorgerin entspricht den Neigungen und Kompetenzen, die sie in ihrer lebenslang geübten weiblichen Rolle erworben hat. Die vielfältigen sozialen Kontakte, die Beziehungen, die dieser Beruf mit sich bringt, und die Möglichkeit, anderen zu helfen, kommen den Bedürfnissen entgegen, im Rahmen dieser Rolle zu leben. In der Beziehungsarbeit mit den von ihr Betreuten versucht sie, eigene politische Ziele in Handeln umzusetzen, indem sie z. B. Koreanern davon abrät, sich von den USA als Soldaten für den Vietnam-Krieg verpflichten zu lassen. Hier wird in individuelles Handeln verwandelt, was vorher als individuelles Betroffensein – durch den Wehrdienst des ältesten Sohnes kurz vor Kriegsende – zum politischen Problem wurde. Ihrer Situationswahrnehmung nach blieb auch keine wirkungsvollere Möglichkeit, da sie keine politischen Friedens-Aktionen und -Konzepte in der Gegenwart erkennen kann: »Und heute? Jetzt sagen Sie mir mal n Ausweg. Es passiert nichts.« (82)

Maria B.s Lebensgeschichte wird aus einem politisch-historisch reflektierenden Bewußtsein heraus erzählt. Die weibliche Rolle der Ehefrau und Mutter, die für unbezahlte familiäre Haus- und Beziehungsarbeit zuständig ist, prägt ihre Biographie und bringt Maria B. dazu, diese auch selbst in der Orientierung an traditionellen Mustern wahrzunehmen. Von den Wahrnehmungs- und Handlungsfeldern dieser Rolle aus erwirbt sie jedoch in mehreren Phasen das Bewußtsein, über den familiären hinaus auch in einem politischen Lebensraum zunächst nur passiv sich vorzufinden, später ansatzweise auch handelnd in ihm zu wirken. Die erlernten und jahrzehntelang geübten Muster weiblicher (Selbst-)Wahrnehmung und Handlungsbereiche stecken den Rahmen ab, in dem diese stufenweise politische Identitätsbildung sich vollzieht; der Rahmen selbst – die Geschlechterrollen – gerät hingegen nicht ins Blickfeld und wird folglich auch nicht als politisch begriffen und durchdacht.

VI

Welcher Art sind nun die in den vier Lebensgeschichten vorgetragenen Entwürfe? Welche Perspektiven auf ihr Leben haben die zwischen 1900 und 1921 geborenen Frauen erinnernd und erzählend entwickelt? Welchen Beitrag zum Entwerfen weiblicher Biographien leistet diese Untersuchung? Zu diesen Fragen sollen abschließend einige Überlegungen angestellt werden.

Die dargestellten lebensgeschichtlichen Entwürfe sind zwar individuell und schichtspezifisch verschieden, doch lassen sie grundlegende Gemeinsamkeiten erkennen. Es gibt so etwas wie eine weibliche Normalbiographie, die die Rolle der Hausfrau und Mutter zumindest für längere Lebensphasen enthält. Diese Rolle prägt mit ihrer Ausrichtung auf die Familie den Handlungs- und Wahrnehmungsraum der Frauen so entscheidend, daß das hierin vorherrschende Leben in Beziehungen – in Anpassung und Widerstand gleichermaßen – als formende und sinnstiftende Qualität die erzählten Erinnerungen strukturiert. Die soziale Prägung durch Erziehung und Vorbild der Eltern sowie die lebenslange Konfrontation mit einschränkenden Rollenerwartungen sorgen für die bleibende Etablierung der Frauen in diesem geschlechtsspezifischen, »weiblichen« Lebensraum, der sich als keineswegs selbstgewählt erwiesen hat. Von ihm wird der Horizont weiblicher Lebensmöglichkeiten bestimmt, dessen Grenze akzeptiert (Solveig A., Maria B.) oder aber überschritten (Ira Rischowski, Aline X.) und auch ausdrücklich kritisiert und reflektiert wird (Ira Rischowski). Diese Grenze sorgt dafür, daß sich das Leben in Beziehungen für die vier Frauen vornehmlich als Abhängigkeit von einzelnen Männern oder/und von männlich beherrschten Strukturen realisiert. Während der Kampf gegen die Abhängigkeit in individuellen Beziehungen in absehbaren Zeiträumen und mit begrenzten Anstrengungen erfolgreich sein kann (Ira Rischowski, Aline X.), läßt sich auf die sexistischen Strukturen nur langfristig und kollektiv verändernd einwirken (Ira Rischowski).

Wird die Begrenzung des Lebensraums auf die weibliche Familien-Rolle und die Abhängigkeit in der Beziehung zu einem Mann akzeptiert, so ist die lebensgeschichtliche Erinnerung an passive Wahrnehmungs- und Verhaltensmuster gebunden. Beispielsweise spiegelt sich die verinnerlichte Abhängigkeit darin, daß das Zentrum des erinnerten Lebens nicht das eigene Ich, vielmehr der Mann und die von ihm abgesteckten Lebens- und Arbeitsbedingungen sind (Solveig A.). Oder aber die Abhängigkeit bringt den Beziehungspol »Opfer« bzw. »Helferin« (wichtige Bestandteile der weiblichen Rolle, vgl. Anm. 13) für die Strukturierung von Wahrnehmungen und Aktivitäten auch außerhalb der Familie als vorherrschende Kategorie ins Spiel (Maria B.). Wird die erwartete Begrenzung und Unterordnung jedoch nicht akzeptiert, so treten eigene Bedürfnisse und Anstrengungen zu ihrer Befriedigung in den Vordergrund. Damit werden das eigene Ich, die eigene Arbeit, die Erfolge und Strategien zu ihrer Verwirklichung zu Erzählthemen (Ira Rischowski, Aline X.). Hier ist es dann überwiegend die außerfamiliäre Arbeit, die erzählend hervorgehoben wird.

Familiäre Haus- und Beziehungsarbeit, als Bestandteil der weiblichen Familien-Rolle auch Bestandteil aller vier Autobiographien, ist dennoch in ihrer Alltäglichkeit nicht in den Lebensgeschichten wiederzufinden. Das Schweigen über diesen Lebensbereich wird nur gelüftet, wenn die Not äußerer Umstände dem erinnernden und erzählenden Ich die Gelegenheit gibt, das arbeitende, erinnerte Ich als Opfer der Notsituation zu präsentieren (und dadurch die Aktivität durch die übermächtige Passivität zu überspielen), oder aber wenn die einseitige Verteilung dieser Arbeit kritisiert werden soll. Eine unausgesprochene Norm scheint das Vergegenwärtigen dieser Arbeit – und damit auch das Hervorheben ihrer Bedeutung und ihrer Zuweisung allein an die Frauen – nahezu vollständig zu verhindern.

Das Verschweigen dieser Arbeit erleichtert das Fortbestehen und Aufrechterhalten der ungleichen Geschlechterrollen; das Zur-Sprache- und An-die-Öffentlichkeit-Bringen der familiären Haus- und Beziehungsarbeit könnte hingegen zur gleichgewichtigen Gestaltung der Geschlechterbeziehungen beitragen. Dieser Beitrag ist vor allem im Hinblick darauf entscheidend, daß gleiche Rechte für kindererziehende Menschen ohne eine Änderung (nicht nur) der Berufs-Arbeitsbedingungen und damit ohne eine wirkliche Berücksichtigung dieser familiären Arbeit nicht erreichbar sind. In Anbetracht der einseitigen Verteilung von familiärer Haus- und Beziehungsarbeit auf die Frauen ist einleuchtend, daß sie in ihrer Berufstätigkeit und ihrem beruflichen Erfolg in doppelter Weise behindert sind: nämlich sowohl durch die familiären Arbeiten, die sie für andere tun müssen, als auch durch den Mangel an Unterstützung, den sie selbst in der Familie in dieser Hinsicht erfahren. Berufstätige Männer hingegen müssen im allgemeinen weder für andere solche Arbeiten tun, noch müssen sie auf Unterstützung durch familiäre Haus- und Beziehungsarbeit, die für ihre eigene Person geleistet wird, verzichten.

Eine Beschränkung ihres Lebensraums erleiden Frauen also offenbar dadurch, daß ihre Wahrnehmungs-, Urteils- und Handlungsfähigkeit im außerfamiliären Bereich nicht gefragt und gefordert ist und folglich nur schwer und gegen Widerstände entwickelt werden kann. Je nachdem, wie spät die einzelne Frau hier Initiativen ergreift bzw. Freiräume nutzen kann, sind die ihr zur Verfügung stehenden Muster dann schon weniger oder mehr auf die für die weibliche Rolle erforderlichen Kompetenzen und Wertungen festgelegt. Daß in dieser Situation aber doch noch einiges zu erreichen ist, zeigt die Lebensgeschichte von Maria B., die erst im Erwachsenenalter ihren Lebensraum als politischen zu entdecken begann. Trotzdem sind im allgemeinen die Widerstände groß (bei Maria B. wurde die politische Wahrnehmung durch jahrelange Gespräche und Diskussionen mit ihrem Mann und dessen Kollegen mindestens gefördert, eher sogar gefordert), wie die späte Befreiung aus familiären Zwängen zu unbehinderterer beruflicher Tätigkeit in den Lebensgeschichten von Ira Rischowski und Aline X. zeigte.

Die in den Lebensgeschichten entwickelten gegenwärtigen Perspektiven sind von der Einstellung und den Handlungsmöglichkeiten abhängig, die die Frau zum Zeitpunkt des Erzählens der weiblichen Rolle gegenüber – als der unausweichlich ihr zunächst übergestülpten zweiten Haut – entwickelt hat. Ira Rischowski weist für die Gegenwart sowohl auf politisch-kollektive als auch familiär-individuelle Handlungsfelder hin; die lebensgeschichtliche Vergangenheit liefert ihr dabei den zu bearbeitenden Problemfundus. Sie verzichtet sowohl auf historische als auch auf soziologische Differenzierung ihrer Analysen und Handlungsstrategien. Solveig A. sieht sich für die Realisierung der innerhalb der weiblichen Rolle angestrebten Familien-Perspektive auf Ersatz- und Teilhandlungen verwiesen: die Vergegenwärtigung der Vergangenheit, zeitweises Zusammensein mit den Kindern, Nachhilfe-Unterricht und Geselligkeiten. Aline X. sucht die von ihr als befriedigend gewertete Gegenwart fortzusetzen; die eigene Vergangenheit ist Schauplatz von ungenügenden Lebensumständen sowie ihrer Bemühungen, diese in Richtung auf ihre gegenwärtige Situation hin zu verändern. Maria B. wendet familiäre, beziehungsorientierte Wahrnehmungs- und Handlungsmuster auf außerfamiliäre Situationen an, wobei die eigene Vergangenheit als reflektierter Situations- und Strukturenfundus dient.

Schließlich: Was vermag diese Untersuchung zum Entwerfen weiblicher Lebensperspektiven beizutragen? Zunächst: Es sollte eine Bestandsaufnahme vorhandener weiblicher Lebensläufe und lebensgeschichtlicher Selbstwahrnehmungen begonnen werden. Die vier vorgestellten Autobiographien vermögen sicher nicht das gegenwärtige Spektrum vollständig zu repräsentieren. Es sollte vielmehr mit einer differenzierten Analyse der Anfang für weitere derartige Wahrnehmungen an weiblichen Lebensgeschichten gemacht werden. Ich habe den Eindruck, daß die Lebenswelt von Frauen weithin erst noch zu entdecken ist.[16] Hier liegen weitere Aufgaben, die nicht bloß schriftlich und wissenschaftlich zu bearbeiten und nicht bloß wissenschaftlich von Bedeutung sind. Es geht – sodann – im weiteren und alltäglicheren Sinn darum, sich wahrnehmend und reflektierend, auch vergleichend und die eigene Wirklichkeit befragend, mit gegenwärtigen weiblichen Wahrnehmungs- und Handlungsmustern auseinanderzusetzen. Das Ziel ist zum einen, sich in diesem Prozeß über die eigenen Perspektiven klarer zu werden, und zum anderen die eigenen Handlungsmöglichkeiten besser einschätzen und damit auch wirkungsvoller einsetzen zu können. Wenn beispielsweise der weibliche Lebens- und Wahrnehmungsraum im Bereich von sozialen Beziehungen angesiedelt ist bzw. dort seinen Schwerpunkt hat, so müssen feministische Projekte an dieser Realität ansetzen und mit den vorhandenen Kompetenzen arbeiten lernen. Schließlich wollte ich unter anderem zeigen, daß – bei allen Vorbehalten – in der Orientierung der Frauen an sozialen Beziehungen auch Qualitäten liegen, auf die wir aufmerksam werden und die politisch fruchtbar gemacht werden sollten, und die andererseits auch von den Männern und den von ihnen beherrschten Strukturen eingefordert werden müssen.

Anmerkungen

1 Prägnant wird dies herausgearbeitet von Wolfram Fischer, »Struktur und Funktion erzählter Lebensgeschichten«, in: Martin Kohli (Hg.), *Soziologie des Lebenslaufs*, Neuwied 1978, S. 311-337.

2 Einen knappen Überblick über Forschungsstand und Literatur bis 1980 vermittelt Helga Bilden, »Geschlechtsspezifische Sozialisation«, in: Klaus Hurrelmann/Dieter Ulich (Hg.), *Handbuch der Sozialisationsforschung*, Weinheim/Basel ^{2}1982 (^{1}1980), S. 777-812.

3 Ira Rischowski, »Wie ich Ingenieur wurde«, in: *Eine stumme Generation berichtet. Frauen der dreißiger und vierziger Jahre*, hg. und eingeleitet von Gisela Dischner, Frankfurt 1982, S. 87-111. Diese und die folgenden Autobiographien zitiere ich im jeweiligen Abschnitt meines Textes durch in Klammern gesetzte Seitenzahlen.

4 Solveig A. (69 Jahre alt, Witwe eines Staatsanwalts in Bremen, vier Kinder), in: Erika Runge, *Frauen. Versuche zur Emanzipation*, Frankfurt ^{7}1978 (^{1}1970), S. 222-238.

5 Arbeiterin und Marktfrau. Geboren 1921, in: *An einem Ort muß man anfangen. Frauen-Protokolle aus der Schweiz*, aufgezeichnet und mit einem Nachwort von Laure Wyss, Darmstadt/Neuwied 1981, S. 9-20. Der Vorname der Erzählerin wird von ihr selbst erwähnt (13); die Nachnamens-Initiale »X.« habe ich eingeführt, damit keine der vorgestellten Frauen ohne wenigstens die Andeutung eines Familiennamens dasteht.

6 Putzfrau Maria B., in: *Bottroper Protokolle*. Aufgezeichnet von Erika Runge. Vorwort von Martin Walser, Frankfurt ^{12}1979 (^{1}1968), S. 74-91.

7 Ich übernehme damit Überlegungen von Hans-Georg Soeffner, »›Typus und Individualität‹ oder ›Typen der Individualität‹? – Entdeckungsreisen in das Land, in dem man zuhause ist«, in: Horst Wenzel (Hg.), *Typus und Individualität im Mittelalter* (= Forschungen zur Geschichte der älteren deutschen Literatur, Bd. 4), München 1983, S. 11-44, hier bes. S. 31.

8 Schriftlich verfaßte nur Ira Rischowski ihre Autobiographie (Anm. 3). Die anderen drei Texte sind aus Interviewgesprächen entstanden; dazu vgl. die jeweilige Herausgeberin, die auch die Interviews führte: Erika Runge (Anm. 4), 271-274; Laure Wyss (Anm. 5), 191-201.

9 Vgl. hier nochmals Wolfram Fischer (wie Anm. 1); ferner Lutz Niethammer (Hg.), *Lebenserfahrung und kollektives Gedächtnis: Die Praxis der ›Oral History‹*, Frankfurt 1980.

10 Vgl. Ursula A. J. Becher, »Zeitgeschichte und Lebensgeschichte – Überlegungen zu einer Theorie der Zeitgeschichte«, in: *Geschichtsdidaktik* 4 (1979), S. 298-306; Jörn Rüsen, *Historische Vernunft. Grundzüge einer Historik 1: Die Grundlagen der Geschichtswissenschaft*,

Göttingen 1983, bes. Kap. 2: »Pragmatik – Die lebenspraktische Konstitution des historischen Denkens«, S. 45-84.

11 Vgl. dazu Uta Enders/Irene Block/Susanne Müller, *Das unsichtbare Tagwerk. Mütter erforschen ihren Alltag*, Reinbek bei Hamburg 1981, hier vor allem S. 113 ff., 139 f.

12 Zu dieser Rolle und ihrer Entstehung vgl. Karin Hausen, »Die Polarisierung der ›Geschlechtscharaktere‹ – Eine Spiegelung der Dissoziation von Erwerbs- und Familienleben«, in: Werner Conze (Hg.), *Sozialgeschichte der Familie in der Neuzeit Europas. Neue Forschungen* (= Industrielle Welt, Bd. 21), Stuttgart 1976, S. 363-393; Gottfried Kößler, *Mädchenkindheiten im 19. Jahrhundert* (Texte zu Sozialgeschichte und Alltagsleben), Gießen 1979.

13 Wie weit dieser Drang selbst bei Mißhandlungen reicht, beschreibt und analysiert Margrit Brückner, *Die Liebe der Frauen. Über Weiblichkeit und Mißhandlung*, Frankfurt 1983.

14 Dazu vgl. Heide Inhetveen/Margret Blasche, *Frauen in der kleinbäuerlichen Landwirtschaft*, Opladen 1983.

15 Insoweit sie damit die nicht nur politische Lethargie der bundesdeutschen Frauen in der Nachkriegszeit meint, vgl. die Untersuchung von Angela Seeler, »Ehe, Familie und andere Lebensformen in den Nachkriegsjahren im Spiegel der Frauenzeitschriften«, in: Anna-Elisabeth Freier/Annette Kuhn (Hg.), *Frauen in der Geschichte*, Bd. v: *»Das Schicksal Deutschlands liegt in der Hand seiner Frauen« – Frauen in der deutschen Nachkriegsgeschichte* (= Studien Materialien Geschichtsdidaktik, Bd. 20), Düsseldorf 1984, S. 90-111.

16 Neben den schon genannten Arbeiten vgl. ferner: Ulrike Prokop, *Weiblicher Lebenszusammenhang. Von der Beschränktheit der Strategien und der Unangemessenheit der Wünsche*, Frankfurt 1976.

Maria Beatriz Nizza da Silva
Frauengeschichte in Brasilien: Bestandsaufnahme und Perspektiven

Frauenstudien an brasilianischen Universitäten

Die Frauengeschichte, die ein interdisziplinäres Fach sein will und noch kein klar abgegrenztes Forschungsgebiet besitzt, hat es momentan innerhalb der brasilianischen Universitätsstruktur, die zu konservativ zu sein scheint, um sich über Traditionen hinwegzusetzen, sehr schwer, sich einen festen und eigenständigen Platz zu erobern. Die Universität São Paulo hat von allen brasilianischen Universitäten vielleicht die größten Schwierigkeiten, ihre Struktur zu ändern. Während es zum Beispiel schon seit 1981 an Universitäten mit weniger Anpassungsschwierigkeiten, wie an den Bundesuniversitäten von Ceará, Paraíba, Bahia, Minas Gerais und Rio de Janeiro und auch an den Katholischen Universitäten von São Paulo und Rio de Janeiro, Forschungszentren für Frauengeschichte gibt, organisierten die Historiker der Universität São Paulo erst im Jahre 1985 ein Treffen, um eine Bestandsaufnahme der Vorlesungen, Seminare und Forschungsprojekte vorzunehmen, die etwas mit Frauengeschichte und benachbarten Themen zu tun hatten.

Im selben Jahr wurde dann ein Forschungszentrum für Frauengeschichte gegründet, das im Mai 1986 sein erstes Mitteilungsblatt über Veranstaltungen herausgab, die in diesem Jahr zum Thema ›Frau‹ stattfinden sollten, wie zum Beispiel über die Frau in afrikanischen Gesellschaften, Gewaltakte gegen Frauen, Abtreibung, Kirche, Konkubinat, uneheliche Kinder und ledige Mütter. Das Mitteilungsblatt erwähnte auch die Vorlesungsthemen der Sozialwissenschaftlichen Abteilung an der Universität São Paulo: »Frau, Arbeit und politisches Engagement« und »Frau, Sexualität und Arbeit«.

Und was tut sich momentan an der Geschichtsabteilung der Universität São Paulo? Vorerst ist es noch fast unvorstellbar, daß eines Tages ›Frauengeschichte‹ als Pflicht- oder Wahlfach eingeführt wird. Für die Fachleute der Frauengeschichte ist es noch einfacher, das Thema ›Frau‹ im Postgraduiertenkurs zu behandeln.

Für die meisten Historiker ist Frauengeschichte etwas, das mit der Frauenbewegung zu tun hat. Andere halten Frauengeschichte für eine belanglose und interessante Neuigkeit, die neben den Fächern, die das Wesentliche des historischen Wissens vermitteln, existiert. Sogar Fachgebiete, die klarere Umrisse haben und schon bekannter sind, wie zum Beispiel Historische Demographie und Familiengeschichte, haben noch Schwierigkeiten, an einer Geschichtsabteilung akzeptiert zu werden, wo man sich vor allem für Politische Geschichte und Geschichte der Klassenkämpfe und der sozialen Bewegungen interessiert. Selbst wenn die Frauengeschichte sich auf den Kampf der Frauenbewegung um politische, ökonomische und soziale Gleichberechtigung konzentrierte, fände sie keine Anerkennung, weil es sich bei den Frauen nicht um eine soziale Klasse handelt.

Wenn man die Frauengeschichte als eine selbständige Disziplin betrachtet, ergeben sich theoretische und methodologische Schwierigkeiten. Aber auf dieses Problem werde ich später zurückkommen. Vorerst möchte ich nur behaupten, daß die Einführung und Konsolidierung der Frauengeschichte einfacher wäre, wenn auch andere Fachrichtungen wie Sozialgeschichte, Historische Demographie, Familiengeschichte und Alltagsgeschichte, institutionell gesehen, ihren festen Platz an der Universität hätten.

Was an der Universität São Paulo im Fachbereich ›Frauengeschichte‹ unterblieben ist, weil die dortige Vermittlung historischen Wissens sich auf zu traditionellen Bahnen bewegt oder sehr stark auf Probleme der Dritten Welt und linker Bewegungen konzentriert ist, wurde seit den siebziger Jahren von der Carlos-Chagas-Stiftung geleistet. Als die Forscher dieser Stiftung die brasilianische Literatur über Frauengeschichte, die nach 1976 veröffentlicht wurde, zusammenstellten, hatten sie bei ihrer Auswahl »die bisherige diskriminierende Wissenschaftspraxis im Blick, die immer den Mann in den Mittelpunkt der Geschichte stellte und die soziale Rolle der Frau beiseite ließ«.[1]

Der Tätigkeitsbereich der Carlos-Chagas-Stiftung

Das erste Projekt, das die Carlos-Chagas-Stiftung in Angriff nahm und das von der Ford-Stiftung finanziert wurde, startete 1978; schon im Jahr 1979 wurde eine Literaturübersicht zum Thema ›Die brasilianische Frau‹ publiziert, in der 177 Geschichtsstudien kritisch kommentiert wurden. Wir müssen aber gleich darauf aufmerksam machen, daß es sich hierbei vor allem um Biographien ›großer‹ Frauen handelte. Unter ihnen finden wir zum Beispiel die Lebensgeschichte der Prinzessin Isabel, die im Jahre 1889 die Sklaverei abschaffte, oder die Biographie der Barbara Heliodora, die eine Muse der Dichter des achtzehnten Jahrhunderts war.[2] Außer diesen Studien über ›große‹ Frauengestalten finden sich jedoch auch Arbeiten nordamerikanischer Historikerinnen (Ann Pescatello, Susan Soeire und June E. Hahner) oder der eine oder andere Beitrag über Themen wie ›Verlassene Kinder im neunzehnten Jahrhundert‹, ›Abhängige Frauen‹ oder ›Frauen, in fremden Haushalten‹, ›Die Freilassung von Sklavinnen‹, ›Weibliche Kriminalität in Bahia im neunzehnten Jahrhundert‹, ›Mitgift‹, ›Uneheliche Kinder‹ und ›Ehescheidungen‹. In dieser Bibliographie wird auch mein erster Artikel über Frauengeschichte aus dem Jahre 1976 erwähnt: *Das Heiratssystem in der Kolonialzeit Brasiliens*. Schon damals war ich der Meinung, man müsse zunächst die wichtigsten gesellschaftlichen Institutionen, wie zum Beispiel die Ehe, untersuchen, bevor man die eigentliche Frauengeschichte in Angriff nehmen könne.

Im Jahre 1980 erschien die erste aus diesem Projekt hervorgegangene Studie über brasilianische Frauen mit dem Titel: *Lebenserfahrungen (Geschichte, Sexualität und Frauenbilder)*. Ich möchte hier auf vier weitere Geschichtsstudien aufmerksam machen, die im Rahmen dieses Projekts entstanden: Ilana W. Novinsky, »Häresie, Frau und Sexualität (Beiträge zur Geschichte des Nordostens Brasiliens im 16. und 17. Jahrhundert)«; Maria Beatriz Nizza da Silva, »Ehescheidung in São Paulo während der Kolonialzeit«[3]; Miriam Moreira Leite, »Zeugnisse von und über Frauen in Reiseberichten (1800-1850)«[4]; Pedro Maia Soares, »Aufzeichnungen über die Frauenbewegung in Rio Grande do Sul (1835-1945)«.

Ilana W. Novinsky, die sich vor allem auf Inquisitionsdokumente Bahias und Pernambucos vom Ende des 16. Jahrhunderts stützt, legt ausgehend von der Theorie Michel Foucaults eine interessante Studie vor, über weibliche sexuelle Praktiken, die von der Kirche verboten waren, und über Hexenzauberei, mit deren Hilfe Frauen die sexuellen Beziehungen zu ihren Ehemännern zu verbessern suchten. Von 49 erforschten Fällen, die der Inquisition denunziert worden waren, handelt es sich in 16 Fällen um ›Hexerei‹ und in 14 Fällen um ›Sodomie‹, worunter man damals nicht nur homosexuelle Geschlechtsbeziehungen verstand, sondern auch heterosexuelle Praktiken, die von der Kirche verboten waren. Die sehr genauen und auch sehr beharrlichen Fragen der Inquisitoren liefern ausgezeichnetes Quellenmaterial, das uns umfassend über das Geschlechtsleben dieser Frauen informiert. Außerdem geben sie uns Aufschluß über die Art und Weise, wie geschlechtliche Lust – von den Inquisitoren ›geschlechtliche Wonne‹ (deleitação) genannt – empfunden und erlebt wurde.

Die kirchlichen Dokumente, auf die ich mich in meiner Arbeit über »Die Ehescheidung in São Paulo während der Kolonialzeit« gestützt habe, waren zwar nicht so aufschlußreich in bezug auf das Geschlechtsleben der Frauen, lieferten aber brauchbare Informationen über andere Aspekte, wie zum Beispiel über Ehe und eheliches Zusammenleben. Mit einer einzigen Ausnahme gingen alle Ehescheidungsprozesse, die dem kirchlichen Tribunal eingereicht wurden, von Frauen aus, und obwohl Ehebruch und Mißhandlung als häufigste Ehescheidungsmotive erwähnt wurden (weil eben die Kirche in diesen Fällen am einfachsten die Ehescheidung gewährte), gab es auch viele andere Klagen, die die Unzufriedenheit der Frauen mit ihrem Eheleben deutlich aufzeigen und darüber Aufschluß geben, was damals als das »äußerste Erlaubte« im ehelichen Zusammenleben angesehen wurde.

Miriam Moreira Leite untersuchte die Reiseberichte von fünf Europäerinnen (drei Französinnen, einer Engländerin und einer Österreicherin), die in der ersten Hälfte des neunzehnten Jahrhunderts Rio de Janeiro besuchten. Sie hinterließen uns Quellenmaterial, das in zweifacher Hinsicht aufschlußreich ist: erstens in bezug auf ihre eigene Situation als Frauen, und zweitens hinsichtlich der Frauen, die sie während ihres Brasilienaufenthaltes kennenlernten und beobachteten. Die Reisenden gehörten den höheren Gesellschaftsschichten Europas an, waren verschiedenen Alters und schrieben ihre Reiseberichte, ohne an eine eventuelle spätere Veröffentlichung zu denken. Alle fünf Frauen waren verheiratet. Miriam Moreira Leite ist sich der Mängel dieser Aufzeichnungen klar bewußt: die Frauen beherrschten nicht die Landessprache; als Frauen hatten sie weniger gute Beobachtungsmöglichkeiten als Reisende männlichen Geschlechts und sie waren nicht direkt an der Lage der brasilianischen Frau interessiert. Trotz alledem finden wir in ihren Reiseaufzeichnungen zahlreiche sehr wertvolle Informationen, die dazu beigetragen haben, bestimmte Stereotypen der traditionellen Geschichtsschreibung zumindest in Frage zu stellen.

Am ersten Projekt ›Frau‹ nahm nur ein einziger Mann teil: Pedro Maia Soares. Ursprünglich wollte er das Bild der Frau in der Prosadichtung von Rio Grande do Sul erforschen. Als er aber Archive und Bibliotheken auf der Suche nach Quellenmaterial durchstöberte, fand er verschiedene Dokumente, in denen Frauen für sich bestimmte Rechte forderten. Auf der Basis dieses Quellenmaterials veröffentlichte er dann eine Studie über »Die Frauenbewegung im Süden Brasiliens«. Pedro Maia Soares interessierte sich vor allem für die literarischen Zeitschriften, in denen, in den siebziger Jahren des vergangenen Jahrhunderts, verschiedene Beiträge über Frauenerziehung und Frauenbildung erschienen. Die Normalschule von Rio Grande do Sul, 1869 gegründet, bot den Frauen die ersten Berufsbildungsmöglichkeiten an, und schon im Jahre 1873 forderte Luciana de Abreu, die an dieser Schule ihre Ausbildung erhalten hatte, für beide Geschlechter ein Recht auf »Höhere Schulbildung«. Viele andere Frauen, die ebenfalls diese Schule besucht hatten, verteidigten in Zeitungen und Zeitschriften die Frauenemanzipation. Es entstand eine eigene Frauenpresse. Eine dieser Zeitungen, die ab 1898 erschien, führte als Motto ›Für die Frau‹, und eine andere, die von zwei Schwestern herausgegeben wurde und von 1884 bis 1944 erschien, wird von Pedro Maia Soares' als das »Sprachrohr der brasilianischen Frauenbewegung« bezeichnet.

Das zweite Projekt ›Frau‹, das wiederum von der Ford-Stiftung finanziell unterstützt wurde, begann im Jahre 1980. Ein Teil der Forschungsresultate wurde im Jahre 1983 unter dem Titel *Frau/ Frauen* veröffentlicht. In dieser Publikation finden sich drei Beiträge zu historischen Themen, darunter einer über »Sklavinnen als Ammen«. Diese Arbeit basiert auf Zeitungsnotizen über Sklavenverkauf und Sklavenmiete in Rio de Janeiro in der zweiten Hälfte des 18. Jahrhunderts. Ein zweiter historischer Beitrag erforscht die Situation von Fabrikarbeiterinnen in der Ersten Republik (1890-1930). Im dritten wird eine der wichtigsten Frauenfiguren der anarchistischen Bewegung des 20. Jahrhunderts vorgestellt: Maria Lacerda de Moura.[5]

In der Einleitung der ersten Studie lesen wir, daß es in unserer offiziellen Geschichtsschreibung ein doppeltes Versäumnis gibt: das Schweigen über die ausgebeuteten Klassen (»Die Geschichte ist die Geschichte der herrschenden Klassen«) und das Schweigen über die Frauen (»Die Geschichte ist die Geschichte der Männer«). Daher ist es naheliegend, daß man zunächst das Leben solcher Frauen erforscht, die doppelt ausgebeutet wurden: der Sklavenfrauen. Innerhalb ihrer Problematik, die sehr weitreichend und noch nicht genügend erforscht ist, wählte man dann wiederum einen ganz bestimmten Frauentyp aus: die Sklavin als Amme in städtischer Umgebung. Dieses sehr interessante Thema wurde von den Frauenhistorikerinnen bislang nicht in seiner ganzen Komplexität dargestellt. Zwar ist es zweifelsohne richtig und wichtig aufzuzeigen, daß die Sklavinnen in städtischer Umgebung, um weiße Kinder stillen zu können, gezwungen wurden, selbst auf eine Mutterschaft zu verzichten, d. h., die eigenen Kinder wurden ihnen entzogen. Aber eine Untersuchung der Problematik sollte auch andere Aspekte berücksichtigen, z. B. die in der Mitte des 19. Jahrhunderts in Ärztekreisen viel diskutierte Gefährdung der kindlichen Gesundheit durch die Ammen. Viele Mediziner waren der Meinung, daß die Mutter ihr Kind selbst stillen sollte. Im Jahre 1879 veröffentlichte Jurandir Freire Costa ein Buch zu diesem Thema, das den Titel *Ärztestand und Familiennormen* trägt. Unter den Autoren von 43 medizinischen Dissertationen, die von Jurandir Freire Costa untersucht wurden, waren zehn der Meinung, daß die Mütter ihre Kinder selbst stillen sollten. Europäische Ärzte des achtzehnten Jahrhunderts teilten diese Ansicht.

Die Untersuchung über die Fabrikarbeiterinnen in São Paulo zu Beginn des neunzehnten Jahrhunderts erbrachte, daß trotz der Frauenbewegung, trotz der aufklärerischen Frauenpresse und Streikbewegungen die meisten Frauen und Männer der Meinung waren, daß die Fabrikarbeit der ›Natur‹ der Frauen zuwider liefe. Man argumentierte, daß Fabrikarbeit die Reproduktionsfunktion der Frau und ihre Rolle als Hausfrau und Mutter beeinträchtige. Aus diesem Grund kämpften die Frauen, anstatt für eine Lohngleichstellung mit den Männern einzutreten, für den ›Schutz‹ der Frauen, der durch Arbeitszeitverkürzung und durch die Abschaffung der Nachtarbeit sichergestellt werden sollte. Man war der Meinung, daß die unentgeltlichen Dienste der Frau für die Nation und die Gesellschaft durch eine besondere Frauenschutzgesetzgebung entlohnt werden könnten. Gemäß diesen Argumenten nahmen, nach brasilianischer Gesetzgebung, die Frauen zusammen mit den Minderjährigen als Arbeitskräfte einen Sonderstatus ein, den man folgenderweise charakterisieren könnte: »Arbeitskräfte für Routinearbeit und unqualifizierte Tätigkeiten, die zwar unter besonderem Schutz des Staates stehen, aber schlecht bezahlt sind und keine reellen Karrieremöglichkeiten haben«.[6]

Die dritte Studie handelt vom Leben einer vielseitigen Frauengestalt, der Lehrerin, Schriftstellerin und Journalistin Maria Lacerda de Moura. Anfangs fühlte sich Maria Lacerda von der Frauenbewegung angezogen, wechselte dann aber zum individualistischen Anarchismus und schließlich zum Spiritualismus über. Miriam Moreira Leite ist der Meinung, Maria Lacerda de Moura habe in ihren Beiträgen über Frauenemanzipation, Erziehung und Politik nachweisen wollen, daß die Familie, die Schule, die katholische Kirche, der Staat und die Gesetzgebung »Institutionen der Frauenunterdrückung seien«. Emanzipierte und aufgeklärte Personen könnten dazu beitragen, diese Institutionen abzuschaffen, weil sie fähig seien, in brüderlicher Eintracht und Harmonie zu leben.[7]

Vom dritten Projekt ›Frau‹, das im Jahre 1983 begann, wurde in den *Cadernos de Pesquisa* (No. 54, 1985) der Artikel »Quitandas e quitutes: eine Studie über Frauenwiderstandsbewegungen in einer Kolonialgesellschaft« veröffentlicht. (*Anmerkung des Übersetzers*: »Quitandas« und »quitutes« ist schwer zu übersetzen. »Quitanda« ist ein kleines Geschäft oder ein Stand auf dem Markt, wo alle möglichen Waren angeboten werden. »Quitutes« sind Süßigkeiten, aber auch »Liebkosungen und geschlechtliche Lust«.) Es handelt sich hier um eine Studie, die die Rollen der freien Afrikanerinnen und der Sklavinnen im Kleinhandel und im wandernden Straßenhandel in der Blütezeit der Diamanten- und Goldminen in der Gegend von Minas Gerais untersucht. Die Verfasser dieser Veröffentlichung sind Luciano Figueiredo und Ana Maria Magaldi.[8]

Die Autoren wollten wissen, inwieweit diese Frauen, die zu den niedrigsten Gesellschaftsschichten gehörten, als Elemente sozialer Unruhe angesehen wurden. Diese Frauen verleiteten oft die Negersklaven dazu, ihre Produkte – vor allem Zuckerrohrschnaps – zu konsumieren und boten häufig geflohenen Sklaven sowie Gold- und Diamantenschwarzhändlern Unterschlupf an. In diesen Kreisen war die Prostitution sehr verbreitet, und Vergnügungen aller Art waren gang und gäbe. Diese Frauen durften sich nicht auf dem Gelände der Goldminen aufhalten, mußten innerhalb des Stadtgebietes wohnen und wurden in ihren wirtschaftlichen und sonstigen Tätigkeiten sehr streng überwacht. Als Dirnen verstießen sie gegen die öffentliche Moral und wurden von staatlichen und kirchlichen Stellen mißtrauisch beobachtet. Einerseits wurden sie also mit großem Mißtrauen angesehen, andererseits aber war ihr Handel für die Lebensmittelversorgung der Minenregion notwendig.

Im Jahre 1986 wurde das vierte Projekt ›Frau‹ in Angriff genommen, dessen erste Ergebnisse im August 1987 veröffentlicht wurden. Ich selbst nehme an diesem Projekt teil und werde eine Studie über »Die Frau und die Eigentumsvererbung in der Brasilianischen Kolonialzeit« schreiben.

Um den Beitrag der Carlos-Chagas-Stiftung zur Frauengeschichte richtig beurteilen zu können, müssen wir noch einige weitere Bemerkungen machen: Die Mitarbeit an dieser Stiftung steht Forschern und Forscherinnen aus ganz Brasilien offen; die Mitarbeiter brauchen nicht notwendigerweise an akademischen Instituten oder Hochschulen tätig zu sein. Bisher wurden fast alle Projekte von Sozialwissenschaftlern getragen. Der Beitrag der Historiker war sehr gering. Dies registrieren auch die Verfasserinnen eines Artikels über »Frauenstudien zwischen 1975 und 1985«. Dort heißt es: »In der akademischen Geschichtsforschung, die zweifelsohne wertvolle Ergebnisse erbringen könnte, wurde bisher auf dem Gebiet Frauengeschichte wenig getan. Bei den Historikern hat das Thema Frau wenig Interesse gefunden. Obwohl in den letzten Jahren interessante Studien vorgelegt wurden, gibt es immer noch sehr große Lücken.«[9]

Die Historiker haben bisher weniger zur Frauengeschichte beigetragen als zum Beispiel die Sozialwissenschaftler oder auch die Vertreter der Sprach- und Literaturwissenschaften. An der Geschichtsabteilung der Universität São Paulo wurden zwischen 1970 und 1984 nur vier Dissertationen vorgelegt, die sich mit frauenspezifischen Themen befassen, an der Abteilung Sozialwissenschaften dagegen 33 und an der sprachwissenschaftlichen Abteilung neun.

Arbeiten von Historikern

Um der Frauengeschichte in Brasilien bessere Möglichkeiten zu verschaffen, sich angemessen zu entwickeln, war es zunächst einmal nötig, daß die Historische Demographie, die Sozialgeschichte und die Familiengeschichte ihr Quellenstudium revolutionierten und ihr Quellenmaterial weniger in öffentlichen Staats- und Länderarchiven und mehr in den kirchlichen Archiven suchten. Als die kirchlichen Archive ihre Türen für Historiker und andere Wissenschaftler öffneten, stellte man fest, daß es dort reichhaltiges Material gibt, das uns über das Alltagsleben der Bevölkerung Aufschluß geben kann: Taufregister; Heirats- und Sterberegister; Unterlagen über Heiratsdispens für Personen, die nahe Verwandte heiraten wollten, oder über Ehescheidungsprozesse. Auch findet man Informationen über Leute, die im Konkubinat lebten, und Richtlinien für den Klerus, der im Konkubinat lebte und uneheliche Kinder hatte.

Mit der Auswertung solcher Dokumente ging man von einer Makrosozialgeschichte zu einer Mikrosozialgeschichte über. Auch wurde von dieser neuen Forschungspraxis Frauen und Männern dasselbe Gewicht zugemessen, denn beide Geschlechter finden in diesen Quellen gleichermaßen Erwähnung. Auch an den Staats und Länderarchiven wurde verstärkt nach dem Quellenmaterial gesucht, in dem Männer und Frauen in gleichem Maße vorkommen, wie zum Beispiel Bevölkerungsverzeichnisse, Testamente, richterliche und notarielle Aufzeichnungen sowie solche über Legitimationsprozesse unehelicher Kinder.

Im Jahre 1984 veröffentlichte Maria Odila Leite da Silva Dias ihr Buch *Alltag und Gewalt in São Paulo im neunzehnten Jahrhundert. Ana Gertrudes de Jesus.* Um diesen Buchtitel zu verstehen, müssen wir auf etwas hinweisen, was jeder brasilianische Historiker weiß: daß der erwähnte Frauenname typisch ist für Frauen aus der Unterschicht, für Schwarze, Mulattinnen oder auch für arme weiße Frauen. Der Buchtitel macht also schon klar, daß es um eine Sozialgeschichte armer Frauen geht. In der Einleitung schreibt die Verfasserin, daß sie mit ihrer Untersuchung dazu beitragen möchte, die historischen Frauenrollen der unterdrückten Klassen – der armen weißen Frauen, der Sklavinnen und der Freigelassenen – im anfänglichen Urbanisierungsprozeß São Paulos in der zweiten Hälfte des neunzehnten Jahrhunderts bis zur Sklavenbefreiung besser sichtbar zu machen.

Die Tatsache, daß die Frauengeschichte mit demselben Quellenmaterial arbeitet wie die Historische Demographie, die Familiengeschichte und die Alltagsgeschichte, hat zur Folge, daß man sich denselben Zeitabschnitten widmet. Man erforscht vor allem die Kolonialzeit und manchmal noch die erste Hälfte des neunzehnten Jahrhunderts. Die Lücke, die sich von der Mitte des neunzehnten Jahrhunderts bis zum zweiten Jahrzehnt des zwanzigsten Jahrhunderts erstreckt, ist mit Studien über die Frauenbildung ausgefüllt.[10] In den zwanziger Jahren dieses Jahrhunderts beginnt dann in Brasilien die Frauenbewegung.

Das heißt aber nicht, daß es auf dem Gebiet der Frauenbildung eine zahlenmäßige große Literatur gäbe. Es gibt nur eine einzige ausführlichere Studie, einige Artikel und Dissertationen. Leda Maria Pereira Rodrigues veröffentlichte im Jahre 1962 ihr Buch *Die Bildung der Frauen in São Paulo. Beiträge zu ihrer Geschichte bis zur Ausrufung der Republik.* Im Jahre 1960 erschien in der Zeitschrift *Estudes* von Porto Alegre ein Beitrag von Elisabeth M. Ley: »Reflexionen über Frauenerziehung in Internaten«. Im Jahre 1943 war in der Zeitschrift *Formação* (Rio de Janeiro) ein Artikel über »Die intellektuelle Entwicklung der Frau in Brasilien« erschienen. In jüngerer Zeit, im Jahre 1979, veröffentlichte die Zeitschrift *Didádica* (São Paulo) einen Beitrag von Tirsa Regazzini Peres über »Die Frauenbildung am brasilianischen Gymnasium (1889-1930)«.

Im Jahre 1973 promovierte Wanda Rosa Borges mit einer Studie über *Das Waisenhaus und die Erziehungsanstalt für Mädchen ›Nossa Senhora da Glória‹. Erste Versuche weiblicher Berufsausbildung in São Paulo (1823-1935).* Es handelte sich um eine Institution, die fürsorgliche und erzieherische Ziele verfolgte und vor allem armen Mädchen und Waisenkindern offenstand. Von 1825 bis 1870 war die Leitung dieses Institutes in Händen von Laien – natürlich Frauen –, die vom Provinzpräsidenten ernannt wurden. Im Jahre 1871 übernahm dann ein religiöser Frauenorden – die Josefsschwestern von Chambery – die Leitung. Auch sie erhielten

Subvention von staatlicher Seite. Normalerweise besuchten diese Mädchen die Normalschule, heirateten dann oder waren als Lehrerinnen an privaten oder öffentlichen Schulen tätig. Ganz selten interessierten sie sich für andere Frauenberufe.
Eine weitere Studie über die Bildung von Frauen ist die Doktorarbeit von Maria Theresa Caiuby Crescenti Bernardes. Sie wurde im Jahre 1983 an der Universität São Paulo vorgelegt und trägt den Titel: *Gebildete Frauen. Rio de Janeiro im neunzehnten Jahrhundert (1840-1890).* Die Verfasserin, die als Forschungsbereich die Hauptstadt des Brasilianischen Kaiserreiches nahm, stellte den Werken männlicher Romanschriftsteller und anderer Männerliteratur die Schriften gebildeter Frauen gegenüber, die in Frauenzeitungen publiziert wurden. Sie untersuchte die folgenden Presseveröffentlichungen: *O Jornal das Senhoras* (1852), *Belo Sexo* (1862), *O Sexo Feminino* (1875). Diese letztgenannte Frauenzeitung hieß nach der Proklamation der Republik (1889) *O Quinze de Novembro do Sexo Feminino*. Zwei weitere Frauenzeitungen waren *A Família* (1889) und *A Mulher*. Letztere wurde ab 1881 von zwei Studentinnen aus Rio de Janeiro in New York herausgegeben. Beide wollten Medizin studieren, konnten dies aber nicht im eigenen Land tun und siedelten deshalb in die Vereinigten Staaten über.
Von den 147 Zeitungsartikeln, die von 36 verschiedenen Journalistinnen geschrieben waren, handelte es sich in 58 Fällen um Proteste gegen die Frauenausbeutung. Sie verteidigten die Frauenemanzipation und vertraten die Meinung, daß die Frau in Familie und Gesellschaft dieselben Rechte wie der Mann haben müßte. Sie forderten bessere Erziehungsmöglichkeiten, die Anerkennung bestimmter Frauenberufe, eine Ehegesetzgebungsreform und das Frauenwahlrecht. Am Ende ihrer Doktorarbeit zieht Maria Theresa den Schluß, daß diese Journalistinnen mit dem traditionellen und stereotypen weiblichen Verhalten gebrochen haben.
In dieser Studie spürt man den Einfluß der nordamerikanischen Historikerin June E. Hahner, die als erste über Frauenpresse und über Presseveröffentlichungen, die sich an Frauen richteten, gearbeitet hat. Maria Theresa Caiuby Crescente Bernardes gab zweifelsohne der Frauengeschichte in Brasilien einen neuen Impuls, weil sie den Diskurs der Frauen über Frauenbildung und die Rolle der Frau in der Gesellschaft mit dem der Männer verglich. Da die Frauengeschichtsforschung sich vor allem in den Vereinig-

ten Staaten entwickelte und sich dort auch sehr früh institutionalisierte, war es nur natürlich, daß nordamerikanische Spezialisten für brasilianische Geschichte sich gleich zu Beginn der siebziger Jahre diesem neuen Fachbereich widmeten. Im Jahre 1972 veröffentlichte Ann Pescatello in *The Hispanic American Historical Review* einen Beitrag über »Frau und Dirne«. Etwas später, im Jahre 1976, erschien dann ihr Buch *Power and Pawn. The Female in Iberian Families, Societies and Cultures.*[11] Im Jahre 1974 erschienen in derselben Zeitschrift Artikel von Susan Soeire: »The Social and Economic Role of the Convent: Women and Nuns in Colonial Bahia, 1677-1800«, June E. Hahner: »Women and Work in Brazil, 1850-1920: Preliminary Investigation«[12] und etwas später: »The Nineteenth Century Feminist Press and Women's Rights in Brazil«[13], ferner A. J. R. Russell Wood, »Female and Family in the Economy and Society of Colonial Brazil«.[14] Im Jahre 1980 veröffentlichte Elizabeth Kuznesof im *Journal of Social History* einen Beitrag über »The Role of the Female-Headed Household in Brazilian Modernization: São Paulo 1765 to 1836«.

In dieser Studie über Frauen als Familienvorstand vertritt Elizabeth Kuznesof die – von mir geteilte – Meinung, daß viele Frauenstudien stark von der Historischen Demographie beeinflußt sind, einem Fach also, das schon über genauer festgelegte Methoden und Forschungstechniken verfügt. Frauengeschichte und Historische Demographie benutzen ja auch dasselbe Quellenmaterial: Bevölkerungsverzeichnisse, worin man gute Informationen über die Familienmitglieder und die wirtschaftliche Lage findet.[15]

Zahlreiche Arbeiten von nordamerikanischen Frauenhistorikern/innen sind noch nicht übersetzt. Sie liefern uns wichtige Literaturhinweise und geben von der Thematik und der Methodologie her gesehen viele Anregungen.

June E. Hahner, die als Frauenhistorikerin an der Staatsuniversität von New York in Albany tätig ist, untersuchte in den siebziger Jahren in Rio de Janeiro umfangreiches Quellenmaterial über brasilianische Frauen im neunzehnten Jahrhundert. Im Jahre 1981 wurde ihre Arbeit in São Paulo als Buch veröffentlicht: *Die brasilianische Frau und ihr sozialer und politischer Kampf: 1850-1937.* In der Einleitung dieses Buches lesen wir kritische Bemerkungen über die Art und Weise, wie bisher Frauengeschichtsschreibung betrieben wurde.

Nach Meinung June E. Hahners darf die Frauengeschichte nicht nur Frauenbewegungsgeschichte sein und auch nicht nur die Geschichte großer Frauen. Obwohl es zweifelsohne wichtig ist, genügt es nicht, nur große Frauen und weibliche Rollen zu studieren, sondern es müssen sämtliche Lebenserfahrungen, Tätigkeitsbereiche, Funktionen, Probleme, Empfindungen und Wertvorstellungen von Frauen untersucht werden.
Wie soll man das tun, fragt die nordamerikanische Historikerin und gibt dann selbst die Antwort: »Es reicht nicht aus, nur das traditionelle Quellenmaterial zu Rate zu ziehen und innerhalb der traditionellen Methodologie vorzugehen. Auch darf man sich nicht nur auf die Methoden der Sozialgeschichte und der Familiengeschichte beschränken, obwohl diese natürlich sehr nützlich sein können. Es müssen neue Methoden entwickelt und neues Quellenmaterial gesucht werden. Wertvolle Anregungen könnte man in folgenden Fachbereichen finden: Historische Demographie, Psychohistorie, Vergleichende Sozialgeschichte, Oral History, Quantitative Geschichte und Ikonographie.« Im Buch von June E. Hahner geht es u. a. um Frauenpresse in Brasilien, Frauenverbände, Sklavenbefreiung, Frauenbewegung, Hochschulerziehung, Frauenberufe, Frauenwahlrecht und die Rolle der Verfassunggebenden Nationalversammlung von 1891.

Frauengeschichte und Frauenbewegung

Während viele Historiker sich noch nicht darüber einig sind, ob es richtig ist, Frauengeschichte im strengen Sinne zu schreiben, gibt es darüber innerhalb der Frauenbewegung keinen Zweifel. Die Führerinnen der Frauenbewegung sind der Meinung, daß bisher die Geschichte von Männern und aus männlicher Perspektive geschrieben wurde. Jetzt sei die Stunde der Historikerinnen gekommen, und die Geschichte müsse von den Frauen neu geschrieben werden. Vor allem müsse gezeigt werden, daß das sogenannte ›andere Geschlecht‹ in der Geschichte nicht immer still und schweigsam war, sondern daß es sich für seine politischen und bürgerlichen Rechte einsetzte.
Für die Vertreterinnen dieses Standpunkts ist Frauengeschichte die Geschichte der Frauenemanzipation. Schon 1974 legte Rachel Soihet an der Bundesuniversität von Niteroi die Dissertation

Berta Lutz und der soziale Aufstieg der Frau von 1919 bis 1937 vor, und Sônia Cristina Lino verteidigte an der Bundesuniversität von Paraná eine Dissertation über *Frauenemanzipationsvorstellungen in Brasilien zwischen 1918 und 1932.*

In den Arbeiten, die sich solchen Themen widmen, wird häufig die brasilianische Frauenbewegung mit der nordamerikanischen und europäischen verglichen, wobei sehr häufig auf den »bürgerlichen« und Elitecharakter der brasilianischen Frauenbewegung hingewiesen wird.

Ein gutes Beispiel dieser engagierten Frauenbewegungsgeschichte ist die Dissertation von Branca Moreira Alves, die im Jahre 1977 in Rio de Janeiro vorgelegt wurde: *Auf der Suche unserer Geschichte: die Frauenwahlrechtsbewegungen zwischen 1919 und 1932: Tatsachen und Ideologien.* Gleich zu Beginn legt die Autorin folgendes feministisches Glaubensbekenntnis ab: »Als ich mir über meine Situation bewußt wurde, das heißt, als ich merkte, daß ich zu einer sozialen Gruppe gehöre, die in unserer Gesellschaft auf die verschiedensten Arten und Weisen ausgebeutet und schlecht behandelt wird, wählte ich als Forschungsthema die Frau. Als Frau gehe ich an mein Forschungsobjekt heran und ich identifiziere mich ganz mit dieser Problematik. Wenn ich aus feministischer Perspektive die Situation der brasilianischen Frauen erforsche, engagiere ich mich gewissermaßen auch politisch.«

Wir müssen noch darauf hinweisen, daß Branca Moreira Alves keine Historikerin, sondern Sozialwissenschaftlerin ist. Diese geschichtliche Studie entstand eher zufällig infolge ihres feministischen Engagements, was bei Sozialwissenschaftlerinnen häufiger vorkommt als bei Historikerinnen. Inzwischen hat innerhalb der Sozialwissenschaften das politische Engagement für die Frauenbewegung allerdings abgenommen. Zumindest kann man zu dieser Schlußfolgerung kommen, wenn man folgende Aussagen von Forscherinnen der Carlos-Chagas-Stiftung in Rechnung zieht: »Die Anforderungen der wissenschaftlichen Praxis sind andere als die der politischen Praxis. Wenn wir uns im Bereich der wissenschaftlichen Forschung befinden, sind wir dazu verpflichtet, nicht auf das Geschlecht und die Überzeugungen der Verfasser zu schauen, die übrigens auch nicht immer dieselben sind, sondern auf andere Werte zu achten, wie zum Beispiel die methodologische Strenge, eine gute Schlußredaktion, die meisterhafte Beherrschung der fachspezifischen Techniken, die Angemessenheit von Mitteln und Zwecken, und schließlich müssen wir immer die Frage beantworten, ob die entsprechende Forschung ein reeller Beitrag im entsprechenden Fachbereich ist«. Es wird also hiermit zugegeben, daß »politisches Engagement und wissenschaftliche Forschung bestimmte formelle Grenzen haben, obwohl natürlich beide etwas miteinander zu tun haben«.[16] Das Verhältnis zwischen Forschung und Engagement wurde in Brasilien Ende der siebziger Jahre heftig diskutiert. Einige verteidigten den Standpunkt, daß die Expertinnen für Frauengeschichte auch an der politischen Frauenemanzipationsbewegung teilnehmen müßten, und bestanden darauf, daß die Frauengeschichtsforschung kein Selbstzweck sei, sondern die Ungleichheit zwischen den Geschlechtern entlarven müsse«.[17] Heute, so glaube ich wenigstens, ist die Lage etwas anders. Das sieht man verhältnismäßig gut an den Forschungsthemen, die im Bereich der Soziologie und Anthropologie vorgelegt werden. Anstatt, nach marxistischer Linie, sich auf die *Inkorporation* der weiblichen Arbeitskraft innerhalb des kapitalistischen Wirtschaftssystems zu beschränken oder – aus der Sicht einer »Unterdrückungstheorie« – sich ganz auf die Thematik der Frauenbewegung zu konzentrieren, beschäftigt man sich heute auch in der Geschichtswissenschaft mit den verschiedenartigsten Problemen. So erschienen zum Beispiel in letzter Zeit verschiedene Veröffentlichungen über Frauen in besonderen Lebenssituationen, wie zum Beispiel farbige Frauen, Indianerinnen, alte Frauen, Prostituierte, Nonnen und Frauen in Gefängnissen. In der Familiengeschichte interessiert man sich vor allem für die Frau als Familienvorstand und für bestimmte ›Überlebensstrategien‹. Man erforscht das Frauenbild, wie es in der Presse erscheint, und zwar sowohl in Veröffentlichungen, deren Redaktion in den Händen von Frauen liegt, als auch in Publikationen, die sich an Frauen richten. Außerdem untersucht man die verschiedenen Bildungschancen von Mann und Frau.[18]

Ende der achtziger Jahre nimmt die Interdisziplinarität zu, was ja, meiner Ansicht nach, immer ein Ziel der Frauenforschung war. Man kann sogar feststellen, daß die Frauengeschichte langsam ihren festen Platz in der Geschichtswissenschaft erobert.

Eine Charakteristik der brasilianischen Frauenstudien scheint mir zu sein, daß nur solche Themen erforscht werden, für die in Archiven und Bibliotheken reiches Quellenmaterial vorhanden ist. Damit möchte ich natürlich nicht behaupten, daß die Historiker nur solche Probleme erforschen, von denen sie von vornherein schon wissen, daß sie gut und eindeutig gelöst werden können. Wenn man die Quellen, mit denen man arbeitet, jedoch falsch auswählt, erhält man keine oder falsche Antworten. Wertet man z. B. Dokumente aus, in denen sich viele Informationen über Frauenarbeit finden, wird man anhand dieser Dokumente schwerlich etwas über das Sexualleben der Frauen erfahren. Den jungen brasilianischen Historikerinnen, die das Sexualleben der Frauen erforschen wollten, war es aber beispielsweise auf Grund der Akten von Inquisitionsprozessen möglich, sich über die von der Kirche verbotenen sexuellen Praktiken zu informieren. Um das Sexualleben der Frau besser kennenzulernen, untersuchten sie unter anderem auch medizinische Dissertationen. Oder um Informationen über die Prostitution zu bekommen, wurden Dokumente des staatlichen Sanitätswesens zu Rate gezogen.

Es ist sicher sehr schwierig, Informationen über Abtreibung und Empfängnisverhütung zu bekommen. Andererseits haben wir schon ab der zweiten Hälfte des 18. Jahrhunderts interessante Quellen über Kindesaussetzung. Die medizinischen Dissertationen geben wenig Aufschluß über Geburtspraktiken und Entbindung. Außer normativen Anweisungen gibt es praktisch keine Dokumente, die uns über das Verhältnis von Mutter und Kind in den ersten Lebensjahren Auskunft geben. Auch über Kinder und Kindererziehung haben wir aus der Kolonialzeit praktisch keine Informationen. Die ältesten Dokumente über Mädchenerziehung und Mädchenerziehungsanstalten entstanden zu Beginn des neunzehnten Jahrhunderts.

Weil die meisten Frauen nicht lesen und schreiben konnten und es in der Kolonialzeit auch keine Presse gab, findet man praktisch keine Texte, die von Frauen geschrieben wurden.

Erst im späteren neunzehnten Jahrhundert haben wir Zugang zu Dokumenten, die von Frauen verfaßt sind. Um das Denken, Fühlen, Begehren und Leiden der Frauen vor dieser Zeit kennenzulernen, sind wir auf Quellen angewiesen, die von Männern ge-

schrieben wurden; gewöhnlich finden wir Informationen über diese Probleme in der formellen Ausdrucksweise offizieller Gesuche und Anträge, die uns natürlich ein verzerrtes Bild liefern. Ein anderes wichtiges Charakteristikum besteht darin, daß man unterscheiden muß zwischen dem Frauenbild, das von der Kirche, von Ärzten und offiziellen staatlichen Stellen aufgestellt wurde, und dem wirklichen Verhalten der Frauen. Diese Diskrepanz läßt sich mit mangelnder Verinnerlichung der sozialen Normen erklären oder auch als Protest gegen diese Normen. Jede Gesellschaft bringt bestimmte Vorstellungen von der Rolle der Frau hervor, so auch die brasilianische. In der Kolonialzeit wurden diese Rollenklischees mündlich tradiert. Solche Stereotypen, die vor allem von Moralisten, Romanschriftstellern und durch die Presse hervorgebracht und weitergegeben werden, wurden ebenfalls zum Thema der Frauengeschichte gemacht.
Nach katholischen Moralvorschriften dürfen Mann und Frau erst nach der kirchlichen Trauung ehelich zusammenleben. Aber diese Vorschrift wurde in der brasilianischen Kolonialzeit nicht strikt befolgt. Was die Kapitanie Minas Gerais angeht, kann man das ganz klar aus kirchlichen Prozessen des Jahres 1737 ersehen. In 306 von 350 Prozessen wurde wegen Konkubinats verhandelt, und in 76,8% dieser Fälle handelte es sich um eheliches Zusammenleben lediger Personen.[19]
Zum Schluß noch eine letzte Bemerkung. Die Frauengeschichte in Brasilien ist nicht in erster Linie an theoretischen Fragestellungen interessiert. Anderes steht im Vordergrund. Die Freude darüber, interessante Dokumente gefunden zu haben; das Bemühen, vergessenes Quellenmaterial über Frauen retten zu können; die Zufriedenheit, eine Erklärung für bestimmte Verhaltensweisen von Frauen gefunden zu haben, und schließlich auch die Genugtuung darüber, Informationen über Kämpfe, Proteste und Widerstandsbewegungen ans Tageslicht gebracht zu haben.
Zweifelsohne hat die große Mehrheit der brasilianischen Frauenhistorikerinnen Simone de Beauvoirs Buch *Das andere Geschlecht* gelesen und viele sind aufmerksame Leserinnen marxistischer Literatur. Aber diese Einflüsse treten in der Frauengeschichtsforschung nicht besonders stark in Erscheinung. Einige Historikerinnen – eine Minderheit – gehören der Frauenbewegung an; andere wollen einfach die Kehrseite der Medaille zeigen und auf die weibliche Hälfte der Bevölkerung aufmerksam ma-

chen. Heirat, Familie und überkommene Verhaltensregeln bilden hier den Forschungsrahmen von Frauengeschichte. Natürlich wird auch das sexuelle Verhalten innerhalb und außerhalb dieser Institutionen untersucht.
Auch Frauenarbeit und die Sorge um das wirtschaftliche Überleben sind zentrale Themen der Frauengeschichte. Man interessiert sich vor allem für Überlebensstrategien, die von Frauen in ihrem täglichen Lebenskampf erfunden wurden; erst in zweiter Linie wird auf die wirtschaftliche Ausbeutung von Frauen aufmerksam gemacht. Es werden Situationen untersucht, in denen Frauen wichtige Entscheidungen treffen müssen, wie zum Beispiel bei Protesten und im Zusammenhang mit Widerstandsbewegungen. Die brasilianische Frauengeschichte hat sich also schon weit davon entfernt, nur große Frauengestalten zu erforschen, die an männlichen Verhaltensmustern gemessen wurden.

Perspektiven

Es scheint, daß eine der vorherrschenden Tendenzen dahin geht, die Frauengeschichte immer mehr in den Bereich der Familiengeschichte zu integrieren, obwohl dabei stets die assymetrischen Rollen von Mann und Frau betont werden.[20] Eine andere Tendenz läuft darauf hinaus, die Frauengeschichte mehr in die Historische Demographie einzubeziehen, in deren Forschungsarbeiten die Variable Geschlecht immer genauso betont wurde wie zum Beispiel die Variablen Alter oder Hautfarbe.[21]
Wahrscheinlich wird sich auch die Zusammenarbeit mit der Sozialgeschichte vertiefen. Das heißt aber nicht, daß man die Frauengeschichte nur als Zweig der Sozialgeschichte betrachten sollte.
Was die Kolonialzeit betrifft, wurden bisher schon verschiedene Vorurteile überwunden. Man behauptete zum Beispiel früher, die weiße Frau sei im Vergleich zur schwarzen und zur Mulattin sehr zurückhaltend gewesen und habe keine außerehelichen Beziehungen gehabt. Die Dokumente, die man inzwischen zu Rate zog, zeigen aber schon sehr klar, daß die Anzahl weißer Frauen, die ledig blieben, mit Geistlichen zusammenlebten oder ehebrüchig waren, sehr groß war.
Die brasilianische Frauengeschichte wird zweifelsohne nicht nur

die sozialen und ethnischen Gruppen erforschen, sondern auch Gruppen, die juristisch definiert sind, wie zum Beispiel die freie Frau, die Freigelassene, die Sklavin und die ›administrada‹ (*Anmerkung des Übersetzers:* Es handelt sich hier um den rechtlichen Status der Indianerinnen, die im 17. und 18. Jahrhundert unter besonderem Schutz und besonderer Verwaltung des Staates standen). Im Jahre 1986 wurde an der Universität São Paulo eine Dissertation vorgelegt, in der das Zusammenleben dieser verschiedenen von ihrem rechtlichen Status her definierten Gruppen untersucht wird. Es zeigt sich, daß Mischehen hier sehr häufig waren. Mischehen zwischen Indianern und Afrikanern müssen noch besser erforscht werden.

Das Leben der Einwandererfrauen könnte ein Thema zukünftiger Studien sein. Von der Mitte des neunzehnten Jahrhunderts an nahm die europäische und asiatische Einwanderung in Brasilien sehr stark zu, was natürlich viele Probleme mit sich brachte. Man weiß, daß mehr Männer als Frauen auswanderten, aber das bedeutet nicht, daß nicht ab und zu auch einige Frauen den Mut hatten, allein ihre Heimat zu verlassen und in Übersee ein neues Leben zu versuchen. Auch die Frauen, die zusammen mit ihren Ehemännern oder ihren Eltern kamen, übernahmen in der brasilianischen Gesellschaft bestimmte Rollen, die die geborenen Brasilianerinnen nicht ausübten. Die Historiker, die sich mit der Geschichte der Einwanderer beschäftigten, waren an der Lebensweise der Einwandererfrauen bisher nicht besonders interessiert, stellten aber dennoch fest, daß den Frauen eine wichtige Rolle bei der Bewahrung und Aufrechterhaltung der kulturellen Werte und Gewohnheiten des Heimatlandes zukam, wie zum Beispiel Religion, Sprache und kulinarische und häusliche Gebräuche. Hier steht noch ein weites Forschungsgebiet offen. Man könnte zum Beispiel die Arbeitsteilung in Einwandererfamilien untersuchen oder auch Studien erarbeiten über ledige Einwandererfrauen, über Hausangestellte und über die Einwandererfrau als Prostituierte in den größeren Städten.

Es gibt Anzeichen dafür, daß die brasilianischen Frauenhistorikerinnen sich immer mehr für das Leben von Frauen interessieren, die in besonderen Situationen lebten, wie Dirnen, Kriminelle und Ordensfrauen. Schon im Jahre 1973 entstand an der Bundesuniversität Bahia eine Dissertation über *Frauenkriminalität in Bahia während des neunzehnten Jahrhunderts.* Susan Soeire hat als erste

die Institution religiöser Frauenorden untersucht. Und verschiedene Historikerinnen in Rio de Janeiro interessierten sich vor allem für die Geschichte der Prostituierten.
Im Jahre 1978, anläßlich der Veröffentlichung einer Anthologie über *Die Frau in Brasilien*, schrieb June E. Hahner: »Frauengeschichte sollte verschiedene Aspekte berücksichtigen. Sie muß das öffentliche und private Leben der Frauen erforschen, ihre rechtliche Situation, ihr Familienleben und ihre politischen, wirtschaftlichen und sozialen Rollen, die je nach Gegend und Geschichtsperiode verschieden sind«. June E. Hahner gibt den Quellen den Vorzug, die die verschiedenen Lebenssituationen dokumentieren und interessiert sich nicht besonders für die Frauenbewegung und Frauenwahlkampagnen. Heute scheint die vorherrschende Tendenz der brasilianischen Frauengeschichte die zu sein, daß man versucht, die Verschiedenheit und Komplexität der Frauenrollen zu untersuchen, und weniger die Frauenbewegung auf politischer Ebene.
Meiner Ansicht nach hat June E. Hahner vergessen zu erwähnen, daß in der brasilianischen Frauengeschichte vor allem noch Studien fehlen, die die verschiedenen Altersschichten berücksichtigen oder zumindest das Generationsproblem angemessen behandeln. Bisher interessierten sich die brasilianischen Frauenhistoriker vorrangig dafür, ob Frauen verheiratet oder ledig, weiß oder farbig, Mulattinnen oder Indianerinnen waren. Außerdem stand die Frage, ob es sich um Freie, Freigelassene, Sklavinnen, Arme oder Reiche handelte, ob sie lesen und schreiben konnten und ob sie Arbeiterinnen oder Unbeschäftigte waren, stärker im Vordergrund. Dabei wurde häufig vergessen, daß bestimmte Frauenrollen und Verhaltensweisen stark vom Alter abhängen. Abgesehen von einigen Studien über Frauenerziehung und Demographie, wird das Alter der Frauen in der Forschung weitgehend ignoriert. Es ist sehr wahrscheinlich, daß in naher Zukunft, da man sich jetzt auch in Brasilien für die Geschichte alter Menschen interessiert und dies auch in Europa ein bevorzugtes Forschungsthema ist, die Variable Alter besser als bisher wissenschaftlich untersucht werden wird.

(Übersetzt von Augustin Nerud)

1 Albertina de Oliveira Costa, Carmen Barrose und Cynthia Sarti, »Frauenforschung in Brasilien. Von der Vorhölle zum Getto?«, in: *Cadernes de Pesquisa*, Carlos-Chagas-Stiftung 54 (1985), S. 6.

2 June E. Hahner in ihrer Einleitung zum Buch *Die brasilianische Frau und ihre sozialen und politischen Bemühungen (1850-1937)* (São Paulo; Brasiliense, 1981), weist darauf hin, daß einige der ersten Frauenstudien von großen Frauen handelten, die aber von der traditionellen Geschichtsschreibung vergessen worden sind. Es handelte sich in diesem Fall, so meint wenigstens June E. Hahner, um eine Art Ersatzgeschichtsschreibung, die daran interessiert war, Frauen zu finden, die sich leicht an vorgegebene Verhaltensmuster anpaßten, ohne daß es nötig war, sich mit der großen Masse der Frauen zu befassen.

3 Als ein Ergebnis dieses Projekts wurde auch ein anderer Beitrag veröffentlicht: Maria Beatriz Nizza da Silva, »Sklavenheirat in der Kapitanie von São Paulo«, in: *Ciência e Cultura* Nr. 32 (7), 1980, und vier Jahre später mein Buch über *Das Heiratssystem in der Kolonialzeit Brasiliens*, São Paulo, T. A. Queiroz, 1984.

4 Später veröffentlichte die gleiche Autorin eine Anthologie über ausländische Reiseberichte: *Die Lage der Frauen in Rio de Janeiro im neunzehnten Jahrhundert*, São Paulo/Brasilia, Hucitec/INL, 1984.

5 Vgl. Elizabeth K. C. de Magalhães und Sônio Maria Giacomini, »Die Sklavin als Amme: Engel oder Teufel?«; Maria Valéria Junhe Pena und Elça Mendonça Lima, »Vergebliche Anstrengungen: Die Frau und die Arbeiterpolitik in der ersten Republik«; Miriam Moreira Leite, »Maria Lacerda de Moura – Bild und Abglanz«, in: *Frau/Frauen*, São Paulo, Cortez und Carlos-Chagas-Stiftung, 1983.

6 Im Jahre 1977 wurde an der Universität eine Dissertation vorgelegt: Esmeralda Blanco Bolsonare de Moura, *Die Arbeit der Frauen und der Minderjährigen in der Industrie São Paulos*, Petrópolis, Vozes, 1982.

7 Als ein anderes Resultat dieses Projekts können wir noch folgendes Buch erwähnen: Miriam Moreira Leite, *Die andere Seite der Frauenbewegung*, São Paulo, Ática, 1984. Es handelt über das Leben von Maria Lacerda de Moura.

8 Schon vorher veröffentlichten dieselben Autoren über dasselbe Thema einen Artikel: »Schwarze Frauen am Kuchenbrett und im Handel: die Frau als Element der sozialen Unordnung in Minas Gerais im 18. Jahrhundert«, in: *Ciências Sociais Hoje,* São Paulo, Cortez, 1984.

9 Vgl. Albertina de Oliveira Costa, Carmen Barroso und Cynthia Sarti, S. 8.

10 Über den Beginn des 19. Jahrhunderts vergleiche auch meinen Artikel über »Frauenerziehung und Männererziehung in der Brasilianischen Kolonialzeit«, in: *Revista de História* 109 (1977).

11 Auch das folgende Buch des englischen Historikers C. R. Boxer darf nicht vergessen werden: *Mary and Misogyny. Women in Iberian Expansion Overseas, 1415-1815. Some Facts, Fancies and Personalities*, London 1975.

12 Vgl. Dauril Alden (Hg.), *Essays Concerning History of Brazil and Portuguese India*, Gainesville 1977.

13 Vgl. Asunción Lavrin (Hg.), *Latin American Women: Historical Perspective*, Westport 1978.

14 Vgl. Asunción Lavrin (Hg.), *Latin American Women: Historical Perspectives*, London 1978.

15 Diese Bevölkerungsverzeichnisse, die sich im Staatsarchiv von São Paulo befinden und gut erhalten sind, geben die Namen aller Einwohner an (mit Ausnahme der Sklavenbevölkerung in den Listen von 1765 und 1776). Wir finden Information über Name, Alter, Stand, Hautfarbe, Geburtsort, Verhältnis zum Haushaltsvorstand (Frau, Kinder, Haushaltsabhängige, Sklaven), Beruf, wirtschaftliche Produktion (Lebensunterhalt und Verkauf), Vieh, häusliche Produktion (zum Beispiel Zuckerrohrschnaps), Hausnummer, Straßenname und noch die Information, ob das Haus bewohnt ist oder nicht. Wir finden aber nicht all diese Information in allen Listen. Elizabeth Kuznesof benutzte diese Bevölkerungsverzeichnisse für die Jahre 1765, 1802 und 1836.

16 Vgl. Albertina de Oliveira Costa und Carmen Barroso in der Einleitung zu *Frau/Frauen*, São Paulo, Cortez, 1983, S. 9.

17 Albertina de Oliveira Costa, Carmen Barroso und Cynthia Sarti, Anmerkung 1, S. 13.

18 Ebenda, S. 7 f.

19 Francisco Vidal Luna und Iraci del Nero da Costa, »Untersuchungen in Minas Gerais: Bemerkungen über Konkubinate«, in: *Anais do Museu Paulista*, Band XXXI, São Paulo 1982.

20 Vgl. auch mein Buch *Heiratssystem in der brasilianischen Kolonialzeit*, São Paulo, T. A. Queiroz, 1984. Andere Historiker sind genauso vorgegangen wie zum Beispiel: Raquel Lopes Domingues da Costa, *Ehescheidung und Ehenichtigkeitserklärungen in São Paulo in der Kolonialzeit*, São Paulo, Dissertation, 1986; Alida Metcalf, *Families of planters, peasants, and slaves: Strategies for survival in Santana de Parnaiba, Brazil, 1720-1820*, Dissertation, Universität Texas, Austin, 1983; Eni do Mesquita Samara, *Die Familie in der Gesellschaft von São Paulo im neunzehnten Jahrhundert*, Dissertation, Universität São Paulo, 1980.

21 Vgl. Altiva Pilatti Balhana, *Kolonialfamilien – Fruchtbarkeit und Nachkommenschaft*, Curitiba, 1977; Iraci del Nero Costa, *Bevölkerungsschaften von Minas Gerais*, São Paulo, 1981; Maria Luíza Marcílio, *Die Stadt São Paulo, Besiedlung und Bevölkerungsschaft, 1750-1850*, São Paulo, 1974.

Barbara Maas
»Eine andere Perspektive«
Historische Frauenforschung in Großbritannien

Im Zuge der in den letzten Jahren verstärkt geführten Diskussion um die theoretischen Grundlagen und Methoden der bundesdeutschen Frauengeschichtsforschung[1] sind zunehmend auch methodisch-theoretische Reflexionen und empirische Ergebnisse aus dem Ausland rezipiert worden. Während dabei vor allem der Stand der Frauengeschichte in den Vereinigten Staaten Berücksichtigung fand[2], blieb die gegenüber der Bundesrepublik gleichfalls erheblich fortgeschrittene Forschung zur Geschichte der Frauen in Großbritannien weitgehend unbeachtet. Dieses Desinteresse dürfte zum einen seine Ursache in dem größeren Theoriedefizit der britischen Frauengeschichte haben, zum anderen aber auch in der Tatsache begründet liegen, daß englische Geschichte – anders als Amerikaforschung – im bundesdeutschen Wissenschaftsbetrieb unterrepräsentiert ist.
Der folgende Literaturbericht soll anhand ausgewählter empirischer Arbeiten zur Geschichte der Frauen im 19. und 20. Jahrhundert eine Bestandsaufnahme angelsächsischer Forschungspraxis in den achtziger Jahren liefern. Dabei gilt es festzustellen, welche konzeptionellen Orientierungen, Fragestellungen und Erkenntnisinteressen der britischen Frauengeschichtsforschung sich als besonders konsensfähig und lohnend erwiesen haben und somit eventuell Anregungen für die bundesrepublikanische Diskussion geben könnten. Bevor jedoch näher auf Inhalte und Forschungsansätze britischer Frauenforschung eingegangen wird, soll kurz der institutionelle Rahmen für deren Entwicklung skizziert werden.

I

Im Unterschied zu den Vereinigten Staaten, wo sich historische Frauenforschung überwiegend als integraler Bestandteil autonomer Women's Studies Programme etabliert hat, von denen es 1984 bereits an die 300 gab[3], wird an den Universitäten Großbritanniens Frauengeschichte meist nicht institutionell separat betrieben, sondern ist in den Kanon allgemeiner Geschichtswissenschaft eingegliedert. Interdisziplinäre Women's Studies Programme nach amerikanischem Muster, wie z. B. die an der University of Kent und der York University angebotenen Magisterstudiengänge »Frauenstudien«, sind die Ausnahme. Im allgemeinen werden an britischen Hochschulen weder eigene Studiengänge in Women's Studies noch in Frauengeschichte offeriert. An den Technischen Hochschulen werden allerdings Women's Studies Kurse häufiger im Rahmen des Soziologiestudiums angeboten, meist jedoch unter Ausklammerung der historischen Dimension. Wo historische Frauenforschung intensiver betrieben wird, wie an der University of Essex, die sich zu einem der Forschungszentren für Frauengeschichte in England entwickelt hat, wird sie als Spezialgebiet innerhalb der Sozialgeschichte verstanden und dem Magisterstudiengang Sozialgeschichte eingegliedert.[4]

An den meisten Universitäten Englands ist Frauengeschichte somit nicht fest im offiziellen Curriculum verankert, sondern wird – oft ohne finanzielle Unterstützung – von engagierten Feministinnen und Wissenschaftlerinnen in außercurricularen Veranstaltungen angeboten. Diese richten sich zwar auch an junge Studentinnen und Studenten, werden aber in erster Linie von fortgeschritteneren M. A.-Anwärterinnen und Doktorandinnen zum Zweck der Diskussion eigener Forschungsvorhaben und -ergebnisse besucht. So werden die im Oxforder Women's History Seminar organisierten Ringvorlesungen und Diskussionsveranstaltungen hauptsächlich von Frauen frequentiert, die selber Frauenforschung betreiben, und weniger von jüngeren Studentinnen, die sich auf den »Bachelor of Arts« vorbereiten, da die Veranstaltungen nicht Teil des für den B. A.[5] vorgeschriebenen Seminarkontingentes sind.

Charakteristisch für die von Eigeninitiative und feministischem Engagement getragene informelle Organisationsstruktur britischer Frauengeschichtsforschung sind auch die regionalen Feminist History Groups oder Workshops. Eine der ältesten Gruppen dieser Art, die London Feminist History Group, bietet seit ihrer Gründung im Jahre 1973 Historikerinnen und interessierten Feministinnen die Möglichkeit, Informationen über laufende Forschungsarbeiten auszutauschen und Methodenprobleme zu diskutieren. Die London Feminist History Group versteht sich als »support network« für Frauen, die bei ihrer feministischen Forschung oft auf wenig Verständnis und Unterstützung von Seiten des akademischen Establishments rechnen können. Gründungen weiterer Gruppen in Birmingham, Manchester, Sheffield und Liverpool folgten und beweisen die Notwendigkeit solcher Einrichtungen für die Durchsetzung und Weiterentwicklung von Frauengeschichte.[6]

Institutionell keineswegs autonom oder fest in den Lehrplänen der Universitäten Großbritanniens verankert, hat es die angelsächsische Frauengeschichte dennoch verstanden, sich in der Wissenschaft zu behaupten. Zahlreiche Dissertationen zu frauenspezifischen Themen[7] sowie die Aufgeschlossenheit des Büchermarktes gegenüber historischen Frauenstudien[8] sind Ausdruck des Stellenwertes der Frauengeschichtsforschung in England und zeugen von einem zunehmenden Konsens darüber, daß von der Frauengeschichte wichtige Impulse für die Geschichtswissenschaft ausgehen, die ihr eine »neue Perspektive« eröffnen.

II

Zu den Theorievorgaben, welche den Rahmen für die konzeptionellen Orientierungen in der historischen Frauenforschung Großbritanniens abstecken, gehört vor allem der Marxismus. Die traditionell enge Verzahnung zwischen englischer Frauengeschichte und Labour History verhinderte die Gefahr, daß mit der Einführung der neuen historiographischen Kategorie »Geschlecht«, Klassenzugehörigkeit als Kriterium sozialgeschichtlicher Analyse in den Hintergrund trat. Von Anfang an äußerten feministische Wissenschaftlerinnen in Großbritannien Bedenken gegenüber Versuchen, eine einheitliche Kategorie Frau zu entwerfen und warnten davor, »sisterhood« bzw. Geschlechtssolidarität als realitätsmächtiger anzusehen denn Klassenzugehörigkeit. In der Einleitung zu ihrem 1976 veröffentlichten Sammelband *The Rights and Wrongs of Women* plädieren die Herausgeberinnen Juliet Mitchell und Ann Oakley für eine Neuinterpretation der Geschichte »from a perspective which *includes* (Hervorhebung d. Verf.) women«[9] und definieren ihren feministischen Ansatz wie folgt:

Feminism is a method of analysis as well as a discovery of new material. It asks new questions as well as coming up with new answers. Its central concern is with the social distinction between men and women, with the fact of this distinction, with its meaning, and with its causes and consequences. Insofar as it initiates a system of thought, feminism transforms the ideological notion that there is a biological opposition between the sexes which determines social life, and says instead that there is a contradiction in the social relations between men and women. This contradiction is never static as a biological opposition would be, but it shifts, moves and is moved and is therefore one force among others that effects social change and the movement of human history.[10]

Ein solcher Ansatz, der die Beziehung zwischen den Geschlechtern als Determinante gesellschaftlichen Wandels konzipiert, beinhaltet jedoch noch keinen Versuch einer frauengeschichtlichen Gesamtdeutung. Tatsächlich liegt dem von feministischen Wissenschaftlerinnen postulierten Perspektivenwechsel keine einheitliche Theorie zugrunde. Die Orientierung an marxistischen Theorievorgaben, die die Geschlechterbeziehungen in Zusammenhang mit kapitalistischen Produktions- und Herrschaftsverhältnissen analysiert, ist zwar vorherrschend, aber letztendlich ebensowenig unumstritten wie auf dem Modernisierungskonzept basierende Interpretationsversuche oder diejenigen Forschungsansätze, die von einem universellen Geschlechterantagonismus ausgehen.[11]
Gerade das Patriarchatsmodell ist in jüngster Zeit Gegenstand einer heftigen Kontroverse unter Frauenhistorikerinnen gewesen. Der Streit entzündet sich daran, ob bei frauengeschichtlicher Forschung die Kategorie »Geschlecht« oder die Kategorie »Klasse« vorrangige Priorität besitzen sollte. Feministische Historikerinnen wie Sally Alexander und Barbara Taylor befürworten das Patriarchatsmodell als eine sinnvolle Theorie zur Analyse von Geschlechterbeziehungen in der Vergangenheit aus der Erkenntnis der Unzulänglichkeit marxistischer Theorien vom Klassenkonflikt heraus, welche sich nicht ohne weiteres auf die Erfahrungen von Frauen in der Geschichte anwenden ließen. Die Suche nach adäquateren Konzeptionen mündete in die Theorie vom Patriarchat, die Frauengeschichte in erster Linie als Geschichte des Antagonismus zwischen den Geschlechtern und Frauen als Opfer von Männerherrschaft versteht[12], Vorstellungen, die auch von anthropologischen Konzepten und theoretischen Entwürfen aus der Psychoanalyse untermauert wurden.[13]

Das Patriarchatsmodell ist jedoch dem Vorwurf ausgesetzt, ein biologistisches Interpretationsmuster zu sein, und es wurde deshalb scharf kritisiert, u. a. von der Sozialistin Sheila Rowbotham, die bezweifelt, daß es eine universelle Form weiblicher Subordination in der Geschichte gegeben hat. Laut Rowbotham waren Frauen in der Vergangenheit auch keineswegs nur Opfer, sondern entwickelten vielfältige Widerstandformen gegen Männerherrschaft und Klassenunterdrückung.[14]

Ebensowenig wie von einer einheitlichen Theorie der Frauengeschichtsforschung die Rede sein kann, gibt es eine spezifische Methode feministischer Geschichtsschreibung, mit Ausnahme einiger radikal-feministischer Ansätze, die das »Betroffenheitskriterium« zur Methode der Frauenforschung erklären und eine Trennung von Emotionalität und Rationalität in der Forschungspraxis als sexistisch verwerfen, bzw. Rationalität und Theoriebildung als »männliche« Herrschaftsinstrumente in der Wissenschaft wie in der Gesellschaft allgemein ablehnen.[15] Es sind nicht so sehr die Methoden, die Frauengeschichte ausmachen, sondern vielmehr die Fragestellungen. Unter Zuhilfenahme so verschiedener Methoden wie Oral History, Quantifikation oder hermeneutischer Interpretationsverfahren sollen Frauen in der Geschichte nicht nur sichtbar gemacht und den Männern hinzuaddiert werden, sondern es geht letztlich darum, Menschheitsgeschichte neu zu schreiben. Dabei dürfen frauenspezifische Themen auf lange Sicht gesehen nicht isoliert behandelt werden, hieße dies doch, der Ghettoisierung und Marginalisierung historischer Frauenstudien innerhalb der Fachwissenschaft Vorschub zu leisten, eine bedenkliche Tendenz, vor der die Mitherausgeberinnen der sozialistisch-feministisch orientierten historischen Zeitschrift *History Workshop* nachdrücklich warnen. Ihr Entwurf für eine umfassende Geschlechtergeschichte sieht wie folgt aus:

> The ultimate success of the women's movement in the writing of history must not lie exclusively in the production of self-contained monographs on women writers, factory workers, midwives, domestic servants, mothers and lovers, though these will always have their importance. It must help to transform our general understanding of intellectual and industrial production, of medical and political practice, of domestic and affective life. This implies an insistence on re-reading all history; and it certainly requires a feminist commitment to reconstructing the history of men as social group and gender category.[16]

Dieses Plädoyer für eine umfassende Geschlechtergeschichte mindert natürlich nicht die Bedeutung von Frauengeschichte im engeren Sinne, deren Legitimation in erster Linie in dem enormen Nachholbedarf an Information über und Interpretation von Frauenexistenzen in der Vergangenheit liegt. Rein frauengeschichtliche Arbeiten dominieren deshalb zum augenblicklichen Zeitpunkt auch noch die Forschungspraxis in Großbritannien.

III

Zu den zentralen Themenkomplexen in der englischen Frauengeschichtsschreibung gehört die Erforschung der Stellung der Frau in Politik und Öffentlichkeit, der Frauenarbeit sowie der Erfahrung von Frauen innerhalb der Familie. Exemplarisch für den Forschungsstand in den beiden letztgenannten Bereichen sind der von Angela V. John herausgegebene Sammelband *Unequal Opportunities. Women's Employment in England 1800-1918* und der von Jane Lewis parallel dazu veröffentlichte Begleitband *Labour and Love. Women's Experience of Home and Family 1850-1940*, auf die im folgenden näher eingegangen werden soll.[17] Beiden Veröffentlichungen liegt die Konzeption zugrunde, daß zwischen häuslicher Sphäre und öffentlichem Leben ein enger Zusammenhang besteht und daß weibliche Erwerbsarbeit maßgeblich durch die familiäre Rolle der Frau bestimmt wird. Anhand von Fallstudien untersuchen die Autorinnen und Autoren, wie sich patriarchalische Interessen sowohl in der Familie als auch am Arbeitsplatz durchsetzten und in welchem Maße Frauenarbeit von Haushaltsstrukturen einerseits und ideologischen Häuslichkeitsmustern andererseits geprägt war.

Die Beiträge in *Unequal Opportunities* sind als Ergänzung und zugleich darüberhinausgehend als Korrektur herkömmlicher Labour History gedacht und zielen darauf ab, den Platz von Frauen im Beziehungsfeld zwischen Klassenzugehörigkeit, Produktionsverhältnissen und Reproduktion zu verorten. Dabei geht es um die Erforschung weiblicher Lohnarbeit und gewerkschaftlicher Organisation von Arbeiterinnen, aber auch um geschlechtsspezifische Arbeitsteilung bei der Heim- und Hausarbeit.

In den ersten drei Beiträgen des Bandes wird anhand der Strumpfwerkerei in Leicester, des Londoner Buchbinde- und

Druckereigewerbes und des »sweating«-Systems in den Nähereibetrieben von Leeds und London dargestellt, wie männliche Dominanz- und Exklusivitätsansprüche den Zugang von Frauen zur Weiterqualifikation in diesen Beschäftigungszweigen verhinderten und wie im Zuge verstärkter Arbeitsteilung schlechtbezahlte, ungelernte Tätigkeiten an Frauen delegiert wurden.[18] Konkurrenzfurcht und berufsständisches Exklusivdenken männlicher Arbeiter und Handwerker – hervorgerufen durch die von der Technologisierung verursachte Arbeitsteilung und die damit verbundene zunehmende Dequalifikation – führten dazu, daß Arbeiterinnen in die untersten Ränge des jeweiligen Gewerbes abgedrängt wurden, während Männer die besser bezahlten Positionen innehatten. Für alle drei Bereiche galt allerdings, so betonen die Autorinnen, daß es bereits in der Zeit vor der Reorganisation der Produktion geschlechtsspezifische Arbeitsteilung gegeben hatte, die sich mit der Industrialisierung und zunehmenden Mechanisierung lediglich verfestigte und zum Teil aus dem Haushalt in die Gesellschaft verlagert wurde.
Besonders deutlich wird diese Verhärtung geschlechtsspezifischer Arbeitsteilung im Verlauf des Industrialisierungsprozesses am Beispiel der Wollweberei und Strumpfwerkerei. Während die Wollweberei auf Handwebstühlen zu Beginn des 19. Jahrhunderts noch erhebliches Geschick und handwerkliche Fertigkeit verlangte, bewirkte der Übergang von der Verlagsindustrie zur Arbeitsorganisation in Workshops sowie die Einführung breiterer Webrahmen eine verstärkte Arbeitsteilung, bei der die von Frauen ausgeführten Arbeitsgänge, nämlich das Zusammennähen und Säumen der Wollstücke, weiterhin in Heimarbeit gemacht wurden, während die Arbeit der männlichen Weber aus dem Haushalt ausgelagert wurde. Die Flexibilität der geschlechtsspezifischen Arbeitsteilung, wie sie in der hausindustriellen Wollweberei noch möglich gewesen war, ging in diesem Prozeß verloren. In der kapitalistischen Produktion wurden die weiblichen Arbeitskräfte an die Peripherie des Gewerbes gedrängt und verrichteten Gelegenheitsarbeiten und schlechtbezahlte Tätigkeiten, die sich am ehesten mit den Familienpflichten und der von ihnen geleisteten unbezahlten Arbeit im Haus vereinbaren ließen. Insgesamt nahm der Anteil der Erwerbstätigkeit von ledigen wie auch verheirateten Frauen in der Wollweberei in Leicester im Verlauf des 19. Jahrhunderts stark zu und ist nur noch mit der

weiblichen Beschäftigungsstruktur in der Textilindustrie in Lancashire vergleichbar.
Auch in den Bereichen des Druckerei- und Buchbindegewerbes und der Textilverarbeitung in London und Leeds gingen fortschreitende Mechanisierung und Arbeitsteilung einher mit einer Erhöhung der Zahl weiblicher Arbeitskräfte in ungelernten bzw. angelernten Jobs. Die Expansion weiblicher Berufschancen war aber auch gekennzeichnet von niedriger Bezahlung, die bei den Näherinnen zumeist unter dem Existenzminimum lag, und einem weitgehenden Ausschluß von gewerkschaftlicher Organisation, was vor allem im Druckerei- und Buchbindegewerbe dazu führte, daß die weiblichen Arbeitskräfte stärker der Dequalifikation ausgesetzt waren als ihre in starken Berufsverbänden organisierten männlichen Kollegen.
Die Aufsätze im zweiten Teil von *Unequal Opportunities* analysieren ebenfalls die Entwicklung weiblicher Beschäftigungsmöglichkeiten, und zwar im Dienstbotengewerbe, auf dem Angestelltensektor und im Zinn- und Kupferbergbau Cornwalls[19], drei Arbeitsbereiche, deren zunehmende Technologisierung unterschiedliche Auswirkungen für die Berufschancen von Frauen hatte.
Hausangestellte bildeten die größte weibliche Beschäftigtengruppe im viktorianischen England; ihre Zahl stieg besonders drastisch in den 50er und 60er Jahren und nahm erst gegen Ende des 19. Jahrhunderts langsam wieder ab. Historiker/innen haben Dienstboten häufig als Statussymbol des viktorianischen Bürgertums interpretiert und den Rückgang des Dienstpersonals in der spätviktorianischen Zeit mit der nachlassenden Prosperität bürgerlicher Haushalte erklärt.[20] Dieser These widerspricht Edward Higgs in seinem Beitrag über Dienstboten und häusliche Produktion, indem er anhand einer Fallstudie über Rochdale nachweist, daß keineswegs nur bürgerliche Haushalte Dienstmädchen einstellten, sondern auch viele Handwerker- und sogar einige Arbeiterfamilien. Laut Higgs leisteten die Hausangestellten wichtige produktive Arbeit in diesen Familien, und es war die Verlagergung produktiver Tätigkeit aus dem Haushalt hinaus, die für den Rückgang der Beschäftigung von Dienstmädchen verantwortlich war.
Anders verlief die Entwicklung der Frauenarbeit im Angestelltenbereich, wo neue Bürotechnologien im späten 19. Jahrhundert

zur Expansion weiblicher Berufsfelder beitrugen, vor allem bei der Post. Besonders jungen, unverheirateten Frauen aus dem Kleinbürgertum bot sich hier die Chance sozialer Mobilität, finanzieller Unabhängigkeit und mehr persönlicher Freiheit. Aus weiblicher Perspektive kann von einer Proletarisierung im Angestelltenbereich, wie sie von männlichen Berufskollegen beklagt wurde, nicht die Rede sein.

Im Zinn- und Kupferbergbau hingegen wirkte sich die zum Zweck erhöhter Konkurrenzfähigkeit eingeführte Mechanisierung sowohl unter als auch über Tage negativ auf die Erwerbssituation von Frauen aus, deren Arbeitsplätze über Tage praktisch eliminiert wurden. Ähnliche Trends sind auch für die Erwerbsmöglichkeiten von Frauen im Kohlebergbau nachgewiesen, wo staatliche Arbeitsschutzgesetzgebung traditionelle Frauenarbeitsplätze vernichtete, anstatt Arbeitsbedingungen für Frauen zu verbessern.[21]

Insgesamt, so die Autorinnen und Autoren von *Unequal Opportunities*, habe in England im späten 19. Jahrhundert nicht so sehr eine generelle Erweiterung weiblicher Berufsfelder stattgefunden, sondern vielmehr eine Verlagerung hin zu »white blouse« Berufen, d. h. Angestelltenjobs, die mit bürgerlichen viktorianischen Weiblichkeitsnormen und Vorstellungen von Respektabilität eher in Einklang standen als weibliche Fabrikarbeit oder körperliche Schwerstarbeit im Bergbau.[22]

Der Band schließt mit drei Untersuchungen zur gewerkschaftlichen Organisation von Arbeiterinnen.[23] Von traditioneller Labour History oft ignoriert oder nach männlichen Relevanzkriterien beurteilt, ist der Organisationsgrad von Fabrikarbeiterinnen entweder unterschätzt oder aber losgelöst von Familienverhältnissen und der Struktur weiblicher Erwerbstätigkeit analysiert worden, meist unter dem Gesichtspunkt, welchen Beitrag Arbeiterinnen zur allgemeinen Gewerkschaftsbewegung geleistet, bzw. inwiefern sie deren Fortschritt behindert haben. Dagegen belegt Joanna Bornat in ihrem Beitrag über die Textilindustrie im West Riding eine hohe Partizipationsrate von Arbeiterinnen an gewerkschaftlicher Aktivität, allerdings nur in den unteren Rängen der Organisation. Von Schlüsselpositionen blieben Frauen ausgeschlossen, was die Autoritätsverhältnisse am Arbeitsplatz und in der Familie widerspiegelte. Sowohl Arbeitgeber als auch männliche Gewerkschafter gingen davon aus, daß die produktive Leistungsfähigkeit von Frauen geringer sei als die von Männern und daß Frauenarbeit nur Zuverdienst sei im Gegensatz zur Erwerbstätigkeit der Männer, die als Ernährer der Familie galten. Normative Vorstellungen von der Ernährerrolle des Mannes und der Priorität der Hausfrauen- und Mutterrolle für Frauen prägten somit auch die Geschlechterbeziehungen in weiten Teilen der Arbeiterklasse, am Arbeitsplatz wie in der Familie.

Mit dem Zusammenhang von Weiblichkeitsnorm, sozialer Realität und den Erfahrungen von Frauen innerhalb der Familie beschäftigt sich der bereits erwähnte, von Jane Lewis herausgegebene Begleitband zu *Unequal Opportunities*. Die in *Labour and Love* zusammengestellten Beiträge über Kindheitserfahrungen, Mutterschaft, Ehebeziehungen, weibliche Sexualität und Überlebensstrategien von Frauen vor allem aus der Arbeiterklasse dokumentieren den derzeitigen Forschungsstand auf einem Gebiet, welches historischer Interpretation besonders schwer zugänglich ist, aber gleichzeitig wegen seiner zentralen Bedeutung für die Frauengeschichtsforschung nicht vernachlässigt werden darf. Daß dem Primat der Familie im weiblichen Lebenszusammenhang mit einer verstärkten Erforschung der sogenannten Privatsphäre Rechnung getragen werden muß, ist die gemeinsame Überzeugung aller Autorinnen des Bandes. Unter Anwendung eines breiten Spektrums an Methoden und Fragestellungen werden so unterschiedliche Quellengattungen wie Interviews und Zensusmaterial, Briefe, Autobiographien, Tagebücher, Kirchenregister und eidesstattliche Erklärungen ausgewertet. Dabei ist, ähnlich wie beim Band über Frauenarbeit, ein Übergewicht an Untersuchungen zu Erfahrungen von Arbeiterfrauen erkennbar, was vielleicht damit erklärt werden kann, daß in der Arbeiterklasse das Verhältnis zwischen dominanter, vom Bürgertum konzipierter Weiblichkeitsideologie, materiellen Lebensumständen und Erfahrungen von Frauen in besonderem Maße von Spannungen geprägt war, da hier ideale Norm und soziale Realität am stärksten divergierten.

Als weitgehend bekannt vorausgesetzt wird in *Labour and Love* die Struktur des viktorianischen Weiblichkeitsmusters, welches bereits Gegenstand mehrerer Studien gewesen ist, die vor allem die theologischen und wissenschaftlichen Legitimierungsversuche viktorianischer Rollenstereotype untersucht haben.[24] Die Kernpunkte des Frauenideals bildeten der Heimkult, die Vorstellung von einem spezifisch weiblichen Charakter, die Ehe- und Hausfrauenstereotype sowie die Mutterschaftsideologie. Mit Letzterer setzt sich die Historikerin Carol Dyhouse in ihrem Aufsatz über Mutter-Tochter-Beziehungen im spätviktorianischen und edwardianischen Bürgertum auseinander.[25]

Dyhouse geht den Funktions- und Wirkungsweisen des viktorianischen Frauenbildes im bürgerlichen Familienzusammenhang nach und dokumentiert, wie bürgerliche Frauen soziale Normen damenhafter Weiblichkeit an ihre Töchter weitergaben. Bürgerliche Töchter lernten durch Beobachtung, Nachahmung und explizite Anleitung ein Rollenverhalten von ihren Müttern, das sie auf die gesellschaftlichen und hausfraulichen Pflichten als zukünftige Ehefrauen vorbereitete. Da Mädchensozialisation vornehmlich im Elternhaus stattfand und die meisten Töchter nur eine lückenhafte Schulbildung erhielten, kam den Müttern als Hauptagenten kindlicher Erziehung eine Schlüsselstellung in der Vermittlung sozialer Wertvorstellungen und geschlechtsspezifischer Rollenmuster zu. Dyhouse beschreibt das Mutter-Tochter-Verhältnis in diesem Zusammenhang als ambivalent: Einerseits konnten Mütter und Töchter sich gelegentlich durchaus als Verbündete gegen männliche Herrschaftsansprüche innerhalb der Familie durchsetzen, aber andererseits perpetuierten viele Mütter weibliche Subordination, indem sie ihre Töchter streng nach konservativen Normen viktorianischer Weiblichkeit erzogen.[26] Rollenkonformes Verhalten der weiblichen Familienmitglieder war wichtig für das Ansehen der Familie. Vor allem im Großbürgertum trugen karitative Arbeit und gesellschaftliche Aktivitäten weiblicher Familienangehöriger – wie z. B. das ausgeklügelte System von »calling«, »card-leaving« und »at homes« – entscheidend zur sozialen Statusabgrenzung bei[27], und es war lediglich eine kleine Minorität von Frauen, die gegen dieses Pattern weiblicher Adoleszenz rebellierten oder es, zumindest in der Retrospektive, kritisierten.[28]

Anders als im wohlhabenden Bürgertum war die Kluft zwischen sozialer Norm und individuellen Vorstellungen von wahrer Weiblichkeit und Mütterlichkeit unter Arbeiterfrauen größer, wie die Beiträge von Lynn Jamieson und Ellen Ross dokumentieren.[29] Jamieson zeigt am Beispiel städtischer Arbeiterfamilien in Schottland um die Jahrhundertwende, daß Mutter-Tochter-Beziehungen vor allem durch ökonomische Notwendigkeit geprägt waren. Obwohl Mütter wie auch Töchter oft außerhäuslicher Erwerbstätigkeit nachgingen, änderte sich in diesen Familien nichts an der geschlechtsspezifischen Arbeitsteilung bei der Hausarbeit. Zwar fand in Arbeiterhaushalten keine ausdrückliche Sozialisation der Töchter in Bezug auf die Ehe- und Hausfrauenrolle statt, Unterschiede in der Erziehung von Jungen und Mädchen existierten aber dennoch. Hausarbeit wurde ausschließlich an Töchter delegiert, auch wenn diese genauso außerhäuslicher Lohnarbeit nachgingen wie ihre Brüder.[30] Die Reaktionen junger Frauen auf diese Diskriminierung und Doppelbelastung variierten, scheinen jedoch nur gelegentlich das Mutter-Tochter-Verhältnis belastet zu haben, da Töchter normalerweise die von ökonomischen Zwängen bestimmten Beweggründe mütterlichen Verhaltens verstanden.

Ellen Ross stellt in ihrem Beitrag über Mütter in der Londoner Arbeiterklasse stärker die emotionale Komponente im Verhältnis zwischen Müttern und Töchtern heraus und liefert in diesem Zusammenhang eine Neuinterpretation des Terminus »Emotionalität«.[31] Mutterliebe in der Arbeiterklasse – so Ross – fand ihren Ausdruck in Dienstleistungen, die emotionale Konnotationen hatten in einer Situation, wo es um das Überleben der Familie ging. Daß der emotionale Aspekt moderner Mutterschaftsideologie in viktorianischen Arbeiterfamilien unbekannt gewesen sei, sei ebenso falsch wie die Vorstellung, Arbeitermütter hätten aufgrund ihrer Berufstätigkeit ihre Kinder vernachlässigt. Derartige Vorurteile waren allerdings weitverbreitet bei zeitgenössischen Beobachtern aus dem Bürgertum, die sogenanntes »Fehlverhalten« unwissender Arbeiterfrauen für den Niedergang der englischen Rasse verantwortlich machen wollten.[32]

An Versuchen von Seiten der Bourgeoisie, bürgerliche Weiblichkeits- und Familienideale auch für die Arbeiterschaft verbindlich zu machen, fehlte es nicht am Ausgang des 19. und Anfang des 20. Jahrhunderts, wie der Aufsatz von Jane Lewis über proletarische Ehefrauen und Mütter und staatliche Intervention illustriert.[33] Staatliche Interventionsmaßnahmen beruhten meist auf der Fehleinschätzung, der Ehemann sei grundsätzlich der Alleinernährer der Familie, was für Arbeiterhaushalte kaum zutraf. Selbst wenn die Mehrheit der Arbeiterfrauen nach der Eheschließung nicht mehr einer außerhäuslichen Erwerbstätigkeit nachgingen, so leisteten sie mit Heimarbeit, Untervermietung, Putzen,

Waschen und anderen Gelegenheitsarbeiten einen wichtigen Beitrag zum Familieneinkommen.[34] Trotzdem akzeptierten auch sie das Ideal von der primären Zuständigkeit der Frau für Haushalt, Familie und Kinder, und ihr Selbstwertgefühl beruhte in starkem Maße auf der effizienten Erledigung häuslicher Pflichten sowie auf ihrer familialen Verantwortung.

Staatliche Interventionsmaßnahmen zugunsten vermeintlich vernachlässigter Arbeiterkinder stießen auf massiven Widerstand bei Arbeiterfrauen, die darin einen Angriff auf ihre familiäre Autorität sahen. Dort wo staatlicher Paternalismus sich mittels Hausbesuchen in die inneren Angelegenheiten von Arbeiterfamilien einzumischen versuchte, war er am wenigsten willkommen. Aber auch solche Maßnahmen wie die Einführung der allgemeinen Schulpflicht in den 70er Jahren des 19. Jahrhunderts riefen gemischte Gefühle in der Arbeiterschaft hervor, bedeuteten sie doch eine erhebliche Belastung des Haushaltsbudgets, da viele Frauen ihre Erwerbstätigkeit aufgeben oder einschränken mußten, wenn die Töchter zur Schule gingen und deshalb nicht für Hausarbeit oder Kinderaufsicht zur Verfügung standen. Die Anordnung schulärztlicher Untersuchungen ohne die gleichzeitige Provision einer kostenlosen Behandlung ist ein weiteres Beispiel für die Belastung der zumeist von Ehefrauen verwalteten proletarischen Haushaltskassen und für die Kurzsichtigkeit einer staatlichen Politik, die sich an bürgerlichen Normen orientierte statt an der ökonomischen Situation und den Bedürfnissen von Arbeiterfamilien.

Weibliche Sexualität und Reproduktion sind der Themenbereich, dem sich Lucy Bland und Barbara Brookes in ihren beiden Aufsätzen zuwenden.[35] Bland dokumentiert die Ansichten einer kleinen Minderheit artikulierter, bürgerlicher Feministinnen, die als Mitglieder des Londoner Men and Women's Club an Diskussionen über Sexualität und Geschlechterbeziehungen teilnahmen, ein Verhalten, mit dem sie gegen viktorianische Konventionen verstießen, welche sexuelle Fragen zum Tabu erklärten, vor allem für Frauen. Im Men and Women's Club, der 1885 von dem Sozialisten und späteren Eugeniker Karl Pearson gegründet wurde, gerieten bei den monatlichen Treffen sowohl männliches Sexualverhalten wie Untreue, Umgang mit Prostituierten, Promiskuität und die damit verbundene Verbreitung von Geschlechtskrankheiten ins Kreuzfeuer feministischer Kritik als auch die doppelte

Moral, die diskriminierende Scheidungsgesetzgebung und der sexuelle Mißbrauch von Kindern. Gefordert wurde mehr männliche Selbstbeherrschung und eine Reform des männlichen Sexualverhaltens; freie Liebe stieß bei den Frauen auf Ablehnung.[36] Interessant ist, daß die weiblichen Mitglieder des Men and Women's Club Unbehagen äußerten über die Art und Weise, wie männliche Clubmitglieder die Diskussion über Sexualität dominierten, indem sie sich einer »rationalen« Wissenschaftssprache bedienten, die die Erfahrungen von Frauen nicht nur nicht widerspiegelte, sondern sie von vornherein diskreditierte.

Barbara Brookes' Essay über weibliches Sexualverhalten geht der Frage nach, inwieweit Frauen Kontrolle über ihre Fertilität hatten und inwiefern ihre Entscheidungen den drastischen Geburtenrückgang um die Jahrhundertwende mitverursachten. Brookes kommt zu dem Schluß, daß erfolgreiche Geburtenkontrolle unter anderem von der Qualität der ehelichen Beziehung und vom Informationsaustausch unter Freundinnen und Verwandten abhing.[37] Auf die Bedeutung von »female networks« für die Geburtenkontrolle wurde in der Literatur bereits von dem kanadischen Historiker Angus McLaren hingewiesen, der in seinen Untersuchungen über reproduktive Rituale in der englischen Gesellschaft die Rolle der Abtreibung als ein wichtiges Mittel der Geburtenkontrolle betont, ein Mittel, welches ohne Mithilfe des Ehemannes angewandt werden konnte und somit der Frau eine gewisse Kontrolle über ihren Körper ermöglichte.[38] McLaren geht davon aus, daß Männer und Frauen eine durchaus unterschiedliche Einstellung zur Empfängnisverhütung hatten und daß keineswegs nur rein ökonomische Überlegungen des Mannes den Ausschlag bei der Familienplanung gaben, wie es u. a. von Autoren wie Joseph A. Banks für das viktorianische Bürgertum behauptet wurde.[39] Frauen, so McLaren, hatten eigene Gründe, eine Beschränkung der Kinderzahl zu wünschen, z. B. die Angst vor schwierigen Schwangerschaften oder eine geschwächte Gesundheit. Abtreibung wird von McLaren als Teil einer autonomen weiblichen Sexualkultur verstanden[40], die allerdings bereits gegen Ende des 18. Jahrhunderts immer stärker unter öffentliche Kontrolle geriet und 1803 per Gesetz zur strafbaren Handlung deklariert wurde.

Die beiden nächsten Beiträge in *Labour and Love* behandeln die Erfahrungen von bürgerlichen und proletarischen Frauen in der

Ehe. Dina Copelman zeigt am Beispiel Londoner Lehrerinnen um die Jahrhundertwende, wie Frauen aus dem Kleinbürgertum Ehe und Beruf miteinander verbanden.[41] Copelman argumentiert, daß entgegen gängigen Rollenvorstellungen von der Unvereinbarkeit von Ehe und Berufstätigkeit vor allem für bürgerliche Frauen, für die Londoner Lehrerinnen Erwerbstätigkeit effektiv keinen Statusverlust bedeutete. Als Angehörige des Kleinbürgertums ging es diesen Frauen darum, einen bestimmten Lebensstandard mit ihrem Einkommen zu sichern, ein Unterfangen, bei dem sie von ihren ebenfalls vorwiegend im Lehrberuf tätigen Ehemännern solidarisch unterstützt wurden. Partnerschaft und gegenseitige Unterstützung waren nicht allein auf bürgerliche Ehen beschränkt: Ellen Ross und Elizabeth Roberts haben in ihren Studien über Arbeiterehen gleichfalls ein hohes Maß an Kooperation und gegenseitigem Verständnis festgestellt.[42]
Im Gegensatz dazu vertreten Pat Ayers und Jan Lambertz in ihrem Aufsatz über proletarische Ehebeziehungen im Liverpool der Zwischenkriegszeit die These, daß Konflikt und Gewalt, hauptsächlich verursacht durch Geldprobleme, das Eheleben von Arbeiterfrauen bestimmten.[43] Die beiden Autorinnen vertreten die Ansicht, daß Ehemänner ein starkes Interesse daran hatten, sich von Haushaltsangelegenheiten und finanziellen Problemen fernzuhalten: Indem sie ihren Lohn den Ehefrauen übergaben, konnten sie letztere für eventuelle finanzielle Schwierigkeiten verantwortlich machen. Eine derartige Verhaltensweise ermöglichte es, Geldprobleme dem Mißmanagement und der Unfähigkeit der Ehefrau bei der Budgetkalkulation anzulasten. Gelang es dieser nicht, den oft unzureichenden Lohn zu strecken und das Haushaltsgeld so einzusetzen, daß es zur Ernährung der Familie reichte, glaubten sich Ehemänner häufig im Recht, Gewalt gegen ihre Frauen anwenden zu können.[44] Arbeiterehefrauen konnten daher bei ihrem Kampf mit finanziellen Schwierigkeiten nicht auf die Unterstützung ihrer Männer zählen, sondern mußten die Last der Geldsorgen allein tragen, wobei sie komplexe Überlebensstrategien entwickelten, um den Zusammenhalt der Familie zu gewährleisten: Kreditaufnahme, Anschreiben lassen, Verpfänden und Borgen von Nachbarinnen gehörten zum täglichen Leben.[45]
Der letzte Beitrag in dem von Jane Lewis herausgegebenen Sammelband beschäftigt sich mit der Stellung von Frauen »ohne Män-

ner«, d.h. Witwen, ledige Frauen und alleinerziehende Mütter, die alle aufgrund ökonomischer Veränderungen und der damit verbundenen Ab-, bzw. Auswanderung vieler Männer, verstärkt einem Prozeß der Pauperisierung unterworfen waren.[46] Verschlechterte Heiratschancen und eine erhöhte Illegitimitätsrate bewirkten, daß diese Frauen nicht nur erwerbstätig wurden, sondern sich auch auf informelle »networks« nachbarschaftlicher und verwandtschaftlicher Hilfe verließen, um zu überleben.

Derartige »networks« gegenseitiger Unterstützung gab es auch im Bürgertum, wie eine auf dem »women's culture«-Ansatz beruhende Untersuchung der amerikanischen Historikerin Martha Vicinus zeigt.[47] Ihre Studie über Berufstätigkeit und kommunales Zusammenleben unverheirateter bürgerlicher Frauen zwischen 1850 und 1920 dokumentiert anhand verschiedener separater Frauengemeinschaften wie Mädcheninternaten, Schwesternheimen, Frauencolleges und kirchlichen Frauenorganisationen, wie ledige Frauen gängige viktorianische Geschlechterideologie uminterpretierten und für sich und andere Frauen neue Rollenmodelle schufen. Die Frauengemeinschaften waren als Alternative zur bürgerlichen Kleinfamilie konzipiert und boten jungen Frauen die Möglichkeit finanzieller Unabhängigkeit sowie die Chance, Führungsqualitäten zu entwickeln und Freundschaftsbeziehungen aufzubauen, die ihnen die Kraft gaben, in der Öffentlichkeit tätig zu werden. Vicinus mißt diesen Gemeinschaften eine wichtige emotionale, spirituelle und soziale Bedeutung bei, die jedoch in der Nachkriegszeit zu verblassen begann, als Vorstellungen von weiblicher moralischer Überlegenheit und Asexualität, die zu dem geistigen Fundament separater Frauengemeinschaften gehörten, neuen Werten weichen mußten. Darüber hinaus wurde die von den Frauen geleistete Sozialarbeit zunehmend vom Staat übernommen.

Die von Vicinus in ihrer Studie praktizierte Konzentration auf separate »Frauenräume« und weibliche Kultur ist jedoch eher typisch für amerikanische Frauengeschichtsschreibung, und Studien über englische Frauen, die eine derartige Ausrichtung auf »autonome Frauenkultur« haben, stammen deshalb meist von amerikanischen Autorinnen. Englische Frauenstudien betonen eher den Klassenaspekt, auch bei solchen Themen, die sich mit dem Platz von Frauen in Politik und Öffentlichkeit und mit der Organisationsgeschichte der Frauenbewegung beschäftigen. Neben älteren Arbeiten zur bürgerlichen und proletarischen Frauenbewegung im 19. Jahrhundert[48], die sich auf die Frauenwahlrechtsbewegung konzentrieren, existieren mehrere Untersuchungen zur Stellung der Frau in der Ideologie oder der Bewegung des Frühsozialismus in England. Stellvertretend sei hier die Studie Barbara Taylors über Frauen und Owenismus genannt, die eine kritische Neuinterpretation sozialistischer Geschichte zum Ziel hat.[49]

Anders als bei den Chartisten[50], war owenitische Sexualpolitik durchaus progressiv und beinhaltete u. a. Vorstellungen über die Gleichheit der Geschlechter sowie die Kollektivierung des Familienlebens, Aspekte sozialistischer Utopie, die – laut Taylor – von linken Intellektuellen und Historikern in der Folgezeit ignoriert wurden[51], die aber ein wichtiges Erbe des heutigen Feminismus sind. Taylor kritisiert diejenigen Interpretationen sozialistischer Tradition, die die Entwicklung sozialistischer Ideologie als linearen Fortschritt vom frühen, angeblich primitiven Utopiedenken hin zum ausgereiften wissenschaftlichen Sozialismus preisen. Aus feministischer Perspektive stellt sich die Entwicklungsgeschichte des Sozialismus anders dar: Zunehmender Dogmatismus führte dazu, daß Forderungen und Bedürfnisse von Frauen in der sozialistischen Theorie wie auch in der Praxis der sozialistischen Bewegung in den Hintergrund gedrängt und die ursprüngliche Vision von der Frauenemanzipation als integraler Bestandteil einer umfassenden gesellschaftlichen Reform zugunsten strategischer Überlegungen aufgegeben wurden, die die Emanzipation der gesamten Menscheit zurückstellten und sich auf den ökonomischen Kampf des männlichen Geschlechts einer einzigen Klasse beschränkten.[52]

Barbara Taylors Studie ist ein ausgezeichnetes Beispiel dafür, daß Frauengeschichte nicht nur Kontributionsgeschichte ist, sondern darüber hinausgeht und traditionelle Geschichtsschreibung von einer neuen Perspektive aus korrigiert und neue Maßstäbe setzt.

Anmerkungen

1 Siehe vor allem die Beiträge von Annette Kuhn, Jörn Rüsen, Ute Frevert und Jürgen Kocka zur Kontroverse um die Bielefelder Historikerinnentagung 1981 und den Aufbau eines Universitätsforschungsschwerpunktes »Frauenforschung« an der Universität Bielefeld. Die Beiträge sind abgedruckt im Sammelband Geschichtsdidaktik: *Frauen in der Geschichte* I/II/III, hrsg. von Bodo von Borries, Annette Kuhn und Jörn Rüsen, Düsseldorf 1984. Zu Grundproblemen der Frauengeschichte in der Bundesrepublik siehe außerdem Annette Kuhn, »Identitätsgewinnung durch Frauengeschichte. Gefahren, Grenzen, Möglichkeiten«, in: *Geschichtsdidaktik* 10/2 (1985), S. 117-128. Theoretische Positionen in der Frauengeschichtsforschung erörtert auch Claudia Opitz, »Der ›andere Blick‹ der Frauen in die Geschichte«, in: *beiträge zur feministischen theorie und praxis* 7 (1984), S. 61-70.

2 Genannt seien hier vornehmlich Karin Hausen, »Women's History in den Vereinigten Staaten«, in: *Geschichte und Gesellschaft* 7, Heft 3/4 (1981), S. 347-363; Gisela Bock, »Historische Frauenforschung: Fragestellungen und Perspektiven«, in: Karin Hausen (Hg.), *Frauen suchen ihre Geschichte. Historische Studien zum 19. und 20. Jahrhundert*, München 1983, S. 22-60; dies., »Der Platz der Frauen in der Geschichte«, in: Herta Nagl-Docekal/Franz Wimmer (Hg.), *Neue Ansätze in der Geschichtswissenschaft*, Wien 1984, S. 108-127.

3 Zur Struktur von Women's Studies in den Vereinigten Staaten siehe u. a. Marilyn Boxer, »For and About Women: The Theory and Practice of Women's Studies in the United States«, in: *Signs* 7/3 (1982), S. 661-695.

4 Einen guten Überblick über Women's Studies Kurse in Großbritannien gibt die Broschüre: *Women's Studies Courses in the UK*, hrsg. von Jan Bradshaw, Wendy Davies und Patricia De Wolfe, London 1981. Ergänzt durch ein Faltblatt, das den Stand des Jahres 1986 widerspiegelt, listet die Broschüre Kurse über Frauenstudien an Universitäten, Technischen Hochschulen und in der Erwachsenenbildung auf, wobei klar wird, daß auf letzterem Gebiet die meisten Veranstaltungen angeboten werden.

5 Der M. A. wird in Oxford automatisch – gegen eine geringe Gebühr – allen Studenten/innen verliehen, die ihren B. A. an der University of Oxford bestanden haben.

6 Anna Davin, feministische Historikerin und Mitbegründerin der London Feminist History Group, gibt einen kurzen Überblick über den Werdegang der Gruppe in ihrem Aufsatz: »London Feminist History Group«, in: *History Workshop* 9 (1980), S. 192-194. Die Gruppe organisierte 1985 auch die erste London Feminist History Conference.

7 Britische, irische und amerikanische Dissertationen zu Frauenthemen

sind in einer 500 Seiten starken Bibliographie von V. F. Gilbert und D. S. Tatla zusammengetragen: *Women's Studies. A Bibliography of Dissertations 1870-1982*, Oxford 1985.

8 So beschäftigen die meisten führenden Verlage in England heute eine(n) Women's Studies Editor. Daß eine große Nachfrage nach Frauenstudien und Frauenliteratur besteht, beweist nicht zuletzt die Erfolgsgeschichte des Frauenbuchverlages Virago.

9 Juliet Mitchell/Ann Oakley, »Introduction«, in: dies. (Hg.), *The Rights and Wrongs of Women*, Harmondsworth 1976, S. 14.

10 Ibid.

11 Zur Kritik modernisierungstheoretischer Ansätze in frauengeschichtlichen Studien siehe Richard J. Evans, »Modernization Theory and Women's History«, in: *Archiv für Sozialgeschichte* 20 (1980), S. 492-514.

12 Sally Alexander/Barbara Taylor, »In Defence of ›Patriarchy‹«, in: Raphael Samuel (Hg.), *People's History and Socialist Theory*, London 1981, S. 370-373.

13 Besonders einflußreich hat sich Juliet Mitchells feministische Neuinterpretation von Freud erwiesen: *Psychoanalysis and Feminism*, Harmondsworth 1975.

14 Sheila Rowbotham, »The Trouble with ›Patriarchy‹«, in: Samuel (Hg.), *People's History*, S. 365 ff.

15 Siehe u. a. Liz Stanley/Sue Wise, »›Back to the Personal‹ or: our attempt to construct ›feminist research‹«, in: Gloria Bowles/Renate Duelli Klein (Hg.), *Theories of Women's Studies*, London 1983, S. 192-209. Mary Evans, Mitbegründerin des Magisterstudienganges Frauenstudien an der University of Kent, warnt hingegen vor Theoriefeindlichkeit und plädiert für eine rationale feministische Theoriebildung; siehe Mary Evans, »In praise of theory: the case for women's studies«, in: ibid., S. 219-228, bes. S. 224 f.

16 Editorial: »Women's History and Men's History«, in: *History Workshop* 19 (1985), S. 1. Zu den Mitherausgeberinnen von *History Workshop* gehören u. a. feministische Historikerinnen wie Sally Alexander, Jane Caplan, Anna Davin und Anne Summers.

17 Angela V. John (Hg.), *Unequal Opportunities. Women's Employment in England 1800-1918*, Oxford 1986; Jane Lewis (Hg.), *Labour and Love. Women's Experience of Home and Family 1850-1940*, Oxford 1986. Beide Bände sind im Blackwell-Verlag erschienen, der auch zwei weitere Bände über Mädchenbildung und Frauen in der Öffentlichkeit geplant hat: Felicity Hunt (Hg.), *Lessons for life, the Schooling of girls and women 1850-1950*, sowie Jane Rendall (Hg.), *Equal or different. Women's Politics 1800-1914*. Beide Bände erschienen Ende 1987, kurz nach Fertigstellung des vorliegenden Literaturberichtes.

18 Nancy Grey Osterud, »Gender Divisions and the Organization of

Work in the Leicester Hosiery Industry«, in: John (Hg.), *Unequal Opportunities*, S. 45-68; Felicity Hunt, »Opportunities Lost and Gained: Mechanization and Women's Work in the London Bookbinding and Printing Trades«, in: ibid., S. 71-93; Jenny Morris, »The Characteristics of Sweating: The Late Nineteenth-Century London and Leeds Tailoring Trade«, in: ibid., S. 95-121. Die klassische Studie über Frauenarbeit und Industrialisierung ist immer noch Ivy Pinchbeck, *Women Workers and the Industrial Revolution 1750-1850* (Erstauflage 1930), die jedoch insgesamt eine zu positive und undifferenzierte Einschätzung der Modernisierung enthält.

19 Edward Higgs, »Domenstic Service and Household Production«, in: John (Hg.), *Unequal Opportunities*, S. 125-150; Meta Zimmeck, »Jobs for the Girls: The Experience of Clerical Work for Women, 1850-1914«, in: ibid., S. 153-177; Gill Burke, »The Decline of the Independent Bâl Maiden: The Impact of Change in the Cornish Mining Industry«, in: ibid., S. 179-204.

20 Siehe z.B. Joseph A. Banks, *Prosperity and Parenthood. A Study of Family Planning among the Victorian Middle Classes*, 3. Aufl., London 1969. Eine ähnliche These vertritt Theresa M. McBride in ihrer komparativen Studie, *The Domestic Revolution. The Modernisation of Household Service in England and France 1820-1920*, London 1976.

21 Angela V. John, *By the Sweat of Their Brow. Women Workers at Victorian Coalmines*, London 1980.

22 Über den Einfluß viktorianischer Weiblichkeitsnormen auf die Abgrenzung frauenspezifischer Tätigkeitsfelder siehe Anne Summers, »A Home from Home – Women's Philanthropic Work in the Nineteenth Century«, in: Sandra Burman (Hg.), *Fit Work for Women*, London 1979, S. 33-63; Leonore Davidoff, »The Separation of Home and Work? Landladies and Lodgers in Nineteenth- and Twentieth-Century England«, in: ibid., S. 64-97; Frances Widdowson, *Going Up Into the Next Class. Women and Elementary Teacher Training 1840-1914*, London 1983. Eine gute Gesamtdarstellung der Berufsmöglichkeiten für viktorianische Frauen aus dem Bürgertum ist immer noch Lee Holcombes Studie, *Victorian Ladies at Work. Middle-Class Working Women in England and Wales 1850-1914*, Newton Abbott 1973.

23 Joanna Bornat, »Lost Leaders: Women, Trade Unionism and the Case of the General Union of Textile Workers, 1875-1914«, in: John (Hg.), *Unequal Opportunities*, S. 207-233; Ellen F. Mappen, »Strategists for Change: Social Feminist Approaches to the Problems of Women's Work«, in: ibid., S. 235-259; Deborah Thom, »The Bundle of Sticks: Women, Trade Unionists and Collective Organization before 1918«, in: ibid., S. 261-289.

24 Den Beitrag des Evangelikalismus zur Formulierung des viktoriani-

schen Häuslichkeitskultes untersucht Catherine Hall, »The Early Formation of Victorian Domestic Ideology«, in: Burman (Hg.), *Fit Work for Women*, S. 15-32. Weibliche Rollenstereotype wurden auch entscheidend von sozialdarwinistischen Ideen, bzw. der Evolutionstheorie geprägt; siehe hierzu u. a. Lorna Duffin, »Prisoners of Progress: Women and Evolution«, in: Sara Delamont/Lorna Duffin (Hg.), *The Nineteenth-Century Woman. Her Cultural and Physical World*, London 1978, S. 57-91; Jill Conway, »Stereotypes of Femininity in a Theory of Sexual Evolution«, in: *Victorian Studies* 14 (1970), S. 47-62; Janet Sayers, *Biological Politics. Feminist and Anti-Feminist Perspectives*, London 1982, bes. Kapitel 3: »Social Darwinism and the women question«; außerdem Elizabeth Fee, »Science and the Woman Problem«, in: Michael S. Teitelbaum (Hg.), *Sex Differences. Social and Biological Perspectives*, New York 1976, S. 175-223.

25 Carol Dyhouse, »Mothers and Daughters in the Middle-Class Home c. 1870-1914«, in: Lewis (Hg.), *Labour and Love*, S. 27-47.

26 Siehe auch die Studie der kanadischen Historikerin Deborah Gorham, *The Victorian Girl and the Feminine Ideal*, London 1982. Sie enthält interessante Fallstudien zur Mädchensozialisation im Elternhaus.

27 Dazu ausführlicher Leonore Davidoff, *The Best Circles. Society Etiquette and the Season*, London 1973.

28 Florence Nightingale, die sich selbst nicht als Feministin verstand, ist ein gutes Beispiel dafür, wie einer Tochter aus dem viktorianischen Großbürgertum gesellschaftliche Verpflichtungen zur Last werden konnten. Über die unglückliche Jugend Nightingales und ihre Bemühungen, sich als junge Frau vom Elternhaus zu lösen und eine verantwortungsvolle Beschäftigung zu finden siehe Gorham, *The Victorian Girl*, S. 126 ff.; außerdem Nancy Boyd, *Josephine Butler, Octavia Hill, Florence Nightingale. Three Victorian Women Who Changed Their World*, London 1984 (Repr.), S. 167 ff.

29 Lynn Jamieson, »Limited Resources and Limiting Conventions: Working-Class Mothers and Daughters in Urban Scotland c. 1890-1925«, in: Lewis (Hg.), *Labour and Love*, S. 49-69; Ellen Ross, »Labour and Love: Rediscovering London's Working-Class Mothers, 1870-1918«, in: ibid., S. 73-96.

30 In ihrer auf Oral History basierenden Untersuchung über Arbeiterfamilien in Zentral- und Nord-Lancashire kommt Elizabeth Roberts dagegen zu dem Schluß, daß Erwerbstätigkeit den Status von Töchtern im Elternhaus verbesserte: Sie erhielten mehr Unabhängigkeit von elterlicher Kontrolle, wurden von bestimmten Haushaltspflichten entbunden und wurden besser verpflegt. Siehe Elizabeth Roberts, *A Woman's Place. An Oral History of Working-Class Women 1890-1940*, 2. Aufl., Oxford 1985, S. 42 ff.

31 Ross, »Labour and Love«, S. 73 f.

32 Derartige Schuldzuweisungen sind auch von einigen Historikern unkritisch übernommen worden. Siehe z. B. Peter Stearns, »Working-Class Women in Britain 1890-1914«, in: Martha Vicinus (Hg.), *Suffer and Be Still: Women in the Victorian Age*, Bloomington 1972, S. 100-120.

33 Jane Lewis, »The Working-Class Wife and Mother and State Intervention«, in: dies. (Hg.), *Labour and Love*, S. 99-120. Ausführlicher zu diesem Thema siehe dies., *The Politics of Motherhood. Child and Maternal Welfare in England, 1900-1939*, London 1980.

34 Zur Berufstätigkeit verheirateter Arbeiterfrauen siehe Sally Alexander, »Women's Work in Nineteenth-Century London; A Study of the Years 1820-50«, in Mitchell/Oakley (Hg.), *The Rights and Wrongs of Women*, S. 59-111; Michael Anderson, *Family Structure in Nineteenth-Century Lancashire*, Cambridge 1971, S. 72 ff. Anderson hat für Preston nachgewiesen, daß um die Jahrhundertmitte lediglich 26% aller verheirateten Frauen berufstätig waren und nur 15% der Mütter einer außerhäuslichen Erwerbstätigkeit nachgingen. Für das frühe 20. Jahrhundert siehe Elizabeth Roberts, »Working wives and their families«, in: Theo Barker/Michael Drake (Hg.), *Population and Society in Britain 1850-1980*, London 1982, S. 140 ff. Einen guten Gesamtüberblick über die Entwicklung von Frauenarbeit zwischen 1870 und 1950 gibt Jane Lewis, *Women in England 1870-1950: Sexual Divisions and Social Change*, Brighton 1984, Kapitel 4 und 5.

35 Lucy Bland, »Marriage Laid Bare: Middle-Class Women and Marital Sex c. 1880-1914«, in: Lewis (Hg.), *Labour and Love*, S. 123-146; Barbara Brookes, »Women and Reproduction, 1860-1939«, in: ibid., S. 149-171.

36 Für einen späteren Zeitpunkt siehe Ellen Holtzman, »The Pursuit of Married Love. Women's Attitudes toward Sexuality and Marriage in Great Britain, 1918-1939«, in: *Journal of Social History* 16 (1982), S. 39-51.

37 Diese Ansicht vertritt auch Diana Gittins in ihrer Studie: *Fair Sex: Family Size and Structure in Britain, 1900-1939*, London 1982.

38 Angus McLaren, *Birth Control in Nineteenth-Century England*, London 1978; ders., *Reproductive Rituals: The perception of fertility in England from the sixteenth century to the nineteenth century*, London 1984. In der letztgenannten Studie, deren Fragestellungen von kulturanthropologischen Ansätzen beeinflußt ist, widerspricht McLaren der gängigen These von der Modernisierung menschlichen Reproduktionsverhaltens von unbeschränkter Fertilität und hohen Geburtenraten in vorindustrieller Zeit hin zu Geburtenkontrolle im 19. Jahrhundert. Laut McLaren akzeptierten frühere Generationen keineswegs passiv »natürliche« Fertilität, sondern versuchten mit einer Reihe von Mitteln, Einfluß auf den Vorgang der Empfängnis und Gestation zu

nehmen. Geburtenkontrolle sei immer Teil eines kulturellen Gesamtmusters gewesen, mit der eine Gesellschaft versuchte, ihre Bevölkerung zu regulieren, wobei eine hohe Geburtenrate nicht gleichgesetzt werden dürfe mit mangelnder Kontrolle über Fortpflanzung.

39 Joseph Banks stellte bereits in den 50er Jahren die These auf, daß das Streben nach sozialem Aufstieg und höherem Lebensstandard die Männer des viktorianischen Bürgertums dazu bewog, Empfängnisverhütung zu praktizieren. Siehe Joseph A. Banks, *Prosperity and Parenthood. A Study of Family Planning among the Victorian Middle Classes*, 3. Aufl, London 1969; ders., *Victorian Values. Secularism and the Size of Families*, London 1981.

40 Dies widerspricht der Auffassung von Historikern wie Edward Shorter und Laurence Stone, die Frauen in der vormodernen Zeit als hilflose Opfer ihrer Fertilität begreifen. Siehe Edward Shorter, *The Making of the Modern Family*, New York 1975; ders., *A History of Women's Bodies*, New York 1982; Laurence Stone, *The Family, Sex and Marriage in England 1500-1800*, 2. Aufl., Harmondsworth 1979.

41 Dina M. Copelman, »›A New Comradeship between Men and Women‹: Family, Marriage and London's Women Teachers, 1870-1914«, in Lewis (Hg.), *Labour and Love*, S. 175-193.

42 Ellen Ross, »›Fierce Questions and Taunts‹: married life in working-class London, 1870-1914«, in *Feminist Studies* 8 (1982), S. 575-602. Ross weist zwar darauf hin, daß proletarische Ehevereinbarungen nicht so sehr von romantischer Liebe oder sexueller Intimität bestimmt waren, sondern eher durch finanzielle Verpflichtungen und Dienstleistungen, was gegenseitige Zuneigung jedoch nicht ausschloß. Elizabeth Roberts hat in ihrer Studie über die Lebensverhältnisse von Arbeiterfrauen in Lancashire ebenfalls darauf aufmerksam gemacht, daß auf Partnerschaft beruhende Ehen zwar nicht die Norm waren, andererseits aber streng patriarchalische Ehebeziehungen auch nur eine Minderheit ausmachten; Roberts, *A Woman's Place*, Kapitel 3, bes. S. 110ff.

43 Pat Ayers/Jan Lambertz, »Marriage Relations, Money and Domestic Violence in Working-Class Liverpool, 1919-39«, in: Lewis (Hg.), *Labour and Love*, S. 195-219.

44 Zum Thema ehelicher Gewalt in Arbeiterfamilien siehe auch Nancy Tomes, »›A Torrent of Abuse‹: Crimes of Violence Between Working-Class Men and Women in London, 1840-1875«, in: *Jorunal of Social History* 11 (1978), S. 328-345.

45 Elizabeth Roberts, »›Women's Strategies‹, 1890-1940«, in: Lewis (Hg.), *Labour and Love*, S. 223-247; dies., *A Woman's Place*, Kapitel 4; Ellen Ross, »Survival Networks: Women's Neighbourhood Sharing in London before World War I, in: *History Workshop* 15 (1983), S. 4-27.

46 Diana Gittins, »Marital Status, Work and Kinship, 1850-1930«, in: Lewis (Hg.), *Labour and Love*, S. 249-267. Die Situation verwitweter Frauen untersucht auch James Winter, »Widowed Mothers and Mutual Aid in Early Victorian Britain«, in: *Journal of Social History* 17 (1983), S. 115-126. Zur Stellung lediger Frauen aus dem Bürgertum siehe Patricia Jalland, »Victorian Spinsters: Dutiful Daughters, Desperate Rebels and the Transition to the New Women«, in: Patricia Crawford (Hg.), *Exploring Women's Past. Essays in Social History*, Sidney/London/Boston 1984, S. 129-170.

47 Martha Vicinus, *Independent Women. Work and Community for Single Women 1850-1920*, 2. Aufl., London 1985.

48 Derzeit immer noch die beste umfassende Darstellung ist Ray Stracheys, *The Cause. A Short History of the Women's Movement in Great Britain*, London 1978 (Erstauflage 1928). Die Partizipation von Arbeiterinnen an der Frauenwahlrechtsbewegung dokumentieren Jill Liddington und Jill Norris in ihrem Buch: *One Hand Tied Behind Us. The Rise of the Women's Suffrage Movement*, London 1978. Über die Anfänge des organisierten Feminismus aus komparativer Perspektive siehe Jane Rendall, *The Origins of Modern Feminism: Women in Britain, France and the United States, 1780-1860*, London 1985. Eine gute Dokumentensammlung ist Patricia Hollis, *Women in Public 1850-1900. Documents of the Victorian Women's Movement*, London 1979.

49 Barbara Taylor, *Eve and the New Jerusalem. Socialism and Feminism in the Nineteenth Century*, London 1983.

50 Zur Frauenfrage bei den Chartisten siehe Dorothy Thompson, »Women and Nineteenth-Century Radical Politics: A Lost Dimension«, in: Mitchell/ Oakley (Hg.), *The Rights and Wrongs of Women*, S. 112-138.

51 Eine Ausnahme ist Gail Malmgreen, *Neither Bread Nor Roses: Utopian Feminists and the English Working Class, 1800-1850*, Brighton 1978.

52 Taylor, *Eve and the New Jerusalem*, bes. S. XI-XVI.

Uta C. Schmidt

Wohin mit »unserer gemeinsamen Betroffenheit« im Blick auf die Geschichte?

Eine kritische Auseinandersetzung mit methodischen Postulaten der feministischen Wissenschaftsperspektive

Der Titel ist nicht polemisch gemeint. Mein Interesse gilt der Frage, inwieweit die in der Frauenforschung diskutierten Kategorien »Betroffenheit« und »Gemeinsamkeit« als methodisches Rüstzeug für die Erforschung vergangenen Handelns und Leidens von Menschen dienen können.

Maria Mies führte 1978 mit ihren »methodischen Postulaten« »Betroffenheit« als erkenntnistheoretische Grundlage feministisch perspektivierter Forschung ein (Mies 1984): Ausgangspunkt ist die doppelte Seins- und Bewußtseinslage von Frauen, die sich im Hochschulbetrieb für die Aufhebung von Frauendiskriminierung engagieren: Sie sind sowohl Betroffene, die die diskreditierte Unterdrückung in unterschiedlicher Vielfalt selbst erfahren (haben), und gleichzeitig sind sie Forschende, die sich dieser Unterdrückung und den Möglichkeiten ihrer Aufhebung wissenschaftlich zuwenden (Mies 1984, 10). Frauen, die dieses »double consciousness« als Frau und Forscherin nicht verdrängen, sondern als Betroffenheit sichtbar werden lassen und bewußt und aktiv in den Forschungsprozeß einbeziehen, erwächst die Chance, Unterdrückung und asymmetrische Herrschaftsverhältnisse sensibler und umfassender, da auch von der Seite der Unterdrückten her, zu analysieren.

»Betroffenheit« beschreibt hier nicht nur einen speziellen Weg der Erkenntnis, sondern gilt auch als Garant für ein qualitativ anderes Verhältnis zwischen Forschenden und Erforschten(m): »Betroffenheit« steht gegen kontemplative Zuschauerforschung und initiiert stattdessen einen bewußten Erkenntnisfortschritt, der seine politische Zielsetzung – die Aufhebung von Frauenunterdrückung – sichtbar, nachvollziehbar und realisierbar formuliert. (Mies 1984, 12)

»Betroffenheit« als zunächst individueller Zustand läßt sich über eine »teilweise Identifikation« mit handelnden und leidenden Menschen in eine für den Forschungsprozess konstruktive »bewußte Parteilichkeit« überführen, die sich nicht nur auf die Erforschten als Teil eines gesellschaftlichen Zusammenhangs richtet, sondern die Person der Forscherin mitreflektiert. Als reflektierte Form subjektiver Betroffenheit fungiert sich als kritische und dialektische Instanz:

Sie ermöglicht eine Korrektur subjektiver Wahrnehmungsverzerrungen auf beiden Seiten, auf der Seite der Forscher durch die Erforschten, auf der Seite der Erforschten durch die Forscher und trägt sowohl zu einer umfassenden und daher wirklich objektiven Erkenntnis der sozialen Realität bei als auch zur Bewußtseinsbildung der am Forschungsprozess Beteiligten. (Mies 1984, 12)

Im Verlauf der theoretischen Diskussion erwies sich die Explikation des Betroffenheitskriteriums als problematisch, weil zu undifferenziert. Fragen blieben offen:

Ist »double consciousness« per se Referenzort für gesellschafts- und/oder wissenschaftskritisches Bewußtsein?
Wie läßt sich »Betroffenheit« als zunächst individueller Zustand verallgemeinern und als Kriterium einer umfassenden, kommunikativen und konsensorientierten Wissenschaft und Forschung entwickeln?
Welche Chancen eröffnet »Betroffenheit« für ein spezifisch historisches (wissenschaftliches) Denken?
Wie läßt sich »Betroffenheit« als verläßlicher und dauernder Zustand begreifen, der ein langfristig wissenschaftlich-methodisches Vorgehen konstituiert?

Die Fragen zielen in drei Richtungen:

Sie problematisieren die bei Maria Mies implizit verwendete Kategorie »Gemeinsamkeit« und die aus ihr fließenden identifikatorischen Prozesse, die Forschung erst ermöglichen.
Sie sehen bei einem Vorgehen, daß sich an identifikatorischen Prozessen orientiert, die wissenschaftliche Geltungssicherung in Gefahr.
Sie interessieren sich für die Bedeutung von »Betroffenheit« im Kontext geschichtlicher Erkenntnis.

Heide Göttner-Abendroth knüpft hier an. Sie teilt grundsätzlich die von Maria Mies aufgestellten Postulate, stellt jedoch eine differenziertere Gestaltung des Betroffenheitskriteriums vor (Göttner-Abendroth 1983, 266).
Es werden drei Schritte forschenden Vorgehens unterschieden:

Die Ebene der subjektiven Betroffenheit, auf der sich das erkenntisleitende Interesse konstituiert.
Die Ebene der methodischen Reflexion, auf der es um die Formulierung des Erkenntnisinteresses und die Herausbildung von Theorie geht: die methodologische Ebene.
Die Ebene der Rückvermittlung von theoretischem Wissen in die Praxis.

»Betroffenheit« ist Einsicht in die subjektive Situation der Unterdrückung als Ergebnis von Selbsterfahrung. In einem kommunikativen Prozeß werden Übereinstimmungen und Gemeinsamkeiten, aber auch graduelle und strukturelle Unterschiede in der Betroffenheit sichtbar.
Daraus ergibt sich als zweiter Schritt

... die Reflexion auf die eigene Biographie als einer Kette von Situationen von Betroffenheit«, die größere Zusammenhänge von Unterdrückung und Widerstand dagegen sichtbar macht. (Göttner-Abendroth 1982, 267)

Genau wie sich »Betroffenheit« als intersubjektiv herausstellen kann, so auch ganze Teile von Biographien. Aus diesem Selbst-Reflexionsprozeß ergibt sich die »bewußte Parteilichkeit« für die Sache der Frauen, wobei Unterschiede in der Betroffenheit als Differenzen in die Parteilichkeit eingehen (ebd.).
»Betroffenheit« sowie »bewußte Parteilichkeit« erhalten hier einen intersubjektiven Charakter. Sie erschließen Unterschiede wie Gemeinsamkeiten von Forscherinnen und ihren Gegenstandsbereichen. Sie verweisen trotz aller Trennungen dabei auf den gemeinsamen Status als Frauen, die stets vom asymmetrischen Geschlechterverhältnis bedroht und der Alternative zwischen Anpassung und Widerstand ausgesetzt sind. Als verbindenden Faktor aller Arten von Betroffenheit sieht Heide Göttner-Abendroth die Biologie (sic!), die – obgleich gesellschaftlich gestaltet und geformt – die Frau als potentielles Opfer, als Ausgelieferte festschreibt. (Göttner-Abendroth 1983, 265)
Im Prinzip der Parteilichkeit artikuliert sich die Intention zur Änderung der Situation. Es leitet die Auswahl der Forschungsinhalte wie Methoden. Es bedarf jedoch, um nicht selber schlechte Ideologie zu werden, einer vernünftigen Begründung.
Es wird im Vergleich zur Mies'schen Position von 1978 deutlich, daß »Betroffenheit« in einen Prozess der Methodisierung und Theoretisierung eingebunden ist. Als subjektiver Ausdruck lebensweltlicher Orientierungsbedürfnisse wird sie in reflexiven und kommunikativen Prozessen verallgemeinert, nachvollzieh-

bar, begründbar. Trotzdem: Auch Heide Göttner-Abendroth geht bei ihrer Argumentation von einer quasi naturwüchsigen weiblichen Bereitschaft zu Betroffenheit aus: In letzter Instanz ist es das Geschlecht, das, obgleich gesellschaftlich-kulturell geformt, nicht abgestreift werden kann und qua dessen Frauen über alle Zeiten und Klassengegensätze hinaus an Frauenunterdrükkung leiden. Sie sind durch ihre Biologie stets potentielles Opfer! Diese Art von Gemeinsamkeit ist Verständigungsebene und Ausgangspunkt jeglichen erkenntnisleitenden, feministischen Interesses. (Göttner-Abendroth 1983, 265)
Heide Göttner-Abendroth verfällt hier in eine historisch verbrämte biologistische Argumentation. Intersubjektivität und Konsensorientierung als Prämissen des Erkenntnisfortschritts sind auf Frauen beschränkt. Qualitätsvolle Frauenforschung kann entsprechend nur von Frauen realisiert werden. Sie sind dazu mit einer quasi natürlichen Verpflichtung ausgestattet.
Maria Mies kritisiert in ihrer Replik von 1983 nicht diesen biologistischen Charakter. Sie problematisiert vor allem den vorwissenschaftlichen Status von »Betroffenheit« im Modell von Göttner-Abendroth. »Betroffenheit« diene nur zur »intuitiven Formulierung des erkenntnisleitenden Interesses, aus dem eigentlich wissenschaftlichen Prozeß wird sie eliminiert. Damit reproduziere Heide Göttner-Abendroth ein weiteres Mal den Mythos von Wertfreiheit und Objektivität in Forschung und Wissenschaft. (Mies 1984, 43)
Sie distanziert sich von erkenntnistheoretischen Positionen, die »Betroffenheit« in den Bereich epistemologischer Überlegungen verweisen, und läßt sie zum zentralen Kriterium feministischer Erkenntnis avancieren.
»Betroffenheit« bezieht sich, dem allgemeinen Sprachgebrauch folgend, auf den Opfer- und Objektstatus leidender, gedemütigter Wesen. Sie richtet ihr Interesse nicht nur auf das Schicksal anderer, sondern auch auf die eigene Lebenswirklichkeit. In ihr artikuliert sich eine Empfindungsqualität in Richtung Wut, Empörung, Rebellion, ein erster Bruch mit der »Kontinuität des normalen Elends«. (Mies, 1984, 57) »Betroffenheit« steht für einen Bewußtwerdungsprozess und ein Bewußtsein im umfassenden Sinne, in dessen Verlauf sich die Forschenden bei der Suche nach theoretischen Begründungen des unhaltbaren Status quo mehr und mehr von ihrem Opfer- und Objektstatus distanzieren, zu

einer umfassenden Analyse und Kritik fortschreiten und daran Wege der Befreiung erarbeiten.

Betroffenheit heißt dann, daß die Opfer *ihre Wut zu Ende denken* und dadurch handlungsfähig werden. (Hervorhebung im Text, Mies 1984, 57)

Sie erhält einen emanzipatorischen Praxisbezug, wenn sie nicht bei einer Bewußtwerdung stehenbleibt, sondern in den Betroffenen zum Handeln drängt. Der Terminus meint somit nicht nur (subjektives) Getroffensein, Empörung, Bewußtwerdung, Analyse und Kritik, sondern entfaltet seine Sprengkraft erst in der praktischen Veränderung unhaltbarer gesellschaftlicher Zusammenhänge.

Diese Bedeutungsebenen lassen sich entwicklungstheoretisch als zirkulierendes, dynamisches Modell begreifen, bei der die jeweils folgende Ebene die anderen umfaßt und weiterführt. »Betroffenheit« macht dabei ihre Wirkung in allen theoretisch wie praktisch relevanten Schritten geltend.

Die Aneignung dieser beiden Modelle feministischer Erkenntnistheorie offenbart folgende Grundpositionen: Heide Göttner-Abendroth postuliert die Formulierung eines subjektiven Erkenntnisinteresses auf der Basis von Betroffenheit, die dann in selbstreflektiven und kommunikativen Prozessen rationalisiert und zum Bezugsrahmen wissenschaftlicher Arbeit theoretisiert und methodisiert wird. Erkenntispotential entsteht durch diskursive Vermittlung von Distanz und Nähe. »Um die Welt zu verändern, müssen wir sie kennen.« (Bleich, A. et al. 1984, 26)

Bei Maria Mies gilt Betroffenheit als dynamisches Zentrum eines auf Aufhebung von Frauendiskriminierung zielenden Prozesses, in dem Empörung, Getroffensein, Bewußtwerdung, Analyse, Kritik und veränderndes Handeln eine unlösbare Einheit bilden. Veränderungspotential entsteht in der bewußten Beibehaltung der Empfindungsqualität von Betroffenheit als Kontrollinstanz für die richtige Form von gesellschaftlicher Praxis. »Um die Welt zu kennen, müssen wir sie verändern.« (Mies 1984, 41)

»Betroffenheit« unterliegt in beiden Konzepten einem qualitativen Transformationsprozesses. Beide Autorinnen binden sie an spezielle lebensweltliche Erfahrungen: den Opferstatus von Frauen. Dennoch stehen sie sich vermeintlich unversöhnlich gegenüber.

Da Heide Göttner-Abendroth ihre Konzeption tendenziell an die

Kritische Theorie und den Kritischen Rationalismus anlehnt, bleiben bei ihr auch die Probleme, die der Kritischen Theorie in Hinblick auf ihre Umsetzung in Praxis entstehen. Ihr Blick gilt vorrangig der gedanklichen Auseinandersetzung – der Wissenschaft.

Maria Mies orientiert sich an dem marxistisch-maoistischen Modell der Vermittlung von Theorie und Praxis; »Betroffenheit« ist Form, Produkt und Prozeß einer Praxis, in der die Widersprüche zur gesellschaftlichen Praxis nicht nur als individuelle und gemeinsame erfahren und beschrieben werden, sondern die gemeinsame Empirie zur politischen Kompetenz drängt: Ihr Blick gilt der handelnden Auseinandersetzung – der Politik.

Offensichtlich wird, daß der Terminus »Betroffenheit« nicht nur dem politisch-lebensweltlichen Motto der Frauenbewegung »das Persönliche ist politisch« Ausdruck verleiht. In den hier referierten Konzepten steht er stellvertretend für einen in der sozial-wissenschaftlichen Linken alten Streit um die Wege der Erkenntnis schlechthin. Heide Göttner-Abendroth und Maria Mies verarbeiten in ihm einen wissenschaftlichen Streit, in dem das Verhältnis von Theorie, Methode und Praxis, die gesellschaftliche Verantwortung von Wissenschaft zur Disposition gestellt wurden.

Um dem vollständigen Bedeutungsspektrum ihrer Betroffenheitskategorie auf die Spur zu kommen, sollten wir nach den Trends fragen, gegen die sich diese Diskussion richtete. »Betroffenheit« kritisiert den Objektivitäts- und Universalitätsanspruch, den Autonomiestatus positivistischer Wissenschaftskonzeptionen. Sie stellt sich gegen eine im Namen wissenschaftlicher Objektivität kultivierte Abwehr des Subjektiven und gegen eine im Namen des wahren Wissens und Erkenntnisfortschritts verdrängte gesellschaftliche Verantwortung. Sie erinnert die Sozialwissenschaften an die subjektive Bedingtheit jeden Denkens, »denn zur Gesellschaft gehört auch jeder, der über Gesellschaft nachdenkt und sie erforscht.« (Elias 1971, 9) Im Betroffenheitskriterium kristallisiert sich die Kritik an einer positivistisch verobjektivierenden (Sozial-)Wissenschaft. Es bestimmt auch den Grundlagendiskurs anderer, sich als fortschrittlich und emanzipativ verstehender Wissenschaftskonzeptionen.

Es ist somit kein originär feministischer Gestus im Kampf um die Geltungsansprüche von Erfahrung und Wissen! Wie wird »Be-

troffenheit« zum Qualitätsmerkmal feministischen Erkenntnisinteresses?
Trotz prinzipiell divergierender Vorstellungen sind sich beide Autorinnen an diesem Punkt einig: Indem sie »Betroffenheit« explizit an das Geschlecht binden, wird es zur Grundlagenkategorie eines feministischen Diskurses und legitimiert den Alleinvertretungsanspruch von Frauen für qualitätsvolle feministische Erkenntnisarbeit.

> Der verbindende Faktor bei allen Arten von »Betroffenheit« ist der biologische, das heißt: Ihre Biologie, obgleich gesellschaftlich geformt und verformt, schafft für Frauen eine Situation des Ausgeliefertseins, die sowohl historisch als auch in den gesellschaftlichen Schichten heute besteht. (Göttner Abendroth 1984, 35)

Diese Gemeinsamkeit ist Verständigungsbasis und Ausgangspunkt des erkenntnisleitenden Interesses. Eine Konzeption, die »Betroffenheit« und »Geschlecht« in dieser spezifischen Weise aneinander bindet, wird von einer Vorstellung getragen, der zutiefst unhistorische Züge anhaften: die Prämisse von der gemeinsam erfahrenen Unterdrückung als Geschlechtsgenossinnen führt zu einer so allgemeinen Aussage über Handeln und Leiden von Frauen, daß sich auf ihr eine wissenschaftliche Interaktion kaum begründen läßt.
Heide Göttner-Abendroth schreibt die gemeinsame Besonderheit von Frauen fest: Anders als der Revolutionär, der durch seinen Kampf an der Unterdrückung des Arbeiters/Bauern/Soldaten partizipiert, ohne zum Angehörigen dieser Schicht zu werden, sind Frauen schon in die allgemeine Unterdrückung ihres Geschlechts involviert, sie brauchen nicht erst durch ihre Aktion für die Unterdrückung eine Ahnung davon zu bekommen. (Göttner-Abendroth 1983, 265) Diese Argumentation thematisiert einen wichtigen Aspekt: »Geschlecht« steht quer zu bisher etablierten Analysewerkzeugen wie »Klasse«, »Rasse«, »Schicht« ... Sie übersieht jedoch, daß die Unterdrückungssituation nicht auf biologischer – sex – Disposition beruht, sondern Fazit historisch-sozialer Prozesse – gender – ist.
Und so erhält jegliche kritische Äußerung gegenüber der momentanen gesellschaftlichen Verteilung von Handlungs- und Artikulationschancen, soweit sie nur von Frauen stammt, emanzipatorisches Potential. »Frauenspezifisch«, »frauenzentriert«, »weiblich«

»feministisch« verlieren ihre Trennschärfe und gelten als synonym mit »gesellschaftstransformierend«.
In die Suche nach Universalien feministischer Erkenntnis fließt unreflektiert und folgenschwer die Gegenwartserfahrung von Diskriminierung und Machtlosigkeit. Sie richtet den Blick auf den Opferstatus von Frauen. In der letztinstanzlichen – natürlichen – Festlegung weiblicher Gemeinsamkeit schillert nicht nur die politisch-moralische Emphase der Frauenbewegung, zusammenzufinden, sich auszutauschen und eine handlungsbefähigende Basis aufzubauen: Göttner-Abendroth und Mies verfahren hier nicht anders als die kritisierte, etablierte Wissenschaft: sie erliegen der Gefahr, die Legitimität ihrer Perspektive auf der Grundlage unverrückbarer Tatsachen aufbauen zu müssen. Dabei synonymisieren sie zur leitenden Hinsicht ihres Denkens »weiblich« und »unterdrückt und reproduzieren so den Mythos weiblicher Inferiorität.
Die Verbindung Geschlecht – Gemeinsamkeit – Betroffenheit, auf der die Fähigkeit zu bewußter Parteilichkeit fußt, reproduziert unhinterfragt einen weiteren Mythos: den von der Universalität weiblichen Identifizierungsvermögens. Denn wie anders soll diese Äußerung verstanden werden?

Bewußte Parteilichkeit wird erreicht durch eine teilweise Identifikation mit den »Forschungsobjekten«. Sozialwissenschaftlerinnen, die ihre »double consciousness« bewußt und aktiv in den Forschungsprozess einbeziehen, wird diese Teilidentifizierung nicht schwerfallen. (Mies 1984, 12)

Die Natur, die Frauen gemeinsam Opfer sein läßt, gebiert auch die spezielle Gabe zur emphatischen Identifikation mit den Anderen und ihren Lebensrealitäten.

Dieses Identifizierungsvermögen selbst ist eine höchst fragwürdige Qualität. Zunächst ist sie eine Zuschreibung, eine Fähigkeit, die Frauen besitzen *sollen*, die zweifellos in der Kommunikation mit Männern dienlich ist und die Frauen wohl auch erstrangig in der Kommunikation mit Männern anzuwenden gewohnt sind; aber sie ist gleichzeitig eine, die Frauen nicht unbedingt *haben* – vor allem nicht in der Kommunikation mit Frauen – oder die sie nicht unbedingt haben *wollen*, da sie der Norm weiblicher Einpassung entspricht. (Hervorhebung im Text, Thürmer-Rohr 1984, 78)

Speziell Erkenntnisinteressen an fremder Realität müssen sich kritisch mit den eigenen identifikatorischen Bereitschaften auseinandersetzen. Sie sind nicht grundsätzlich als fruchtbare Zugangsweise einzusetzen. Ebenso können sie die Konzentration durchkreuzen und erkenntnisverhindernd wirken. (Thürmer-Rohr 1984, 78)

Es dürfte offensichtlich geworden sein, daß sich eine feministische Wissenschaftsperspektive gegenüber den diskutierten Modellen modifizierend zu verhalten hat. Festzuhalten bleibt:

In beiden Konzepten steht »Betroffenheit« als zentrale erkenntnistheoretische Kategorie. Sie bildet die Grundlage für kritisch emanzipatorisches Verhalten in theoretischer wie praktischer Hinsicht.

Mit dem Ruf nach Betroffenheit stellen sich beide Autorinnen gegen die im Namen wissenschaftlicher Objektivität vollzogene Ausgrenzung der Forschenden aus dem Erkenntnisprozess, gegen die Autonomie und Universalitätsansprüche etablierter Wissenschaften. Sie provozieren den vordergründig objektiven Begriffsapparat moderner Wissenschaft mit Empfindungsqualitäten. Sie greifen damit eine allgemeine Wissenschaftskritik auf, erweitern sie um eine Sexismuskritik und konkretisieren sie als spezifisch feministisches Vorgehen. »Betroffenheit« verbleibt dabei nicht im Stadium einer individuellen Befindlichkeit, sondern gewinnt in einem komplexen Rationalisierungsprozeß intersubjektive, argumentative Dimensionen. Bei Maria Mies entsteht diese Veränderung als Form, Prozeß und Produkt einer ständigen Nähe zu Lebensrealitäten und Zukunftsperspektiven. Heide Göttner-Abendroth sieht »Betroffenheit« als rationalisiertes, methodisiertes und theoretisiertes Spannungsverhältnis von Distanz und Nähe zu individuellen wie kollektiven Erfahrungen.

Referenzort für emanzipatorisches Verhalten hinsichtlich Analyse und Kritik sexistischer Gesellschaftsstrukturen ist bei den Autorinnen die besondere Situation von Frauen: als Handelnde und Leidende qua Geschlecht unterdrückt zu sein, dies alltäglich zu erfahren und sich gleichzeitig als Forscherinnen in elaborierter Form damit auseinanderzusetzen. Den Konzepten haftet hier eine sexistische – in diesem Fall männerausschließende – Nuance an.

Sie arbeiten darüber hinaus hart am Rande einer biologistischen Argumentation, denn in letzter Instanz ist es das Geschlecht, daß, obgleich kulturell konnotiert – von Frauen nicht abgestreift werden kann und qua dessen sie stets an Unterdrückung litten und leiden. Problematisch ist, daß hier gegenwärtige Erfahrungen von Diskriminierung über alle Zeiten verabsolutiert werden. Dieser

Mangel steht m. E. in Zusammenhang mit dem sozialwissenschaftlich-gesellschaftspolitischen Erkenntnisinteresse, welches beide Autorinnen verfolgen. Evident wird dies an Stellen, die auf das neue Verhältnis von »Forscherinnen und Erforschten« verweisen. Gedacht wird dabei ein kommunikativer Prozeß zwischen Personen, der sich so methodisch zur Aneignung vergangener Realität nicht übertragen läßt.

Die Übernahme heutiger Diskriminierungserfahrungen läßt »Betroffenheit« zu einer unhistorischen Kategorie werden, über die Frauen in Vergangenheit und Gegenwart nur in ihrer Opfersituation in Erscheinung treten. Wird berücksichtigt, daß historische Erkenntnis der Selbstbehauptung von Menschen dient, die diese Art von Erinnerung brauchen, um sich in ihrer Gegenwart und Zukunft zurechtzufinden, so muß eine Orientierung an passiv-kollektiver Sozialgeschichte zerstörerische Folgen zeitigen und den Aufbau aktiver Gegenerfahrung geradezu behindern!

Problematisch ist, daß die Chancen gesicherter feministischer Erkenntnisarbeit in einer nicht weiter hinterfragten Bereitschaft zu Identifikation mit Leidenden festgeschrieben werden. Sie halten damit eine Weiblichkeitskonzeption hoch, die selbst-lose affektive, intuitive, emotionale Valenzen betont. Aufgabe historischer Forschung muß jedoch sein, diese Zuschreibungen als historisch-soziale, kulturell determinierte zu beschreiben.

Deshalb geht es auch nicht an, über Zeit und Raum eine weibliche, über den Objektstatus definierte Gemeinsamkeit festzuschreiben. Wenn, dann ist uns Frauen aktuell in der abendländischen Welt gemeinsam

> ... als weibliches diskriminierbares Exemplar angesehen zu *werden*, nicht aber die Erfahrung, ein diskriminierbares Exemplar zu sein. (Hervorhebung im Text, Thürmer-Rohr, 1984, 82)

Für historisches Interesse gewinnt diese nuancierende Unterscheidung von Christina Thürmer-Rohr große Relevanz: sie öffnet den Blick für das Spannungsverhältnis von Fremd- und Selbstzuschreibung, für formale Gestaltungsprinzipien von Macht und informelle Handlungs- und Artikulationschancen. Gemeinsamkeit wird nicht gesetzt, sondern steht zur Diskussion.

Eine Übernahme der von Maria Mies und Heide Göttner-Abendroth vorgelegten Kategorie »Betroffenheit« als Grundlage feministischer Perspektiven erscheint mir für die Geschichtswissenschaft ob der hier angeführten Mängel problematisch. Ich möchte auf konstruktive Impulse aus dem Grundlagendiskurs der Geschichtswissenschaft zurückgreifen, um die Verkürzungen dieser Konzeptionen zu überwinden und um gleichzeitig Möglichkeiten einer speziell historischen Erkenntnisarbeit unter feministischer Perspektive aufzuzeigen: In Auseinandersetzung mit nomothetischen, zu Prognosebildung fähigen Wissenschaften hat diese schon lange ihre spezifischen Chancen gesicherter Erkenntnis festgeschrieben. Dazu gehört, daß sich historisches Denken stets rekonstruktiv und perspektivisch entfaltet: Es stellt Handeln und Leiden im Lichte seiner Voraussetzungen, Bedingungen und Folgen und in seiner Bedeutung für die Gegenwart dar. (Rüsen 1983, 24) Erkenntnisinteressen und Fragestellungen an vergangene Realitäten erwachsen aus gegenwärtigen individuellen wie kollektiven Orientierungsbedürfnissen. Sie sind Ausdruck persönlicher Kohärenzerfahrungen und somit stets subjektiv geprägt. Subjektivität läßt sich aus dem historischen Erkenntnisprozeß niemals ausblenden. Sie gilt als Ursprung produktiver Fragen und als Bezugspunkt historischer Perspektiven und ist so für die Dynamik des Denkens geradezu konstitutiv. Jede Aussage über vergangene Realitäten muß somit als parteilich angesehen werden.

Eine feministische Perspektive in der Geschichtswissenschaft sollte sich erkenntnistheoretisch an einen normativ geregelten Gegenwartsbezug binden. Feministisch perspektiviert sich der Gegenwartsbezug, wenn die Erfahrungen des androzentrisch geprägten Geschlechterverhältnisses mit dem Bemühen um eine aktive Änderung diescs unhaltbaren Zustandes in ihn einfließen. Dabei orientiert er sich am Parameter der möglichen Gleichheit der Geschlechter. (vgl. Kuhn 1985, 14) Es kommt darauf an, in allen für die Geschichtswissenschaft konstitutiven Operationen diese Perspektive zur Geltung zu bringen.

Im Vordergrund eines normativ geregelten Gegenwartsbezuges als Grundlage historischer (wissenschaftlicher) Erkenntnis steht nicht Identifikation, sondern Reflexion – und zwar die Selbstreflexion derjenigen Person, für die das Interesse an der Vergangenheit von Bedeutung ist. In der Selbstreflexion mache ich mich selbst zum Thema, meine Gewordenheit, meine Gegenwartserfahrungen, meine Standpunkte. Ich entwickele gleichsam eine Theorie von mir selbst, die

hinsichtlich der Erkenntnisinteressen rationalisiert
zum Bezugsrahmen wissenschaftlicher Interpretation theoretisiert
hinsichtlich der Verfahrensweisen, die sie präferiert, methodisiert (Rüsen 1986, 12f.)

wird. Die Bedeutung der Erinnerungsleistung hängt nun nicht mehr von der richtigen – sprich: weiblichen – Identifikation mit vergangenem Leiden, Handeln und Erfolgen ab, sondern davon, wie ich den Erfahrungsgehalt und die Perspektive meiner Fragestellungen zur Geltung bringe.

Das ist mehr als nur ein Darstellungsproblem. Die normative Bindung des Gegenwartsbezuges verpflichtet mich, individuelle Befindlichkeit, momentanes Interesse, punktuelle oder kontinuierliche Betroffenheit für andere nachvollziehbar, diskursiv zu entfalten und mich so argumentativ mit meinem Standpunkt in einen Kommunikationsprozeß einzubringen, dessen Ziel es ist, die Perspektiven auf die Vergangenheit zu erweitern; und zwar deshalb, weil bisherige Erinnerungsleistungen individuellen und/oder kollektiven Bedürfnissen nicht mehr entsprechen, weil sich politische Forderungen nach Vergrößerung von Artikulationschancen und Handlungsmöglichkeiten mit dem momentanen Wissensfundus über Rolle und Bedeutung der Geschlechter nicht mehr zutreffend historisch begründen lassen.

Dabei ist zu berücksichtigen: Der Kontrast zwischen gegenwärtigen Lebens- und Interpretationsweisen und denjenigen vergangener Gesellschaften kann u. U. ähnlich groß sein, wie der zwischen eigener und fremder (exotischer) Zivilisation. Die Probleme geschichtswissenschaftlicher Erkenntnis ähneln dabei strukturell denen der Ethnologie. Das Zusammentreffen unterschiedlicher kultureller und sozialer Phänomene kann Abwehrmechanismen in Gang setzen, die unbewußt als »blinde Flecken« im Bewußtsein die Wahrnehmung fremder als historischer Subjekthaftigkeit behindern (Becker-Schmidt 1984, 228). Geertz (1983), Erdheim (1982) und Devereux (1967) haben diese Mechanismen für die ethnologische Feldforschung beschrieben: Forschende sind Subjekte/Objekte der eigenen psychischen und sozialen Konflikte. Das wird offensichtlich, wenn sie sich auf Wirklichkeiten einlassen müssen, die ihnen nicht vertraut sind oder für die die Formen der Realitätsbewältigung und -interpretation, die sich für die eigene Biographie als erfolgreich erwiesen haben, nicht ausreichen (Becker-Schmidt 1984, 228). Diese Erfahrungen lösen Ängste,

Tabuisierungen, Verleumdungen aus: Phänomene werden nicht wahrgenommen oder unter den Tisch gekehrt, ebenso besteht die Gefahr, das, was man heute gerne sein möchte, auf die vergangene Kultur zu projizieren. Diesbezügliche Ängste entstehen mit Vorliebe dann, wenn quellenmäßig belegte Situationen oder Daten mühsam Abgewehrtes anrühren und kognitive Überzeugungen angreifen.

Es gilt deshalb, das Netz der eigenen Hemmungen und Ängste, die »blinden Flecken«, die Erkenntnis verzerren, in der Selbstreflexion zu thematisieren. Diese Reflexion umfaßt andere Qualitäten, als das Mannheim'sche »standortbezogene Denken«, von dem die Geschichtswissenschaft bisher ihre Parteilichkeit ableitete. Es geht darum, im Anderen das Fremde in einem selbst zu entdecken; gleichzeitig aber auch, das Andere als Anderes und Fremdes zu erreichen, auch dann, wenn es sich nicht lückenlos in das heutige Selbstverständnis emanzipatorischer Forscher und Forscherinnen einfügen läßt. Dazu gehört, vergangene Figurationen mit ihren Verhaltensanforderungen und Artikulationschancen, mit ihren Geschäften und deren beabsichtigten und unbeabsichtigten Folgen als mögliches Anderes zu antizipieren. (Becker-Schmidt 1984, 234) Das ist ein Kommunikationsprozeß, der sich in drei Richtungen auffächert:

Als Selbstreflexionsprozeß, in dessen Verlauf implizite Normen, Werte, Ängste, Sinngebungen und Bedeutungsgehalte in der Perspektive auf die Vergangenheit immer wieder neu verhandelt werden. Diese Standpunktreflexion verbleibt dabei nicht auf einer vorwissenschaftlichen oder epistemologischen Ebene, sondern bestimmt als Prinzip strukturell die Auseinandersetzung mit Vergangenheit, Gegenwart und Zukunft.

Als intersubjektive Kommunikation, in der sich die unterschiedlichen Erfahrungen und Standpunkte hinsichtlich der gegebenen androzentrischen, asymmetrischen Gesellschaftsstruktur und den Strategien ihrer Änderung abarbeiten, d. h. wechselseitig beeinflussen, und so der Blick in die Vergangenheit ein erweitertes und differenzierteres Orientierungswissen zur historischen und gegenwärtigen Geltungssicherung von Individuen und Kollektiven zusammenträgt.

Als interpolaren Diskurs mit Menschen, ihren bewußten und unbewußten Äußerungen in der Vergangenheit. Die Forderung nach Aufhebung der asymmetrischen Forschungssituation, die

die Beforschten zu Objekten verdinglicht, muß für die Geschichtswissenschaft lauten, Menschen in ihren vergangenen Figurationen nicht zu wehrlosen Opfern unserer aktuellen Fragekonstellation zu degradieren, in die unhinterfragt individuelle und kollektive Ängste, Interpretationsmodelle und Wunschvorstellungen einfließen. Ich möchte diesen Diskurs als fairen im ursprünglichen Sinne des Wortes bezeichnen, dessen Erkenntnischancen im Spannungsfeld von Gleichem und Anderem, von Vertrautem und Fremden, von Gegenwärtigem und Vergangenem erwachsen.

Es ist ein multifunktionaler Kommunikationsprozeß zwischen »wechselseitigen Fremdheiten« (Becker-Schmidt 1984, 234). Dabei gilt es, Verunsicherndes und Unverstandenes auszuhalten und Vergangenes auch als Fremdes zu belassen.

Der Vorschlag, die feministische Perspektive in der Geschichtswissenschaft an einen normativ geregelten Gegenwartsbezug zu binden, entfaltet weit differenziertere Erkenntnischancen, als »Betroffenheit« mit ihrer Konzentration auf weibliches Leiden und Entbehrungen. Unter forschungspragmatischem Aspekt ergeben sich Fragestellungen, die sich von frauenzentrierten Gegenstandsbereichen entfernen und so komplexere Verhältnisse der Geschlechter und ihre Auswirkungen auf die Gestaltung des gesellschaftlichen Lebens an den Tag bringen, als solche, die nur den weiblichen Opferstatus anpeilen.

Hier wird eine Entwicklung eingeleitet, in der sich eine feministische Perspektive weniger in der Themenauswahl artikuliert, sondern als Grundhaltung den wissenschaftlichen Umgang mit Vergangenem bestimmt.

Referenzort für kritisch-emanzipatorisches theoretisches wie praktisches Verhalten ist nun nicht mehr das »double consciousness« von Frauen als Frauen und Forscherinnen, sondern eine Parteilichkeit für nachsexistische Gesellschaftsstrukturen, die ihren konkreten Ausdruck in Bestandsaufnahme, Beschreibung, Analyse, Kritik vergangener und aktiver Veränderung gegenwärtiger und zukünftiger asymmetrischer Gesellschafts- (Geschlechter)verhältnisse findet.

Erkenntnisfortschritt liegt nun nicht mehr in der Gemeinsamkeit, sondern darin, Gemeinsamkeiten und Unterschiede durchsichtig zu machen, diskursiv zu entfalten und mit ihnen einen dynamischen Austausch zu initiieren, dessen Ziel es ist, die Perspektiven auf die Vergangenheit, Gegenwart und Zukunft zu erweitern. Zentrale Kriterien dieses Austausches sollten für Denk- und Darstellungsverfahren »Ambiguität« (Becker-Schmidt 1984, 236) und »Kontingenz« sein. Dabei werden identifikatorische, affektive intuitive Fähigkeiten nicht disqualifiziert und abgedrängt, sondern sie kommen dort ins Spiel, wo sie die Spurensicherung vorantreiben. Da auch sie auf Diskursivität festgeschrieben sind, verlieren sie den Charakter einer spezifisch »weiblichen« Zugangsweise.

Literatur

Becker-Schmidt, R., »Probleme einer feministischen Theorie- und Empirie in den Sozialwissenschaften«, in: Zentraleinrichtung zur Förderung von Frauenforschung und Frauenstudien an der FU Berlin (Hg.), *Methoden in der Frauenforschung*, Frankfurt 1984, S. 224-237.

Bleich, A./ Jansz, U./ Leydesdorff, S., »Lob der Vernunft«, in: *Beiträge zur feministischen Theorie und Praxis* 11 (1984), S. 26-34.

Devereux, G., *Angst und Methode in den Verhaltenswissenschaften*, München 1967.

Elias, N., *Was ist Soziologie?*, München 1971.

Erdheim, M., *Die gesellschaftliche Produktion von Unbewußtheit*, Frankfurt 1982.

Geertz, C., *Dichte Beschreibung*, Frankfurt 1983.

Göttner-Abendroth, H.: »Wissenschaftstheoretische Positionen in der Frauenforschung, in: Bendkowski, H./Weisshaupt, B. (Hg.), *Was Philosophinnen denken*, Zürich 1983, S. 253-270.

Dies., »Zur Methodologie von Frauenforschung am Beispiel Biographie«, in: *Beiträge zur feministischen Theorie und Praxis* 11 (1984), S. 35-39.

Kuhn, A., »Annäherung an eine feministische Geschichtstheorie«, in: Held, J. (Hg.), *Kunst und Kultur von Frauen*, Loccum 1985.

Mies, M., »Methodische Postulate zur Frauenforschung«, in: *Beiträge zur feministischen Theorie und Praxis* 11 (1984), S. 7-25.

Dies., »Frauenforschung oder feministische Forschung?«, in: *Beiträge zur feministischen Theorie und Praxis* 11 (1984), S. 40-60.

Rüsen J., Historische Vernunft, Göttingen 1983.

Ders., *Rekonstruktion der Vergangenheit. Grundzüge einer Historik*, Göttingen 1986.

Thürmer-Rohr, Ch., »Der Chor der Opfer ist verstummt«, in: *Beiträge zur feministischen Theorie und Praxis* 11 (1984), S. 71-84.

Jörn Rüsen
›Schöne‹ Parteilichkeit
Feminismus und Objektivität in der Geschichtswissenschaft

> Reiterscharen halten die einen, andere Fußvolk oder eine Flotte von Schiffen für der dunklen Erde schönstes Ding, – ich aber das, was man lieb hat.
>
> Sappho[1]

Die historische Frauenforschung hat einen erheblichen Teil ihrer innovatorischen Kraft aus einem feministischen Engagement der Forscherinnen gezogen. Ohne den Leidensdruck der vielfältigen Benachteiligungen und ohne den aus ihm entspringenden Willen zur Veränderung der Verhältnisse wären die Defizite in der Geschichtswissenschaft, die die Rolle der Frau in der Geschichte betreffen, in den letzten Jahrzehnten nicht so energisch abgebaut worden, wie es trotz andauernder Benachteiligung der Fall war, und würden nicht nach wie vor produktive Herausforderungen von der historischen Frauenforschung an die Geschichtswissenschaft in allen ihren Bereichen ausgehen. Dieses Engagement wirkt sich im historischen Erkenntnisprozeß und seiner inneren und äußeren Organisation als Strukturierungsmacht der Parteilichkeit aus.

Feministische Parteilichkeit tritt in mehrfacher Form auf: als *Kritik* an der etablierten Geschichtswissenschaft, ihren Fragestellungen und Forschungsstrategien und natürlich an der Politik der Chancenverteilung an Fachleute durch die Forschergemeinschaft; als konzeptuelle *Neuorientierung* der historischen Erkenntnis an weiblichen Lebenszusammenhängen; als *Praxisbezug* der akademischen Erkenntnisarbeit, der sie an Orientierungsbedürfnisse der Frauenbewegung zurückbindet; und natürlich auch als *Politik* weiblicher Gegenmacht gegen männliche Herrschaft in der Wissenschaft.

Feministische Parteilichkeit ist *Kritik* an den etablierten Formen und Inhalten der Geschichtswissenschaft. Letztlich läuft sie auf die These hinaus, die Geschichtswissenschaft stelle mit ihren dominanten Paradigmen ein wirkungsvolles kulturelles Mittel männlicher Herrschaft dar. Sie beruhe auf einer Wissenschaftstradition, in der die Frauen als historische Subjekte weitgehend marginalisiert und der männliche Blick auf die historische Erfahrung professionell monopolisiert worden sei. Im Lichte dieser Kritik erscheint die Geschichtswissenschaft als Machtmittel des männlichen Geschlechts zur Unterdrückung des weiblichen; sie erscheint als Faktor patriarchalischer Herrschaft. Je nach Spielart des zugrundeliegenden Feminismus wird die Art und Weise, wie die Geschichtswissenschaft diese Rolle der Herrschaftssicherung spielt, unterschiedlich eingeschätzt. Sie kann darin gesehen werden, daß sie das weibliche Geschlecht aus den Objekten der historischen Forschung ausklammert oder nur als untergeordnetes Segment der historischen Erfahrung zuläßt. Sie kann aber auch in den konzeptuellen (theoretischen und methodischen) Strategien der historischen Forschung ausgemacht werden, die den Blick auf die tatsächliche Rolle von Frauen in der Geschichte verstelle oder einenge. Schließlich kann sie auch radikal die wissenschaftliche Erkenntnisart selber als Machtmittel patriarchalischer Herrschaftssicherung anprangern; sie überantworte Weiblichkeit a priori der Definitionskompetenz des männlichen Denkens und lasse es daher in seiner Eigenart als Orientierungsgröße in der historischen Selbstvergewisserung der Gegenwart nicht zu.

Feministische Parteilichkeit ist eine *Neuorientierung* der Geschichtswissenschaft. Sie will die historische Forschung zur Erschließung neuer Erfahrungsbestände befähigen. Weibliche Lebenszusammenhänge, Erfahrungen und Aktivitäten in der Vergangenheit sollen aus den Quellen erschlossen und als wesentliche Faktoren der geschichtlichen Entwicklung interpretiert werden. Je nach Tiefe der zugrundeliegenden Wissenschaftskritik kann sich diese Neuorientierung nur auf die inhaltliche Ausrichtung der Geschichtswissenschaft oder aber auf ihren Status als wissenschaftliche Disziplin selber erstrecken. Drei unterschiedliche Strategien lassen sich unterscheiden: In der ersten soll inhaltlich das Forschungsinteresse auf die Rolle von Frauen ausgerichtet und die erheblichen Wissensdefizite abgebaut werden, die es über den weiblichen Anteil am historischen Prozeß gibt. In der zweiten geht es um mehr als bloß um die Addition neuer Inhalte zu den schon bekannten; es geht um die Erschließung des Inhaltsbereiches selber: Konzeptuell sollen Forschungsstrategien ausgearbeitet und in der Arbeit an den Quellen in Kraft gesetzt werden, die neue Dimensionen der historischen Erfahrung erschließen. Es geht um historische Erfahrungen, die nicht mehr in den fachlich eingeschliffenen Fragestellungen und Interpretationsmustern als frauenspezifische untergebracht werden können. Ganz neue Fragen nach Eigenart und Rolle weiblichen Lebens in der Vergangenheit sollen ausgearbeitet werden. Diese Fragen sollen in neue Hinsichten auf den Erfahrungsbestand der menschlichen Vergangenheit umgesetzt werden, die das geschichtliche Bedeutsame und Wesentliche grundsätzlich betreffen. Dadurch soll überhaupt erst Raum für diejenigen historischen Erfahrungen geschaffen werden, die dem weiblichen Selbstverständnis der Gegenwart entsprechen. Ein weibliches Selbstverständnis soll historisch möglich werden, das dem Emanzipationswillen der historisch interessierten Frauen und ihrer Erfahrung vom weiblichen Lebenszusammenhang der Gegenwart, seinen Defiziten und Chancen, entspricht.

Drittens schließlich kann das feministische Parteilichkeitsgebot auch so an die Geschichtswissenschaft gerichtet werden, daß deren Status als Fachwissenschaft insgesamt und grundsätzlich betroffen wird. Dann kommt es darauf an, den Ansprüchen an eine historische Neuorientierung der Gegenwart, die im Namen eines neuen weiblichen Selbstverständnisses erhoben werden, dadurch Rechnung zu tragen, daß der fachliche Status der Geschichtswissenschaft selber verändert wird. Er soll zugunsten eines historischen Diskurses verändert werden, der die bisherigen Disziplinierungen des Geschichtsbewußtseins durch die methodische Rationalität des Faches als Erkenntnishemmungen hinter sich läßt und neue Formen kollektiver Identitätsbildung durch Aneignung der Vergangenheit ermöglicht. Diese neuen Formen sollen allererst eine nicht restringierte, eine ›autonome‹ Form weiblicher Selbstentfaltung zulassen. –

Feministische Parteilichkeit ist *Praxisbezug* der akademischen Erkenntnisarbeit: Sie wird schon im fragenden Zugriff auf die historische Erfahrung als Lieferantin eines Orientierungswissens in Anspruch genommen, das der Veränderung gegenwärtiger Lebensverhältnisse im Sinne fortschreitender Selbstbestimmung und steigender Lebenschancen der Frauen dienen soll. Die Fragen an die Vergangenheit, die zu historischen Erkenntnissen führen, sollen aus den Erfahrungen und Problemen der Neuen Frauenbewegung fließen, und die Plausibilität der erarbeiteten Antworten soll sich daran bemessen, inwieweit sie der praktischen Durchsetzung weiblicher Interessen dienen können. Auch hier gibt es eine nicht geringe Spielbreite unterschiedlicher Konsequenzen für die Arbeit der Geschichtswissenschaft. Je nach dem, ob das der Wissenschaft vorgegebene Ziel einer befreienden Praxis als Umkehrung spezifisch moderner Lebensformen oder als endliche Einlösung der mit ihrer historischen Genese verbundenen Hoffnungen und Erwartungen angesehen wird, unterwirft sich eine feministisch orientierte Geschichtswissenschaft dem Autonomiekriterium der Frauenbewegung und gibt sich ihre eigenen Institutionen neben, je gegen die etablierte Geschichtswissenschaft, oder sie versteht sich als Avantgarde in dieser.

Feministische Parteilichkeit ist *Politik* im Wissenschaftsprozeß. Sie postuliert Strategien des Machtgewinns und der Machtausübung, mit denen sie auf die in den Wissenschaftsprozeß eingelagerten Machtstrukturen und in ihm wirksamen Interessen reagiert. Sie bringt damit, vermittelt über das Parteilichkeitskriterium des Praxisbezuges, strategische Gesichtspunkte in die wissenschaftliche Erkenntnisarbeit ein, mit denen diese selber als politischer Vorgang, als Machtkampf, vollzogen wird. Auch dieser Kampf hat eine strategische Spielbreite, die durch die alternativen politischen Ziele der Partizipation an der Macht auf der einen Seite und der Übernahme der Macht auf der anderen Seite charakterisiert werden kann. Letzteres tritt freilich kaum explizit auf, steckt jedoch in einer nicht gerade seltenen feministischen Argumentation. Sie schreibt den Willen zur Macht, der die Wissenschaft umtreibt, der männlichen Dominanz in ihren bisherigen Konzeptionen zu und sieht die weibliche Alternative dazu als Befreiung der Wissenschaft von ihrem Mißbrauch zur Unterdrückung anderer. Eine politische Strategie jedoch, deren Zielbestimmung die Beseitigung von Herrschaft ist, pflegt bekanntlich deren praktische Ausübung nicht nur nicht zu behindern, sondern schrankenlos in Kraft zu setzen.[2]

Es geht mir im folgenden nicht darum, diesen ganzen Komplex der feministischen Parteilichkeit in der Geschichtswissenschaft zu erörtern. Ich möchte lediglich einen, allerdings durchgehenden und zentralen Aspekt herausgreifen: das Verhältnis von weiblichem Standpunkt und feministischer Perspektive auf der einen Seite und Wissenschaftlichkeitsanspruch der historischen Erkenntnis auf der anderen. Die Frage nach diesem Aspekt knüpft an die alte Diskussion über Objektivität und Parteilichkeit an, die die fachliche Entwicklung der Geschichtswissenschaft von ihren Anfängen an begleitet.[3] Erstaunlicherweise wurde diese Diskussion kaum aufgegriffen, als es darum ging, feministische Gesichtspunkte in die Geschichtswissenschaft einzuführen und in ihr durchzusetzen; lediglich in der Form einer Anti-Kritik an der politischen Parteilichkeit des Feminismus, Männer aus frauengeschichtlichen Diskursen auszuschließen, sind systematische Argumente über das Verhältnis von Objektivität und Parteilichkeit vorgetragen worden. (Ich gehe darauf noch näher ein.)

Dieses Argumentationsdefizit ist insofern verwunderlich, als die feministische Parteilichkeit die Geschichswissenschaft genau dort herausfordert, wo ihre traditionellen und etablierten Formen Wahrheitsansprüche der historischen Erkenntnis festlegen. Es kann dem feministischen Interesse nicht gleichgültig sein, ob und wie es sich gegenüber dem Wissenschaftlichkeitskriterium behaupten und durchsetzen kann, das die Geschichtswissenschaft in ihrem disziplinären Status verkörpert. Auch und gerade die historischen Erkenntnisse, die spezifisch weiblichen Erfahrungen vom und Orientierungen im zeitlichen Wandel der menschlichen Lebensverhältnisse Rechnung tragen sollen, können auf Allgemeingültigkeitsansprüche nicht verzichten (wie sollten sie sonst plausibel sein). Zumindest ihre kritische Kraft, die gegen die Ausblendung dieser Erfahrungen und Orientierungsbedürfnisse im traditionellen Wissenschaftsbetrieb gerichtet wird, lebt davon, wenn sie sich an diejenigen richtet, die nicht schon vorab im feministischen Einverständnis sind.

Die oben skizzierten Dimensionen feministischer Parteilichkeit decken eine bemerkenswerte Bandbreite im Verhältnis zur Geschichtswissenschaft ab: Der eine Pol liegt dort, wo die bereits fachlich entwickelten und vorgegebenen Strategien der historischen Forschung übernommen und nur auf neue (eben frauenspezifische) Themen und Inhalte angewendet werden sollen. Die fachwissenschaftliche Rationalität gilt hier als neutral und wird als geeignetes Mittel dazu angesehen, Erfahrungsdefizite der Frauengeschichte in neue historische Perspektiven weiblichen Selbstverständnisses hinein abzubauen. Der andere Pol liegt dort, wo die Fachspezifik geschichtswissenschaftlicher Erkenntnisarbeit selber, also auch die in ihr wirksamen Forschungsstrategien und Prinzipien methodischer Rationalität als Verstellung spezifisch weiblicher geschichtlicher Erfahrungen und als Verhinderung spezifisch weiblicher historischer Orientierungen angesehen werden. Im ersteren Falle bedeutet feministische Parteilichkeit ein bewegendes Element *innerhalb* der etablierten Wissenschaft, das deren Formen nicht ernsthaft tangiert: Weibliche Beteiligung am Forschungsprozeß verändert dessen Logik nicht notwendig. Im zweiten Falle bedeutet feministische Parteilichkeit ein Ferment zur *Veränderung der Wissenschaft* selber; sie könnte nicht nur zu neuen Inhalten, sondern auch zu neuen Formen der historischen Forschung und der Geschichtsschreibung führen.

Die Frage, welche Option in diesem Spielraum von Möglichkeiten gewählt werden soll, ist eine Grundsatzfrage. Sie tangiert den disziplinären Status der Geschichtswissenschaft im Ganzen, und wenn sie nicht blind entschieden werden soll, muß sie (auch) als Erörterung dieses Status, als Grundlagenreflexion der Geschichtswissenschaft, behandelt werden. Die dafür von der Wissenschaftstradition bereitgestellte Reflexionsform ist die Historik.[4] Spätestens auf dieser Ebene fachwissenschaftsspezifischer Selbstreflexion stellt sich die feministische Parteilichkeit als ein Problem, das nicht nur Historikerinnen betrifft. Feminismus mag solange ohne Historik angehen, als Interessenkonstellationen der am Forschungsprozeß Beteiligten im Rahmen ihrer gemeinsamen Fachlichkeit der Geschichtswissenschaft ausgetragen werden können, also auf der Basis einer umgreifenden disziplinären Matrix eingebracht und mit der Selbstverständlichkeit ungefragter Diskussionsregeln in Erkenntnispraxis umgesetzt werden können. Sobald aber diese Fachlichkeit selber kritisch erörtert wird, die disziplinäre Matrix als veränderungsbedürftiges und -fähiges Gebilde kognitiver Grundlagen der historischen Erkenntnispraxis angesprochen und die Diskursregeln der Geschichtswissenschaft begründungspflichtig werden, – in dem Augenblick also, wo die feministische Parteilichkeit zur Objektivitätsfrage (im Sinne des Wissenschaftlichkeitsanspruches von historischer Erkenntnis) wird, betrifft sie (tendenziell) alle Historiker, die mit ihrer Professionalität für die Wissenschaftlichkeit der Geschichtswissenschaft einstehen.

Es gibt eine naheliegende Argumentationsstrategie, diese Reflexionszumutung abzuwehren. Sie besteht darin, Änderungszumutungen an die Wissenschaft als parteilichen Angriff auf die wissenschaftliche Objektivität selber zurückzuweisen und die Verteidigung des disziplinären Status quo als Plädoyer für die gefährdete Objektivität zu präsentieren. Im Rahmen dieser Strategie sind immer nur die anderen parteilich, man(n) selbst ist objektiv. An dieser Argumentation ist die Wahrnehmung der Parteilichkeit der anderen zutreffend (objektiv richtig) und die Absicht der Objektivitätssicherung zumeist auch subjektiv aufrichtig; nur die Entgegensetzung von beidem ist unzulässig, solange der eigene Standpunkt, die eigene Interessenlage als Faktor der fachlichen Erkenntnispraxis übersehen, also nicht selber systematisch in die Kritik veränderungswilliger Parteilichkeit eingebracht wird.

Parteilichkeit läßt sich nicht nur als eine bewußte Einseitigkeit und Diskursunfähigkeit oder -unwilligkeit in der historischen Deutung der menschlichen Vergangenheit verstehen, sondern sie kann (grundsätzlicher) als Abhängigkeit der historischen Erkenntnis von Standpunkten der erkennenden Subjekte im Leben ihrer Gegenwart aufgefaßt werden. Und Objektivität kann mehr bedeuten als eine reine Spiegelung von Sachverhalten im Bewußtsein von Subjekten, nämlich einen empirisch begründeten und methodisch gesicherten Geltungsanspruch von Erkenntnissen. Ist das so, dann müssen sich Objektivität und Parteilichkeit nicht gegenseitig ausschließen. Dann müssen sie nicht gegeneinander ausgespielt, sondern können produktiv aufeinander bezogen werden[5]: Durch die Art und Weise, wie die erkennenden Subjekte ihren Standpunkt über normative Elemente historischer Deutungsmuster in den Erkenntnisprozeß einbringen, werden Zugänge zur historischen Erfahrung und Geltungschancen der gedeuteten Erfahrung eröffnet. Standpunkte ermöglichen Perspektiven, und Perspektiven erschließen (über Fragen) Erfahrungen der Vergangenheit; insofern ist Parteilichkeit konstitutiv für die Erkenntnis. Umgekehrt regeln die objektivitätsverbürgenden Verfahren der historischen Methode den Erkenntnisprozeß so, daß seine Resultate auch denen mit guten Gründen angesonnen werden können, die andere Standpunkte vertreten. Objektivität ist methodisch disziplinierte Parteilichkeit; sie beruht auf dem argumentativen Potential der fachspezifischen methodischen Rationalität, mit der die historische Erfahrung durch Forschung systematisch vertieft und die Deutungsmuster der historischen Interpretation systematisch begründet werden.

Gilt dieses Verhältnis von Objektivität und Parteilichkeit auch

für die Zumutungen feministischer Parteilichkeit an die Geschichtswissenschaft? Auf diese Frage stellt sich so recht kein selbstverständliches Ja ein, sondern ein eher verlegenes Schweigen, zumindest bei denen, die einige praktische Konsequenzen feministischer Standpunkte in der Geschichtswissenschaft erfahren haben. Ich denke an neue Formen bewußt parteilicher Exklusivität, die sich auf das Geschlecht von Mitgliedern der Forschergemeinschaft beziehen. Symptomatisch dafür sind Eintrittsverbote von Männern in Frauenarchive und – besonders spektakulär – der Ausschluß einiger (männlicher) Historiker von einer Diskussionsveranstaltung beim 3. Treffen deutscher Historikerinnen in Bielefeld im April 1981. Aufgrund eines scharfen Protestschreibens von Jürgen Kocka gegen diesen Ausschluß[6] gab es eine kurze und heftige Polemik[7], in der es um feministische Parteilichkeit und wissenschaftliche Objektivität ging.
Diese Polemik zeigt nun, daß sich der Feminismus nicht ohne weiteres in das oben skizzierte nicht-exklusive Verhältnis zwischen Objektivität und Parteilichkeit verrechnen läßt, und zwar deshalb nicht, weil es zum Gegenstand des Dissenses selber wurde. Kocka hat sich in seiner Kritik darauf berufen, daß parteiliche Subjektivität durch das Filter der »kritischen Rationalität«[8] wissenschaftsspezifischer Erkenntnisprozeduren hindurch müsse, um zu akzeptablen Erkenntnissen zu führen. Er hat den Feminismus als erkenntnisgenerierende Motivation von Subjekten der historischen Forschung grundsätzlich akzeptiert, allerdings zugleich in die Pflicht genommen, sich den methodischen Standards der Geschichtswissenschaft zu fügen. Seine Gegnerinnen haben dieses Argument selber der Parteilichkeit geziehen; es stehe für Männerherrschaft in der Geschichtswissenschaft und für nichts sonst. Daher haben sie sich nicht weiter auf Kockas Argument eingelassen, daß vor- und außerwissenschaftliche Interessenlagen und Standpunkte nur in dem Maße als Faktor der wissenschaftlichen Erkenntnisarbeit anerkannt werden können, in dem sie deren inneren Regulative, die über den Wissenschaftscharakter einer Erkenntnis entscheiden, nicht negativ tangieren. Statt dessen betonen sie die »Autonomie« der Frauengeschichtsforschung als notwendige Bedingung ihrer produktiven Entfaltung.
Mit ›Autonomie‹ ist eine selbstbestimmte Organisation von Frauen gemeint, die sie in den Stand versetzen soll, unabhängig von (direkten, aber vor allem auch indirekten) patriarchalischen

Herrschaftsmechanismen ihre historischen Orientierungsbedürfnisse zu klären und Strategien zur Erarbeitung historischer Orientierungen zu erarbeiten, die der Spezifik ihrer Lebenssituation als Frauen Rechnung tragen. Kocka hatte die Bedeutung vorwissenschaftlicher Selbsterfahrungen und Interessenartikulationen für den wissenschaftlichen Erkenntnisprozeß nicht bestritten, sah aber in der proklamierten Autonomie der Frauengeschichtsforschung (wenn sie eine Diskursteilnahme nach Geschlechtszugehörigkeit regelt) eine Gefährdung, ja letztlich eine Negation der für die Geschichte als Wissenschaft konstitutiven Autonomie der Diskursteilnehmer. Diese Autonomie bestehe in einer (stets relativen) institutionalisierten Unabhängigkeit wissenschaftlicher Erkenntnisverfahren von politischer Einflußnahme und vor allem in einer Formierung der fachlichen Öffentlichkeit, die den Ausschluß von Personen oder Personengruppen aufgrund anderer Kriterien als derjenigen ihrer fachlichen Kompetenz verbiete. Seine Gegnerinnen sehen aber in dieser Autonomie eine bedrohliche Gefährdung der Freiheit weiblicher Selbstbestimmung, die sie als Erkenntnischance gegen patriarchalische Herrschaftsformen emanzipatorisch gewinnen und verteidigen wollen.
Wie so häufig in Polemiken, die Herrschaftsstrukturen tangieren, redeten die Antagonisten auch in diesem Fall aneinander vorbei. Dadurch aber zeigen sie symptomatisch ein ungelöstes Problem an: Offensichtlich hat Kockas Hinweis auf die Objektivitätssicherung durch fachspezifische methodische Rationalität für diejenigen keine besondere Überzeugungskraft, die in der Wissenschaft eine Chance sehen, ihre Erfahrung von geschlechtsspezifischen Restriktionen in eine befreiende historische Orientierung der eigenen Lebenspraxis aufzuarbeiten. Und umgekehrt wirkt der Hinweis auf die erkenntniserschließende Funktion feministischer Parteilichkeit bei denjenigen nicht besonders überzeugend, die in der Wissenschaft eine Chance sehen, Machtansprüche auf diskursive Argumentationen hin zu relativieren. Je nach Standpunkt in der Auseinandersetzung erscheint entweder die etablierte Fachlichkeit oder ein engagiertes und kritisches Orientierungsbedürfnis als Gefährdung der Erkenntnis. Läßt sich dieser Gegensatz auflösen?
Wie gesagt, parteiliches Engagement und methodische Objektivitätssicherung bilden im Erkenntnisprozeß der Geschichtswissenschaft keine Gegensätze, sondern können zwei Seiten ein- und

desselben Erkenntnisprozesses ausmachen. Wie ist das möglich? Die methodische Rationalität der historischen Forschung muß heuristisch auf die parteilich an die Geschichtswissenschaft herangetragenen Orientierungsbedürfnisse der gegenwärtigen Lebenspraxis hin geöffnet werden. Und zugleich müssen dabei die parteilich angemeldeten Orientierungsbedürfnisse so artikuliert werden, daß sie zu Erkenntnischancen werden.

Es geht also darum, den neu aufgebrochenen Gegensatz zwischen Objektivität und Parteilichkeit in der Geschichtswissenschaft so zu vermitteln, daß sich deren Erkenntnismöglichkeiten steigern. Dazu möchte ich zunächst diesen Gegensatz dort thematisieren, wo er die Schärfe des Prinzipiellen hat, wo also die feministische Parteilichkeit die etablierten Standards fachlicher Rationalität am radikalsten herausfordert. Erst im Lichte dieser Radikalität lassen sich produktive Vermittlungsmöglichkeiten erörtern, die nicht schon im Ansatz hinter die Entschiedenheit feministischer Wissenschaftskritik zurückfallen und sich daher allzu leicht dem Gegenargument ausliefern, sie würden bloß zur Legitimation des Status quo und d.h. zur Verfestigung geschlechtsspezifischer Herrschaftsstrukturen in der Geschichtswissenschaft dienen.

Die radikalste feministische Kritik betrifft die methodische Rationalität als Prinzip wissenschaftlichen Denkens überhaupt, wie es in der okzidentalen Kultur im Ansatz von den Griechen entwikkelt und dann in der frühen Neuzeit in seine moderne Form gebracht wurde. Diese Kritik[9] siedelt patriarchalische Herrschaft in der Substanz wissenschaftlichen Denkens selber an: Seine konstitutive methodische Rationalität verkörpere einen männlichen Herrschaftswillen, der die Unterdrückung des weiblichen Geschlechts in der Tiefendimension kultureller Selbstverständlichkeiten verankere. Im Lichte okzidentaler Rationalität erscheine das Weibliche nur als defizitär. Die entzaubernde Rationalität der okzidentalen Kultur sei durch die Logik des männlichen Blicks bestimmt, die Weiblichkeit als eigene Lebens- und Bewußtseinsform nur im Modus ihrer Beherrschung sichtbar mache, sie also in dem, was sie für sich selbst ist oder sein kann, ausblende. Daraus folge, daß eine weibliche Selbstverständigung, die sich der Denkform des wissenschaftsspezifischen Argumentierens bediene, sich bereits im Kern verfehlt habe. Das Licht des okzidentalen Logos verbrenne die Weiblichkeit zum Objekt männlicher Projektionen. Eine Befreiung von dieser Unterwerfung könne daher nur dann erfolgen, wenn die Wissenschaft selber als patriarchale Denkform, als Ausdruck eines männlichen Willens zur Macht überwunden und neue Artikulationsformen gefunden werden, die Weiblichkeit unverzerrt von männlicher Unterwerfung bewußtmachen und zur Sprache bringen können. Gegenüber der logischen Strenge methodischer Rationalität erscheine dieser neue Diskurs der Weiblichkeit als ›ver-rückt‹. Beispiele einer solchen Verrücktheit liefere die Kunst als sensibelstes kulturelles Organ für Herrschaftskritik und Freiheitschancen.[10]

Wie wirkt sich eine solche Argumentation auf die Wissenschaft aus? Kann sie neue Erkenntnischancen erschließen oder nur alte diskreditieren? Die Wissenschaft kann sich auf unterschiedliche Weise dieser radikalen Kritik stellen. Zunächst einmal kann sie sie mit ihren Mitteln interpretieren. Sie kann sie historisch als späte Frucht am Baum romantischer Modernitätsfeindschaft einordnen, als Ausdruck der bislang letzten in der langen Reihe von Orientierungskrisen im Modernisierungsprozeß verständlich machen und als feministische Spielart postmoderner Kulturkritik charakterisieren. Mit dieser Reaktion hält die Wissenschaft die radikale feministische Wissenschaftskritik im Objektbereich ihrer Erkenntnis, läßt sie also gar nicht eigentlich an sich heran.

Das wird anders, wenn sich die Wissenschaft dieser Kritik gegenüber legitimiert, indem sie sie des Irrationalismus bezichtigt. In diesem Verhältnis von Rationalitätskritik und Irrationalismusvorwurf können sich beide Kontrahenten häuslich einrichten. Sie erkennen sich wechselseitig im negativen Verhältnis zueinander an und schreiben überdies die traditionelle Geschlechterpolarität fort: Die männliche Dominanz in der Wissenschaft wird von seiten ihrer feministischen Kritik bestätigt, indem Männlichkeit und methodische Rationalität affin gesetzt werden. Umgekehrt bestätigt die emphatische Proklamation des ›Ver-rückten‹ als spezifische Diskursform weiblicher Selbstverständigung, in der historisch langfristige und mental tiefsitzende Formen patriarchalischer Herrschaft unterlaufen werden sollen, das traditionelle Vorurteil, die Frauen seien fürs Irrationale zuständig.

Diese Argumentation ist verlockend, weil sie mit einfachen Dichotomien auskommt und ins traditionelle Schema der Geschlechterpolarität paßt. Sie übersieht jedoch zweierlei: Einmal die Tatsache, daß sich die feministische Wissenschaftskritik selber der Argumentationsmuster bedient, gegen die sie sich wendet; als

Ideologiekritik gehört sie selber dem Diskurs an, für dessen Verrückung, Überwindung oder Verkehrung sie plädiert. Das ist mehr als eine bloße Inkonsequenz, sondern demonstriert beeindruckend die Fähigkeit des rationalen Argumentierens, auch noch sein Gegenteil zu thematisieren. Solange die feministische Wissenschaftskritik in ihrer radikalen ideologiekritischen Variante noch *argumentiert*, steht sie dafür ein, daß die methodische Rationalität einer wissenschaftlichen Argumentation nicht in der Funktion männlicher Beherrschung und Verdrängung des Weiblichen aufgeht, sondern für dessen Befreiung selber noch unverzichtbar ist.

Die zweite Tatsache, die in der dichotomischen Verrechnung feministischer Wissenschaftskritik in das Klassifikationsschema rational-irrational übersehen wird, sind diejenigen Faktoren im Diskurs der Wissenschaft, die in deren methodischer Rationalität nicht aufgehen: Wissenschaft ist in ihren Erkenntnisprozessen immer mehr und anderes als die Vorgänge, die den Verfahrensregeln der jeweils fachspezifischen Methode unterliegen und die im Vordergrund der feministischen Wissenschaftskritik stehen. Für die Geschichtswissenschaft z.B. stellt der Bereich der Geschichtsschreibung, die historiographische Formung des forschend gewonnenen historischen Wissens, einen Erkenntnisfaktor von disziplinärer Grundsätzlichkeit dar, der sich aus der methodischen Rationalität der historischen Forschung nicht ableiten läßt. In der Wissenschaft steckt also immer mehr, als die Ideologiekritik an ihr wahrhaben will, die in ihren Objektivitäts- und Rationalitätsstandards nur Ideologeme patriarchalischer Machtstrukturen sieht. Wenn man ihren inneren Zusammenhang mit der methodischen Rationalität der wissenschaftlichen Argumentation berücksichtigt, dann können solche Dimensionen und Faktoren der Wissenschaft nicht als irrational qualifiziert werden. Sie widersprechen der methodischen Rationalität der Forschung nicht nur nicht, sondern tragen ihr Rechnung. Rationalität erstreckt sich also auch in Bereiche und Dimensionen des Erkenntnisprozesses, die einer anderen Verfahrensregelung folgen als derjenigen der Forschungsmethode. Die methodische Rationalität der Wissenschaft enthält ein Vernunftpotential, das sich tendenziell auch auf die Sprachhandlungen erstrecken kann, die der Feminismus nur als verrückte Alternative zum herrschsüchtigen Verstand der Wissenschaft thematisieren kann.

So hat, um das gleiche Beispiel wieder heranzuziehen, die Geschichtsschreibung ihre eigene Ästhetik, die sie als Sprachhandlungskomplex von den Vorgängen der Forschung grundsätzlich unterscheidet. Aber im Rahmen dieser Ästhetik und mit den für sie maßgebenden Gesichtspunkten wird die methodische Rationalität der Forschung, die deren Ergebnissen eine besondere Plausibilität (empirische und theoretische Triftigkeit) verleiht, nicht negiert, sondern zur Geltung gebracht. Methodische Rationalität ist nur eine Weise wissenschaftsspezifischen Argumentierens; dessen Reichweite kann sich durchaus in die Bereiche geistiger Produktivität erstrecken, die im Feminismus gegen die Wissenschaft gekehrt und für ihre Überwindung als Kulturform des Patriarchats verwendet werden. Auch die Wissenschaftskritik kann bei der Wahrnehmung ihrer Objekte ausgrenzen und ausblenden.

Eine Wissenschaft, die etwas auf ihr Vernunftpotential hält, braucht also auf den feministischen Vorwurf einer patriarchalischen Herrschaftsfunktion nicht erschrocken mit einer Irrationalitätszuweisung zu reagieren, die zugleich das eigene Vernunftpotential auf den Status quo etablierter Forschungstechniken restringiert; sie kann klüger sein: wie der Igel im Wettlauf mit dem Hasen immer schon dort war, wo ihm sein Kontrahent zuvorkommen wollte. Schon ein kurzer Blick auf die Wissenschaftsgeschichte lehrt, daß die Standards methodischer Rationalität alles andere als fixe Größen sind. Sie können sich erweitern und erhöhen (und natürlich unterschritten werden). Wissenschaftsspezifische Rationalität ist entwicklungsfähig, und die Wissenschaftskritik kann als Motor solcher Entwicklung wirken.

Was bedeutet dies für das Wissenschaftsverständnis der Geschichtswissenschaft? Sie sollte sich auf die feministische Herausforderung mit der Absicht einlassen, ihre Einsicht in das Vernunftpotential der historischen Erkenntnis selber zu vertiefen und zu erweitern. Was kann aber ein solches Verständnis feministischer Wissenschaftskritik einbringen, das sich nicht damit begnügt, in ihren radikalsten Spielarten einen latenten oder manifesten Irrationalismus aufzuweisen und als Zerstörung von Wissenschaft entschieden zurückzuweisen? Welche Chancen von Wissenschaftlichkeit sollten durch solche gefährlichen Angriffe auf ihre etablierten Formen freigesetzt oder eröffnet werden?

Eine Antwort auf diese Fragen hätte da anzusetzen, wo sich die

Wissenschaftskritik des Feminismus entzündet: an der unbestreitbaren Verengung, ja Verstellung des historischen Blicks auf die konstitutive Rolle von Frauen im Prozeß der Geschichte. Eine wissenschaftliche Rationalität, die diese Verengung und Ausblendung vollzieht, ist restriktiv und unbestreitbar kritikbedürftig. Wenn Herrschaftsverhältnisse in den Geschlechterbeziehungen auf Strategien der historischen Forschung durchschlagen, hat die Geschichtswissenschaft ganz offensichtlich die regulative Funktion nicht erfüllt, die die Überzeugungskraft wissenschaftlichen Argumentierens ausmacht: eine kritische Explikation, Prüfung und Begründung historischer Orientierungen an der geschichtlichen Erfahrung. Offensichtlich steckten (und stecken immer noch) Elemente von Herrschaft undurchschaut in den Wissenschaftlichkeitsprinzipien, die den Diskurs der professionalisierten Historiker regeln.

Nicht dadurch, daß er diesen ›blinden Fleck‹, einen undurchschauten Patriarchalismus in der Wissenschaftstradition und im Wissenschaftsbetrieb der Geschichtswissenschaft, aufweist, gefährdet der Feminismus die Wissenschaftlichkeit, – mit diesem Aufweis klagt er ja nur ein Defizit an Wissenschaftlichkeit ein –, sondern dadurch, daß er die aufgewiesenen Defizite für prinzipiell hält, daß er ihn der methodischen Rationalität fachwissenschaftlicher Erkenntnisarbeit grundsätzlich anlastet. Damit aber ist die radikale Wissenschaftskritik des Feminismus dem Kritisierten selber auf den Leim gegangen: Er teilt mit seiner Kontrahentin, der etablierten Geschichtswissenschaft, deren Selbstbewußtsein als voll entfalteter und institutionell gesicherter Rationalität.

Die methodische Rationalität der Wissenschaft stellt alles andere als ein unveränderbares Fixum von Regulativen professioneller historischer Erkenntnisarbeit dar. Wissenschaftlichkeit selber läßt sich als ein historischer Prozeß ansehen; denn die Prinzipien methodischer Rationalität haben sich im Laufe der Wissenschaftsgeschichte nicht unerheblich verändert und befinden sich, sieht man nur genauer hin, natürlich auch gegenwärtig in einem Veränderungsprozeß.[11] Wenn das so ist, dann kann die feministische Wissenschaftskritik ein dynamisierender Faktor dieser Veränderung sein. Allerdings nur, wenn sie sich nicht in abstrakter Negation vorherrschender Rationalitätskriterien erschöpft. Dies möchte ich am Objektivitätsanspruch fachwissenschaftlicher historischer Erkenntnis erläutern.[12]

›Objektivität‹ meint eine bestimmte Qualität der historischen Erkenntnis, die ihre Konsensfähigkeit oder ›Wahrheit‹ betrifft.[13] Historische Erkenntnisse sind ›objektiv‹ im Sinne von zustimmungsfähig, insofern die in ihr enthaltenen Informationen richtig sind, d. h. auf Tatsachen beruhen und dieser Tatsachen- (oder Erfahrungs-)bezug regelhaft intersubjektiv überprüft werden kann. Für diese Objektivität stehen die Verfahren der empirischen historischen Forschung, insbesondere die Quellenkritik, ein. Dieses Objektivitätskriterium ist ein wesentlicher Bestandteil der methodischen Rationalität der Geschichtswissenschaft. Es dürfte sich in den etablierten Formen professionalisierter historischer Erkenntnisarbeit kaum bestreiten lassen, wenn die Überzeugungskraft historischer Argumentationen nicht verlorengehen soll. Es ist zwar (post-)modern geworden, die Tatsächlichkeit historischer Tatsachen erkenntnistheoretisch zu bestreiten und eine klare Grenze zwischen Fiktionalität und empirischer Triftigkeit von Aussagen über die menschliche Vergangenheit als nicht existent zu erklären. Dabei wird mit Recht darauf hingewiesen, daß es so etwas wie ›reine‹ historische Tatsachen nicht gibt, daß in jedem historischen Aussagezusammenhang Bedeutungsqualifikationen und normengeleitete interpretatorische Annahmen eine notwendige Rolle spielen. Damit aber wird die Quellenkritik als Forschungsverfahren nicht außer Kraft gesetzt, sondern lediglich die Sensibilität für ihre Grenzen gesteigert. Daß dabei oft die Einsicht in ihre Leistungen verlorengeht, erhöht die Gefahren historischer Mythenbildung. (Dies ließe sich an der Rolle, die die frühneuzeitlichen Hexenverfolgungen im historischen Selbstverständnis der Frauenbewegung spielen, aufweisen. Die Kraft der historischen Erinnerung als Mittel für die Stärkung der eigenen Position steht hier oft in einem eigentümlich gebrochenen Verhältnis zur Tatsächlichkeit des Erinnerten.)
Daß sich die Geschichtswissenschaft immer wieder vor den Karren mythisierender Legendenbildung spannen läßt und dabei das Prestige einer durch Quellenkritik gesicherten Objektivität der historischen Erkenntnis verschlissen wird, ist natürlich kein Argument gegen diese Objektivität, sondern ein Plädoyer dafür, die Tatsächlichkeit der in der historischen Erkenntnis angesprochenen Sachverhalte der Vergangenheit nicht zur bloßen Funktion parteilicher Vorgaben an den wissenschaftlichen Erkenntnisprozeß zu machen. Der Feminismus hat mit seiner Kritik am männli-

chen Blick auf die Vergangenheit Gefährdungen dieser Objektivität aufgewiesen, aber damit nur die Notwendigkeit quellenkritischer Verfahren zur Sicherung des Erfahrungsgehalts historischer Aussagen unterstrichen (ohne neue Verfahren der Quellenkritik entwickelt zu haben).

Die eigentliche Brisanz des Objektivitätsproblems liegt nicht auf der Ebene des Erfahrungs- oder Tatsachengehalts historischer Interpretationen. Sie liegt vielmehr dort, wo die aus den Quellen forschend-kritisch ermittelten Tatsachen durch die Forschungsoperation der Interpretation in einen spezifisch *historischen* Zusammenhang gebracht werden. Dieser Zusammenhang läßt sich nicht einfach als Tatsächlichkeit den Quellen ablesen, sondern ist das Ergebnis einer narrativen Sinnbildungsarbeit des Geschichtsbewußtseins. Maßgebend für die Interpretation der Tatsachen, durch die sie zur Form einer Geschichte zusammengefügt werden, sind Sinn- und Bedeutungskriterien, die den zeitlichen Zusammenhang von Vergangenheit und Gegenwart als spezifisch geschichtlichen qualifizieren. In diesen Kriterien spielen normative Elemente eine wichtige Rolle, und diese normativen Elemente repräsentieren Standpunkte und Interessen im Lebenszusammenhang der Gegenwart.

Wissenschaftliche Objektivität besteht nicht darin, solche Standpunkte und Interessen aus dem Erkenntnisprozeß zu eliminieren, – das würde nur zu einer Verdrängung führen, die das Verdrängte um so wirkungsvoller macht, als es nicht mehr kognitiv und methodisch kontrolliert werden kann. Objektivität besteht vielmehr darin, daß und wie standpunktabhängige und normengeleitete historische Perspektiven explizit entworfen und begründet werden. Der erste Schritt zur Objektivität ist dann getan, wenn die Standpunktabhängigkeit und normative Bestimmtheit der jeweiligen historischen Interpretation zugegeben, also die Parteilichkeit nicht beim andern und die Objektivität bei sich selbst angesiedelt wird; die eigene Subjektivität wird als gestaltender Faktor der historischen Interpretation und ihrer historiographischen Ausformung sichtbar.

Bliebe es jedoch bei dieser Subjektivität, dann zerfiele die Einheit der historischen Erkenntnis in eine Vielheit von Standpunkten und Perspektiven, über deren Präferenz nicht mehr argumentativ entschieden werden könnte. Dann bestünde die Objektivität der historischen Erkenntnis auf der Ebene der Interpretation lediglich in der formalen Durchsichtigkeit der jeweils subjektiv gewählten standpunktabhängigen Perspektive und der für sie maßgeblichen Wertentscheidungen. Historische Interpretationen sind jedoch auch und gerade hinsichtlich ihrer Perspektivik rational diskutierbar. Historische Perspektiven können auf ihre Weite hin überprüft und kritisch miteinander verglichen werden; die eine kann gegenüber der anderen als einseitig nachgewiesen und die andere ihr gegenüber als ›objektiver‹ im Sinne von erfahrungsgesättigter (qualifiziert durch einen umfangreicheren und tieferen Erfahrungsbezug) nachgewiesen werden.

Eben dieses Argumentationspotential soll durch die feministische Parteilichkeit im historischen Erkenntnisprozeß mobilisiert werden: Die Einseitigkeit, ja Blindheit des männlichen Blicks auf die menschliche Vergangenheit wird behauptet und mit Gründen belegt. Diese Kritik hat die argumentative Stärke für sich, umfassendere Perspektiven zu eröffnen, in die die historische Erfahrung mit einem hohen Komplexitätsgrad eingebracht und erschlossen werden kann. Objektivität auf der Ebene der historischen Interpretation bedeutet also formal eine explizite Perspektivierung (dabei können historische Theorien eine wichtige Rolle spielen) und inhaltlich eine Ausdehnung und Vertiefung des Erfahrungsbezuges.

Welche Potentiale historischer Objektivität können durch feministische Parteilichkeit auf dieser Ebene erschlossen werden? Die Antwort auf diese Frage fällt negativ aus, wenn diese Parteilichkeit sich als Kritik an der Arbeit mit theorieförmigen Konstrukten im Erkenntnisprozeß präsentiert, die methodischen Prinzipien historischer Theoriebildung als typisch männlich verworfen und demgegenüber andere Verfahren der historischen Interpretation, eine andere Logik historischer Sinnbildung, bevorzugt werden. Die Polarisierung der Geschlechtscharaktere, die dem Mann die Kompetenz für analytischen Verstandesgebrauch und der Frau die komplementäre Kompetenz intuitiver Ganzheitserfassung zuspricht, läßt sich methodologisch wiederholen und verfestigen. Dann freilich bestünde die Durchsetzung feministischer Parteilichkeit im historischen Erkenntnisprozeß nur darin, die methodische Rationalität der Forschung zugunsten neuer ästhetischer Qualitäten des deutenden Umgangs mit der Erfahrung der Vergangenheit aufzuweichen. Der konstruktive Theoriegebrauch in der historischen Interpretation würde als Herrschaftsattitüde

ideologiekritisch entlarvt und zugunsten empathischer Umgangsformen destruiert. Der Feminismus würde sich dann auf die Seite einer postmodernen Regression der historischen Erkenntnisarbeit auf eine poetische Gestaltung der historischen Erinnerung schlagen. Er könnte damit die Qualität von Weiblichkeit zur Geltung bringen, die Goethe – typisch für das bürgerliche Geschlechterverhältnis – als »nah mit Kunst verwandt« charakterisiert hatte.[14]
Die methodische Rationalität der historischen Interpretation, die die Geschichtswissenschaft für eine der wichtigsten Errungenschaften im Verwissenschaftlichungsprozeß des historischen Denkens ansieht, würde ver-rückt in die Dimension einer ästhetischen Aneignung der historischen Erfahrung, die nicht mehr von regulativen Prinzipien diskursiver Geltungssicherung bestimmt wäre.

Es liegt nahe, diese Verrückung feministisch als Befreiung des historischen Denkens von den Zwängen rationaler Vergegenständlichung der historischen Erfahrung zu empfehlen und mit der Hoffnung auf neue Formen des historischen Umgangs mit der menschlichen Vergangenheit zu verbinden, die die Herrschaftsattitüde kritisch-methodischer Rationalität zugunsten einer gesteigerten Fähigkeit und Bereitschaft des Verstehens von Lebenszusammenhängen überwunden haben. Im Rahmen eines solchen Argumentationsmusters ist es kaum möglich, feministische Parteilichkeit als Chance eines Objektivitätsgewinns in der historischen Erkenntnis plausibel zu machen. Im Gegenteil: Sie erscheint gegenüber den methodischen Standards der Geltungssicherung historischer Aussagen eher regressiv.

Und doch geht es in der feministischen Wissenschaftskritik um Plausibilität und Geltungssicherung, also um Objektivität der historischen Erkenntnis. Schlicht und einfach läuft diese Kritik ja auf den Vorwurf hinaus, die bisher in der Geschichtswissenschaft etablierten Formen des historischen Denkens seien einseitig: Sie setzten den partikularen männlichen Blick als den allgemeinen. Bezogen auf das Objektivitätskriterium der Geschichtswissenschaft bedeutet diese Kritik, daß die Geltungsansprüche männlich dominierter historischer Erkenntnisleistungen so allgemein gar nicht sind, wie sie erhoben werden: Ihre geschlechtliche Partikularität wird als verborgene und durch ihre Verhehlung um so wirkungsvollere Herrschaftsattitüde entlarvt. Wenn dieses Argument wirklich stichhaltig sein soll, dann setzt es natürlich so et-

was wie historische Objektivität voraus; sie reklamiert sie ja gegenüber bisherigen Objektivitätsansprüchen, indem sie diese als vermeintliche, als nicht gerechtfertigte zurückweist.
Was mit dieser Insistenz auf Objektivität wirklich ins Spiel gebracht wird, kann aber dann nicht mehr expliziert werden, wenn der Objektivitätsanspruch selber zu den Einseitigkeiten gerechnet wird, die es zu bekämpfen gilt. Es wäre verlockend, hier von typisch weiblicher Inkonsequenz zu reden, wenn es nicht darum ginge, dem Objektivitätsanspruch der Geschichtswissenschaft eine neue Qualität diskursiver Geltungssicherung abzugewinnen. Wenn die etablierten Prozeduren der historischen Erkenntnis als männlich dominiert und daher als zu den prätendierten Objektivitätsleistungen gar nicht fähig kritisiert werden, dann geht es dieser Kritik um den Aufweis einer Diskursivitätsgrenze: Sie liegt dort, wo historische Erkenntnis der Orientierung über *geschlechtliche Identität* dient.
Worum es geht, sei an dem merkwürdigen Befund aufgewiesen, daß Kockas Hinweis auf die geltungssichernden Mechanismen des geschichtswissenschaftlichen Diskurses, die eine Regulierung der Teilnahme an diesem Diskurs nach Geschlechtskriterien verbiete, bei seinen Kontrahentinnen überhaupt nicht verfangen hat. Sie sahen in dieser Diskussion nur ein Strategem zur Sicherung männlicher Dominanz und ließen sich inhaltlich auf Kockas Argumente überhaupt nicht ein. Warum eigentlich nicht? Was konnte sie dazu bewegen, ihre feministische Parteilichkeit gegen die Regelungen des historischen Erkenntnisprozesses zu behaupten, die nach Kocka zur Sicherung wissenschaftlicher Objektivität unverzichtbar sind? Es ist wichtig für den symptomatischen Charakter dieser Auseinandersetzung, daß Kockas Kontrahentinnen ja die Wissenschaftlichkeit der Geschichtswissenschaft und damit auch ihren Objektivitätsanspruch gar nicht negieren wollten, sondern lediglich Kockas Explikation von Wissenschaftlichkeit und Objektivität nicht überzeugend fanden (ohne eine überzeugendere Version vortragen zu können).
Worum ging es? Kocka reklamierte eine Allgemeinheit im Geltungsanspruch historischer Erkenntnis, die geschlechtsunspezifisch ist: Die methodischen Standards der historischen Forschung gelten unabhängig vom Geschlecht der Forscher; Geschlechtlichkeit ist kein Kriterium, nach dem die Partizipation am geschichtswissenschaftlichen Diskurs prinzipiell geregelt werden kann. Ich

sehe nicht, wie man diese Behauptungen bestreiten kann, ohne elementare Regeln der wissenschaftlichen Argumentation zu verletzen.

Ist also eine feministische Parteilichkeit, die sich dieser Argumentation verweigert (ohne sie zu bestreiten) wissenschaftsfeindlich? Es ging Kockas Kontrahentinnen nicht um eine geschlechtsunspezifische Allgemeinheit historischer Geltungsansprüche, sondern darum, wie Geschlechtlichkeit selber zur Angelegenheit des geschichtswissenschaftlichen Diskurses werden kann. Ihr (unausgesprochener) Vorwurf an das Objektivitätsargument bestand darin, daß die in ihm reklamierte Allgemeinheit historischer Geltungsansprüche hinsichtlich der Geschlechtlichkeit derjenigen, die mit diesen Ansprüchen konfrontiert sind, abstrakt ist. *Abstrakte Allgemeinheit* ist der (implizite) Vorwurf des Feminismus an die regulativen Prinzipien historischer Objektivität, wie sie im etablierten Wissenschaftsverständnis der Geschichtswissenschaft vorherrschten. Sie geben nicht genug her, um Geschlechtlichkeit unverkürzt in den Diskurs der Geschichtswissenschaft einzubringen. Unverkürzt heißt: daß Geschlechtlichkeit nicht nur auf der Ebene von Objekten der historischen Forschung, sondern als Orientierungsproblem der forschenden Subjekte selber anerkannt und entfaltet wird.

Geschlechtlichkeit läßt sich bekanntlich beim Menschen nicht auf seine biologische Ausstattung reduzieren; sie ist einer der wichtigsten Faktoren der personalen und sozialen Identität, die sich die Individuen lernend erwerben müssen und zu deren Ausbildung die Deutungsarbeit des Geschichtsbewußtseins notwendig gehört.[15] Die ›Autonomie‹ der Frauenbewegung in der Geschichtswissenschaft ist ein hartnäckiger Versuch, Geschlechtlichkeit als Faktor historischer Identität zur Geltung zu bringen. Es ist zweifelhaft, ob die wissenschaftspolitischen Strategien dieser Autonomie (Separierung mit unvermeidlicher ›Ausgrenzung der Ausgrenzer‹) geeignet sind, dieses Ziel zu erreichen. Dieser Zweifel sollte sich aber nicht auf das gesteckte Ziel selber erstrekken: auf die Absicht, den fachlichen Diskurs dort, wo er geschlechtlich borniert ist, kritisch einer Diskursivitätsgrenze zu überführen und ihn so zu verändern, daß er diskursiver wird, als er es unter den Bedingungen männlicher Dominanz in der Geschichtswissenschaft war (und ist). Es geht darum, die abstrakte Allgemeinheit historischer Objektivität im Wissenschaftsprozeß

zur *konkreten Allgemeinheit* diskursiv regulierter Geschlechterverhältnisse zu transformieren.
Die eigensinnige feministische ›Autonomie‹ einer von Frauen für Frauen betriebenen historischen Frauenforschung setzt gegen die abstrakte Allgemeinheit geschlechtsunspezifischer historischer Objektivität die Partikularität weiblicher Identität. Hier liegt die feministische Herausforderung an die Geschichtswissenschaft: Sie will Weiblichkeit nicht nur auf der Objektebene der historischen Forschung zur Geltung bringen, sondern dort, wo es um die Bildung historischer Identität durch die Erkenntnisarbeit des Geschichtsbewußtseins geht.
Die Funktion, die die historische Erkenntnis in den Vorgängen menschlicher Identitätsbildung hat, ist für das Verständnis dessen, was historische Objektivität ist, von größter Bedeutung. Die Perspektivität und Standpunktabhängigkeit der historischen Erkenntnis beruht auf dieser Funktion: Das historische Erkennen verhält sich zur historischen Identität nicht neutral, sondern ist ein integraler Bestandteil der Selbstverständigungen, in denen sich menschliche Identität in diachroner Hinsicht ausprägt. Es ist dieser innere Bezug auf die historische Identität ihrer Subjekte, der die historische Erkenntnis grundsätzlich standpunktabhängig und perspektivisch macht und dem Objektivitätsproblem seine besondere Dringlichkeit und Schärfe gibt: Wie kann die Partikularität von Standpunkten und Perspektiven mit dem Allgemeingültigkeitsanspruch wissenschaftsspezifischer Erkenntnisse in Einklang gebracht werden?
Die Geschichtswissenschaft hat im Laufe ihrer Entwicklung diesen Einklang auf unterschiedliche Weise erreicht (zum Teil auch verfehlt) und expliziert. Als besonders bedeutsame Ausprägungen historischer Objektivität im Verwissenschaftlichungsprozeß des historischen Denkens lassen sich nennen: das Menschheitskriterium der Aufklärung mit ihrer Konzeption von Universalgeschichte und das Individualitätskriterium des Historismus mit seiner Konzeption von Nationalgeschichte. Der Feminismus fordert die Geschichtswissenschaft dazu heraus, die Objektivität der historischen Erkenntnis und die geschlechtliche Partikularität der historischen Identität miteinander zu vermitteln, d.h. die vermeintliche Neutralität des historischen Denkens gegenüber der Geschlechtlichkeit seiner Subjekte aufzugeben. Diese Neutralität hat es nicht gegeben, sondern nur einen monopolisierten männli-

chen Blick. Es geht nun darum, Regulative des historischen Diskurses zu entwickeln, die Geschlechtlichkeit als fundamentale Bestimmung historischer Identität in deren kognitiven Bildungsprozessen freisetzt. Was dies im einzelnen für die Prozeduren des historischen Erkennens und seiner regulativen Prinzipien bedeutet, ist schwer abzuschätzen. Eine Konsequenz allerdings läßt sich andeuten, die das Prinzip historischer Objektivität selber betrifft.

Was ist für die historische Objektivität gewonnen, wenn Geschlechtlichkeit als perspektivierender Gesichtspunkt in die historische Erkenntnisarbeit eingebracht wird? Mit diesem Gesichtspunkt wird die abstrakte Allgemeinheit historischer Geltungsansprüche, die auf der intersubjektiven Überprüfbarkeit des Erfahrungsgehalts historischer Aussagen und deren formaler Konsistenz und Stringenz beruht, zu einer konkreteren Allgemeinheit. Diese Konkretisierung hat es in sich: Als Geschlechtlichkeit ist sie selber allgemein und elementar, d. h. sie gehört zu den zentralen Bereichen menschlicher Identitätsbildung in allen Kulturen und Zeiten. Wird die Geschlechtlichkeit als Faktor historischer Identitätsbildung wirklich ernstgenommen, dann führt dies zu kategorialen Revisionen im Erfahrungsbezug der historischen Erkenntnis: Geschlecht muß als historische Kategorie entwickelt werden.[16]

Viele Vertreterinnen der historischen Frauenforschung neigen der Auffassung zu, daß die Arbeit an dieser historischen Kategorie nur als Synthese zahlreicher einzelner Forschungsarbeiten geleistet werden kann. Sie scheint sich dann als so etwas wie ein krönender Abschluß frauengeschichtlicher Forschung zu ergeben. Kategorien sind aber nicht das Ergebnis empirischer Synthesen, sondern begriffliche Ordnungssysteme, die ihrerseits Erfahrungen ordnen, ja erschließen. Insofern stellt sich die Aufgabe, Geschlecht als historische Kategorie zu entwickeln, zumindest auch als Aufgabe einer genuin historischen Theoriebildung. Sie gehört in den Rahmen einer theoretischen historischen Antropologie, die Grundstrukturen und Entwicklungspotentiale des geschichtlichen Lebens zu explizieren versucht.[17] In diesem Rahmen konvergieren letztlich alle Wissenschaften vom Menschen; die Geschichtswissenschaft ist (zusammen mit der Philosophie) Statthalterin der Historizität anthropologischer Universalien, und überdies sorgt sie für die empirische Fruchtbarkeit theoretischer

Kategorisierungen. In dieser Hinsicht ist die Theoretisierungsarbeit an historischen Kategorien auf den Erkenntnisfortschritt durch historische Untersuchungen des Geschlechterverhältnisses in den unterschiedlichsten menschlichen Lebensbereichen und in den verschiedensten Zeiträumen angewiesen.
Wenn diese Forschungen zu aussagekräftigen Ergebnissen führen sollen, dann müssen sie den entwickelten Objektivitätsstandards der Geschichtswissenschaft verpflichtet sein. Freilich reichen diese Standards insofern nicht aus, als in ihnen noch nicht auf diejenigen spezifischen Möglichkeiten der Konsensbildung Bezug genommen wird, die die menschliche Geschlechtlichkeit betreffen. Diese Möglichkeiten sind auch noch nicht als methodische Prinzipien der Geltungssicherung historischer Erkenntnis entwickelt worden.
Um was geht es? Geschlechtlichkeit ist nicht nur ein Phänomen kultureller Naturaneignung und als solches Objekt historischer Erkenntnis, sondern auch ein Element der Triebkräfte, die den historischen Erkenntnisprozeß selber bewegen: Historisches Denken selber ist ein Modus kultureller Aneignung der eigenen Geschlechtlichkeit. Die vom Feminismus reklamierte ›Autonomie‹ ist nichts anderes als ein bestimmter Eigensinn von Frauen, diese Aneignung selbstbestimmt – und das heißt konkret: jenseits patriarchalischer Herrschaftsstrukturen – zu vollziehen. Dieser Eigensinn hat seine prinzipielle Grenze: Sie liegt dort, wo Geschlecht eine *Beziehung* zwischen zwei Polen ist (und nicht nur eine Abgrenzung), wo jede Definition von Weiblichkeit mindestens implizit und indirekt auch Männlichkeit definiert und umgekehrt.
Wird nun diese Wechselbeziehung in den geschichtswissenschaftlichen Diskurs einbezogen, dann stellt sich das Objektivitätsproblem neu. Seine Lösung ist durch einen Gesichtspunkt vorgezeichnet, der grundsätzlich gilt, wenn jeweils partikulare historische Identitäten wissenschaftsspezifisch formuliert werden: Die in dieser Formulierung vollzogene Bestimmung eines ›Wir-und-die-anderen‹Verhältnisses ist dann zustimmungsfähig, wenn seine Objektseite (der Bezug auf historische Tatsachen) dem Prinzip der empirischen Überprüfbarkeit gerecht wird und seine Subjektseite dem Prinzip wechselseitiger Anerkennung entspricht. Anerkennung ist Wahrheit in einem Intersubjektivitätsverhältnis, in dem es nicht darum geht, was die Beteiligten gemeinsam haben,

sondern darum, wie sie gemeinsam ihre Unterschiede, ihre Besonderheit im Verhältnis zueinander bestimmen.
Dies gilt auch für das Geschlechterverhältnis im Prozeß historischer Identitätsbildung. Anerkennung in entschiedener Form pflegt sich in diesem Verhältnis landläufig als Liebe zu realisieren. Liebe als Kriterium historischer Objektivität? Das sieht auf den ersten Blick absurd aus und scheint des Gelächters der professionellen Historiker und Historikerinnen wert, die immer schon gewußt haben, daß Grundlagenreflexionen in der Geschichtswissenschaft über kurz oder lang in die Irre führen. Es ist aber auf der anderen Seite die schlechteste Tradition okzidentalen Denkens nicht, die in der Liebe ein konstitutives Moment für Erkenntnis sah.[18] Diese Tradition, ohne die der heutzutage vielgeschmähte Rationalisierungsprozeß der okzidentalen Kultur historisch nicht hinreichend beschrieben werden könnte (wenn sie auch eher verdrängt wurde und wird und eher subversiv wirksam war und blieb), müßte im Meinungsstreit über feministische Parteilichkeit und historische Objektivität ins Spiel gebracht werden. Sie müßte auf die konkreten Probleme der methodischen Regelung einer historischen Erkenntnis angewendet und auf sie hin kleingearbeitet werden, der es darum geht, Geschlecht als historisches Phänomen nicht mehr aus der Erinnerungsarbeit der Geschichtswissenschaft auszublenden.
Mit solchen Reflexionen könnte die Geschichtswissenschaft in der Vergewisserung ihrer Objektivitätsansprüche die ihr als Wissenschaft eigentümlichen Vernunftpotentiale dort zur Geltung bringen, wo es darum geht, zu wissen, wer man ist, wenn man Mann oder Frau ist. Mit einem Objektivitätskriterium, das in diesen Reflexionen expliziert würde (und dadurch an Geltung gewönne) würde die Geschichtswissenschaft im Geschlechterkampf nicht mehr ideologieträchtig neutralisiert oder parteilich auf einen Standpunkt gegen andere funktionalisiert. Mit ihm müßte sie auch nicht ohnmächtig nur geschlechtsspezifische Strategien des Willens zur Macht vollziehen. Sie könnte den Kampf zu einem wahrheitsfähigen Diskurs kultivieren und die blinde Macht zur Stärke sehender Anerkennung verwandeln.

Anmerkungen

1 *Antologia Lyrica Graeca*, ed. E. Diehl, I (1925), 338, 27a 1-4; zitiert bei D. Haynes, *Griechische Kunst und die Entdeckung der Freiheit*, Mainz 1981, S. 28.

2 Dazu J. Rüsen, »Geschichte als Aufklärung? oder: Das Dilemma des historischen Denkens zwischen Herrschaft und Emanzipation«, in: *Geschichte und Gesellschaft* 7 (1981), S. 189-218.

3 Vgl. A. Schaff, *Geschichte und Wahrheit*, Wien 1970; J. Rüsen (Hg.), *Historische Objektivität. Aufsätze zur Geschichtstheorie*, Göttingen 1975; R. Koselleck/ W. J. Mommsen/ J. Rüsen (Hg.), *Objektivität und Parteilichkeit in der Geschichtswissenschaft* (Theorie der Geschichte, Beiträge zur Historik, Bd. 1), München 1977.

4 H. W. Blanke/ D. Fleischer/ J. Rüsen, »Historik als akademische Praxis. Eine Dokumentation der geschichtstheoretischen Vorlesungen an deutschsprachigen Universitäten von 1750 bis 1900«, in: *Dilthey-Jahrbuch für Philosophie und Geschichte der Geisteswissenschaften* 1 (1983), S. 182-255.

5 Zum folgenden ausführlicher: J. Rüsen, *Historische Vernunft. Grundzüge einer Historik I: Die Grundlagen der Geschichtswissenschaft*, Göttingen 1983.

6 Abgedruckt in: *Geschichtsdidaktik* 6 (1981), S. 312-313.

7 Die wichtigsten Stellungnahmen und Kockas Repliken finden sich in: B. v. Borries/ A. Kuhn/ J. Rüsen (Hg.), *Sammelband Geschichtsdidaktik: Frau in der Geschichte I, II, III*, Düsseldorf 1984.

8 Ebd., S. 272.

9 Charakteristische Beispiele finden sich in: B. Schaeffer-Hegel/ B. Wartmann (Hg.), *Mythos Frau. Projektionen und Inszenierungen im Patriarchat*, Berlin 1984.

10 F. Hassauer, »Das Weib und die Idee der Menschheit. Überlegungen zur neueren Geschichte der Diskurse über die Frau«, in: A. Kuhn/ J. Rüsen (Hg.), *Frauen in der Geschichte III*. Düsseldorf 1983, S. 87-108.

11 Vgl. dazu als wissenschaftsgeschichtliche Fallstudien: H. W. Blanke/ J. Rüsen (Hg.), *Von der Aufklärung zum Historismus. Zum Strukturwandel des historischen Denkens* (Historisch – politische Diskurse, Bd. 1), Paderborn 1984.

12 Zur Literatur vgl. Anm. 2. Es ist bemerkenswert, daß die feministische Diskussion des Objektivitätsproblems die für die Geschichtswissenschaft einschlägige Literatur ignoriert. So zuletzt noch U. Beer, »Objektivität und Parteilichkeit – ein Widerspruch in feministischer Forschung? Zur Erkenntisproblematik von Gesellschaftsstruktur«, in: dies. (Hg.), *Klasse – Geschlecht. Feministische Gesellschaftsanalyse und Wissenschaftskritik*, Bielefeld 1987, S. 142-186.

13 Ich folge einem Argumentationsgang, den ich ausführlicher dargelegt habe in: J. Rüsen, *Historische Vernunft* (wie Anm. 5), S. 116f.

14 Goethe, *Faust II*, Vers 5107.

15 Zur Rolle des Geschichtsbewußtsein beim Aufbau menschlicher Identität: H. Lübbe, *Geschichtsbegriff und Geschichtsinteresse. Analytik und Pragmatik der Historie*, Basel 1977; U. A. J. Becher, »Personale und historische Identität«, in: K. Bergmann/ J. Rüsen (Hg.), *Geschichtsdidaktik: Theorie für die Praxis*, Düsseldorf 1978; E. Angehrn, *Geschichte und Identität*, Berlin 1985.

16 Dazu A. Kuhn, »Das Geschlecht – eine historische Kategorie? Gedanken zu einem aus der neueren Geschichtswissenschaft verdrängten Begriff«, in: J. Brehmer u. a. (Hg.), *Frauen in der Geschichte IV*, Düsseldorf 1983; G. Bock, »Der Platz der Frauen in der Geschichte«, in: H. Nagl-Docekal, F. Wimmer (Hg.), *Neue Ansätze in der Geschichtswissenschaft*, Wien 1984, S. 108-138, bes. S. 115f.

17 Den Stellenwert einer solchen Anthropologie im Aufbau der Geschichtswissenschaft habe ich zu skizzieren versucht in: J. Rüsen, *Rekonstruktion der Vergangenheit. Grundzüge einer Historik II: Die Prinzipien der historischen Forschung.* Göttingen 1985, S. 55f.

18 Ich denke z. B. an Augustinus, Pascal, Hegel und (in der jüngeren Philosophie) an Max Scheler.

Hinweise zu den Autorinnen und Autoren

Werner Affeldt, geboren 1928, studierte Geschichte, Latein und Philosophie in Berlin. Nach Staatsexamen und Promotion (1955) im Schuldienst, seit 1965 Akademischer Rat an der Freien Universität Berlin, dort Professor für Mittelalterliche Geschichte seit 1971, Habilitation 1972. Arbeitsschwerpunkte: Geschichte des Frühmittelalters, Geschichte der Frauen im Mittelalter. Initiator und Sprecher des Forschungsprojektschwerpunktes am Fachbereich Geschichtswissenschaften: »Interdisziplinäre Studien zur Geschichte der Frauen in Spätantike und Frühmittelalter.« Veröffentlichungen u. a.: *Die weltliche Gewalt in der Paulusexeges. Röm. 13,1-7 in den Römerbriefkommentaren der lateinischen Kirche bis zum Ende des 13. Jahrhunderts* (1969); »Untersuchungen zur Königserhebung Pippins. Das Papsttum und die Begründung des karolingischen Königtums im Jahre 751«, in: *Frühmittelalterliche Studien* 14 (1980), S. 95-187; Mitautor und Herausgeber (mit Annette Kuhn) von: *Frauen in der Geschichte VII. Interdisziplinäre Studien zur Geschichte der Frauen im Frühmittelalter. Methoden – Probleme – Ergebnisse* (1986).

Ursula A. J. Becher studierte Geschichte, Philosophie und Romanistik an den Universitäten Köln, Clermont-Ferrand und Gießen; Promotion 1974 mit einer Arbeit zur Entwicklung des Gesellschaftsbegriffs in der deutschen Reichspublizistik des 18. Jahrhunderts. Habilitation im Fach Neuere Geschichte an der Ruhr-Universität Bochum 1983. Seit 1986 Professorin für Theorie und Didaktik der Geschichte an der Katholischen Universität Eichstätt.
Arbeitsschwerpunkte: Wissenschaftsgeschichte, Mentalitätsgeschichte, Geschichtstheorie und Geschichtsdidaktik. Veröffentlichungen: *Politische Gesellschaft. Studien zur Genese bürgerlicher Öffentlichkeit in Deutschland* (Veröffentlichungen des Max-Planck-Instituts für Geschichte, Bd. 59), Göttingen 1978. *Geschichtsinteresse und historischer Diskurs. Ein Beitrag zur Geschichte der französischen Geschichtswissenschaft im 19. Jahrhundert* (Studien zur modernen Geschichte, 36), Stuttgart 1986.

Karin Bruns, geboren 1957, studierte Germanistik, Sozialpsychologie und Sozialantropologie in Bochum. Seit 1984 ist sie dort wissenschaftliche Mitarbeiterin in dem Projekt »Historische Mythologie der Deutschen«. Veröffentlichungen u. a.: »Extreme Existenzen« (Zur modernen Science-Fiction-Literatur), in: *kultuRRevolution. Zeitschrift für angewandte Diskurstheorie* 6 (1984). »Macht der Diskurse – Nacht der Diskurse«, in: *kultuRRevolution. Zeitschrift für angewandte Diskurstheorie* 11 (1986).

»Das moderne Kriegsweib. Mythos und nationales Stereotyp heroischer Weiblichkeit: 1890-1914«, erscheint demnächst in: J. Link/W. Wülfing (Hg.), *Nationale Mythen und Symbole in der 2. Hälfte des 19. Jahrhunderts*, Stuttgart.

Daniela Hammer-Tugendhat, geboren 1946 in Caracas, studierte Kunstgeschichte und Archäologie in Bern und Wien. Seit 1975 Lehrtätigkeit an der Hochschule für angewandte Kunst in Wien. Veröffentlichungen u. a.: *Hieronymus Bosch. Eine historische Interpretation seiner Gestaltungsprinzipien* (1981); »Erotik und Inquisition. Zum Garten der Lüste von Hieronymus Bosch«, in: R. Berger/ D. Hammer-Tugendhat /Hg.), *Der Garten der Lüste. Zur Deutung des Erotischen und Sexuellen bei Künstlern und ihren Interpreten* (1985); »Zur Ambivalenz von Thematik und Darstellungsweise am Beispiel von Segantinis ›Die bösen Mütter‹, in: *Kritische Berichte* (1985/3).

Friederike Hassauer, geboren 1951, studierte Romanistik, Germanistik, Philosophie und Empirische Kulturwissenschaften in Würzburg, Tübingen, St. Louis (Washington University) und Bochum, wo sie 1980 promovierte. Seit 1972 wissenschafts- und kulturpublizistische Arbeit für Funk, Fernsehen, in: *Die Zeit, Merkur* u. a.; seit 1977 Lehrtätigkeit an der Ruhr-Universität Bochum, seit 1982 als Hochschulassistentin; 1983 Visiting Assistant Professor an der University of California/Berkeley und Wechsel an die Universität Siegen. Arbeitsschwerpunkte: französische Aufklärung; Reiseliteratur des französischen und spanischen Mittelalters, besonders die Pilgerfahrt nach Santiago de Compostela; Frauenforschung. Veröffentlichungen: (Hg. zusammen mit P. Roos) *Anna Seghers Materialienbuch* (1977), (Hg. zusammen mit P. Roos) *VerRückte Rede – Gibt es eine weibliche Ästhetik?* (1980); *Die Philosophie der Fabeltiere. Untersuchungen zu Funktions- und Strukturwandel der Fabel in der französischen Aufklärung* (1986); ›Das historische Wissen und die Faszination des Reisens‹, in: H. U. Gumbrecht, U. Link-Heer, P. M. Spangenberg (Hg.), *Grundriß der romanischen Literaturen des Mittelalters, Bd. XI/1* (1986); (zusammen mit P. Roos) *Félicien Rops: Der weibliche Körper – der männliche Blick* (1984). (Hg.) *Arthur Schopenhauer: Über die Weiber* (1986); (Hg. zusammen mit P. Roos) *Die Frauen mit Flügeln, die Männer mit Blei? Notizen zu weiblicher Ästhetik, Alltag und männlichem Befinden* (1986); (Hg. zusammen mit P. Roos) *Jean Giraudoux/Chas Laborde: Berlin 1930. Straßen und Gesichter* (1987).

Petra Heidebrecht, geboren 1957, studierte Geschichte und Biologie, daneben auch Politologie in Mainz und Berlin. Erstes Staatsexamen und Magister. Z. Zt. Studium der Kunstgeschichte und Arbeit an der Promotion über Maria Sibylla Merian. Mitarbeiterin im Forschungsprojektschwerpunkt »Interdisziplinäre Studien zur Geschichte der Frauen in Spätantike und Frühmittelalter« am Fachbereich Geschichtswissenschaften der Freien Universität Berlin. Veröffentlichungen: »›Also nur den Nationalsozialismus aufzeigen ohne Bezug zur Gegenwart, das bringt natürlich nichts‹ – Interviews mit Lehrern der naturwissenschaftlichen Fächer«, in: *Wider das Vergessen. Antifaschistische Erziehung in der Schule*, Hg. GEW-Berlin (1981); C. Carstens/P. Heidebrecht, »Der leichtsinnige Zuzug in die Großstadt. Dienstmädchen und Bahnhofsmission um 1900«, in: *Die Reise nach Berlin, Katalog zur Ausstellung im Hamburger Bahnhof*, Hg. Berliner Festspiele GmbH im Auftrag des Senats von Berlin zur 750-Jahr-Feier (1987).

Gabi Jancke-Leutzsch, geb. 1958 in Bremen, studierte Geschichte und Germanistik in Frankfurt, Würzburg und Bochum und arbeitet derzeit über Autobiographien in der frühen Neuzeit.

Jutta Kolkenbrock-Netz, geboren 1948, studierte Germanistik und Philosophie in Tübingen und Bochum. Nach der Promotion (1980) wissenschaftliche Mitarbeiterin am Germanistischen Institut der Ruhr-Universität Bochum. Einige Veröffentlichungen: *Neue Antworten auf Althusser?* (1976); *Fabrikation- Experiment-Schöpfung. Strategien ästhetischer Legitimation im Naturalismus* (1981); (gemeinsam mit Marianne Schuller) *Frau im Spiegel. Zum Verhältnis von autobiographischer Schreibweise und feministischer Praxis* (1982); *Frauen in der Politik und/oder autonome Politik der Frauen* (1983); *Der Mann als Statthalter des Normalen. Kriterien literarischer Zensur von der Jahrhundertwende bis zum ersten Weltkrieg* (1985); *Wahnsinn der Vernunft, juristische Institution – literarische Praxis. Das Gutachten zum Fall Schmolling und die Erzählung »Der Einsiedler Serapion« von E. T. A. Hoffmann* (1985); *Krise des Studiums – Krise der Wissenschaft? Beispiel: Germanistik* (1986).

Ursula Link-Heer, geboren 1948, ist wissenschaftliche Mitarbeiterin für Romanistik und allgemeine Literaturwissenschaft an der Universität-Gesamthochschule Siegen. Mit Jürgen Link Herausgeberin von *kultuRRevolution – zeitschrift für angewandte diskurstheorie* (seit 1982). Veröffentlichungen zuletzt: *Prousts ›A la recherche du temps perdu‹ und die Form der Autobiographie* (1987); »Italienische Historiographie zwischen Spätmittelalter und früher Neuzeit«, in: *Grundriß der romanischen Literaturen des Mittelalters*, Bd. XI/1, 1987; »Facetten des Rousseauismus«, in: *Lili* Heft 63/1986; »Maniera«, in: H. U. Gumbrecht und K. L. Pfeiffer (Hg.), *Stil*, 1986. Weitere Aufsätze zu Vasari, Rousseau, Proust, Zola, Clarîn und zu Beziehungen von nervenmedizinischen Diskursen, kulturellen Anschauungsformen und Literatur.

Barbara Maas, geboren 1955, studierte Geschichte, Kunstgeschichte und Japanologie in Bochum, Oxford und Hamilton/Kanada. Magister (1981), Promotion (Anfang 1987). Arbeitsschwerpunkte: Geschichte Englands, Sozialgeschichte, Frauengeschichte. Veröffentlichungen u. a.: »Konzeptionen der Rōdōkumiai Kiseikai für den Aufbau einer Arbeiterbewegung in Japan« (zusammen mit A. Hack), in: *Bochumer Jahrbuch zur Ostasienforschung* (1978); »Idealisierung und Domestikation: Das bürgerliche Frauenbild in der frühviktorianischen Publizistik«, in: Annette Kuhn/Jörn Rüsen (Hg.), *Frauen in der Geschichte* III. *Fachwissenschaftliche und fachdidaktische Beiträge zur Geschichte der Weiblichkeit vom frühen Mittelalter bis zur Gegenwart* (1983).

Maria Beatriz Nizza da Silva, geboren 1938, Studium der Geschichte und Philosophie an der Universität von Lissabon. Übersiedlung nach Brasilien 1963, brasilianische Staatsbürgerschaft 1966. Promotion an der Universität von São Paulo 1967. Lehrtätigkeit an dieser Universität seit 1965, als Professorin seit 1980.
In den siebziger Jahren bezogen sich ihre Forschungen vorwiegend auf sozio-kulturelle Themen. Veröffentlichungen: *Cultura e sociedade no Rio de Janeiro* (1808-1821) (Kultur und Gesellschaft in Rio de Janeiro 1808-1821), 1977; *A primeira gazeta da Bahia: a Idade d'Ouro do Brasil* (Die erste Zeitschrift in Bahia: Das Goldene Zeitalter von Brasilien), 1978; *Cultura no Brasil colônia* (Kultur in Brasilien zur Kolonialzeit), 1981.
Ihre jüngsten Forschungen richten sich auf die Sozialgeschichte, besonders auf die Geschichte der Familie und der Frau. Veröffentlichung: *Sistema de casamento no Brasil colonial* (Das Heiratssystem in Brasilien zur Kolonialzeit), 1984. Zur Zeit untersucht sie die Familie und das Erbrecht in Brasilien zur Kolonialzeit.

Cordula Nolte, geboren 1958, studierte Germanistik, Geschichte und Kunstgeschichte in Münster, Hamburg und Berlin. Seit 1986 Mitarbeiterin in dem von Professor Werner Affeldt geleiteten Forschungsprojekt »Interdisziplinäre Studien zur Geschichte der Frauen in Spätantike und Frühmittelalter« am Friedrich Meinecke-Institut der Freien Universität Berlin. Arbeitet zur Zeit an einer Dissertation aus dem Bereich des Frühmittelalters. Veröffentlichung: »Klosterleben von Frauen in der frühen Merowingerzeit. Überlegungen zur Regula ad virgines des Caesarius von Arles«, in: A. Kuhn/W. Affeldt (Hg.), *Frauen in der Geschichte* VII, Düsseldorf (1986).

Claudia Opitz, geboren 1955, studierte Geschichte, Germanistik und Soziologie an der Universität Konstanz, wo sie 1985 am Lehrstuhl für Mittelalterliche Geschichte über hagiographische Frauenbiographien des 13. und 14. Jahrhunderts promovierte. Forschungsschwerpunkte waren dabei

einerseits Familienstrukturen der mittelalterlichen Gesellschaft und deren Auswirkungen auf die spezifischen Lebensbedingungen und -erfahrungen von Frauen, andererseits Klöster bzw. religiöse Karriere als spezifischer Rahmen weiblicher Lebensweisen. Zudem interessierte sie sich besonders für methodische und theoretische Implikationen einer »feministischen Geschichtsforschung«. Im Moment ist sie Stipendiatin der Deutschen Forschungsgemeinschaft und arbeitet, teils in Paris, teils in Konstanz, über das Offizierskorps der französischen Armee im 18. Jahrhundert.
Wichtigste Veröffentlichungen: »Frauenalltag im Mittelalter – Weibliche Biographien des 13. und 14. Jahrhunderts«, Weinheim und Basel 1985 (Ergebnisse der Frauenforschung); »Der ›andere‹ Blick der Frauen in die Geschichte – Überlegung zu Analyse- und Darstellungsmethoden feministischer Geschichtsforschung«, in *Methoden in der Frauenforschung*, hrsg. v. der ZE zur Förderung von Frauenstudien und Frauenforschung Berlin, Ffm. 1984, S. 76-93; »Hunger nach Unberührbarkeit? Jungfräulichkeitsideal und weibliche Libido im späteren Mittelalter« in: *Feministische Studien* 1/1986 (»Jungfräulichkeit«), S. 59-65.

Rüsen, Jörn, Dr. phil., geboren 1938 in Duisburg, Studium der Geschichte, Philosophie, Germanistik und Pädagogik an der Universität Köln, Promotion 1966, seit 1974 Lehrstuhl für Neuere Geschichte an der Ruhr-Universität Bochum.
Veröffentlichungen u. a.: *Begriffene Geschichte*, Paderborn 1969; *Für eine erneuerte Historik*, Stuttgart 1976; *Ästhetik und Geschichte,* Stuttgart 1976; *Handbuch der Geschichtsdidaktik*, 3. Aufl. 1985 (Mitherausgeber); *Historische Vernunft*, Göttingen 1983; *Von der Aufklärung zum Historismus*; Paderborn 1984 (Mitherausgeber); *Rekonstruktion der Vergangenheit*, Göttingen 1986; Mitherausgeber der Zeitschrift *Geschichtsdidaktik* und der Schriftenreihen »Geschichtsdidaktik. Studien und Materialien«, »Historisch-politische Diskurse« und »Beiträge zur Geschichtskultur«.

Thomas Sandkühler, geboren 1962, Studium der Fächer Germanistik und Geschichte in Bochum und Freiburg/Br. Arbeiten zum Thema »Nationale Identität«.

Hans-Günter Schmidt, geboren 1955, Studium der Fächer Französisch und Geschichte; Lehrer, lehrt an der Volkshochschule (Stadtteilgeschichte), wissenschaftlicher Mitarbeiter an der Ruhr – Universität Bochum, Fakultät für Geschichtswissenschaft. Arbeiten über Probleme der Erforschung des Geschichtsbewußtseins und zum Thema »Nationale Identität«.

Marinete dos Santos Silva, geboren 1949, Professorin für Geschichte in der Städt. Schulverwaltung von Rio de Janeiro. Doktorandin im Fach Geschichte an der Universität Paris III.

Forschungsschwerpunkt: Frauengeschichte. Das Thema der Dissertation (thèse de doctorat): *Die Prostitution in Rio de Janeiro im 19. Jahrhundert.* Veröffentlichung: *A Educação Brasileira no Estado novo* (1937/1945), São Paulo 1980.

Uta C. Schmidt, geboren 1958, Magisterstudium der Geschichte und Kunstgeschichte an der Ruhr-Universität Bochum, Doktorandin im Fachbereich Geschichte, Dissertation zum Thema: Theorie- und Methodenprobleme einer feministisch perspektivierten Geschichtswissenschaft, Interessenschwerpunkte: feministische Theorie und Methodik, Historische Antropologie, Frauen im Umbruch vom Mittelalter zur Neuzeit. Neben dem Drang zur Wissenschaft Hang zur Kunst: Alt- u. Baritonsaxophonistin in verschiedenen Formationen.

Beate Wagner-Hasel, geboren 1950, Studium der Geschichte, Germanistik und Publizistik in Münster und Berlin, 1980 Promotion in Alter Geschichte, 1977-1982 Wiss. Ass. f. Alte Geschichte an der Technischen Universität Berlin, seit 1985 Hochschulassistentin f. Alte Geschichte an der Universität Hannover, zwischenzeitlich schulisch und publizistisch tätig. Arbeitsschwerpunkte: Matriarchatsdiskussion, Archaische Verkehrsformen (Gabentausch). Veröffentlichungen u. a.: *Zwischen Mythos und Realität: Die Frau in der frühgriechischen Gesellschaft* (1982); »Der Mythologische Diskurs über den Ort der Frauen oder wie Athen zu seinem Namen kam«, in: *Weiblichkeit oder Feminismus?*, hrsg. v. C. Opitz (1984); »Männerfeindliche Jungfrauen? Ein kritischer Blick auf Amazonen in Mythos und Geschichte«, in: *Feministische Studien* 5,1 (1986).

Irmgard Wagner, geboren 1937 in Waiblingen, Studium der Romanistik, Anglistik und Komparatistik in Tübingen, Staatsexamen 1961. Auslandsstudium England, Frankreich, Spanien. Auswanderung in die USA.
M. A. Germanistik an der Tuft University (Medford, Mass.) 1965. PhD Germanistik Harvard University 1970.
Prof. f. deutsche Literatur an der George Mason University (Fairfax, VA). Veröffentlichungen: Arbeiten über Goethe, Hölderlin, Kleist, Kafka, Klassikproblematik bei H. R. Jauß, deutsche Gegenwartsliteratur.

Heide Wunder, geboren 1939, Studium der Geschichte, Anglistik und Philosophie in Hamburg, 1964 Promotion, seit 1977 Professorin für Sozial- und Verfassungsgeschichte der Frühen Neuzeit an der Gesamthochschule Kassel (Universität des Landes Hessen). Veröffentlichungen: *Siedlungs- und Bevölkerungsgeschichte der Komturei Christburg (13.-16. Jh.)* (1968); *Feudalismus* (Hrsg. 1974); *Die bäuerliche Gemeinde in Deutschland* (1986); Aufsätze zum Deutschen Bauernkrieg, zu bäuerlichem Widerstand in der Frühen Neuzeit, zur ländlichen Gesellschaft in der Frühen Neuzeit und zur Geschichte der Geschlechterbeziehungen, vor allem »Frauen in der Gesellschaft Mitteleuropas im späten Mittelalter und in der Frühen Neuzeit (15. bis 18. Jahrhundert)«, in: H. Valentinisch (Hg.), *Hexen und Zauberer*, 1987, S. 123-154.

Elisabeth Zeidler-Johnson, geboren 1958, studiert Geschichte und Philosophie in Bochum. Derzeit arbeitet sie an einer Magisterarbeit über die Geschichte der Frauen als Gegenstand historischer Monographien von der Spätaufklärung bis zum Ende des 19. Jahrhunderts.